Pernack/Tannenhauer/Pangert
Arbeitsstätten

Textausgabe mit Einführung und Anmerkungen

Dipl.-Phys. Ernst-Friedrich Pernack, Referatsleiter für Sicherheit und Gesundheit bei der Arbeit, Produktsicherheit, Ministerium für Arbeit, Soziales, Gesundheit, Frauen und Familie, Potsdam

Prof. Dr.-Ing. habil. Jörg Tannenhauer, Ministerialrat a.D., vormals Sächsisches Staatsministerium für Wirtschaft, Arbeit und Verkehr, Dresden, TU Dresden

Dr. rer. nat. habil. Roland Pangert, Leitender Ministerialrat a.D., vormals Thüringer Sozialministerium, Erfurt

ecomed
SICHERHEIT

Bibliographische Information der deutschen Nationalbibliothek
Die Deutsche Bibliothek verzeichnet diese Publikation in der
Deutschen Nationalbibliografie;
detaillierte bibliografische Daten sind im Internet über <http://dnb.d-nb.de> abrufbar.

Bei der Herstellung des Werkes haben wir uns zukunftsbewusst für umweltverträgliche und wiederverwertbare Materialien entschieden. Der Inhalt ist auf elementar chlorfreies Papier gedruckt.

ISBN 978-3-609-61963-7

E-Mail: kundenservice@ecomed-storck.de
Telefon: 089/2183-7922
Telefax: 089/2183-7620

© 2019 ecomed SICHERHEIT, ecomed-storck GmbH
Landsberg am Lech

www.ecomed-storck.de

Dieses Werk, einschließlich aller seiner Teile, ist urheberrechtlich geschützt. Jede Verwertung außerhalb der engen Grenzen des Urheberrechtsgesetzes ist ohne Zustimmung des Verlages unzulässig und strafbar. Dies gilt insbesondere für Vervielfältigungen, Übersetzungen, Mikroverfilmungen und die Einspeicherung und Verarbeitung in elektronischen Systemen.

Satz: Janß GmbH, Pfungstadt
Druck: CPI Claussen & Bosse GmbH, 25917 Leck

Mit E-Book

Ihr **Bonusmaterial** im Download-Bereich!

Zu Ihrem Buch „**Arbeitsstätten**" stellen wir Ihnen den gesamten Inhalt als E-Book zum Download zur Verfügung.

Ihr Bonusmaterial können Sie auf www.ecomed-storck.de/mein-konto herunterladen.

Wichtig: Sie müssen das Bonusmaterial dort zunächst **einmalig** mit Ihrem persönlichen Download-Code freischalten (siehe unten „So geht's"). Danach steht es Ihnen im Bereich „**Mein Konto**" bis zur nächsten Auflage des Buches zur Verfügung.

Ihr **persönlicher Download-Code** lautet: **c19-asv-279**

So geht's:

1. Haben Sie bereits **Zugangsdaten** für die Website www.ecomed-storck.de?
   Wenn **nein**: Bitte weiter mit **Schritt 2**.
   Wenn **ja**: Bitte weiter mit **Schritt 3**.
2. Bitte legen Sie sich ein **Konto** an unter: www.ecomed-storck.de/konto-eroeffnen
3. Loggen Sie sich mit Ihren Zugangsdaten im Bereich „**Mein Konto**" ein:
   www.ecomed-storck.de/mein-konto
4. Klicken Sie dort bitte auf den Punkt „**Download-Code einlösen**". Tragen Sie nun **Ihren persönlichen Download-Code** ein, bestätigen Sie die AGB und Datenschutzhinweise und klicken Sie auf „**Einlösen**".
5. Unter „**Online-Produkte & Downloads**" steht Ihnen jetzt Ihr Bonusmaterial zur Verfügung.

ecomed SICHERHEIT

Inhaltsverzeichnis

Vorwort		7
Einführung zur Arbeitsstättenverordnung		9
Arbeitsstättenverordnung (ArbStättV)		16
Technische Regeln für Arbeitsstätten		
ASR V3	Gefährdungsbeurteilung	72
ASR V3a.2	Barrierefreie Gestaltung von Arbeitsstätten	102
ASR A1.2	Raumabmessungen und Bewegungsflächen	138
ASR A1.3	Sicherheits- und Gesundheitsschutzkennzeichnung	159
ASR A1.5/1,2	Fußböden	192
ASR A1.6	Fenster, Oberlichter, lichtdurchlässige Wände	215
ASR A1.7	Türen und Tore	231
ASR A1.8	Verkehrswege	248
ASR A2.1	Schutz vor Absturz und herabfallenden Gegenständen, Betreten von Gefahrenbereichen	281
ASR A2.2	Maßnahmen gegen Brände	302
ASR A2.3	Fluchtwege und Notausgänge; Flucht- und Rettungsplan	332
ASR A3.4	Beleuchtung	347
ASR A3.4/7	Sicherheitsbeleuchtung, optische Sicherheitsleitsysteme	374
ASR A3.5	Raumtemperatur	383
ASR A3.6	Lüftung	390
ASR A3.7	Lärm	404
ASR A4.1	Sanitärräume	438
ASR A4.2	Pausen- und Bereitschaftsräume	463
ASR A4.3	Erste-Hilfe-Räume, Mittel und Einrichtungen zur Ersten Hilfe	471
ASR A4.4	Unterkünfte	482
ASR A5.2	Anforderungen an Arbeitsplätze und Verkehrswege auf Baustellen im Grenzbereich zum Straßenverkehr – Straßenbaustellen	490

Inhaltsverzeichnis

Empfehlungen des ASTA
    Abgrenzung von mobiler Arbeit und Telearbeitsplätzen gem. Definition in § 2 Absatz 7 ArbStättV 513
    Gefährdungsbeurteilung bei der Verwendung von Löschspraydosen   516
    Künstliche, biologisch wirksame Beleuchtung in Arbeitsstätten 520
Abkürzungsverzeichnis 522
Stichwortverzeichnis 526

Vorwort

Die längste Zeit seines aktiven Lebens verbringt der Mensch in Arbeitsstätten. Arbeitsstätten, die sie umhüllenden Gebäude und Arbeitsprozesse, die in ihnen stattfinden, sind über viele Jahrzehnte täglicher Lebensmittelpunkt der beschäftigten Menschen. Arbeitsstätten haben deshalb sowohl durch ihre sachliche Gestaltung als auch durch die Organisation der Arbeitsabläufe und die detaillierte Arbeitsgestaltung einen herausragenden Stellenwert. Die Lebens- und Leistungsqualität des arbeitenden Menschen wird durch und in Arbeitsstätten ganz erheblich und über einen sehr langen Lebenszeitraum bestimmt. Von entsprechend zentraler Bedeutung ist es deshalb, dass Arbeitsstätten und die darin organisierten und gestalteten Arbeitstätigkeiten **gesundheits- und leistungserhaltend**, besser jedoch **gesundheits- und leistungsförderlich** eingerichtet und betrieben werden. Diesem Zweck dient die Arbeitsstättenverordnung.

Arbeitgeber, die beim Einrichten und Betreiben von Arbeitsstätten die Maßgaben der Arbeitsstättenverordnung, des zugehörigen Anhangs und die konkreten Gestaltungsanforderungen und Maßzahlen der Technischen Regeln für Arbeitsstätten einhalten, können darauf vertrauen, dass ihre Arbeitsstätten und Arbeitsplätze ebenso wie die zu erledigenden Arbeitstätigkeiten dem Stand der Technik und den gesicherten wissenschaftlichen Erkenntnissen entsprechend gesundheits- und leistungserhaltend bzw. -förderlich auf die Beschäftigten und deren Arbeitsergebnisse wirken.

Die Erfüllung der Maßgaben der Arbeitsstättenverordnung dient deshalb nicht etwa nur der Sicherheit und dem Gesundheitsschutz der Beschäftigten, sie dient in gleicher Weise den Interessen des Arbeitgebers: Mensch und Arbeit – im Einklang, für Gesundheit, für Leistung. Für das Wohl der Beschäftigten – für das Wohl des Unternehmens.

Das große Interesse an der Arbeitsstättenverordnung, an den Technischen Regeln für Arbeitsstätten und an dazugehörigen praxistauglichen Erläuterungen und Kommentierungen, die laufend dem fortschreitenden Stand der Technik und den gesicherten wissenschaftlichen Erkenntnissen angepasst werden, ist deshalb sehr naheliegend. Aufgrund dieses großen Interesses hat sich der Verlag nunmehr zur 10. überarbeiteten Auflage des Fachbuchs „Arbeitsstätten" mit Einführung und Anmerkungen entschlossen.

Dieses Fachbuch wendet sich somit insbesondere an solche Personengruppen, die entweder an der Planung, an der Einrichtung und dem Betrieb von Arbeitsstätten beteiligt sind – wie u. a. Architekten, Ingenieure, Industriedesigner, Arbeitsgestalter, Ergonomen – oder in die betriebliche Arbeitsschutzorganisation eingebunden sind – u. a. als Arbeitgeber, verantwortliche oder fachkundige Person, Sicherheitsfachkraft, Betriebsarzt, Betriebs- oder Personalrat – oder als Aufsichtsbeamte des Staates oder Aufsichtsperson der Unfallversicherung die Einhaltung des Arbeitsstättenrechts überwachen.

Landsberg, im Oktober 2019   Herausgeber und Verlag

Einführung zur Arbeitsstättenverordnung

Die **Verordnung über Arbeitsstätten** ist auf § 18 ArbSchG sowie auf § 66 Satz 3 und 68 Abs. 2 Nr. 3 BBergG gestützt.

Die Arbeitsstättenverordnung (ArbStättV) vom 12. August 2004 (BGBl. I S. 2179) wurde mit Verordnung zur Änderung von Arbeitsschutzverordnungen vom 30. November 2016 wesentlich geändert.[1]

Historisches – Eckdaten

Bereits **1967** wurden von der Gewerbeaufsicht der Länder **Richtlinien für arbeitshygienische und unfallschutztechnische Anforderungen an Arbeitsstätten** erarbeitet und zur Anwendung empfohlen. Diese Richtlinien fassten die seinerzeit gültigen Vorschriften im gesetzlichen und untergesetzlichen Rahmen zusammen. Eingearbeitet waren auch **Muster-Sicherheitsvorschriften für gewerbliche Anlagen** der Internationalen Arbeitsorganisation (ILO)[2] sowie damals gesicherte, anerkannte wissenschaftliche Erkenntnisse.[3]

1975 wurden die in den Richtlinien von 1967 enthaltenen Grundsätze in Teilbereichen erweitert und in eine nunmehr rechtsverbindliche **Arbeitsstättenverordnung** überführt.[4] Mit der sog. **Arbeitsschutz-Rahmenrichtlinie von 1989**[5] wurde die Grundlage für europaweite einheitliche Mindestvorschriften geschaffen.

Als **erste Einzelrichtlinie** hat der Europäische Rat hierzu die **Richtlinie über Mindestvorschriften für Sicherheit und Gesundheitsschutz in Arbeitsstätten 89/654/EWG** vom 30. November 1989 (ABl. EG Nr. L 393 S. 1), geändert durch Art. 3 Nr. 2 der Richtlinie 2007/30/EG vom 20. Juni 2007 (ABl. EG Nr. L 165 S. 21), erlassen. Diese **EG-Arbeitsstättenrichtlinie besteht aus 11 Artikeln** mit allgemeinen Festlegungen und Verfahrensvorschriften **sowie aus zwei Anhängen**.[6]

---

1) BGBl. I 2016 S. 2681. Die letzte Änderung erfolgte durch Art. 5 Abs. 1 V vom 18. Oktober 2017 (BGBl. I S. 3584).
2) Richtlinien für Behörden und Unternehmer, Genf 1949, herausgegeben im Auftrag des Bundesministeriums für Arbeit des IAA Genf.
3) Noch bevor das Arbeitsstättenrecht in Deutschland Mitte der 1960er Jahre etabliert wurde, sind auch die weit früher vom Reichsamt „Schönheit der Arbeit", u. a. in Zusammenarbeit mit dem Fachausschuss für Haustechnik des VDI, ab 1936 herausgegebenen Handbücher (z. B. „Umkleideraum, Wasch- und Baderaum in gewerblichen Betrieben", „Neuaufbau der Arbeitswelt", „Die farbige Gestaltung von Betriebsräumen", „Das schöne Büro" und „Die schöne Werkkantine") zu erwähnen.
4) Die Arbeitsstättenverordnung vom 20. März 1975 (BGBl. S. 729), zuletzt geändert durch Artikel 281 der Verordnung vom 25. November 2003 (BGBl. I S. 2304), galt bis zum Inkrafttreten der ArbStättV vom 12. August 2004 und wurde in diesem Zeitraum lediglich fünf Mal geändert.
5) RL 89/391/EWG vom 12. Juni 1989 über die Durchführung von Maßnahmen zur Verbesserung der Sicherheit und des Gesundheitsschutzes der Arbeitnehmer bei der Arbeit (ABl. EG Nr. L 183 S. 1).
6) Die EG-Arbeitsstättenrichtlinie beruht auf der Arbeitsstättenverordnung 1975 und wiederholt z. B. im Anh. I unter der Überschrift „Mindestvorschriften für Sicherheit und Gesundheitsschutz in erstmals genutzten Arbeitsstätten" die Bestimmungen der deutschen Verordnung von 1975 zum Teil wörtlich, ohne allerdings sämtliche dort geregelten Sachverhalte in ihren Geltungsbereich einzubeziehen.

Einführung

Die deutsche **Arbeitsstättenverordnung von 2004** folgt dieser europäischen Regelungssystematik. Regulationsinhalt sind Anforderungen in Form von Schutzzielen. Sie sind als Generalklauseln formuliert und ermöglichen einen weiten Interpretationsspielraum. Die Ausfüllung dieser Schutzziele mit zumeist messbaren Konkretheiten wurde mit § 7 ArbStättV dem beim Bundesministerium für Arbeit und Soziales gebildeten **„Ausschuss für Arbeitsstätten"** übertragen.

Dem Ausschuss für Arbeitsstätten gehören fachkundige Vertreter der Arbeitgeber, der Gewerkschaften, der Länderbehörden, der gesetzlichen Unfallversicherung sowie weitere fachkundige Personen, insbesondere der Wissenschaft, an. Die Mitglieder werden vom Bundesministerium für Arbeit und Soziales berufen. Die Gesamtzahl soll 16 Personen nicht überschreiten.

Wesentliche Aufgabe des Ausschusses für Arbeitsstätten ist es, dem Stand der Technik, Arbeitsmedizin und Hygiene entsprechende Regeln und sonstige gesicherte wissenschaftliche Erkenntnisse für die Sicherheit und Gesundheit der Beschäftigten in Arbeitsstätten zu ermitteln. Weiterhin hat der Ausschuss Regeln und Erkenntnisse zu ermitteln, wie die schutzzielorientierten Anforderungen der Verordnung erfüllt werden können, sowie Empfehlungen für weitere Maßnahmen zur Gewährleistung der Sicherheit und zum Schutz der Gesundheit der Beschäftigten auszuarbeiten.

Mit Stand vom 23. Mai 2019 sind nunmehr 21 Technische Regeln für Arbeitsstätten vom Ausschuss für Arbeitsstätten erarbeitet, im Gemeinsamen Ministerialblatt bekannt gemacht und damit in Kraft gesetzt worden. Damit sind nahezu alle Arbeitsstättenrichtlinien (ASR) zur „alten" Arbeitsstättenverordnung 1975 durch neue und aktuelle Regeln für Arbeitsstätten ersetzt. Darüber hinaus wurden „neue" Gestaltungsanforderungen in den Bestand der Technischen Regeln für Arbeitsstätten aufgenommen, die nicht durch „alte" Arbeitsstättenrichtlinien zur ArbStättV aus dem Jahr 1975 untersetzt waren. Dies betrifft insbesondere

- ASR V3 Gefährdungsbeurteilung,
- ASR V3a.2 Barrierefreie Gestaltung von Arbeitsstätten,
- ASR A1.2 Raumabmessungen und Bewegungsflächen,
- ASR A1.3 Sicherheits- und Gesundheitsschutzkennzeichnung,
- ASR A2.3 Fluchtwege und Notausgänge, Flucht- und Rettungsplan,

sowie als völlig neues Anforderungs- und Gestaltungsfeld
- ASR A5.2 Anforderung an Arbeitsplätze und Verkehrswege auf Baustellen im Grenzbereich zum Straßenverkehr – Straßenbaustellen.

Damit ist das Arbeitsstättenrecht hinsichtlich seiner Anforderungen und Maßgaben fachlich hinreichend geschlossen, modernisiert und praktikabel gestalt- und vollziehbar.

Die hier enthaltenen Anmerkungen und Kommentare fundieren eine praktische verordnungs- und regelgerechte Anwendung des Arbeitsstättenrechts.

Einführung

Die geänderte Arbeitsstättenverordnung 2016

Mit der **Verordnung vom 30. November 2016**[7] wurde die bisherige **ArbstättV** z. T. wesentlich geändert.

Folgende wesentliche Änderungen wurden 2016 vorgenommen:

1. Bildschirmarbeit integriert und modernisiert

Mit der Änderung der ArbStättV sind die **Inhalte der BildscharbV** vollständig integriert worden. Die im Jahr 1996 als Umsetzung der Richtlinie 90/270/EWG über die Mindestvorschriften bezüglich der Sicherheit und des Gesundheitsschutzes bei der Arbeit an Bildschirmgeräten erlassene BildscharbV wurde zugleich außer Kraft gesetzt.

In § 2 „Begriffsbestimmungen" der neuen ArbStättV wurden die Begriffsbestimmungen für Bildschirmarbeitsgeräte und Bildschirmgeräte an die technische Entwicklung angepasst und sind somit modifiziert worden. So ist der Begriff Bildschirmarbeitsplatz nur für solche mit Bildschirmgeräten und sonstigen erforderlichen Arbeitsmitteln ausgestattete Arbeitsplätze anwendbar, die innerhalb von Gebäuden dauerhaft eingerichtet sind. Konkrete **Anforderungen an Bildschirmarbeitsplätze und Bildschirmgeräte** sind in einem neu eingefügten **Anh. Nr. 6** der Verordnung beschrieben. Dieser wurde an die ständige Entwicklung neuer Gerätetypen, wie z. B. All-in-One-Computer, Laptops, Note- und Netbooks, Tablets, Smartphones usw., angepasst.

Neben allgemeinen Anforderungen an Bildschirmarbeitsplätze sowie Bildschirme und Bildschirmgeräte enthält Anh. Nr. 6 auch spezifische Forderungen zur ortsgebundenen oder ortsveränderlichen Verwendung an Arbeitsplätzen sowie zur Benutzerfreundlichkeit von Bildschirmarbeitsplätzen. Diese sind – wie auch die anderen Bestimmungen im Anhang – eher allgemein formuliert und werden vom Ausschuss für Arbeitsstätten (ASTA) gem. § 7 ArbStättV in Regeln und Erkenntnisse für Arbeitsstätten oder in Empfehlungen unter Berücksichtigung des Standes der Technik sowie arbeitswissenschaftlicher Erkenntnisse und ergonomischer Anforderungen konkretisiert.

Die spezifischen Schutzziele der BildscharbV zur Berücksichtigung der Belastung der Augen oder einer Gefährdung des Sehvermögens sind in § 3 ArbStättV integriert worden.

2. Arbeitsorganisation/Arbeitsablaufgestaltung sowie physische und psychische Belastungen

Durch eine Ergänzung in § 3 Gefährdungsbeurteilung wird klargestellt, dass der Arbeitgeber bei der Beurteilung der Gefährdungen der Sicherheit und Gesundheit der Beschäftigten auch die Auswirkungen der Arbeitsorganisation und der Arbeitsabläufe in der Arbeitsstätte berücksichtigen muss. Dies wird zwar bereits in § 5 Abs. 3 Nr. 4 ArbSchG gefordert. Allerdings waren Fragen der Arbeitsorganisation und Arbeitsablaufgestaltung – weil bisher explizit nicht in der ArbStättV erwähnt – in der Praxis bisher eher unzureichend als Gefährdungsfaktoren berücksichtigt worden. Vor dem Hintergrund moderner Arbeitsfor-

---

[7] Verordnung über Arbeitsstätten vom 12.8.2004 (BGBl. I S. 2179), geändert durch Verordnung zur Änderung von Arbeitsschutzverordnungen vom 30. November 2016 (BGBl. I 2016 S. 2681).

Einführung

men werden diese aber an Bedeutung gewinnen und ihre Gestaltung wird zur Verringerung physischer und psychischer Fehlbelastungen unabdingbar sein.

Diesbezüglich wird ebenso klargestellt, dass der Gesundheitsbegriff sowohl die **physische** als auch die **psychische Gesundheit** umfasst und damit beide Elemente gleichermaßen in die Beurteilung der Arbeitsbedingungen nach § 5 ArbSchG einzubeziehen sind. Dementsprechend hat der Arbeitgeber gem. § 3a ArbStättV beim Einrichten und Betreiben von Arbeitsstätten neben dem Stand der Technik, Arbeitsmedizin und Hygiene nunmehr auch explizit ergonomische Anforderungen und weiterhin insbesondere die vom ASTA erstellten und vom Bundesministerium für Arbeit und Soziales (BMAS) bekannt gemachten Regeln und Erkenntnisse zu berücksichtigen.

Ungenügend gestaltete Arbeitsplatz- und Arbeitsumgebungsbedingungen (z. B. Lärm oder störende Geräusche, schlechtes Raumklima, räumliche Enge, unzureichende Wahrnehmung von Signalen und Prozessmerkmalen, unzureichende Ergonomie und Softwaregestaltung, schlechte Beleuchtung) können Fehlbelastungen darstellen, die krankheitsbedingte Fehlzeiten auslösen können.

3. Arbeitsplatz rechtsklar neu definiert

Die **Definition für den Arbeitsplatz** war in der bisherigen ArbStättV abweichend von allen anderen Arbeitsschutzverordnungen (z. B. Gefahrstoff- oder Betriebssicherheitsverordnung) mit einer zeitlichen Einschränkung versehen. Damit wurde vordergründig die Absicht verfolgt, den Arbeitsraum eindeutig gegen die anderen Räume eines Betriebes (z. B. Lager-, Maschinen- oder Versorgungsräume) abzugrenzen. Für den Arbeitgeber hatte das insofern Bedeutung, als an Arbeitsräume (z. B. Anh. Nr. 1.2 Abmessungen von Räumen, Luftraum; Nr. 3.5 Raumtemperatur; Nr. 3.6 Lüftung, Nr. 3.7 Satz 2 Lärm im Arbeitsraum) zusätzliche und weitergehende Anforderungen gestellt werden. Für alle übrigen zur Arbeitsstätte gehörenden Betriebsräume, in denen sich Beschäftigte nur vorübergehend zur Verrichtung einer Tätigkeit aufhalten, z. B. zu kurzfristigen oder unregelmäßig wiederkehrenden Instandhaltungsarbeiten, zu Aufräumarbeiten oder zur jährlichen Inventur, brauchten diese indessen nicht zur Anwendung gebracht werden.

In der betrieblichen Praxis hat sich diese zeitliche Eingrenzung des Begriffs jedoch überwiegend als nachteilig erwiesen. So wurden viele Arbeitsplätze auf Baustellen – insbesondere auf zeitlich begrenzten und ortsveränderlichen Baustellen – nicht vom Anwendungsbereich der ArbStättV erfasst. Kurzzeitige Arbeitsausführungen sind aber verfahrenstypisch für die Errichtung und den Rückbau von Bauwerken ebenso wie für deren Instandhaltung. Die Definition für den Arbeitsplatz musste daher durch die Aufhebung der zeitlichen Beschränkung berichtigt werden.

Zur Vermeidung einer ungewollten Verschärfung des Anforderungsniveaus durch die Neudefinition des Arbeitsplatzes wurde in § 8 „Übergangsvorschriften" eine Bestandsschutzregelung aufgenommen. Diese sieht insbesondere vor, dass diejenigen vom ASTA erarbeiteten Regeln für Arbeitsstätten (ASR), in denen der Arbeitsplatzbegriff noch zeitlich eingeschränkt verwendet wird, vom ASTA zeitnah überprüft und ggf. angepasst werden. Bis zu diesem Zeitpunkt geht von den bestehenden ASR, die unter Berücksichtigung der bisherigen Begriffsbestimmung des Arbeitsplatzes erstellt worden sind, weiter die Vermutungswirkung aus.

4. Definition Telearbeitsplatz in Abgrenzung zu Formen der beruflich bedingten mobilen Arbeit

Fehlende Vorgaben und Maßstäbe für das Einrichten und Betreiben von Telearbeitsplätzen führten in der Praxis nicht selten zu Konflikten zwischen Arbeitgebern und Beschäftigten. Unklar war, welche Anforderungen konkret für Telearbeitsplätze gelten und wie diese Arbeitsplätze außerhalb des Betriebes zum Schutz der Beschäftigten zu gestalten sind. Eine Klarstellung war dringlich, da diese Art und Form der Arbeitsorganisation und Arbeitsgestaltung im Zuge der weiteren Flexibilisierung und zunehmender Bedürfnisse nach einer besseren Vereinbarkeit von privatem und beruflichem Leben noch weiter an Bedeutung gewinnen dürfte.

Mit der in 2016 in der ArbStättV vorgenommenen **Definition des Telearbeitsplatzes** wird Klarheit hergestellt. Danach sind Telearbeitsplätze vom Arbeitgeber für einen festgelegten Zeitraum fest eingerichtete Bildschirmarbeitsplätze im Privatbereich des Beschäftigten. Die Einrichtung eines solchen aus dem Betrieb ausgelagerten Arbeitsplatzes ist an zwei Bedingungen geknüpft: Zum einen müssen der Arbeitgeber und der Beschäftigte die Bedingungen für die Telearbeit (z. B. Dauer der täglichen und wöchentlichen Arbeitszeit, Erreichbarkeit, notwendige Pausen) arbeitsvertraglich oder durch eine Vereinbarung festgelegt haben. Zum anderen muss der Arbeitgeber oder eine von ihm beauftragte Person dem Beschäftigten die für die Arbeitsverrichtung benötigte Ausstattung des Telearbeitsplatzes, wie z. B. Arbeitsstuhl, Arbeitstisch, Zentraleinheit, Ein- und Ausgabegeräte sowie erforderliche Software und Kommunikationseinrichtungen (Telefon, Fax) im Privatbereich bereitgestellt und installiert haben.

Damit trägt der Arbeitgeber wie für den betrieblichen Arbeitsplatz auch für Telearbeitsplätze die Verantwortung für deren sichere und gesundheitsgerechte Gestaltung. Wegen der besonderen Bedingungen im Privatbereich des Beschäftigten gelten für Telearbeitsplätze aber nur ausgewählte Anforderungen der ArbStättV. Dabei handelt es sich um die Durchführung einer Gefährdungsbeurteilung nach § 3 bei der erstmaligen Einrichtung, um die Unterweisungen nach § 6 und je nach Spezifik des Arbeitsplatzes um die Beachtung der Anforderungen in Anh. Nr. 6. Weicht der Telearbeitsplatz nicht von dem parallel im Betrieb genutzten Arbeitsplatz ab, entfallen diese gesonderten Pflichten für den Arbeitgeber. Dies dürfte aber nur in spezifischen Fällen zutreffen, denn in der Regel weichen die Arbeitsumgebungsbedingungen im häuslichen Bereich von denen im Betrieb ab. Dies macht eine gesonderte Gefährdungsbeurteilung bei der erstmaligen Einrichtung erforderlich.

Durch die gewählte Definition eines Telearbeitsplatzes in der ArbStättV wird diese Arbeitsform klar von den anderen möglichen Formen mobiler Arbeit, z. B. dem gelegentlichen ortsgebundenen oder ortsungebundenen Arbeiten mit dem Laptop, abgegrenzt. Diese unterliegen derzeitig zwar nicht dem Anwendungsbereich der ArbStättV. Es gelten aber weiterhin das Arbeitsschutz- und das Arbeitszeitgesetz.

13

Einführung

5. Materielle Untersetzung für die Sichtverbindung nach außen

Seit der 2004 vorgenommenen grundlegenden Novellierung der ArbStättV und der Anpassung an die EG-Richtlinie Arbeitsstätten ist die bis dahin im Arbeitsstättenrecht enthaltene Forderung einer **Sichtverbindung nach außen** für Arbeits- und Aufenthaltsräume entfallen. Unbestritten ist, dass natürliches Tageslicht bei der Beleuchtung von Arbeitsstätten einen hohen Stellenwert einnimmt. Gleiches gilt für eine freie Sichtverbindung nach außen aus den Arbeitsräumen heraus. Die grundsätzlichen Forderungen nach ausreichendem Tageslichteinfall (durch Fenster, Oberlichter oder Tageslichtleitsysteme) und einer Sichtverbindung nach außen entsprechen dem Stand der Arbeitswissenschaft und sind zudem seit vielen Jahren durch einschlägige Gerichtsurteile bestätigt. In Verbindung mit einer ungehinderten Sichtverbindung nach außen wirkt sich Tageslicht insbesondere positiv auf das Befinden und die psychische Gesundheit aus.

Mit der Neufassung des Anh. Nr. 3.4 in der 2016 geänderten ArbStättV wird klargestellt, dass der Arbeitgeber nur solche **Räume als Arbeitsräume** mit dauerhaft eingerichteten Arbeitsplätzen betreiben darf, die **möglichst ausreichend Tageslicht** erhalten und die eine **Sichtverbindung nach außen** haben. Gleiches gilt für Pausen- und Bereitschaftsräume sowie für Unterkünfte. Hingegen enthält Anh. Nr. 3.4 für Kantinen nur eine „Soll"-Bestimmung. Gleichzeitig werden konkrete Ausnahmen für Arbeitsräume aufgeführt, bei denen die tatsächlichen Gegebenheiten eine Sichtverbindung nach außen faktisch nicht zulassen. Dazu zählen z. B. sehr große Arbeitsräume, Räume in Bahnhofs- oder Flughafenhallen, Passagen oder innerhalb von Kaufhäusern und Einkaufszentren, Räume unter Erdgleiche. Auch für von Beschäftigten zur Verrichtung ihrer Tätigkeit nur vorübergehend genutzte Bereiche, z. B. in Archiven, Lager- oder Nebenräumen sowie für Teeküchen, bestehen Ausnahmen.

Um Härten zu vermeiden, enthält die ArbStättV diesbezüglich eine Übergangsregelung. Danach dürfen die vor dem Inkrafttreten der Änderungsverordnung ohne Sichtverbindung nach außen eingerichteten Räume bis zu einer wesentlichen Erweiterung oder einem wesentlichen Umbau weiter betrieben werden.

6. Erweiterungen materiell-rechtlicher Inhalte

Die Forderung einer **barrierefreien Gestaltung der Arbeitsstätten** bei der Beschäftigung von Menschen mit Behinderungen wird in § 3a sinnvoll so ergänzt, dass neben den unmittelbaren Arbeitsbereichen und den Zu- und Abgängen auch die Pausen- und Sozialräume, Kantinen und Unterkünfte entsprechend eingerichtet und betrieben werden müssen.

Mit der Neufassung des § 6 werden die Pflichten des Arbeitgebers zu spezifischen, die Bedingungen in der konkreten Arbeitsstätte berücksichtigenden **Unterweisungen** spezifiziert. Zwar hat der Arbeitgeber bereits grundsätzlich nach § 12 ArbSchG die Pflicht zur Durchführung regelmäßiger Unterweisungen, jedoch fehlten bislang detaillierte Hinweise, über welche von Arbeitsstätten ausgehende Gefährdungen die Beschäftigten unterwiesen werden müssen (z. B. Flucht- und Rettungswege, Anordnung und Handhabung der Feuerlöscher, Brandverhütung, Erste-Hilfe-Organisation, innerbetrieblicher Verkehr, Bedienung von Sicherheits- und Warneinrichtungen, Evakuierung).

Einführung

Da das **Abstürzen** aus der Höhe noch immer eine wesentliche Ursache für Arbeitsunfälle darstellt, wurde der Anh. Nr. 2.1 „Schutz vor Absturz und herabfallenden Gegenständen, Betreten von Gefahrenbereichen" konkretisiert. Danach besteht generell ab einer Absturzhöhe von einem Meter eine Absturzgefahr. Somit ist der Arbeitgeber spätestens ab dieser Absturzhöhe verpflichtet, entsprechende Schutzmaßnahmen wie z. B. Geländer, Gitter, Brüstungen an Arbeitsplätzen und Verkehrswegen (z. B. Flure, Gänge, Laufstege, Treppen, Laderampen) umzusetzen.

Spezielle Ergänzungen der Anforderungen für den Bereich der **Baustellen** sind in Anh. Nr. 5.2 enthalten. Hier sind für bestimmte Tätigkeitsbereiche generell Schutzvorrichtungen gegen Absturz gefordert, z. B. bei Arbeitsplätzen oder Verkehrswegen am und über Wasser oder an und über anderen festen oder flüssigen Stoffen, in denen man versinken kann. Schutzvorrichtungen, die ein Abstürzen von Beschäftigten an Arbeitsplätzen und Verkehrswegen auf Baustellen verhindern, sind weiterhin zwingend erforderlich bei mehr als einem Meter Absturzhöhe an Wandöffnungen, an freiliegenden Treppenläufen und -absätzen sowie bei mehr als zwei Metern Absturzhöhe an allen übrigen Arbeitsplätzen.

Insgesamt ist festzuhalten, dass die Vorgaben und Regelungen in der ArbStättV unverändert dem allgemeinen Schutzziel dienen, Sicherheit und Gesundheit der Beschäftigten in Arbeitsstätten (auch auf Baustellen) wirksam zu schützen und Arbeitsabläufe menschengerecht zu gestalten. Die Anforderungen aber, durch deren Einhaltung dies gewährleistet wird, wurden 2016 modernisiert, inhaltlich erweitert und konkretisiert.

Dieser wesentlichen Änderung der Arbeitsstättenverordnung 2016 ging ein bislang beispiellos langer und z. T. in den Inhalten und Methoden sehr kontrovers geführter gesellschaftlicher Diskussionsprozess voraus. Die Verfassungsorgane Bundesregierung und Bundesrat haben die Ergebnisse dieses Diskussionsprozesses zusammengeführt und einhellig verabschiedet.

Arbeitsstättenverordnung

Verordnung über Arbeitsstätten
(Arbeitsstättenverordnung – ArbStättV)[8) 9) 10)]

vom 12.8.2004 (BGBl. I S. 2179),
zuletzt geändert durch Art. 5 Abs. 1 V vom 18.10.2017 (BGBl. I S. 3584)[11) 12)]

Aufgrund des § 18 des Arbeitsschutzgesetzes vom 7. August 1996 (BGBl. I S. 1246), der zuletzt durch Artikel 179 der Verordnung vom 25. November 2003 (BGBl. I S. 2304) geändert worden ist, verordnet die Bundesregierung sowie aufgrund des § 66 Satz 3 und des § 68

---

8) Amtl. FN: Diese Verordnung dient der Umsetzung
   1. der EU-Richtlinie 89/654/EWG des Rates vom 30. November 1989 über Mindestvorschriften für Sicherheit und Gesundheitsschutz in Arbeitsstätten (Erste Einzelrichtlinie im Sinne des Artikels 16 Absatz 1 der Richtlinie 89/391/EWG) (ABl. EG Nr. L 393 S. 1) und
   2. der EU-Richtlinie 90/270/EWG des Rates vom 29. Mai 1990 über die Mindestvorschriften bezüglich der Sicherheit und des Gesundheitsschutzes bei der Arbeit an Bildschirmgeräten (Fünfte Einzelrichtlinie im Sinne von Artikel 16 Absatz 1 der Richtlinie 89/391/EWG) (ABl. EG Nr. L 156 S. 14) und
   3. der EU-Richtlinie 92/58/EWG des Rates vom 24. Juni 1992 über Mindestvorschriften für die Sicherheits- und/oder Gesundheitsschutzkennzeichnung am Arbeitsplatz (Neunte Einzelrichtlinie im Sinne des Artikels 16 Absatz 1 der Richtlinie 89/391/EWG) (ABl. EG Nr. L 245 S. 23) und
   4. des Anhangs IV (Mindestvorschriften für Sicherheit und Gesundheitsschutz auf Baustellen) der EU-Richtlinie 92/57/EWG des Rates vom 24. Juni 1992 über die auf zeitlich begrenzte oder ortsveränderliche Baustellen anzuwendenden Mindestvorschriften für die Sicherheit und den Gesundheitsschutz (Achte Einzelrichtlinie im Sinne des Artikels 16 Absatz 1 der Richtlinie 89/391/EWG) (ABl. EG Nr. L 245 S. 1).
9) Änderungen der ArbStättV:
   - Erste Änderung: Neunte Zuständigkeitsanpassungsverordnung vom 31. Oktober 2006 (BGBl. I S. 2407), Abschnitt 2 Artikel 388,
   - Zweite Änderung: Verordnung zur Umsetzung der EG-Richtlinien 2002/44/EG und 2003/10/EG zum Schutz der Beschäftigten vor Gefährdungen durch Lärm und Vibrationen vom 6. März 2007 (BGBl. I S. 261), Artikel 6 Absatz 4,
   - Dritte Änderung: Gesetz zum Schutz vor den Gefahren des Passivrauchens vom 20. Juli 2007 (BGBl. I S. 1595), Artikel 2,
   - Vierte Änderung: Verordnung zur Rechtsvereinfachung und Stärkung der arbeitsmedizinischen Vorsorge vom 18. Dezember 2008 (BGBl. I S. 2768), Artikel 9,
   - Fünfte Änderung: Verordnung zur Umsetzung der Richtlinie 2006/25/EG zum Schutz der Arbeitnehmer vor Gefährdungen durch künstliche optische Strahlung und zur Änderung von Arbeitsschutzverordnungen vom 19. Juli 2010 (BGBl. I S. 960), Artikel 4,
   - Sechste Änderung: Zehnte Zuständigkeitsanpassungsverordnung vom 31. August 2015 (BGBl. I S. 1474), Artikel 282,
   - Siebte Änderung: Verordnung zur Änderung von Arbeitsschutzverordnungen vom 30. November 2016 (BGBl. I S. 2681), Artikel 1,
   - Achte Änderung: Verordnung zur Änderung der Gesundheitsschutz-Bergverordnung sowie weiterer berg- und arbeitsschutzrechtlicher Verordnungen vom 18. Oktober 2017 (BGBl. I S. 3584), Artikel 5 Absatz 1.
10) Anm. d. Verlages: Die Verordnung ist Art. 1 der Verordnung über Arbeitsstätten vom 12.8.2004 (BGBl. I S. 2179). Sie ist am 25.8.2004 in Kraft getreten.
11) Artikel 1 der Verordnung zur Änderung von Arbeitsschutzverordnungen vom 30. November 2016.
12) Der Bundesrat hat in seiner 948. Sitzung am 23. September 2016 (Drucksache 506/16) beschlossen, die Vorlage für den Erlass einer Rechtsverordnung gemäß Artikel 80 Absatz 3 des Grundgesetzes der Bundesregierung zuzuleiten. Der Bundesrat hat ferner beschlossen, dass der Beschluss über die Zuleitung der Vorlage für den Erlass einer Rechtsverordnung an die Bundesregierung gemäß Artikel 80 Absatz 3 des Grundgesetzes die Zustimmung des Bundesrates zum unmittelbaren Erlass einer solchen Rechtsverordnung gemäß Artikel 80 Absatz 2 des Grundgesetzes umfasst. Die Bundesregierung ist dem gefolgt und hat dem Verordnungsentwurf ohne Änderungen zugestimmt.

Arbeitsstättenverordnung

Abs. 2 Nr. 3 des Bundesberggesetzes vom 13. August 1980 (BGBl. I S. 1310), von denen § 66 Satz 3 durch Artikel 8 Nr. 2 des Gesetzes vom 6. Juni 1995 (BGBl. I S. 778) eingefügt und § 68 Abs. 2 zuletzt durch Artikel 123 Nr. 2 Buchstabe a der Verordnung vom 25. November 2003 (BGBl. I S. 2304) geändert worden sind, verordnet das Bundesministerium für Wirtschaft und Arbeit:

Inhaltsübersicht

§ 1   Ziel, Anwendungsbereich
§ 2   Begriffsbestimmungen
§ 3   Gefährdungsbeurteilung
§ 3a Einrichten und Betreiben von Arbeitsstätten
§ 4   Besondere Anforderungen an das Betreiben von Arbeitsstätten
§ 5   Nichtraucherschutz
§ 6   Unterweisung der Beschäftigten[13]
§ 7   Ausschuss für Arbeitsstätten
§ 8   Übergangsvorschriften
§ 9   Straftaten und Ordnungswidrigkeiten
Anhang   Anforderungen und Maßnahmen für Arbeitsstätten nach § 3 Absatz 1[14]

§ 1
Ziel, Anwendungsbereich

(1) Diese Verordnung dient der Sicherheit und dem Schutz der Gesundheit der Beschäftigten beim Einrichten und Betreiben von Arbeitsstätten.

(2) Für folgende Arbeitsstätten gelten nur § 5[15] und der Anhang Nummer 1.3[16]:

1. Arbeitsstätten im Reisegewerbe und im Marktverkehr[17],

---

13) Der neu eingefügte § 6 zur Unterweisung ersetzt den bisherigen § 6 (Arbeitsräume, Sanitärräume, Pausen- und Bereitschaftsräume, Erste-Hilfe-Räume, Unterkünfte). Die bisher dort enthaltenen Regelungen zur Bereitstellung entsprechender Räume und zu den Anforderungen an deren Ausstattung sind in den Anhang überführt worden.
14) Inhaltsverzeichnis für den Anhang s. S. 35.
15) Die Bestimmungen zum Nichtraucherschutz gelten auch in den vom Anwendungsbereich ausgenommenen Arbeitsstätten, so im Reisegewerbe, im Marktverkehr, in den im öffentlichen Verkehr eingesetzten Transportmitteln und außerhalb der bebauten Flächen land- und forstwirtschaftlicher Betriebe.
16) Ergänzt durch Art. 4 Nr. 2 der Verordnung vom 19. Juli 2010 (s. FN 9 auf S. 16) – damit gelten die Bestimmungen zur Sicherheits- und/oder Gesundheitsschutzkennzeichnung auch für die vom Anwendungsbereich ansonsten ausgenommenen Arbeitsstätten.
17) Die Begriffe Reisegewerbe und Marktverkehr sind in Titel III und IV der Gewerbeordnung definiert. Hier werden die Ausübung des Reiseverkehrs und das Abhalten von Märkten geregelt. I. w. handelt es sich beim Reisegewerbe darum, dass Personen außerhalb eigener Räume, zumeist an wechselnden Orten, Waren und Dienstleistungen anbieten und Schaustellungen oder Aufführungen darbieten, z. B. Verkaufsstände und Schausteller auf Schützenfesten und anderen Volksfesten. Zum Reisegewerbe im Sinne der Titel III und IV GewO gehören jedoch nicht Reisebüros und Reiseunternehmen, die für Dritte Reisen vermitteln und durchführen. Diese Betriebe fallen mit ihren räumlichen Einrichtungen ohne Einschränkung unter den Geltungsbereich der ArbStättV.

Arbeitsstättenverordnung

2. Transportmittel[18], die im öffentlichen Verkehr eingesetzt werden,
3. Felder, Wälder und sonstige Flächen, die zu einem land- oder forstwirtschaftlichen Betrieb gehören, aber außerhalb der von ihm bebauten Fläche liegen.

(3) Für Telearbeitsplätze[19] [20] [21] gelten nur
1. § 3 bei der erstmaligen Beurteilung der Arbeitsbedingungen und des Arbeitsplatzes,
2. § 6 und der Anhang Nummer 6,

soweit der Arbeitsplatz von dem im Betrieb abweicht. Die in Satz 1 genannten Vorschriften gelten, soweit Anforderungen unter Beachtung der Eigenart von Telearbeitsplätzen auf diese anwendbar sind.

---

18) Transportmittel sind Straßen-, Schienen-, Luft- und Wasserfahrzeuge im öffentlichen Verkehr (s. Amtl. Begr. Teil B Nr. 1 BR-DS 450/04; abgedr. in Opfermann/Streit: Arbeitsstätten, Loseblattwerk mit Kommentar, 3. Aufl., Landsberg 2019 unter OZ 1110; sonstige Wasserfahrzeuge mit Beschäftigten (z. B. Schwimmbagger, festliegende Hotelschiffe) fallen in den Geltungsbereich der ArbStättV). Fahrzeuge im öffentlichen Verkehr unterliegen im Übrigen dem Verkehrsrecht.

19) Der Anwendungsbereich der Verordnung für die neu in die ArbStättV aufgenommenen und definierten Telearbeitsplätze (zur Definition siehe § 2 Abs. 7) wird im Wesentlichen auf Anforderungen für Bildschirmarbeitsplätze beschränkt. Dabei stehen die Einrichtung und die Ausstattung des Bildschirmarbeitsplatzes mit Mobiliar, sonstigen Arbeitsmitteln und Kommunikationsgeräten im Vordergrund. Es gelten für Telearbeitsplätze nur die Anforderungen des § 3 (Gefährdungsbeurteilung) bei der erstmaligen Beurteilung der Arbeitsbedingungen, der § 6 (Unterweisung) und die Nr. 6 des Anhanges der Verordnung (Maßnahmen zur Gestaltung von Bildschirmarbeitsplätzen). Die Beurteilung des Telearbeitsplatzes ist erforderlich, soweit dieser häusliche Arbeitsplatz von dem im Betrieb abweicht. Die Arbeitsbedingungen am Bildschirmarbeitsplatz zuhause müssen aber nicht genau den Bedingungen im Betrieb entsprechen. Der Arbeitgeber darf die Eigenart von Telearbeitsplätzen – Arbeiten in Privaträumen – berücksichtigen. Der Telearbeitsplatz muss aber sicher und geeignet für die Art der Tätigkeit (Bildschirmarbeit) sein; die Gesundheit der Beschäftigten darf nicht gefährdet werden (s. auch amtl. Begr., a.a.O.).

20) Telearbeitsplätze waren bereits bis zur Novellierung der ArbStättV 2004 im Anwendungsbereich der ArbStättV enthalten. Bei der Novellierung im Jahr 2004 ist die Verordnung nahezu wortgleich (1:1) an die Mindestvorschriften der EG-Arbeitsstättenrichtlinie angepasst worden. Damit waren seither Telearbeitsplätze im „privaten" Bereich aus dem Anwendungsbereich der ArbStättV ausgenommen. Geblieben waren aber bei der Einrichtung von Telearbeitsplätzen die Pflichten nach dem ArbSchG und der BildscharbV. Die Pflichten aus der BildscharbV wurden mit der Novellierung 2016 im Zusammenhang mit der vollständigen Überführung der BildscharbV in die ArbStättV übernommen.

21) „Mobiles Arbeiten" (gelegentliches Arbeiten von zuhause aus oder während der Reisetätigkeit z. B. im Zug, im Hotel oder Restaurant, Abrufen von E-Mails nach Feierabend außerhalb des Betriebes usw.) unterliegt nicht der ArbStättV; es handelt sich dabei nicht um Telearbeit im Sinne der Verordnung. Mobiles Arbeiten ist vielmehr ein Arbeitsmodell, das den Beschäftigten neben der Tätigkeit im Büro noch Arbeiten außerhalb der regulären Arbeitszeit zuhause oder unterwegs ermöglicht (ständige Zugangsmöglichkeit über Kommunikationsmittel zum Unternehmen/Betrieb) (s. auch amtl. Begr., a.a.O.). Arbeitsschutzrechtliche Anforderungen für mobile Arbeit ergeben sich aus dem Arbeitsschutz- und dem Arbeitszeitgesetz.

(4) Der Anhang Nummer 6 gilt nicht für

1. Bedienerplätze von Maschinen oder Fahrerplätze von Fahrzeugen mit Bildschirmgeräten,
2. tragbare Bildschirmgeräte für die ortsveränderliche Verwendung, die nicht regelmäßig an einem Arbeitsplatz verwendet werden,
3. Rechenmaschinen, Registrierkassen oder andere Arbeitsmittel mit einer kleinen Daten- oder Messwertanzeigevorrichtung, die zur unmittelbaren Benutzung des Arbeitsmittels erforderlich ist und
4. Schreibmaschinen klassischer Bauart mit einem Display[22].

(5) Diese Verordnung ist für Arbeitsstätten in Betrieben, die dem Bundesberggesetz unterliegen, nur für Bildschirmarbeitsplätze einschließlich Telearbeitsplätze anzuwenden.[23]

(6) Das Bundeskanzleramt, das Bundesministerium des Innern, das Bundesministerium für Verkehr und digitale Infrastruktur, das Bundesministerium für Umwelt, Naturschutz, Bau und Reaktorsicherheit, das Bundesministerium der Verteidigung oder das Bundesministerium der Finanzen können, soweit sie hierfür jeweils zuständig sind, im Einvernehmen mit dem Bundesministerium für Arbeit und Soziales und, soweit nicht das Bundesministerium des Innern selbst zuständig ist, im Einvernehmen mit dem Bundesministerium des Innern Ausnahmen von den Vorschriften dieser Verordnung zulassen, soweit öffentliche Belange dies zwingend erfordern, insbesondere zur Aufrechterhaltung oder Wiederherstellung der öffentlichen Sicherheit. In diesem Fall ist gleichzeitig festzulegen, wie die Sicherheit und der Schutz der Gesundheit der Beschäftigten nach dieser Verordnung auf andere Weise gewährleistet werden.

---

22) Mit der siebten Änderung der ArbStättV 2016 sind die Inhalte der BildscharbV vollständig integriert worden. Die im Jahr 1996 als Umsetzung der Richtlinie 90/270/EWG über die Mindestvorschriften bezüglich der Sicherheit und des Gesundheitsschutzes bei der Arbeit an Bildschirmgeräten erlassene BildscharbV wurde zugleich außer Kraft gesetzt. Die Einschränkungen des Geltungsbereichs der BildscharbV wurden – soweit sie den Anwendungsbereich der ArbStättV berühren – inhaltsgleich übernommen.

23) Mit der achten Änderung der ArbStättV 2017 wurde mit Artikel 5 der Verordnung zur Änderung der Gesundheitsschutz-Bergverordnung – siehe FN 9 – der bis dahin vollständige Ausschluss von Arbeitsstätten, die dem Bundesberggesetz unterliegen, dahingehend aufgehoben, dass die Bestimmungen der ArbStättV hinsichtlich der Anforderungen an Bildschirmarbeitsplätze einschließlich Telearbeitsplätze nun auch in den dem Bundesberggesetz unterliegenden Arbeitsstätten vollständig anzuwenden sind.

Arbeitsstättenverordnung

§ 2
Begriffsbestimmungen

(1) Arbeitsstätten sind:
1. Arbeitsräume oder andere Orte in Gebäuden[24] auf dem Gelände eines Betriebes,
2. Orte im Freien auf dem Gelände eines Betriebes[25],
3. Orte auf Baustellen[26],

sofern sie zur Nutzung für Arbeitsplätze[27] vorgesehen sind.

(2) Zur Arbeitsstätte gehören insbesondere auch:
1. Orte auf dem Gelände eines Betriebes oder einer Baustelle, zu denen Beschäftigte im Rahmen ihrer Arbeit Zugang haben[28],
2. Verkehrswege, Fluchtwege[29], Notausgänge, Lager-, Maschinen- und Nebenräume,

---

[24] „Andere Orte in Gebäuden" sind z. B. Informationsschalter/Rezeption in der Eingangs-/Empfangshalle, der Kassenschalter in der Tiefgarage usw.

[25] Außer den Arbeitsplätzen im Freien, die im Zusammenhang mit Arbeitsräumen in einem Gebäude stehen, z. B. auf Betriebshöfen, Lagerplätzen, Werkstoff-/Abfallsammelplätzen, Schrottplätzen, auf Umschlagplätzen für Massengüter oder im Werkbahnbetrieb, gelten als Arbeitsstätte auch die Arbeitsplätze in Steinbrüchen, Sand- oder Kiesgruben und sonstigen Gewinnungsbetrieben der Steine- und Erdenindustrie, soweit sie nicht unter das Bergrecht fallen (s. § 1 Abs. 5). Abfalldeponien und Bitumenmischanlagen mit den dort im Freien eingerichteten Arbeitsplätzen sind ebenfalls Arbeitsstätten. Dabei ist es unerheblich, ob das Gelände im Eigentum des Arbeitgebers steht, von ihm gepachtet bzw. angemietet ist oder von ihm nur für seine betrieblichen Zwecke genutzt wird. So unterliegen beispielsweise eine Betonmischanlage auf fremdem Betriebsgelände oder Lagerräume und Werkstätten eines fremden Betriebes auf dem Gelände eines Hafens oder Flugplatzes der ArbStättV. Es spielt auch keine Rolle, ob auf dem Betriebsgelände Gebäude stehen oder ob das Gelände eingefriedet ist (z. B. Lagerflächen außerhalb von Ortschaften). Der Verordnungsgeber ist davon ausgegangen, dass der Arbeitgeber auf die Arbeitsplätze auf betrieblichem Gelände üblicherweise Einfluss nehmen und damit auch die Bestimmungen der ArbStättV erfüllen kann.

[26] Nach der BaustellV ist eine Baustelle der Ort, an dem ein Bauvorhaben ausgeführt wird. Ein Bauvorhaben ist das Vorhaben, eine oder mehrere bauliche Anlagen zu errichten, zu ändern oder abzubrechen. Mangels weiterer Definition liegt im Sinne der ArbStättV immer dann eine Baustelle vor, wenn dort Bauarbeiten durch Beschäftigte gemäß § 2 Abs. 2 ArbSchG durchgeführt werden. Die Baustelle ist in der Regel wie das Betriebsgelände örtlich begrenzt und zumindest zeitweise ortsfest. Der Arbeitgeber kann Einrichtung, Ausstattung und Unterhaltung unmittelbar beeinflussen. Unter den genannten Bedingungen sind die Anforderungen der ArbStättV anzuwenden.

[27] Der Begriff des Arbeitsplatzes wird seit 2016 im Gegensatz zur bis dahin geltenden Definition unabhängig von der auslegungsbedürftigen Einschränkung „… regelmäßig über einen längeren Zeitraum oder im Verlauf der täglichen Arbeitszeit nicht nur kurzfristig…" festgelegt.

[28] Hierzu gehören z. B. auch Windkraftanlagen im Außenbereich, da sie als bauliche Anlage auf einer örtlich begrenzten Fläche (Betriebsgelände) errichtet sind, zu welcher der Arbeitgeber Zugriff hat und zu der seine Beschäftigten, z. B. im Rahmen der Instandhaltung, Zugang haben.

[29] Fluchtwege sind Verkehrswege, an die besondere Anforderungen zu stellen sind; sie dienen der Flucht aus einem möglichen Gefahrenbereich und i. d. R. zugleich der Rettung von Personen. Fluchtwege müssen bevorzugt unmittelbar ins Freie führen. Nur falls dies aus bestimmten Gründen nicht möglich ist, dürfen die Fluchtwege in einem gesicherten Bereich der Arbeitsstätte enden. Fluchtwege sind auch die im Bauordnungsrecht definierten Rettungswege, sofern diese selbstständig begangen werden können. Ein Fluchtweg i. S. der ArbStättV setzt eine jederzeit selbstständige Benutz- bzw. Begehbarkeit durch die Beschäftigten oder andere Personen voraus (ausführlicher in Opfermann/Streit, Loseblattwerk mit Kommentar, 3. Aufl., Landsberg 2019 unter OZ 3100, 4100).

Sanitärräume, Kantinen[30], Pausen- und Bereitschaftsräume, Erste-Hilfe-Räume, Unterkünfte sowie

3. Einrichtungen, die dem Betreiben der Arbeitsstätte dienen, insbesondere Sicherheitsbeleuchtungen, Feuerlöscheinrichtungen, Versorgungseinrichtungen, Beleuchtungsanlagen, raumlufttechnische Anlagen, Signalanlagen, Energieverteilungsanlagen, Türen und Tore, Fahrsteige, Fahrtreppen, Laderampen und Steigleitern[31].

(3) Arbeitsräume sind die Räume, in denen Arbeitsplätze innerhalb von Gebäuden dauerhaft eingerichtet sind[32].

(4) Arbeitsplätze sind Bereiche, in denen Beschäftigte im Rahmen ihrer Arbeit tätig sind[33].

(5) Bildschirmarbeitsplätze sind Arbeitsplätze, die sich in Arbeitsräumen befinden und die mit Bildschirmgeräten und sonstigen Arbeitsmitteln ausgestattet sind[34].

(6) Bildschirmgeräte sind Funktionseinheiten, zu denen insbesondere Bildschirme zur Darstellung von visuellen Informationen, Einrichtungen zur Datenein- und -ausgabe, sonstige Steuerungs- und Kommunikationseinheiten (Rechner) sowie eine Software zur Steuerung und Umsetzung der Arbeitsaufgabe gehören[35].

(7) Telearbeitsplätze sind vom Arbeitgeber fest eingerichtete Bildschirmarbeitsplätze im Privatbereich der Beschäftigten, für die der Arbeitgeber eine mit den Beschäftigten vereinbarte wöchentliche Arbeitszeit und die Dauer der Einrichtung festgelegt hat. Ein Telear-

---

30) Kantinen, also Einrichtungen zur Einnahme von Speisen und Getränken, sind 2016 neu in die Aufzählung der zur Arbeitsstätte gehörenden Wege, Ausgänge und Räume aufgenommen worden.
31) Die nicht abschließende Aufführung von zur Arbeitsstätte gehörenden Einrichtungen stellt seit 2016 eine Erweiterung zur vorhergehenden Fassung der ArbStättV dar. Sie dient nach amtlicher Begründung der Anwenderfreundlichkeit und Klarstellung. Zu den Einrichtungen gehören z. B. auch Fenster und Oberlichter, das Mobiliar in den Räumen oder Einrichtungen zum Erwärmen oder Kühlen von Speisen und Getränken.
32) Die Definition für „Arbeitsräume" wurde seit 2004 nicht geändert. Unter den Begriff fallen z. B. auch Container, Traglufthallen oder andere umschlossene Räume, in denen Arbeitsplätze dauerhaft eingerichtet sind (s. auch amtl. Begr., a.a.O.).
33) Mit der 2016 vorgenommenen Neudefinition für „Arbeitsplatz" wird die bisherige Einschränkung „… regelmäßig über einen längeren Zeitraum oder im Verlauf der täglichen Arbeitszeit nicht nur kurzfristig …" aufgehoben. Demzufolge war nach regelmäßiger Auslegung die ArbStättV für Arbeitsplätze einschlägig, an denen Beschäftigte mindestens zwei Stunden täglich oder an mehr als 30 Tagen im Jahr tätig wurden. Im Gegensatz dazu wird nun auf den tatsächlichen Aufenthalt der Beschäftigten am Ort der Arbeitstätigkeit und nicht auf eine Mindestdauer dieses Aufenthalts abgestellt. Im Mittelpunkt steht das „ob" und nicht das „wie lange" oder „wie oft" (s. auch amtl. Begr., a.a.O.).
34) 2016 wurde die Begriffsbestimmung für Bildschirmarbeitsplätze aus der BildscharbV übernommen. Danach sind Bildschirmarbeitsgeräte im Sinne der ArbStättV ausschließlich in Arbeitsräumen dauerhaft mit nach § 2 Abs. 6 definierten Bildschirmgeräten ausgerüstete Arbeitsplätze. Eine Ausnahme besteht lediglich für die in § 2 Abs. 7 definierten Telearbeitsplätze.
35) Die Definition der Bildschirmgeräte trägt dem rasanten Fortschritt der Informationstechnologie Rechnung. Wichtige Bestandteile sind dabei auch die Funktionseinheiten, die neben dem eigentlichen Bildschirmgerät zum IT-Inventar gehören (Computer, Tastatur, Maus, Drucker, Scanner etc.). Ergänzend hierzu wird auf Anh. Nr. 6 ArbStättV verwiesen (s. auch amtl. Begr., a.a.O. und FN 216 auf S. 63).

Arbeitsstättenverordnung

beitsplatz ist vom Arbeitgeber erst dann eingerichtet, wenn Arbeitgeber und Beschäftigte die Bedingungen der Telearbeit arbeitsvertraglich oder im Rahmen einer Vereinbarung festgelegt haben und die benötigte Ausstattung des Telearbeitsplatzes mit Mobiliar, Arbeitsmitteln einschließlich der Kommunikationseinrichtungen durch den Arbeitgeber oder eine von ihm beauftragte Person im Privatbereich des Beschäftigten bereitgestellt und installiert ist[36) 37)].

(8) Einrichten ist das Bereitstellen und Ausgestalten der Arbeitsstätte. Das Einrichten umfasst insbesondere:

1. bauliche Maßnahmen oder Veränderungen,
2. das Ausstatten mit Maschinen, Anlagen, anderen Arbeitsmitteln und Mobiliar sowie mit Beleuchtungs-, Lüftungs-, Heizungs-, Feuerlösch- und Versorgungseinrichtungen,
3. das Anlegen und Kennzeichnen von Verkehrs- und Fluchtwegen sowie das Kennzeichnen von Gefahrenstellen und brandschutztechnischen Ausrüstungen und
4. das Festlegen von Arbeitsplätzen.

(9) Das Betreiben von Arbeitsstätten umfasst das Benutzen, Instandhalten und Optimieren[38)] der Arbeitsstätten sowie die Organisation und Gestaltung der Arbeit einschließlich der Arbeitsabläufe in Arbeitsstätten[39)].

---

36) Die Definition der Telearbeitsplätze berücksichtigt die Entwicklung der modernen Arbeitswelt, die sich zunehmend auf die Be- und Verarbeitung von Daten bezieht. Entsprechende Tätigkeiten können von den Beschäftigten auch ortsungebunden, also im Privatbereich, ausgeübt werden. Unbedingte Voraussetzungen der Telearbeit sind zum einen eine arbeitsvertragliche Regelung und zum anderen die Bereitstellung aller benötigten Arbeitsmittel seitens des Arbeitgebers (s. auch amtl. Begr., a.a.O.).

37) Mit der Definition des Telearbeitsplatzes wird klargestellt, dass beruflich bedingte Formen mobiler Arbeit vom Anwendungsbereich der ArbStättV ausgenommen sind. Sie gilt somit nicht für das Arbeiten mit dem Laptop oder Smartphone an anderen Orten, etwa bei Dienstreisen oder unterwegs in Transportmitteln. Auch für zeitweiliges Arbeiten im Wohnbereich ohne Erfüllung der Voraussetzungen für einen Telearbeitsplatz sind die Bestimmungen nicht anwendbar. Für alle Formen beruflich bedingter mobiler Arbeit gelten aber weiterhin die Bestimmungen des Arbeitsschutzgesetzes und des Arbeitszeitgesetzes. Insoweit hat der Arbeitgeber auch für mobile Arbeitsformen eine Gefährdungsbeurteilung durchzuführen und Maßnahmen des Arbeitsschutzes nach dem Stand der Technik und arbeitswissenschaftlicher Erkenntnisse festzulegen. Indirekt wird er damit die Konkretisierungen zu Anh. Nr. 6, die vom Ausschuss für Arbeitsstätten in der Form einer ASR A6 Bildschirmarbeit erarbeitet werden, auch für Formen mobiler Arbeit heranziehen müssen.

38) Die mit der Änderung 2016 vorgenommene Erweiterung um „Optimieren der Arbeitsstätte" ist erforderlich, weil mit der Übernahme der Bildschirmarbeitsverordnung auch die Organisation und die Gestaltung der Arbeit an Bildschirmgeräten in Arbeitsstätten beim Betreiben zu berücksichtigen sind. Der Arbeitgeber hat die Tätigkeiten an Bildschirmarbeitsplätzen während des Arbeitstages der Beschäftigten z. B. so zu organisieren, dass die Arbeit an Bildschirmgeräten regelmäßig durch „andere Tätigkeiten" (Mischarbeit) oder durch Erholungszeiten unterbrochen wird. Weiterhin wird mit der Erweiterung eine Konkretisierung der in § 5 Abs. 3 Nr. 4 ArbSchG aufgeführten Möglichkeit einer Gefährdung durch die Gestaltung von Arbeits- und Fertigungsverfahren, Arbeitsabläufen und Arbeitszeit und deren Zusammenwirken in der ArbStättV erreicht.

39) Das Betreiben der Arbeitsstätte umfasst seit 2016 neu neben dem Benutzen und Instandhalten das Optimieren der Arbeitsstätten und erfasst auch die Organisation und die Gestaltung der Arbeit in Arbeitsstätten. Hintergrund für die Erweiterung ist der stetige Wandel der Arbeitswelt. Mit der Einführung neuer Technologien und Prozesse ändern sich in der Regel auch die Arbeitsbedingun-

(10) Instandhalten[40] ist die Wartung, Inspektion, Instandsetzung oder Verbesserung der Arbeitsstätten zum Erhalt des baulichen und technischen Zustandes.

(11) Stand der Technik ist der Entwicklungsstand fortschrittlicher Verfahren, Einrichtungen oder Betriebsweisen, der die praktische Eignung einer Maßnahme zur Gewährleistung der Sicherheit und zum Schutz der Gesundheit der Beschäftigten gesichert erscheinen lässt. Bei der Bestimmung des Stands der Technik sind insbesondere vergleichbare Verfahren, Einrichtungen oder Betriebsweisen heranzuziehen, die mit Erfolg in der Praxis erprobt worden sind. Gleiches gilt für die Anforderungen an die Arbeitsmedizin und die Hygiene.

(12) Fachkundig ist, wer über die zur Ausübung einer in dieser Verordnung bestimmten Aufgabe erforderlichen Fachkenntnisse verfügt. Die Anforderungen an die Fachkunde sind abhängig von der jeweiligen Art der Aufgabe. Zu den Anforderungen zählen eine entsprechende Berufsausbildung, Berufserfahrung oder eine zeitnah ausgeübte entsprechende berufliche Tätigkeit. Die Fachkenntnisse sind durch Teilnahme an Schulungen auf aktuellem Stand zu halten[41].

---

gen für die Beschäftigten teilweise erheblich. In vielen Fällen hat die Gestaltung der Arbeit eine grundlegende Neugestaltung der Arbeitsplätze, der Arbeitsräume und nicht selten sogar der ganzen Arbeitsstätte zur Folge. Zunehmend werden Tätigkeiten, die bisher von Beschäftigten durchgeführt wurden, durch Maschinen oder Fertigungsroboter erledigt. Die Belange der Beschäftigten sind dabei unter den veränderten Randbedingungen neu zu bestimmen und ggf. anzupassen. In bestimmten Bereichen, wie z. B. in Büro und Verwaltung, werden zudem neue Raum- und Arbeitskonzepte entwickelt, die mit weitreichenden Änderungen in Bezug auf die Einrichtung und das Betreiben von Arbeitsstätten verbunden sind. Die Auswirkungen auf die Arbeitsprozesse sind zum Teil erheblich, da sich sowohl das Einrichten als auch das Betreiben von Arbeitsstätten zunehmend an den Erfordernissen moderner Kommunikationstechniken orientieren. Die Erweiterung der ArbStättV um die Aspekte „… Optimieren der Arbeitsstätten sowie die Organisation und die Gestaltung der Arbeit einschließlich der Arbeitsabläufe …" entspricht dieser Entwicklung und soll Sicherheit und Gesundheitsschutz der Beschäftigten unter veränderten Rahmenbedingungen gewährleisten.

40) Die DIN-Norm DIN 31051:2019-06 Grundlagen der Instandhaltung strukturiert die Instandhaltung in die vier Grundmaßnahmen Wartung (Maßnahmen zur Verzögerung des Abbaus des vorhandenen Abnutzungsvorrats), Inspektion (Maßnahmen zur Feststellung und Beurteilung des Istzustandes einer Betrachtungseinheit einschließlich der Bestimmung der Ursachen der Abnutzung und dem Ableiten der notwendigen Konsequenzen für eine künftige Nutzung), Instandsetzung (Maßnahmen zur Rückführung einer Betrachtungseinheit in den funktionsfähigen Zustand, mit Ausnahme von Verbesserungen) und Verbesserung (Kombination aller technischen und administrativen Maßnahmen sowie Maßnahmen des Managements zur Steigerung der Funktionssicherheit einer Betrachtungseinheit, ohne die von ihr geforderte Funktion zu ändern).

41) „Fachkunde" wird wortgleich zur Formulierung in § 2 Abs. 5 der Betriebssicherheitsverordnung (BetrSichV) definiert. Die Definition ist erforderlich, um die Anforderungen an die Fachkunde zur Erstellung der Gefährdungsbeurteilung nach § 3 und die fachkundige Durchführung von Abbrucharbeiten gemäß den Anforderungen in Anh. Nr 5.2 Absatz 4e) deutlich zu machen. Zur Fachkunde gehören insbesondere die aufgrund der Ausbildung erworbenen Kenntnisse sowie die bei der beruflichen Arbeit erworbenen besonderen Kenntnisse und Erfahrungen am Arbeitsplatz hinsichtlich der Anforderungen aus dieser Verordnung. Bei Vorliegen dieser besonderen Kenntnisse und Erfahrungen können z. B. Fachkräfte für Arbeitssicherheit und Betriebsärzte die Fachkunde i. S. d. Verordnung für sich in Anspruch nehmen (amtl. Begr., a.a.O.).

Arbeitsstättenverordnung

§ 3[42)
Gefährdungsbeurteilung

(1) Bei der Beurteilung der Arbeitsbedingungen nach § 5 des Arbeitsschutzgesetzes hat der Arbeitgeber zunächst festzustellen, ob die Beschäftigten Gefährdungen beim Einrichten und Betreiben von Arbeitsstätten ausgesetzt sind oder ausgesetzt sein können. Ist dies der Fall, hat er alle möglichen Gefährdungen der Sicherheit und der Gesundheit der Beschäftigten zu beurteilen und dabei die Auswirkungen der Arbeitsorganisation und der Arbeitsabläufe in der Arbeitsstätte[43)] zu berücksichtigen. Bei der Gefährdungsbeurteilung hat er die physischen und psychischen Belastungen[44)] sowie bei Bildschirmarbeitsplätzen insbesondere die Belastungen der Augen oder die Gefährdung des Sehvermögens der Beschäftigten zu berücksichtigen[45)]. Entsprechend dem Ergebnis der Gefährdungsbeurteilung hat der Arbeitgeber Maßnahmen zum Schutz der Beschäftigten gemäß den Vorschriften dieser Verordnung einschließlich ihres Anhangs nach dem Stand der Technik, Arbeitsmedizin und Hygiene festzulegen. Sonstige gesicherte arbeitswissenschaftliche Erkenntnisse sind zu berücksichtigen.

---

42) § 3 wurde eingefügt durch Art. 4 Nr. 3 der Verordnung vom 19. Juli 2010 (s. FN 9 auf S. 16). Die Anforderungen zur Durchführung der Gefährdungsbeurteilung werden durch die ASR V3 Gefährdungsbeurteilung (s. S. 72) konkretisiert.
43) Durch die 2016 in der ArbStättV erfolgte Ergänzung wird klargestellt, dass der Arbeitgeber bei der Beurteilung der Gefährdungen der Sicherheit und Gesundheit der Beschäftigten auch die Auswirkungen der Arbeitsorganisation und der Arbeitsabläufe in der Arbeitsstätte berücksichtigen muss. Dies wird zwar schon in § 5 Abs. 3 Nr. 4 ArbSchG gefordert. Allerdings waren Fragen der Arbeitsorganisation und Arbeitsablaufgestaltung – weil bisher explizit nicht in der ArbStättV erwähnt – in der Praxis bisher eher unzureichend als Gefährdungsfaktoren berücksichtigt worden. Vor dem Hintergrund moderner Arbeitsformen werden diese aber an Bedeutung gewinnen und ihre Gestaltung wird zur Verringerung physischer und psychischer Fehlbelastungen unabdingbar sein.
44) Klargestellt wird, dass der Gesundheitsbegriff sowohl die physische als auch die psychische Gesundheit umfasst. Damit sind beide Elemente gleichermaßen in die Beurteilung der Arbeitsbedingungen nach § 5 ArbSchG einzubeziehen. Dementsprechend hat der Arbeitgeber gemäß § 3a ArbStättV beim Einrichten und Betreiben von Arbeitsstätten neben dem Stand der Technik, Arbeitsmedizin und Hygiene explizit auch ergonomische Anforderungen und weiterhin insbesondere die vom ASTA erstellten und vom Bundesministerium für Arbeit und Soziales (BMAS) bekannt gemachten Regeln und Erkenntnisse zu berücksichtigen.
Ungenügend gestaltete Arbeitsplatz- und Arbeitsumgebungsbedingungen (z. B. Lärm oder störende Geräusche, schlechtes Raumklima, räumliche Enge, unzureichende Wahrnehmung von Signalen und Prozessmerkmalen, unzureichende Ergonomie und Softwaregestaltung, schlechte Beleuchtung) können Fehlbelastungen von Beschäftigten zur Folge haben und so krankheitsbedingte Fehlzeiten auslösen.
45) Die Inhalte aus der BildscharbV zu möglichen Belastungen der Augen und zur Gefährdung des Sehvermögens der Beschäftigten durch die Arbeit an Bildschirmgeräten wurden 2016 in die ArbStättV übernommen. Die Arbeitgeberpflichten zur Untersuchung der Augen und des Sehvermögens sind in der Verordnung zur arbeitsmedizinischen Vorsorge (ArbMedVV) vom 18. Dezember 2008 (BGBl. I S. 2768, zuletzt geändert durch Art. 1 der Verordnung vom 12. Juli 2019, BGBl. I S. 1082) in Anh. Teil 4 Abs. 2 Ziff. 1 geregelt.

(2) Der Arbeitgeber hat sicherzustellen, dass die Gefährdungsbeurteilung fachkundig durchgeführt wird.[46] Verfügt der Arbeitgeber nicht selbst über die entsprechenden Kenntnisse, hat er sich fachkundig beraten zu lassen.

(3) Der Arbeitgeber hat die Gefährdungsbeurteilung vor Aufnahme der Tätigkeiten zu dokumentieren. In der Dokumentation ist anzugeben, welche Gefährdungen am Arbeitsplatz auftreten können und welche Maßnahmen nach Absatz 1 Satz 4 durchgeführt werden müssen.

§ 3a[47]
Einrichten und Betreiben von Arbeitsstätten

(1) Der Arbeitgeber[48] [49] hat dafür zu sorgen, dass Arbeitsstätten so eingerichtet und betrieben werden, dass Gefährdungen für die Sicherheit und die Gesundheit der Beschäftigten möglichst vermieden und verbleibende Gefährdungen möglichst gering gehalten werden[50] [51]. Beim Einrichten und Betreiben der Arbeitsstätten hat der Arbeitgeber die Maßnahmen nach § 3 Absatz 1 durchzuführen und dabei den Stand der Technik, Arbeitsmedizin und Hygiene, die ergonomischen Anforderungen[52] sowie insbesondere die vom Bundesministerium für Arbeit und Soziales nach § 7 Absatz 4 bekannt gemachten Regeln und

---

46) Konkretisierende Aussagen zur Fachkunde enthält die ASR V3 Gefährdungsbeurteilung in Nr. 4.1 (s. S. 77 ff.). Erforderlich sind Fachkenntnisse, die abhängig von der Art der Aufgabe (z. B. Beurteilung von elektrischen, chemischen, biologischen oder mechanischen Gefährdungen, Brand- und Explosionsgefährdungen, Gefährdungen durch Lärmeinwirkungen oder Arbeitsumgebungsbedingungen wie Beleuchtung, Raumklima, Luftqualität, Raumabmessungen, nicht ergonomische Gestaltung, physische und psychische Fehlbeanspruchung) unterschiedlich sind und durch eine entsprechende Berufsausbildung, Berufserfahrung oder berufliche Tätigkeit erworben wurden. Zudem müssen die Fachkenntnisse stets auf dem aktuellen Stand gehalten werden, z. B. durch entsprechende Fort- oder Weiterbildung.
47) Folge der Änderung der ArbStättV 2010: bisheriger § 3 wird § 3a (s. FN 42).
48) Im öffentlichen Dienst ist Arbeitgeber der Dienststellenleiter.
49) Der Arbeitgeber als Mieter einer Arbeitsstätte hat gegenüber dem Vermieter einen Anspruch darauf, dass ihm die Zustimmung zu den baulichen Änderungen erteilt wird, die erforderlich sind, damit der Arbeitsstättenverordnung entsprochen wird.
50) Die bis 2016 geltende Formulierung, wonach der Arbeitgeber dafür zu sorgen hat, dass Arbeitsstätten so eingerichtet und betrieben werden, dass von ihnen keine Gefährdungen für die Sicherheit und Gesundheit der Beschäftigten ausgehen, wurde 2016 an den Text in § 4 Nr. 1 ArbSchG angepasst – Gefährdungen sind möglichst zu vermeiden und verbleibende Gefährdungen möglichst gering zu halten.
51) Der Anhang der ArbStättV nennt im Einzelnen die Anforderungen, die zur sicheren und die Gesundheit der Beschäftigten schützenden Einrichtung und zum Betrieb der Arbeitsstätte zu beachten sind, allerdings nur in allgemeiner Form. Die Konkretisierung erfolgt in den vom Ausschuss für Arbeitsstätten gemäß § 7 Abs. 3 ermittelten und gemäß § 7 Abs. 4 vom Bundesministerium für Arbeit und Soziales bekannt gemachten Regeln und Erkenntnissen.
52) Die Ergänzung hinsichtlich der ergonomischen Gestaltung von Arbeitsplätzen zum Schutz der Gesundheit der Beschäftigten ist erforderlich. Es geht bei den ergonomischen Anforderungen um mehr als die Anordnung der einzelnen Arbeitsmittel (Bewegungsfreiheit am Arbeitsplatz, Türmaße, Gangbreiten, Geländerhöhen, Fluchtwegbreiten, Anordnung der Schreibtische, Bildschirmaufstellung). Es geht um die gesamte Umgebungsgestaltung am Arbeitsplatz und im Arbeitsraum. Ungenügend gestaltete Arbeitsplatz- und Arbeitsumgebungsbedingungen (z. B. Lärm oder störende Geräusche, unzuträgliches Raumklima, räumliche Enge, unzureichende Wahrnehmung von Signalen und Prozessmerkmalen, unzureichende Softwaregestaltung, schlechte Beleuchtung)

Erkenntnisse[53] zu berücksichtigen. Bei Einhaltung der bekannt gemachten Regeln[54] ist davon auszugehen, dass die in dieser Verordnung gestellten Anforderungen diesbezüglich erfüllt sind. Wendet der Arbeitgeber diese Regeln nicht an, so muss er durch andere Maßnahmen die gleiche Sicherheit und den gleichen Schutz der Gesundheit der Beschäftigten erreichen.

(2) Beschäftigt der Arbeitgeber Menschen mit Behinderungen, hat er die Arbeitsstätte so einzurichten und zu betreiben, dass die besonderen Belange dieser Beschäftigten im Hinblick auf die Sicherheit und den Schutz der Gesundheit berücksichtigt werden. Dies gilt insbesondere für die barrierefreie Gestaltung[55] von Arbeitsplätzen, Sanitär-, Pausen- und Bereitschaftsräumen, Kantinen, Erste-Hilfe-Räumen und Unterkünften sowie den zugehö-

---

können zu Fehlbelastungen von Beschäftigten führen, die krankheitsbedingte Fehlzeiten auslösen können. Ergonomie ist somit ein wesentlicher Aspekt des betrieblichen Gesundheitsschutzes.

53) „Regeln und Erkenntnisse" als Ersatz für „Regeln für Arbeitsstätten" eingefügt durch Art. 9 Nr. 1a der Verordnung vom 18. Dezember 2008 (s. FN 9 auf S. 16). Mit der Einfügung wird der Ausschuss für Arbeitsstätten dazu ermächtigt, neben Regeln zur Konkretisierung der Anforderungen der ArbStättV auch sonstige gesicherte wissenschaftliche Erkenntnisse für die Sicherheit und Gesundheit der Beschäftigten in Arbeitsstätten zu ermitteln.

54) Es wird mit der Änderungsverordnung 2016 (s. FN 9 auf S. 16) klargestellt, dass die „Vermutungswirkung" bezüglich der Erfüllung der Anforderungen der ArbStättV für den Arbeitgeber ausschließlich von den durch das Bundesministerium für Arbeit und Soziales bekannt gemachten Regeln ausgeht. Die grundsätzliche Bedeutung der Technischen Regeln ist in jüngster Zeit durch mehrere Urteile belegt worden (z. B. Urteil des Sächsischen OVG vom 9. Mai 2018 und Beschluss des BVerwG vom 8. Mai 2019). Demnach sind die Technischen Regeln für Arbeitsstätten (ASR) zwar keine Rechtsnormen, die Inhalte konkretisieren aber die allgemein gefassten Schutzziele des Arbeitsschutzgesetzes und der Arbeitsstättenverordnung und füllen diese aus. Der Arbeitgeber kann durch andere, gleichwertig wirkende Maßnahmen von den Inhalten der Arbeitsstättenregeln abweichen, muss aber den Nachweis der Gleichwertigkeit, z. B. durch eine nachvollziehbare Darlegung im Rahmen der Gefährdungsbeurteilung (s. ASR V3 S. 72), erbringen. Die spezifische Ermittlung abweichender Maßnahmen, deren betriebliche Erprobung und der anschließend zwingend erforderliche fachliche Nachweis der Wirksamkeit im Sinne einer Gleichwertigkeit dürfte im Einzelfall nicht nur fachlich anspruchsvoll sondern auch zeit- und kostenintensiv sein. Andernfalls wären solche Maßnahmen aus den Ermittlungen des Ausschusses für Arbeitsstätten in den Regelinhalt aufgenommen worden.

55) Barrierefrei sind Arbeitsstätten einschließlich der zugehörigen Räume und Verkehrswege, Fluchtwege und Notausgänge, wenn sie für behinderte Beschäftigte in der allgemein üblichen Weise, ohne besondere Erschwernis und grundsätzlich ohne fremde Hilfe zugänglich und nutzbar sind (§ 4 des Bundesbehindertengleichstellungsgesetzes). Barrierefreiheit bezieht sich auf alle physischen und psychischen Einschränkungen und kommunikativen Schranken in der Arbeitsstätte. Sie ist nicht, wie das in der Vergangenheit üblich war, vorrangig auf die Vermeidung bautechnischer Barrieren (behindertengerechtes Bauen) zu beschränken. Vielmehr müssen im Hinblick auf die Beschäftigung von Personen mit Behinderungen alle sie betreffenden Erschwernisse und Schranken beseitigt werden. Barrierefreiheit beinhaltet somit im Hinblick auf Menschen mit den vom Behindertenbegriff erfassten Einschränkungen alle bewegungsstützenden und -schützenden, optischen, akustischen und taktilen (den Tastsinn betreffenden) Maßnahmen. Ausführlicher in Opfermann/Streit, Loseblattwerk mit Kommentar, 3. Aufl., Landsberg 2019 unter OZ 3100, Erl. zu § 3a.

rigen Türen, Verkehrswegen, Fluchtwegen, Notausgängen, Treppen und Orientierungssystemen, die von den Beschäftigten mit Behinderungen benutzt werden[56] [57].

(3) Die zuständige Behörde kann auf schriftlichen Antrag des Arbeitgebers Ausnahmen von den Vorschriften dieser Verordnung einschließlich ihres Anhanges[58] zulassen, wenn
1. der Arbeitgeber andere, ebenso wirksame Maßnahmen trifft oder
2. die Durchführung der Vorschrift im Einzelfall zu einer unverhältnismäßigen Härte führen würde und die Abweichung mit dem Schutz der Beschäftigten vereinbar ist.

Der Antrag des Arbeitgebers kann in Papierform oder elektronisch[59] übermittelt werden. Bei der Beurteilung sind die Belange der kleineren Betriebe besonders zu berücksichtigen[60].

(4) Anforderungen in anderen Rechtsvorschriften, insbesondere im Bauordnungsrecht der Länder, gelten vorrangig, soweit sie über die Anforderungen dieser Verordnung hinausgehen[61].

---

56) Die bisherige Fassung von § 3a Abs. 2 wurde 2016 so ergänzt, dass Sanitär-, Pausen- und Bereitschaftsräume, Kantinen, Erste-Hilfe-Räume und Unterkünfte in Arbeitsstätten bei Bedarf, sofern Menschen mit Behinderungen beschäftigt werden, ebenso behindertengerecht eingerichtet und betrieben werden müssen.
57) Die Anforderungen an die barrierefreie Gestaltung von Arbeitsstätten werden konkretisiert in der ASR V3a.2 Barrierefreie Gestaltung von Arbeitsstätten (s. S. 102).
58) Eine Ausnahmegenehmigung kommt nur bei solchen Vorschriften der ArbStättV in Betracht, die präzise Anforderungen in Form von Zahlenangaben (z. B. Anh. Nr. 2.1 – Absturzhöhe von mehr als 1 Meter, Anh. Nr. 2.3 – Öffnung der Türen von Notausgängen nach außen, Anh. Nr. 3.4 – Sichtverbindung nach außen, Anh. Nr. 4.2 – mehr als zehn Beschäftigte, Anh. Nr. 5.2 – Angaben zu Absturzhöhen und Dachneigungen) oder gegenständlichen Angaben (z. B. § 4 Abs. 3 – Instandhaltung und Prüfung der Funktionsfähigkeit von Sicherheitseinrichtungen, Anh. Nr. 4.1 bis 4.4 – Bereitstellung von anforderungsgerechten Sanitär-, Pausen- und Bereitschaftsräumen, Kantinen, Erste-Hilfe-Räumen und Unterkünften) enthalten.
59) Mit der 2016 vorgenommenen Ergänzung soll die Antragstellung über elektronische Kommunikation – Übermittlung von Anträgen auch auf elektronischem Weg – mit den für Arbeitsschutz zuständigen Behörden ermöglicht werden. Dies stellt eine Vereinfachung bzw. Erleichterung für den Arbeitgeber dar. Die Antragstellung wird damit nutzerfreundlicher und effizienter angeboten.
60) Mit dieser Bestimmung wird zum Ausdruck gebracht, dass bei kleineren Betrieben bei der Erteilung einer behördlichen Ausnahme auf die besondere Situation im Einzelfall Rücksicht genommen werden soll. Ein ausreichender Schutz der Beschäftigten muss allerdings stets gewährleistet sein. Als Kleinbetriebe gelten üblicherweise solche mit weniger als 20 Beschäftigten.
61) Das Verhältnis zwischen anderen Rechtsvorschriften mit Bezug zu Arbeitsstätten und der ArbStättV wird klargestellt. Die jeweils weitergehende Rechtsvorschrift (z. B. in Bezug auf das Baurecht) ist vom Arbeitgeber einzuhalten.

§ 4
Besondere Anforderungen an das Betreiben von Arbeitsstätten

(1) Der Arbeitgeber hat die Arbeitsstätte instand zu halten[62] und dafür zu sorgen, dass festgestellte Mängel unverzüglich beseitigt werden. Können Mängel, mit denen eine unmittelbare erhebliche Gefahr verbunden ist, nicht sofort beseitigt werden, hat er dafür zu sorgen, dass die gefährdeten Beschäftigten ihre Tätigkeit unverzüglich einstellen[63].

(2) Der Arbeitgeber hat dafür zu sorgen, dass Arbeitsstätten den hygienischen Erfordernissen entsprechend gereinigt werden. Verunreinigungen und Ablagerungen, die zu Gefährdungen führen können, sind unverzüglich zu beseitigen.

(3) Der Arbeitgeber hat die Sicherheitseinrichtungen, insbesondere Sicherheitsbeleuchtung, Brandmelde- und Feuerlöscheinrichtungen, Signalanlagen, Notaggregate und Notschalter sowie raumlufttechnische Anlagen instand zu halten und in regelmäßigen Abständen auf ihre Funktionsfähigkeit prüfen zu lassen[64] [65].

(4)[66] Der Arbeitgeber hat dafür zu sorgen, dass Verkehrswege, Fluchtwege und Notausgänge ständig freigehalten werden[67], damit sie jederzeit benutzbar sind. Der Arbeitgeber hat Vorkehrungen so zu treffen, dass die Beschäftigten bei Gefahr sich unverzüglich in Sicherheit bringen und schnell gerettet werden können. Der Arbeitgeber hat einen Flucht- und Rettungsplan[68] aufzustellen, wenn Lage, Ausdehnung und Art der Benutzung der Arbeitsstätte dies erfordern. Der Plan ist an geeigneten Stellen in der Arbeitsstätte auszule-

---

62) Instandhalten beinhaltet nach DIN 31051:2019-06 Instandhaltung die Wartung (Maßnahmen zur Bewahrung des Soll-Zustandes), die Inspektion (Maßnahmen zur Feststellung und Beurteilung des Ist-Zustandes), die Instandsetzung (Maßnahmen zur Wiederherstellung des Soll-Zustandes) und die Verbesserung (Schwachstellenbeseitigung).
63) Mit der 2016 geänderten Formulierung wird klargestellt, dass bei kurzfristig festgestellten Mängeln in der Arbeitsstätte, die zu ernsten Gefährdungen der Beschäftigten führen, insoweit nur die Tätigkeit der jeweils gefährdeten Personen unverzüglich einzustellen ist.
64) Die 2016 vorgenommene Änderung in Abs. 3 stellt klar, dass sowohl bauliche oder technische Anlagen nicht nur sachgerecht zu warten, sondern auch instand zu halten sind. Instandhalten beinhaltet neben dem Warten der Anlagen auch ihre Inspektion, Instandsetzung und Verbesserung.
65) Die Prüfintervalle sind aus den Regeln für Arbeitsstätten oder den Prüfverordnungen der Länder zu entnehmen. So sind z. B. kraftbetätigte Türen und Tore nach ASR A1.7 mindestens einmal jährlich und Feuerlöscher zur Sicherstellung der Funktionsfähigkeit nach ASR A2.2 mindestens alle zwei Jahre von einem Sachkundigen zu prüfen. Die Prüfungen sollen im Gegensatz zur Überprüfung (Inspektion) nach festgelegten Prüfgrundsätzen erfolgen. Für die Prüfung technischer Anlagen und Einrichtungen von Sonderbauten i. S. des Bauordnungsrechts finden sich spezielle Regelungen mit Prüffristen in den (Technischen) Prüfverordnungen der Länder, z. B. Verordnung über die Prüfung technischer Anlagen und wiederkehrende Prüfungen von Sonderbauten (Prüfverordnung – PrüfVO NRW) vom 24. November 2009, zuletzt geändert am 11. Dezember 2018 [GV. NRW. S. 707].
66) Zu Abs. 4 s. ASR A2.3 Fluchtwege und Notausgänge; Flucht- und Rettungsplan auf S. 332.
67) Freihalten der Fluchtwege bedingt auch, dass diese nicht in ihrem Querschnitt durch Einbauten oder Einrichtungen eingeengt und Rettungszeichen nicht durch Rohrleitungen, abgehängte Reklametafeln usw. in ihrer Erkennbarkeit unwirksam gemacht werden dürfen.
68) Zur Gestaltung von Flucht- und Rettungsplänen s. ASR A1.3 Sicherheits- und Gesundheitsschutzkennzeichnung Nr. 6 und als Beispiel für die Gestaltung eines solchen Planes Anl. 3, ferner ASR A2.3 Nr. 9.

gen oder auszuhängen. In angemessenen Zeitabständen ist entsprechend diesem Plan zu üben[69].

(5) Der Arbeitgeber hat beim Einrichten und Betreiben von Arbeitsstätten Mittel und Einrichtungen zur Ersten Hilfe zur Verfügung zu stellen und regelmäßig auf ihre Vollständigkeit und Verwendungsfähigkeit prüfen zu lassen[70].

§ 5
Nichtraucherschutz

(1) Der Arbeitgeber hat die erforderlichen Maßnahmen[71] zu treffen, damit die nicht rauchenden Beschäftigten in Arbeitsstätten wirksam[72] vor den Gesundheitsgefahren durch Tabakrauch geschützt sind. Soweit erforderlich, hat der Arbeitgeber ein allgemeines oder auf einzelne Bereiche der Arbeitsstätte beschränktes Rauchverbot zu erlassen.

(2) In Arbeitsstätten mit Publikumsverkehr hat der Arbeitgeber beim Einrichten und Betreiben von Arbeitsräumen der Natur des Betriebes entsprechende und der Art der Beschäftigung angepasste technische oder organisatorische Maßnahmen nach Absatz 1 zum Schutz der nicht rauchenden Beschäftigten zu treffen[73].

---

69) Die zeitlichen Intervalle für die Flucht- und Rettungsübungen sind im Rahmen der Beurteilung der Arbeitsbedingungen (Gefährdungsbeurteilung) nach § 3 ArbStättV festzulegen. Zur Festlegung der Häufigkeit und des Umfangs der Räumungsübungen sowie zu deren Durchführung sind auch Anforderungen anderer Rechtsvorschriften (z. B. Bauordnungsrecht, Gefahrstoffrecht, Immissionsschutzrecht) zu berücksichtigen (s. auch ASR A2.3 Nr. 9).
70) Zu Abs. 5 s. ASR A4.3 Erste-Hilfe-Räume, Mittel und Einrichtungen zur Ersten Hilfe, Abschnitt 4 und DGUV Information 204-022 Erste Hilfe im Betrieb, Ausg. 2017-05.
71) In Betracht kommen organisatorische, raumbezogene und lüftungstechnische Maßnahmen.
72) Wirksamer Schutz erfasst alle für die Gesundheit nachteiligen Einwirkungen des Tabakrauchs. Die Raumluft muss frei von Tabakrauch sein. Hierbei ist zu berücksichtigen, dass Nichtraucher eine niedrigere Geruchsschwelle haben als Raucher.
73) Die 2016 eingeführte neue Formulierung in § 5 Abs. 2 stellt klar, dass der Arbeitgeber auch in Bereichen der Arbeitsstätte mit Publikumsverkehr (z. B. Gaststätten) geeignete Vorkehrungen beziehungsweise angepasste technische oder organisatorische Maßnahmen zum Schutz der nicht rauchenden Beschäftigten (z. B. Bedienpersonal) treffen muss. Aus der bis dahin geltenden Fassung des § 5 Abs. 2 ist nicht eindeutig erkennbar, dass der Arbeitgeber auch in Arbeitsstätten mit Publikumsverkehr Maßnahmen zum Schutz der nicht rauchenden Beschäftigten treffen muss. Mit der neuen Formulierung wird der Arbeitgeber ausdrücklich zu wirksamen Maßnahmen zum Schutz der nicht rauchenden Beschäftigten bei der Arbeit angehalten. Damit wird größere Rechtssicherheit geschaffen und bundesweit ein einheitliches Schutzniveau z. B. für Bedienpersonal in Gaststätten festgelegt. Die Bestimmung gibt dem Arbeitgeber angesichts der Vielgestaltigkeit der betrieblichen Verhältnisse aber den notwendigen Handlungsspielraum in Bezug auf die konkret zu veranlassenden Schutzmaßnahmen. Als Mindestlösung wäre die Bereitstellung eines Pausenraums mit absolutem Rauchverbot anzunehmen.

§ 6[74) 75)]
Unterweisung der Beschäftigten

(1) Der Arbeitgeber hat den Beschäftigten ausreichende und angemessene Informationen anhand der Gefährdungsbeurteilung in einer für die Beschäftigten verständlichen Form und Sprache zur Verfügung zu stellen über
1. das bestimmungsgemäße Betreiben der Arbeitsstätte,
2. alle gesundheits- und sicherheitsrelevanten Fragen im Zusammenhang mit ihrer Tätigkeit,
3. Maßnahmen, die zur Gewährleistung der Sicherheit und zum Schutz der Gesundheit der Beschäftigten durchgeführt werden müssen, und
4. arbeitsplatzspezifische Maßnahmen, insbesondere bei Tätigkeiten auf Baustellen oder an Bildschirmgeräten,

und sie anhand dieser Informationen zu unterweisen.

(2) Die Unterweisung nach Absatz 1 muss sich auf Maßnahmen im Gefahrenfall erstrecken, insbesondere auf
1. die Bedienung von Sicherheits- und Warneinrichtungen,
2. die Erste Hilfe und die dazu vorgehaltenen Mittel und Einrichtungen und
3. den innerbetrieblichen Verkehr.

(3) Die Unterweisung nach Absatz 1 muss sich auf Maßnahmen der Brandverhütung und Verhaltensmaßnahmen im Brandfall erstrecken, insbesondere auf die Nutzung der Fluchtwege und Notausgänge. Diejenigen Beschäftigten, die Aufgaben der Brandbekämpfung übernehmen, hat der Arbeitgeber in der Bedienung der Feuerlöscheinrichtungen zu unterweisen.

(4) Die Unterweisungen müssen vor Aufnahme der Tätigkeit stattfinden. Danach sind sie mindestens jährlich zu wiederholen. Sie haben in einer für die Beschäftigten verständ-

---

74) In der bis zum 3. Dezember 2016 gültigen Fassung der ArbStättV waren Anforderungen zu Arbeits-, Sanitär- und Sozialräumen sowohl in § 6 als auch im Anhang geregelt. Mit der Novellierung der ArbStättV wurden die Vorschriften im bisherigen § 6 mit den entsprechenden Anforderungen im Anhang vereinigt und aus § 6 gestrichen. Mit der Zusammenführung von Regelungsinhalten zum gleichen Sachverhalt wird die Anwendbarkeit der ArbStättV erleichtert.

75) In § 6 wurden 2016 Regelungen zur Unterweisung der Beschäftigten neu aufgenommen. Mit der Aufnahme entsprechender Vorschriften zur Unterweisung der Beschäftigten wurde die ArbStättV inhaltlich und konzeptionell an die anderen Arbeitsschutzverordnungen, wie z. B. die GefStoffV, die BioStoffV, die BetrSichV, die Lärm- und Vibrations-Arbeitsschutzverordnung oder die OStrV angepasst. Für den Arbeitgeber und die Arbeitsschutzakteure in den Betrieben bedeutet dies eine Vereinfachung, da sie nunmehr die Systematik des betrieblichen Arbeitsschutzes in allen wesentlichen Arbeitsschutzverordnungen einheitlich wiederfindet. Unterweisungen sind Instrumente, um Beschäftigte in die Lage zu versetzen, sich sicherheitsgerecht zu verhalten. Die Ergebnisse der Gefährdungsbeurteilung bilden die Grundlage dafür, welche Informationen im Rahmen der Unterweisung an die Beschäftigten weitergegeben werden müssen. Erst mit diesen Informationen werden die Beschäftigten in die Lage versetzt, durch aktives Handeln und Anwendung der Schutzmaßnahmen den Gefährdungen bei der Arbeit zu begegnen. Weiterhin müssen die Beschäftigten über Maßnahmen und Verhaltensweisen bei ihren Tätigkeiten unterwiesen werden. Die Unterweisungen sind vor Aufnahme der Tätigkeit erforderlich und danach mindestens jährlich zu wiederholen. Eine Dokumentationsverpflichtung der Unterweisung der Beschäftigten wird mit der Änderung der ArbStättV nicht vorgeschrieben.

lichen Form und Sprache zu erfolgen. Unterweisungen sind unverzüglich zu wiederholen, wenn sich die Tätigkeiten der Beschäftigten, die Arbeitsorganisation, die Arbeits- und Fertigungsverfahren oder die Einrichtungen und Betriebsweisen in der Arbeitsstätte wesentlich verändern und die Veränderung mit zusätzlichen Gefährdungen verbunden ist.

§ 7
Ausschuss für Arbeitsstätten

(1)[76] Beim Bundesministerium für Arbeit und Soziales wird ein Ausschuss für Arbeitsstätten gebildet, in dem fachkundige Vertreter der Arbeitgeber, der Gewerkschaften, der Länderbehörden, der gesetzlichen Unfallversicherung und weitere fachkundige Personen, insbesondere der Wissenschaft, in angemessener Zahl vertreten sein sollen. Die Gesamtzahl der Mitglieder soll 16 Personen nicht überschreiten. Für jedes Mitglied ist ein stellvertretendes Mitglied zu benennen. Die Mitgliedschaft im Ausschuss für Arbeitsstätten ist ehrenamtlich.

(2) Das Bundesministerium für Arbeit und Soziales beruft die Mitglieder des Ausschusses und die stellvertretenden Mitglieder[77]. Der Ausschuss gibt sich eine Geschäftsordnung und wählt den Vorsitzenden aus seiner Mitte. Die Geschäftsordnung und die Wahl des Vorsitzenden bedürfen der Zustimmung des Bundesministeriums für Arbeit und Soziales.

(3) Zu den Aufgaben des Ausschusses gehört es,

1. dem Stand der Technik, Arbeitsmedizin und Hygiene entsprechende Regeln und sonstige gesicherte wissenschaftliche Erkenntnisse für die Sicherheit und Gesundheit der Beschäftigten in Arbeitsstätten zu ermitteln[78],

2. Regeln und Erkenntnisse zu ermitteln, wie die Anforderungen dieser Verordnung erfüllt werden können, sowie Empfehlungen für weitere Maßnahmen zur Gewährleistung der Sicherheit und zum Schutz der Gesundheit der Beschäftigten auszuarbeiten[79] und

3. das Bundesministerium für Arbeit und Soziales in allen Fragen der Sicherheit und der Gesundheit der Beschäftigten in Arbeitsstätten zu beraten.

Bei der Wahrnehmung seiner Aufgaben soll der Ausschuss die allgemeinen Grundsätze des Arbeitsschutzes nach § 4 des Arbeitsschutzgesetzes berücksichtigen. Das Arbeitsprogramm des Ausschusses für Arbeitsstätten wird mit dem Bundesministerium für Arbeit und Soziales abgestimmt[80]. Der Ausschuss arbeitet eng mit den anderen Ausschüssen

---

76) § 7 Abs. 1 wurde geändert durch Art. 4 Nr. 5 der Verordnung vom 19. Juli 2010 (s. FN 9 auf S. 16).
77) § 7 Abs. 2 Satz 1 wurde geändert durch Art. 4 Nr. 6b der Verordnung vom 19. Juli 2010 (s. FN 9 auf S. 16).
78) § 7 Abs. 3 Nr. 1 eingefügt durch Art. 9 Nr. 2a der Verordnung vom 18. Dezember 2008 (s. FN 9 auf S. 16).
79) § 7 Abs. 3 Nr. 2 wurde mit der Novellierung in Anpassung an die Formulierungen in den anderen Arbeitsschutzverordnungen erweitert. Danach ist es die Aufgabe des Ausschusses, neben Regeln auch Erkenntnisse zu ermitteln, wie die in der Verordnung gestellten Anforderungen erfüllt werden können. Zudem soll der Ausschuss nun neu auch Empfehlungen für weitere Maßnahmen zur Gewährleistung der Sicherheit und zum Schutz der Gesundheit der Beschäftigten ausarbeiten.
80) Satz 2 und 3 angefügt durch Art. 4 Nr. 6c der Verordnung vom 19. Juli 2010 (s. FN 9 auf S. 16).

Arbeitsstättenverordnung

beim Bundesministerium für Arbeit und Soziales zusammen. Die Sitzungen des Ausschusses sind nicht öffentlich. Beratungs- und Abstimmungsergebnisse des Ausschusses sowie Niederschriften der Untergremien sind vertraulich zu behandeln, soweit die Erfüllung der Aufgaben, die den Untergremien oder den Mitgliedern des Ausschusses obliegen, dem nicht entgegenstehen.

(4) Das Bundesministerium für Arbeit und Soziales kann die vom Ausschuss nach Absatz 3 ermittelten Regeln und Erkenntnisse[81] sowie Empfehlungen im Gemeinsamen Ministerialblatt[82] bekannt machen.[83]

(5) Die Bundesministerien sowie die zuständigen obersten Landesbehörden können zu den Sitzungen des Ausschusses Vertreter entsenden. Diesen ist auf Verlangen in der Sitzung das Wort zu erteilen.

(6) Die Geschäfte des Ausschusses führt die Bundesanstalt für Arbeitsschutz und Arbeitsmedizin.

§ 8
Übergangsvorschriften

(1) Soweit für Arbeitsstätten,
1. die am 1. Mai 1976 eingerichtet waren oder mit deren Einrichtung vor diesem Zeitpunkt begonnen worden war oder
2. die am 20. Dezember 1996 eingerichtet waren oder mit deren Einrichtung vor diesem Zeitpunkt begonnen worden war und für die zum Zeitpunkt der Einrichtung die Gewerbeordnung keine Anwendung fand,

in dieser Verordnung Anforderungen gestellt werden, die umfangreiche Änderungen der Arbeitsstätte, der Betriebseinrichtungen, Arbeitsverfahren oder Arbeitsabläufe notwendig machen, gelten hierfür bis zum 31. Dezember 2020[84] mindestens die entsprechenden Anforderungen des Anhangs II der Richtlinie 89/654/EWG des Rates vom 30. November 1989 über Mindestvorschriften für Sicherheit und Gesundheitsschutz in Arbeitsstätten (ABl. EG Nr. L 393 S. 1). Soweit diese Arbeitsstätten oder ihre Betriebseinrichtungen wesentlich erweitert oder umgebaut oder die Arbeitsverfahren oder Arbeitsabläufe wesentlich umgestaltet werden, hat der Arbeitgeber die erforderlichen Maßnahmen zu treffen, damit diese Änderungen, Erweiterungen oder Umgestaltungen mit den Anforderungen dieser Verordnung übereinstimmen.

---

81) Eingefügt durch Art. 9 Nr. 2b der Verordnung vom 18. Dezember 2008 (s. FN 9 auf S. 16).
82) Geändert durch Art. 6 Abs. 4 der Verordnung vom 6. März 2007 (s. FN 9 auf S. 16).
83) Der Bundesrat hat zusammen mit seiner Zustimmung zur ArbStättV 2004 in einer Entschließung die Erwartung ausgesprochen, dass neue Regeln für Arbeitsstätten die Zustimmung der Länder, der Arbeitgeber- und der Arbeitnehmervertreter finden müssten. Nur dann sei die breite Anwendung und Wirksamkeit der Regeln gewährleistet (BR-Drucks. 450/04 [Beschluss]; s. ausführlicher in Opfermann/Streit, Loseblattwerk mit Kommentar, 3. Aufl., Landsberg 2019 unter OZ 1115).
84) Die Frist wurde neu eingefügt, da der Bestandsschutz für Arbeitsstätten, die vor Mai 1976 errichtet wurden, aufgrund der Innovationszyklen in der Wirtschaft (früher rund 15 Jahre) praktisch keine Bedeutung haben dürfte. Allerdings kann in begründeten Einzelfällen auch nach Ablauf dieser Frist weiterhin eine Ausnahmegenehmigung nach § 3 Abs. 3 bei den zuständigen Länderbehörden beantragt werden (s. auch amtl. Begr., a.a.O.).

(2) Bestimmungen in den vom Ausschuss für Arbeitsstätten ermittelten und vom Bundesministerium für Arbeit und Soziales im Gemeinsamen Ministerialblatt bekannt gemachten Regeln für Arbeitsstätten, die Anforderungen an den Arbeitsplatz enthalten, gelten unter Berücksichtigung der Begriffsbestimmung des Arbeitsplatzes in § 2 Absatz 2 der Arbeitsstättenverordnung vom 12. August 2004 (BGBl. I S. 2179), die zuletzt durch Artikel 282 der Verordnung vom 31. August 2015 (BGBl. I S. 1474) geändert worden ist, solange fort, bis sie vom Ausschuss für Arbeitsstätten überprüft und erforderlichenfalls vom Bundesministerium für Arbeit und Soziales im Gemeinsamen Ministerialblatt neu bekannt gemacht worden sind[85].

§ 9[86]
Straftaten und Ordnungswidrigkeiten[87]

(1) Ordnungswidrig im Sinne des § 25 Absatz 1 Nummer 1 des Arbeitsschutzgesetzes handelt, wer vorsätzlich oder fahrlässig
1. entgegen § 3 Absatz 3 eine Gefährdungsbeurteilung nicht richtig, nicht vollständig oder nicht rechtzeitig dokumentiert,
2. entgegen § 3a Absatz 1 Satz 1 nicht dafür sorgt, dass eine Arbeitsstätte in der dort vorgeschriebenen Weise eingerichtet ist oder betrieben wird,
3. entgegen § 3a Absatz 1 Satz 2 in Verbindung mit Nummer 4.1 Absatz 1 des Anhangs einen dort genannten Toilettenraum oder eine dort genannte mobile, anschlussfreie Toilettenkabine nicht oder nicht in der vorgeschriebenen Weise zur Verfügung stellt,
4. entgegen § 3a Absatz 1 Satz 2 in Verbindung mit Nummer 4.2 Absatz 1 des Anhangs einen dort genannten Pausenraum oder einen dort genannten Pausenbereich nicht oder nicht in der vorgeschriebenen Weise zur Verfügung stellt,
5. entgegen § 3a Absatz 2 eine Arbeitsstätte nicht in der dort vorgeschriebenen Weise einrichtet oder betreibt,
6. entgegen § 4 Absatz 1 Satz 2 nicht dafür sorgt, dass die gefährdeten Beschäftigten ihre Tätigkeit unverzüglich einstellen,
7. entgegen § 4 Absatz 4 Satz 1 nicht dafür sorgt, dass Verkehrswege, Fluchtwege und Notausgänge freigehalten werden,

---

85) Die bisherige Übergangsvorschrift in Abs. 2 ist wegen des Auslaufens der Frist am 31.12.2012 für die Überarbeitung der Arbeitsstättenregeln entfallen. Die 2016 eingeführte neue Übergangsvorschrift steht im Zusammenhang mit der Änderung der Begriffsdefinition für den „Arbeitsplatz". Zur Vermeidung einer möglichen ungewollten Verschärfung des Anforderungsniveaus durch die Neudefinition des Arbeitsplatzes wurde die Bestandsschutzregelung aufgenommen. Diese sieht insbesondere vor, dass diejenigen vom Ausschuss für Arbeitsstätten erarbeiteten Regeln für Arbeitsstätten (ASR), in denen der Arbeitsplatzbegriff noch zeitlich eingeschränkt verwendet wird, vom Ausschuss zeitnah überprüft und ggf. angepasst werden. Bis zu diesem Zeitpunkt geht von den bestehenden ASR, die unter Berücksichtigung der bisherigen Begriffsbestimmung des Arbeitsplatzes erstellt worden sind, weiter die Vermutungswirkung aus.
86) § 9 angefügt durch Art. 4 Nr. 8 der Verordnung vom 19. Juli 2010 (s. FN 9 auf S. 16).
87) Der Katalog der Ordnungswidrigkeiten wurde 2016 an die Neufassung angepasst und zum Teil erweitert. Neu aufgenommen sind z. B. die Ordnungswidrigkeiten bei nicht zur Verfügung gestellten Mitteln oder Einrichtungen zur Ersten Hilfe nach § 4 Abs. 5 (Abs. 1 Nr. 8) oder nicht durchgeführter Unterweisung nach § 6 Abs. 4 (Abs. 1 Nr. 9).

Arbeitsstättenverordnung

8. entgegen § 4 Absatz 5 ein Mittel oder eine Einrichtung zur Ersten Hilfe nicht zur Verfügung stellt,
9. entgegen § 6 Absatz 4 Satz 1 nicht sicherstellt, dass die Beschäftigten vor Aufnahme der Tätigkeit unterwiesen werden.

(2) Wer durch eine in Absatz 1 bezeichnete vorsätzliche Handlung das Leben oder die Gesundheit von Beschäftigten gefährdet, ist nach § 26 Nummer 2 des Arbeitsschutzgesetzes strafbar.

Anhang

Anforderungen und Maßnahmen für Arbeitsstätten nach § 3 Absatz 1[88) 89)]

Inhaltsübersicht[90) 91)]

1	Allgemeine Anforderungen
1.1	Anforderungen an Konstruktion und Festigkeit von Gebäuden
1.2	Abmessungen von Räumen, Luftraum
1.3	Sicherheits- und Gesundheitsschutzkennzeichnung
1.4	Energieverteilungsanlagen
1.5	Fußböden, Wände, Decken, Dächer
1.6	Fenster, Oberlichter
1.7	Türen, Tore
1.8	Verkehrswege
1.9	Fahrtreppen, Fahrsteige
1.10	Laderampen
1.11	Steigleitern, Steigeisengänge
2	Maßnahmen zum Schutz vor besonderen Gefahren
2.1	Schutz vor Absturz und herabfallenden Gegenständen, Betreten von Gefahrenbereichen
2.2	Maßnahmen gegen Brände
2.3	Fluchtwege und Notausgänge
3	Arbeitsbedingungen
3.1	Bewegungsfläche
3.2	Anordnung der Arbeitsplätze

---

88) Die Bezeichnung des Anhangs wurde redaktionell angepasst. Der Anhang enthält nunmehr neben Anforderungen auch Maßnahmen, wie sie vom Arbeitgeber im Ergebnis einer Gefährdungsbeurteilung nach § 3 Abs. 1 Satz 4 festgelegt werden müssen.

89) Der Anhang enthielt bis 2016 die folgende Vorbemerkung: *„Die nachfolgenden Anforderungen gelten in allen Fällen, in denen die Eigenschaften der Arbeitsstätte oder der Tätigkeit, die Umstände oder eine Gefährdung der Beschäftigten dies erfordern. Die Rechtsvorschriften, die in Umsetzung des Artikels 95 des EG-Vertrages Anforderungen an die Beschaffenheit von Arbeitsmitteln stellen, bleiben unberührt."* Diese ist mit der Neufassung der ArbStättV 2016 ersatzlos entfallen. Die Streichung dient der Rechtsbereinigung. Satz 1 der Vorbemerkung des Anhangs, der auf die gefährdungsbezogene Anwendung der Maßnahmen des Anhangs hinweist, ist durch die Aufnahme der Gefährdungsbeurteilung in § 3 der ArbStättV entbehrlich geworden. Die Maßnahmen nach der ArbStättV sind demnach immer dann zu ergreifen, wenn dadurch eine Gefährdung der Beschäftigten minimiert oder verhindert werden kann. Der zweite Satz der Vorbemerkung ist ebenfalls entbehrlich, da andere Rechtsbereiche nach § 3a Abs. 4 ArbStättV ohnehin unberührt bleiben müssen. Da sich die ArbStättV auf Anforderungen zum Einrichten und Betreiben von Arbeitsstätten (Betriebsvorschriften) beschränkt, können bspw. Anforderungen zum Inverkehrbringen und zur Vermarktung von Produkten nicht Regelungsgegenstand der ArbStättV sein. Es ist deshalb selbstverständlich, dass das Produktrecht in der ArbStättV nicht geregelt wird und damit unberührt bleibt (s. auch amtl. Begr., a.a.O.).

90) Die Inhaltsübersicht wurde 2016 redaktionell in Nr. 5 und den Unternrn. 5.1 und 5.2 angepasst und um die neue Nr. 6 mit fünf Unternrn. ergänzt.

91) Grau unterlegt sind alle Vorschriften, für die es vom BMAS bekannt gemachte Regeln für Arbeitsstätten gibt. Siehe hierzu die entsprechenden Fußnoten zu den einzelnen Vorschriften sowie die Hinweise auf der jeweils ersten Seite der Regeln bzw. Richtlinien.

Arbeitsstättenverordnung

3.3	Ausstattung
3.4	Beleuchtung und Sichtverbindung
3.5	Raumtemperatur
3.6	Lüftung
3.7	Lärm
4	Sanitär-, Pausen- und Bereitschaftsräume, Kantinen, Erste-Hilfe-Räume und Unterkünfte
4.1	Sanitärräume
4.2	Pausen- und Bereitschaftsräume
4.3	Erste-Hilfe-Räume
4.4	Unterkünfte
5	Ergänzende Anforderungen und Maßnahmen für besondere Arbeitsstätten und Arbeitsplätze
5.1	Arbeitsplätze in nicht allseits umschlossenen Arbeitsstätten und Arbeitsplätze im Freien
5.2	Baustellen
6	Maßnahmen zur Gestaltung von Bildschirmarbeitsplätzen
6.1	Allgemeine Anforderungen an Bildschirmarbeitsplätze
6.2	Allgemeine Anforderungen an Bildschirme und Bildschirmgeräte
6.3	Anforderungen an Bildschirmgeräte und Arbeitsmittel für die ortsgebundene Verwendung an Arbeitsplätzen
6.4	Anforderungen an tragbare Bildschirmgeräte für die ortsveränderliche Verwendung an Arbeitsplätzen
6.5	Anforderungen an die Benutzerfreundlichkeit von Bildschirmarbeitsplätzen

1 Allgemeine Anforderungen

1.1 Anforderungen an Konstruktion und Festigkeit von Gebäuden

Gebäude für Arbeitsstätten müssen eine der Nutzungsart entsprechende Konstruktion und Festigkeit aufweisen[92)].

1.2 Abmessungen von Räumen, Luftraum

(1) Arbeitsräume, Sanitär-, Pausen- und Bereitschaftsräume, Kantinen, Erste-Hilfe-Räume und Unterkünfte müssen eine ausreichende Grundfläche und eine, in Abhängigkeit von der Größe der Grundfläche der Räume, ausreichende lichte Höhe aufweisen, so dass die

---

92) Mit den Begriffen Konstruktion und Festigkeit in Anhang Nr. 1.1 ArbStättV wird die Standsicherheit umschrieben. Sie bezieht sich auf tragende und aussteifende Bauteile, wie Wände, Decken (auch abgehängte Decken), Fußböden und Dächer sowie bauliche Hilfskonstruktionen. Das Bauordnungsrecht verlangt, dass bauliche Anlagen und damit auch Gebäude im Ganzen und in ihren Teilen sowie für sich allein standsicher sind (z. B. § 15 Abs. 1 BauO NW; § 12 Abs. 1 SN). Dies ist die umfassende bauordnungsrechtliche Sicherheitsanforderung. Sie beinhaltet, dass Mängel in der Konstruktion eines Gebäudes, die dessen Standsicherheit beeinträchtigen und möglicherweise zu dessen Einsturz führen, nicht zu dulden sind. Der Begriff Standsicherheit erstreckt sich auf die Druck-, Torsions-, Schub- oder Scherfestigkeit, Festigkeit gegen Schwingungen sowie vorbeugend den Erhalt der Festigkeit durch den Schutz gegen Feuchtigkeit, Korrosion und Schädlingsbefall, ferner den Brand- und Erschütterungsschutz. Erfasst werden auch Bauelemente, die ausschließlich architektonisch-ästhetischen Zwecken dienen.

Arbeitsstättenverordnung

Beschäftigten ohne Beeinträchtigung ihrer Sicherheit, ihrer Gesundheit oder ihres Wohlbefindens die Räume nutzen oder ihre Arbeit verrichten können[93)][94)].

(2) Die Abmessungen der Räume richten sich nach der Art ihrer Nutzung.

(3) Die Größe des notwendigen Luftraumes ist in Abhängigkeit von der Art der physischen Belastung und der Anzahl der Beschäftigten sowie der sonstigen anwesenden Personen zu bemessen[95)].

1.3 Sicherheits- und Gesundheitsschutzkennzeichnung[96)]

(1) Unberührt von den nachfolgenden Anforderungen sind Sicherheits- und Gesundheitsschutzkennzeichnungen einzusetzen, wenn Gefährdungen der Sicherheit und Gesundheit der Beschäftigten[97)] nicht durch technische oder organisatorische Maßnahmen vermieden oder ausreichend begrenzt werden können[98)]. Das Ergebnis der Gefährdungsbeurteilung und die Maßnahmen nach § 3 Absatz 1 sind dabei zu berücksichtigen.

(2)[99)] Die Kennzeichnung ist nach der Art der Gefährdung dauerhaft oder vorübergehend nach den Vorgaben der Richtlinie 92/58/EWG[100)] des Rates vom 24. Juni 1992 über Mindestvorschriften für die Sicherheits- und/oder Gesundheitsschutzkennzeichnung am Ar-

---

93) Für Arbeitsräume konkretisiert durch ASR A1.2 Raumabmessungen und Bewegungsflächen (s. S. 138 ff.).
94) Für Sanitär-, Pausen- und Bereitschaftsräume, Kantinen, Erste-Hilfe-Räume und Unterkünfte enthalten die ASR A4.1 Sanitärräume (s. auf S. 438 ff.), die ASR A4.2 Pausen- und Bereitschaftsräume (s. S. 463 ff.), die ASR A4.3 Erste-Hilfe-Räume, Mittel und Einrichtungen zur Ersten Hilfe (s. S. 471 ff.) sowie die ASR A4.4 Unterkünfte (s. S. 482 ff.) spezifische Aussagen.
95) Konkretisiert durch ASR A1.2 Raumabmessungen und Bewegungsflächen vom September 2013, geändert am 5.7.2017 (s. S. 138 ff.).
96) Konkretisiert durch die ASR A1.3 Sicherheits- und Gesundheitsschutzkennzeichnung (s. S. 159 ff.). Im Rahmen der Neufassung der ASR A1.3 hat das BMAS zusätzlich Folgendes bekannt gemacht:
„Die Neufassung der ASR A1.3 vom 28.02.2013 ersetzt die ASR A1.3 GMBl 2007, S. 674. Im Wesentlichen wurden die folgenden Anpassungen vorgenommen:
– Es wurden zusätzliche Sicherheitszeichen, die in der Norm DIN EN ISO 7010 enthalten und international und europäisch abgestimmt sind, in die ASR A1.3 übernommen. Insbesondere die Zeichen F001, F002, F003, F004, F005, F006, E009 und W029 wurden erheblich verändert.
– Der Flucht- und Rettungsplan wurde an die Norm DIN ISO 23601 angepasst."
Die ASR A1.3 Sicherheits- und Gesundheitsschutzkennzeichnung in der Fassung vom Februar 2013 enthält den aktuellen Stand der Technik zur Sicherheits- und Gesundheitsschutzkennzeichnung in Arbeitsstätten. Bei der bestimmungsgemäßen Verwendung dieser Sicherheitszeichen kann der Arbeitgeber davon ausgehen, dass er die Arbeitsstättenverordnung hinsichtlich der Sicherheits- und Gesundheitsschutzkennzeichnung einhält. Wendet der Arbeitgeber die geänderten Sicherheitszeichen beim Betreiben von bestehenden Arbeitsstätten nicht an, so hat er mit der Gefährdungsbeurteilung zu ermitteln, ob die in der Arbeitsstätte verwendeten Sicherheitszeichen nach ASR A1.3 (GMBl 2007, S. 674) weiterhin angewendet werden können."
97) Geändert durch Art. 4 Nr. 9c – aa) der Verordnung vom 19. Juli 2010 (s. FN 9 auf S. 16).
98) Sicherheits- und Gesundheitsschutzkennzeichnung ist dann eine ergänzende Sicherheitsmaßnahme, die zusätzlich zu den getroffenen technischen und organisatorischen Maßnahmen, zu treffen ist.
99) Abs. 2 geändert durch Art. 4 Nr. 9c – bb) der Verordnung vom 19. Juli 2010 (s. FN 9 auf S. 16).
100) Die EG-Kennzeichnungsrichtlinie wurde durch die EG-Richtlinie 2007/30/EG vom 20. Juni 2007 (ABl. L 165 S. 21) geändert (Aufhebung der Abs. 4 und 5 des Art. 11 Schlussbestimmungen).

beitsplatz (Neunte Einzelrichtlinie im Sinne des Artikels 16 Absatz 1 der Richtlinie 89/391/EWG) (ABl. EG Nr. L 245 S. 23) auszuführen. Diese Richtlinie gilt in der jeweils aktuellen Fassung. Wird diese Richtlinie geändert oder nach den in dieser Richtlinie vorgesehenen Verfahren an den technischen Fortschritt angepasst, gilt sie in der geänderten im Amtsblatt der Europäischen Gemeinschaften veröffentlichten Fassung nach Ablauf der in der Änderungs- oder Anpassungsrichtlinie festgelegten Umsetzungsfrist. Die geänderte Fassung kann bereits ab Inkrafttreten der Änderungs- oder Anpassungsrichtlinie angewendet werden.

1.4 Energieverteilungsanlagen[101]

Anlagen, die der Versorgung der Arbeitsstätte mit Energie dienen, müssen so ausgewählt, installiert und betrieben werden, dass die Beschäftigten vor dem direkten oder indirekten Berühren spannungsführender Teile geschützt sind und dass von den Anlagen keine Brand- oder Explosionsgefahren ausgehen. Bei der Konzeption und der Ausführung sowie der Wahl des Materials und der Schutzvorrichtungen sind Art und Stärke der verteilten Energie, die äußeren Einwirkbedingungen und die Fachkenntnisse der Personen zu berücksichtigen, die zu Teilen der Anlage Zugang haben.

1.5 Fußböden, Wände, Decken, Dächer

(1) Die Oberflächen der Fußböden, Wände und Decken der Räume müssen so gestaltet sein, dass sie den Erfordernissen des sicheren Betreibens entsprechen sowie leicht und sicher zu reinigen sind. Arbeitsräume müssen unter Berücksichtigung der Art des Betriebes und der physischen Belastungen eine angemessene Dämmung gegen Wärme und Kälte sowie eine ausreichende Isolierung gegen Feuchtigkeit aufweisen. Auch Sanitär-, Pausen- und Bereitschaftsräume, Kantinen, Erste-Hilfe-Räume und Unterkünfte müssen über eine angemessene Dämmung gegen Wärme und Kälte sowie eine ausreichende Isolierung gegen Feuchtigkeit verfügen[102].

(2) Die Fußböden der Räume dürfen keine Unebenheiten, Löcher, Stolperstellen oder gefährlichen Schrägen aufweisen. Sie müssen gegen Verrutschen gesichert, tragfähig, trittsicher und rutschhemmend[103] sein.

(3) Durchsichtige oder lichtdurchlässige Wände, insbesondere Ganzglaswände in Arbeitsräumen oder im Bereich von Verkehrswegen, müssen deutlich gekennzeichnet sein. Sie müssen entweder aus bruchsicherem Werkstoff bestehen oder so gegen die Arbeitsplätze in Arbeitsräumen oder die Verkehrswege abgeschirmt sein, dass die Beschäftigten nicht

---

101) Die Anforderungen der EG-Arbeitsstätten-Richtlinie beziehen sich nur auf die elektrischen Anlagen einer Arbeitsstätte, während diejenigen der EG-Baustellen-Richtlinie alle auf einer Baustelle betriebenen Energieverteilungsanlagen erfassen. Eine Konkretisierung in einer ASR liegt bisher nicht vor.
102) Konkretisiert durch ASR A1.5/1,2 Fußböden (s. S. 192 ff.).
103) Der Ausschuss für Arbeitsstätten (ASTA) hat die grundlegenden Inhalte der Anhänge der BGR/GUV-R 181 Fußböden in Arbeitsräumen und Arbeitsbereichen mit Rutschgefahr in Anwendung des Kooperationsmodells (vgl. Leitlinienpapier zur Neuordnung des Vorschriften- und Regelwerks im Arbeitsschutz vom 31. August 2011) in die Technische Regel ASR A1.5/1,2 Fußböden (s. S. 192 ff.) übernommen.

mit den Wänden in Berührung kommen und beim Zersplittern der Wände nicht verletzt werden können[104].

(4) Dächer aus nicht durchtrittsicherem Material dürfen nur betreten werden, wenn Ausrüstungen benutzt werden, die ein sicheres Arbeiten ermöglichen[105].

1.6 Fenster, Oberlichter[106) 107)]

(1) Fenster, Oberlichter und Lüftungsvorrichtungen müssen sich von den Beschäftigten sicher öffnen, schließen, verstellen und arretieren lassen. Sie dürfen nicht so angeordnet sein, dass sie in geöffnetem Zustand eine Gefahr für die Beschäftigten darstellen.

(2) Fenster und Oberlichter müssen so ausgewählt oder ausgerüstet und eingebaut sein, dass sie ohne Gefährdung der Ausführenden und anderer Personen gereinigt werden können.

1.7 Türen, Tore[108)]

(1) Die Lage, Anzahl, Abmessungen und Ausführung insbesondere hinsichtlich der verwendeten Werkstoffe von Türen und Toren müssen sich nach der Art und Nutzung der Räume oder Bereiche richten.

(2) Durchsichtige Türen müssen in Augenhöhe gekennzeichnet sein.

(3) Pendeltüren und -tore müssen durchsichtig sein oder ein Sichtfenster haben.

---

104) Konkretisiert durch ASR A1.6 Fenster, Oberlichter, lichtdurchlässige Wände (s. S. 215 ff.).
105) Konkretisiert durch ASR A2.1 Schutz vor Absturz und herabfallenden Gegenständen, Betreten von Gefahrenbereichen (s. S. 281 ff.).
106) Konkretisiert durch ASR A1.6 Fenster, Oberlichter, lichtdurchlässige Wände (s. S. 215 ff.).
107) Die Anforderungen im Anhang 1.6 haben die sichere Bedienbarkeit, Anordnung und Reinigung der Fenster und Oberlichter zum Ziel. Weitere Anforderungen ergeben sich aus § 4 Abs. 1, 2, 4 Sätze 1, 2, Anh. Nr. 1.5 Abs. 3, Anh. Nr. 1.8 Abs. 1, Anh. Nr. 3.4 Abs. 1, Anh. Nr. 3.5 Abs. 3 und Anh. Nr. 3.6 Abs. 1 ArbStättV je nach betrieblicher Situation; s. auch TRBS 2121 Gefährdung von Beschäftigten durch Absturz – Allgemeine Anforderungen – Ausg. 07/2018; TRBS 2121 Teil 2 Gefährdung von Beschäftigten durch Absturz – Bereitstellung und Benutzung von Leitern – Ausg. 12/2018; TRBS 2121 Teil 3 Gefährdung von Beschäftigten durch Absturz – Bereitstellung und Benutzung von Zugangs- und Positionierungsverfahren unter Zuhilfenahme von Seilen – Ausg. 01/2019; TRBS 2121 Teil 3 Gefährdung von Beschäftigten durch Absturz – Ausnahmsweises Heben von Beschäftigten mit hierfür nicht vorgesehenen Arbeitsmitteln – Ausg. 01/2019; Technische Regeln für die Verwendung von absturzsichernden Verglasungen – TRAV (Deutsches Institut für Bautechnik); Technische Regeln für die Verwendung von linienförmig gelagerten Verglasungen – TRLV (Deutsches Institut für Bautechnik); Technische Regeln für die Bemessung und Ausführung punktförmig gelagerter Verglasungen – TRPV (Deutsches Institut für Bautechnik); DGUV Information 208-014: Glastüren, Glaswände, Ausg. 2010-10, aktualisierte Fassung 2019-02; ferner „Glas- und Fassadenreinigung – Instandhaltung sicher und wirtschaftlich planen", Stand 2016 (BG Bau).
108) Konkretisiert durch ASR A1.7 Türen und Tore (s. S. 231 ff.) sowie DGUV Information 208-022 Türen und Tore, Ausg. 2017-09; DGUV Information 208-014 Glastüren und Glaswände, Ausg. 2019-10, aktualisierte Fassung 2019-02; DGUV Information 208-026 Sicherheit von kraftbetätigten Karusselltüren, Ausg. 2019-03 und DGUV Information 208-044 Automatische Tore im Fluchtweg, Ausg. 2014-12.

Arbeitsstättenverordnung

(4) Bestehen durchsichtige oder lichtdurchlässige Flächen von Türen und Toren nicht aus bruchsicherem Werkstoff und ist zu befürchten, dass sich die Beschäftigten beim Zersplittern verletzen können, sind diese Flächen gegen Eindrücken zu schützen.

(5) Schiebetüren und -tore müssen gegen Ausheben und Herausfallen gesichert sein. Türen und Tore, die sich nach oben öffnen, müssen gegen Herabfallen gesichert sein.

(6) In unmittelbarer Nähe von Toren, die vorwiegend für den Fahrzeugverkehr bestimmt sind, müssen gut sichtbar gekennzeichnete, stets zugängliche Türen für Fußgänger vorhanden sein. Diese Türen sind nicht erforderlich, wenn der Durchgang durch die Tore für Fußgänger gefahrlos möglich ist.

(7) Kraftbetätigte Türen und Tore müssen sicher benutzbar sein. Dazu gehört, dass sie
a) ohne Gefährdung der Beschäftigten bewegt werden oder zum Stillstand kommen können,
b) mit selbsttätig wirkenden Sicherungen ausgestattet sind,
c) auch von Hand zu öffnen sind, sofern sie sich bei Stromausfall nicht automatisch öffnen.

(8) Besondere Anforderungen gelten für Türen im Verlauf von Fluchtwegen (Nummer 2.3)[109].

1.8 Verkehrswege[110]

(1) Verkehrswege, einschließlich Treppen, fest angebrachte Steigleitern und Laderampen müssen so angelegt und bemessen sein, dass sie je nach ihrem Bestimmungszweck leicht und sicher begangen oder befahren werden können und in der Nähe Beschäftigte nicht gefährdet werden[111].

(2) Die Bemessung der Verkehrswege, die dem Personenverkehr, Güterverkehr oder Personen- und Güterverkehr dienen, muss sich nach der Anzahl der möglichen Benutzer und der Art des Betriebes richten.

(3) Werden Transportmittel auf Verkehrswegen eingesetzt, muss für Fußgänger ein ausreichender Sicherheitsabstand gewahrt werden.

---

109) Anforderungen an Türen im Verlauf von Fluchtwegen nach Anh. Nr. 2.3 Abs. 2, insbesondere bezüglich der Verwendung von automatischen Schiebetüren und Schnelllauftoren sowie automatischen Karuselltüren, enthält Abschnitt 9 der ASR A1.7 Türen und Tore (s. S. 231 ff.).
110) Konkretisiert durch ASR A1.8 Verkehrswege (s. S. 248 ff.). Diese ASR gilt für das Einrichten und Betreiben von Verkehrswegen inklusive Treppen, ortsfesten Steigleitern und Steigeisengängen, Laderampen sowie Fahrsteigen und Fahrtreppen. Sie gilt nicht für Zu- und Abgänge in, an und auf Arbeitsmitteln im Sinne von § 2 Abs. 1 der BetrSichV und für Fahrzeuge sowie dazugehörige Anhänger, die für die Beförderung von Personen und den Gütertransport bestimmt sind.
111) Die Mindestbreite von Verkehrswegen ergibt sich aus den Breiten von Fluchtwegen der ASR A2.3. Diese richten sich nach der Anzahl der Personen im Einzugsgebiet. Eine nur geringfügige Einengung der Wege für den Gehverkehr ist zulässig. Nach ASR A2.3 Nr. 5 Abs. 3 Satz 5 darf z. B. die Mindestbreite eines Fluchtweges durch Einbauten, Einrichtungen oder in Fluchtrichtung zu öffnende Türen um 0,15 m eingeschränkt werden.

Arbeitsstättenverordnung

(4) Verkehrswege für Fahrzeuge müssen an Türen und Toren, Durchgängen, Fußgängerwegen und Treppenaustritten in ausreichendem Abstand vorbeiführen.

(5) Soweit Nutzung und Einrichtung der Räume es zum Schutz der Beschäftigten erfordern, müssen die Begrenzungen der Verkehrswege gekennzeichnet sein.

(6) Besondere Anforderungen gelten für Fluchtwege (Nummer 2.3)[112].

1.9 Fahrtreppen, Fahrsteige[113]

Fahrtreppen und Fahrsteige müssen so ausgewählt und installiert sein, dass sie sicher funktionieren und sicher benutzbar sind. Dazu gehört, dass die Notbefehlseinrichtungen gut erkennbar und leicht zugänglich sind und nur solche Fahrtreppen und Fahrsteige eingesetzt werden, die mit den notwendigen Sicherheitsvorrichtungen ausgestattet sind.

1.10 Laderampen[114]

(1) Laderampen sind entsprechend den Abmessungen der Transportmittel und der Ladung auszulegen.

(2) Sie müssen mindestens einen Abgang haben; lange Laderampen müssen, soweit betriebstechnisch möglich, an jedem Endbereich einen Abgang haben.

(3) Sie müssen einfach und sicher benutzbar sein. Dazu gehört, dass sie nach Möglichkeit mit Schutzvorrichtungen gegen Absturz auszurüsten sind; das gilt insbesondere in Bereichen von Laderampen, die keine ständigen Be- und Entladestellen sind.

1.11 Steigleitern, Steigeisengänge[115]

Steigleitern und Steigeisengänge müssen sicher benutzbar sein. Dazu gehört, dass sie

a) nach Notwendigkeit über Schutzvorrichtungen gegen Absturz, vorzugsweise über Steigschutzeinrichtungen verfügen,

---

112) Siehe ASR A2.3 Fluchtwege und Notausgänge, Flucht- und Rettungsplan (s. S. 332 ff.).
113) Konkretisiert durch ASR A1.8 Verkehrswege (s. S. 248 ff.) insb. Abschnitt 4.8; beachte auch DGUV Information 208-028 Fahrtreppen und Fahrsteige; Teil 1: Sicherer Betrieb, Ausg. 2007-12; DGUV Information 208-029 Fahrtreppen und Fahrsteige; Teil 2: Montage, Demontage und Instandhaltung, Ausg. 2007-12; DIN EN 115-1 Sicherheit von Fahrtreppen und Fahrsteigen, T. 1: Konstruktion und Einbau, Ausg. 2018-01; DIN EN 115-2 Sicherheit von Fahrtreppen und Fahrsteigen, T. 2: Regeln für die Erhöhung der Sicherheit bestehender Fahrtreppen und Fahrsteige, Ausg. 2010-12.
114) Konkretisiert durch ASR A1.8 Verkehrswege (s. S. 248 ff.), insb. Abschnitt 4.7; beachte auch DGUV Regel 108-006 Ladebrücken und fahrbare Rampen, Ausg 2005-07.
115) Konkretisiert durch ASR A1.8 Verkehrswege (s. S. 248 ff.), insb. Abschnitt 4.6; beachte auch DGUV Information 208-032 Auswahl und Benutzung von Steigleitern, Ausg. 2018-10; DGUV Regel 103-007 Steiggänge für Behälter und umschlossene Räume, Ausg. 2006-04.

Arbeitsstättenverordnung

b) an ihren Austrittsstellen eine Haltevorrichtung haben,

c) nach Notwendigkeit in angemessenen Abständen mit Ruhebühnen ausgerüstet sind[116) 117)].

2 Maßnahmen zum Schutz vor besonderen Gefahren

2.1 Schutz vor Absturz und herabfallenden Gegenständen, Betreten von Gefahrenbereichen[118)]

(1) Arbeitsplätze und Verkehrswege, bei denen eine Absturzgefahr für Beschäftigte oder die Gefahr des Herabfallens von Gegenständen besteht, müssen mit Schutzvorrichtungen versehen sein, die verhindern, dass Beschäftigte abstürzen oder durch herabfallende Gegenstände verletzt werden können. Sind aufgrund der Eigenart des Arbeitsplatzes oder der durchzuführenden Arbeiten Schutzvorrichtungen gegen Absturz nicht geeignet, muss

---

116) An Steigeisengängen und Steigleitern müssen in Abständen von höchstens 10 m geeignete Ruhebühnen vorhanden sein. Für den Fall der Verwendung von Steigschutzeinrichtungen mit Schiene (z. B. zum Besteigen von Schornsteinen, Antennen) darf der Abstand bis auf maximal 25 m verlängert werden, wenn die Benutzung nur durch körperlich geeignete Beschäftigte (z. B. einen Schornsteinbauer oder einen Antennenbauer) erfolgt, die nachweislich im Benutzen des Steigschutzes geübt und regelmäßig unterwiesen sind.

117) Bei Steigleitern, die als ortsfeste Zugänge zu Maschinen und maschinellen Anlagen dienen, kann bis zu 10 m Höhe auf eine Ruhebühne verzichtet werden. Bei größeren Steighöhen müssen abweichend von allen übrigen Steigleiterbauarten Ruhebühnen in Abständen von max. 6 m vorhanden sein. Abweichend hiervon dürfen diese Abstände bei Windenergieanlagen bis zu 9 m betragen.

118) Konkretisiert durch ASR A2.1 Schutz vor Absturz und herabfallenden Gegenständen, Betreten von Gefahrenbereichen (s. S. 281 ff.); s. auch TRBS 2121 Gefährdung von Personen durch Absturz – Allgemeine Anforderungen – Ausg. 07/2018; DGUV Information 212-515 Persönliche Schutzausrüstungen, Ausg. 2006-09; DGUV Information 208-016 Handlungsanleitung für den Umgang mit Leitern und Tritten, Ausg. 2007-04; DGUV Information 201-036 Arbeitsplätze und Verkehrswege auf Dächern, Ausg. 2007; DGUV Information 201-056 Planungsgrundlagen von Anschlageinrichtungen auf Dächern, Ausg. 2015-08; Technische Regeln für die Verwendung von absturzsichernden Verglasungen TRAV (Deutsches Institut für Bautechnik); Technische Regeln für die Verwendung von linienförmig gelagerten Verglasungen (Deutsches Institut für Bautechnik); DIN 4426:2017-01 Einrichtungen zur Instandhaltung baulicher Anlagen – Sicherheitstechnische Anforderungen an Arbeitsplätze und Verkehrswege – Planung und Ausführung (neue Abschnitte zu Einrichtungen zum Schutz gegen Absturz bei Tätigkeiten auf Dächern mit Festlegungen zu Photovoltaikanlagen, Solarthermieanlagen und Dachbegrünungen); DIN EN 795:2012-10 Persönliche Absturzschutzausrüstung – Anschlageinrichtungen; DIN EN 1263-1:2015-03 Temporäre Konstruktionen für Bauwerke – Schutznetze (Sicherheitsnetze) T: 1: Sicherheitstechnische Anforderungen, Prüfverfahren; Schutznetze (Auffangnetze); DIN EN 1263-2:2015-03 Temporäre Konstruktionen für Bauwerke – Schutznetze (Sicherheitsnetze) T. 2: Sicherheitstechnische Anforderungen für die Errichtung von Schutznetzen; DIN EN 12811-1:2004-03 Temporäre Konstruktionen für Bauwerke T. 1: Arbeitsgerüste – Leistungsanforderungen, Entwurf, Konstruktion und Bemessung; DIN EN 13374:2013-07 Temporäre Seitenschutzsysteme – Produktfestlegungen – Prüfverfahren.

Arbeitsstättenverordnung

der Arbeitgeber die Sicherheit der Beschäftigten durch andere wirksame Maßnahmen gewährleisten[119]. Eine Absturzgefahr besteht bei einer Absturzhöhe von mehr als 1 Meter[120].

(2) Arbeitsplätze und Verkehrswege, die an Gefahrenbereiche grenzen, müssen mit Schutzvorrichtungen versehen sein, die verhindern, dass Beschäftigte in die Gefahrenbereiche gelangen.

(3) Die Arbeitsplätze und Verkehrswege nach den Absätzen 1 und 2 müssen gegen unbefugtes Betreten gesichert und gut sichtbar als Gefahrenbereiche gekennzeichnet sein. Zum Schutz derjenigen, die diese Bereiche betreten müssen, sind geeignete Maßnahmen zu treffen.

2.2 Maßnahmen gegen Brände[121] [122]

(1) Arbeitsstätten müssen je nach
a) Abmessung und Nutzung,
b) der Brandgefährdung vorhandener Einrichtungen und Materialien,
c) der größtmöglichen Anzahl anwesender Personen
mit einer ausreichenden Anzahl geeigneter Feuerlöscheinrichtungen und erforderlichenfalls Brandmeldern und Alarmanlagen ausgestattet sein.

(2) Nicht selbsttätige Feuerlöscheinrichtungen müssen als solche dauerhaft gekennzeichnet[123], leicht zu erreichen und zu handhaben sein.

(3) Selbsttätig wirkende Feuerlöscheinrichtungen müssen mit Warneinrichtungen ausgerüstet sein, wenn bei ihrem Einsatz Gefahren für die Beschäftigten auftreten können[124].

---

119) Mit Satz 2 wird dem Umstand Rechnung getragen, dass es auch Arbeitsplätze gibt, für die fest installierte Schutzvorrichtungen zum Schutz vor Absturz der Beschäftigten nicht möglich oder nicht geeignet sind. So sind z. B. an Bundeswasserstraßen viele Arbeiten an Uferböschungen oder auch direkt am Wasser durchzuführen (Einbau von Schüttsteinen, Reparaturen an Spundwandufern und so weiter). In diesen Arbeitsbereichen sind feste Absturzsicherungen in der Regel nicht vorhanden oder auch nicht geeignet. Der Arbeitgeber muss deshalb auf der Grundlage der Gefährdungsbeurteilung andere, ebenso wirksame Maßnahmen zum Schutz der Beschäftigten durchführen (z. B. Anseilschutz, Rettungswesten). Nach § 6 sind die Beschäftigten über die geeigneten und festgelegten Maßnahmen zu unterweisen. Die Regelung in Satz 2 trifft in vielen Fällen entsprechend auch bei Arbeitsplätzen auf Baustellen zu. Der Satz 2 dient daher auch der Umsetzung des Teil B, Abschnitt II Nummer 5.2 der Richtlinie 92/57/EWG über Mindestvorschriften auf zeitlich begrenzten oder ortsveränderlichen Baustellen in nationales Recht. (s. auch amtl. Begr., a.a.O.).
120) Der Ausschuss für Arbeitsstätten (ASTA) hat für Absturz eine Gefährdung ab einem Meter Höhe ermittelt. Ab dieser Höhe muss der Arbeitgeber mit der Gefährdungsbeurteilung prüfen, ob Maßnahmen gegen Absturz der Beschäftigten erforderlich sind (s. auch amtl. Begr., a.a.O.).
121) Konkretisiert durch ASR A2.2 Maßnahmen gegen Brände (s. S. 302 ff.), siehe auch DIN EN 2: 2005-01 Brandklassen; DIN EN 3-7:2007-10 Tragbare Feuerlöscher T. 7: Eigenschaften, Leistungsanforderungen und Prüfungen.
122) Überschrift geändert durch Art. 4 Nr. 9d der Verordnung vom 19. Juli 2010 (s. FN 9 auf S. 16).
123) Siehe ASR A1.3 Sicherheits- und Gesundheitsschutzkennzeichnung Anl. 2 Nr. 5 Brandschutzzeichen F001, F004 (s. S. 188 ff.).
124) Es handelt sich um Anlagen mit sauerstoffverdrängenden Lösegasen (CO_2-, Argon-, Inergen-Löschanlagen). Als Warneinrichtungen kommen Alarmierungsanlagen in Betracht, die akustische und/oder optische Warnsignale im Falle einer Gefährdung auslösen.

Arbeitsstättenverordnung

2.3 Fluchtwege und Notausgänge[125]

(1) Fluchtwege[126] und Notausgänge müssen
a) sich in Anzahl, Anordnung und Abmessung nach der Nutzung, der Einrichtung und den Abmessungen der Arbeitsstätte sowie nach der höchstmöglichen Anzahl der dort anwesenden Personen richten,
b) auf möglichst kurzem Weg ins Freie oder, falls dies nicht möglich ist, in einen gesicherten Bereich[127] führen,[128]
c) in angemessener Form und dauerhaft gekennzeichnet sein[129].

---

125) Konkretisiert durch die ASR A2.3 Fluchtwege und Notausgänge, Flucht- und Rettungsplan (s. S. 332 ff.). Fluchtwege, die selbstständig begangen werden können, sind zugleich Rettungswege i. S. d. Bauordnungsrechts (s. ASR A2.3 Nr. 3.1). Die Fluchtweglängen ergeben sich aus Nr. 5 der ASR. Zu den Rettungswegen i. S. d. Bauordnungsrechts, die zugleich Fluchtwege i. S. d. Anh. Nr. 2.3 ArbStättV sind, s. auch Nr. 5.5 der Muster-Industriebaurichtlinie. Für Hochregalläger hat der LASI ländereinheitliche Grundsätze für die Länge von Fluchtwegen aufgestellt (abgedr. bei Opfermann R., Streit W.: Arbeitsstätten, Loseblattwerk mit Kommentar Landsberg, 3. Aufl., 2019, OZ 3100 Anh. Nr. 2.3 RdNr. 84).
126) Der wesentliche Unterschied zwischen den Rettungswegen nach dem Bauordnungsrecht der Länder und den Fluchtwegen nach dem Arbeitsstättenrecht besteht darin, dass Fluchtwege immer selbstständig benutzbar sein und direkt bis ins Freie oder in einen gesicherten Bereich führen müssen. Eine nach Bauordnungsrecht mögliche Führung des Rettungswegs, z. B. zu einer anleiterbaren Stelle zur Rettung durch die Feuerwehr, entspricht nicht dieser Forderung. Somit sind Rettungswege nach dem Bauordnungsrecht immer dann auch Fluchtwege, wenn sie selbstständig begangen werden können. Nach dem Arbeitsstättenrecht steht die Selbstrettung der Beschäftigten und sonstiger Personen, die sich in der Arbeitsstätte befinden, im Vordergrund.
127) Als gesicherter Bereich sind solche baulichen Einrichtungen bzw. Flächen zu verstehen, in oder auf denen die Beschäftigten vorübergehend vor einer unmittelbaren Gefahr für Leben und Gesundheit geschützt sind. Derartige Bereiche müssen im Hinblick auf ihre Größe und Zugänglichkeit einen vorübergehenden sicheren Aufenthalt ermöglichen. Als Mindestdauer, innerhalb der Beschäftigte und andere Personen in einem gesicherten Bereich zuverlässig geschützt sind, sollten 90 Minuten nicht unterschritten werden. Gesicherte Bereiche können z. B. ein durch eine feuerbeständige Wand abgetrennter Brandabschnitt, ein Sicherheitstreppenraum, ein Rettungsbalkon, ein begehbares, umwehrtes Flachdach eines angrenzenden Gebäudes oder ein Innenhof sein.
128) Es ist zwischen erstem und zweitem Fluchtweg zu unterscheiden. Der zweite Weg kann über einen Notausstieg und eine Außentreppe ohne Treppenraum ins Freie oder in einen gesicherten Bereich führen. Mehrgeschossige Gebäude mit großer Grundfläche (größer 1500 m^2) sollten über zwei möglichst entgegengesetzt liegende Fluchtwege verfügen. Die Mindestbreite der Fluchtwege richtet sich nach der höchst möglichen Zahl der Benutzer. Die Mindestbreite der Wege darf auch durch Einbauten oder Einrichtungen um nicht mehr als 0,15 m eingeengt werden (s. ASR A2.3 Nr. 5 Abs. 3).
129) Siehe ASR A1.3 Sicherheits- und Gesundheitsschutzkennzeichnung Anh. 1 Nr. 4 Zeichen E001, E002, E007, E016, E017 auf S. 192 ff.

Arbeitsstättenverordnung

Sie sind mit einer Sicherheitsbeleuchtung[130] auszurüsten, wenn das gefahrlose Verlassen der Arbeitsstätte für die Beschäftigten, insbesondere bei Ausfall der allgemeinen Beleuchtung, nicht gewährleistet ist.

(2) Türen im Verlauf von Fluchtwegen oder Türen von Notausgängen müssen
a) sich von innen ohne besondere Hilfsmittel jederzeit leicht öffnen lassen, solange sich Beschäftigte in der Arbeitsstätte befinden[131],
b) in angemessener Form und dauerhaft gekennzeichnet sein.

Türen von Notausgängen müssen sich nach außen öffnen lassen. In Notausgängen, die ausschließlich für den Notfall konzipiert und ausschließlich im Notfall benutzt werden[132], sind Karussell- und Schiebetüren[133] nicht zulässig.

3 Arbeitsbedingungen

3.1 Bewegungsfläche[134]

(1) Die freie unverstellte Fläche am Arbeitsplatz muss so bemessen sein, dass sich die Beschäftigten bei ihrer Tätigkeit ungehindert bewegen können.

---

130) Siehe ASR A3.4/7 Sicherheitsbeleuchtung, optische Sicherheitsleitsysteme auf S. 374 ff. Sicherheitsbeleuchtung fällt neben der Ersatzbeleuchtung unter die Notbeleuchtung. Es wird unterschieden zwischen der Sicherheitsbeleuchtung für Fluchtwege und für Arbeitsplätze mit besonderer Gefährdung sowie der Antipanikbeleuchtung (s. hierzu DIN EN 1838:2013-10 Angewandte Lichttechnik – Notbeleuchtung). Für Arbeitsstätten kommt vorwiegend die Sicherheitsbeleuchtung für Fluchtwege und für Arbeitsplätze mit besonderer Gefährdung in Betracht, weshalb auf diese auch nur in ASR A3.4/7 eingegangen wird. Die Anforderungen an die Sicherheitsbeleuchtung ergeben sich aus der ASR (s. auch Anh. Nr. 3.4). Zu den Sicherheitsleitsystemen s. ASR A3.4/7 Nr. 5. Lichtspeichernde Sicherheitsleitsysteme können in Verbindung mit einer genormten Sicherheitsbeleuchtung, z. B. als Bodenmarkierungen oder als zusätzliche Sicherheitsmaßnahme in Bereichen, wo keine Sicherheitsbeleuchtung gefordert wird, zum Einsatz kommen.
131) Das gilt auch für sonstige Fluchtöffnungen, z. B. Fenster im Verlauf eines zweiten Fluchtweges, die wie Fluchttüren nicht abgeschlossen oder versperrt sein dürfen.
132) Geändert durch Art. 4 Nr. 9e der Verordnung vom 19. Juli 2010 (s. FN 9 auf S. 16).
133) Zu automatischen Schiebetüren und Schnelllauftoren sowie automatischen Karusselltüren im Verlauf von Fluchtwegen s. ASR A1.7 Nr. 9 auf S. 245 ff.
134) Konkretisiert durch ASR A1.2 Raumabmessungen und Bewegungsflächen (s. S. 138 ff.). Nach Nr. 5.1 der ASR A1.2 muss die Bewegungsfläche mindestens 1,50 m^2 betragen. Ist dies aus betriebstechnischen Gründen nicht möglich, muss den Beschäftigten in der Nähe des Arbeitsplatzes eine mindestens 1,50 m^2 große Bewegungsfläche zur Verfügung stehen. Bei Bewegungsflächen muss die Bewegungsflächen an Maschinen und Anlagen ergänzend die für die Instandhaltung, die Versorgung mit Arbeits- und Hilfsstoffen, die Ablage von Materialien usw. erforderliche zusätzliche Fläche (sog. Funktionsfläche) vorgesehen werden. Für Büro- und Bildschirmarbeitsplätze ergibt sich bei Einrichtung von Zellenbüros als Richtwert ein Flächenbedarf von 8 bis 10 m^2 je Arbeitsplatz einschließlich Möblierung und anteiliger Verkehrsflächen im Raum. Für Großraumbüros ist angesichts des höheren Verkehrsflächenbedarfs und ggf. größerer Störwirkungen (z. B. akustisch, visuell) von 12 bis 15 m^2 je Arbeitsplatz auszugehen. Die für verschiedene Bürotypen aufgeführten Richtwerte stellen Toleranzbereiche für den Flächenbedarf der in diesen Bürotypen eingerichteten Büro- und Bildschirmarbeitsplätze dar, die eine Möblierung und anteilige Verkehrsflächen in den Büroräumen einschließen. Bedarf es aufgrund spezifischer Anforderungen an die Arbeitstätigkeit nur einer minimalen Ausstattung (z. B. Büro ohne Schränke o. ä.) oder aber einer erhöhten Ausstattung (z. B. Büro mit erhöhtem Anteil an Schränken oder Raumteilern zum Ausschluss akustischer oder visueller Störwirkungen), ist es nach der Logik der ASR A1.2 möglich, dies als Begründung für eine Abweichung vom Toleranzbereich anzugeben. Der in der ASR A1.2 Nr. 5 Abs. 3 festgelegte Mindestwert (Grundflächen in Arbeitsräumen mindestens 8 m^2 für einen Arbeitsplatz zuzüglich mindestens 6 m^2 für jeden weiteren Arbeitsplatz) darf jedoch nicht unterschritten werden.

Arbeitsstättenverordnung

(2) Ist dies nicht möglich, muss den Beschäftigten in der Nähe des Arbeitsplatzes eine andere ausreichend große Bewegungsfläche zur Verfügung stehen.

3.2 Anordnung der Arbeitsplätze

Arbeitsplätze sind in der Arbeitsstätte so anzuordnen, dass Beschäftigte
a) sie sicher erreichen und verlassen können[135],
b) sich bei Gefahr schnell in Sicherheit bringen können,
c) durch benachbarte Arbeitsplätze, Transporte oder Einwirkungen von außerhalb nicht gefährdet werden[136].

3.3 Ausstattung[137]

(1) Jedem Beschäftigten muss mindestens eine Kleiderablage zur Verfügung stehen, sofern keine Umkleideräume vorhanden sind.

(2) [138] Kann die Arbeit ganz oder teilweise sitzend verrichtet werden oder lässt es der Arbeitsablauf zu, sich zeitweise zu setzen, sind den Beschäftigten am Arbeitsplatz Sitzgelegenheiten zur Verfügung zu stellen. Können aus betriebstechnischen Gründen keine Sitzgelegenheiten unmittelbar am Arbeitsplatz aufgestellt werden, obwohl es der Arbeitsablauf zulässt, sich zeitweise zu setzen, müssen den Beschäftigten in der Nähe der Arbeitsplätze Sitzgelegenheiten bereitgestellt werden[139].

---

135) Für den letzten Teil des Weges zum Arbeitsplatz ist im Rahmen der Gefährdungsbeurteilung nach § 5 ArbSchG die Einhaltung der gleichen Anforderungen zu prüfen, wie sie auch für Verkehrswege (Anh. Nr. 1.8) und für Fluchtwege (Anh. Nr. 2.3) gelten. Nach der Definition der Fluchtweglänge in der ASR A2.3 als kürzeste Wegstrecke in Luftlinie gemessen vom entferntesten Aufenthaltsort bis zu einem Notausgang ist auch der Weg vom Arbeitsplatz zur ersten Fluchttür aus einem Arbeitsraum heraus Bestandteil des Fluchtweges. Somit gelten grundsätzlich die gleichen Anforderungen. Gewisse Abweichungen dürften zulässig sein, da die Wege unmittelbar am Arbeitsplatz nur von einem oder wenigen Beschäftigten benutzt werden müssen und ihnen dieser Teil des Weges vertraut ist.
136) Von Arbeitsplätzen können Gefährdungen für benachbarte Arbeitsplätze ausgehen, z. B. Funkenflug bei Schweißarbeiten, Ausschwenken von Arbeitsmaschinen oder Teilen von Transportgeräten, hinabfallende Gegenstände auf tiefer gelegene Arbeitsplätze und Verkehrswege. Darüber hinaus ist bei der Einrichtung von Maschinenarbeitsplätzen auf eine ausreichende Bemessung der Funktionsfläche (Bedienfläche, Inspektions- und Wartungsfläche, Ablage- und Bereitstellungsfläche) zu achten. Die Vorschrift über den Schutz der neben Verkehrswegen Beschäftigten ist auch zu beachten, wenn diese dort nur vorübergehend, z. B. zu Instandhaltungsarbeiten, tätig sind. Als mögliche Maßnahmen zum Schutz der Beschäftigten neben Verkehrswegen kommen eine Vergrößerung des Sicherheitsabstandes, Schutzgitter, Schutzwände oder Umwehrungen zur Anwendung.
137) Anh. Nr. 3.3 geändert durch Art. 4 Nr. 9f der Verordnung vom 19. Juli 2010 (s. FN 9 auf S. 16).
138) Anh. Nr. 3.3 Abs. 2 neu eingefügt durch Art. 4 Nr. 9f – bb) der Verordnung vom 19. Juli 2010 (s. FN 9 auf S. 16).
139) Zu der Anforderung, dass den Beschäftigten Sitzgelegenheiten am Arbeitsplatz oder, falls dies aus betriebstechnischen Gründen nicht möglich ist, in der Nähe der Arbeitsplätze zur Verfügung gestellt werden müssen, hat der Ausschuss für Arbeitsstätten noch keine Konkretisierung in der Form einer ASR vorgenommen. Dies wird sicher im Zusammenhang mit der Konkretisierung der Anforderungen für Bildschirmarbeitsplätze erfolgen. Die zu § 25 Abs. 1 der ArbStättV 1975 erstellte ASR 25/1 „Sitzgelegenheiten" kann als Orientierung herangezogen werden, ist aber ins-

3.4 Beleuchtung und Sichtverbindung[140) 141)]

(1) Der Arbeitgeber darf als Arbeitsräume[142)] nur solche Räume betreiben, die möglichst ausreichend Tageslicht[143)] erhalten und die eine Sichtverbindung nach außen[144) 145) 146)] haben. Dies gilt nicht für

---

besondere in Bezug auf die Normung veraltet. Zu Arbeitsstühlen und Büromöbel existiert eine umfassende Normung. So z. B. DIN EN 1335-2:2019-04: Büromöbel – Büro-Arbeitsstuhl T. 2: Sicherheitsanforderungen; DIN EN 16955:2017-08: Möbelbauteile – Konische Druckrohre für selbsttragende Gasfedern zur Höhenverstellung von Sitzmöbeln – Prüfverfahren und Anforderungen für die Festigkeit und Dauerhaltbarkeit; DIN 68877-1:2016-05: Industrie-Arbeitsstuhl T. 1: Maße, Bestimmung der Maße; DIN 68877-2:2016-05: Industrie-Arbeitsstuhl T. 2: Sicherheitsanforderungen und Prüfverfahren.

140) Anh. 3.4 wurde mit der Novellierung 2016 umfassend neugestaltet. Hintergrund ist die Wiederaufnahme materieller Anforderungen zur Gestaltung der Sichtverbindung nach außen. Diese waren im Zuge der Neufassung der ArbStättV 2004 entfallen und durch die Anforderung „Die Arbeitsstätten müssen möglichst ausreichend Tageslicht erhalten …" ersetzt worden. Diese Formulierung war rechtlich unbestimmt und in sich widersprüchlich. Es wurde einerseits „müssen" als Pflicht und andererseits „möglichst ausreichend" als unverbindliche Empfehlung in der Praxis ausgelegt. Unbestritten ist, dass natürliches Tageslicht bei der Beleuchtung von Arbeitsstätten einen hohen Stellenwert einnimmt. Gleiches gilt jedoch auch für eine freie Sichtverbindung nach außen aus den Arbeitsräumen heraus. Die bis 2016 geltenden Regelungen führten daher häufig zu Missverständnissen und Konflikten sowie in der Folge zu Anfragen von Arbeitgebern, Architekten und Bauingenieuren bei der Arbeitsschutzaufsicht der Länder. Beklagt werden dabei auch die uneinheitliche Auslegung dieser unbestimmten Begriffe in den Betrieben und die Abweichung von der Normung, die zusätzlich eine Sichtverbindung nach außen festlegt. So enthält die DIN 5034-1:2011-07 Tageslicht in Innenräumen T. 1: Allgemeine Anforderungen Mindestanforderungen, um in Innenräumen (Aufenthaltsräume und Arbeitsräume) einen hinreichenden subjektiven Helligkeitseindruck mit Tageslicht zu erzielen und eine ausreichende Sichtverbindung nach außen herzustellen. Auch das Bewertungssystem „Nachhaltiges Bauen" (BNB) des Bundesministeriums für Verkehr und digitale Infrastruktur fordert die Sichtverbindung nach außen für Büros und Verwaltungsgebäude. Die grundsätzlichen Forderungen nach ausreichendem Tageslichteinfall (durch Fenster, Oberlichter oder Tageslichtleitsysteme) und einer Sichtverbindung nach außen entsprechen dem Stand der Arbeitswissenschaft und sind zudem seit vielen Jahren durch einschlägige Gerichtsurteile bestätigt. In Verbindung mit einer ungehinderten Sichtverbindung nach außen wirkt sich Tageslicht insbesondere positiv auf das Befinden und die psychische Gesundheit aus.
141) Die ASR A3.4 Beleuchtung (s. S. 347) konkretisiert lediglich die Anforderungen der bis zur Novellierung der ArbStättV 2016 geltenden Formulierungen der Absätze 1 und 2 zu Anh. 3.4. Diese lauten wie folgt: „(1) Die Arbeitsstätten müssen möglichst ausreichend Tageslicht erhalten und mit Einrichtungen für eine der Sicherheit und dem Gesundheitsschutz der Beschäftigten angemessenen künstlichen Beleuchtung ausgestaltet sein. (2) Die Beleuchtungsanlagen sind so auszuwählen, dass sie dadurch keine Unfall- oder Gesundheitsgefahren ergeben können." Die Anforderungen zur angemessenen künstlichen Beleuchtung sind neu in Anh. Nr. 3.4 Abs. 5, die Anforderungen zur Auswahl und Anordnung der Beleuchtungsanlagen zur Vermeidung von Gefährdungen neu in Abs. 6 gefasst worden. Aus dem Ausschuss für Arbeitsstätten ist bekannt, dass die ASR A3.4 Beleuchtung durch eine Konkretisierung der wiederaufgenommenen „Sichtverbindung nach außen" erweitert werden soll.
142) Die Forderungen in Anh. Nr. 3.4 Abs. 1 nach möglichst ausreichendem Tageslicht und einer Sichtverbindung nach außen gilt für Arbeitsräume. Die frühere Anwendung auf Arbeitsstätten war zu unspezifisch und führte immer wieder zu Unklarheiten in der Praxis.
143) Die Anforderung nach ausreichendem Tageslicht wird gem. ASR A3.4 Nr. 4.1 Abs. 3 erfüllt, wenn in Arbeitsräumen entweder am Arbeitsplatz ein Tageslichtquotient größer als 2 %, bei Dachoberlichtern größer als 4 % erreicht wird oder ein Verhältnis von lichtdurchlässiger Fenster-, Tür- oder

Arbeitsstättenverordnung

1. Räume, bei denen betriebs-, produktions- oder bautechnische Gründe Tageslicht oder einer Sichtverbindung nach außen entgegenstehen,
2. Räume, in denen sich Beschäftigte zur Verrichtung ihrer Tätigkeit regelmäßig nicht über einen längeren Zeitraum oder im Verlauf der täglichen Arbeitszeit nur kurzzeitig aufhalten müssen, insbesondere Archive, Lager-, Maschinen- und Nebenräume, Teeküchen,
3. Räume, die vollständig unter Erdgleiche liegen, soweit es sich dabei um Tiefgaragen oder ähnliche Einrichtungen, um kulturelle Einrichtungen, um Verkaufsräume oder um Schank- und Speiseräume handelt,
4. Räume in Bahnhofs- oder Flughafenhallen, Passagen oder innerhalb von Kaufhäusern und Einkaufszentren,

---

Wandfläche bzw. Oberlichtfläche zur Raumgrundfläche von mindestens 1:10 (entspricht ca. 1:8 Rohbaumaße), eingehalten ist. Die Einrichtung fensternaher Arbeitsplätze ist zu bevorzugen.

144) Die Wiederaufnahme der grundsätzlichen Anforderung der Sichtverbindung nach außen für die Beschäftigten, die in Arbeitsräumen tätig werden oder sich in Pausen- und Bereitschaftsräumen, Unterkünften und Kantinen aufhalten, trägt den gesicherten arbeitswissenschaftlichen Erkenntnissen über die positiven Wirkungen des Tageslichts und des die Augen entlastenden Blicks in die Ferne Rechnung. Die Sichtverbindung nach außen bietet den Beschäftigten eine visuelle Wahrnehmungsverbindung in das Äußere, ermöglicht also den Blick in die umgebende Außenwelt und auf die aktuelle Wetterlage. Eine Sichtverbindung ins Freie ist dann gegeben, wenn sie unmittelbar ins Freie oder mittelbar durch durchsichtige Raumabteilungen hindurch führt.
145) Die Anforderung der Sichtverbindung nach außen ist dann erfüllt, wenn
    – die Gesamtfläche der Sichtverbindung eine hinreichend weite, unverstellte und ungehinderte Durchsicht ermöglicht,
    – die Sichtverbindung ins Freie führt und eine natürliche, also bezüglich Konturen und Farbwiedergabe naturnahe Durchsicht gewährleistet,
    – die Unterkante der Sichtverbindung so gelegen ist, dass die Beschäftigten auch bei sitzender Tätigkeit einen horizontal nicht oder nur gering geneigten Ausblick ins Freie haben; Oberlichter oder durchsichtige Dachelemente erfüllen die Maßgaben des Anhangs 3.4 nach einer Sichtverbindung nach außen nicht,
    – Vorrichtungen in den Räumen zur Verdunkelung, Verschattung bzw. als Blendschutz von den dort Beschäftigten bedient werden können.
146) Die Anforderung nach einer Sichtverbindung nach außen trat am 3. Dezember 2016 in Kraft und entfaltet Bestandsschutz für die vor diesem Termin errichteten Arbeitsstätten ohne Sichtverbindung. Der Bestandsschutz entfällt, wenn die Räume wesentlich erweitert oder umgebaut werden. Wesentlich sind Umbauten oder Erweiterungen dann, wenn im Zuge dieser Baumaßnahmen auch eine Sichtverbindung nach außen hergestellt werden kann. Dadurch entstehende Mehrkosten liefern keine rechtswirksame Begründung, die Maßgabe von Anh. 3.4 nach einer Sichtverbindung nicht umzusetzen (s. auch amtl. Begr. a.a.O.).
Grundsätzlich gilt das Minimierungsgebot, wonach der Arbeitgeber verpflichtet ist, Maßnahmen zur Minderung negativer Folgen einer fehlenden Sichtverbindung zu ergreifen. Bis bautechnische Realisierungen erfolgen, können auch arbeitsorganisatorische Maßnahmen, z. B. zeitliche Begrenzungen der Aufenthaltsdauer in Räumen ohne Sichtverbindung, ggf. Maßnahmen von job-rotation in Räume mit Sichtverbindung, in Ausnahmefällen auch zusätzliche „Sichtpausen" hinein in Räume mit Sichtverbindung oder direkt ins Freie im Analogon zu den sog. „Bandpausen" bei Fließbandarbeit, einen eingeschränkten Ausgleich für die Negativfolgen auf Beschäftigte bei Arbeiten in Räumen ohne Sichtverbindung erbringen.

5. Räume mit einer Grundfläche von mindestens 2 000 Quadratmetern, sofern Oberlichter oder andere bauliche Vorrichtungen vorhanden sind, die Tageslicht in den Arbeitsraum lenken[147].

(2) Pausen- und Bereitschaftsräume sowie Unterkünfte müssen möglichst ausreichend mit Tageslicht beleuchtet sein und eine Sichtverbindung nach außen haben.[148] Kantinen sollen möglichst ausreichend Tageslicht erhalten und eine Sichtverbindung nach außen haben[149].

(3) Räume, die bis zum 3. Dezember 2016 eingerichtet worden sind oder mit deren Einrichtung begonnen worden war und die die Anforderungen nach Absatz 1 Satz 1 oder Absatz 2 nicht erfüllen, dürfen ohne eine Sichtverbindung nach außen weiter betrieben werden, bis sie wesentlich erweitert oder umgebaut werden.

(4) In Arbeitsräumen muss die Stärke des Tageslichteinfalls am Arbeitsplatz je nach Art der Tätigkeit reguliert werden können[150].

(5) Arbeitsstätten müssen mit Einrichtungen ausgestattet sein, die eine angemessene künstliche Beleuchtung ermöglichen, so dass die Sicherheit und der Schutz der Gesundheit der Beschäftigten gewährleistet sind[151].

---

147) In Anlehnung an die Rechtslage vor 2004 enthalten die 2016 neu gefassten Absätze 1 und 2 der Nr. 3.4 differenzierte Ausnahmeregelungen. Anh. Nr. 3.4 Abs. 1 Satz 2 benennt Arbeitsräume, bei denen die tatsächlichen Gegebenheiten eine Sichtverbindung nach außen faktisch nicht oder nur mit unvertretbaren Kosten zulassen; dazu gehören: betriebs-, produktions- oder bautechnische Gründe, spezielle ärztliche Behandlungsräume, sehr große Arbeitsräume, Einkaufszentren mit Verkaufsräumen, Schank- und Speisegaststätten, Räume in Flughäfen, Bahnhöfen, Sportstadien und in mehrstöckigen Produktionsanlagen. Auch für von Beschäftigten zur Verrichtung ihrer Tätigkeit nur vorübergehend genutzte Bereiche, z. B. in Archiven, Lager-, Maschinen- oder Nebenräumen sowie für Teeküchen, bestehen Ausnahmen.
148) Pausen- und Bereitschaftsräume sowie Unterkünfte müssen eine Sichtverbindung nach außen haben. Kantinen sollen eine Sichtverbindung nach außen haben. Die Verwendung des Modalverbs „sollen" legt dem Arbeitgeber die Pflicht auf, in Kantinen eine Sichtverbindung ins Freie zu realisieren, ermöglicht aber, wenn dies baulich-technisch möglich oder unverhältnismäßig ist, auch den Verzicht auf eine solche Sichtverbindung. Die baulich-technische Unmöglichkeit bzw. die Unverhältnismäßigkeit muss begründet und diese Begründung muss in der Gefährdungsbeurteilung dokumentiert sein.
149) Nach Anh. Nr. 3.4 Abs. 2 müssen Pausen- und Bereitschaftsräume sowie Unterkünfte „möglichst" ausreichend mit Tageslicht beleuchtet sein und eine Sichtverbindung nach außen haben; Kantinen „sollen" möglichst eine Sichtverbindung nach außen haben. Zwischen den Bestimmungen in Anh. Nr. 3.4 Abs. 1 und 2 besteht insoweit eine Beziehung, als schon jetzt in der ASR A3.4 Beleuchtung die Forderung enthalten ist, dass, wenn die Forderung nach ausreichendem Tageslicht in bestehenden Arbeitsstätten oder auf Grund spezifischer betriebstechnischer Anforderungen nicht einzuhalten ist, im Rahmen der Gefährdungsbeurteilung andere Maßnahmen zur Gewährleistung der Sicherheit und des Gesundheitsschutzes erforderlich werden. Eine solche andere Maßnahme besteht z. B. in der Einrichtung und Nutzung von Pausenräumen mit hohem Tageslichteinfall in Verbindung mit einer geeigneten Pausengestaltung.
150) Bei der Regulation des Tageslichteinfalls nach Art der Tätigkeit geht es z. B. um störende direkte Sonneneinstrahlung, die z. B. im Hinblick auf zu verrichtende Bildschirmarbeit zu vermeiden oder zu minimieren ist. Zur Begrenzung störender Blendungen oder Reflexionen können z. B. Jalousien, Rollos und Lamellenstores dienen. Bei Dachoberlichtern können dies z. B. lichtstreuende Materialien oder Verglasungen mit integrierten Lamellenrastern sein.
151) Konkretisiert durch ASR A3.4 Beleuchtung (s. S. 347 ff.).

Arbeitsstättenverordnung

(6) Die Beleuchtungsanlagen sind so auszuwählen und anzuordnen, dass dadurch die Sicherheit und die Gesundheit der Beschäftigten nicht gefährdet werden[152].

(7) Arbeitsstätten, in denen bei Ausfall der Allgemeinbeleuchtung die Sicherheit der Beschäftigten gefährdet werden kann, müssen eine ausreichende Sicherheitsbeleuchtung haben[153].

3.5 Raumtemperatur[154]

(1) Arbeitsräume, in denen aus betriebstechnischer Sicht keine spezifischen Anforderungen an die Raumtemperatur gestellt werden, müssen während der Nutzungsdauer[155] unter Berücksichtigung der Arbeitsverfahren[156] und der physischen Belastungen der Beschäftigten[157] eine gesundheitlich zuträgliche Raumtemperatur haben[158].

(2) Sanitär-, Pausen- und Bereitschaftsräume, Kantinen, Erste-Hilfe-Räume und Unterkünfte[159] müssen während der Nutzungsdauer unter Berücksichtigung des spezifischen Nutzungszwecks eine gesundheitlich zuträgliche Raumtemperatur haben.

---

152) Konkretisiert durch ASR A3.4 Beleuchtung (s. S. 347 ff.).
153) Siehe ASR A3.4/7 Sicherheitsbeleuchtung, optische Sicherheitsleitsysteme auf S. 374 ff. Sicherheitsbeleuchtung fällt neben der Ersatzbeleuchtung unter die Notbeleuchtung. Es wird unterschieden zwischen der Sicherheitsbeleuchtung für Rettungswege, derjenigen für Arbeitsplätze mit besonderer Gefährdung und der Antipanikbeleuchtung (s. hierzu DIN EN 1838:2013-10 Angewandte Lichttechnik – Notbeleuchtung). Für Arbeitsstätten kommen vorwiegend die Sicherheitsbeleuchtung für Rettungswege und für Arbeitsplätze mit besonderer Gefährdung in Betracht. In Arbeitsstätten, in denen sich viele Menschen aufhalten (z. B. Kaufhäuser, Ladenpassagen, Versammlungsstätten) kann es notwendig sein, zusätzlich auch eine Antipanikbeleuchtung vorzusehen.
154) Konkretisiert durch ASR A3.5 Raumtemperatur (s. S. 383 ff.). Die Raumtemperatur ist die vom Menschen empfundene Temperatur. Sie wird u. a. durch die Lufttemperatur und die Temperatur der umgebenden Flächen (insbesondere Fenster, Wände, Decke, Fußboden) bestimmt. Üblicherweise wird in Arbeitsstätten wegen der einfachen Messbarkeit jedoch nur die Lufttemperatur betrachtet. Die Lufttemperatur ist die Temperatur der den Menschen umgebenden Luft ohne Einwirkung von Wärmestrahlung.
155) Die zweckgebundenen Raumtemperaturen werden nicht während der gesamten Arbeitszeit, sondern sinnvollerweise während der tatsächlichen Nutzungsdauer vorgeschrieben. Die Mindesttemperatur muss aber bereits zu Beginn der Arbeitszeit im Raum vorhanden sein und darüber hinaus auch bei Nutzung außerhalb der regulären Arbeitszeit.
156) Das Arbeitsverfahren bestimmt die Art der Tätigkeit und erfasst die Arbeitsmethode im Hinblick auf die körperliche und psychische Belastung der Beschäftigten.
157) Unter Arbeitsschwere (physische Belastung) wird in Arbeitsmedizin und Arbeitsrecht eine Einteilung der Arbeit nach dem Grad der physischen Belastung für den Ausübenden verstanden. Vereinfacht kann die Arbeitsschwere aus der bei der Verrichtung der Tätigkeit überwiegend eingenommenen Arbeitshaltung (sitzen, stehen, gehen) und der für die Verrichtung der Tätigkeit eingesetzten Muskelmasse (Hand, Arm, Bein, Rumpf) abgeleitet und in die drei Stufen leicht, mittel und schwer eingeteilt werden; s. ASR A3.5 Nr. 4.2 Tab. 2.
158) Große Hallen mit ständigen Arbeitsplätzen müssen beheizt werden. Befinden sich ständige Arbeitsplätze nur in bestimmten Hallenbereichen, so sind allein diese Arbeitsbereiche zu beheizen, z. B. durch Gas-Infrarotstrahler (ausführlich in Opfermann/Streit, Loseblattwerk mit Kommentar, 3. Aufl., Landsberg 2019 unter OZ 3100 Erl. zu Anh. Nr. 3.5 RdNr. 43 ff.).
159) Anh. Nr. 3.5 umfasst hinsichtlich der allgemeinen Anforderungen an Raumtemperaturen nun auch Unterkünfte. In der geltenden ASR A3.5 sind Unterkünfte bisher nicht erfasst. Für diese wird aber in ASR A4.4 Unterkünfte Nr. 5.1 Abs. 3 (s. S. 485) eine Raumtemperatur von +21 °C gefordert.

Arbeitsstättenverordnung

(3) Fenster, Oberlichter und Glaswände müssen unter Berücksichtigung der Arbeitsverfahren und der Art der Arbeitsstätte eine Abschirmung gegen übermäßige Sonneneinstrahlung ermöglichen.[160) 161)]

3.6 Lüftung[162)]

(1) In Arbeitsräumen, Sanitär-, Pausen- und Bereitschaftsräumen, Kantinen, Erste-Hilfe-Räumen und Unterkünften[163)] muss unter Berücksichtigung des spezifischen Nutzungszwecks, der Arbeitsverfahren, der physischen Belastungen und der Anzahl der Beschäftigten sowie der sonstigen anwesenden Personen während der Nutzungsdauer ausreichend gesundheitlich zuträgliche Atemluft[164)] vorhanden sein.

---

160) Bei den Maßnahmen gegen übermäßige Sonneneinstrahlung ist nun klargestellt, dass nicht generell die gesamte Arbeitsstätte gegen übermäßige Sonneneinstrahlung zu schützen sein muss. Vielmehr müssen die entsprechenden Fenster, Oberlichter und Glaswände in Arbeitsräumen geeignete Maßnahmen (Abschirmung) gegen übermäßige Sonneneinstrahlung ermöglichen, um die Sicherheit und die Gesundheit der Beschäftigten bei den beruflichen Tätigkeiten zu gewährleisten.
161) Siehe ASR A3.5 Raumtemperatur Nr. 4.3 auf S. 387 ff.; hier finden sich in Tab. 3 Gestaltungsbeispiele für Sonnenschutzsysteme. Durch Sonnenschutzmaßnahmen soll neben der unzuträglichen Aufheizung des Raumes auch einer Blendung entgegengewirkt werden. Als Sonnenschutzmaßnahmen kommen z. B. in Betracht: Gebäudeorientierung, Anordnung des Arbeitsplatzes, Sonnenschutzglas, Außenjalousien, Markisen, Metall-Folien-Rollos, horizontale Metall-Jalousien. Als besonders wirksam sind Metall-Folien-Rollos einzustufen, die sich individuell horizontal oder vertikal einstellen lassen. Hilfen für die Auswahl von geeigneten Blend- und Wärmeschutzvorrichtungen an Bildschirm- und Büroarbeitsplätzen enthält die DGUV Information 215-444 Sonnenschutz im Büro, Ausg. 2016-12.
162) Für umschlossene Arbeitsräume konkretisiert durch ASR A3.6 Lüftung (s. S. 390 ff.).
163) Die ursprünglich nur auf umschlossene Arbeitsräume beschränkte Vorschrift zum Vorhandensein einer gesundheitlich zuträglichen Atemluft wurde mit der Novellierung 2016 auf Sanitär-, Pausen- und Bereitschaftsräume, Kantinen, Erste-Hilfe-Räume und Unterkünfte erweitert. Gesundheitlich zuträgliche Atemluft soll während der Nutzungsdauer gerade auch in den oben genannten Sozialräumen der Arbeitsstätte vorhanden sein.
164) Die Innenraumluftqualität in Arbeitsräumen kann durch Stofflasten, Feuchtelasten oder Wärmelasten beeinträchtigt werden. An vielen Arbeitsplätzen wird die Luftqualität wesentlich durch die im Raum anwesenden Personen (z. B. Beschäftigte, Kunden, sonstige betriebsfremde Dritte) und dadurch bedingte Emissionen von CO_2 und Geruchsstoffen beeinflusst. Sind die Beschäftigten und sonstigen anwesenden Personen die bestimmende Ursache für Stofflasten im Raum, ist die CO_2-Konzentration ein anerkanntes Maß für die Bewertung der Luftqualität und Lüftung das Verfahren zur Herstellung einer gesundheitlich zuträglichen Atemluft.
In Räume, in denen kein Umgang mit Gefahrstoffen stattfindet, können Stofflasten von Nebenräumen oder von außen gelangen. Es muss im Einzelfall festgestellt werden, um welche Stoffe es sich handelt. Für diese Räume können **Richtwerte für die Innenraumluft** zur Bewertung und zur Steuerung von RTL-Anlagen herangezogen werden.
Bundeseinheitliche Richtwerte für die Innenraumluft (veröffentlicht unter http://www.umweltbundesamt.de/themen/gesundheit/kommissionenarbeitsgruppen/ausschuss-fuer-innenraumrichtwerte (vormals Ad-hoc-Arbeitsgruppe genannt) setzt der „Ausschuss für Innenraumrichtwerte" fest.
Es gibt zwei Richtwert-Kategorien (jeweils in mg/m^3). Richtwert II (RW II) stellt die Konzentration eines Stoffes dar, bei deren Erreichen beziehungsweise Überschreiten unverzüglich zu handeln ist. Diese höhere Konzentration kann, besonders für empfindliche Personen bei Daueraufenthalt in den Räumen, eine gesundheitliche Gefährdung sein. Je nach Wirkungsweise des Stoffes kann der Richtwert II als Kurzzeitwert (RW II K) oder Langzeitwert (RW II L) definiert sein.

Arbeitsstättenverordnung

(2) Ist für das Betreiben von Arbeitsstätten eine raumlufttechnische Anlage erforderlich, muss diese jederzeit funktionsfähig sein[165]. Bei raumlufttechnischen Anlagen muss eine Störung durch eine selbsttätige Warneinrichtung angezeigt werden[166]. Es müssen Vorkehrungen getroffen sein, durch die die Beschäftigten im Fall einer Störung gegen Gesundheitsgefahren geschützt sind.

(3) Werden raumlufttechnische Anlagen verwendet, ist sicherzustellen, dass die Beschäftigten keinem störenden Luftzug ausgesetzt sind.[167]

(4) Ablagerungen und Verunreinigungen in raumlufttechnischen Anlagen, die zu einer unmittelbaren Gesundheitsgefährdung durch die Raumluft führen können, müssen umgehend beseitigt werden[168].

Richtwert I (RW I – Vorsorgerichtwert) beschreibt die Konzentration eines Stoffes in der Innenraumluft, bei der bei einer Einzelstoffbetrachtung nach gegenwärtigem Erkenntnisstand auch dann keine gesundheitliche Beeinträchtigung zu erwarten ist, wenn ein Mensch diesem Stoff lebenslang ausgesetzt ist. RW I kann als Zielwert bei der Sanierung dienen.
Wenn der Kenntnisstand nicht ausreicht, um toxikologisch begründete Richtwerte abzuleiten, werden Leitwerte (hygienisch begründete Beurteilungswerte) festgelegt, mit denen die Raumluft dann bewertet werden kann. Leitwerte geben nicht einzelne Zahlenwerte, sondern Konzentrationsbereiche an. Leitwerte wurden bisher festgelegt für Kohlendioxid, Kohlenmonoxid, für die Summe der flüchtigen organischen Verbindungen (Total Volatile Organic Compounds – TVOC) und für Feinstaub (Particulate Matter – PM 2,5).
Die Atemluft kann durch Schadstoffe belastet sein, für die weder Richtwerte noch Leitwerte für die Innenraumluft festgelegt sind (z. B. Mikroorganismen, Schimmelpilze, Bakterien, Radon). Zur Orientierung müssen dann die in den Technischen Regeln für Gefahrstoffe (TRGS) angegebenen Grenzwerte (z. B. TRGS 900) herangezogen werden. Zur Messung von Innenraumluftverunreinigungen s. VDI-Richtlinie 4300 Blatt 1 „Messen von Innenraumluftverunreinigungen – Allgemeine Aspekte der Meßstrategie" Ausg. 12.95. Die Vorschrift der Nr. 3.6 Abs. 1 erfasst auch das sog. Sick Building Syndrom.

165) Anh. Nr. 3.6 Abs. 2 bis 4 werden auf raumlufttechnische Anlagen beschränkt, da die vorgeschriebenen Anforderungen nicht generell für alle Lüftungseinrichtungen sinnvoll anwendbar sind. Zu den lüftungstechnischen Anlagen s. auch DGUV Regel 109-002 Arbeitsplatzlüftung – Lufttechnische Maßnahmen Ausg. 2004-01, sowie die zur Luftbeschaffenheit veröffentlichten DIN-Normen und VDI-Richtlinien (z. B. Luftbeschaffenheit am Arbeitsplatz - Minderung der Exposition durch luftfremde Stoffe – VDI 2262 Blatt 1:2013-06 Rechtliche Grundlagen, Begriffe, grundlegende organisatorische Maßnahmen für den Arbeitsschutz und Umweltschutz, VDI 2262 Blatt 2:2012-11 Verfahrenstechnische und organisatorische Maßnahmen, VDI 2262 Blatt 3:2011-06 Lufttechnische Maßnahmen, VDI 2262 Blatt 4:2006-03 Erfassen luftfremder Stoffe).
166) Die Warneinrichtung kann akustische und/oder optische Signale aussenden.
167) Die Zufuhr einer ausreichenden Atemluftmenge darf keine Zugluft zur Folge haben, da dies für die Beschäftigten nicht gesundheitlich zuträglich ist (s. auch ASR A3.6 Nr. 6.4). Anders als in der abgelösten Verordnung 1975 (dort § 16 Abs. 4) enthält die aktuelle ArbStättV keine allgemeine Vorschrift, die Beschäftigte vor vermeidbarer Zugluft zu schützt. Zugluft wird nur im Zusammenhang mit dem Betrieb von Raumlufttechnischen Anlagen mit Lüftungsfunktion angesprochen. In der ASR A3.6 findet sich unter Nr. 6.5 eine Aussage zur Vermeidung unzumutbarer Zugluft in Aufenthaltsbereichen. Danach tritt bei einer Lufttemperatur von +20 °C, einem Turbulenzgrad von 40 % und einer mittleren Luftgeschwindigkeit unter 0,15 m/s bei leichter Arbeitsschwere üblicherweise keine unzumutbare Zugluft auf. Bei größerer körperlicher Aktivität, anderen Lufttemperaturen oder anderen Turbulenzgraden kann der Wert für die mittlere Luftgeschwindigkeit abweichen und ist im Rahmen der Gefährdungsbeurteilung zu bewerten.
168) Insgesamt zu Hygieneanforderungen für Raumlufttechnische Anlagen s. VDI 6022 Blatt 1:2018-01 Raumlufttechnik, Raumluftqualität – Hygieneanforderungen an raumlufttechnische Anlagen und Geräte (VDI-Lüftungsregeln).

Arbeitsstättenverordnung

3.7 Lärm[169) 170)]

In Arbeitsstätten ist der Schalldruckpegel so niedrig zu halten, wie es nach der Art des Betriebes möglich ist. Der Schalldruckpegel am Arbeitsplatz in Arbeitsräumen ist in Abhängigkeit von der Nutzung und den zu verrichtenden Tätigkeiten so weit zu reduzieren, dass keine Beeinträchtigungen der Gesundheit der Beschäftigten entstehen[171)].

4 Sanitär-, Pausen- und Bereitschaftsräume, Kantinen, Erste-Hilfe-Räume und Unterkünfte[172)]

4.1 Sanitärräume[173)]

(1) Der Arbeitgeber hat Toilettenräume zur Verfügung zu stellen. Toilettenräume sind für Männer und Frauen getrennt einzurichten oder es ist eine getrennte Nutzung zu ermöglichen.[174)] Toilettenräume sind mit verschließbaren Zugängen, einer ausreichenden Anzahl von Toilettenbecken und Handwaschgelegenheiten zur Verfügung zu stellen. Sie müssen sich sowohl in der Nähe der Arbeitsräume als auch in der Nähe von Kantinen, Pausen- und Bereitschaftsräumen, Wasch- und Umkleideräumen befinden. Bei Arbeiten im Freien und auf Baustellen mit wenigen Beschäftigten sind mobile, anschlussfreie Toilettenkabinen in der Nähe der Arbeitsplätze ausreichend.[175)]

---

169) Das allgemeine Minimierungsgebot des Anh. Nr. 3.7 berücksichtigt, dass auch unterhalb eines Schalldruckpegels von 80 dB(A) eine Gefährdung bzw. Beeinträchtigung der Gesundheit möglich ist, und verlangt hiergegen alle betrieblich möglichen Maßnahmen zu ergreifen. Vorrangig stellt die Vorschrift auf die extraauralen Wirkungen des Lärms ab; sie betreffen den gesamten Organismus und nicht unmittelbar das Gehör. Es handelt sich um vegetative, psychische und soziale Wirkungen. Die auralen Wirkungen des Lärms wirken sich hingegen unmittelbar auf das Gehör aus. Sie werden von der Lärm- und Vibrations-Arbeitsschutzverordnung erfasst. Diese legt zum Schutz der Beschäftigten vor gesundheitsgefährdenden Lärmeinwirkungen Grenzwerte fest (s. Pangert R., Streit W.: Lärm- und Vibrations-Arbeitsschutzverordnung, Erläuterungen für die Praxis, Heidelberg, München, Landsberg 2010).
170) Die Vorschrift des Anh. Nr. 3.7 gilt für die gesamte Arbeitsstätte, also neben den Arbeitsräumen auch für Pausen-, Bereitschafts- und Erste-Hilfe-Räume sowie Unterkünfte. Die Vorschrift erfasst alle Lärmquellen innerhalb und außerhalb des Raumes, also auch die Verkehrslärmimmissionen. Die durch die Personen im Raum verursachten Geräusche (lautes Sprechen, Telefonieren, Stühlerücken) sind bei der Ermittlung des Schalldruckpegels ebenfalls zu berücksichtigen.
171) ASR A3.7 konkretisiert diese Anforderungen für Arbeitsplätze mit Tätigkeiten und Handlungen, die für die Erfüllung der Arbeitsaufgabe Konzentration oder Sprachverständlichkeit besonders erfordern. Die Beurteilungspegel und die raumakustischen Anforderungen der ASR A3.7 gelten für alle Räume in Arbeitsstätten, in denen Tätigkeiten ausgeübt werden müssen, die erhöhte Aufmerksamkeit oder Sprachverständlichkeit erfordern. Sie gelten unabhängig von der Aufenthaltsdauer der Beschäftigten in diesen Räumen.
172) In der ArbStättV 2004 wurden Anforderungen zu Arbeits-, Sanitär- und Sozialräumen sowohl in § 6 als auch im Anhang der ArbStättV geregelt. Das erschwerte die Anwendung, weshalb Regelungsinhalte zum gleichen Sachverhalt mit der Novellierung der ArbStättV 2016 zusammengeführt wurden. Dies diente der Verbesserung der Verständlichkeit und der Rechtsklarheit.
173) Konkretisiert durch ASR A4.1 Sanitärräume (s. S. 438 ff.).
174) Die Forderungen an den Arbeitgeber zur Bereitstellung von Toilettenräumen und zur getrennten Einrichtung der Toilettenräume für Männer und Frauen oder zur Ermöglichung einer getrennten Nutzung waren bisher in § 6 Abs. 2 der ArbStättV 2004 enthalten.
175) Nach ASR A4.1 Nr. 8.1 Abs. 1 sind vom Arbeitgeber auf einer Baustelle Toilettenräume bereit zu stellen, wenn mehr als zehn Beschäftigte länger als zwei zusammenhängende Wochen gleichzeitig beschäftigt werden. Für Baustellen mit bis zu zehn Beschäftigten können abweichend davon mobile anschlussfreie Toilettenkabinen, vorzugsweise mit integrierter Handwaschgelegenheit, bereitgestellt werden.

Arbeitsstättenverordnung

(2) Der Arbeitgeber hat – wenn es die Art der Tätigkeit oder gesundheitliche Gründe erfordern[176] – Waschräume zur Verfügung zu stellen. Diese sind für Männer und Frauen getrennt einzurichten oder es ist eine getrennte Nutzung zu ermöglichen. Bei Arbeiten im Freien und auf Baustellen mit wenigen Beschäftigten sind Waschgelegenheiten ausreichend. Waschräume sind

a) in der Nähe von Arbeitsräumen und sichtgeschützt einzurichten[177],

b) so zu bemessen, dass die Beschäftigten sich den hygienischen Erfordernissen entsprechend und ungehindert reinigen können; dazu müssen fließendes warmes und kaltes Wasser, Mittel zum Reinigen und gegebenenfalls zum Desinfizieren sowie zum Abtrocknen der Hände vorhanden sein[178],

c) mit einer ausreichenden Anzahl geeigneter Duschen zur Verfügung zu stellen, wenn es die Art der Tätigkeit oder gesundheitliche Gründe erfordern.

Sind Waschräume nicht erforderlich, müssen in der Nähe des Arbeitsplatzes und der Umkleideräume ausreichende und angemessene Waschgelegenheiten mit fließendem Wasser (erforderlichenfalls mit warmem Wasser), Mitteln zum Reinigen und zum Abtrocknen der Hände zur Verfügung stehen.[179]

(3) Der Arbeitgeber hat geeignete Umkleideräume zur Verfügung zu stellen, wenn die Beschäftigten bei ihrer Tätigkeit besondere Arbeitskleidung tragen müssen[180] und es ihnen nicht zuzumuten ist, sich in einem anderen Raum umzukleiden.[181] Umkleideräume sind für Männer und Frauen getrennt einzurichten oder es ist eine getrennte Nutzung zu ermöglichen.[182] Umkleideräume müssen

---

176) Nach der ASR A4.1 Nr. 6.1 Abs. 1 sind Waschräume nach Art der Tätigkeit oder gesundheitlichen Gründen gemäß Kategorie A, B oder C vorzusehen; Kategorie A bei mäßig schmutzenden Tätigkeiten, Kategorie B bei stark schmutzenden Tätigkeiten und Kategorie C bei sehr stark schmutzenden Tätigkeiten, bei Vorliegen gesundheitlicher Gründe, bei Tätigkeiten mit stark geruchsbelästigenden Stoffen, beim Tragen von körpergroßflächiger persönlicher Schutzausrüstung, bei Tätigkeiten unter besonderen klimatischen Bedingungen (Hitze, Kälte) oder bei Nässe sowie bei schwerer körperlicher Arbeit.
177) Nach ASR A4.1 Nr. 6.2 Abs. 1 müssen sich Waschräume in der Nähe der Arbeitsplätze befinden. Der Weg von den Arbeitsplätzen in Gebäuden zu den Waschräumen darf 300 m nicht überschreiten und soll nicht durchs Freie führen. Waschräume dürfen auch in einer anderen Etage eingerichtet sein.
178) Die Mittel zum Reinigen, Desinfizieren und Abtrocknen der Hände müssen vom Arbeitgeber kostenlos zur Verfügung gestellt werden.
179) Auch hier hat die Bereitstellung der Mittel zum Reinigen und Abtrocknen für die Beschäftigten kostenlos zu erfolgen.
180) Das Erfordernis besonderer Arbeitskleidung ist dann anzunehmen, wenn die Arbeitskleidung betriebsbedingt getragen werden muss. Dies kann z. B. aus gesundheitlichen Gründen oder aufgrund der Art der Tätigkeit (z. B. stark schmutzende Tätigkeiten, besondere klimatische Bedingungen, schwere körperliche Arbeit) der Fall sein oder auch auf Weisung des Arbeitgebers, z. B. zur einheitlichen Darstellung des Betriebes, notwendig sein.
181) Eine Unzumutbarkeit ist u. a. gegeben, wenn z. B. der Raum nicht gegen Einsichtnahme von außen geschützt, gleichzeitig von weiteren Personen anderweitig genutzt oder nicht abgeschlossen werden kann.
182) Die Forderungen an den Arbeitgeber zu Bedingungen für die Bereitstellung von Umkleideräumen und zur getrennten Einrichtung der Umkleideräume für Männer und Frauen oder zur Ermöglichung einer getrennten Nutzung waren bisher in § 6 Abs. 2 der ArbStättV 2004 enthalten.

a) leicht zugänglich und von ausreichender Größe und sichtgeschützt eingerichtet werden; entsprechend der Anzahl gleichzeitiger Benutzer muss genügend freie Bodenfläche für ungehindertes Umkleiden vorhanden sein,

b) mit Sitzgelegenheiten sowie mit verschließbaren Einrichtungen ausgestattet sein, in denen jeder Beschäftigte seine Kleidung aufbewahren kann.

Kleiderschränke für Arbeitskleidung und Schutzkleidung sind von Kleiderschränken für persönliche Kleidung und Gegenstände zu trennen, wenn die Umstände dies erfordern.

(4) Wasch- und Umkleideräume, die voneinander räumlich getrennt sind, müssen untereinander leicht erreichbar sein.

4.2 Pausen- und Bereitschaftsräume[183]

(1) Bei mehr als zehn Beschäftigten oder wenn die Sicherheit und der Schutz der Gesundheit es erfordern[184], ist den Beschäftigten ein Pausenraum oder ein entsprechender Pausenbereich zur Verfügung zu stellen. Dies gilt nicht, wenn die Beschäftigten in Büroräumen oder vergleichbaren Arbeitsräumen beschäftigt sind und dort gleichwertige Voraussetzungen für eine Erholung während der Pause gegeben sind.[185] Fallen in die Arbeitszeit regelmäßig und häufig Arbeitsbereitschaftszeiten oder Arbeitsunterbrechungen und sind keine Pausenräume vorhanden, so sind für die Beschäftigten Räume für Bereitschaftszeiten einzurichten. Schwangere Frauen und stillende Mütter müssen sich während der Pausen und, soweit es erforderlich ist, auch während der Arbeitszeit unter geeigneten Bedingungen hinlegen und ausruhen können.

(2) Pausenräume oder entsprechende Pausenbereiche sind

a) für die Beschäftigten leicht erreichbar an ungefährdeter Stelle und in ausreichender Größe bereitzustellen,

b) entsprechend der Anzahl der gleichzeitigen Benutzer mit leicht zu reinigenden Tischen und Sitzgelegenheiten mit Rückenlehne auszustatten,

---

183) Konkretisiert durch ASR A4.2 Pausen- und Bereitschaftsräume (s. S. 463 ff.).
184) Die Bedingungen, die unabhängig von der Personenzahl zur Verpflichtung der Bereitstellung eines Pausenraumes anstelle eines Pausenbereichs führen, werden in der ASR A4.1 Nr. 4.1 Abs. 3 aufgeführt. Solche Bedingungen liegen u. a. vor bei Arbeiten mit erhöhter Gesundheitsgefährdung in Hitze, Kälte, Nässe oder Staub, bei Überschreitung der Auslösewerte für Lärm oder Vibrationen (s. LärmVibrationsArbSchV), bei Gefährdungen durch den Umgang mit biologischen Arbeitsstoffen oder Gefahrstoffen, bei überwiegenden Arbeiten im Freien, bei Steharbeit, bei schwerer körperlicher Arbeit, stark schmutzender Tätigkeit, Arbeitsräumen/Bereichen ohne Tageslicht oder Arbeitsräumen/Bereichen, zu denen üblicherweise Dritte (z. B. Kunden, Publikum, Mitarbeiter von Fremdfirmen) Zutritt haben.
185) Gleichwertige Voraussetzungen für die Erholung sind z. B. gegeben, wenn die Arbeit im Raum ruht, die Pausenräume frei von arbeitsbedingten Störungen (z. B. durch Publikumsverkehr, Telefonate) sind, der Lärm-Beurteilungspegel höchstens 55 dB(A) beträgt und ausreichend gesundheitlich zuträgliche Atemluft (möglichst Frischluft) zur Verfügung steht.

Arbeitsstättenverordnung

c) als separate Räume zu gestalten, wenn die Beurteilung der Arbeitsbedingungen und der Arbeitsstätte dies erfordern.[186]

(3) Bereitschaftsräume[187] und Pausenräume, die als Bereitschaftsräume genutzt werden, müssen dem Zweck entsprechend ausgestattet sein.

4.3 Erste-Hilfe-Räume[188]

(1) Erste-Hilfe-Räume oder vergleichbare Bereiche sind entsprechend der Art der Gefährdungen in der Arbeitsstätte oder der Anzahl der Beschäftigten, der Art der auszuübenden Tätigkeiten sowie der räumlichen Größe der Betriebe zur Verfügung zu stellen.

(2) Erste-Hilfe-Räume müssen an ihren Zugängen als solche gekennzeichnet und für Personen mit Rettungstransportmitteln leicht zugänglich sein.

(3) Sie sind mit den erforderlichen Mitteln und Einrichtungen zur Ersten Hilfe auszustatten. An einer deutlich gekennzeichneten Stelle müssen Anschrift und Telefonnummer der örtlichen Rettungsdienste angegeben sein.

(4) Darüber hinaus sind überall dort, wo es die Arbeitsbedingungen erfordern, Mittel und Einrichtungen zur Ersten Hilfe aufzubewahren. Sie müssen leicht zugänglich und einsatzbereit sein. Die Aufbewahrungsstellen müssen als solche gekennzeichnet und gut erreichbar sein.

4.4 Unterkünfte[189]

(1) Der Arbeitgeber hat angemessene Unterkünfte für Beschäftigte zur Verfügung zu stellen, gegebenenfalls auch außerhalb der Arbeitsstätte, wenn es aus Gründen der Sicherheit und zum Schutz der Gesundheit erforderlich ist. Die Bereitstellung angemessener Unterkünfte kann insbesondere wegen der Abgelegenheit der Arbeitsstätte, der Art der auszuübenden Tätigkeiten oder der Anzahl der im Betrieb beschäftigten Personen erforderlich sein. Kann der Arbeitgeber erforderliche Unterkünfte nicht zur Verfügung stellen, hat er für eine andere angemessene Unterbringung der Beschäftigten zu sorgen.

---

186) Umkleideräume dürfen nicht als Pausenraum genutzt werden. Gleiches gilt für alle übrigen Betriebsräume mit Kundenverkehr, insbesondere Büroräume, Geschäftsräume, Warenannahme-Räume. Der Zeitbedarf zum Erreichen der Pausenräume soll 5 Minuten je Wegstrecke (zu Fuß oder mit betrieblich zur Verfügung gestellten Verkehrsmitteln) nicht überschreiten. Die Wegstrecke zu Pausenbereichen darf 100 m nicht überschreiten.
187) Es handelt sich bei Bereitschaftsräumen um Aufenthaltsräume von Beschäftigten, in deren Arbeitszeit Wartezeiten fallen, während derer sich die betroffenen Beschäftigten zu einer Arbeitsleistung bereithalten müssen, z. B. in Krankenhäusern, in Alten- und Pflegeeinrichtungen, bei Berufsfeuerwehren, Rettungsdiensten oder Fahrbereitschaften. Bereitschaftsräume, die während der Nachtzeit genutzt werden, müssen mit Liegen ausgestattet sein.
188) Konkretisiert durch ASR A4.3 Erste-Hilfe-Räume, Mittel und Einrichtungen zur Ersten Hilfe (s. S. 471 ff.).
189) Konkretisiert durch ASR A4.4 Unterkünfte (s. S. 482 ff.).

(2) Unterkünfte müssen entsprechend ihrer Belegungszahl ausgestattet sein mit:
a) Wohn- und Schlafbereich (Betten, Schränken, Tischen, Stühlen),
b) Essbereich,
c) Sanitäreinrichtungen.

(3) Wird die Unterkunft von Männern und Frauen gemeinsam genutzt, ist dies bei der Zuteilung der Räume zu berücksichtigen.[190]

5 Ergänzende Anforderungen und Maßnahmen für besondere Arbeitsstätten und Arbeitsplätze

5.1 Arbeitsplätze in nicht allseits umschlossenen Arbeitsstätten und Arbeitsplätze im Freien

Arbeitsplätze in nicht allseits umschlossenen Arbeitsstätten[191] und Arbeitsplätze im Freien[192] sind so einzurichten und zu betreiben, dass sie von den Beschäftigten bei jeder Witterung sicher und ohne Gesundheitsgefährdung erreicht, benutzt[193] und wieder verlassen werden können. Dazu gehört, dass diese Arbeitsplätze gegen Witterungseinflüsse geschützt sind oder den Beschäftigten geeignete persönliche Schutzausrüstungen zur Verfügung gestellt werden[194].

Werden die Beschäftigten auf Arbeitsplätzen im Freien beschäftigt, so sind die Arbeitsplätze nach Möglichkeit so einzurichten, dass die Beschäftigten nicht gesundheitsgefährdenden äußeren Einwirkungen ausgesetzt sind.

---

190) Siehe ASR A4.4 Nr. 4 Abs. 4.
191) Nicht allseits umschlossene Arbeitsstätten sind aus betriebstechnischen Gründen, z. B. in Stahlwerken, chemischen Betrieben, im Kranbau und in der Landwirtschaft, anzutreffen. Es handelt sich hierbei um bauliche Anlagen (Gebäude, Räume), die nach mindestens einer Seite offen sind. Auch Hallen mit betriebsbedingt über längere Zeiten offenstehenden Toren zählen zu den nicht allseits umschlossenen Arbeitsstätten.
192) Arbeitsstätten im Freien i. S. d. Anh. Nr. 5.1 müssen sich auf einem Betriebsgelände befinden. Es handelt sich nicht um bauliche Anlagen wie bei den nicht allseits umschlossenen Arbeitsstätten, obwohl für beide die gleichen Anforderungen gelten. Bei Arbeitsstätten im Freien kann es sich um ortsfeste oder ortsbewegliche Arbeitsplätze/-bereiche handeln.
193) Z. B. durch Einsatz mobiler Heizeinrichtungen, Bereitstellung von Aufwärmräumen, Warmluftschleiern an den Toröffnungen.
194) Witterungsbedingte Gefährdungen bei Arbeiten im Freien ergeben sich insbesondere aus den Einwirkungen von Sonnenlicht, aus extrem kalten oder heißen Temperaturen sowie Nässe, Schnee, Nebel usw. Von der Sonne gehen im Wesentlichen folgende Gefährdungsfaktoren aus: die UV-Strahlung, die Wärmestrahlung und die Blendung. UV-Strahlung kann Haut und Augen schaden, zur Hautalterung beitragen und das Risiko für Hautkrebs erhöhen. Eine starke Wärmeeinwirkung kann zudem zur Belastung des Herz-Kreislauf-Systems und des Wasser- und Elektrolythaushalts führen. Zu technischen, organisatorischen und personenbezogenen Schutzmaßnahmen siehe DGUV Information 203-085 Arbeiten unter der Sonne, Ausg. 2016-08.

Arbeitsstättenverordnung

5.2 Baustellen[195) 196) 197) 198)]

(1) Die Beschäftigten müssen
a) sich gegen Witterungseinflüsse geschützt umkleiden, waschen und wärmen können[199)],

---

195) Die Vorschrift in Anh. Nr. 5.2 ArbStättV bezweckt, dass die Beschäftigten bei Tätigkeiten auf Baustellen durch Maßnahmen des Arbeitsschutzes hinreichend vor den besonderen, sich aus dem Einrichten und Betreiben einer Baustelle ergebenden Gefährdungen ihrer Sicherheit und Gesundheit geschützt werden. Solche Gefährdungen können sich aus den besonderen Verhältnissen des Baubetriebes, wie der zeitlichen Befristung der Tätigkeit, häufig verbunden mit Termindruck, den Einflüssen der Witterung und den infolge des Baufortschritts ständig wechselnden Arbeitsbedingungen, ergeben. Ebenso werden mit der Vorschrift in Anh. Nr. 5.2 die für Arbeiten auf Baustellen unter den genannten Bedingungen erforderlichen hygienischen Mindestanforderungen festgelegt.

196) Nach der amtlichen Begründung zur ArbStättV 2004 beschreibt die Regelung in Anhang Nr. 5.2 für den Bereich der Baustellen zusätzlich notwendige und an anderer Stelle des Anhangs noch nicht hinreichend verankerte spezifische Anforderungen aus der EG-Baustellenrichtlinie 92/57/EWG. Vor diesem Hintergrund hat sich der Ausschuss für Arbeitsstätten entschieden, auf die Erarbeitung einer eigenständigen ASR für die Spezifika von Baustellen zu verzichten und dafür in allen zur Konkretisierung der Anforderungen der ArbStättV erarbeiteten ASR durch ein Zusatzkapitel mit der Bezeichnung „Abweichende/ergänzende Anforderungen für Baustellen" diese Aspekte zu berücksichtigen.

197) Von dieser generellen Regel ist der ASTA bezüglich der Baustellensicherheit bisher in einem Fall abgewichen. In einer eigenständigen ASR A5.2 (s. S. 490) sind „Anforderungen an Arbeitsplätze und Verkehrswege auf Baustellen im Grenzbereich zum Straßenverkehr – Straßenbaustellen" festgelegt worden. Hintergrund waren wiederholte und häufig schwere Unfälle bei der Arbeit, die sich bei Arbeiten im Straßenbau oder bei der Straßensanierung oder der Straßeninstandhaltung ereignet haben, wenn diese bei weiter laufenden Straßenverkehr durchgeführt werden. Zu den mit der ASR A5.2 eingeführten Sicherheitsabständen und weiteren Maßnahmen siehe Erläuterungen auf S. 490 ff.

198) Mangels einer eigenen Definition des Begriffs „Baustelle" in der ArbStättV wird analog zur Baustellenverordnung als Baustelle der Ort definiert, an dem ein Bauvorhaben ausgeführt wird. Ein Bauvorhaben ist das Vorhaben, eine oder mehrere bauliche Anlagen zu errichten, zu ändern oder abzubrechen. Bauliche Anlagen sind nach dem Baurecht der Länder mit dem Erdboden verbundene, aus Baustoffen oder Bauteilen hergestellte Anlagen (einschließlich Gebäudetechnik). Eine Verbindung mit dem Erdboden besteht auch dann, wenn die bauliche Anlage durch eigene Schwere auf dem Boden ruht. Zu den baulichen Anlagen zählen z. B. auch Aufschüttungen und Abgrabungen, Deponien und Bodensanierungen. Änderung einer baulichen Anlage wird deren nicht unerhebliche Umgestaltung verstanden. Hierzu gehören insbesondere die Änderung des konstruktiven Gefüges sowie die Änderung oder der Austausch wesentlicher Bauteile (z. B. Erneuerung von Dächern und Fassaden, Entkernung, Erneuerung des Überbaus von Straßenbrücken, Erneuerung des Straßenoberbaus). Änderungen baulicher Anlagen können auch im Rahmen von Instandhaltungs- einschließlich Instandsetzungsarbeiten erfolgen. Nicht um die Änderung einer baulichen Anlage handelt es sich bei einfachen Instandhaltungsarbeiten einschließlich Instandsetzungs- sowie einfachen Reparaturarbeiten und laufenden Bauunterhaltungsmaßnahmen geringen Umfangs (z. B. Ausbesserungsarbeiten an Dächern und Fassaden, Austausch von Bodenbelägen, Arbeiten an der Heizung, Badrenovierungen, Verfüllen von Rissen, Verfüllen von Aufbrüchen in Straßenbelägen). Näheres siehe in Opfermann/Streit, Loseblattwerk mit Kommentar, 3. Aufl., Landsberg 2019 unter OZ 3100.

199) Gegenüber anderen Arbeitsstätten abweichende und ergänzende Anforderungen für die Einrichtung und den Betrieb von Sanitär- und Pausenräumen sowie Unterkünften auf Baustellen enthalten die jeweiligen Abschnitte der ASR A4.1 Sanitärräume (s. S. 438 ff.), A4.2 Pausen- und Bereitschaftsräume (s. S. 463 ff.) und A4.4 Unterkünfte (s. S. 482 ff.). So können auf Baustellen Baustellenwagen, absetzbare Baustellenwagen, Container oder andere Raumzellen für Sanitäreinrichtungen genutzt werden. Auch können in Absprache mit dem Arbeitgeber z. B. die Sanitäreinrichtungen von Dritten genutzt werden, wenn diese Sanitäreinrichtungen in ausreichender Anzahl bereitgestellt und instand gehalten werden. Auch ist für Beschäftigte auf Baustellen immer ein Pausenraum zur Verfügung zu stellen, da die Sicherheits- und Gesundheitsschutzgründe gegeben sind. Abweichend ist auf Baustellen ein Pausenraum nicht erforderlich, wenn bis zu vier Beschäftigte eines Arbeitgebers gleichzeitig längstens eine Woche oder höchstens 20 Personentage tätig sind. Voraussetzung ist, dass die Möglichkeit besteht, sich an einer gleichwertigen Stelle gegen Witterungseinflüsse geschützt zu waschen, zu wärmen, umzukleiden und eine Mahlzeit einzunehmen und ggf. zuzubereiten.

b) über Einrichtungen verfügen, um ihre Mahlzeiten einnehmen und gegebenenfalls auch zubereiten zu können,

c) in der Nähe der Arbeitsplätze über Trinkwasser oder ein anderes alkoholfreies Getränk verfügen können[200].

Weiterhin sind auf Baustellen folgende Anforderungen umzusetzen:

d) Sind Umkleideräume nicht erforderlich, muss für jeden regelmäßig auf der Baustelle anwesenden Beschäftigten eine Kleiderablage und ein abschließbares Fach vorhanden sein, damit persönliche Gegenstände unter Verschluss aufbewahrt werden können.

e) Unter Berücksichtigung der Arbeitsverfahren und der physischen Belastungen der Beschäftigten ist dafür zu sorgen, dass ausreichend gesundheitlich zuträgliche Atemluft vorhanden ist[201].

f) Beschäftigte müssen die Möglichkeit haben, Arbeitskleidung und Schutzkleidung außerhalb der Arbeitszeit zu lüften und zu trocknen.

g) In regelmäßigen Abständen sind geeignete Versuche und Übungen an Feuerlöscheinrichtungen und Brandmelde- und Alarmanlagen durchzuführen.

(2) Schutzvorrichtungen, die ein Abstürzen von Beschäftigten an Arbeitsplätzen und Verkehrswegen auf Baustellen verhindern, müssen vorhanden sein[202] [203]:

1. unabhängig von der Absturzhöhe bei

   a) Arbeitsplätzen am und über Wasser oder an und über anderen festen oder flüssigen Stoffen, in denen man versinken kann,

---

200) Die Qualität des kostenlos zur Verfügung zu stellenden Trinkwassers muss den Anforderungen der Trinkwasserverordnung vom 21. Mai 2001 (BGBl. I S. 959), neu gefasst durch Bek. vom 10.03.2016 (BGBl. I S. 459) entsprechen. Das alkoholfreie Getränk muss vom Arbeitgeber ebenfalls kostenlos an die Beschäftigten abgegeben werden.

201) Es hängt von den örtlichen Gegebenheiten ab, ob die Lüftung auf natürlichem Wege (zumeist im Bereich des Hochbaus, sofern die baulichen Anlagen nicht wie bei Silos oder Hochregallagern fensterlos sind) erfolgen kann oder ob die Arbeitsplätze künstlich über lüftungstechnische Anlagen belüftet werden müssen (z. B. bei Arbeiten unter Tage, in Druckluft, in Bohrungen oder in Rohrleitungen).

202) In Anh. Nr. 5.2 Abs. 2 sind Anforderungen an Schutzvorrichtungen, die ein Abstürzen von Beschäftigten an Arbeitsplätzen und Verkehrswegen auf Baustellen verhindern sollen, ergänzend in die ArbStättV aufgenommen worden. Dies war erforderlich, weil konkrete Regelungen zu „Absturzgefahren auf Baustellen" im staatlichen Vorschriftenwerk unter Verweis auf die Regelungen der DGUV Vorschrift 38 Bauarbeiten angemahnt wurden. Da der Regelungsvorrang in diesem Bereich beim staatlichen Arbeitsschutzrecht liegt, wurden die bisher in der DGUV Vorschrift 38 und in Abschnitt 8 der ASR A2.1 Schutz vor Absturz und herabfallenden Gegenständen, Betreten von Gefahrenbereichen (s. S. 281 ff.) enthaltenen Vorgaben in Anh. 5.2 Abs. 2 inhaltsgleich übernommen.

203) Anforderungen und Maßnahmen zum Schutz von Beschäftigten durch Absturz durch die Bereitstellung und Benutzung von Gerüsten enthalten die TRBS 2121 Teil 1 Gefährdung von Beschäftigten durch Absturz bei der Verwendung von Gerüsten, Ausg. 2019-01, Teil 2 Gefährdung von Beschäftigten bei der Verwendung von Leitern, Ausg. 2018-12, Teil 3 Gefährdung von Beschäftigten durch Absturz bei der Verwendung von Zugangs- und Positionierungsverfahren unter Zuhilfenahme von Seilen, Ausg. 2019-01, Teil 4 Gefährdung von Beschäftigten durch Absturz – ausnahmsweises Heben von Beschäftigten mit hierfür nicht vorgesehenen Arbeitsmitteln, Ausg. 2019-01.

Arbeitsstättenverordnung

b) Verkehrswegen über Wasser oder anderen festen oder flüssigen Stoffen, in denen man versinken kann,
2. bei mehr als 1 Meter Absturzhöhe an Wandöffnungen, an freiliegenden Treppenläufen und -absätzen sowie
3. bei mehr als 2 Meter Absturzhöhe an allen übrigen Arbeitsplätzen[204].

Bei einer Absturzhöhe bis zu 3 Metern ist eine Schutzvorrichtung entbehrlich an Arbeitsplätzen und Verkehrswegen auf Dächern und Geschossdecken von baulichen Anlagen mit bis zu 22,5 Grad Neigung und nicht mehr als 50 Quadratmeter Grundfläche, sofern die Arbeiten von hierfür fachlich qualifizierten und körperlich geeigneten Beschäftigten ausgeführt werden und diese Beschäftigten besonders unterwiesen sind. Die Absturzkante muss für die Beschäftigten deutlich erkennbar sein[205].

(3) Räumliche Begrenzungen der Arbeitsplätze, Materialien, Ausrüstungen und ganz allgemein alle Elemente, die durch Ortsveränderung die Sicherheit und die Gesundheit der Beschäftigten beeinträchtigen können, müssen auf geeignete Weise stabilisiert werden. Hierzu zählen auch Maßnahmen, die verhindern, dass Fahrzeuge, Erdbaumaschinen und Förderzeuge abstürzen, umstürzen, abrutschen oder einbrechen[206].

---

204) Nach Anh. Nr. 2.1 Schutz vor Absturz und herabfallenden Gegenständen, Betreten von Gefahrenbereichen besteht in Arbeitsstätten generell ab einer Absturzhöhe von einem Meter eine Absturzgefahr. Somit ist der Arbeitgeber spätestens ab dieser Absturzhöhe verpflichtet, entsprechende Schutzmaßnahmen wie z. B. Geländer, Gitter, Brüstungen an Arbeitsplätzen und Verkehrswegen (z. B. Flure, Gänge, Laufstege, Treppen, Laderampen) umzusetzen. Spezielle Ergänzungen der Anforderungen für den Bereich der Baustellen enthält Nr. 5.2. Abs. 2. Festgelegt wird, dass hier für bestimmte Tätigkeitsbereiche generell Schutzvorrichtungen gegen Absturz gefordert werden, z. B. bei Arbeitsplätzen oder Verkehrswegen am und über Wasser oder an und über anderen festen oder flüssigen Stoffen, in denen man versinken kann. Schutzvorrichtungen, die ein Abstürzen von Beschäftigten an Arbeitsplätzen und Verkehrswegen auf Baustellen verhindern, sind weiterhin zwingend erforderlich bei mehr als einem Meter Absturzhöhe an Wandöffnungen, an freiliegenden Treppenläufen und -absätzen sowie bei mehr als zwei Metern Absturzhöhe an allen übrigen Arbeitsplätzen.
205) Eine Ausnahme von der generellen Forderung zur Notwendigkeit von Schutzvorrichtungen gegen Absturz auf Baustellen ab zwei Metern Absturzhöhe besteht für Arbeitsplätze und Verkehrswege auf Dächern und Geschossdecken von baulichen Anlagen mit geringer Neigung und geringer Größe, wie z. B. für Flachdächer üblicher Carports. Unter den zusätzlich zu erfüllenden Bedingungen einer deutlichen Erkennbarkeit der Absturzkante und des Einsatzes von fachlich qualifizierten und körperlich geeigneten Personals ist hier erst ab einer Absturzhöhe von drei Metern eine Schutzvorrichtung gefordert.
206) Hinweise für Maßnahmen, mit denen verhindert werden kann, dass Fahrzeuge, Erdbaumaschinen oder Flurförderzeuge beim Einsatz auf Baustellen abstürzen, umstürzen, abrutschen oder einbrechen, sind für Fahrzeuge in der DGUV Vorschrift 70 Fahrzeuge, Ausg. 2000 (u. a. §§ 22, 23, 26, 30, 33, 37, 44 und insbesondere § 45 Fahrwege), für Erdbaumaschinen in Kap. I 2.12 der BGR 500 Betreiben von Arbeitsmitteln, Ausg. 2008-04, aktualisiert 2017-03 (insbesondere Abschnitte 3.5 Wahrung der Standsicherheit, 3.6 Fahrbetrieb, 3.9 Sicherung gegen Abstürzen und Abrollen und 3.13 Schutz gegen herabfallende Gegenstände) und für Flurförderzeuge in der DGUV Vorschrift 68 Flurförderzeuge, Ausg. 1997-01 (insbesondere Abschn. IV Betrieb, u. a. § 8 Standsicherheit, § 11 Beladung) enthalten. Bezüglich erforderlicher Abstände von Baugruben und Gräben wird auf DIN 4124 Baugruben und Gräben – Böschungen, Verbau, Arbeitsraumbreiten, Ausg. 2012-01 verwiesen.

(4) Werden Beförderungsmittel auf Verkehrswegen verwendet, so müssen für andere, den Verkehrsweg nutzende Personen ein ausreichender Sicherheitsabstand oder geeignete Schutzvorrichtungen vorgesehen werden. Die Wege müssen regelmäßig überprüft und gewartet werden.

(5) Bei Arbeiten, aus denen sich im besonderen Maße Gefährdungen für die Beschäftigten ergeben können, müssen geeignete Sicherheitsvorkehrungen getroffen werden. Dies gilt insbesondere für Abbrucharbeiten sowie Montage- oder Demontagearbeiten. Zur Erfüllung der Schutzmaßnahmen des Satzes 1 sind

a) bei Arbeiten an erhöhten oder tiefer gelegenen Standorten Standsicherheit und Stabilität der Arbeitsplätze und ihrer Zugänge auf geeignete Weise zu gewährleisten und zu überprüfen, insbesondere nach einer Veränderung der Höhe oder Tiefe des Arbeitsplatzes[207],

b) bei Aushubarbeiten, Brunnenbauarbeiten, unterirdischen oder Tunnelarbeiten die Erd- oder Felswände so abzuböschen, zu verbauen oder anderweitig so zu sichern, dass sie während der einzelnen Bauzustände standsicher sind; vor Beginn von Erdarbeiten sind geeignete Maßnahmen durchzuführen, um die Gefährdung durch unterirdisch verlegte Kabel und andere Versorgungsleitungen festzustellen und auf ein Mindestmaß zu verringern[208],

c) bei Arbeiten, bei denen Sauerstoffmangel auftreten kann, geeignete Maßnahmen zu treffen, um einer Gefahr vorzubeugen und eine wirksame und sofortige Hilfeleistung zu ermöglichen; Einzelarbeitsplätze in Bereichen, in denen erhöhte Gefährdung durch

---

207) Konkrete Aussagen zur Standsicherheit und Tragfähigkeit von baulichen Anlagen und ihren Teilen, aber auch von Hilfskonstruktionen, Gerüsten, Laufstegen, Geräten und anderen Einrichtungen in der Phase der Errichtung eines Bauvorhabens enthält die DGUV Vorschrift 38 Bauarbeiten, Ausg. 1997-01. Verwiesen wird insbesondere auf § 6 Standsicherheit und Tragfähigkeit, § 7 Arbeitsplätze, § 8 Arbeitsplätze auf geneigten Flächen, § 9 Arbeitsplätze am, auf und über dem Wasser, § 10 Verkehrswege, § 11 Nicht begehbare Bauteile, § 12 Absturzsicherungen, § 19 Zugänge für kurzzeitige Tätigkeiten bei Montagearbeiten, § 31 Verkehrswege an Gruben und Gräben, § 32 Arbeitsraumbreiten in Baugruben und Leitungsgräben, § 36 Sicherung von Verkehrswegen für Bauarbeiten unter Tage, § 37 Sicherung gegen Hereinbrechen des Gebirges, § 44 Einrichtungen zur Befahrung, Arbeitsbühnen in Schächten, § 54 Schutz gegen Hereinbrechen des Gebirges in Bohrungen und § 72 Arbeitsplätze und Verkehrswege bei Einfahrstrecken. Wegen der zwischenzeitlich eingetretenen teilweisen Widersprüche zum Vorrang staatlichen Rechts wird die DGUV Vorschrift 38 derzeit umfassend neu erstellt.

208) Beispiele für Sicherungsmaßnahmen bei Ausschachtungen, Brunnenbau, unterirdischen Arbeiten oder Tunnelbauarbeiten sind der DGUV Vorschrift 38 Bauarbeiten, Ausg. 1997-01 zu entnehmen. So müssen nach § 6 Abs. 3 die Wände von Baugruben und Gräben so abgeböscht, verbaut oder anderweitig gesichert werden, dass sie während der einzelnen Bauabschnitte standsicher sind. Diese Anforderung ist erfüllt, wenn DIN 4124 Baugruben und Gräben; Böschungen, Arbeitsraumbreiten, Verbau, Ausg. 2012-01 eingehalten wird. Die §§ 28 bis 34 enthalten zusätzliche Vorschriften für Arbeiten in Baugruben und Gräben sowie an und vor Erd- und Felswänden. Diese betreffen die Sicherung der Arbeitsplätze und Verkehrswege vor dem Abrutschen von Massen, u. a. durch das Verbot von Unterhöhlungen, die unverzügliche Beseitigung von Überhängen oder die Beseitigung von freigelegten Findlingen und Bauwerksresten, die bei Aushubarbeiten abrutschen können. Werden zur Sicherung von Erd- und Felswänden Grabenverbaugeräte verwendet, müssen diese für den vorgesehenen Verwendungszweck geeignet sein und bestimmungsgemäß eingesetzt werden. Wegen der zwischenzeitlich eingetretenen teilweisen Widersprüche zum Vorrang staatlichen Rechts wird die DGUV Vorschrift 38 derzeit umfassend neu erstellt.

Arbeitsstättenverordnung

Sauerstoffmangel besteht, sind nur zulässig, wenn diese ständig von außen überwacht werden und alle geeigneten Vorkehrungen getroffen sind, um eine wirksame und sofortige Hilfeleistung zu ermöglichen[209],

d) beim Auf-, Um- sowie Abbau von Spundwänden und Senkkästen angemessene Vorrichtungen vorzusehen, damit sich die Beschäftigten beim Eindringen von Wasser und Material retten können,

e) bei Laderampen Absturzsicherungen vorzusehen,

f) bei Arbeiten, bei denen mit Gefährdungen aus dem Verkehr von Land-, Wasser- oder Luftfahrzeugen zu rechnen ist, geeignete Vorkehrungen zu treffen.

Abbrucharbeiten, Montage- oder Demontagearbeiten, insbesondere der Auf- oder Abbau von Stahl- oder Betonkonstruktionen, die Montage oder Demontage von Verbau zur Sicherung von Erd- oder Felswänden oder Senkkästen sind fachkundig zu planen und nur unter fachkundiger Aufsicht[210] sowie nach schriftlicher Abbruch-, Montage- oder Demontageanweisung durchzuführen; die Abbruch-, Montage- oder Demontageanweisung muss die erforderlichen sicherheitstechnischen Angaben enthalten[211]; auf die Schriftform kann verzichtet werden, wenn für die jeweiligen Abbruch-, Montage- oder Demontagearbeiten besondere sicherheitstechnische Angaben nicht erforderlich sind.

(6) Vorhandene elektrische Freileitungen müssen nach Möglichkeit außerhalb des Baustellengeländes verlegt oder freigeschaltet werden. Wenn dies nicht möglich ist, sind geeignete Abschrankungen, Abschirmungen oder Hinweise anzubringen, um Fahrzeuge und Einrichtungen von diesen Leitungen fern zu halten.

---

209) Eine Gefährdung durch Sauerstoffmangel ist auf Grund möglicher Verdrängungen durch andere Gase, insbesondere bei Bauarbeiten in Gruben und Schächten, bei Bauarbeiten unter Tage, bei Arbeiten in Bohrungen oder in Rohrleitungen, gegeben. Für solche Arbeitsplätze muss sichergestellt werden, dass an jeder Arbeitsstelle und zu jeder Zeit ein Sauerstoffgehalt von mehr als 19 Vol.-% vorhanden ist. Die ergänzende Vorschrift ist notwendig, da sich Anh. Nr. 3.6 Abs. 1 ArbStättV nur auf umschlossene Arbeitsräume beschränkt.

210) Als besonders gefährliche Bauarbeiten werden in Anh. Nr. 5.2 Abs. 5 Abbrucharbeiten sowie der Auf- und Abbau von Stahl- und Betonkonstruktionen sowie die Montage und Demontage von Spundwänden und Senkkästen hervorgehoben. Zur Umsetzung der in Anh. IV Teil B Abschn. II Ziff. 11 und 12.1 der EG-Baustellenrichtlinie enthaltenen besonderen Anforderungen wird in Anh. Nr. 5.2 Abs. 5 Satz 4 bestimmt, dass derartige Arbeiten nur unter Aufsicht einer befähigten Person geplant und durchgeführt werden dürfen.

211) Das Erfordernis einer schriftlichen Abbruch-, Montage- oder Demontageanweisung, die alle erforderlichen sicherheitstechnischen Angaben enthalten muss, wurde ergänzt. Entsprechende Anweisungen waren bisher nach der DGUV Vorschrift 38 Bauarbeiten, Ausg. 1997-01, gefordert.

Arbeitsstättenverordnung

6 Maßnahmen zur Gestaltung von Bildschirmarbeitsplätzen[212) 213) 214) 215) 216) 217) 218)]

6.1 Allgemeine Anforderungen an Bildschirmarbeitsplätze[219) 220) 221) 222) 223)]

(1) Bildschirmarbeitsplätze sind so einzurichten und zu betreiben, dass die Sicherheit und

---

212) Die Inhalte der BildscharbV von 1996, Umsetzung der RL 90/270/EWG, wurden in die 2016 wesentlich geänderte ArbStättV integriert und die BildscharbV zeitgleich außer Kraft gesetzt. Die geänderte ArbStättV definiert in § 2 Abs. 5 und 6 Bildschirmarbeitsplätze und Bildschirmgeräte. Anh. 6 enthält die konkreten Anforderungen und Maßnahmen zur Gestaltung von Bildschirmarbeitsplätzen.

213) Aufgrund des Wandels in der Arbeitswelt wurden sowohl Anforderungen an Bildschirmgeräte und Arbeitsmittel für die ortsgebundene als auch neu für die ortsveränderliche (z. B. Laptops, Note und Netbooks, Tablets, Smartphones) Verwendung an Arbeitsplätzen aufgenommen. Bei Bildschirmarbeit handelt es sich um Arbeitsplätze mit einer Schnittstelle zwischen Mensch und der elektronischen Datenverarbeitung. Die Anforderungen an diese Arbeitsplätze, die nun in der ArbStättV geregelt werden, sollen vom Ausschuss für Arbeitsstätten in einem untergesetzlichen Regelwerk – das den Stand der Technik repräsentiert – konkretisiert werden. Mit der Übernahme der BildscharbV in die ArbStättV können detaillierte Anforderungen an Bildschirmarbeitsplätze durch den Ausschuss für Arbeitsstätten ermittelt werden. Es ist erwartbar, dass durch entsprechende Regeln den für die Gestaltung von Bildschirmarbeitsplätzen Verantwortlichen und den Nutzern künftig präzise und moderne Maßgaben für diese Arbeitsplätze zur Verfügung gestellt werden.

214) In der Definition der Bildschirmgeräte (§ 2 Abs. 6 ArbStättV) wird allgemein von Bildschirmen zur Darstellung visueller Informationen gesprochen und nicht mehr – wie in der BildscharbV von 1996 – von „Bildschirmen zur Darstellung alphanumerischer Zeichen oder zur Grafikdarstellung, ungeachtet des Darstellungsverfahrens", was zu Erläuterungsbedarf geführt hatte. Der Geltungsbereich des Anh. Nr. 6 „Maßnahmen zur Gestaltung von Bildschirmarbeitsplätzen" erfasst auch Cutter-Arbeitsplätze, Arbeitsplätze, an denen analoges oder digitalisiertes Bildmaterial mit Hilfe von technischen Einrichtungen und/oder Computerprogrammen bearbeitet wird, um z. B. sendefähige Fernsehbeiträge fertig zu stellen. Das ergibt sich aus der neuen Definition der Bildschirmgeräte (§ 2 Abs. 6 ArbStättV), in der allgemein von Bildschirmen zur Darstellung visueller Informationen gesprochen wird (siehe auch Urteil des Europäischen Gerichtshofes (EuGH) vom 12. Dezember 1996, Rechtssache C-129/95: Cutter-Arbeitsplätze gehören in den Geltungsbereich der EG-Bildschirmrichtlinie, sie unterlagen somit bislang der BildscharbV und unterliegen nunmehr der ArbStättV).

215) Entsprechend § 3 ArbStättV hat der Arbeitgeber in der Gefährdungsbeurteilung bei Bildschirmarbeitsplätzen insbesondere die Belastungen der Augen oder die Gefährdung des Sehvermögens der Beschäftigten zu berücksichtigen.

216) Die Arbeitgeberpflichten zur Untersuchung der Augen und des Sehvermögens sind in der Verordnung zur arbeitsmedizinischen Vorsorge (ArbMedVV) in Anh. Teil 4 Abs. 2 Ziff. 1 geregelt. Danach ist den mit Bildschirmarbeit Beschäftigten in Form einer Angebotsvorsorge das Angebot auf eine angemessene Untersuchung der Augen und des Sehvermögens zu unterbreiten. Erweist sich aufgrund der Angebotsvorsorge eine augenärztliche Untersuchung als erforderlich, so ist diese zu ermöglichen. Den Beschäftigten sind im erforderlichen Umfang spezielle Sehhilfen für ihre Arbeit an Bildschirmgeräten zur Verfügung zu stellen, wenn das Ergebnis der Angebotsvorsorge ergibt, dass spezielle Sehhilfen notwendig und normale Sehhilfen nicht geeignet sind. (Zur Frage, wer die Kosten zur Beschaffung einer Bildschirmbrille tragen muss, s. auch http://komnet.nrw.de).

217) Nach § 2 Abs. 6 ArbStättV sind Bildschirmgeräte Funktionseinheiten, zu denen insbesondere Bildschirme zur Darstellung von visuellen Informationen, Einrichtungen zur Datenein- und -ausgabe, sonstige Steuerungs- und Kommunikationseinheiten (Rechner) sowie eine Software zur Steuerung und Umsetzung der Arbeitsaufgabe gehören. Daraus folgt, dass die Vorschrift nicht nur für Büroarbeitsplätze gilt, sondern auch z. B. für Arbeitsplätze zur Steuerung von komplexen und verketteten Produktionsprozessen oder Energieverteilungsanlagen.

Arbeitsstättenverordnung

der Schutz der Gesundheit der Beschäftigten gewährleistet sind. Die Grundsätze der Ergonomie sind auf die Bildschirmarbeitsplätze und die erforderlichen Arbeitsmittel sowie die

218) Anh. 6 gilt nicht für (§ 1 Abs. 2 ArbStättV) 1. Arbeitsstätten im Reisegewerbe und im Marktverkehr, 2. Transportmittel, die im öffentlichen Verkehr eingesetzt werden, 3. Felder, Wälder und sonstige Flächen, die zu einem land- oder forstwirtschaftlichen Betrieb gehören, aber außerhalb der von ihm bebauten Fläche liegen; ferner nicht für (§ 1 Abs. 4 ArbStättV) 1. Bedienerplätze von Maschinen oder Fahrerplätze von Fahrzeugen mit Bildschirmgeräten, 2. tragbare Bildschirmgeräte für die ortsveränderliche Verwendung, die nicht regelmäßig an einem Arbeitsplatz verwendet werden, 3. Rechenmaschinen, Registrierkassen oder andere Arbeitsmittel mit einer kleinen Daten- oder Messwertanzeigevorrichtung, die zur unmittelbaren Benutzung des Arbeitsmittels erforderlich ist und 4. Schreibmaschinen klassischer Bauart mit einem Display; sowie nicht für (§ 1 Abs. 2 ArbSchG) den Arbeitsschutz von Hausangestellten in privaten Haushalten und für Beschäftigte auf Seeschiffen und in Betrieben, die dem Bundesberggesetz unterliegen. Für Beschäftigte, die in Betrieben, die dem Bundesberggesetz unterliegen, tätig sind, gilt die Bergverordnung zum gesundheitlichen Schutz der Beschäftigten (GesBergV – Gesundheitsschutz-Bergverordnung). Abschnitt 4 § 13 dieser Verordnung bestimmt Maßgaben für die Beschäftigung an stationären Bildschirmgeräten.
219) Anh. 6 gilt für Bildschirmarbeitsplätze (§ 2 Abs. 5–6), auch für Telearbeitsplätze (§ 1 Abs. 3 Nr. 2). Für Telearbeitsplätze gilt dieser nach § 1 Abs. 3 ArbStättV Anh. 6 nur insoweit, als die Anforderungen unter Beachtung der Eigenart von Telearbeitsplätzen auf diese anwendbar sind. Telearbeitsplätze befinden sich in der privaten Wohneinheit. Die unmittelbaren Anforderungen an Bildschirmarbeitsplätze sollten, die Anforderungen an die Bildschirmgeräte dürfen von dieser Einschränkung nicht bzw. in nur sehr geringem Maße betroffen sein. Zur Eigenart von Telearbeitsplätzen können geeignete bereits vorhandene und bislang selbstgenutzte Arbeits- bzw. Schreibtische zählen, vor allem aber wohnbauliche Gegebenheiten, z. B. Wandschrägen, Fensterflächen, Türbreiten, Zugänge, Treppen u. a., ebenso die individuell-wohnlichen Eigenarten der Raumlufttemperaturen und Lüftung. Hier haben die wohnungsbaurechtlichen Anforderungen Vorrang.
220) Der Ausschuss für Arbeitsstätten hat mit Beschluss vom 07.11.2017, bekannt gemacht im Auftrag des Bundesministeriums für Arbeit und Soziales, Empfehlungen zur Abgrenzung von mobiler Arbeit und Telearbeitsplätzen erarbeitet (s. S. 513). Es wird klargestellt, dass beruflich bedingte Formen mobiler Arbeit vom Anwendungsbereich der ArbStättV ausgenommen sind. **Sie gilt somit nicht bei Arbeiten mit dem Laptop oder Smartphone an anderen Orten**, etwa bei Dienstreisen oder unterwegs in Transportmitteln. Auch für zeitweiliges Arbeiten im Wohnbereich ohne Erfüllung der Voraussetzungen für einen Telearbeitsplatz sind die Bestimmungen der ArbStättV nicht anwendbar. Für die „mobile Arbeit unter Nutzung von Bildschirmgeräten" gelten jedoch für alle Beschäftigten unverändert das Arbeitsschutzgesetz und das Arbeitszeitgesetz. Die Empfehlungen benennen die für den Anwendungsfall geltenden arbeitsschutzrechtlichen Regelungen.
221) Die Arbeit an Bildschirmarbeitsplätzen ist so zu organisieren und zu gestalten, dass Belastungen der Beschäftigten an Bildschirmgeräten vermieden oder so weit wie möglich verringert werden. Die Formulierung „... vermieden oder diese so weit wie möglich verringert werden ..." wurde an andere Arbeitsschutzverordnungen angepasst. Die Tätigkeiten der Beschäftigten während des Arbeitstages an Bildschirmarbeitsplätzen sind so zu organisieren, dass die Arbeit regelmäßig durch „andere Tätigkeiten" (Mischarbeit) oder durch Erholungszeiten unterbrochen wird. Diese „anderen Tätigkeiten" oder „Erholungszeiten" sind als Ausgleich gedacht und dienen dazu, die einseitige Belastung der Beschäftigten bei der Arbeit an Bildschirmgeräten (Belastung der Augen, Zwangshaltungen usw.) zu verringern und Fehlbelastungen zu vermeiden.
222) Zum Bildschirmarbeitsplatz gehören das eigentliche Bildschirmgerät, welches grundsätzlich aus der Hardware (Bildschirm, Tastatur oder sonstigen Eingabemitteln sowie einer Steuereinheit) besteht, eine Software, die das Zusammenwirken zwischen Mensch und Arbeitsmittel beeinflusst (Text- oder Grafikverarbeitung, Tabellenkalkulation, spezifische Anwenderprogramme) sowie Arbeitstisch, Arbeitsstuhl und das unmittelbare Umfeld des Arbeitsplatzes.

Arbeitsstättenverordnung

für die Informationsverarbeitung durch die Beschäftigten erforderlichen Bildschirmgeräte entsprechend anzuwenden.[224)][225)]

(2) Der Arbeitgeber hat dafür zu sorgen, dass die Tätigkeiten der Beschäftigten an Bildschirmgeräten insbesondere durch andere Tätigkeiten oder regelmäßige Erholungszeiten unterbrochen werden.[226)]

(3) Für die Beschäftigten ist ausreichend Raum für wechselnde Arbeitshaltungen und -bewegungen vorzusehen.[227)]

(4) Die Bildschirmgeräte sind so aufzustellen und zu betreiben, dass die Oberflächen frei von störenden Reflexionen und Blendungen sind.[228)]

---

223) Jeder Bildschirmarbeitsplatz muss unabhängig von der Dauer und Intensität seiner Nutzung die sicherheitstechnischen und ergonomischen Anforderungen dieses Anhangs erfüllen. Die für Bildschirmarbeitsplätze wesentlichen ergonomischen Anforderungen (ausreichend Raum für wechselnde Arbeitshaltungen, Vermeidung von Reflexionen und Blendungen, Möglichkeit zur variablen Anordnung der Eingabemittel, des Bildschirms, des Schriftguts und der sonstigen Arbeitsmittel, Handauflage, geeignete Beleuchtung, keine unzuträgliche Wärmebelastung) werden in Anh. 6.1 Abs. 3–10 einzeln erläutert.

224) Die Grundsätze der Ergonomie sind so anzuwenden, dass den physischen und psychischen Gegebenheiten des Menschen angepasste sächliche und organisatorische Arbeitsbedingungen eingerichtet sind und dadurch einseitige, zu hohe Belastungen vermieden werden.

225) Bildschirmarbeitsplätze sind im Allgemeinen Sitzarbeitsplätze. Höhenverstellbare Arbeitstische ermöglichen auch die Ausübung von Bildschirmarbeit als Schreibtisch im Stehen. Um eine ergonomische Arbeitshaltung zu ermöglichen, sollte die individuelle Verstellbarkeit des Arbeitstisches, Arbeitsstuhls, des Bildschirms, des Vorlagenhalters und ggf. auch anderer Arbeitsmittel gegeben sein.

226) Gefordert wird, dass ein Wechsel der Tätigkeitsbestandteile zu Belastungswechseln führt. Dem entspricht das Konzept sog. Mischarbeit. Diese ist dann gegeben, wenn durch unterschiedliche inhaltliche und organisatorische Tätigkeitsbestandteile wechselnde physische und psychische Anforderungen an den Beschäftigten gestellt werden. Arbeitswissenschaftliche Modelle dafür sind Jobrotation (systematischer Arbeitsplatzwechsel), Job enrichment (Bereicherung des Arbeitsinhaltes), Job enlargement (Erweiterung des Aufgabenumfangs) oder Gruppenarbeit. Sind unterschiedliche Tätigkeitsanteile mit wechselnden Belastungen nicht möglich, kann eine Unterbrechung der täglichen Arbeit am Bildschirmgerät auch durch regelmäßige kurzzeitige Erholzeiten (Pausen) erreicht werden. Die optimale Lage und Dauer dieser Erholzeiten sind von der jeweiligen Tätigkeit am Bildschirmgerät abhängig. Mehrere kürzere Erholzeiten haben einen höheren Erholungseffekt als wenige längere Erholzeiten gleicher Gesamtdauer. Kurzpausen sollten nach Möglichkeit nicht am Arbeitsplatz verbracht werden. Günstig ist, wenn in den Erholzeiten Bewegungsübungen durchgeführt werden können. Das Konzept der Mischarbeit ist dem, die Arbeitszeit durch regelmäßige Erholzeiten zu unterbrechen, vorzuziehen. Das Zusammenziehen oder das Aufsparen von Erholzeiten zur Verkürzung der täglichen Gesamtarbeitszeit hat keinen Erholungseffekt und ist deshalb ungeeignet und unzulässig.

227) Die Mindestgröße der Grund- und Bewegungsflächen regelt ASR A1.2 Nr. 5. Zusätzlich gilt: Gelegentlicher Bewegungswechsel während der Arbeitszeit ist aus ergonomischer Sicht empfehlenswert. Er wird bspw. durch eine örtliche Trennung von Bildschirmarbeitsplatz und Drucker erreicht. Bewegungswechsel geht auch einher mit einem Wechsel der Sehentfernung, was zur Entlastung der Augen beiträgt. Ein zu häufiger Wechsel der Sehentfernung, z. B. bei jedem Blick vom Computer auf den Papierbeleg, führt dagegen zu einer hohen Belastung der Augen.

228) Störende Reflexionen sind i. d. R. Spiegelungen, die den Zeichenkontrast verringern, die Erkennbarkeit stören und das Sehen insgesamt beeinträchtigen. Deshalb sollte bereits bei der Gerätebeschaffung darauf geachtet werden, nur solche mit Antireflexionsmaßnahmen einzusetzen. Bild-

65

Arbeitsstättenverordnung

(5) Die Arbeitstische oder Arbeitsflächen müssen eine reflexionsarme Oberfläche haben und so aufgestellt werden, dass die Oberflächen bei der Arbeit frei von störenden Reflexionen und Blendungen sind.

(6) Die Arbeitsflächen sind entsprechend der Arbeitsaufgabe so zu bemessen, dass alle Eingabemittel auf der Arbeitsfläche variabel angeordnet werden können und eine flexible Anordnung des Bildschirms, des Schriftguts und der sonstigen Arbeitsmittel möglich ist. Die Arbeitsfläche vor der Tastatur muss ein Auflegen der Handballen ermöglichen.[229)][230)][231)]

(7) Auf Wunsch der Beschäftigten hat der Arbeitgeber eine Fußstütze und einen Manuskripthalter zur Verfügung zu stellen, wenn eine ergonomisch günstige Arbeitshaltung auf andere Art und Weise nicht erreicht werden kann.[232)]

(8) Die Beleuchtung muss der Art der Arbeitsaufgabe entsprechen und an das Sehvermögen der Beschäftigten angepasst sein; ein angemessener Kontrast zwischen Bildschirm

---

schirme sollten senkrecht zu den Fensterflächen angeordnet werden. Bei Anordnung parallel zum Fenster würde bei Blickrichtung des Beschäftigten in den Raum das Spiegelbild des hellen Fensters auf dem Bildschirm erscheinen und bei Blickrichtung zum Fenster die helle Fensterfläche hinter dem Bildschirm blenden.

229) Bildschirm, Tastatur, sonstige Arbeitsmittel und Schriftgut sollten leicht umgestellt und an anderer geeigneter Stelle der Arbeitsfläche angeordnet werden können.
230) Die Maßgaben der ASR A1.2 Raumabmessungen und Bewegungsflächen, insbesondere Pkt. 5 Abs. 4, sind einzuhalten. Danach ergibt sich für Büro- und Bildschirmarbeitsplätze bei Einrichtung von Zellenbüros als Richtwert ein Flächenbedarf von 8 bis 10 m^2 je Arbeitsplatz einschließlich Möblierung und anteiliger Verkehrsflächen im Raum. Für Großraumbüros ist angesichts des höheren Verkehrsflächenbedarfs und ggf. größerer Störwirkungen (z. B. akustisch, visuell) von 12 bis 15 m^2 je Arbeitsplatz auszugehen. Beispielhafte Gestaltungslösungen zu den einzelnen Bürotypen sind dem Anhang 2 der ASR A1.2 zu entnehmen. Die Bewegungsflächen der Beschäftigten am Arbeitsplatz richten sich nach Ziff. 5.1 der ASR A1.2. Danach muss die Bewegungsfläche mindestens 1,50 m^2 betragen. Die Breite der Bewegungsflächen für nebeneinander angeordnete Arbeitsplätze mit sitzender oder stehender Körperhaltung ist Ziff. 5.1.4 und Abb. 5 zu entnehmen. Nicht alle möglichen Bewegungen sind auch günstig. Deshalb wird der mögliche Greifraum in verschiedene Bereiche aufgeteilt, z. B. an Sitzarbeitsplätzen den kleinen und den großen Greifraum. Nur im kleinen Greifraum können feine Arbeiten ausgeführt werden. Die häufig vorkommenden Arbeitsaufgaben (z. B. das Bedienen der Tastatur) sollten im kleinen Greifraum ausgeführt werden.
231) Sehentfernung und Blickfeld sind neben den Greifräumen gleichberechtigt bei der Gestaltung von Bildschirmarbeitsplätzen zu berücksichtigen. Bildschirm, Tastatur und Beleg sollen möglichst die gleiche Sehentfernung aufweisen, damit das Auge des Beschäftigten nicht ständig neu akkommodieren muss. Eine auf die erforderliche Sehentfernung abgestimmte Brille kann einen positiven Einfluss auf die Körperhaltung haben. (Zur Frage, wer die Kosten zur Beschaffung einer Bildschirmbrille tragen muss, s. http://komnet.nrw.de).
232) Die Notwendigkeit einer Fußstütze ist in jedem Fall dann gegeben, wenn der Beschäftigte die Füße nicht ganzflächig auf den Fußboden auflegen kann. Höhe und Neigung der Fußstütze müssen unabhängig voneinander verstellbar sein.
Der Manuskripthalter muss stabil, verstellbar und standsicher sein. Ein Manuskripthalter sollte mit einer Papierklemme und einem Zeilenlineal ausgestattet sein. Der Manuskripthalter sollte eine Neigungsverstellung zwischen 15° und 75° ermöglichen und somit sicherstellen, dass die Blicklinie um etwa 35° aus der Waagerechten abgesenkt werden und einen annähernd rechten Winkel mit der Bildschirmoberfläche bilden kann (s. auch DGUV Information 215-410 Bildschirm- und Büroarbeitsplätze, Ausg. 2015-09).

und Arbeitsumgebung ist zu gewährleisten. Durch die Gestaltung des Bildschirmarbeitsplatzes sowie der Auslegung und der Anordnung der Beleuchtung sind störende Blendungen, Reflexionen oder Spiegelungen auf dem Bildschirm und den sonstigen Arbeitsmitteln zu vermeiden.[233] [234]

(9) Werden an einem Arbeitsplatz mehrere Bildschirmgeräte oder Bildschirme betrieben, müssen diese ergonomisch angeordnet sein. Die Eingabegeräte müssen sich eindeutig dem jeweiligen Bildschirmgerät zuordnen lassen.[235]

(10) Die Arbeitsmittel dürfen nicht zu einer erhöhten, gesundheitlich unzuträglichen Wärmebelastung am Arbeitsplatz führen.[236]

6.2 Allgemeine Anforderungen an Bildschirme und Bildschirmgeräte

(1) Die Text- und Grafikdarstellungen auf dem Bildschirm müssen entsprechend der Arbeitsaufgabe und dem Sehabstand scharf und deutlich sowie ausreichend groß sein. Der Zeichen- und der Zeilenabstand müssen angemessen sein. Die Zeichengröße und der Zeilenabstand müssen auf dem Bildschirm individuell eingestellt werden können.[237]

---

233) Die Maßgaben der ASR A3.4 Beleuchtung Ziff. 4.2 sowie nach Ziff. 5.2 und 6.2, Maßnahmen zur Begrenzung der Blendung, sind einzuhalten.
234) ASR A3.4 Beleuchtung gibt in Anh. 1 Beleuchtungsanforderungen für Arbeitsräume, Arbeitsplätze und Tätigkeiten Ziff. 4 Mindestwerte der Beleuchtungsstärke und der Farbwiedergabe an. Bei Bildschirmarbeitsplätzen soll die Helligkeit der beleuchteten Tastatur und des beleuchteten Manuskriptes mit der des selbstleuchtenden Bildschirms übereinstimmen, um ständige Adaptionen des Auges zu vermeiden. Dazu kann im Einzelfall von dem Wert der Beleuchtungsstärke nach ASR A3.4 abgewichen werden. Der Bildschirm sollte nicht zu stark von der Raum- bzw. Arbeitsplatzbeleuchtung beeinflusst werden, da das zu unnötigen Verminderungen des Kontrastes führen könnte.
235) Mehrere Bildschirme an einem Arbeitsplatz erfordern schmale Bildschirmrahmen und dichtes Beieinanderstehen, um eine kompakte Gesamtanzeige zu ermöglichen. Mehrere Bildschirmgeräte oder Bildschirme an einem Arbeitsplatz erfordern einen größeren Flächenbedarf für Funktions- und Bewegungsflächen (s. auch ASR A1.2 Raumabmessungen und Bewegungsflächen Pkte. 5.1 und 5.4 sowie Anh. 2 Abb. 13 ff.; ebenso DIN EN ISO 9241-307:2009-06, Ergonomie der Mensch-Maschine-Interaktion T. 307: Analyse- und Konformitätsverfahren für elektronisch-optische Anzeigen).
236) Zur Wärmebelastung s. ASR A3.5 Raumtemperatur Pkt. 4.2, Tab. 1.
237) Die Erkennbarkeit von Zeichen auf einem hellen Hintergrund ist deutlich besser als vor einem dunklen Hintergrund. Die Zeichenschärfe auf dem gesamten Bildschirm muss die gleiche Qualität haben wie die von gedruckten Zeichen. Bei Textbearbeitung ist eine einfarbige Zeichendarstellung empfehlenswert.
Gute Lesbarkeit ist gewährleistet, wenn z. B. bei einem Sehabstand von 500 mm die Höhe der Großbuchstaben 3,2 mm nicht unterschreitet. Bei einem Sehabstand von 600 mm beträgt die empfohlene Zeichenhöhe 3,9 mm bis 5,5 mm. Die individuelle Größeneinstellung sollte so gewählt werden, dass die Möglichkeit von Verwechslungen sicher ausgeschlossen ist (z. B. Null mit dem Großbuchstabe O). Im allgemeinen Gebrauch bei Textbearbeitung sollte die Schriftgröße 11 als Regelgröße nicht unterschritten werden.

Arbeitsstättenverordnung

(2) Das auf dem Bildschirm dargestellte Bild muss flimmerfrei sein. Das Bild darf keine Verzerrungen aufweisen.[238]

(3) Die Helligkeit der Bildschirmanzeige und der Kontrast der Text- und Grafikdarstellungen auf dem Bildschirm müssen von den Beschäftigten einfach eingestellt werden können. Sie müssen den Verhältnissen der Arbeitsumgebung individuell angepasst werden können.

(4) Die Bildschirmgröße und -form müssen der Arbeitsaufgabe angemessen sein.

(5) Die von den Bildschirmgeräten ausgehende elektromagnetische Strahlung muss so niedrig gehalten werden, dass die Sicherheit und die Gesundheit der Beschäftigten nicht gefährdet werden.[239]

6.3 Anforderungen an Bildschirmgeräte und Arbeitsmittel für die ortsgebundene Verwendung an Arbeitsplätzen

(1) Bildschirme müssen frei und leicht dreh- und neigbar sein sowie über reflexionsarme Oberflächen verfügen. Bildschirme, die über reflektierende Oberflächen verfügen, dürfen nur dann betrieben werden, wenn dies aus zwingenden aufgabenbezogenen Gründen erforderlich ist.[240]

---

238) Flimmern ist die Wahrnehmung von raschen, periodischen Leuchtdichteschwankungen auf dem Bildschirm. Die Wahrnehmung ist abhängig von der interindividuell unterschiedlichen Verschmelzungsfrequenz, die mit zunehmendem Alter abnimmt. Moderne Bildschirmgeräte sind mit einer Bildwiederholfrequenz von mindestens 60 Hz, wie von den meisten Herstellern empfohlen, absolut flimmerfrei. Bei Gerätebeschaffung sollte dies genau ermittelt werden. In der Regel sind die optimale Bildhelligkeit und -schärfe auf dem Monitor bereits voreingestellt. Sollte dennoch Ungewissheit bzw. Unzufriedenheit bestehen, wird in der einschlägigen Fachliteratur unter diesen Stichwörtern eine Vielzahl von Prüf- und Einstellungshinweisen gegeben. Damit lässt sich der Monitor hinsichtlich Helligkeit, Kontrast und Farbwiedergabe optimal kalibrieren. Für Büroanwendungen sind 17-Zoll-Monitore geeignet. Zu empfehlen ist die Ausstattung mit 19-Zoll-Monitoren. Das Schriftbild ist insgesamt größer und wird von den meisten Beschäftigten bevorzugt. Das Arbeiten wird erleichtert, geht schneller und mit geringerer Anzahl unerkannter Fehler. Für langzeitiges, konzentriertes Arbeiten am Bildschirmgerät werden 22-Zoll-Monitore empfohlen. Für das Gestalten aufwendiger 3D-Modelle, Design, Video und Audio sind Bildschirmgeräte unter 24 Zoll ungeeignet. Zum Einrichten und Betreiben von Mehrbildschirmlösungen siehe auch DGUV Information 215-410 Bildschirm- und Büroarbeitsplätze, Ausg. 2015-09 sowie in DIN EN ISO 9241-171:2011-01 Ergonomie der Mensch-Maschine-Interaktion – T. 210.
239) Auch Fernseher und Computerbildschirme (Monitore) strahlen niederfrequente elektrische und magnetische Felder ab. Bei modernen Flachbildschirmen tritt aufgrund der Bau- bzw. Funktionsweise (ohne Bildschirmröhre) grundsätzlich keine Röntgenstrahlung auf, und die Magnetfelder sind gegenüber denen von Röhrengeräten deutlich reduziert. Einschränkungen bei der Bildschirmarbeit sind bisher eher aus ergonomischen Gründen empfohlen worden, nicht aufgrund von elektromagnetischer Strahlung, die von Bildschirmgeräten ausgeht (zit. aus Bundesamt für Strahlenschutz, Stand 20.7.2018: http://www.bfs.de/DE/themen/emf/nff/anwendung/bildschirm/bildschirm.html).
240) Eine reflexionsarme Oberfläche mindert blendende Spiegelungen von Lampen und Fenstern. Durch die freie Beweglichkeit der Bildschirme können ebenfalls in vielen Fällen Spiegelungen an Bildschirmen vermieden werden.

Arbeitsstättenverordnung

(2) Tastaturen müssen die folgenden Eigenschaften aufweisen:
1. sie müssen vom Bildschirm getrennte Einheiten sein[241],
2. sie müssen neigbar sein[242],
3. die Oberflächen müssen reflexionsarm sein,
4. die Form und der Anschlag der Tasten müssen den Arbeitsaufgaben angemessen sein und eine ergonomische Bedienung ermöglichen,
5. die Beschriftung der Tasten muss sich vom Untergrund deutlich abheben und bei normaler Arbeitshaltung gut lesbar sein.

(3) Alternative Eingabemittel (zum Beispiel Eingabe über den Bildschirm, Spracheingabe, Scanner) dürfen nur eingesetzt werden, wenn dadurch die Arbeitsaufgaben leichter ausgeführt werden können und keine zusätzlichen Belastungen für die Beschäftigten entstehen.

6.4 Anforderungen an tragbare Bildschirmgeräte für die ortsveränderliche Verwendung an Arbeitsplätzen

(1) Größe, Form und Gewicht tragbarer Bildschirmgeräte müssen der Arbeitsaufgabe entsprechend angemessen sein.[243]

(2) Tragbare Bildschirmgeräte müssen
1. über Bildschirme mit reflexionsarmen Oberflächen verfügen und

---

241) Die Trennung von Tastatur und Bildschirm ermöglicht die ergonomische Anordnung innerhalb des günstigen Greifraums sowie in der günstigen Sehentfernung. Die Forderung der Trennung von Tastatur und Bildschirm ist gleichzeitig ein Verbot von tragbaren Bildschirmgeräten, bei denen Tastatur und Bildschirm untrennbar gekoppelt sind, für die nicht nur kurzzeitige ortsgebundene Verwendung.
242) Die DGUV Information 215-410 Bildschirm- und Büroarbeitsplätze, Ausg. 2015-09, nennt folgende Maße für die Neigung einer ergonomisch gestalteten Tastatur, bei der wegen der geringen Bauhöhe evtl. die Stütze für den Handballen entfallen kann:
Neigung zwischen 0° und 12°; Bauhöhe (in der mittleren Tastaturreihe) höchstens 30 mm; im höhenverstellten Zustand (Tastaturfüße ausgeklappt) Neigungswinkel maximal 15°. Genauso wie der Bildschirm sollen auch die Oberflächen der Tastaturen reflexionsarm sein, um Blendung zu vermeiden. Die DGUV Information 215-410 charakterisiert eine ergonomische Bedienung der Tastatur durch sichere Rückmeldung der Tastenbetätigung für den Benutzer, schnelles Auffinden der jeweiligen Taste und gute Fingerführung (konkave Tastenflächen mit Kantenlängen oder Durchmessern von 12 mm bis 15 mm und Tastenmittenabstände von 19 mm). Eine Tastatur auf einem Touchscreen erfüllt diese Anforderungen nicht. Die Tastatur sollte etwa die gleiche Helligkeit wie das übrige Arbeitsfeld haben. Die Beschriftung der Tasten sollte in „Positivdarstellung" (schwarze Buchstaben auf hellem Grund) erfolgen, da das Auge sich beim Blick auf die Tastatur auf deren mittlere Helligkeit einstellt und dann nicht vom im Allgemeinen gleich hellen Umfeld geblendet wird.
243) In Nr. 6.4 Abs. 2 Ziff. 2 wird die Forderung von Nr. 6.1 Abs. 4 für tragbare Bildschirmgeräte wiederholt. Größe, Form und Gewicht tragbarer Bildschirmgeräte können in Abhängigkeit von den Einsatzbedingungen (Abstellmöglichkeit vorhanden oder Gerät in der Hand gehalten, Dauer der einzelnen Bedienvorgänge, Ebenheit der Standfläche usw.) nur im Einzelfall im Rahmen der Arbeitsplatzbeschreibung oder einer Gefährdungsbeurteilung bestimmt werden.

Arbeitsstättenverordnung

2. so betrieben werden, dass der Bildschirm frei von störenden Reflexionen und Blendungen ist.

(3) Tragbare Bildschirmgeräte ohne Trennung zwischen Bildschirm und externem Eingabemittel (insbesondere Geräte ohne Tastatur) dürfen nur an Arbeitsplätzen betrieben werden, an denen die Geräte nur kurzzeitig verwendet werden oder an denen die Arbeitsaufgaben mit keinen anderen Bildschirmgeräten ausgeführt werden können.[244]

(4) Tragbare Bildschirmgeräte mit alternativen Eingabemitteln sind den Arbeitsaufgaben angemessen und mit dem Ziel einer optimalen Entlastung der Beschäftigten zu betreiben.

(5) Werden tragbare Bildschirmgeräte ortsgebunden an Arbeitsplätzen verwendet, gelten zusätzlich die Anforderungen nach Nummer 6.1.[245] [246]

6.5 Anforderungen an die Benutzerfreundlichkeit von Bildschirmarbeitsplätzen

(1) Beim Betreiben der Bildschirmarbeitsplätze hat der Arbeitgeber dafür zu sorgen, dass der Arbeitsplatz den Arbeitsaufgaben angemessen gestaltet ist. Er hat insbesondere geeignete Softwaresysteme bereitzustellen.[247]

---

244) In Nr. 6.4 Abs. 3 wird die Forderung von Nr. 6.3 Abs. 2 (Trennung von Tastatur und Bildschirm an ortsfesten Arbeitsplätzen) für beliebige externe Eingabemittel wiederholt und konkretisiert.
245) Nach § 2 Abs. 7 ArbStättV sind Telearbeitsplätze vom Arbeitgeber fest eingerichtete Bildschirmarbeitsplätze im Privatbereich der Beschäftigten, für die der Arbeitgeber eine mit den Beschäftigten vereinbarte wöchentliche Arbeitszeit und die Dauer der Einrichtung festgelegt hat. Zudem müssen die Bedingungen der Telearbeit arbeitsvertraglich oder im Rahmen einer Vereinbarung festgelegt werden und die benötigte Ausstattung des Telearbeitsplatzes mit Mobiliar, Arbeitsmitteln einschließlich der Kommunikationseinrichtungen muss durch den Arbeitgeber oder eine von ihm beauftragte Person im Privatbereich des Beschäftigten bereitgestellt und installiert sein.
Andere flexible Arbeitsformen der beruflich bedingten „mobilen Arbeit", wie z. B. eine sporadische, nicht einen ganzen Arbeitstag umfassende Arbeit mit einem PC oder einem tragbaren Bildschirmgerät (z. B. Laptop, Tablet) im Wohnbereich des Beschäftigten oder das Arbeiten mit Laptop im Zug oder an einem auswärtigen Ort im Rahmen einer Dienstreise fallen nicht unter den Anwendungsbereich der ArbStättV für Telearbeitsplätze (s. Empfehlungen des ASTA zur Abgrenzung mobiler Arbeit und Telearbeitsplätzen gemäß Definition in § 2 Absatz 7 ArbStättV 2016).
246) Zwar entfalten diese Empfehlungen keine Vermutungswirkung wie die Technischen Regeln für Arbeitsstätten. Die Anwendung bzw. Inbezugnahme dieser Empfehlungen gewährleistet jedoch ein hohes Maß des Vertrauens auf fachliche Richtigkeit. Dies ist allein dadurch gegeben, dass dieser Beschluss durch den ASTA erarbeitet wurde. In ihm sind führende Fachleute der für das Fachgebiet maßgeblichen Institutionen Deutschlands, auch die Arbeitgeber- und Arbeitsnehmerseite, mit paritätischem Stimmrecht vertreten. Es darf deshalb darauf vertraut werden, dass diese Empfehlungen hinsichtlich ihrer wissenschaftlichen Begründung, der behördlichen und unfallversicherungsrechtlichen Bewertung sowie der mit diesem Beschluss in sich harmonisierten Bewertung der Sozialpartner einen breiten, allgemein anerkannten Konsens liefern. Insoweit bergen diese Empfehlungen auch einen besonderen arbeitsschutzrechtlichen Wirkungsmechanismus in sich.
247) Zur Vermeidung insbesondere von mentalen Belastungen soll die Software so gestaltet sein, dass Ergonomie und Benutzerfreundlichkeit gewährleistet sind. Das Programm sollte aus leicht verständlichen funktionalen Einheiten bestehen. Die auszuführenden Tätigkeiten müssen dem Kenntnis- und Erfahrungsstand des Benutzers angepasst sowie in Form und Tempo von Informationsangaben auf ihn abgestimmt sein.

Arbeitsstättenverordnung

(2) Die Bildschirmgeräte und die Software müssen entsprechend den Kenntnissen und Erfahrungen der Beschäftigten im Hinblick auf die jeweilige Arbeitsaufgabe angepasst werden können.

(3) Das Softwaresystem muss den Beschäftigten Angaben über die jeweiligen Dialogabläufe machen.

(4) Die Bildschirmgeräte und die Software müssen es den Beschäftigten ermöglichen, die Dialogabläufe zu beeinflussen. Sie müssen eventuelle Fehler bei der Handhabung beschreiben und eine Fehlerbeseitigung mit begrenztem Arbeitsaufwand erlauben.

(5) Eine Kontrolle der Arbeit hinsichtlich der qualitativen oder quantitativen Ergebnisse darf ohne Wissen der Beschäftigten nicht durchgeführt werden.[248]

---

248) Abs. 5 gilt unabhängig davon, ob im Betrieb eine Personalvertretung nach BetrVerfG vorhanden ist oder nicht. Ist ein Betriebs- oder Personalrat tätig, so hat dieser nach § 87 Abs. 1 BetrVerfG darüber zu wachen, dass die zugunsten der Beschäftigten geltenden Gesetze und Verordnungen durchgeführt, also eingehalten werden. Ein Mitbestimmungsrecht des Betriebsrates ergibt sich, wenn mit technischen Einrichtungen das Verhalten oder die Leistung überwacht werden können, z. B. Eingabefehler oder Eingabehäufigkeit auf den einzelnen Beschäftigten bezogen gespeichert werden können. Ist im Betrieb keine gewählte Personalvertretung tätig, so hat der Arbeitgeber nach Maßgabe von Anh. 6, Ziff. 6.5 Abs. 5 durch andere geeignete und transparente Maßnahmen seine Beschäftigten über eine beabsichtigte Kontrolle zu informieren und im Rahmen der Durchführung zu beteiligen.

zu § 3 ArbStättV

Technische Regeln für Arbeitsstätten	Gefährdungsbeurteilung	ASR V3

GMBl. Nr. 22 vom 5.7.2017 S. 390

Die Technischen Regeln für Arbeitsstätten (ASR) geben den Stand der Technik, Arbeitsmedizin und Hygiene sowie sonstige gesicherte arbeitswissenschaftliche Erkenntnisse für das Einrichten und Betreiben von Arbeitsstätten wieder.

Sie werden vom Ausschuss für Arbeitsstätten ermittelt bzw. angepasst und vom Bundesministerium für Arbeit und Soziales im Gemeinsamen Ministerialblatt bekannt gemacht.

Diese ASR V3 konkretisiert im Rahmen des Anwendungsbereichs die Anforderungen der Verordnung über Arbeitsstätten. Bei Einhaltung der Technischen Regeln kann der Arbeitgeber insoweit davon ausgehen, dass die entsprechenden Anforderungen der Verordnung erfüllt sind. Wählt der Arbeitgeber eine andere Lösung, muss er damit mindestens die gleiche Sicherheit und den gleichen Gesundheitsschutz für die Beschäftigten erreichen.

Inhalt

1 Zielstellung
2 Anwendungsbereich
3 Begriffsbestimmungen
4 Allgemeine Grundsätze
5 Durchführung der Gefährdungsbeurteilung
6 Abweichende/ergänzende Anforderungen für Baustellen
Anhang

1 Zielstellung

Diese ASR konkretisiert die Anforderungen an die Gefährdungsbeurteilung nach § 3 Arbeitsstättenverordnung (ArbStättV) im Rahmen der Beurteilung der Arbeitsbedingungen nach Arbeitsschutzgesetz (ArbSchG).[249] [250] Sie beschreibt eine Vorgehensweise zur Durchführung dieser Gefährdungsbeurteilung nach § 3 ArbStättV.[251]

---

249) Die auf der Grundlage des Art. 6 Abs. 3a Satz 1 der EG-Rahmenrichtlinie Arbeitsschutz in § 5 Arbeitsschutzgesetz (ArbSchG) geforderte Beurteilung der Arbeitsbedingungen bezweckt, dass der Arbeitgeber vorausschauend, also bereits im Vorfeld der Umsetzung von Vorschriften des Arbeitsschutzrechts in praktisches Handeln, alle möglichen Gefährdungen ermittelt und bewertet und daraus abgeleitet die zur Beseitigung oder Abwehr erforderlichen Maßnahmen festlegt. Dies reicht von technischen bzw. organisatorischen Maßnahmen bis zum Einsatz persönlicher Schutzausrüstungen, wobei letztere nach § 4 Nr. 5 ArbSchG nur nachrangig zu den anderen Maßnahmen vorgesehen werden dürfen.

250) Klargestellt wird, dass die Gefährdungsbeurteilung nach § 3 ArbStättV ein Bestandteil der ganzheitlich alle Gefährdungen umfassenden Gefährdungsbeurteilung nach § 5 ArbSchG ist. Sie dient der Ermittlung und Beurteilung von sich aus dem Einrichten und Betreiben von Arbeitsstätten ergebenden spezifischen Gefährdungen sowie der Festlegung, Umsetzung und Wirksamkeitskontrolle hieraus folgender notwendiger Maßnahmen zum Schutz der Sicherheit und Gesundheit der Beschäftigten. Mit der ASR V3 werden die Anforderungen in § 3 ArbStättV konkretisiert.

Gefährdungsbeurteilung ASR V3

2 Anwendungsbereich

Diese ASR gilt für die Durchführung der Gefährdungsbeurteilung beim Einrichten und Betreiben von Arbeitsstätten sowie bei Telearbeitsplätzen gemäß § 2 Absatz 7 ArbStättV bei der erstmaligen Beurteilung der Arbeitsbedingungen und des Arbeitsplatzes soweit der Arbeitsplatz von dem im Betrieb abweicht.

Hinweis:

In dieser ASR V3 sind die Anforderungen an die Gefährdungsbeurteilung für die Belange von Menschen mit Behinderungen berücksichtigt.[252)]

3 Begriffsbestimmungen

3.1 Die **Gefährdungsbeurteilung** nach § 3 ArbStättV ist die auf das Einrichten und Betreiben der Arbeitsstätte ausgerichtete systematische Ermittlung und Beurteilung aller möglichen Gefährdungen der Beschäftigten[253)] einschließlich der Festlegung der erforderlichen Maßnahmen für Sicherheit und Gesundheit bei der Arbeit.[254)]

3.2 Eine **Gefährdung** bezeichnet die Möglichkeit eines Gesundheitsschadens oder einer gesundheitlichen Beeinträchtigung ohne bestimmte Anforderungen an deren Ausmaß oder Eintrittswahrscheinlichkeit.[255)]

---

251) In ähnlicher Form wie in der ASR V3 werden in der Technischen Regel für Betriebssicherheit TRBS 1111 die Vorgehensweise zur Ermittlung und Bewertung von Gefährdungen sowie zur Ableitung der notwendigen Maßnahmen ebenso wie die Bereitstellung und die Benutzung von Arbeitsmitteln und das Betreiben überwachungsbedürftiger Anlagen nach § 3 Betriebssicherheitsverordnung (BetrSichV), in der Technischen Regel für Gefahrstoffe TRGS 400 die Vorgehensweisen zur Informationsermittlung und Gefährdungsbeurteilung nach § 7 Gefahrstoffverordnung (GefStoffV) und in der Technischen Regel für biologische Arbeitsstoffe TRBA 400 die erforderlichen Verfahrensschritte und die Vorgehensweise zur Durchführung der Gefährdungsbeurteilung nach §§ 4 bis 7 der Biostoffverordnung (BioStoffV) konkretisiert.

252) Im Fall der Beschäftigung von Menschen mit Behinderungen hat der Arbeitgeber die besonderen Belange dieser Beschäftigten im Hinblick auf die Sicherheit und den Gesundheitsschutz zu berücksichtigen (§ 3a Abs. 2 ArbStättV). Entsprechende Konkretisierungen zu den diesbezüglichen Schutzzielen und entsprechende Maßnahmen enthält die ASR V3a.2 Barrierefreie Gestaltung von Arbeitsstätten (s. S. 102).

253) Nach ArbSchG können sich Gefährdungen insbesondere aus der Gestaltung und Einrichtung der Arbeitsstätte und des Arbeitsplatzes ergeben (§ 5 Abs. 3 Nr. 1). Weiterhin sind die Auswirkungen der Arbeitsorganisation sowie der Arbeitsabläufe unter Einbeziehung der Arbeitszeit (§ 5 Abs. 3 Nr. 4), die unzureichende Qualifikation und Unterweisung (§ 5 Abs. 3 Nr. 5) sowie physische und psychische Belastungen (§ 4 Nr. 1, § 5 Abs. 3 Nr. 6) als mögliche Gefährdungsfaktoren in Arbeitsstätten und an Arbeitsplätzen einzubeziehen.

254) Die Begriffsbestimmung für die Gefährdungsbeurteilung nach § 3 ArbStättV enthält als wesentliche Elemente sowohl die systematische Ermittlung und Beurteilung aller im Zusammenhang mit dem Einrichten und Betreiben möglichen Gefährdungen für das Leben sowie die physische und psychische Gesundheit der Beschäftigten als auch die Festlegung der erforderlichen Schutzmaßnahmen in Bezug auf die Einrichtung und den Betrieb der jeweils betrachteten Arbeitsstätte. In Verbindung mit den in Nummer 5 der ASR V3 dargelegten weiteren Prozessschritten Umsetzung der Maßnahmen, Überprüfung ihrer Wirksamkeit, Dokumentation und Fortschreibung besteht ein umfassendes Handlungskonzept für die Gewährleistung der Sicherheit und Gesundheit der Beschäftigten in Arbeitsstätten (gem. Definition in § 2 Abs. 1 ArbStättV).

255) Die Definition entspricht der amtlichen Begründung zum ArbSchG.

3.3 Eine **Gefahr** bezeichnet eine Sachlage, die bei ungehindertem Ablauf des zu erwartenden Geschehens mit hinreichender Wahrscheinlichkeit zu einem Gesundheitsschaden oder einer gesundheitlichen Beeinträchtigung führt.[256]

3.4 Wechselwirkung im Sinne dieser ASR ist die gegenseitige Beeinflussung von Gefährdungen oder Maßnahmen, wodurch sich Ausmaß und Art der Gefährdung verändern können.[257]

4 Allgemeine Grundsätze

(1) Die Gefährdungsbeurteilung dient insbesondere als:
- Instrument zur Beurteilung der Arbeitsbedingungen,
- Grundlage zur Entscheidungsfindung, ob und welche Maßnahmen des Arbeitsschutzes notwendig sind,
- Handlungskonzept für die Verbesserung von Sicherheit und Gesundheitsschutz in der Arbeitsstätte (siehe Punkt 5, Abb. 1).

Hinweis:

In Verbindung mit Neubau oder baulichen Änderungen von Arbeitsstätten können im Rahmen der Gefährdungsbeurteilung wichtige und maßgebende Parameter, Rahmenbedingungen und Qualitäten beschrieben und festgelegt werden. Die Gefährdungsbeurteilung kann den Planern für das Einrichten (Entwurfsplanung) wichtige Gestaltungshinweise geben (siehe Punkt 4.2.1).

---

[256] Die Definition entspricht der amtlichen Begründung zum ArbSchG.
[257] Als Beispiel für die Wechselwirkungen von Gefährdungen in einer Arbeitsstätte, die zu physischer und psychischer Fehlbeanspruchung führen können, wird die Tätigkeit in einem Callcenter betrachtet. Gefährdungen der Beschäftigten können sich hier insbesondere aus der Gestaltung des Arbeitsraumes bezüglich unzureichender räumlicher Abmessungen, ungenügenden Schallschutzes, ungünstiger raumklimatischer Bedingungen, nicht ausreichender Beleuchtung sowie aus der Gestaltung des einzelnen Arbeitsplatzes hinsichtlich der Bereitstellung nicht anforderungsgerechter Arbeitsmittel (u. a. Stuhl, Tisch, Bildschirm, Eingabegerät, Software, Headset) sowie aus einer mangelhaften Arbeitsvorbereitung und -organisation (z. B. Organisationstyp, Schulung, Einweisung) ergeben. Nichtberücksichtigte Faktoren führen zu Gefährdungen in der Form erhöhter physischer und/oder psychischer Belastung und in der Folge zu möglicher Fehlbeanspruchung.

Gefährdungsbeurteilung ASR V3

(2) Die Gefährdungsbeurteilung ist systematisch[258] und fachkundig[259] durchzuführen, insbesondere:
- beim Einrichten[260] [261] von Arbeitsstätten und
- beim Betreiben von Arbeitsstätten.

(3) Die Gefährdungsbeurteilung ist vor Aufnahme der Tätigkeiten durchzuführen und zu dokumentieren.[262]

---

258) Systematisch meint in diesem Zusammenhang ein gezieltes, planmäßiges und strukturiertes Vorgehen, welches nach einer bestimmten Vorgehensweise zu gegebenen Zeitpunkten eingebunden in einen Regelkreislauf (sog. PDCA-Zyklus – vierstufiger Regelkreis des Kontinuierlichen Verbesserungsprozesses: Plan, Do, Check, Act) erfolgt. Voraussetzungen für eine erfolgreiche Umsetzung sind die Bereitstellung einer geeigneten Arbeitsschutzorganisation und der für den Arbeitsschutz erforderlichen Mittel durch den Arbeitgeber (s. § 3 Abs. 2 ArbSchG und Arbeitssicherheitsgesetz – ASiG) sowie die Einbindung des Arbeitsschutzes in die betrieblichen Führungsstrukturen und die Gewährleistung der Mitwirkungsrechte und -pflichten der Beschäftigten. Hinsichtlich der Beteiligungsrechte des Betriebsrates/Personalrates gelten die Bestimmungen des Betriebsverfassungsgesetzes, insbesondere §§ 87 bis 91.
259) Die Definition für eine fachkundige Person enthält § 2 Abs. 12 ArbStättV. Erforderlich sind Fachkenntnisse, die abhängig von der Art der Aufgabe (z. B. Beurteilung von elektrischen, chemischen, biologischen oder mechanischen Gefährdungen, Brand- und Explosionsgefährdungen, Gefährdungen durch Lärmeinwirkungen oder Arbeitsumgebungsbedingungen wie Beleuchtung, Raumklima, Luftqualität, Raumabmessungen, nicht ergonomische Gestaltung, physische und psychische Fehlbeanspruchung) unterschiedlich sind und durch eine entsprechende Berufsausbildung, Berufserfahrung oder berufliche Tätigkeit erworben wurden. Zudem müssen die Fachkenntnisse stets auf dem aktuellen Stand gehalten werden, z. B. durch entsprechende Fort- oder Weiterbildung. Näheres siehe Nr. 4 der ASR.
260) Im Bauordnungsrecht der Länder sind Anforderungen an die bauliche Ausführung von Gebäuden, Räumen, Treppen und Treppenräumen, Fluren und Gängen, an die Umwehrungen, die Aufenthalts- und Sanitärräume, den baulichen Brandschutz und die Notbeleuchtung der Rettungswege festgelegt. Die ArbStättV ergänzt die bauordnungsrechtlichen Bestimmungen um notwendige arbeitsstättenspezifische Anforderungen, die dem Schutz der Beschäftigten vor gesundheitlichen Gefahren und Beeinträchtigungen dienen. Arbeitsstätten- und Bauordnungsrecht sind somit als Einheit zu sehen, weshalb sich die ArbStättV nur auf die Einrichtung und den Betrieb, nicht aber auf die vom Bauordnungsrecht geregelte Errichtung von Arbeitsstätten bezieht. Eine Ausnahme bildet Anh. Nr. 1.1 ArbStättV mit der allgemeingültigen Forderung, dass als Arbeitsstätte genutzte Gebäude eine der Nutzungsart entsprechende Konstruktion und Festigkeit aufweisen müssen. Im Bauordnungsrecht der Länder wird dies in den Bauordnungen durch die Forderung nach Standsicherheit einer jeden baulichen Anlage abgedeckt.
261) Die bauliche Errichtung zählt grundsätzlich nicht zum Einrichten einer Arbeitsstätte (s. a. FN 260). Die frühzeitige Integration des Arbeitsschutzes in die Planung von Neu- oder Umbauten zur Nutzung als Arbeitsstätte ist allerdings von grundlegender Bedeutung. Wird es hier versäumt, die Bedingungen für die spätere Nutzung zu ermitteln und den entsprechenden Stand der Technik, Arbeitsmedizin und Hygiene sowie der ergonomischen Anforderungen zu berücksichtigen, kann dies erhebliche Folgen bis hin zu aufwändigen und kostenträchtigen Nachrüstungen oder Umbauten haben.
262) Der Arbeitgeber hat die Auswahlverantwortung bezüglich der gewählten Arbeitsstätte. Es obliegt dem Arbeitgeber bei der Erteilung eines Auftrags zum Bau einer Arbeitsstätte oder bei einem Erwerb oder einer Anmietung eines fertigen Gebäudes oder ausgewählter Räume sorgfältig zu prüfen, ob diese Gebäude oder Räume die für den geplanten Nutzungszweck erforderliche Einrichtung der Arbeitsstätte unter Einhaltung der Anforderungen der ArbStättV erlauben. Insoweit ist es angezeigt, die Gefährdungsbeurteilung bereits vor der Einrichtung eines Objekts durchzuführen (s. a. Nr. 4.2.1. Abs. 7 der ASR V3).

(4) Sie ist zu überprüfen und bei Bedarf zu aktualisieren, insbesondere:
- bei wesentlichen Veränderungen in der Arbeitsstätte, z. B.:
  - der Umgestaltung der bestehenden Arbeitsstätte,
  - der Festlegung von Arbeitsplätzen[263],
  - der Änderung von Arbeitsverfahren,
  - der Änderung der Arbeitsabläufe und der Arbeitsorganisation,
  - im Zusammenhang mit dem Einsatz anderer Arbeitsmittel oder Arbeitsstoffe,
  - im Zusammenhang mit der Änderung oder Beschaffung von Maschinen, Geräten und Einrichtungen,
  - im Zusammenhang mit Instandhaltung,
- bei der Änderung von relevanten Rechtsvorschriften oder von Technischen Regeln,
- bei neuen arbeitswissenschaftlichen Erkenntnissen bzw. Veränderungen des Standes der Technik, Arbeitsmedizin und Hygiene,
- nach dem Erkennen von kritischen Situationen (z. B. Beinahe-Unfällen[264], Fehlzeiten infolge arbeitsbedingter Gesundheitsbeeinträchtigungen[265] sowie Erkenntnissen aus der arbeitsmedizinischen Vorsorge[266]),

---

263) Eine Veränderung der Festlegung von Arbeitsplätzen bedingt zwingend eine Überprüfung der Gefährdungsbeurteilung, weil damit in der Regel arbeitsplatzbezogene Gestaltungsmaßnahmen (z. B. Zugänge zu den Arbeitsplätzen, Bewegungsflächen, Anordnung der Leuchten) angepasst werden müssen.
264) Die Unfallpyramide, die Schwere und Häufigkeit von Arbeitsunfällen in ein Verhältnis setzt, besagt, dass die Anzahl von Beinahe-Unfällen sehr viel höher ist als die der tatsächlichen Unfälle. Hier bestehen gute Chancen, die Wirksamkeit des betrieblichen Arbeitsschutzes nachhaltig mit den Beschäftigten gemeinsam zu verbessern. Ein Beinahe-Unfall ist eine gefährliche Begebenheit bei der Arbeit, durch die beinahe ein Unfall mit Personenschaden eines Beschäftigten verursacht worden wäre. Jeder Beinahe-Unfall gibt Hinweise auf sicherheitstechnische oder organisatorische Mängel in einer Arbeitsstätte oder an einem Arbeitsplatz. Er sollte deshalb genau wie ein eingetretener Unfall mit dem Ziel der Beseitigung dieser Mängel registriert und analysiert werden.
265) Gesundheitsbeeinträchtigungen sind arbeitsbedingt, wenn die Arbeitswelt als verursachender oder als verschlimmernder Faktor eine Rolle spielt. Die Gestaltung der Arbeitsstätte oder des Arbeitsplatzes kann in vielfältiger Form auf die Gesundheit einwirken. So können z. B. ungünstige raumklimatische Bedingungen, wie überhitzte Räume, zu geringe Lüftung, Zugluft oder eine zu geringe Luftfeuchtigkeit das Auftreten von Atemwegserkrankungen befördern. Fortgesetztes Heben und Tragen schwerer und unhandlicher Lasten oder die Notwendigkeit der Einnahme von Zwangshaltungen können ebenso zu Muskel-Skelett-Erkrankungen führen wie nicht ergonomisch eingerichtete Bildschirm- oder Montagearbeitsplätze mit der Folge einer bewegungsarmen oder einseitigen Tätigkeit. Andauernde psychische Belastungen, wie z. B. geringer Handlungsspielraum, Zeitdruck und Arbeitsverdichtung, Überforderung, aber auch zu geringe psychische Anforderungen, können ebenso zu Fehlbeanspruchungen führen. Meist sind die Ursachen vielfältig und es führen verschiedene gleichzeitig einwirkende Belastungen zu unterschiedlichen physischen und psychischen Beanspruchungen.
266) Gewinnt der Betriebsarzt Anhaltspunkte dafür, dass die Maßnahmen des Arbeitsschutzes für den an der Vorsorge teilnehmenden Beschäftigten oder andere Beschäftigte nicht ausreichen, muss er dies dem Arbeitgeber mitteilen. Der Betriebsarzt muss dem Arbeitgeber außerdem Schutzmaßnahmen vorschlagen. Konkretisierungen enthält die Arbeitsmedizinische Regel „Mitteilungen an den Arbeitgeber nach § 6 Absatz 4 ArbMedVV" (AMR 6.4), Stand 2014-06, des Ausschusses für Arbeitsmedizin. In der Folge der Mitteilung des Betriebsarztes muss der Arbeitgeber die Gefährdungsbeurteilung unverzüglich überprüfen und weitere Arbeitsschutzmaßnahmen treffen.

- nach Bekanntwerden einer Behinderung bei Beschäftigten[267] oder
- nach Arbeitsunfällen und Berufskrankheiten.

4.1 Fachkunde

(1) Der Arbeitgeber hat sicherzustellen, dass die Gefährdungsbeurteilung fachkundig durchgeführt wird. Verfügt der Arbeitgeber nicht selbst über die entsprechenden Kenntnisse, hat er sich fachkundig beraten zu lassen.

(2) Fachkundig ist, wer über die zur Erfüllung der in dieser Technischen Regel bestimmten Aufgaben erforderlichen Fachkenntnisse verfügt. Zu den Anforderungen zählen eine entsprechende Berufsausbildung, Berufserfahrung oder eine zeitnah ausgeübte entsprechende berufliche Tätigkeit. Die Fachkenntnisse sind durch Teilnahme an Schulungen oder Unterweisungen auf aktuellem Stand zu halten.[268]

(3) Umfang und Tiefe der notwendigen Kenntnisse, z. B. über das einschlägige Vorschriften- und Regelwerk, insbesondere die Technischen Regeln für Arbeitsstätten, können in Abhängigkeit von der zu beurteilenden Gefährdung unterschiedlich sein.

(4) Fachkundig im Sinne von Absatz 2 können insbesondere betriebliche Führungskräfte oder die Fachkraft für Arbeitssicherheit oder die Betriebsärztin oder der Betriebsarzt sein.

(5) Die Anforderungen an die Fachkunde sind abhängig von den zu beurteilenden Gefährdungen und müssen im Sinne dieser ASR nicht in einer Person vereinigt sein. Zur fachkundigen Durchführung der Gefährdungsbeurteilung gehören konkrete Kenntnisse der zu beurteilenden Arbeitsstätten und Tätigkeiten.

4.2 Gegenstand der Gefährdungsbeurteilung

Bei der Durchführung der Gefährdungsbeurteilung für Arbeitsstätten sind in Bezug auf das Einrichten sowie auf das Betreiben unterschiedliche Sachverhalte von Bedeutung. Der Arbeitgeber hat die mit der Arbeitsstätte verbundenen Gefährdungen unabhängig voneinander zu ermitteln und zu beurteilen. Mögliche Wechselwirkungen sind zu berücksichtigen. Sie können sich insbesondere auch im Zusammenwirken mit Arbeitsmitteln[269], Ar-

---

267) Auch für den Fall einer künftigen Beschäftigung von Menschen mit Behinderungen sollten bereits im Zuge der Planung eines Neu- oder Umbaus für eine Arbeitsstätte die Grundsätze einer barrierefreien Gestaltung (z. B. Tür- und Wegebreiten, Zwei-Sinne-Prinzipien) – soweit möglich – berücksichtigt werden. Vorausschauende Lösungen erleichtern spätere Anpassungen und reduzieren die Kosten. Auf die hierzu vom Ausschuss für Arbeitsstätten erstellte ASR V3a.2 (S. 102) wird verwiesen.
268) S. a. Erläuterungen in FN 259.
269) Von in der Arbeitsstätte verwendeten Arbeitsmitteln ausgehende Gefährdungen sind z. B. rotierende Maschinenteile, Fahrzeuge auf Verkehrswegen, scharfkantige Werkzeuge, Lärm oder Brand- und Explosionsgefährdungen. Aus der Arbeitsumgebung können sich Gefährdungen z. B. durch Blendung, nicht ausreichender Tragfähigkeit des Untergrunds, Staubentwicklung, Ex-Bereichen, die Nähe zu unter Spannung stehenden Teilen, sonstige Gefahrenbereichen etc. ergeben. Gefährdungen durch Arbeitsgegenstände resultieren z. B. aus ungesicherter Ladung, wegfliegenden Teilen, Stofffreisetzungen bei der Bearbeitung von Arbeitsgegenständen oder aus gefährlichen Oberflächen von Arbeitsgegenständen, an denen Tätigkeiten mit Arbeitsmitteln durchgeführt werden.

beitsstoffen[270], Arbeitsabläufen bzw. der Arbeitsorganisation[271] sowie den Gefährdungsfaktoren gemäß Punkt 5.2.2 ergeben.

4.2.1 Einrichten von Arbeitsstätten

(1) Einrichten ist das Bereitstellen und Ausgestalten der Arbeitsstätte. Es umfasst u. a.:
- bauliche Maßnahmen oder Veränderungen, insbesondere Neu- und Umbau sowie Erweiterungsmaßnahmen von Arbeitsstätten,
- das Ausstatten mit Maschinen, Anlagen, Bildschirmgeräten, Mobiliar, anderen Arbeitsmitteln sowie Beleuchtungs-, Lüftungs-, Heizungs-, Feuerlösch- und Versorgungseinrichtungen,
- das Anlegen und Kennzeichnen von Verkehrs- und Fluchtwegen, Kennzeichnen von Gefahrenstellen und brandschutztechnischen Ausrüstungen sowie
- das Festlegen von Arbeitsplätzen unter Berücksichtigung der geplanten Tätigkeiten.

(2) Die Integration des Arbeitsschutzes in die Planung von Arbeitsstätten ist von grundlegender Bedeutung. Nach dem Einrichten einer Arbeitsstätte lassen sich Veränderungen nur mit einem zusätzlichen Aufwand realisieren. Um dies zu vermeiden, sind zweckmäßigerweise bereits im Planungsprozess von Neu- oder Umbauten die Nutzung der Arbeitsstätte und der Stand der Technik, Arbeitsmedizin und Hygiene sowie die ergonomischen Anforderungen zu ermitteln und als Anforderung an die Arbeitsstätte festzuhalten. Werden Grundsätze der barrierefreien Gestaltung bereits bei der Planung von Arbeitsstätten

---

270) Besondere Schutzmaßnahmen sind erforderlich, wenn in der Arbeitsstätte mit nach CLP-Verordnung (Verordnung EG 1272/2008 über die Einstufung, Kennzeichnung und Verpackung von Stoffen und Gemischen) als gefährlich eingestuften Stoffen, Gemischen und Erzeugnissen (Gefahrstoffe) umgegangen wird. Zu den Gefahrstoffen zählen nach TRGS 400 Gefährdungsbeurteilung für Tätigkeiten mit Gefahrstoffen, Ausg. 2017-07, auch nicht als gefährlich eingestufte Arbeitsstoffe, die aber trotzdem zu Gefährdungen für die Sicherheit und Gesundheit von Beschäftigten bei der Arbeit führen können, z. B. durch:
1. Hautkontakt, z. B. Feuchtarbeitsplätze (s. TRGS 401 Gefährdung durch Hautkontakt – Ermittlung, Beurteilung, Maßnahmen), Ausg. 2008-07,
2. physikalisch-chemische Gefährdungen, wie z. B. brennbare Stoffe/Gemische, die nicht als gefährlich eingestuft sind und trotzdem eine Brandlast darstellen, z. B. eine Flüssigkeit mit Flammpunkt > 60 °C (s. TRGS 800 „Brandschutzmaßnahmen", Ausg. 2010-12),
3. andere physikalisch-chemische Gefährdungen, z. B. tiefkalte oder heiße Flüssigkeiten, Dämpfe und Gase oder
4. erstickende oder narkotisierende Gase.
Auch Gemische, die nicht als gefährlich eingestuft sind, jedoch einen gefährlichen Stoff in einer Konzentration enthalten, die nicht zur Einstufung des Gemisches führt, können Gefahrstoffe sein. Solche Gemische sind in bestimmten Fällen anhand von ergänzenden Gefahrenhinweisen (z. B. EUH 208 „Enthält ... ‚Name des sensibilisierenden Stoffes'. Kann allergische Reaktionen hervorrufen.") zu erkennen.
271) Zu den sich aus der Gestaltung der Arbeitsabläufe und der Arbeitsorganisation ergebenden Gefährdungen zählen z. B. eine nicht sicherheits- und gesundheitsgerechte Gestaltung der Arbeitszeit, insbesondere bei der Nacht- und Schichtarbeit oder bei unterbrochenen Arbeitszeiten, eine unzureichende Gewährung von Kurzpausen z. B. bei der Bildschirmarbeit, die Forderung zur Bewältigung mehrerer Tätigkeiten gleichzeitig, häufige Arbeitsunterbrechungen, zu hohe Arbeitsmenge, Über- und Unterforderung, Forderung nach Erreichbarkeit auch außerhalb der Arbeitszeit, Modelle von Rufbereitschaft ohne ausreichende Planbarkeit der Einsätze, der Einsatz nicht anforderungsgerechter Software oder die mangelnde Mitwirkung der Beschäftigten.

Gefährdungsbeurteilung ASR V3

berücksichtigt, können vorausschauende Lösungen die Kosten für eine nachträgliche Anpassung und einen aufwendigen Umbau von Arbeitsstätten bei einer künftigen Beschäftigung von Menschen mit Behinderungen verringern oder vermeiden.

(3) Im Rahmen der Gefährdungsbeurteilung müssen Abnutzungserscheinungen und ggf. vorhandene Wirkungsgradverluste von getroffenen Maßnahmen des Arbeitsschutzes berücksichtigt werden (z. B. Beleuchtung, Lüftung, Sonnenschutz, Kennzeichnung), damit die Schutzziele der ArbStättV dauerhaft und zuverlässig erreicht werden[272].

(4) Die Festlegung von Arbeitsplätzen ist notwendig, damit arbeitsplatzbezogene Gestaltungsmaßnahmen getroffen werden können (z. B. Zugänge zu den Arbeitsplätzen, Bewegungsflächen, Anordnung der Leuchten).

(5) Bei der prospektiven Betrachtung ist auch die Nutzung durch unterschiedliche Personengruppen (siehe Punkt 5.1 Absätze 5 und 6) zu berücksichtigen.

(6) Die Veränderung der Leistungsvoraussetzungen der Beschäftigten im Verlauf der Nutzungsdauer der Arbeitsstätte kann einen Einfluss auf die Planung haben (z. B. kann eine Verringerung des individuellen Sehvermögens bei zunehmendem Alter der Beschäftigten eine höhere Anforderung an die Beleuchtungsqualität erfordern).[273]

---

272) Diese Zielstellung wird durch den in § 2 Abs. 10 ArbStättV definierten Begriff des Instandhaltens erreicht. Definitionen der Begriffe und der Maßnahmen enthalten die DIN 31051:2019-09 Grundlagen der Instandhaltung und DIN EN 13306:2018-02 Instandhaltung – Begriffe der Instandhaltung. Der Begriff „Instandhaltung" ist ein Ober- oder Sammelbegriff für die Kombination aller technischen und administrativen Maßnahmen sowie Maßnahmen des Managements über den gesamten Lebenszyklus einer „Betrachtungseinheit" (hier der Arbeitsstätte) zur Erhaltung eines funktionsfähigen Zustandes bzw. der Rückführung in diesen. Instandhaltung umfasst demnach alle Maßnahmen zur Verzögerung des Abbaus vorhandener Abnutzungsvorräte (Wartung), zur Feststellung und Beurteilung des Ist-Zustandes (Inspektion), zur Rückführung in den funktionsfähigen Zustand (Instandsetzung) und zur Steigerung der Funktionssicherheit ohne Änderung der geforderten Funktion (Verbesserung). Wichtig ist, in der Gefährdungsbeurteilung die Durchführung entsprechender Instandhaltungsarbeiten zeitlich und inhaltlich zu fixieren, Verantwortliche zu benennen und die Umsetzung zu kontrollieren.

273) § 3 BetrSichV enthält explizit die Anforderung, bei der Gefährdungsbeurteilung insbesondere die Gebrauchstauglichkeit von Arbeitsmitteln einschließlich der ergonomischen, alters- und alternsgerechten Gestaltung zu berücksichtigen. Ebenso muss der Arbeitgeber nach § 3a ArbStättV die ergonomischen Anforderungen berücksichtigen.
Eine altersgerechte Gestaltung im Hinblick auf die Gestaltung der Arbeitsstätte und der Arbeitsplätze bezieht sich demnach auf die Förderung und den Erhalt von Gesundheit und die Förderung der Leistungsfähigkeit der Beschäftigten über die gesamte Erwerbsbiografie hinweg und schließt damit alle Altersgruppen ein. Sie soll eine altersunabhängige Nutzung von Arbeitsstätten durch Anwendung ergonomischer Gestaltungsprinzipien ermöglichen, die ungünstige Belastungen und daraus folgende gesundheitliche Beanspruchungen vermeiden. Darüber hinaus soll eine dynamische Anpassung des Arbeitssystems bzw. einzelner Elemente möglich sein, die den (voraussichtlichen) Folgen des Alterungsprozesses der Beschäftigten Rechnung trägt (z. B. durch Höhenverstellbarkeit bei Schreib- und Arbeitstischen).
Altersgerechte Gestaltung im Hinblick auf die Gestaltung der Arbeitsstätte und der Arbeitsplätze bezieht sich auf die Ausrichtung an den spezifischen Ausprägungen von Fähigkeiten einer bestimmten Altersgruppe der Beschäftigten. Während verschiedene Faktoren der Leistungsfähigkeit im Verlauf des Alterungsprozesses der Beschäftigten eher konstant bleiben, nehmen andere eher zu (so z. B. Erfahrungswissen) oder eher ab (so z. B. Sehvermögen). Schutzmaßnahmen zur altersgerechten Arbeitsgestaltung haben die jeweils gegebenen Leistungsvoraussetzungen zur Grundlage (so z. B. altersgemischte Teams zwecks Erfahrungsaustausch zur sicheren Verwendung von Arbeitsmitteln oder die Erhöhung der Beleuchtungsstärke bei nachlassendem Sehvermögen).

(7) Beabsichtigt ein Arbeitgeber eine bauliche Anlage zur Nutzung als Arbeitsstätte zu mieten oder zu erwerben, so ist es angezeigt, vor der Einrichtung des Objekts anhand einer Gefährdungsbeurteilung zu prüfen, ob die Vorgaben der ArbStättV eingehalten werden können. Sonst ist ggf. keine oder nur eine eingeschränkte Nutzung möglich.

(8) Sofern vorhanden, sind die Informationen zu Sicherheit und Gesundheitsschutz aus der nach Baustellenverordnung geforderten Unterlage für mögliche spätere Arbeiten, z. B. Reinigung oder Instandhaltung, zu berücksichtigen.[274]

4.2.2 Betreiben von Arbeitsstätten

(1) Das Betreiben von Arbeitsstätten umfasst das Benutzen, Instandhalten und Optimieren der Arbeitsstätten, die Organisation und die Gestaltung von Arbeits- und Fertigungsverfahren sowie der Arbeitsabläufe in der Arbeitsstätte.

(2) Der Arbeitgeber hat sicherzustellen, dass die Arbeitsstätte nach dem Stand der Technik, Arbeitsmedizin und Hygiene sowie den ergonomischen Anforderungen betrieben wird. Dieses gilt auch für angemietete Objekte (z. B. Büroflächen, Verkaufsräume, Produktions- oder Lagerräume).

(3) In der Gefährdungsbeurteilung müssen auch Situationen berücksichtigt werden, die vom Normalbetrieb abweichen (z. B. Störungen, Stromausfälle, extreme Witterungseinflüsse).[275]

(4) Weiterhin sind Gefährdungen zu ermitteln und zu beurteilen, mit denen z. B. bei Bränden, Unfällen, Überfällen oder sonstigen Betriebsstörungen zu rechnen ist (z. B. Gestaltung von Fluchtwegen und Notausgängen, Flucht- und Rettungspläne).

---

[274] Eine Konkretisierung sowie Beispiele enthält die Regel zum Arbeitsschutz auf Baustellen (RAB 32 – Unterlage für spätere Arbeiten (Konkretisierung zu § 3 Abs. 2 Nr. 3 BaustellV, Ausg. 2003-03)). Damit sollen insbesondere Gefährdungen der Sicherheit und Gesundheit für die mit späteren Arbeiten an der baulichen Anlage Beschäftigten reduziert sowie Improvisationen und Informationsdefizite bei späteren Arbeiten an der baulichen Anlage und dadurch bedingte Störungen, Sachschäden und Unfälle vermieden werden. Spätere Arbeiten i. S. v. § 3 Abs. 2 Nr. 3 BaustellV umfassen insbesondere vorhersehbare Arbeiten an baulichen Anlagen, wie Wartungs-, Reinigungs-, Instandsetzungs- und Erneuerungsmaßnahmen.

[275] In der betrieblichen Praxis werden häufig solche besonderen Betriebszustände nicht hinreichend berücksichtigt, was zu erheblichen Gefahren und Unfällen bzw. Gesundheitsbeeinträchtigungen führen kann. Denn die am Normalbetrieb ausgerichteten Schutzmaßnahmen entfalten in diesen Fällen keine ausreichende Wirksamkeit und müssen außer Kraft gesetzt werden. Im Rahmen der Gefährdungsbeurteilung ist daher diesen vom Normalbetrieb abweichenden Betriebszuständen erhöhte Aufmerksamkeit zu zollen.

Gefährdungsbeurteilung ASR V3

5 Prozessschritte der Gefährdungsbeurteilung[276]

Die Prozessschritte werden in der folgenden Abbildung 1 dargestellt:

```
5.1 Vorbereiten
            Gefährdungsbeurteilung
                           5.7 Dokumentieren
5.2 Ermitteln von | 5.3 Beurteilen   | 5.4 Festlegen    | 5.5 Umsetzen    | 5.6 Überprüfen
Gefährdungen     | der Gefährdungen | von Maßnahmen    | der Maßnahmen   | der Wirksamkeit
                           5.8 Fortschreiben
```

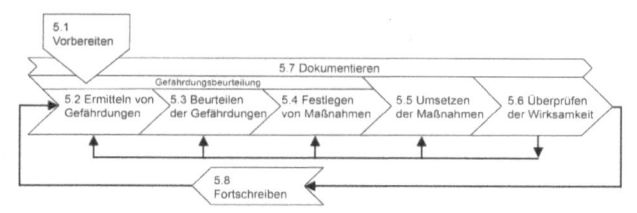

Abb. 1: Schematische Darstellung der Prozessschritte der Gefährdungsbeurteilung

5.1 Vorbereiten

(1) Die Gefährdungsbeurteilung ist je nach Art der Tätigkeiten in der Arbeitsstätte durchzuführen. Daher kann es erforderlich sein, eine Gliederung (z. B. in Arbeitsbereiche oder Tätigkeitsgruppen) vorzunehmen.

(2) Wenn von Beschäftigten arbeitsbereichsübergreifende Tätigkeiten (z. B. Hausmeistertätigkeiten, Instandhaltung, Reinigung) ausgeführt werden, ist zu prüfen, ob diese Tätigkeiten gesondert zu betrachten sind.

(3) Bei gleichartigen Arbeitsbedingungen können Arbeitsplätze oder Tätigkeiten innerhalb einer Arbeitsstätte zusammengefasst betrachtet werden.

(4) Erforderlichenfalls sind Tätigkeiten so zu erfassen, dass auch ihre Dauer bzw. Häufigkeit (z. B. temporär, täglich, quartalsweise, jährlich) erkennbar sind.

(5) Es ist zu berücksichtigen, ob in der Arbeitsstätte besondere Personengruppen beschäftigt werden (z. B. Praktikanten, Jugendliche, werdende oder stillende Mütter, Leiharbeitnehmer, Beschäftigte ohne ausreichende Deutschkenntnisse, Menschen mit Behinderungen).

---

[276] Die Prozessschritte entsprechen den in der GDA-Leitlinie Gefährdungsbeurteilung und Dokumentation (http://www.gda-portal.de/DE/Aufsichtshandeln/Gefaehrdungsbeurteilung/Gefaehrdungsbeurteilung_node.html) für die Überprüfung des Prozesses der Umsetzung einer Gefährdungsbeurteilung wie folgt enthaltenen Vorgaben für die Aufsichtsinstitutionen:
1. Festlegen von Arbeitsbereichen und Tätigkeiten (hier: Vorbereiten)
2. Ermitteln der Gefährdungen
3. Beurteilen der Gefährdungen
4. Festlegen konkreter Arbeitsschutzmaßnahmen nach dem Stand der Technik (bei diesem Schritt ist die Rangfolge der Schutzmaßnahmen nach § 4 ArbSchG zu beachten)
5. Durchführen der Maßnahmen
6. Überprüfen der Wirksamkeit der Maßnahmen
7. Fortschreiben der Gefährdungsbeurteilung (insbesondere Anpassung im Falle geänderter betrieblicher Gegebenheiten nach § 3 ArbSchG)

Zu beachten ist, dass die Beurteilung der Arbeitsbedingungen im Sinne von § 5 ArbSchG lediglich die Prozessschritte 2 bis 4, also das Ermitteln von Gefährdungen, das Beurteilen von Gefährdungen und das Festlegen von Maßnahmen umfasst. Diese ist eingebunden in den durch die gleichzeitige Beachtung der §§ 3, 4 und 6 ArbSchG definierten Regelkreislauf (s. a. FN 258).

(6) Gefährdungen durch sonstige in der Arbeitsstätte anwesende Personen (z. B. Beschäftigte von Fremdfirmen, Beschäftigte im Rahmen von Dienst- und Werkverträgen, Besucher, Kunden) sind zu berücksichtigen.[277]

(7) In Arbeitsstätten, in denen Beschäftigte mehrerer Arbeitgeber tätig werden, haben sich diese Arbeitgeber bei der Festlegung von Maßnahmen zur Vermeidung gegenseitiger Gefährdungen der Beschäftigten abzustimmen (z. B. auf Baustellen, Bürogemeinschaften).[278]

(8) Für Telearbeitsplätze gilt nur der Anhang Nummer 6 „Maßnahmen zur Gestaltung von Bildschirmarbeitsplätzen" der ArbStättV soweit der Arbeitsplatz von dem im Betrieb abweicht.[279]

5.2 Ermitteln von Gefährdungen

(1) Ziel der Ermittlung ist die systematische Identifizierung von möglichen Gefährdungen, deren Quellen und gefahrbringenden Bedingungen.

(2) Das Ermitteln beinhaltet die Erfassung des Planungs- oder Ist-Zustandes (z. B. durch Beobachten, Befragen, Messen, Berechnen oder Abschätzen) sowie die anschließende Benennung und Beschreibung der Gefährdungen.

---

277) Die Einbeziehung der nicht zum Stammpersonal zählenden Personengruppen ist von besonderer Wichtigkeit, insbesondere wenn bei den zu erfüllenden Anforderungen von der höchstmöglichen Zahl der in einer Arbeitsstätte anwesenden Personen auszugehen ist, wie dies z. B. bei der Anzahl, der Anordnung und der Abmessung von Fluchtwegen und Notausgängen (Anh. Nr. 2.3) und der Lüftung (Anh. Nr. 3.6) der Fall ist.
278) Dies entspricht der grundlegenden Verpflichtung zur Zusammenarbeit mehrerer Arbeitgeber in § 8 ArbSchG. Für die besonderen Bedingungen bezüglich der Koordination auf Baustellen sind zusätzlich die einschlägigen Forderungen der Verordnung über Sicherheit und Gesundheitsschutz auf Baustellen (BaustellV) zu erfüllen. Konkretisierungen enthalten die Regeln zum Arbeitsschutz auf Baustellen (RAB), veröffentlicht auf den Internetseiten der Bundesanstalt für Arbeitsschutz und Arbeitsmedizin (BAuA)
279) Zu beachten ist, dass der Anwendungsbereich für die Telearbeit so formuliert ist, dass für Telearbeitsplätze nur die speziellen Anforderungen aus Anh. Nr. 6 für „Maßnahmen zur Gestaltung von Bildschirmarbeitsplätzen" sowie § 3 „Gefährdungsbeurteilung" (für die „erstmalige Beurteilung der Arbeitsbedingungen und des Arbeitsplatzes") und § 6 „Unterweisung der Beschäftigten" gelten. Diese Unterweisung muss dem Beschäftigten in einer verständlichen Form und Sprache ausreichende und angemessene Informationen zur Verfügung stellen
 – über alle gesundheits- und sicherheitsrelevanten Fragen im Zusammenhang mit ihrer Tätigkeit,
 – über Maßnahmen, die zur Gewährleistung der Sicherheit und zum Schutz der Gesundheit der Beschäftigten durchgeführt werden müssen und
 – über arbeitsplatzspezifische Maßnahmen bei Tätigkeiten an Bildschirmgeräten. Die Unterweisung ist vor der Aufnahme der Tätigkeit vorzunehmen und jährlich zu wiederholen.
Die in § 1 Abs. 3 Satz 1 ArbStättV formulierte Bedingung, wonach § 6 und Anh. Nr. 6 nur gelten „soweit der Arbeitsplatz von dem im Betrieb abweicht", dürfte in der Praxis weitgehend ins Leere laufen. Dies resultiert aus dem Umstand, dass eine Nichtabweichung des fest eingerichteten Bildschirmarbeitsplatzes im häuslichen Bereich von dem im Betrieb aufgrund der spezifischen Bedingungen z. B. bezüglich der Arbeitsplatzabmessungen, der Beleuchtung mit Tageslicht und mit künstlichem Licht, der Regulierung von Sonnenlichteinfall etc. regelmäßig nicht zutreffend sein dürfte. Für den seltenen Fall, dass keine Abweichung vorliegt, gelten § 6 und Anh. 6 jedoch unverändert für den betrieblichen Arbeitsplatz und damit indirekt in gleicher Weise für den Telearbeitsplatz.

5.2.1 Vorgehensweise beim Ermitteln von möglichen Gefährdungen

(1) Zur fachkundigen Ermittlung von möglichen Gefährdungen sind systematisch alle unter Punkt 5.1 „Vorbereiten" festgelegten Arbeitsbereiche, Tätigkeitsgruppen, Personengruppen sowie bereichsübergreifende Arbeitsaufgaben bezüglich der Gefährdungsfaktoren gemäß Punkt 5.2.2 und deren Wechselwirkungen (siehe Punkt 4.2) zu betrachten.
Bei der Ermittlung von möglichen Gefährdungen (siehe Definition, Punkt 3.2) werden keine bestimmten Anforderungen an das Ausmaß oder die Eintrittswahrscheinlichkeit eines Gesundheitsschadens oder einer gesundheitlichen Beeinträchtigung gestellt.

(2) Sofern es zur fachkundigen Informationsgewinnung erforderlich ist, sind die relevanten Quellen heranzuziehen, z. B.:
- das einschlägige Vorschriften- und Regelwerk, insbesondere die Technischen Regeln für Arbeitsstätten sowie weitere Technische Regeln[280],
- branchenspezifische Regeln und Informationen sowie Gefährdungs- und Belastungskataloge insbesondere der Unfallversicherungsträger[281],
- Herstellerinformationen (z. B. Bedienungsanleitungen, Gebrauchsanleitungen, Betriebsanleitungen),
- vorhandene Verfahrens-, Arbeits- und Betriebsanweisungen,
- Aufzeichnungen und Erkenntnisse über Unfälle, Erkrankungen, Behinderungen, Schadensfälle, kritische Situationen, Beinahe-Unfälle,
- Betriebsbegehungsprotokolle, Arbeitsschutzausschussprotokolle, dokumentierte Befragungsergebnisse, Prüfbücher, Unterlagen für Instandhaltung (z. B. gemäß BaustellV bzw. RAB 32 „Unterlage für spätere Arbeiten"),
- Baugenehmigungen und mitgeltende Unterlagen (z. B. Brandschutzkonzepte),
- behördliche Anordnungen,
- Berechnungsprognosen oder Protokolle durchgeführter Messungen (z. B. zu Lärm, Klima, Gefahrstoffen),
- Erfahrungswerte von vergleichbaren Arbeitsplätzen oder
- Angaben aus Datenbanken.

(3) Zur Ermittlung der Gefährdung beim Einrichten und Betreiben von Arbeitsstätten können z. B. folgende Methoden einzeln oder kombiniert angewandt werden:
- Prüfung von Planungsunterlagen, Bauzeichnungen und -plänen,

---

280) Gemeint sind die von pluralistisch besetzten Ausschüssen auf Grundlage einer rechtlichen Ermächtigung ermittelten und vom Bundesministerium für Arbeit und Soziales im Gemeinsamen Ministerialblatt bekannt gemachten Technischen Regeln für Betriebssicherheit (TRBS), für Gefahrstoffe (TRGS), für biologische Arbeitsstoffe (TRBA) sowie die vom Ausschuss für Arbeitsmedizin erstellten Arbeitsmedizinischen Regeln (AMR) und die vom nicht mehr aktiven Ausschuss für Sicherheit und Gesundheitsschutz auf Baustellen (ASGB) seinerzeit erstellten Regeln zum Arbeitsschutz auf Baustellen (RAB).

281) Aufgrund einer Neuordnung des Vorschriften- und Regelwerks der Deutschen Gesetzlichen Unfallversicherung (DGUV) werden die Rubriken Vorschriften, Regeln, Informationen und Grundsätze unterschieden.

- Abschätzen von Messgrößen anhand von Technischen Unterlagen (z. B. Maschinenkennzahlen, Emissionskennzahlen),
- Durchführung von Modellrechnungen, Simulationen, Profilvergleichsverfahren u. ä.,
- Besichtigung der betrieblichen Gegebenheiten (z. B. mit Erfassung der Arbeitsorganisation, der Arbeitsabläufe, der Arbeitszeiten, der einzelnen Tätigkeiten, der Arbeitsmittel, Arbeitsverfahren, Arbeitsstoffe sowie des Arbeitsumfelds),
- Messungen zur Feststellung von räumlichen Gegebenheiten, Ermittlung von Konzentrationen, Temperaturen, Emissionen usw. oder
- Befragungen von Beschäftigten, Führungskräften und weiteren Arbeitsschutzakteuren.

5.2.2 Gefährdungsfaktoren

Beim Ermitteln von möglichen Gefährdungen sind insbesondere die im Anhang mit arbeitsstättenbezogenen Beispielen und Erläuterungen aufgeführten Gefährdungsfaktoren relevant.

5.3 Beurteilen von Gefährdungen

Um die Sicherheit und den Gesundheitsschutz der Beschäftigten bei der Arbeit zu gewährleisten und kontinuierlich zu verbessern, hat der Arbeitgeber die ermittelten Gefährdungen systematisch dahingehend zu beurteilen, ob Maßnahmen des Arbeitsschutzes erforderlich sind. Für das Beurteilen der Gefährdung im Hinblick auf das zu erreichende Schutzziel nach ArbStättV sind zunächst Beurteilungsmaßstäbe erforderlich, die in der Regel aus dem einschlägigen Vorschriften- und Regelwerk sowie aus der Fachliteratur abzuleiten sind (siehe Punkt 5.3.1 Absätze 1 bis 3[282]).

Fehlen solche Beurteilungsmaßstäbe, müssen diese betrieblich vereinbart werden (siehe Punkt 5.3.1 Absatz 4[283]).

Anhand dieser Beurteilungsmaßstäbe erfolgt danach das Beurteilen der Gefährdungen (siehe Punkt 5.3.2).

5.3.1 Ermittlung von Beurteilungsmaßstäben

Bei der Ermittlung bzw. Festlegung dieser Maßstäbe ist in folgender Reihenfolge vorzugehen:
1. Zunächst ist zu prüfen, ob die in der ArbStättV aufgeführten Schutzziele durch Technische Regeln für Arbeitsstätten konkretisiert werden.
   Sofern in den Technischen Regeln für Arbeitsstätten Anforderungen, Maße oder Werte vorhanden sind, bilden diese einen konkreten Maßstab für das Beurteilen der Gefährdung. Bei Einhaltung dieses konkreten Maßstabs und einer diesem Maßstab entspre-

---

[282]) Da Punkt 5.3.1 nur aus einem Absatz besteht, ist der Verweis fehlerhaft – richtig muss auf Punkt 5.3.1 Ziffer 1 bis 3 verwiesen werden.
[283]) Da Punkt 5.3.1 nur aus einem Absatz besteht, ist der Verweis fehlerhaft – richtig muss auf Punkt 5.3.1 Ziffer 4 verwiesen werden.

chenden Maßnahmenumsetzung erlangt der Arbeitgeber nach § 3a Absatz 1 Satz 3 ArbStättV die Vermutungswirkung, dass die Anforderungen erfüllt sind.[284]

2. Sofern in den Technischen Regeln für Arbeitsstätten keine Anforderungen, Maße oder Werte zu finden sind, ist zu prüfen, ob für die betrachtete Gefährdung andere gesicherte arbeitswissenschaftliche Erkenntnisse existieren, die insbesondere Angaben zu Grenz-, Schwellen- oder Richtwerten enthalten. Es kann sich dabei z. B. um Veröffentlichungen der Unfallversicherungsträger, der Bundesanstalt für Arbeitsschutz und Arbeitsmedizin (BAuA) oder des Länderausschusses für Arbeitsschutz und Sicherheitstechnik (LASI) handeln.

3. Fehlen gesicherte arbeitswissenschaftliche Erkenntnisse, insbesondere mit Angaben zu Grenz-, Schwellen- oder Richtwerten, so ist zu prüfen, ob zumindest arbeitswissenschaftliche Erkenntnisse mit qualitativen Maßstäben verfügbar sind, z. B. Forschungsberichte, wissenschaftliche Veröffentlichungen sowie einschlägige Normen.

4. Betriebliche Beurteilungsmaßstäbe sind vom Arbeitgeber eigenständig zu entwickeln und zu verwenden, wenn anhand der in den Nummern 1 bis 3 beschriebenen Vorgehensweise keine verwendbaren Beurteilungsmaßstäbe ermittelt werden können. Dabei sind insbesondere folgende Aspekte zu berücksichtigen:
   – Art, Ausmaß, Dauer und Häufigkeit einer Exposition,
   – gefahrbringende Bedingungen, durch die eine Gefährdung bei der Arbeit wirksam werden kann (z. B. Umgebungsbedingungen, Zeitdruck, Unordnung, Verschleiß),
   – durch Qualifikation und Unterrichtung oder Unterweisung erworbene Befähigung der Beschäftigten, eine Gefährdung rechtzeitig wahrzunehmen und einschätzen zu können.

5.3.2 Durchführung der Beurteilung

Der vorliegende Planungs- oder Ist-Zustand mit den ermittelten Gefährdungen wird anhand des gemäß Punkt 5.3.1 herangezogenen Beurteilungsmaßstabs beurteilt.

Beim Beurteilen der Gefährdungen sind insbesondere einzubeziehen:
– alle den Gefährdungen ausgesetzten Beschäftigten, einschließlich besonderer Personengruppen (siehe Punkt 5.1 Absatz 5),
– die Gefährdungen durch die Anwesenheit sonstiger Personen in der Arbeitsstätte (siehe Punkt 5.1 Absatz 6),
– alle Betriebszustände, neben dem Normalbetrieb z. B. auch Auf-, Um- und Abbau, Reinigung, Instandhaltung,

---

[284] Die Vermutungswirkung kann der Arbeitgeber ausschließlich bei der Einhaltung der bekannt gemachten Regeln erlangen. In den technischen Regeln lassen sich aber nicht alle betrieblichen Einzelfälle abbilden. Daher kann es notwendig sein, für die spezifischen betrieblichen Zustände auf anderem Wege einen geeigneten Beurteilungsmaßstab zu finden. Hierbei hat die betriebliche Interessenvertretung das Recht der Mitbestimmung. Wird der Beurteilungsmaßstab nach den Ziffern 2 bis 4 ermittelt, obliegt dem Arbeitgeber die Nachweispflicht, dass eine gleiche Sicherheit und ein gleicher Gesundheitsschutz erreicht werden. Dies ist in der Dokumentation der Gefährdungsbeurteilung entsprechend darzustellen.

- die Erkennbarkeit und Vermeidbarkeit einer Gesundheitsgefährdung
  Wichtige Merkmale sind insbesondere:
  - unmittelbare oder nur mittelbare (z. B. durch Messinstrumente oder Warneinrichtungen) Wahrnehmbarkeit der Gefährdung,
  - beaufsichtigter oder unbeaufsichtigter Betrieb,
  - schnelles oder langsames Auftreten der Gefährdung (z. B. Schnelllauftore),
  - technisch oder organisatorisch bedingte Einschränkungen, sich der Gefährdung entziehen zu können (z. B. Behinderung durch persönliche Schutzausrüstung (PSA), Zwangsverriegelung von Schutztüren).
- Wechselwirkungen

Die Gefährdungsfaktoren sind sowohl einzeln als auch im Zusammenhang zu beurteilen.

5.3.3 Ergebnis der Beurteilung der Gefährdungen

(1) Folgende Beurteilungsergebnisse sind möglich:
1. Maßnahmen sind erforderlich:
   - Das Ergebnis der Beurteilung erfordert unverzüglich Maßnahmen.
     Es besteht eine unmittelbare Gefahr für die Gesundheit, z. B. Absturz an ungesicherten Absturzkanten.[285] Es müssen unverzüglich[286] geeignete Maßnahmen zur Beseitigung bzw. Reduzierung der Gefährdung ergriffen werden.
   - Das Ergebnis der Beurteilung erfordert Maßnahmen.
     Es besteht eine Gesundheitsgefährdung, z. B. durch unzureichende Lüftung, Raumtemperatur, Beleuchtung. Geeignete Maßnahmen zur Beseitigung bzw. Reduzierung der Gefährdung müssen ergriffen werden.[287]

---

[285] Beim Vorliegen einer besonderen, weil unmittelbaren und erheblichen Gefahr greift auch die Pflicht des Arbeitgebers nach § 9 ArbSchG. Danach hat der Arbeitgeber Vorkehrungen zu treffen, dass alle Beschäftigten, die einer unmittelbaren erheblichen Gefahr ausgesetzt sind oder sein können, möglichst frühzeitig über diese Gefahr und die getroffenen oder zu treffenden Schutzmaßnahmen unterrichtet sind. Bei unmittelbarer erheblicher Gefahr für die eigene Sicherheit oder die Sicherheit anderer Personen müssen die Beschäftigten die geeigneten Maßnahmen zur Gefahrenabwehr und Schadensbegrenzung selbst treffen können, wenn der zuständige Vorgesetzte nicht erreichbar ist; dabei sind die Kenntnisse der Beschäftigten und die vorhandenen technischen Mittel zu berücksichtigen. Den Beschäftigten dürfen aus ihrem Handeln keine Nachteile entstehen, es sei denn, sie haben vorsätzlich oder grob fahrlässig ungeeignete Maßnahmen getroffen. Weiterhin hat der Arbeitgeber Maßnahmen zu treffen, die es den Beschäftigten bei unmittelbarer erheblicher Gefahr ermöglichen, sich durch sofortiges Verlassen der Arbeitsplätze in Sicherheit zu bringen. Den Beschäftigten dürfen hierdurch keine Nachteile entstehen. Hält die unmittelbare erhebliche Gefahr an, darf der Arbeitgeber die Beschäftigten nur in besonders begründeten Ausnahmefällen auffordern, ihre Tätigkeit wieder aufzunehmen.
[286] Im Sinn des Zivilrechts bedeutet unverzüglich nicht „sofort", sondern „ohne schuldhaftes Zögern" (§ 121 BGB). Dies belässt dem Arbeitgeber eine gewisse Überlegungsfrist.
[287] Auch wenn in diesem Fall keine konkrete Fristsetzung erfolgt, bedeutet dies nicht, dass der Arbeitgeber beliebig Zeit für die Umsetzung von Maßnahmen hat. Vielmehr ist er verpflichtet, die Maßnahmen sobald als möglich einzuleiten. Wenn aber hierfür z. B. eine entsprechende technische Ausrüstung erst bestellt und geliefert werden muss, sind ggf. in der Zwischenzeit Ersatzmaßnahmen, z. B. in der Form persönlicher Schutzausrüstung, festzulegen.

2. Der unter Punkt 5.3.1 ermittelte Beurteilungsmaßstab ist eingehalten.

(2) Eine Verbesserung von Sicherheit und Gesundheitsschutz ist anzustreben (vgl. ArbSchG), z. B. Installation einer Strahlungsheizung statt Konvektionsheizung in Werkstätten, Verbesserung der Bürogestaltung.

5.4 Festlegen von Maßnahmen

5.4.1 Allgemeine Grundsätze für die Festlegung von Maßnahmen

(1) Die beim Beurteilen der Gefährdungen gewonnenen Erkenntnisse bilden die Basis für das Festlegen der erforderlichen Maßnahmen des Arbeitsschutzes.

(2) Die Maßnahmen müssen dem Stand der Technik, Arbeitsmedizin und Hygiene sowie den Anforderungen der Ergonomie entsprechen und insbesondere sind die vom Bundesministerium für Arbeit und Soziales nach § 7 Absatz 4 ArbStättV bekannt gemachten Regeln und Erkenntnisse zu berücksichtigen. Gesicherte arbeitswissenschaftliche Erkenntnisse sind zu berücksichtigen. Die Maßnahmen müssen geeignet sein, die ermittelten Gefährdungen zu beseitigen bzw. soweit zu reduzieren, dass das Schutzziel erreicht wird.

(3) Werden die in den Technischen Regeln für Arbeitsstätten genannten Maßnahmen eingehalten, so ist davon auszugehen, dass die Schutzziele der ArbStättV erreicht werden. Es gilt die Vermutungswirkung.

(4) Weicht der Arbeitgeber von den in den Technischen Regeln genannten Maßnahmen ab oder fehlen diese, muss er durch andere Maßnahmen die gleiche Sicherheit und den gleichen Schutz der Gesundheit der Beschäftigten erreichen. Dies ist nach Punkt 5.7 zu dokumentieren.

(5) Die Unterweisung der Mitarbeiter hinsichtlich der möglicherweise verbleibenden Gefährdungen sowie ggf. der Auswirkung der festgelegten Maßnahme bzw. deren Umsetzung ist integraler Bestandteil der jeweiligen Maßnahme.

(6) Beim Festlegen von Maßnahmen sind die Zusammenhänge bzw. die Wechselwirkungen aus den resultierenden Gefährdungsfaktoren von Arbeitsstätte, Arbeitsplatz, Arbeitsmitteln, Arbeitsstoffen, Arbeitsorganisation und Arbeitsaufgabe zu berücksichtigen.

(7) Sollten sich bedingt durch Maßnahmen zur Beseitigung bzw. Reduzierung von Gefährdungen neue Gefährdungen für die Beschäftigten ergeben, sind auch diese in die Gefährdungsbeurteilung einzubeziehen (z. B. bei vorgesehener Installation einer Absauganlage die Beurteilung der neuen Geräuschquelle).

5.4.2 Maßnahmenhierarchie

(1) Bei der Auswahl der Maßnahmen hat der Arbeitgeber den im ArbSchG festgelegten Grundsatz der Vermeidung von Gefährdungen zu prüfen und wenn möglich umzusetzen (z. B. belastende Wärmequelle aus Arbeitsbereich entfernen).

(2) Soweit die Vermeidung von Gefährdungen gemäß Absatz 1 nicht möglich ist, muss beim Festlegen von Maßnahmen die folgende Maßnahmenhierarchie berücksichtigt werden (siehe Abb. 2).

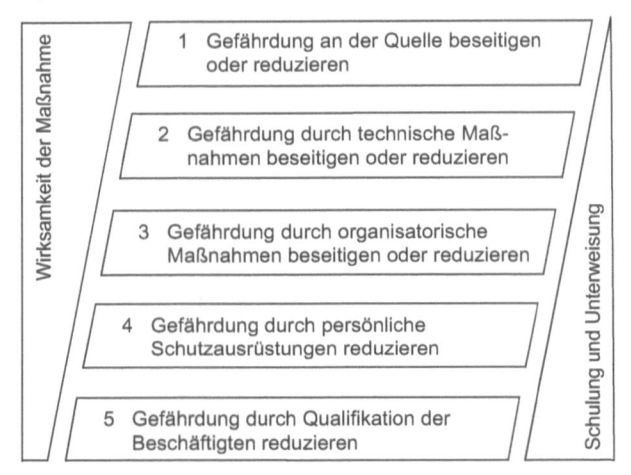

Abb. 2: Maßnahmenhierarchie

Wirksamkeit der Maßnahme:
1. Gefährdung an der Quelle beseitigen oder reduzieren
2. Gefährdung durch technische Maßnahmen beseitigen oder reduzieren
3. Gefährdung durch organisatorische Maßnahmen beseitigen oder reduzieren
4. Gefährdung durch persönliche Schutzausrüstungen reduzieren
5. Gefährdung durch Qualifikation der Beschäftigten reduzieren

Schulung und Unterweisung

1. Zunächst ist zu prüfen, ob Gefährdungen an den Quellen zu beseitigen oder zu reduzieren sind (z. B. belastende Wärme unmittelbar abführen oder ein Gerät mit geringerer Wärmeentwicklung wählen).
2. Ist dies nicht möglich, ist zu prüfen, ob die Gefährdungen durch technische Maßnahmen zu beseitigen oder zu reduzieren sind (z. B. Klimatisierung der Arbeitsräume, Wärmeschutzschilde, Luftschleier).
3. Sind technische Maßnahmen nicht möglich, ist zu prüfen, ob die Gefährdungen durch organisatorische Maßnahmen zu beseitigen oder zu reduzieren sind (z. B. Änderung von Arbeitsabläufen, um die Aufenthaltsdauer im wärmebelasteten Arbeitsbereich zu vermeiden bzw. zu verringern, wie etwa durch Rotation von Mitarbeitern oder durch das Festlegen von Entwärmungsphasen in geeigneten Räumen).
4. Sind organisatorische Maßnahmen nicht möglich, ist zu prüfen, ob die Gefährdungen durch den Einsatz von persönlicher Schutzausrüstung zu vermeiden oder zu reduzieren sind (z. B. PSA gegen Absturz).
5. Sind die vorgenannten Maßnahmen nicht möglich, ist zu prüfen, ob die Schutzziele durch Qualifikation der Beschäftigten zu erreichen sind.

(3) Zur Erreichung des Schutzziels kann es erforderlich sein, Maßnahmen zu kombinieren. Dabei sind die Hierarchiestufen zu beachten.

(4) Im Einzelfall können Maßnahmen aus einer niedrigeren Hierarchiestufe eine gleichwertige Schutzwirkung erreichen (z. B. regelmäßige Unterbrechung der Tätigkeiten in durch Sommerhitze belasteten Räumen anstatt Klimatisierung).[288]

5.5 Umsetzen von Maßnahmen

(1) Die festgelegten Maßnahmen sind entsprechend Punkt 5.3.3 zu priorisieren und umzusetzen.

(2) Wurde eine Entscheidung für eine Maßnahme getroffen, sind die hieraus resultierenden Umsetzungsschritte zu konkretisieren.

Hinweis:

Falls erforderlich, ist für umfangreichere Maßnahmen eine Ablaufplanung zu erstellen, in der z. B. Zeitziele, Übergangsmaßnahmen, festgelegte Termine, Verantwortliche und andere Beteiligte genannt werden.

5.6 Überprüfen der Wirksamkeit der Maßnahmen

(1) Die Umsetzung und Wirksamkeit der festgelegten Maßnahmen sind zu überprüfen. Dabei ist festzustellen, ob die Maßnahmen vollständig umgesetzt wurden und dazu geführt haben, die Gefährdungen zu beseitigen bzw. hinreichend zu reduzieren, und ob gegebenenfalls neue Gefährdungen entstanden sind. Die Prüfung kann z. B. durch Beobachten, Messen oder Befragen (siehe Punkt 5.2) erfolgen.

(2) Sollten weitere oder andere Maßnahmen erforderlich sein, weil z. B. trotz der Umsetzung der festgelegten Maßnahmen Schutzziele nicht erreicht werden, dann sind die vorherigen Teilschritte entsprechend Abbildung 1 (siehe Punkt 5) zu wiederholen.

5.7 Dokumentation

5.7.1 Grundsätze der Dokumentation

(1) Die Dokumentation gemäß § 3 Absatz 3 ArbStättV ist Bestandteil der Unterlagen nach § 6 ArbSchG. Sie muss vor Aufnahme der Tätigkeiten vorliegen.

(2) Die Dokumentation dient mit als Grundlage für die Planung und Gestaltung der betrieblichen Prozesse, z. B. für Neu- und Umbauten, Unterweisungen, Betriebsanweisun-

---

[288] Ausgeführt wird, dass die im ArbSchG vorgegebene Maßnahmenhierarchie nicht als absolut starr anzusehen ist. Eine differenzierte Handhabung kann je nach Gefährdungsart notwendig sein. Dies gilt aber immer nur für den Einzelfall. Im aufgeführten Beispiel geht es um die Wirkung der Maßnahme bezüglich der Reaktion des menschlichen Körpers. Bei hohen Temperaturen muss es darum gehen, die Körperkerntemperatur zu reduzieren. Dies kann technisch durch eine raumlufttechnische Anlage zur Klimatisierung von Arbeitsräumen gelöst werden. Als in der Wirkung gleichwertig kann auch eine organisatorische Maßnahme, nämlich eine regelmäßige Unterbrechung der Tätigkeit, umgesetzt werden. Dies ist eine organisatorische und keine verhaltensbezogene Maßnahme, weil durch die zeitliche Gliederung der Arbeitsorganisation die Gefährdung (= hohe Körperkerntemperatur) reduziert wird.

gen. Sie erleichtert es, Verantwortliche und Termine in Hinblick auf Maßnahmen des Arbeitsschutzes nachvollziehbar festzuhalten.

(3) Sie ist die Basis für die Arbeit der betrieblichen Akteure im Arbeitsschutz (insbesondere Arbeitgeber, verantwortliche Personen nach § 13 ArbSchG (z. B. Führungskräfte), Betriebs- und Personalräte, Fachkräfte für Arbeitssicherheit, Betriebsärzte und Sicherheitsbeauftragte) sowie des Arbeitsschutzausschusses.

(4) Die Dokumentation erfolgt schriftlich und kann als Papierdokument oder in elektronischer Form vorliegen. Sie muss in einer verbindlichen Version verfügbar sein.

(5) Werden Hilfen zur Dokumentation der Gefährdungsbeurteilung, z. B. der Unfallversicherungsträger, verwendet, sind sie an die betrieblichen Bedingungen anzupassen. Insbesondere ist sicherzustellen, dass alle Betriebsteile und Tätigkeiten (ggf. auch unterschiedliche Betriebszustände, z. B. Instandhaltung) erfasst werden.[289]

(6) Der Umfang der Dokumentation richtet sich z. B. nach der Betriebsgröße, Betriebsstruktur oder Art und Ausmaß der Gefährdungen. Insbesondere
- in kleinen Betrieben, bei überschaubaren Strukturen oder bei geringen Gefährdungen kann die Dokumentation gemäß Punkt 5.7.2 ausreichen.
- bei komplexeren Situationen und hohem Gefährdungspotential müssen der Dokumentation erforderlichenfalls weitere Unterlagen zugeordnet werden (siehe Punkt 5.7.3).

Hinweis:

Die Dokumentation kann die Grundlage für die erforderliche Abstimmung sein, z. B.:
- *bei Zusammenarbeit von Beschäftigten mehrerer Arbeitgeber in einer Arbeitsstätte,*
- *bei gemeinsamer Nutzung einer Arbeitsstätte durch mehrere Arbeitgeber,*
- *zur Information weiterer in der Arbeitsstätte anwesender Personen.*

5.7.2 Mindestanforderungen

(1) Die Dokumentation muss mindestens Folgendes enthalten:
- die jeweilige Bezeichnung der erfassten Arbeitsplätze, Arbeitsbereiche und Tätigkeiten sowie ggf. der zusammengefassten gleichartigen Arbeitsplätze oder Tätigkeiten,
- die jeweils festgestellten Gefährdungen,
- die Ergebnisse der Beurteilung der festgestellten Gefährdungen,
- die bezogen auf die festgestellten Gefährdungen jeweils festgelegten Maßnahmen (inklusive Umsetzung siehe Punkt 5.5 Absatz 2) sowie
- das Ergebnis der Wirksamkeitsüberprüfung.

(2) Aus den im Rahmen der Gefährdungsbeurteilung erstellten bzw. aus den mitgeltenden Unterlagen (z. B. Organigramme, Dienstverteilungspläne, Pflichtenübertragung) müssen

---

[289] Mit dieser Forderung wird zum Ausdruck gebracht, dass die Gefährdungsbeurteilung einschließlich der Dokumentation immer auf die vor Ort in einer Arbeitsstätte tatsächlich vorliegenden Bedingungen ausgerichtet sein muss. Das Ausfüllen vorgefertigter Checklisten erfüllt diesen Anspruch in der Regel nicht.

die für die Durchführung der Gefährdungsbeurteilung und die Wirksamkeitskontrolle Verantwortlichen sowie das Datum der Erstellung bzw. der Aktualisierung hervorgehen.

5.7.3 Weitere Unterlagen

Um die erforderliche Plausibilität und Aussagefähigkeit der Dokumentation zu erreichen, kann es erforderlich sein, weitere, im Verlaufe der Gefährdungsbeurteilung verwendete oder erstellte Unterlagen der Dokumentation beizufügen oder auf diese Unterlagen zu verweisen. Solche Unterlagen können z. B. sein:

- die für umfangreichere Maßnahmen erstellte Ablaufplanung (siehe Punkt 5.5),
- Ausführungen, auf welche betriebliche Situation (z. B. Einrichten, Normalbetrieb, Instandhaltung, Reinigung) sich die Gefährdungen beziehen,
- die für die Ergebnisse der einzelnen Prozessschritte relevanten Unterlagen (z. B. Messprotokolle, Erkenntnisse aus Gesundheitsberichten, Unfallberichte),
- die verwendeten Beurteilungsmaßstäbe (siehe Punkt 5.3.1),
- Dokumente, aus denen die Entscheidungsfindung hervorgeht, wenn z. B. konkurrierende Schutzziele oder Maßnahmen abgewogen wurden,
- Angabe der Personen, die an der Gefährdungsbeurteilung beteiligt waren.

Hinweise:

1. Hinsichtlich der Beteiligungsrechte der betrieblichen Interessenvertretung gelten die Bestimmungen des Betriebsverfassungsgesetzes bzw. der jeweiligen Personalvertretungsgesetze.

2. Der Arbeitgeber hat sicherzustellen, dass Betriebsärzte und Fachkräfte für Arbeitssicherheit zur Erfüllung ihrer Aufgaben nach den Bestimmungen des Arbeitssicherheitsgesetzes auf die Dokumentation zugreifen können.

5.8 Fortschreiben

Die Gefährdungsbeurteilung ist kontinuierlich zu überprüfen und zu aktualisieren. Dazu sind insbesondere die in Punkt 4 Absatz 4 aufgeführten Grundsätze und Anlässe zu berücksichtigen.

6 Abweichende/ergänzende Anforderungen für Baustellen

(1) Auf Baustellen ist ergänzend zu Punkt 5.1 Absatz 7 der Sicherheits- und Gesundheitsschutzplan nach § 3 Absatz 2 Nummer 2 Baustellenverordnung in der Planungsphase zu berücksichtigen.

(2) Auf Baustellen kann ergänzend zu Punkt 5.7.3 der Sicherheits- und Gesundheitsschutzplan nach § 3 Absatz 3 Nummer 3 Baustellenverordnung für die Ausführungsphase eine weitere Unterlage der Dokumentation der Gefährdungsbeurteilung sein.[290]

---

[290] Anforderungen an Inhalt und Form eines Sicherheits- und Gesundheitsschutzplans gem. der Verordnung über Sicherheit und Gesundheitsschutz auf Baustellen (BaustellV) enthält die Regel zum Arbeitsschutz auf Baustellen (RAB) 31 „Sicherheits- und Gesundheitsschutzplan – SiGe-Plan", Ausg. 2003-11.

Ausgewählte Literaturhinweise

- GDA – Gemeinsame Deutsche Arbeitsschutzstrategie: Leitlinie Gefährdungsbeurteilung und Dokumentation (http://www.gda-portal.de)
- Informationsportal der BAuA zur Gefährdungsbeurteilung: (http://www.gefaehrdungsbeurteilung.de)

Anhang

Erläuterungen mit Beispielen zu den Gefährdungsfaktoren

Bei der Gefährdungsbeurteilung im Sinne der ArbStättV und dieser ASR ist insbesondere das Auftreten folgender Gefährdungen zu prüfen.

1 Mechanische Gefährdungen

Mechanische Gefährdungen können z. B. sein:
- Sturz- und Stolperstellen (z. B. durch die Beschaffenheit des Fußbodens, des Bodenbelags, der Auftrittsfläche; durch Steigungen oder Gefälle in Verkehrswegen; Feuchtigkeitsanfall, Verschmutzungen, witterungsbedingte Glätte)[291],
- Absturzstellen (z. B. an höher gelegenen Arbeitsplätzen und Verkehrswegen – auch bei Reinigung oder Instandhaltung – einschließlich Rampen, Treppen und Steigleitern; Hindurchbrechen beim Betreten von Dächern, Decken, Oberlichtern; in Bereichen, die an Wasserflächen, Becken o. ä. angrenzen)[292],
- bewegte Transportmittel/Arbeitsmittel (z. B. durch die Beschaffenheit der Verkehrswege und der Kreuzungsbereiche (Abmessungen, Oberflächen, Beleuchtung, Einsehbarkeit); bei gemeinsamer Nutzung von Verkehrswegen durch Fußgänger und Fahrzeuge)[293],
- Quetsch- und Scherstellen (z. B. an kraftbetriebenen Fenstern, Türen und Toren; an kraftbetriebenen Regalen, Fahrtreppen und -steigen)[294],
- herabfallende Gegenstände (z. B. aufgrund der Anordnung von Lagerflächen oberhalb von Arbeitsplätzen und Verkehrswegen)[295],
- gefährliche Oberflächen (z. B. Ecken, Kanten, raue Oberflächen von Gebäuden/Bauteilen; Schneiden an feststehenden oder beweglichen Bauteilen)[296].

---

291) Beispiele für Schutzmaßnahmen enthalten die ASR A1.5/1,2 Fußböden (s. S. 192) und die ASR A1.8 Verkehrswege (s. S. 248).
292) Beispiele für Schutzmaßnahmen enthalten die ASR A1.8 Verkehrswege (s. S. 248) und die ASR A2.1 Schutz vor Absturz und herabfallenden Gegenständen, Betreten von Gefahrenbereichen (s. S. 281).
293) Beispiele für Schutzmaßnahmen enthalten die ASR A1.8 Verkehrswege (s. S. 258) und die ASR A1.5/1,2 Fußböden (s. S. 192).
294) Beispiele für Schutzmaßnahmen enthalten die ASR A1.6 Fenster, Oberlichter, lichtdurchlässige Wände (s. S. 215), die ASR A1.7 Türen und Tore (s. S. 231) und die ASR A1.8 Verkehrswege (s. S. 248).
295) Beispiele für Schutzmaßnahmen enthält die ASR A2.1 Schutz vor Absturz und herabfallenden Gegenständen, Betreten von Gefahrenbereichen (s. S. 281).
296) Allgemeine Hinweise zum Schutz vor mechanischen Gefährdungen enthält die TRBS 2111 Mechanische Gefährdungen – Allgemeine Anforderungen, Ausg. 2018-03.

2 Elektrische Gefährdungen

Elektrische Gefährdungen können z. B. sein:
- elektrischer Schlag oder Störlichtbögen bei Annäherung an oder bei direkter Berührung von Spannung führenden Teilen elektrischer Anlagen (z. B. Freileitungen, Fahrdrähte, Sammelschienen). In Bezug auf Arbeitsstätten kann dies vorkommen z. B. bei Arbeiten an elektrischen Anlagen, der Beladung von Eisenbahnwaggons, Arbeiten auf Baustellen im Hoch- bzw. Tiefbau oder bei Arbeiten in Umspannwerken.[297] [298]

3 Gefahrstoffe

Gefährdungen durch Gefahrstoffe im Sinne der ArbStättV können z. B. sein:
- Innenraumluftverunreinigungen durch einen schadstoffbelasteten Baukörper bzw. schadstoffbelastete Baumaterialien, raumlufttechnische Anlagen oder Einrichtungsgegenstände, z. B. Formaldehyd oder andere Aldehyde, Holzschutzmittel, Flammschutzmittel, Fasern, Biozide, Weichmacher, organische Lösemittel (VOC), Passivrauchen am Arbeitsplatz[299],
- Verdrängung der Atemluft, z. B. in Bereichen mit sauerstoffreduzierter Atmosphäre, beim Einsatz von Sauerstoff verdrängenden Gasen als Löschmittel.[300]

---

[297] Anforderungen zur sicheren Auswahl, zur Installation und zum Betrieb von Energieverteilungsanlagen enthält Anh. Nr. 1.4 ArbStättV. In Anh. Nr. 1.4 Satz 1 wird gefordert, dass die Energieversorgungsanlagen und ihre Anlagenteile in der Arbeitsstätte so zu betreiben sind, dass Unfälle durch unmittelbare oder mittelbare Berührung spannungsführender Teile ausgeschlossen sind. Damit wird der sichere Betrieb elektrischer Energieversorgungsanlagen als das wesentliche Schutzziel besonders hervorgehoben. Ähnlich ist die Forderung zu sehen, dass von den Anlagen keine Gefährdung der Beschäftigten durch einen Brand oder eine Explosion ausgehen darf. Eine Explosion kann z. B. in einer explosionsfähigen Atmosphäre durch elektrische Funkenbildung ausgelöst werden. Andererseits kann ein Brand oder eine Explosion auch durch eine unsachgemäß betriebene Feuerung einer Energieerzeugungsanlage verursacht werden. Das Schutzziel betrifft sowohl die Beschäftigten als auch die Arbeitsstätte einschließlich aller Anlagen und Einrichtungen. Bisher ist hierzu vom ASTA noch keine konkretisierende ASR erstellt worden.

[298] Elektrische Anlagen, ein Zusammenschluss elektrischer Betriebsmittel, werden im Hinblick auf deren Errichtung, Änderung, Instandhaltung und die Festlegung regelmäßiger Prüfungen in der DGUV Vorschrift 3 Elektrische Anlagen und Betriebsmittel, Ausg. 1997-01, geregelt. Hier finden sich auch die Schutzanforderungen bei notwendigen Arbeiten an oder in der Nähe von aktiven Teilen. Als mögliche Gefährdungen nennen die Durchführungsanweisungen zu DGUV Vorschrift 3 DA, Ausg. 2005-04, beispielhaft gefährliche Berührungsspannungen (unmittelbare Gefährdung) sowie Strahlung und Explosion (mittelbare Gefährdung). Es wird richtig darauf hingewiesen, dass die Sicherheit elektrischer Anlagen durch Umgebungseinwirkungen, wie Feuchtigkeit, Staub, mechanische Beanspruchung, nachteilig beeinflusst werden kann. Als Schutzvorkehrungen hiergegen werden die Wahl der Schutzart, der Isolationsklasse, der Kriech- und Luftstrecken und gegen das direkte Berühren das Abdecken oder Abschranken einschließlich der Sicherheitskennzeichnung genannt.

[299] Zu möglichen Schutzmaßnahmen wird auf die ASR A3.6 Lüftung (s. S. 390) verwiesen. (Ausführlicher zu Ursachen für und Maßnahmen gegen Verunreinigungen der Innenraumluft und zum Schutz vor Passivrauchen siehe Opfermann/Streit, Loseblattwerk mit Kommentar, 3. Aufl., Landsberg 2019 unter OZ 3100).

[300] Neben den genannten Beispielen sind hier auch Arbeitsplätze und Verkehrswege unter Tage, in Bohrungen oder Rohrleitungen aufzuführen. Nach der DGUV Vorschrift 38 Bauarbeiten, Ausg. 1997-01, müssen diese so belüftet sein, dass an jeder Arbeitsstelle ein Sauerstoffgehalt von mehr als 19 Vol. % vorhanden ist.

Gefährdungsbeurteilung ASR V3

4 Biologische Arbeitsstoffe (Biostoffe)

Biologische Gefährdungen im Sinne der ArbStättV durch Verunreinigungen und Ablagerungen können z. B. sein:
– Schimmelpilz-Wachstum in Räumen[301],
– Verkeimung in raumlufttechnischen Anlagen oder Klimaanlagen[302],
– Hygieneaspekte in Arbeits- oder Sanitärräumen[303],
– Legionellen-Vermehrung in Trinkwasseranlagen (Aerosolbildung).

5 Brand- und Explosionsgefährdungen[304]

Brand- und Explosionsgefährdungen können z. B. sein:
– leicht entflammbare Materialien (z. B. Verpackungen, Dekorationsmaterialien, Vorhänge) in Verbindung mit einer wirksamen Zündquelle (z. B. offene Flammen, heiße Oberflächen, Funkenschlag),
– Ansammlung brennbarer Rückstände (z. B. Fette, Stäube) in lüftungstechnischen Anlagen,
– sichtbare Ablagerungen von brennbarem Staub auf Böden und Arbeitsgeräten.

6 Thermische Gefährdungen[305]

Thermische Gefährdungen können z. B. sein:
– berührbare heiße oder kalte Oberflächen (z. B. von heißen/kalten Rohrleitungen, Heizeinrichtungen an Arbeitsplätzen oder direkt an Verkehrswegen und Durchgängen),

---

301) Hohe Luftfeuchten an Raumbegrenzungsflächen können zur Befeuchtung von Bauteilen und zur Schimmelbildung führen. Ursache können baukonstruktive Mängel sein. Zu möglichen Maßnahmen siehe ASR A3.6 Lüftung (s. S. 390).
302) Raumlufttechnische Anlagen müssen regelmäßig sachgerecht gewartet und geprüft werden. Auf die Aussagen in Nr. 6 der ASR A3.6 Lüftung (s. S. 398 ff.) wird verwiesen.
303) Verwiesen wird auf § 4 Abs. 2 ArbStättV, wonach der Arbeitgeber dafür sorgen muss, dass Arbeitsstätten den hygienischen Erfordernissen entsprechend gereinigt werden und Verunreinigungen sowie Ablagerungen, die zu Gefährdungen führen können, unverzüglich zu beseitigen sind. Spezifische Anforderungen zur Reinigung enthalten Nr. 9 der ASR A1.5/1,2 Fußböden (s. S. 200), Nr. 5 der ASR A1.6 Fenster, Oberlichter, lichtdurchlässige Wände (s. S. 225 ff.), die ASR A4.1 Sanitärräume (s. S. 438) sowie die ASR A4.4 Unterkünfte (s. S. 482).
304) Beispiele für Schutzmaßnahmen enthalten die ASR A2.2 Maßnahmen gegen Brände (s. S. 302) und die ASR A2.3 Fluchtwege und Notausgänge, Flucht- und Rettungsplan (s. S. 332). Liegen in einer Arbeitsstätte explosionsgefährdete Bereiche vor, sind die TRBS 2152 Gefährliche explosionsfähige Atmosphäre, Ausg. 2006-03 sowie die dazugehörigen Teile 1 bis 24 und die inhaltsgleichen TRGS 720, 721 und 722 für die Ableitung von Maßnahmen heranzuziehen. TRBS 2152 Teile 3 und 4 enthalten weitere Maßnahmen zur Vermeidung der Entzündung gefährlicher explosionsfähiger Atmosphäre bzw. zum konstruktiven Explosionsschutz, der die Auswirkung einer Explosion auf ein unbedenkliches Maß beschränken soll.
305) Beschrieben werden thermische Gefährdungen (Verbrennungen, Erfrierungen) aufgrund von außen einwirkender Bedingungen. Diese können z. B. auch in der Folge des Einwirkens von optischer Strahlung oder starker elektromagnetischer Felder auftreten. Thermische Gefährdungen durch Beanspruchungen in der Folge eines nicht gewährleisteten Behaglichkeitsklimas werden hingegen als Gefährdungen aus den Arbeitsumgebungsbedingungen unter Ziffer 8 betrachtet.

– heiße oder kalte Medien (z. B. Heißdampf, heiße oder kalte Flüssigkeiten), die aus zur Arbeitsstätte gehörenden Anlagen austreten und in Arbeitsbereiche und Verkehrswege gelangen können.

7 Gefährdungen durch spezielle physikalische Einwirkungen

Gefährdungen durch spezielle physikalische Einwirkungen können z. B. sein:
– Lärm und Vibrationen an Arbeitsplätzen bei entsprechenden baulichen Gegebenheiten (z. B. Raumabmessungen, Beschaffenheit von Wänden, Böden, Decken und weiteren Oberflächen, Raumakustik, Übertragung von Körperschall und Vibrationen durch den Baukörper)[306],
– natürliche optische Strahlung (Sonnenstrahlung) bei Arbeiten im Freien[307].

---

306) Lärm i. S. d. Verordnung zum Schutz der Beschäftigten vor Gefährdungen durch Lärm und Vibrationen (Lärm- und Vibrations-Arbeitsschutzverordnung – LärmVibrationsArbSchV) ist jeder Schall, der zu einer Beeinträchtigung des Hörvermögens oder zu einer sonstigen mittelbaren oder unmittelbaren Gefährdung von Sicherheit und Gesundheit der Beschäftigten führen kann. Vibrationen sind nach dieser Verordnung alle mechanischen Schwingungen, die durch Gegenstände auf den menschlichen Körper übertragen werden und zu einer mittelbaren oder unmittelbaren Gefährdung von Sicherheit und Gesundheit der Beschäftigten führen können. Zu beachten sind die hierzu vom Ausschuss für Betriebssicherheit erarbeiteten Technischen Regeln zur LärmVibrationsArbSchV TRLV Lärm, Ausg. 2017-08 und TRLV Vibration, Ausg. 2015-03. Für die nichtauralen Wirkungen des Lärms hat der Ausschuss für Arbeitsstätten die ASR A3.7 Lärm (s. S. 404) zur Konkretisierung des in Anh. Nr. 3.7 enthaltenen Minimierungsgebots erstellt.
307) Technische Schutzmaßnahmen zum Schutz vor Sonnenstrahlung können z. B. sein: Überdachungen für ständige Arbeitsplätze im Freien (wie z. B. Kassenarbeitsplätze auf Parkplätzen), UV-absorbierende Abdeckungen, Verwendung von Sonnenschirmen oder Sonnensegeln z. B. für Kindertagesstätten, Unterstellmöglichkeiten z. B. für Pausenzeiten. Organisatorische Schutzmaßnahmen können z. B. sein: Unterweisung der Beschäftigten über mögliche Gefahren durch die Sonnenstrahlung und über Schutzmaßnahmen, Expositionsdauer gegenüber Sonnenstrahlung nach Möglichkeit beschränken z. B. durch einen früheren Arbeitsbeginn, körperlich anstrengende Arbeiten in die weniger sonnenintensiven und damit auch kühleren Morgenstunden verlegen, weniger dringliche Arbeiten in eine kühlere Witterungsperiode verschieben, bei hohem UV-Index (> 6) und damit auch großer Hitze auf Überstunden verzichten, in den Mittagsstunden den Aufenthalt in der Sonne minimieren. Geeignete persönliche Schutzmaßnahmen sind z. B.: das Tragen von geeigneter körperbedeckender Kleidung und Kopfbedeckung (die Textilien sollten über einen ausreichenden UV-Schutz verfügen), die Benutzung von Sonnenschutzcremes mit einem geeigneten Lichtschutzfaktor (dabei sollte auf eine sachgerechte Anwendung geachtet werden wie ein gleichmäßiger und ausreichend dicker Auftrag von 2 mg/cm^2; eine zu geringe Auftragungsmenge führt zu einer deutlichen Reduzierung des Lichtschutzfaktors auf bis zu einem Drittel), das Tragen einer Sonnenschutzbrille (Anforderungen an die Sonnenschutzfilter für den gewerblichen Bereich sind in der DIN EN 172:2002-02 Persönlicher Augenschutz – Sonnenschutzfilter für den betrieblichen Gebrauch festgelegt. (s. a. Forschungsprojekt „Schutzkomponenten zur Reduzierung solarer UV-Expositionen bei Arbeitnehmern im Freien" (F 2036) der Bundesanstalt für Arbeitsschutz und Arbeitsmedizin).

Gefährdungsbeurteilung   ASR V3

8 Gefährdungen durch Arbeitsumgebungsbedingungen

Gefährdungen durch Arbeitsumgebungsbedingungen können z. B. sein:
- Hitze (hohe Temperaturen am Arbeitsplatz), z. B. aufgrund direkter Sonneneinstrahlung[308], hoher Außentemperaturen[309], technologisch bedingter Wärmequellen[310],
- Kälte, z. B. bei Arbeiten in Kühlräumen oder in tiefkalten Arbeitsbereichen[311], bei Arbeiten im Freien,
- Klima, z. B. bei häufigem Tätigkeitswechsel oder starken Schwankungen der Raumtemperatur zwischen „warm" und „kalt", durch Zugluft[312],

---

308) Gem. Nr. 4.3 der ASR A3.5 Raumtemperatur (s. S. 387) sind Fenster, Oberlichter und Glaswände mit geeigneten Sonnenschutzsystemen auszurüsten, wenn die durch diese Bauteile erfolgende Sonneneinstrahlung zu einer Erhöhung der Raumtemperatur über +26 °C führt. Zugleich lassen sich dort einer Tabelle Beispiele für gestalterische Maßnahmen für derartige Sonnenschutzsysteme entnehmen.
309) Zum Aspekt jahreszeitlich bedingter hoher Außentemperaturen enthält die ASR A3.5 Raumtemperatur (s. S. 388) in Nr. 4.4 für Arbeitsräume ein gestuftes Maßnahmenkonzept für Außenlufttemperaturen über +26 °C und über +30 °C. Bei einer Überschreitung der Lufttemperatur von +35 °C sind Räume ohne Maßnahmen wie bei Hitzearbeit (technische Maßnahmen: z. B. Luftduschen, Wasserschleier, organisatorische Maßnahmen: z. B. Entwärmungsphasen oder persönliche Schutzausrüstungen: z. B. Hitzeschutzkleidung) nicht als Arbeitsraum geeignet.
310) Die ASR A3.5 Raumtemperatur enthält gem. Anwendungsbereich lediglich Hinweise für Arbeitsräume, bei denen das Raumklima durch die Betriebstechnik bzw. Technologie unvermeidbar beeinflusst wird. Hintergrund ist die in Anh. Nr. 3.5 ArbStättV enthaltene Schutzzielbestimmung, die die Forderung nach einer gesundheitlich zuträglichen Raumtemperatur auf Arbeitsräume beschränkt, in denen aus betriebstechnischer Sicht keine spezifischen Anforderungen an die Raumtemperatur gestellt werden. Für diese Arbeitsplätze sind daher entsprechend der Gefährdungsbeurteilung nach § 5 ArbSchG besondere Schutzmaßnahmen zu treffen. Hinweise zur Beurteilung des Raumklimas sowie mögliche Maßnahmen für technologisch bedingte wärmebelastete (können gegeben sein, wenn Lufttemperaturen über +26 °C und ggf. relative Luftfeuchten über 50 % generell oder über längere Zeiträume vorliegen) oder kältebelastete (bei Lufttemperaturen unterhalb von +10 °C) Räume können z. B. der DGUV Information 2015-510 Beurteilung des Raumklimas, Ausg. 2016-12 entnommen werden. Weiterführende Erläuterungen s. Opfermann/Streit, Loseblattwerk mit Kommentar, 3. Aufl., Landsberg 2019 unter OZ 3100).
311) Für technologisch kältebelastete Arbeitsräume enthält Anh. Nr. 3.5 ArbStättV keine konkrete Schutzzielbestimmung. Für diese Arbeitsplätze sind daher entsprechend der Gefährdungsbeurteilung nach § 5 ArbSchG besondere Schutzmaßnahmen zu treffen. In der ASR A3.5 werden Hinweise zur Umsetzung von arbeitsplatzbezogenen technischen Maßnahmen (z. B. Wärmestrahlungsheizung, Heizmatten), organisatorischen Maßnahmen (z. B. Aufwärmzeiten) oder personenbezogenen Maßnahmen (z. B. geeignete Wärmeschutzkleidung) bei Nichterreichen der für Arbeitsräume in Anhängigkeit von der physischen Belastung erforderlichen Mindesttemperaturen gegeben. Einen Fragebogen zur Bestimmung der Kälterisiken und der Schutzmaßnahmen an Kältearbeitsplätzen in Innenräumen enthält DIN EN ISO 15743:2008-11 Ergonomie der thermischen Umgebung – Arbeitsplätze in der Kälte – Risikobewertung und Management. Siehe weiterhin auch DIN 33 403-5:1997-01 Klima am Arbeitsplatz und in der Arbeitsumgebung – T. 5: Ergonomische Gestaltung von Kältearbeitsplätzen.
312) Bei Zugerscheinungen infolge kalter Luft sind die Ursachen hierfür zu ermitteln und ggf. zu beseitigen. Beispielhafte Maßnahmen sind turbulenzarme Luftführung, Einstellung der Zuluftdurchlässe, Einstellung der Zu- und Abluftmengen, Einsatz von Blenden zum örtlichen Schutz vor Zugluft und die Anordnung des Arbeitsplatzes in Bereichen ohne Zugluft (s. a. DGUV Information 215-510 Beurteilung des Raumklimas, Ausg. 2016-12). Gesundheitlich problematisch sind Arbeiten mit abwechselndem Aufenthalt in warmen und kalten Bereichen. Dies trifft insbesondere für den Wechsel vom warmen in den kalten Bereich zu. Auch wenn der Aufenthalt im kalten Bereich nur kurzzeitig notwendig ist, sollte entsprechend isolierende Bekleidung benutzt werden.

- Luftqualität, z. B. bei hoher Belegung von Arbeitsräumen oder bei Geruchsbelastung[313],
- Beleuchtung, z. B. aufgrund geringer Beleuchtungsstärke, starker Reflektion, Blendung, Lichtfarbe, Übergänge zwischen hellen und dunklen Bereichen, Schlagschatten, geringem Tageslichtanteil[314],
- Anordnung und Gestaltung der Arbeitsplätze sowie der Pausen-, Bereitschafts- und Sanitärräume, z. B. deren Zugänglichkeit und Größe, Beeinflussung durch benachbarte Arbeitsplätze und Bereiche.[315]

In Gefahr- oder Notfällen können zusätzliche Gefährdungen entstehen z. B. durch:

- Anordnung und Beschaffenheit der Feuerlöscheinrichtungen[316], der Melde- und Alarmierungseinrichtungen[317], der Erste-Hilfe-Einrichtungen[318] sowie der Sicherheits- und Gesundheitsschutzkennzeichnung[319],
- Art und Anzahl der Fluchtmöglichkeiten, Länge, Breite und Verlauf der Fluchtwege[320]; Beleuchtung und Kennzeichnung der Wege.[321]

---

313) Beispiele für Schutzmaßnahmen (freie Lüftung, raumlufttechnische Anlagen) enthält die ASR A3.6 Lüftung (s. S. 390).
314) Anforderungen an die Beleuchtung mit Tageslicht sowie an die künstliche Beleuchtung von Arbeitsstätten und Arbeitsplätzen in Gebäuden und im Freien enthält die ASR A3.4 Beleuchtung (s. S. 347).
315) Anforderungen an die Abmessungen der Räume und Bewegungsflächen sind in den ASR A1.2 Raumabmessungen und Bewegungsflächen (s. S. 138), ASR A4.1 Sanitärräume (s. S. 438), ASR A4.2 Pausen- und Bereitschaftsräume (s. S. 463), ASR A4.3 Erste-Hilfe-Räume, Mittel und Einrichtungen zur Ersten Hilfe (s. S. 471) und in der ASR A4.4 Unterkünfte (s. S. 482) enthalten.
316) Anforderungen an die Ausstattung mit und das Betreiben von Brandmelde- und Feuerlöscheinrichtungen in Arbeitsstätten sowie die damit verbundenen organisatorischen Maßnahmen sind der ASR A2.2 Maßnahmen gegen Brände (s. S. 302) zu entnehmen. Feuerlöscheinrichtungen im Sinne dieser Regel sind tragbare oder fahrbare Feuerlöscher, Wandhydranten und weitere handbetriebene Geräte zur Bekämpfung von Entstehungsbränden.
317) Nach Nr. 5.1 der ASR A2.2 sind geeignete Maßnahmen zur Alarmierung von Personen z. B. der Einsatz von Brandmeldeanlagen mit Sprachalarmanlagen (SAA) oder akustische Signalgeber (z. B. Hupen, Sirenen), Hausalarmanlagen, Elektroakustische Notfallwarnsysteme (ENS), Optische Alarmierungsmittel, Telefonanlagen, Megaphone, Handsirenen, Zuruf durch Personen oder personenbezogene Warneinrichtungen. Technische Maßnahmen sind vorrangig umzusetzen.
318) Bezüglich der Anordnung und Beschaffenheit der Erste-Hilfe-Einrichtungen wird auf die ASR A4.3 Erste-Hilfe-Räume, Mittel und Einrichtungen zur Ersten Hilfe (s. S. 471) verwiesen.
319) Die Beschaffenheitsanforderungen für die Kennzeichnung enthält die ASR A1.3 Sicherheits- und Gesundheitsschutzkennzeichnung (s. S. 159). Nach § 3a ArbStättV in Verbindung mit Nr. 1.3 des Anhangs sind Sicherheits- und Gesundheitsschutzkennzeichnungen dann einzusetzen, wenn die Risiken für Sicherheit und Gesundheit anders nicht zu vermeiden oder ausreichend zu minimieren sind. Konkrete Aussagen zur Anordnung der Kennzeichnung enthalten u. a. Nr. 7 und Nr. 9 der ASR A2.3 Fluchtwege und Notausgänge, Flucht- und Rettungsplan (s. S. 332) sowie Nr. 4.4 der ASR A1.8 Verkehrswege (s. S. 248).
320) Anforderungen an die Gestaltung der Fluchtwege und Notausgänge sind der ASR A2.3 Fluchtwege und Notausgänge, Flucht- und Rettungsplan (s. S. 332) zu entnehmen.
321) Verwiesen wird auf die ASR A1.8 Verkehrswege (s. S. 248) sowie auf die ASR A3.4 Beleuchtung (s. S. 347).

Gefährdungsbeurteilung ASR V3

9 Gefährdungen durch physische Belastung/Arbeitsschwere

Physische Gefährdungen im Sinne der ArbStättV können z. B. sein:
- Zwangshaltungen (insbesondere durch Arbeiten im Hocken, im Knien, mit Rumpfbeugen, mit Verdrehen oder über Kopf)[322],
- Sitzen oder Stehen ohne die Möglichkeit des Haltungswechsels (z. B. bei Bildschirmarbeit)[323] [324],
- manuelle Transporte über Schwellen, Treppen oder Rampen.[325]

---

[322] Zwangshaltungen am Arbeitsplatz entstehen, wenn die Tätigkeit, das Arbeitsmittel oder die Gestaltung des Arbeitsplatzes den Menschen dazu zwingen, Körperhaltungen mit geringen Bewegungsmöglichkeiten über eine längere Zeit hinweg einzunehmen. Ursache für Zwangshaltungen können ungenügende Abmessungen von Arbeitsräumen und Arbeitsplätzen sein. Mit der Anpassung der Arbeitsplätze an die Körpermaße des Menschen werden natürliche Körperhaltungen und damit natürliche Bewegungsabläufe gewährleistet. Diesbezüglich enthält die ASR A1.2 Raumabmessungen und Bewegungsflächen (s. S. 138) konkrete Aussagen. Danach sind am Arbeitsplatz ausreichend große Bewegungsflächen als zusammenhängende unverstellte Bodenflächen vorzusehen, um den Beschäftigten bei ihrer Tätigkeit wechselnde Arbeitshaltungen sowie Ausgleichsbewegungen zu ermöglichen.
Nach § 3 ArbStättV muss der Arbeitgeber bei der Beurteilung der Arbeitsbedingungen die Auswirkungen der Arbeitsorganisation und der Gestaltung der Arbeitsabläufe berücksichtigen. Danach sind Arbeitsabläufe grundsätzlich so zu gestalten, dass Zwangshaltungen vermieden werden. Sind diese aus technologischer Sicht zur Ausübung der Tätigkeit unvermeidbar, wie das Arbeiten in starker Rumpfbeuge (z. B. bei Maurern oder Eisenflechtern), das Hocken, Knien oder Kriechen (z. B. bei Fußbodenlegearbeiten), das Arbeiten über Schulterniveau (z. B. beim Malern, Putzen, Montieren), muss der Arbeitgeber Maßnahmen einleiten, die die physische Belastung minimieren. Diese können z. B. der Einsatz von Hilfsmitteln (z. B. Montagestützen), eine angepasste Pausengestaltung, tätigkeitsbezogenes Training, Unterweisung oder individuelle Beratung der Beschäftigten im Rahmen der arbeitsmedizinischen Vorsorge umfassen.

[323] Der Länderausschuss für Arbeitsschutz und Sicherheitstechnik (LASI) hat zum Thema „Bewegungsergonomische Gestaltung von andauernder Steharbeit" eine Handlungsanleitung zur Beurteilung der Arbeitsbedingungen veröffentlicht. Diese Handlungshilfe zeigt auf, welche gesundheitlichen Risiken mit andauernder Steharbeit verbunden sind und welche Maßnahmen der menschengerechten Gestaltung der Arbeit zur Minimierung der Risiken erforderlich werden. Eine Tabelle zur Risikobeurteilung und ein Fragebogen zur Beurteilung der Arbeitsbedingungen stehen dem Arbeitgeber hiermit zur Verfügung.

[324] Um während der Arbeitstätigkeit natürliche Körperhaltungen und natürliche Bewegungsabläufe zu ermöglichen, ist eine Anpassung der Arbeitsplätze an die Körpermaße des Menschen und an die erforderlichen Arbeitsabläufe nötig. Kann die Arbeitstätigkeit sowohl im Sitzen als auch im Stehen ausgeübt werden, ist wechselnde (alternierende) Steh-Sitz-Arbeit ein sinnvoller Beitrag zur Prävention von Muskel- und Skeletterkrankungen: Im Stehen und im Sitzen werden dieselben Muskeln unterschiedlich stark beansprucht, sodass jeder Haltungswechsel zu einer dynamischen Beanspruchung der Muskulatur beiträgt. Bei Steharbeit sollte vor allem auf eine angemessene Arbeitsplattenhöhe sowie die Bereitstellung einer Stehhilfe geachtet werden. Bei Sitzarbeitsplätzen ist auch auf die Höhe, Breite und Tiefe des Beinfreiraums sowie geeignet gestaltete Sitzgelegenheiten zusammen mit eventuell erforderlichen Fußstützen zu achten.

[325] Hinweise zu einer die Belastung reduzierenden Einrichtung von Verkehrswegen enthält die ASR A1.8 Verkehrswege (s. S. 248). Verkehrswege sind danach so einzurichten, dass die Belastung der Beschäftigten, die Lasten manuell transportieren, möglichst gering gehalten wird. Als Einflussfaktoren sind zu betrachten die Länge und Neigung des Transportweges, das Gesamtgewicht des manuell zu bewegenden Flurförderzeuges bzw. des Transportmittels, die Häufigkeit der Transporttätigkeit, die Beschaffenheit der Rollen und Lenkeinrichtungen und die Positioniergenauigkeit.

10 Gefährdungen durch psychische Faktoren

Durch die Gestaltung der Arbeitsstätte bedingte psychische Gefährdungen können z. B. sein:

- Lärm, z. B. Maschinenlärm aus benachbarten Arbeitsbereichen, Signale aus benachbarten Bereichen, tonhaltige Geräusche der Lüftung,
- Klima, z. B. Zugluft, häufige Temperaturschwankungen,
- Vibrationen, z. B. aus benachbarten Maschinenhallen,
- schlechte Wahrnehmbarkeit von Signalen oder Anzeigen, z. B. in Leitwarten, Leitstellen,
- Beleuchtung, z. B. Lichtfarbe, Flimmern[326],
- räumliche Gestaltung von Büroarbeitsplätzen, z. B. in Großraumbüros, Callcentern,
- die Arbeitsorganisation und Arbeitsablaufgestaltung[327],
- nicht den ergonomischen Grundsätzen entsprechende Softwaregestaltung[328],

---

326) Psychische Belastung kann zur Gefährdung der physischen und psychischen Gesundheit führen, wenn die Belastung beeinträchtigende Effekte haben kann. Diese können beruhen auf der Gestaltung der Arbeitsumgebungsbedingungen, insbesondere der Wechselwirkung physischer und psychischer Belastung durch Lärm, Vibrationen, ungeeignete Arbeitsmittel, ungünstige Beleuchtung und ungünstige klimatische Bedingungen. Zu den mögliche psychische Fehlbelastungen auslösenden Arbeitsumgebungsbedingungen gehören ebenso die räumliche und akustische Gestaltung insbesondere von Büroarbeitsplätzen oder Arbeitsplätzen mit erhöhten Anforderungen an die Konzentration oder die Sprachverständlichkeit.

327) Psychische Fehlbelastungen können sich aus der Gestaltung der Arbeitsaufgabe ergeben, insbesondere durch unvollständige Tätigkeiten, unzureichende zeitliche oder inhaltliche Handlungsspielräume, einseitige Belastung (Monotonie) oder hohe emotionale Inanspruchnahme. Hinsichtlich der Arbeitsorganisation sind insbesondere unzureichende Information der Beschäftigten, unzureichende Abgrenzung der Verantwortung, unzureichende Durchschaubarkeit und Beeinflussbarkeit des Arbeitsablaufs, unausgeglichener bzw. häufig gestörter Arbeitsanfall, unzureichend abgestimmte Schnittstellen zwischen den Arbeitsbereichen mögliche Ursachen psychischer Fehlbelastung. Auch aus der Arbeitszeitgestaltung, insbesondere der Ausdehnung der Arbeitszeit, der Länge der Arbeitsintervalle, der unzureichenden Abgrenzung von Arbeitszeit und Freizeit, der Art der Schichtplangestaltung sowie der Ausgestaltung von Rufbereitschaft und Erreichbarkeit können sich psychische Fehlbelastungen ergeben.

328) Ein Ansatz ist das ABC-Modell, welches die Beziehungen zwischen der Aufgabe an sich, dem Benutzer und dem Computer abbildet und dafür zunächst Grundsätze aus der jeweiligen Sicht definiert:
- Angemessenheit: Ein System muss die zur Lösung der Aufgabenstellung notwendigen Funktionen bereitstellen.
- Benutzer: Ein System soll handhabbar sein und eine leichte Erlernbarkeit, intuitive Bedienbarkeit und Verständlichkeit realisieren.
- Computer: Anpassung des Systems an die Fähigkeiten des Benutzers und an die Prinzipien der Arbeitsplatzgestaltung.

Weiter detailliert wird dieses einfache Modell durch die Normreihe DIN EN ISO 9241 Ergonomie der Mensch-System-Interaktion, speziell die Teile 11: Gebrauchstauglichkeit: Begriffe und Konzepte, Ausg. 2018-11, Teil 13: Benutzerführung, Ausg. 2000-08, Teil 14: Dialogführung mittels Menüs, Ausg. 1999-04, Teil 110: Grundsätze der Dialoggestaltung Ausg. 2008-09, Teil 125: Empfehlungen zur visuellen Informationsdarstellung, Ausg. 2018-05. Der Teil 110 beschreibt dabei die Grundsätze der Dialoggestaltung – auch Dialogprinzipien genannt – wie: Aufgabenangemessenheit, Selbstbeschreibungsfähigkeit, Steuerbarkeit (Dialog), Erwartungskonformität, Fehlertoleranz, Individualisierbarkeit und Lernförderlichkeit.

- Raum- oder Gebäudenutzungskonzepte, die den Arbeitsabläufen nicht angemessen sind.

11 Gefährdungen durch sonstige Einwirkungen

Sonstige Gefährdungen können z. B. sein:
- Gewaltandrohung oder Gewaltanwendung in Behörden, Kliniken, Kreditinstituten, Spielhallen, Verkaufsstellen, Tankstellen usw.[329],
- Tiere, z. B. beißen, treten, quetschen, schlagen, stechen,
- Pflanzen, z. B. stechen, schneiden, sensibilisieren.

---

[329] Zur Prävention von Gewalt bieten sich z. B. folgende Maßnahmen an:
- bauliche Maßnahmen, z. B. Notausgänge oder Schutzwände,
- technische Maßnahmen, z. B. Zugangskontrollen oder Notrufsysteme,
- Vermeidung von Einzelarbeitsplätzen,
- geringe Bargeldbestände, Nutzung bargeldloser Alternativen,
- Information und Qualifikation des Personals,
- Unterweisung und Einhaltung von Sicherheitsvorschriften,
- Vermeidung von Stresssituationen,
- Deeskalationsseminare zur Bewältigung schwieriger und bedrohlicher Situationen mit Kunden.

ASR V3a.2	Barrierefreie Gestaltung von Arbeitsstätten

zu § 3a Abs. 2 ArbStättV

Technische Regeln für Arbeitsstätten	Barrierefreie Gestaltung von Arbeitsstätten	ASR V3a.2

GMBl. Nr. 37 vom 31.8.2012 S. 663, zuletzt geändert durch GMBl. Nr. 24 vom 18.5.2018 S. 469

...

Diese ASR V3a.2 konkretisiert im Rahmen des Anwendungsbereichs die Anforderungen der Verordnung über Arbeitsstätten[330]. Bei Einhaltung der Technischen Regeln kann der Arbeitgeber insoweit davon ausgehen, dass die entsprechenden Anforderungen der Verordnung erfüllt sind. Wählt der Arbeitgeber eine andere Lösung, muss er damit mindestens die gleiche Sicherheit und den gleichen Gesundheitsschutz für die Beschäftigten erreichen.

Inhalt

1 Zielstellung
2 Anwendungsbereich
3 Begriffsbestimmungen
4 Allgemeines
5 Maßnahmen

Anhang A1.2	Ergänzende Anforderungen zur ASR A1.2 „Raumabmessungen und Bewegungsflächen"
Anhang A1.3	Ergänzende Anforderungen zur ASR A1.3 „Sicherheits- und Gesundheitsschutzkennzeichnung"
Anhang A1.6	Ergänzende Anforderungen zur ASR A1.6 „Fenster, Oberlichter, lichtdurchlässige Wände"
Anhang A1.7	Ergänzende Anforderungen zur ASR A1.7 „Türen und Tore"
Anhang A1.8	Ergänzende Anforderungen zur ASR A1.8 „Verkehrswege"
Anhang A2.3	Ergänzende Anforderungen zur ASR A2.3 „Fluchtwege und Notausgänge, Flucht- und Rettungsplan"

---

[330] Die Berücksichtigung der Belange von Menschen mit Behinderungen im Hinblick auf Sicherheit und Gesundheitsschutz beim Einrichten und Betreiben von Arbeitsstätten erfolgt hierdurch mittels einer eigenen Arbeitsstättenregel, die fortlaufend mit ergänzenden Anforderungen zu Sach-Arbeitsstättenregeln ergänzt wird. Das ist notwendig, weil die Forderungen gem. § 3a Abs. 2 der ArbStättV alle Bereiche einer Arbeitsstätte betreffen, wenn der Arbeitgeber Menschen mit Behinderungen beschäftigt.
Mit dieser ASR werden auch die allgemeinen Anforderungen des Gesetzes zum „Übereinkommen über die Rechte von Menschen mit Behinderungen" vom 21. Dezember 2008 konkretisiert. Im Sinne dieses Gesetzes zu dem Übereinkommen der Vereinten Nationen über die Rechte von Menschen mit Behinderungen sowie zu dem Fakultativprotokoll vom 13.12.2006 (BGBl. II S. 1419) zählt es zu den vorausschauenden Maßnahmen, die sinnvollerweise und kostensparend bereits bei der Planung berücksichtigt werden sollten, grundsätzlich bauliche und einrichtungstechnische Voraussetzungen für die Beschäftigung von Menschen mit Behinderungen zu schaffen.

Barrierefreie Gestaltung von Arbeitsstätten ASR V3a.2

Anhang A3.4/7 Ergänzende Anforderungen zur ASR A3.4/7 „Sicherheitsbeleuchtung, optische Sicherheitsleitsysteme"
Anhang A4.3 Ergänzende Anforderungen zur ASR A4.3 „Erste-Hilfe-Räume, Mittel und Einrichtungen zur Ersten Hilfe"
Anhang A4.4 Ergänzende Anforderungen zur ASR A4.4 „Unterkünfte"

Diese ASR V3a.2 wird fortlaufend ergänzt[331].

1 Zielstellung

Diese ASR konkretisiert die Anforderungen gemäß § 3a Abs. 2 der Arbeitsstättenverordnung. Danach hat der Arbeitgeber Arbeitsstätten so einzurichten und zu betreiben, dass die besonderen Belange der dort beschäftigten Menschen mit Behinderungen im Hinblick auf die Sicherheit und den Gesundheitsschutz berücksichtigt werden.[332]

2 Anwendungsbereich

(1) Das Erfordernis nach barrierefreier Gestaltung von Arbeitsstätten im Hinblick auf die Sicherheit und den Gesundheitsschutz ergibt sich immer dann, wenn Menschen mit Behinderungen beschäftigt werden. Die Auswirkung der Behinderung und die daraus resultierenden individuellen Erfordernisse sind im Rahmen der Gefährdungsbeurteilung für die barrierefreie Gestaltung der Arbeitsstätte zu berücksichtigen. Es sind die Bereiche der Arbeitsstätte barrierefrei zu gestalten, zu denen die Beschäftigten mit Behinderungen Zugang haben müssen.[333]

(2) Sind in bestehenden Arbeitsstätten die im Rahmen der Gefährdungsbeurteilung nach Absatz 1 ermittelten technischen Maßnahmen zur barrierefreien Gestaltung mit Aufwendungen verbunden, die offensichtlich unverhältnismäßig sind, so kann der Arbeitgeber

---

331) Der Ausschuss für Arbeitsstätten prüft regelmäßig alle bisher erlassenen und neu ermittelten Arbeitsstättenregeln hinsichtlich ihrer Relevanz für die barrierefreie Gestaltung. Wird ein Regelungsbedarf hinsichtlich der barrierefreien Gestaltung festgestellt, werden ergänzende Anforderungen zu dem jeweiligen Sachverhalt ausgearbeitet.
Bisher wurden für neun Technische Regeln für Arbeitsstätten (ASR) Anhänge zur ASR V3a.2 bekannt gemacht, fünf weitere sind geplant (zu ASR A1.5/1,2 Fußböden, zu ASR A2.2 Maßnahmen gegen Brände, zu ASR A3.7 Lärm, zu ASR A4.1 Sanitärräume und zu ASR A4.2 Pausen- und Bereitschaftsräume).
In der ASR V3 Gefährdungsbeurteilung (s. S. 73) sind die Aspekte der Barrierefreiheit direkt enthalten.
332) Grundsätze und Hinweise für eine barrierefreie Gestaltung beziehen sich insbesondere auf Arbeitsplätze sowie die zugehörigen Türen, Verkehrswege, Fluchtwege, Notausgänge, Treppen, Orientierungssysteme, Waschgelegenheiten und Toilettenräume.
333) Zu den Bereichen der Arbeitsstätte, zu denen die Beschäftigten mit Behinderungen Zugang haben müssen, gehören insbesondere der Arbeitsplatz selbst und die zum Arbeitsplatz führenden Türen, Verkehrswege, Fluchtwege, Notausgänge, Treppen, Orientierungssysteme sowie Bereitschafts- und Sanitärräume, Unterkünfte, Pausenräume und Kantinen.

auch durch organisatorische oder personenbezogene Maßnahmen die Sicherheit und den Gesundheitsschutz der Beschäftigten mit Behinderungen in vergleichbarer Weise sicherstellen.[334]

(3) Die Pflichten des Arbeitgebers aus Absatz 1 beziehen sich nicht nur auf im Betrieb namentlich bekannte schwerbehinderte Beschäftigte, sondern auf alle Beschäftigten mit einer Behinderung. Eine Behinderung kann demnach auch dann vorliegen, wenn eine Schwerbehinderung nicht besteht (der Grad der Behinderung also weniger als 50 beträgt) oder die Feststellung einer Behinderung nicht beantragt worden ist.[335]

---

334) Technische Gestaltungsmaßnahmen zur Anpassung der Arbeitsstätte sind grundsätzlich vorrangig vor organisatorischen oder personenbezogenen Maßnahmen anzuwenden. Dies gilt in besonderem Maße für die barrierefreie Gestaltung des Arbeitsplatzes für Beschäftigte mit Behinderungen.
Um festzustellen, ob die geplante Maßnahme die Voraussetzungen für die Verhältnismäßigkeit erfüllt, muss anhand der im Rahmen der Gefährdungsbeurteilung ermittelten technischen Maßnahmen geprüft werden,
– ob der Zweck, der die Maßnahme erforderlich macht, legitim ist. Die Legitimität ist dann gegeben, wenn der Beschäftigte, für den die Maßnahme vorgesehen ist, tatsächlich eine Behinderung aufweist,
– ob durch die ermittelte technische Maßnahme der gewollte Zweck erreichbar ist und
– ob die technische Gestaltungsmaßnahme angemessen ist. Angemessen ist sie dann, wenn die Vorteile der Maßnahme im Zusammenhang mit deren Nachteilen überwiegen, also das Ziel, den Beschäftigten mit Behinderungen durch eine sichere und gesundheitsschützende Gestaltung des Arbeitsplatzes und der anderen Bestandteile der Arbeitsstätte vergleichsweise effizient in den Arbeitsprozess zu integrieren, erreicht wird. Die Angemessenheit der Aufwendungen, um den angestrebten Nutzen zu erzielen, ist vom Arbeitgeber im Benehmen mit der betrieblichen Personal- und Behindertenvertretung zu entscheiden.
Offensichtlich unverhältnismäßig kann eine technische Gestaltungsmaßnahme dann sein, wenn Teile der Arbeitsstätte, insbesondere der Arbeitsplatz, nur gelegentlich und nur in geringem Umfang pro Arbeitswoche genutzt werden sollen.
Technische Maßnahmen dienen der unabhängigen und grundsätzlichen Handhabung zur Arbeitserledigung ohne fremde Hilfe. Organisatorische Maßnahmen schließen auch das Übertragen von Patenschaften an benannte, eingewiesene Personen ein, die im Bedarfsfall Hilfestellung leisten. Personenbezogene Maßnahmen können u. a. auch Tätigkeitsbegrenzungen oder die teilweise Übertragung anderer, geeigneterer Arbeiten beinhalten. Bei Baukosten werden in der Regel Mehrkosten von über 20 % der ursprünglichen Gesamtbaukosten als unverhältnismäßig angesehen (DIN 18040-1:2012-02 Barrierefreies Bauen, Praxishinweise Architektenkammer Nordrhein-Westfalen).
335) Voraussetzung für die Anwendung und Inbezugnahme dieser ASR ist, dass es sich um Beschäftigte i. S. d. ArbSchG handelt. § 81 SGB IX (Pflichten des Arbeitgebers und Rechte schwerbehinderter Menschen) bestimmt, dass die Arbeitgeber verpflichtet sind zu prüfen, ob freie Arbeitsplätze mit schwerbehinderten Menschen, insbesondere mit bei der Agentur für Arbeit arbeitslos oder arbeitsuchend gemeldeten schwerbehinderten Menschen, besetzt werden können. Die Bundesagentur für Arbeit oder ein Integrationsfachdienst schlagen den Arbeitgebern geeignete schwerbehinderte Menschen vor. Über die Vermittlungsvorschläge und vorliegende Bewerbungen von schwerbehinderten Menschen haben die Arbeitgeber die Schwerbehindertenvertretung und die in § 93 genannten Vertretungen unmittelbar nach Eingang zu unterrichten und am Auswahlverfahren zu beteiligen.
Arbeitgeber dürfen schwerbehinderte Beschäftigte nicht wegen ihrer Behinderung benachteiligen. Im Einzelnen gelten hierzu die Regelungen des Allgemeinen Gleichbehandlungsgesetzes.
Die schwerbehinderten Menschen haben gegenüber ihren Arbeitgebern nicht nur Anspruch auf behinderungsgerechte Einrichtung und Unterhaltung der Arbeitsstätten einschließlich der Betriebsanlagen, Maschinen und Geräte sowie der Gestaltung der Arbeitsplätze, sondern auch auf

Barrierefreie Gestaltung von Arbeitsstätten

ASR V3a.2

Hinweise:

1. *Erforderliche Anpassungsmaßnahmen von Arbeitsstätten richten sich für schwerbehinderte Beschäftigte und diesen gleichgestellte Beschäftigte mit Blick auf das behinderungsgerechte Einrichten und Betreiben von Arbeitsstätten zudem nach § 81 Abs. 4 Nr. 4 Neuntes Buch Sozialgesetzbuch Rehabilitation und Teilhabe behinderter Menschen (SGB IX).*

2. *Das Erfordernis nach einer barrierefreien Gestaltung der Arbeitsstätte ergibt sich nicht, wenn Beschäftigte mit einer Behinderung trotz einer barrierefreien Gestaltung nicht zur Ausführung der erforderlichen Tätigkeiten fähig sind und diese Fähigkeiten auch nicht erwerben können.*[336]

3 Begriffsbestimmungen

3.1 Eine **Behinderung** liegt vor, wenn die körperliche Funktion, geistige Fähigkeit oder psychische Gesundheit mit hoher Wahrscheinlichkeit länger als sechs Monate von dem für das Lebensalter typischen Zustand abweicht und dadurch Einschränkungen am Arbeitsplatz oder in der Arbeitsstätte bestehen. Behinderungen können z. B. sein: eine Gehbehinderung, eine Lähmung, die die Benutzung einer Gehhilfe oder eines Rollstuhls erforderlich macht, Kleinwüchsigkeit oder eine starke Seheinschränkung, die sich mit üblichen Sehhilfen wie Brillen bzw. Kontaktlinsen nicht oder nur unzureichend kompensieren lässt. Zu Behinderungen zählen z. B. auch Schwerhörigkeit oder erhebliche Krafteinbußen durch Muskelerkrankungen.[337]

3.2 Eine **barrierefreie Gestaltung der Arbeitsstätte** ist gegeben, wenn bauliche und sonstige Anlagen, Transport- und Arbeitsmittel, Systeme der Informationsverarbeitung, akustische, visuelle und taktile Informationsquellen und Kommunikationseinrichtungen für Beschäftigte mit Behinderungen in der allgemein üblichen Weise, ohne besondere Erschwer-

---

eine entsprechende Einrichtung und Erhaltung des Arbeitsumfeldes, der Arbeitsorganisation und der Arbeitszeit, unter besonderer Berücksichtigung der Unfallgefahr und auf Ausstattung ihres Arbeitsplatzes mit den erforderlichen technischen Arbeitshilfen.

336) Es gilt der Grundsatz, Beschäftigten mit Behinderungen eine ihnen angemessene Tätigkeit zuzuweisen. Nur das gewährleistet einen unternehmerischen Sinn.

337) Gehbehinderung und Krafteinbußen sowie Bewegungseinschränkungen der Arme und Hände werden in DIN 18040-1:2010-10 Barrierefreies Bauen als motorische Einschränkungen zusammengefasst. DIN 18040-1 Barrierefreies Bauen unterscheidet und definiert wegen der gleitenden Übergänge Blindheit, bei der sich der Betroffene primär taktil und akustisch orientieren muss und auf einen Blindenstock oder einen Blindenführhund angewiesen ist und Sehbehinderung, bei der sich der Betroffene noch in hohem Maße visuell orientieren kann. Für ASR V3a.2 ist diese Unterscheidung hilfreich, da in den ergänzenden Anforderungen zur ASR A1.3 Sicherheits- und Gesundheitsschutzkennzeichnung Abs. 5 für blinde Beschäftigte taktile Kennzeichnungen in einem ausreichenden Abstand von Hindernissen gefordert werden.

nisse und grundsätzlich ohne fremde Hilfe zugänglich und nutzbar sind (in Anlehnung an § 4 des Gesetzes zur Gleichstellung behinderter Menschen – BGG).[338]

3.3 Das **Zwei-Sinne-Prinzip** ist ein Prinzip der alternativen Wahrnehmung. Alle Informationen aus der Umwelt werden vom Menschen über die Sinne aufgenommen. Fällt ein Sinn aus, ist die entsprechende Informationsaufnahme durch einen anderen Sinn notwendig. Informationen müssen deshalb nach dem Zwei-Sinne-Prinzip mindestens für zwei der drei Sinne „Hören, Sehen, Tasten" zugänglich sein (z. B. gleichzeitige optische und akustische Alarmierung).[339]

3.4 Visuelle Zeichen sind sichtbare Zeichen. Das sind kodierte Signale, z. B. Schriften, Bilder, Symbole, Handzeichen oder Leuchtzeichen (z. B. Warnleuchten).

3.5 Akustische Zeichen sind hörbare Zeichen. Das sind kodierte Signale, z. B. Schallzeichen (z. B. Sirene), Sprache oder Laute.

3.6 Taktile Zeichen sind fühl- oder tastbare Zeichen. Fühlbare Zeichen sind kodierte Signale, z. B. Bodenindikatoren, Rippen- oder Noppenplatten. Tastbare Zeichen ermöglichen eine Verständigung mit erhabenen Schriften und Symbolen (z. B. Braille'sche Blindenschrift, geprägte Reliefpläne).[340]

---

[338] Die Broschüre „Planungsgrundlage für barrierefreie öffentlich zugängige Gebäude, andere bauliche Anlagen und Einrichtungen" enthält eine Vielzahl von Gestaltungsgrundsätzen, z. B. zum Mindestplatzbedarf, zu Bewegungsflächen, Greifbereichen, zur Unterfahrbarkeit und zu Fluren, siehe: Schriftenreihe „Barrierefreies Planen und Bauen im Freistaat Sachsen", Heft 2 „Planungsgrundlage für barrierefreie öffentlich zugängige Gebäude, andere bauliche Anlagen und Einrichtungen", herausgegeben von den Staatsministerien für Soziales, Gesundheit, Jugend und Familie und dem Staatsministerium des Inneren des Freistaates Sachsen (2000), s. auch https://publikationen.sachsen.de/bdb/artikel/11452; in Bezug genommen wird dort noch DIN 18024-2:2011-09, welche durch DIN 18040-2:2011-09 ersetzt wurde.

[339] Das Zwei-Sinne-Prinzip ist für eine barrierefreie Gestaltung der Arbeitsstätte unerlässliche Gestaltungsgrundlage. Die jeweils erforderlichen Gestaltungsmaßnahmen sind im Rahmen einer Gefährdungsbeurteilung zu ermitteln.

[340] DIN 18040-1 und DIN 18040-2 enthalten sensorische Anforderungen, unterteilt in
- visuelle Anforderungen: Schriftgrößen, Leuchtdichte und Kontraste,
- taktile Anforderungen: Material, Oberfläche, tastbare Schrift und Zeichen,
- auditive Anforderungen: Schallpegel, Störgeräuschabstand, automatische Pegel-Anpassung, Sprachausgabe.

Es sind Festlegungen für Rettungswege und Aufzüge enthalten. DIN EN 81-70:2018-07 wurde berücksichtigt.
Bei der Anwendung ist nach der Wichtigkeit des fehlenden, eingeschränkten Sinneseindrucks zu priorisieren. Empfohlen wird ein Vorgehen nach drei Prioritätsstufen nach C. Ruhe (in Ruhe, C.: Anforderungen und Vorgaben für „Sensorisch Barrierefreies Bauen", DSB-Referat BPB (2005)).

Prioritätsstufe	Anwendung Zwei-Sinne-Prinzip
1 Alarmsignal, Notruf	Immer, unbedingt, und sehr gut
2 Information (einseitig)	Generell immer und gut
3 Kommunikation (wechselseitig)	Möglichst oft und befriedigend

4 Allgemeines

(1) Die Maßnahmen zur barrierefreien Gestaltung sind durch die individuellen Erfordernisse der Beschäftigten mit Behinderungen bestimmt. Hierbei sind technische Maßnahmen vorrangig durchzuführen.[341]

(2) Ist das Vorliegen der Behinderung und ihrer Auswirkungen auf die Sicherheit und den Gesundheitsschutz nicht offensichtlich, kann der Arbeitgeber Informationen über zu berücksichtigende Behinderungen von Beschäftigten z. B.

- direkt von den behinderten Beschäftigten,
- durch die Schwerbehindertenvertretung,
- durch das betriebliche Eingliederungsmanagement,
- durch die Gefährdungsbeurteilung oder
- durch Erkenntnisse aus Begehungen durch die Fachkraft für Arbeitssicherheit oder den Betriebsarzt

erhalten.

(3) Zum Ausgleich einer nicht mehr ausreichend vorhandenen Sinnesfähigkeit (insbesondere Sehen oder Hören) ist das Zwei-Sinne-Prinzip zu berücksichtigen.

(4) Zum Ausgleich nicht ausreichend vorhandener motorischer Fähigkeiten sind barrierefrei gestaltete alternative Maßnahmen vorzusehen, z. B.

- das Öffnen einer Tür mechanisch mit Türgriffen und zusätzlich elektromechanisch mit Tastern oder durch Näherungsschalter oder
- das Überwinden eines Höhenunterschiedes mittels Treppe und zusätzlich einer Rampe oder eines Aufzugs.

Hinweise:

1. An Arbeitsstätten, die ganz oder teilweise öffentlich zugänglich sind, stellt das Bauordnungsrecht der Länder auch dann Anforderungen an die Barrierefreiheit, wenn dort keine Menschen mit Behinderungen beschäftigt sind.[342]

2. Werden Grundsätze des barrierefreien Bauens bereits bei der Planung von Baumaßnahmen berücksichtigt, können vorausschauende Lösungen die Kosten für eine nachträgliche Anpassung und einen aufwendigen Umbau von Arbeitsstätten bei einer künftigen Beschäftigung von Menschen mit Behinderungen verringern oder vermeiden.

---

341) DIN 18040-1 und DIN 18040-2 enthalten sensorische Anforderungen, unterteilt in visuelle Anforderungen: Schriftgrößen, Leuchtdichte und Kontraste; in taktile Anforderungen: Material, Oberfläche, tastbare Schrift und Zeichen und in auditive Anforderungen: Schallpegel, Störgeräuschabstand, automatische Pegelanpassung und Sprachausgabe.
Sind die technischen Aufwendungen offensichtlich unverhältnismäßig hoch, so gestattet ASR V3a.2 in Kap. 2 Abs. 2 auch organisatorische oder personenbezogene Maßnahmen.
342) Der Begriff „barrierefrei" ist im Bauordnungsrecht und Arbeitsstättenrecht nicht vollständig deckungsgleich. Während die öffentlich zugänglichen Bereiche rollstuhlgerecht gestaltet sein müssen, ist dies nach ArbStättV für die dort Beschäftigten dann erforderlich, wenn dort Beschäftigte einen Rollstuhl nutzen müssen oder dort beschäftigt werden sollen.

5 Maßnahmen

Die in den folgenden Anhängen genannten Anforderungen ergänzen die jeweils genannte ASR hinsichtlich der barrierefreien Gestaltung von Arbeitsstätten. Am Ende der Absätze wird in Klammern auf den jeweils betreffenden Abschnitt der in Bezug genommenen ASR verwiesen.

Barrierefreie Gestaltung von Arbeitsstätten — ASR V3a.2

Anhang A1.2

Ergänzende Anforderungen zur ASR A1.2 „Raumabmessungen und Bewegungsflächen"

zu 4 Allgemeines

(1) Bei der Festlegung der Grundflächen von Arbeitsräumen sind die besonderen Belange von Beschäftigten mit Behinderungen so zu berücksichtigen, dass sie ohne Beeinträchtigung ihrer Sicherheit, ihrer Gesundheit oder ihres Wohlbefindens ihre Arbeit verrichten können.[343] Je nach Auswirkung der Behinderung ist insbesondere auf Nutzbarkeit der Arbeitsräume zu achten. (ASR A1.2 Pkt. 4 Abs. 1)[344]

(2) Für die Ermittlung der Grundflächen und Höhen des notwendigen Bewegungsfreiraumes am Arbeitsplatz sind in Abhängigkeit von den individuellen Erfordernissen der Beschäftigten mit Behinderungen erforderlichenfalls weitere Zuschläge zu berücksichtigen, z. B. für individuelle Hilfsmittel wie Prothesen, Unterarmgehhilfen oder Sauerstoffgeräte. (ASR A1.2 Pkt. 4 Abs. 3)

zu 5 Grundflächen von Arbeitsräumen

(3) In Abhängigkeit von den individuellen Erfordernissen der Beschäftigten mit Behinderungen sind zusätzliche Flächen notwendig, z. B. für persönliche Assistenz, Assistenzhund (z. B. Blindenführhund), medizinische Hilfsmittel oder Elektrorollstuhl.[345] (ASR A1.2 Pkt. 5 Abs. 3)

(4) Für Rollatoren, Rollstühle oder Gehhilfen von Beschäftigten sind gegebenenfalls zusätzliche Stellflächen erforderlich, z. B. im Fall des Umsetzens vom Rollstuhl auf einen Arbeitsstuhl. Sofern Abstellplätze für Rollstühle außerhalb des Arbeitsraumes eingerichtet werden, z. B. im Eingangsbereich, ist für das Umsetzen von einem Außen- auf einen Innenrollstuhl eine Umsetzfläche von mindestens 1,50 m × 1,80 m notwendig. (ASR A1.2 Pkt. 5 Abs. 1)

---

[343] Die Nutzbarkeit darf sich nicht nur auf die technisch-organisatorische Realisierung einer behindertengerechten Gestaltungslösung beziehen, sondern sie muss gleichzeitig dem Wohlbefinden der behinderten Beschäftigten bei der Verrichtung ihrer Tätigkeiten dienen. Für die Gewährleistung des Wohlbefindens sind insbesondere Mindestabstände zu anderen Personen und ausreichender Bewegungsraum zu gewährleisten.

[344] Die Nutzbarkeit der Arbeitsräume für Beschäftigte mit Behinderungen geht einher mit der Ausführbarkeit der Tätigkeiten in diesen Arbeitsräumen. Insoweit ist dieser Gestaltungsgrundforderung unbedingte Priorität einzuräumen.

[345] Neben zusätzlichen Flächen z. B. für persönliche Assistenz, Assistenzhund (z. B. Blindenführhund), medizinische Hilfsmittel oder Elektrorollstuhl sind ggf. an mehreren verschiedenen Stellen im Arbeitsraum zusätzliche Sitzmöglichkeiten zu gestalten. Diese sind insbesondere sowohl bei Einschränkungen der Bein-Fuß-Motorik als auch der Hand-Arm-Motorik erforderlich. Ebenso sind feststehende, stabile Handläufe an Wänden und ggf. auch an Einrichtungen und Ausrüstungen zu realisieren.

ASR V3a.2 ***Barrierefreie Gestaltung von Arbeitsstätten***

zu 5.1 Bewegungsflächen der Beschäftigten am Arbeitsplatz

(5) Wenn sich Beschäftigte am Arbeitsplatz von einem Rollstuhl auf einen Arbeitsstuhl umsetzen müssen, ist eine Bewegungsfläche von mindestens 1,50 m × 1,50 m erforderlich. Die Bewegungsflächen für das Umsetzen dürfen sich mit zusätzlich notwendigen Flächen nach Absatz 3 und zusätzlichen Stellflächen nach Absatz 4 überlagern (siehe Abbildung 1). (ASR A1.2 Pkt. 5.1.1 Abs. 2)[346]

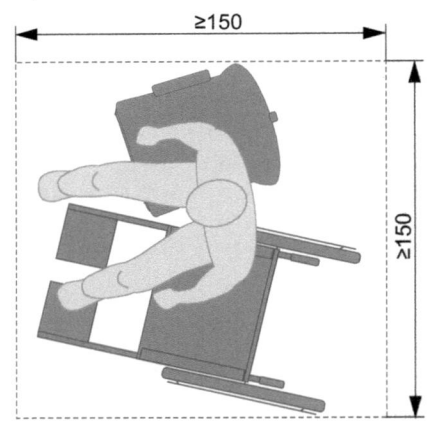

Abb. 1: Mindestgröße der Bewegungsfläche für das Umsetzen am Arbeitsplatz (Maße in cm)

(6) Für Beschäftigte, die einen Rollstuhl benutzen, muss die Bewegungsfläche bei Nichtunterfahrbarkeit von Ausrüstungs- und Ausstattungselementen mindestens 1,50 m × 1,50 m und bei Unterfahrbarkeit mindestens 1,50 m × 1,20 m (siehe Abbildung 2) betragen. (ASR A1.2 Pkt. 5.1.2)

---

346) Die Bewegungsfläche am Arbeitsplatz muss mindestens 1,50 m² betragen. Ist dies aus betriebstechnischen Gründen nicht möglich, muss den Beschäftigten in der Nähe des Arbeitsplatzes eine mindestens 1,50 m² große Bewegungsfläche zur Verfügung stehen (ASR A1.2 Nr. 5.1.1 enthält dazu eine Abbildung).
Das Abmaß der Bewegungsfläche für das Umsetzen von einem Rollstuhl auf einen Arbeitsstuhl am Arbeitsplatz beträgt mindestens 1,50 × 1,50 m. Diese Bewegungsflächen für das Umsetzen dürfen sich mit zusätzlich notwendigen Flächen entsprechend Abb. 1 überlagern.
Gem. DIN 18040-1:2010-10 Barrierefreies Bauen – Planungsgrundlagen, T. 1: Öffentlich zugängliche Gebäude muss die Bewegungsfläche im Begegnungsfall zweier Rollstuhlfahrer mindestens 180 cm × 180 cm betragen.

Barrierefreie Gestaltung von Arbeitsstätten

ASR V3a.2

(7) Für nebeneinander angeordnete Arbeitsplätze gilt Absatz 6, sofern sich zwischen diesen Arbeitsplätzen Trennwände befinden. Sind Trennwände nicht vorhanden, reicht eine Breite der Bewegungsfläche von 1,20 m aus, wenn dabei die Erreichbarkeit des Arbeitsplatzes gewährleistet ist. (ASR A1.2 Pkt. 5.1.4)

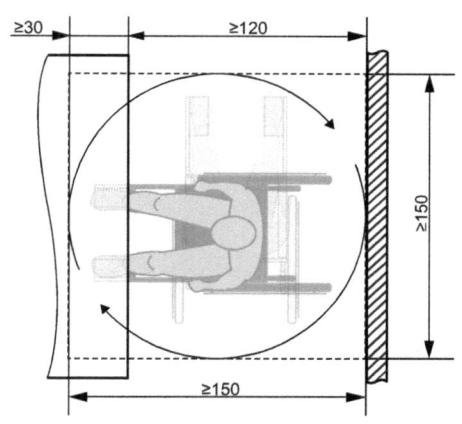

Abb. 2: Überlagerung von Stell- und Bewegungsflächen bei Unterfahrbarkeit von Ausrüstungs- und Ausstattungselementen (Maße in cm)

ASR V3a.2   **Barrierefreie Gestaltung von Arbeitsstätten**

zu 5.2 Flächen für Verkehrswege

(8) Ergänzende Anforderungen an Flächen für Verkehrswege sind im Anhang A1.8: Ergänzende Anforderungen zur ASR A1.8 „Verkehrswege" und für Fluchtwege im Anhang A2.3: Ergänzende Anforderungen zur ASR A2.3 „Fluchtwege und Notausgänge, Flucht- und Rettungsplan" enthalten. (ASR A1.2 Pkt. 5.2)[347) 348) 349)]

Hinweis:

Ergänzende Anforderungen an Flächen an Türen sind im Anhang A1.7: Ergänzende Anforderungen zur ASR A1.7 „Türen und Tore" enthalten.

[347)] Gem. DIN 18040-1:2010-10 Barrierefreies Bauen – Planungsgrundlagen, T. 1: Öffentlich zugängliche Gebäude müssen Durchgangsbreiten und lichte Türbreiten für Rollstuhlfahrer mindestens 90 cm betragen.
[348)] Die Ergänzenden Anforderungen zur ASR A1.8 Verkehrswege enthalten detaillierte Maßgaben für Beschäftigte mit Behinderungen. Sie betreffen die
 – Gestaltung der Querneigung von Verkehrswegen, die von Beschäftigten mit einem Rollator oder einem Rollstuhl benutzt werden (ASR A1.8 Nr. 4.1 Abs. 2),
 – Gestaltung von Schrägrampen (ASR A1.8 Nr. 3.23 und ASR A1.8 Nr. 4.1 Abs. 4 sowie Abs. 5),
 – Schwellenhöhe (für Beschäftigte, die einen Rollator oder einen Rollstuhl benutzen, und für Beschäftigte, die eine Fußbeschwäche haben, müssen Verkehrswege schwellenlos sein; sind Schwellen technisch unabdingbar, dürfen sie nicht höher als 20 mm sein; dieser Höhenunterschied ist durch Schrägen anzugleichen (ASR A1.8 Nr. 4.1 Abs. 4)),
 – Gestaltung der Wahrnehmbarkeit von Verkehrswegkreuzungen und -einmündungen für Beschäftigte mit Sehbehinderung (ASR A1.8 Nr. 4.1 Abs. 6).
[349)] Die Ergänzenden Anforderungen zur ASR A2.3 Fluchtwege und Notausgänge, Flucht- und Rettungsplan enthalten detaillierte Maßgaben für Beschäftigte mit Behinderungen. Sie betreffen die
 – Nutzung des Zwei-Sinne-Prinzips (Anh. A2.3 Abs. 8),
 – lichte Mindestbreite für Fluchtwege von 1,00 m (weitere Details Anh. A2.3 Abs. 2),
 – freien Bewegungsflächen sowie eine seitliche Anfahrbarkeit vor Türen und Toren im Fluchtweg für Personen mit Behinderung, die eine Gehhilfe oder einen Rollstuhl benutzen (Anh. A2.3 Abs. 3),
 – Berücksichtigung der Belange der Beschäftigten mit Behinderungen bei der Gestaltung von Flucht- und Rettungsplänen (Anh. A2.3 Abs. 5),
 – Gestaltung alternativer Fluchtwege, wenn die regulären Fluchtwege durch Schrankenanlagen und Drehkreuze führen (Anh. A2.3 Abs. 6),
 – maximale Höhe von Bedienelementen einschließlich Entriegelungsanlagen für Beschäftigte, die einen Rollstuhl benutzen und/oder deren Hand-/Arm-Motorik eingeschränkt ist (Anh. A2.3 Abs. 7),
 – Gestaltung besonderer organisatorischer Maßnahmen für Beschäftigte mit Behinderungen für ein sicheres Verlassen der Arbeitsstätte ins Freie oder in einen gesicherten Bereich (Anh. A2.3Abs. 9),
 – Beachtung der Belange von Beschäftigten bei Räumungsübungen (Anh. A2.3 Abs. 10), z. B. Anwenden von Evakuierungshilfen (ASR A2.3 Nr. 9 Abs. 7).

Barrierefreie Gestaltung von Arbeitsstätten ASR V3a.2

zu 5.5 Flächen für Sicherheitsabstände

(9) Für Beschäftigte, die einen Rollstuhl benutzen, muss zur Vermeidung von Ganzkörperquetschungen bei seitlicher Anfahrbarkeit der Sicherheitsabstand mindestens 0,90 m betragen. (ASR A1.2 Pkt. 5.5)[350)]

---

350) Flächen zur Einhaltung von notwendigen Sicherheitsabständen, soweit diese nicht bereits in den Stell- oder Funktionsflächen berücksichtigt sind, sind im Rahmen der Gefährdungsbeurteilung festzulegen (s. Abb. 10). Zur Vermeidung von Ganzkörperquetschungen muss der Sicherheitsabstand mindestens 50 cm betragen (s. ASR A1.2 Nr. 5.5). Für Beschäftigte, die einen Rollstuhl benutzen, muss zur Vermeidung von Ganzkörperquetschungen bei seitlicher Anfahrbarkeit der Sicherheitsabstand mindestens 0,90 m betragen.
Ein Beispiel für Funktionsfläche und Sicherheitsabstand zur Benutzung eines Schrankes enthält Abb. 10 aus ASR A1.2 Nr. 5.5. Die Bestimmtheiten der Maßgaben in o.g. Punkten sind eindeutig und durch Maßzahlen und Anordnungsskizzen verdeutlicht.

ASR V3a.2

Barrierefreie Gestaltung von Arbeitsstätten

Anhang A1.3

Ergänzende Anforderungen zur ASR A1.3 „Sicherheits- und Gesundheitsschutzkennzeichnung"

(1) Bei der Sicherheits- und Gesundheitsschutzkennzeichnung sind die Belange der Beschäftigten mit Behinderungen so zu berücksichtigen, dass die sicherheitsrelevanten Informationen verständlich übermittelt werden. Zum Ausgleich einer nicht mehr ausreichend vorhandenen Sinnesfähigkeit ist das Zwei-Sinne-Prinzip zu berücksichtigen. Dies wird erreicht indem
- für Beschäftigte, die visuelle Zeichen nicht wahrnehmen können,[351] ersatzweise taktile oder akustische Zeichen bzw.
- für Beschäftigte, die akustische Zeichen nicht wahrnehmen können,[352] ersatzweise taktile oder visuelle Zeichen

eingesetzt werden.

(2) Die Sicherheitsaussagen der Sicherheitszeichen (ASR A1.3 Punkt 5.1, Anhang 1) müssen für Beschäftigte mit Sehbehinderung im Sinne des Absatzes 1 taktil erfassbar oder hörbar dargestellt werden, z. B.

- auf Reliefplänen oder -grundrissen, indem ihre Registriernummer (z. B. M014 für „Kopfschutz benutzen") in Braille'scher Blindenschrift oder „Profilschrift" dargestellt ist,
- mit funkgestützten Informations- oder Leitsystemen (z. B. RFID-Technologie, In-house Navigations- und Informationssystem).[353]

(3) Die Sicherheitszeichen bzw. Schriftzeichen sowie die Kennzeichnung von Behältern und Rohrleitungen mit Gefahrstoffen gemäß Tabelle 3 der ASR A1.3 sind zu vergrößern, falls die Sehbehinderung eines Beschäftigten dies erfordert. (ASR A1.3 Punkt 5.1 Abs. 9; Punkt 7 Abs. 2)

(4) Sicherheitszeichen müssen für Rollstuhlbenutzer und Kleinwüchsige aus ihrer Augenhöhe erkennbar sein. (ASR A1.3 Punkt 5.1 Abs. 6)

---

351) Die Einschränkungen der visuellen Wahrnehmung können sehr unterschiedlich sein. Wegen der hohen Bedeutung der visuellen Wahrnehmung sollte zunächst die Erkennbarkeit der Zeichen optimiert werden. Dabei sind die Einflussfaktoren Leuchtdichtekontraste (hell/dunkel), Beleuchtungsstärke, Vermeiden von Blendung, Größe des Sehobjektes und Form des Sehobjektes (z. B. Schrift) zu beachten.
352) Für Beschäftigte mit eingeschränktem Hörvermögen sind zur Verbesserung der Hörbarkeit akustischer Zeichen das Verhältnis zwischen Nutzsignal und Störgeräusch und die Nachhallzeit optimal zu gestalten. Raumakustische Maßnahmen sind ggf. flankierend einzusetzen. Weitere Informationen zur raumakustischen Gestaltung von Arbeitsräumen enthalten die Lärmschutz-Arbeitsblätter LSA 01-234 bis LSA 03-234 „Geräuschminderung in Fertigungshallen", August 2014.
353) Die Informationen eines optischen Sicherheitsleitsystems sollten für Sehbehinderte ebenfalls taktil erfassbar oder „auditiv wahrnehmbar" ergänzt werden. Piktogramme sollten nur verwendet werden, wenn sie ausreichend groß (> 25 mm), stark konturiert, einfach und klar gestaltet sind (vgl. dazu die Richtlinie für taktile Schriften des Deutschen Blinden- und Sehbehindertenverbandes, www.dbsv.org).

Barrierefreie Gestaltung von Arbeitsstätten

ASR V3a.2

(5) Für blinde Beschäftigte müssen taktile Kennzeichnungen in einem ausreichenden Abstand von Hindernissen und Gefahrenstellen vorhanden sein (z. B. taktil erkennbare Bodenmarkierungen bei unterlaufbaren Treppen oder Fußleisten an Absturzsicherungen). (ASR A1.3 Punkt 5.2)[354]

(6) Für blinde Beschäftigte sind Fahrwegbegrenzungen auf dem Boden taktil erfassbar auszuführen, z. B. durch erhabene Markierungsstreifen oder unterschiedlich strukturierte Oberflächen. (ASR A1.3 Punkt 5.3 Abs. 1)

(7) Für Beschäftigte mit Hörbehinderung gemäß Absatz 1 sind die Sicherheitsaussagen der Schallzeichen taktil erfassbar oder visuell darzustellen, z. B. Vibrationsalarm (Mobiltelefon). (ASR A1.3 Punkt 5.5)[355]

(8) Ergänzende Anforderungen an Flucht- und Rettungspläne sind in Anhang A2.3: Ergänzende Anforderungen zur ASR A2.3 „Fluchtwege und Notausgänge, Flucht- und Rettungsplan" im Absatz 5 enthalten.

---

[354] Das Anbringen von Geländern in den relevanten Bereichen kommt ggf. ebenfalls in Frage. Das vermeidet Stolpergefahren durch taktile Fußbodenoberflächen und damit eine Gefährdung nicht sehbehinderter Beschäftigter.
[355] Schallzeichen können wirksam z. B. durch optische, intermittierend betriebene Warnzeichen ersetzt werden.

Anhang A1.6

Ergänzende Anforderungen zur ASR A1.6 „Fenster, Oberlichter, lichtdurchlässige Wände"[356]

(1) Bei der Festlegung der Anordnung und Gestaltung der Fenster, Oberlichter und lichtdurchlässigen Wände sind die besonderen Anforderungen von Beschäftigten mit Behinderungen zu berücksichtigen. Je nach Einbausituation und Auswirkung der Behinderung ist insbesondere auf Wahrnehmbarkeit, Erkennbarkeit, Erreichbarkeit und Nutzbarkeit zu achten.

(2) Für sehbehinderte und blinde Beschäftigte sind Gefährdungen durch geöffnete Fensterflügel im Aufenthaltsbereich oder im Bereich von Verkehrswegen, z. B. durch eine Begrenzung des Öffnungswinkels oder eine Absperrung des Öffnungsbereiches, während der Öffnungsdauer zu vermeiden. (ASR A1.6 Punkt 4.1.1 Absatz 4)

(3) Bedienelemente von Fenstern und Oberlichtern (z. B. Griffe oder Kurbeln bei Handbetätigung und Taster oder Schalter bei Kraftbetätigung), die von Beschäftigten mit Behinderungen benutzt werden müssen, sind je nach Auswirkung der Behinderung gemäß den Absätzen 4 bis 7 wahrnehmbar, erkennbar, erreichbar und nutzbar zu gestalten.

(4) **Wahrnehmbarkeit** und **Erkennbarkeit der Funktion** der Bedienelemente sind gegeben, wenn sie für Beschäftigte mit Sehbehinderung visuell kontrastierend und für blinde Beschäftigte taktil erfassbar gestaltet sind.

(5) **Erreichbarkeit** der Bedienelemente ist gegeben, wenn für kleinwüchsige Beschäftigte, für Beschäftigte, die einen Rollstuhl benutzen und für Beschäftigte deren Hand-/Arm-Motorik eingeschränkt ist, Bedienelemente in einer Höhe von 0,85 bis 1,05 m angeordnet sind. Für Beschäftigte, die einen Rollstuhl benutzen, müssen Bedienelemente so angeordnet sein, dass bei seitlicher Anfahrbarkeit ein Gang mit einer Breite von mindestens 0,90 m vorhanden ist (Abb. 1).[357]

Hinweis:

Die Erreichbarkeit der Bedienelemente darf durch Einbauten (z. B. Heizkörper, Fensterbänke) nicht eingeschränkt werden.

---

356) Die ergänzenden Anforderungen zur barrierefreien Gestaltung zu ASR A1.6 Fenster, Oberlichter, lichtdurchlässige Wände benennen Beschäftigte
 – die eine Gehhilfe oder einen Rollstuhl benutzen,
 – deren Hand-/Arm-Motorik eingeschränkt ist,
 – mit einer Sehbehinderung,
 – mit einer Hörbehinderung
 – sowie kleinwüchsige Beschäftigte.
357) Für Beschäftigte mit dieser und mit anderer Behindertensymptomatik hat der Arbeitgeber im Rahmen der Gefährdungsbeurteilung zu prüfen, ob weitere Maßnahmen für die Gestaltung der Arbeitsstätte und deren sicheres und gesundheitsgerechtes Betreiben erforderlich sind.

Barrierefreie Gestaltung von Arbeitsstätten ASR V3a.2

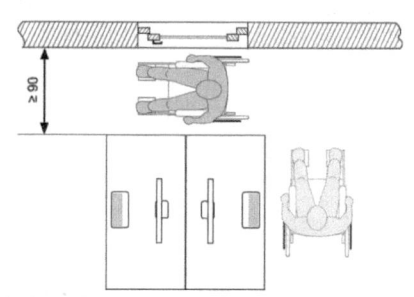

Abb. 1: Mindestbreite bei seitlicher Anfahrbarkeit (Maß in cm)

(6) **Nutzbarkeit** der Bedienelemente für **handbetätigte** Fenster und Oberlichter:

- Für die Nutzbarkeit von Bedienelementen von handbetätigten Fenstern und Oberlichtern soll für Beschäftigte mit Einschränkungen der Hand-/Arm-Motorik die Kraftübertragung durch Formschluss zwischen Hand und Bedienelement unterstützt werden. Kombinierte Bewegungen, z. B. gleichzeitiges Drehen und Ziehen, sollen vermieden werden bzw. in Einzelbewegungen ausführbar sein.

- Für Beschäftigte mit Einschränkungen der Hand-/Arm-Motorik sowie für Beschäftigte, die eine Gehhilfe oder einen Rollstuhl benutzen darf der maximale Kraftaufwand für das Öffnen oder Schließen von handbetätigten Fenstern oder Oberlichtern nicht mehr als 30 N betragen. Das maximale Drehmoment für handbetätigte Beschläge darf nicht größer als 5 Nm sein. Können die Maximalwerte für Kraft oder Drehmoment nicht eingehalten werden, sind alternative Maßnahmen, z. B. Griffverlängerungen oder kraftbetätigte Fenster und Oberlichter, vorzusehen.

(7) **Nutzbarkeit** der Bedienelemente für **kraftbetätigte** Fenster und Oberlichter ist gegeben, wenn für Beschäftigte mit Einschränkungen der Hand-/Arm-Motorik die aufzubringende Kraft für die Bedienung der Schalter und Taster 5 N nicht überschreitet.

(8) Sofern die Maßnahmen nach den Absätzen 4 bis 7 nicht geeignet sind, die Bedienelemente von Fenstern und Oberlichtern zu benutzen, sollen Fernsteuerungen (z. B. Fernbedienungen) eingesetzt werden.

(9) Werden akustische oder optische Warnsignale als Schutzmaßnahme gegen mechanische Gefährdungen beim Öffnen und Schließen von kraftbetätigten Fenstern und Oberlichtern eingesetzt, ist für sehbehinderte und blinde Beschäftigte sowie für Beschäftigte mit Hörbehinderung das Zwei-Sinne-Prinzip anzuwenden. (ASR A1.6 Punkt 4.1.2 Absatz 1, 3. Spiegelstrich)

(10) Die Kennzeichnung durchsichtiger, nicht strukturierter Flächen von lichtdurchlässigen Wänden muss auch für Beschäftigte, die einen Rollstuhl benutzen und für kleinwüchsige Beschäftigte aus ihrer Augenhöhe erkennbar sein. Diese Kennzeichnung kann z. B. aus 8 cm breiten durchgehenden Streifen bestehen, die in einer Höhe von 40 bis 70 cm über dem Fußboden angebracht sind. Für Beschäftigte mit Sehbehinderung ist die Kennzeichnung visuell kontrastierend zu gestalten. (ASR A1.6 Punkt 4.3 Absatz 1)

ASR V3a.2 — Barrierefreie Gestaltung von Arbeitsstätten

Anhang A1.7

Ergänzende Anforderungen zur ASR A1.7 „Türen und Tore"[358]

(1) Bei den Festlegungen zur Anordnung der Türen und Tore sowie deren Abmessungen sind die besonderen Anforderungen von Beschäftigten mit Behinderungen zu berücksichtigen. Je nach Auswirkung der Behinderung ist insbesondere auf Erkennbarkeit, Erreichbarkeit, Bedienbarkeit und Passierbarkeit zu achten.

(2) Erkennbarkeit wird erreicht, indem Türen für blinde Beschäftigte taktil wahrnehmbar (z. B. taktil eindeutig erkennbare Türblätter oder -zargen) und für Beschäftigte mit einer Sehbehinderung visuell kontrastierend gestaltet sind. Hierbei ist insbesondere auf den Kontrast zwischen Wand und Tür sowie zwischen Bedienelement und Türflügel zu achten.

(3) Erreichbarkeit von Drehflügeltüren ist gegeben, wenn für Beschäftigte, die eine Gehhilfe oder einen Rollstuhl benutzen, eine freie Bewegungsfläche sowie eine seitliche Anfahrbarkeit gemäß Abb. 1 gewährleistet wird. Wird die Bewegungsfläche, in die die Tür nicht aufschlägt, durch eine gegenüberliegende Wand begrenzt, muss die Breite der Bewegungsfläche von 120 cm auf 150 cm erhöht werden.

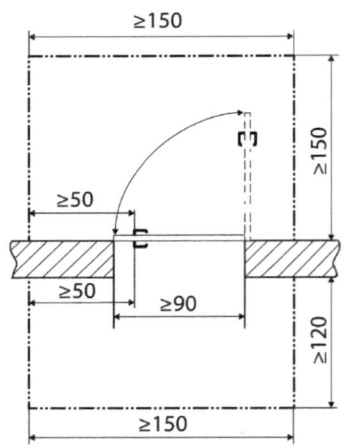

Abb. 1: Freie Bewegungsfläche sowie seitliche Anfahrbarkeit vor Drehflügeltüren (Maße in cm)

---

358) Das Erfordernis nach barrierefreier Gestaltung von Arbeitsstätten im Hinblick auf die Sicherheit und den Gesundheitsschutz von Beschäftigten mit Behinderungen ergibt sich immer dann, wenn Menschen mit Behinderungen beschäftigt werden. Entsprechend Gefährdungsbeurteilung sind jene Bereiche der Arbeitsstätte barrierefrei zu gestalten, zu denen die Beschäftigten mit Behinderungen Zugang haben müssen und die für ihre Tätigkeitsausübung erforderlich sind (s. ASR V3a.2 Nr. 2 Abs. 1).
Zu den Bereichen der Arbeitsstätte, zu denen die Beschäftigten mit Behinderungen Zugang haben müssen, gehören insbesondere der Arbeitsplatz selbst und die zum Arbeitsplatz führenden Türen, Verkehrswege, Fluchtwege, Notausgänge, Treppen, Orientierungssysteme sowie Bereitschaftsund Sanitärräume, Unterkünfte, Pausenräume und Kantinen.

Barrierefreie Gestaltung von Arbeitsstätten

ASR V3a.2

(4) Erreichbarkeit von Schiebetüren ist gegeben, wenn für Beschäftigte, die eine Gehhilfe oder einen Rollstuhl benutzen, eine freie Bewegungsfläche sowie eine seitliche Anfahrbarkeit gemäß Abb. 2 gewährleistet wird. Werden die Bewegungsflächen durch gegenüberliegende Wände begrenzt, muss die Breite der Bewegungsflächen von 120 cm auf 150 cm erhöht werden.

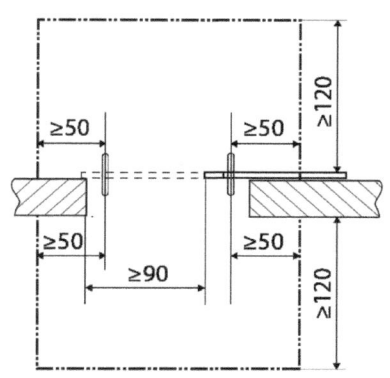

Abb. 2: Freie Bewegungsfläche sowie seitliche Anfahrbarkeit vor Schiebetüren (Maße in cm)

(5) Neben manuell betätigten Karusselltüren ist für Beschäftigte, die eine Gehhilfe oder einen Rollstuhl benutzen und für blinde Beschäftigte eine Drehflügel- oder eine Schiebetür anzuordnen.

(6) Kraftbetätigte Karusselltüren können von Beschäftigten, die eine Gehhilfe oder einen Rollstuhl benutzen, genutzt werden, wenn insbesondere folgende Bedingungen erfüllt sind.
– Die Geschwindigkeit der Drehbewegung muss den Bedürfnissen dieser Beschäftigten angepasst werden können.
– Ein automatisches Zurücksetzen der reduzierten Geschwindigkeit darf frühestens nach einer Drehung der Tür um 360° möglich sein.
– Diese Karusselltüren sind baulich so zu dimensionieren, dass sie in gerader Durchfahrt befahren werden können und an jeder Stelle der Durchfahrt eine ausreichend große Bewegungsfläche von 1,30 m Länge × 1,00 m Breite gewährleistet ist.
– NOT-HALT-Einrichtungen (z. B. Schalter, Taster, Sensoren) müssen erreichbar und bedienbar sein.
– Die Gestaltung (z. B. Material, Struktur) des Bodenbelages innerhalb dieser Karusselltüren darf die Bewegung eines Rollstuhls oder eines Rollators in der vorgesehenen Richtung nicht beeinflussen.
Für blinde Beschäftigte ist neben kraftbetätigten Karusselltüren eine Drehflügel- oder Schiebetür anzuordnen.

(7) Die Anforderungen an Schlupftüren in Torflügeln entsprechen denen an Drehflügeltüren.

(8) Werden Bewegungsmelder als Türöffner verwendet, sind bei deren Betrieb die Belange von kleinwüchsigen (Unterlaufen), blinden (Tastbereich des Langstockes) und gehbehinderten (Gehgeschwindigkeit) Beschäftigten zu berücksichtigen.

(9) Bedienelemente von Türen und Toren, z. B. Türgriffe, Schalter, elektronische Zugangssysteme (z. B. Kartenleser), Notbehelfseinrichtungen (Abschalt- und NOT-HALT-Einrichtungen), „Steuerungen mit Selbsthaltung" (Impulssteuerung) und „Steuerungen ohne Selbsthaltung" (Totmannsteuerung), müssen wahrnehmbar, erkennbar, erreichbar und nutzbar sein.

- **Wahrnehmbarkeit** und **Erkennbarkeit** der Funktion werden erreicht, wenn Bedienelemente für sehbehinderte Beschäftigte kontrastreich und für blinde Beschäftigte taktil erfassbar gestaltet sind. Dabei ist ein unbeabsichtigtes Auslösen zu vermeiden. Für sehbehinderte und blinde Beschäftigte sind Sensortasten nicht zulässig.
- **Erreichbarkeit** für kleinwüchsige Beschäftigte und für Beschäftigte, die einen Rollstuhl benutzen und deren Hand-/Arm-Motorik eingeschränkt ist, ist gegeben, wenn Bedienelemente grundsätzlich in einer Höhe von 0,85 m angeordnet sind. Schlösser und Türgriffe können z. B. leichter erreicht und benutzt werden bei Verwendung von Beschlaggarnituren, bei denen das Schloss oberhalb des Türgriffes angeordnet ist.
- **Erreichbarkeit** für Beschäftigte, die einen Rollstuhl benutzen, ist gegeben, wenn Bedienelemente so angeordnet sind, dass eine freie Bewegungsfläche bei frontaler Anfahrbarkeit von mindestens 1,50 m × 1,50 m und bei seitlicher Anfahrbarkeit von mindestens 1,50 m × 1,20 m vorhanden ist (analog Abb. 1). Dabei müssen die Bedienelemente von kraftbetätigten Drehflügeltüren und Toren mindestens 2,50 m vor der in den Bewegungsraum aufschlagenden Tür und 1,50 m in der Gegenrichtung angebracht sein. Bedienelemente von kraftbetätigten Schiebetüren müssen sich bei frontaler Anfahrt mindestens 1,50 m vor und hinter der Schiebetür befinden.
- **Nutzbarkeit** ist gegeben, wenn für Beschäftigte mit Einschränkung der Hand-/Arm-Motorik die maximal aufzuwendende Kraft zur Bedienung von Schaltern und Tastern 5,0 N beträgt.
- Für die **Nutzbarkeit** von Türgriffen soll für Beschäftigte mit Einschränkungen der Hand-/Arm-Motorik die Kraftübertragung durch Formschluss zwischen Hand und Bedienelement unterstützt werden (z. B. ergonomisch geformte Griffe). Drehgriffe (z. B. Knäufe) oder eingelassene Griffe sollen nicht verwendet werden. Eine kombinierte Bewegung (z. B. gleichzeitiges Drehen und Drücken) soll vermieden werden bzw. in Einzelbewegungen ausführbar sein.
- Für das Zuziehen von Türen ist für Beschäftigte, die einen Rollstuhl benutzen, eine horizontale Griffstange als Schließhilfe geeignet.

(10) Für Beschäftigte, die eine Gehhilfe oder einen Rollstuhl benutzen oder deren Hand-/Arm-Motorik eingeschränkt ist, darf der maximale Kraftaufwand für das Öffnen von handbetätigten Türen und Toren zur Einleitung einer Bewegung, z. B. des Türblatts, und für die Bedienung handbetätigter Beschläge, z. B. des Drückers, nicht mehr als 25 N betragen. Das maximale Moment für handbetätigte Beschläge darf nicht größer als 2,5 Nm sein. Können die Maximalwerte für Kraft oder Drehmoment nicht eingehalten werden, sind kraftbetätigte Türen und Tore vorzusehen.

Barrierefreie Gestaltung von Arbeitsstätten

ASR V3a.2

Bei sensorisch gesteuerten Türen und Toren ist für sehbehinderte und blinde Beschäftigte sicherzustellen, dass keine Gefährdung durch das Öffnen des Flügels entsteht. Das kann erreicht werden, indem der Flügel rechtzeitig geöffnet wird oder, falls der Flügel in einen quer verlaufenden Verkehrsweg aufschlägt, beim Öffnen ein akustisches Signal ertönt.

(11) Durch das selbstständige Schließen von Türen mit Türschließern dürfen für Beschäftigte, die eine Gehhilfe oder einen Rollstuhl benutzen oder deren Hand-/Arm-Motorik eingeschränkt ist, keine Gefährdungen entstehen. Dies kann z. B. durch die Einstellung der Schließverzögerung erreicht werden.

(12) Für Beschäftigte, die einen Rollator oder Rollstuhl benutzen oder eine Fußhebeschwäche haben, sind untere Tür- oder Toranschläge und Schwellen zu vermeiden. Sind diese technisch erforderlich, dürfen sie nicht höher als 20 mm sein. Dieser Höhenunterschied ist durch Schrägen anzugleichen (Abb. 3).

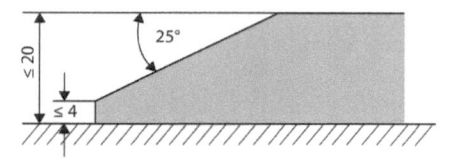

Abb. 3: Schräge an einer Tür- oder Torschwelle (Maße in mm)

(13) Für Beschäftigte, die einen Rollstuhl benutzen, ist eine lichte Durchgangsbreite von Türen und Toren von mindestens 0,90 m erforderlich. (abweichend von ASR A1.7 Punkt 4 Abs. 6)

(14) Bei Ausfall der Antriebsenergie darf für Beschäftigte mit eingeschränkter Hand-/Arm-Motorik der Kraftaufwand zum manuellen Öffnen kraftbetätigter Türen und Tore zur Einleitung einer Bewegung und ebenso für die Bedienung handbetätigter Beschläge nicht mehr als 25 N betragen. Das maximale Moment für die Bedienung handbetätigter Beschläge darf nicht größer als 2,5 Nm sein. Falls dies nicht erreicht werden kann, sind durch die Gefährdungsbeurteilung alternative Maßnahmen festzulegen (z. B. zweiter Ausgang, Patenschaften). (abweichend von ASR A1.7 Punkt 5 Abs. 2 Satz 1)

(15) Ergänzende Anforderungen hinsichtlich der Kennzeichnung von Türen und Toren im Einbahnverkehr sind in dieser ASR im Anhang A1.3 enthalten. (ASR A1.7 Punkt 5 Abs. 4)

(16) Flügel von Türen und Toren, die zu mehr als drei Viertel ihrer Fläche aus einem durchsichtigen Werkstoff bestehen, müssen durch Sicherheitsmarkierungen so gekennzeichnet sein, dass sie für Beschäftigte mit Sehbehinderung, Beschäftigte die einen Rollstuhl benutzen und für kleinwüchsige Beschäftigte aus deren Augenhöhe erkennbar sind (ASR A1.7 Punkt 5 Abs. 7). Sicherheitsmarkierungen können z. B. aus 8 cm breiten durchgehenden Streifen bestehen, die in einer Höhe von 40–70 cm und 120–160 cm angebracht sind. Die Hauptschließkante von rahmenlosen Glas-Drehflügeltüren ist visuell kontrastierend zu gestalten.

ASR V3a.2 — Barrierefreie Gestaltung von Arbeitsstätten

(17) Ist eine Quetschgefährdung für Beschäftigte, die einen Rollstuhl benutzen, zwischen den hinteren Kanten der Flügel (Nebenschließkanten) von kraftbetätigten Schiebetüren/-toren und festen Teilen der Umgebung beim Betrieb nicht bereits durch Maßnahmen nach ASR A1.7 Punkt 6 Abs. 1 auszuschließen, müssen Sicherheitsabstände von ≥ 900 mm nach Abb. 4 eingehalten werden. (abweichend von ASR A1.7 Punkt 6 Abs. 7 Abb. 2 und 3)

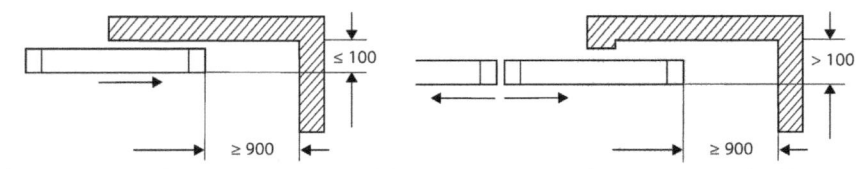

Abb. 4: Vermeiden von Quetschgefährdungen zum Schutz von Beschäftigten, die einen Rollstuhl benutzen (Maße in mm)

(18) Für Beschäftigte, die einen Rollstuhl benutzen, müssen Quetschstellen zwischen dem Flügel und festen Teilen der Umgebung an kraftbetätigten Dreh- und Faltflügeltüren oder -toren vermieden werden. Dazu muss der hinter dem Flügel gelegene Bereich bei größtmöglicher Flügelöffnung über seine gesamte Tiefe eine lichte Weite von mindestens 900 mm aufweisen (Abb. 5) (abweichend zu ASR A1.7 Punkt 6 Abs. 8). Kann dieser Wert nicht eingehalten werden, sind weitere Sicherheitsmaßnahmen (siehe ASR A1.7 Punkt 6 Abs. 1) notwendig.

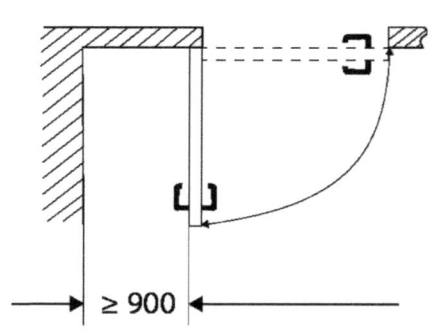

Abb. 5: Vermeiden von Quetschgefährdung (Maße in mm)

(19) Der Kraftaufwand für das manuelle Öffnen von kraftbetätigten Schiebetüren, Schnelllauftoren und Karusselltüren im Verlauf von Fluchtwegen bei Ausfall der Kraftbetätigung, z. B. bei Ausfall der Energiezufuhr, richtet sich nach Abs. 14. (abweichend von ASR A1.7 Punkt 9 Abs. 1 und Punkt 10.1 Abs. 3)

(20) Weitere Bestimmungen zur barrierefreien Gestaltung von Türen und Toren im Verlauf von Fluchtwegen sind im Anhang A2.3 dieser ASR enthalten.

Barrierefreie Gestaltung von Arbeitsstätten

ASR V3a.2

Anhang A1.8

Ergänzende Anforderungen zur ASR A1.8 „Verkehrswege"[359]

zu 4.1 Allgemeines

(1) Beim Einrichten und Betreiben von Verkehrswegen sind die besonderen Anforderungen von Beschäftigten mit Behinderungen zu berücksichtigen. Je nach Auswirkung der Behinderung ist insbesondere auf Wahrnehmbarkeit, Erkennbarkeit und Nutzbarkeit zu achten.[360]

(2) Die Querneigung von Verkehrswegen, die von Beschäftigten mit einem Rollator oder einem Rollstuhl benutzt werden, darf nicht mehr als 2,5 % betragen. (ASR A1.8 Punkt 4.1 Abs. 2)[361]

(3) Schrägrampen (geneigte Verkehrswege nach ASR A1.8 Punkt 3.23), die von Beschäftigten mit einem Rollator oder einem Rollstuhl benutzt werden, dürfen eine Längsneigung von 6 % nicht überschreiten. Bei einer Längsneigung von mehr als 3 % sind ab 10 m Länge Podeste mit einer nutzbaren Länge von mindestens 1,50 m vorzusehen. Bei mehr als 6 % Neigung ist die Nutzbarkeit des Verkehrsweges durch geeignete Maßnahmen herzustellen. Geeignet sind z. B. ein Hublift oder ein Elektrorollstuhl, ggf. eine assistierende Person. (ASR A1.8 Punkt 4.1 Abs. 4)[362]

Hinweis: Eine Rampe gemäß DIN 18040–1 Nr. 4.3.8 ist eine spezielle bauliche Anlage, die nicht in dieser ASR behandelt wird.

---

359) Die strikte Einhaltung der Maßgaben dieser ASR ist für alle Beschäftigten hinsichtlich ihrer Unversehrtheit von Leib und Leben existentiell. Dies gilt ganz besonders für Beschäftigte mit einem oder mehreren Handicaps bzgl. ihrer Orientierungs- und Bewegungsfähigkeit. Die Maßgaben für Verkehrswege sind ranggleich zu denen für Fluchtwege und haben bei der Einrichtung und dem Betreiben von Arbeitsstätten prioritäre Bedeutung.

360) Zusätzliche Bedeutung kommt der strikten Einhaltung der Maßgaben dieser ASR beim Einrichten und Benutzen von Verkehrswegen sowie bei innerbetrieblichen Transporttätigkeiten zu. Bis zu 50 % der Herstellungszeit werden für innerbetriebliche Transporte aufgewendet. Diese sind in vielen Branchen in einem beachtlichen Umfang am Unfallgeschehen beteiligt ist. Menschen mit Behinderungen sind diesen bedingten Unfall- und Gesundheitsgefahren in besonderem Maße ausgesetzt. Deshalb sind besondere Anforderungen an die Wahrnehmbarkeit, Erkennbarkeit und Nutzbarkeit von Verkehrswegen zu stellen.
Für Bedienelemente (z. B. Lichtschalter, Notruftasten oder elektrische Türöffner), die sich im Verlauf der Verkehrswege befinden, ist zu deren sicherer Erkennbarkeit und Nutzung eine räumliche Anordnung gem. den Ergänzenden Anforderungen zur ASR A2.3. Abs. 7 festzulegen.
In Türen von Verkehrswegen muss sich ein ausreichend großes Sichtfenster, das in Sehhöhe von Rollstuhlfahrern anzuordnen ist, befinden.

361) Verkehrswege eines Höhenniveaus (Geschosses) müssen grundsätzlich waagerecht angelegt sein. Bei besonderen bautechnischen Erfordernissen wird für den speziellen Einzelfall die maximale Querneigung bei Nutzung durch behinderte Beschäftigte mit fahrbaren Gehhilfen oder Rollstuhlnutzer auf 2,5 % begrenzt.

362) Bauplaner und Bauherren von Arbeitsstätten sind gut beraten, diese Anforderungen an Schrägrampen vorausschauend zu realisieren. Insbesondere für Schrägrampen im Regelfall für nichtbehinderte Beschäftigte ist der Neigungsunterschied von lediglich 2 % zu Schrägrampen für Beschäftigte mit Gehhilfen oder Rollstuhl (maximal 6 %), marginal, die ggf. spätere Nutzbarkeit für gehbehinderte Beschäftigte dagegen maximal.

(4) Für Beschäftigte, die einen Rollator oder einen Rollstuhl benutzen und für Beschäftigte, die eine Fußhebeschwäche haben, müssen Verkehrswege schwellenlos sein. Sind Schwellen technisch unabdingbar, dürfen sie nicht höher als 20 mm sein. Dieser Höhenunterschied ist durch Schrägen anzugleichen. Eine Gestaltungslösung enthält Anhang A1.7: Ergänzende Anforderungen zur ASR A1.7 „Türen und Tore" Abs. 12. (ASR A1.8 Punkt 4.1 Abs. 5)

(5) Für Beschäftigte, die einen Rollator oder einen Rollstuhl benutzen, muss an Schrägrampen, einschließlich deren Podesten, das seitliche Abkommen, Kippen und Abstürzen verhindert werden. Dies kann z. B. mit einer seitlichen Begrenzung, wie einem Radabweiser (Höhe mindestens 0,10 m) oder einer Wand erfolgen. (ASR A1.8 Punkt 4.1 Abs. 6)[363]

(6) Verkehrswegkreuzungen und -einmündungen müssen für Beschäftigte mit Behinderungen je nach Auswirkung der Behinderung wahrnehmbar und erkennbar sein. Wahrnehmbarkeit und Erkennbarkeit werden erreicht, wenn diese Bereiche für Beschäftigte mit Sehbehinderung visuell kontrastierend gestaltet sind. Für blinde Beschäftigte ist das Zwei-Sinne-Prinzip anzuwenden, z. B. durch ein zusätzliches akustisches Signal an Schranken oder Ampeln oder durch taktile Markierungen (z. B. Bodenmarkierung). (ASR A1.8 Punkt 4.1 Abs. 7)

(7) Wird als verkehrssichernde Maßnahme an Verkehrswegkreuzungen und -einmündungen ein Drehkreuz verwendet, ist für Beschäftigte, die eine Gehhilfe oder einen Rollstuhl benutzen, ein alternativer Verkehrsweg einzurichten. (ASR A1.8 Punkt 4.1 Abs. 7)

(8) Bei Maßnahmen des Winterdienstes ist zu berücksichtigen, dass für Beschäftigte, die einen Rollator oder einen Rollstuhl benutzen, die beräumte Breite des Verkehrsweges eine sichere Benutzbarkeit gewährleistet.

Wenn notwendig, sind bei beeinträchtigenden Witterungseinflüssen vorhandene kontrastierende oder taktile Markierungen für sehbehinderte und blinde Beschäftigte frei zu halten oder geeignete temporäre Ersatzmaßnahmen zu treffen. (ASR A1.8 Punkt 4.1 Abs. 8)[364]

zu 4.2 Wege für den Fußgängerverkehr

(9) Für Beschäftigte, die eine Gehhilfe oder einen Rollstuhl benutzen, müssen Verkehrswege unabhängig von der Anzahl der Personen im Einzugsgebiet ausreichend breit sein. Mögliche Begegnungsfälle, Richtungswechsel und Rangiervorgänge sind zu berücksichtigen. (abweichend von ASR A1.8 Tabelle 2)

(10) Die Mindestbreite von Verkehrswegen ergibt sich für Beschäftigte, die eine Gehhilfe oder einen Rollstuhl benutzen, aus den Breiten von Fluchtwegen nach Anhang A2.3: Er-

---

363) Diese Maßgaben gelten unabhängig von der möglichen Absturzhöhe von der Schrägrampe.
364) Dessen unbenommen gelten zusätzlich die Anforderungen des Abs. 8 zu Nr. 4.1 der ASR A1.8, wonach die Rutschhemmung für betriebliche Verkehrswege speziellen Anforderungen unterliegt (vgl. ASR A1.5/1,2 Fußböden Nr. 6 und Anh. 2) und die Verkehrswege jahreszeitabhängig regelmäßig zu reinigen sind, auch wenn sie nur selten begangen werden.

Barrierefreie Gestaltung von Arbeitsstätten

ASR V3a.2

gänzende Anforderungen zur ASR A2.3 „Fluchtwege und Notausgänge, Flucht- und Rettungsplan", Abs. 2.
Für den Begegnungsfall von Beschäftigten, die einen Rollstuhl benutzen
- mit anderen Personen ist eine Verkehrswegbreite von 1,50 m,
- mit anderen Personen, die einen Rollstuhl benutzen, ist eine Verkehrswegbreite von 1,80 m
zu gewährleisten.
Abweichend davon ist eine Verkehrswegbreite von 1,00 m ausreichend, wenn der Verkehrsweg bis zur nächsten Begegnungsfläche einsehbar ist. Die Begegnungsfläche muss für den Begegnungsfall von Beschäftigten, die einen Rollstuhl benutzen,
- mit anderen Personen mindestens 1,50 m × 1,50 m und
- mit anderen Personen, die einen Rollstuhl benutzen, mindestens 1,80 m × 1,80 m
betragen. (abweichend von ASR A1.8 Tab. 2)

Hinweis: Die Bewegungsflächen vor Türen sind zu berücksichtigen (siehe Anhang A1.7: Ergänzende Anforderungen zur ASR A1.7 „Türen und Tore" Abs. 3 und 4).

(11) Für Beschäftigte, die einen Rollator oder einen Rollstuhl benutzen, müssen Gänge zu persönlich zugewiesenen Arbeitsplätzen, Wartungsgänge und Gänge zu gelegentlich benutzten Betriebseinrichtungen mindestens 0,90 m breit sein. Dies kann auch für Beschäftigte, die Gehhilfen benutzen, notwendig sein. Ist eine Nutzung der Gänge nur von einer Seite möglich („Sackgasse"),
- ist eine Wendemöglichkeit (mindestens 1,50 m × 1,50 m) einzurichten oder
- soll die Länge für das Rückwärtsfahren 3 m nicht überschreiten.
Die Breiten von Verkehrswegen in Nebengängen von Lagereinrichtungen sind im Rahmen der Gefährdungsbeurteilung festzulegen, müssen aber mindestens den Werten nach Tabelle 2 der ASR A1.8 entsprechen.[365]

(12) Für Beschäftigte, die einen Rollator oder einen Rollstuhl benutzen, sind zum Überwinden von nicht vermeidbaren Ausgleichsstufen alternative Maßnahmen zu treffen, z. B. Treppensteighilfen, Treppenlifte oder Plattformaufzüge. (ASR A1.8 Punkt 4.2 Abs. 3)

(13) Für Beschäftigte mit Sehbehinderung müssen Ausgleichsstufen auf Verkehrswegen visuell kontrastierend und für blinde Beschäftigte durch taktil erfassbare Bodenstrukturen gestaltet sein.

Hinweis: Für Beschäftigte mit motorischen Einschränkungen ist im Rahmen der Gefährdungsbeurteilung zu prüfen, ob an Ausgleichsstufen auf Verkehrswegen Handläufe erforderlich sind.

---

[365] Quetschstellen zwischen dem Flügel und festen Teilen der Umgebung müssen in gleicher Weise und in gleichem Umfang, wie es für Fluchtwege und Notausgänge vorgeschrieben ist, auch für Verkehrswege ausgeschlossen werden. Dazu muss der an kraftbetätigten Dreh- und Falttüren oder -toren hinter dem Flügel gelegene Bereich bei größtmöglicher Flügelöffnung und über die gesamte Tiefe eine lichte Weite von mindestens 0,90 m aufweisen. Kann dieser Wert nicht eingehalten werden, sind weitere Sicherheitsmaßnahmen (s. Nr. 6 Abs. 1 und 7 der ASR A1.7) notwendig.

zu 4.3 Wege für den Fahrzeugverkehr

(14) Für Beschäftigte, die einen Rollator oder einen Rollstuhl benutzen, muss der Randzuschlag mindestens Z_1 = 0,90 m betragen. Abweichend davon kann der Randzuschlag für den ausschließlichen Fahrzeugverkehr auf bis zu 0,50 m reduziert werden, wenn
– die Fahrgeschwindigkeit auf 6 km/h begrenzt und ein Ausweichen möglich ist oder
– das Fahrzeug mit einem Personenerkennungssystem ausgestattet ist.
(ASR A1.8 Punkt 4.3 Abs. 3)

(15) Die Summe aus doppeltem Rand- und einfachem Begegnungszuschlag darf auch bei einer geringen Anzahl von Verkehrsbegegnungen nicht herabgesetzt werden. (abweichend von ASR A1.8 Punkt 4.3 Abs. 4)

(16) Personenerkennungssysteme müssen so ausgeführt und angeordnet sein, dass auch Beschäftigte, die eine Gehhilfe, einen Rollstuhl oder einen Langstock benutzen sowie kleinwüchsige Beschäftigte rechtzeitig erkannt werden. (ASR A1.8 Punkt 4.3 Abs. 9 und 10)

zu 4.4 Kennzeichnung und Abgrenzung von Verkehrswegen

(17) Lassen sich Gefährdungen im Verlauf von Verkehrswegen nicht durch technische Maßnahmen verhindern oder beseitigen oder ergeben sich Gefährdungen durch den Fahrzeugverkehr aufgrund unübersichtlicher Betriebsverhältnisse, sind diese Verkehrswege für Beschäftigte mit Behinderung nach Anhang A1.3: Ergänzende Anforderungen zur ASR A1.3 „Sicherheits- und Gesundheitsschutzkennzeichnung" zu kennzeichnen. (ASR A1.8 Punkt 4.4 Abs. 1)[366]

(18) Die Abgrenzung zwischen niveaugleichen Verkehrswegen und umgebenden Arbeits- und Lagerflächen sowie zwischen Wegen für den Fußgänger- und Fahrzeugverkehr muss
– für Beschäftigte mit Sehbehinderung visuell kontrastierend,
– für blinde Beschäftigte nach dem Zwei-Sinne-Prinzip, z. B. durch taktil erfassbare Bodenstrukturen oder akustische Warnsysteme, gestaltet sein. (ASR A1.8 Punkt 4.4 Abs. 2)[367]

zu 4.5 Treppen

(19) Für Beschäftigte, die einen Rollator oder einen Rollstuhl benutzen, sind an Treppen alternative Maßnahmen zu treffen, z. B. Schrägrampen, Treppensteighilfen, Treppenlifte, Plattformaufzüge oder Aufzüge.

---

366) Für Beschäftigte mit Sehbehinderungen sind die Vorzugsgrößen und Darstellung der Zeichen gem. Tabelle 3 der ASR A1.3 in Abhängigkeit der Erkennungsweite (Sehentfernung) festzulegen. Bei Beschäftigten mit Sehbehinderungen ist eine individuelle Gefährdungsbeurteilung erforderlich, um die notwendige Größe der Schriftzeichen festzustellen oder ggf. geeignete, gleichwirksame Ersatzlösungen einzurichten.

367) Bauplaner und Bauherren von Arbeitsstätten sind gut beraten, diese Anforderungen an Wege für den Fahrzeugverkehr, die Kennzeichnung und Abgrenzung von Verkehrswegen, an Treppen sowie Fahrtreppen und Fahrsteige vorausschauend zu realisieren, um dadurch die spätere Nutzbarkeit für gehbehinderte Beschäftigte zu ermöglichen.

Barrierefreie Gestaltung von Arbeitsstätten

ASR V3a.2

(20) Für Beschäftigte mit Sehbehinderung müssen die erste und letzte Stufe des Treppenlaufs mindestens an der Stufenvorderkante visuell kontrastierend gestaltet und erkennbar sein.

(21) Für blinde Beschäftigte ist die oberste Stufe von Treppenläufen am Beginn der Antrittsfläche (siehe Abb. 2) über die gesamte Treppenbreite taktil erfassbar zu gestalten, z. B. durch unterschiedliche Bodenstrukturen.

(22) Für blinde Beschäftigte muss gewährleistet sein, dass Treppen unterhalb einer lichten Höhe von 2,10 m nicht unterlaufen werden können. Dies kann erreicht werden z. B. mit Umwehrungen, Brüstungen, Pflanzkübeln oder durch Möblierung.

(23) Für Beschäftigte mit Gehbehinderung, z. B. mit einer Fußhebeschwäche, müssen Treppen geschlossene Stufen haben. Unterschneidungen sind grundsätzlich nicht zulässig. Abweichend davon ist bei geschlossenen Stufen mit schrägen Setzstufen eine Unterschneidung (u) von maximal 2 cm zulässig (siehe Abb. 1). Ausgenommen sind Treppen, die ausschließlich als Fluchtweg in Abwärtsrichtung genutzt werden. (abweichend von ASR A1.8 Abb. 4)

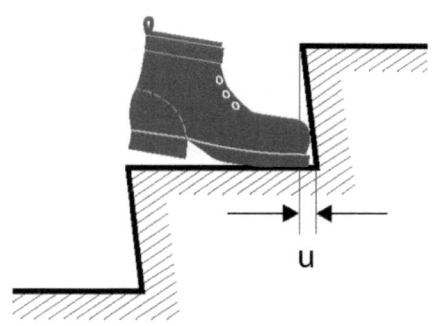

Abb. 6: Unterschneidung an einer schrägen Setzstufe

(24) Für Beschäftigte, deren motorische Einschränkungen es erfordern (z. B einseitige Armlähmung), müssen Treppen beidseitig Handläufe haben, die nicht unterbrochen sind. Die Handläufe sollen in einer Höhe von 0,80 m bis 0,90 m angeordnet sein, gemessen lotrecht von der Oberkante des Handlaufs zur Stufenvorderkante. (ASR A1.8 Punkt 4.5 Abs. 10)

(25) Für blinde Beschäftigte und Beschäftigte mit Sehbehinderung müssen die Enden der wandseitigen Handläufe am Anfang und Ende von Treppen um das Maß des Auftritts an der An- bzw. Austrittsfläche fortgeführt werden (Abb. 2). Am Treppenauge darf der Handlauf nicht um das Maß des Auftritts fortgeführt werden. Die Enden der Handläufe sollen abgerundet sein und nach unten oder zur Wandseite auslaufen. Halterungen für Handläufe sollen an der Unterseite angeordnet sein.

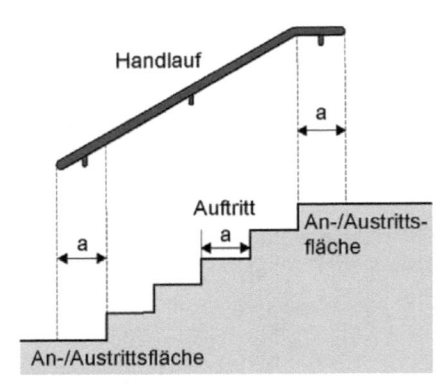

Abb. 7: Gestaltung der Handläufe an Treppen

(26) Für Beschäftigte mit Sehbehinderung sollen Handläufe sich visuell kontrastierend vom Hintergrund abheben.

(27) Für blinde Beschäftigte sollen an Handläufen taktile Informationen zur Orientierung angebracht sein, z. B. die Stockwerkbezeichnung.

(28) Für kleinwüchsige Beschäftigte sind zusätzliche Handläufe in einer Höhe von 0,65 m vorzusehen.

zu 4.6 Steigeisengänge und Steigleitern und Laderampen

(29) Sollen Steigeisengänge, Steigleitern oder Laderampen von Beschäftigten mit Behinderungen benutzt werden, sind im Rahmen der Gefährdungsbeurteilung entsprechend den Auswirkungen der Behinderungen im Einzelfall geeignete Maßnahmen zu treffen.

zu 4.7 Fahrtreppen und Fahrsteige

(30) Für Beschäftigte mit motorischen Einschränkungen, für Beschäftigte mit Sehbehinderung und für blinde Beschäftigte sind Fahrtreppen bzw. Fahrsteige nutzbar, wenn die Geschwindigkeit maximal 0,5 m/s beträgt. An Fahrtreppen ist ein Vorlauf von mindestens drei Stufen erforderlich.

(31) Für Beschäftigte mit Sehbehinderung muss der Übergang zwischen Stauraum und Fahrtreppe bzw. Fahrsteig visuell kontrastierend gestaltet sein, z. B. durch eine hinterleuchtete Fuge oder durch eine farbliche Gestaltung des Kamms.

(32) Für blinde Beschäftigte muss gewährleistet sein, dass Fahrtreppen und Fahrsteige unterhalb einer lichten Höhe von 2,10 m nicht unterlaufen werden können. Dies kann erreicht werden z. B. mit Umwehrungen, Brüstungen, Pflanzkübeln oder durch Möblierung.

Barrierefreie Gestaltung von Arbeitsstätten

ASR V3a.2

Anhang A2.3

Ergänzende Anforderungen zur ASR A2.3 „Fluchtwege und Notausgänge, Flucht- und Rettungsplan"

(1) Bei Festlegung der Anordnung und Abmessungen der Fluchtwege und Notausgänge sind die besonderen Anforderungen von Personen mit Behinderungen zu berücksichtigen. (ASR A2.3 Punkt 5 Abs. 1)[368]

(2) Im Falle des Bewegens in Fluchtrichtung ohne Begegnung ist für Personen mit Behinderung, die eine Gehhilfe oder einen Rollstuhl benutzen, eine lichte Mindestbreite für Fluchtwege von 1,00 m erforderlich. Dabei darf die lichte Breite des Fluchtweges stellenweise für das Einzugsgebiet

– bis fünf Personen für Einbauten, Einrichtungen oder Türen,

– bis 20 Personen für Türen

auf nicht weniger als 0,90 m reduziert werden. Ist eine Fluchtrichtung vorgesehen, bei der eine Begegnung mit anderen Personen mit Behinderung stattfindet, ist eine Mindestbreite für Fluchtwege von 1,50 m erforderlich. (abweichend von ASR A2.3 Punkt 5 Abs. 3)[369]

(3) Vor Türen und Toren im Fluchtweg sind für Personen mit Behinderung, die eine Gehhilfe oder einen Rollstuhl benutzen, freie Bewegungsflächen sowie eine seitliche Anfahrbarkeit gemäß Abb. 1 erforderlich. Bei einer zusätzlichen Einschränkung der Hand-/Arm-Motorik ist zu prüfen, ob bei Wandstärken größer als 0,26 m eine Betätigung des Türdrückers möglich ist. Bei Einschränkungen der visuellen Wahrnehmung ist auf den Kontrast zwischen Wand und Tür sowie zwischen Bedienelement und Türflügel zu achten. (ASR A2.3 Punkt 5 Abs. 3)[370]

---

368) Für Personen mit geringer Mobilität wird unter gewissen Umständen ein Dynamisches Sicherheitsleitsystem empfohlen. Im Ergebnis einer Gefährdungsbeurteilung ist für in ihrer Mobilität eingeschränkte Beschäftigte (z. B. Rollstuhlbenutzer oder Beschäftigte, die eine Gehhilfe benutzen) zu ermitteln, welche Fluchtweglängen bzw. Laufweglängen im Einzelfall zur Anwendung kommen können. Leichte Auffindbarkeit der Notausgänge erfordert für Sehbehinderte eine ausreichende Beleuchtung und kontrastreiche Gestaltung des Türbereichs und für Blinde taktil erfassbare unterschiedliche Bodenstrukturen und bauliche Maßnahmen wie z. B. Geländer und Absätze als Wegbegrenzung (vgl. DIN 18040 Nr. 4.2.3).
369) ASR A2.3 Punkt 5 Abs. 3 gestattet einerseits eine Einschränkung der Mindestbreite der Flure an Türen, die innerhalb der Flure installiert sind (nicht etwa jener Türen, die in Flure führen oder gar aller Türen von Verkehrs- und Fluchtwegen, die in deren Verlauf in Flure münden!) von maximal 0,15 m. Die Mindestbreite darf jedoch an keiner Stelle weniger als 0,80 m betragen. Für Beschäftigte mit Behinderung, die eine Gehhilfe oder einen Rollstuhl benutzen müssen, ist die lichte Mindestbreite für Fluchtwege entsprechend ASR V3a.2, Anh. A2.3 Abs. 2 zu vergrößern und darf auch nicht stellenweise auf weniger als 0,90 m reduziert werden. Rollstuhlbenutzer dürfen in Arbeitsstätten mit vorhandenen Flurbreiten von 0,80 m, die baulich nicht geändert werden können, ohne spezielle, besondere Lösungen nicht beschäftigt werden.
370) Für Beschäftigte, die einen Rollstuhl benutzen, müssen Quetschstellen zwischen dem Flügel und festen Teilen der Umgebung ausgeschlossen werden. Dazu muss der an kraftbetätigten Dreh- und Falttüren oder -toren hinter dem Flügel gelegene Bereich bei größtmöglicher Flügelöffnung und über die gesamte Tiefe eine lichte Weite von mindestens 0,90 m aufweisen. Kann dieser Wert nicht eingehalten werden, sind weitere Sicherheitsmaßnahmen (s. Punkt 6 Abs. 1 und 7 der ASR A1.7) notwendig.

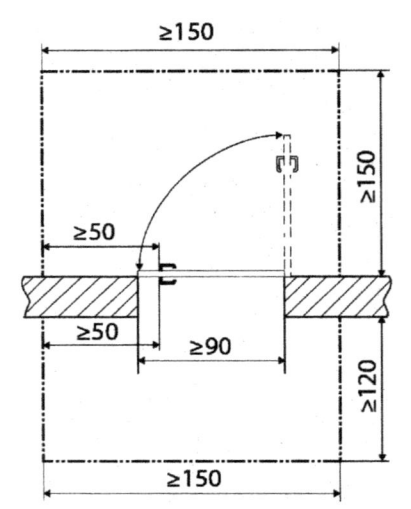

Abb. 1: Freie Bewegungsfläche sowie seitliche Anfahrbarkeit vor Drehflügeltüren im Fluchtweg (Maße in cm)

(4) Sofern in gesicherten Bereichen in Treppenräumen ein kurzzeitiger Zwischenaufenthalt von Personen mit Behinderung, die eine Gehhilfe oder einen Rollstuhl benutzen, zu erwarten ist, müssen diese so ausgeführt sein, dass die Mindestbreite der Fluchtwege nicht eingeschränkt wird. (ASR A2.3 Punkt 6 Abs. 5)[371]

(5) Bei der Gestaltung von Flucht- und Rettungsplänen sind die Belange der Beschäftigten mit Behinderungen so zu berücksichtigen, dass die für sie sicherheitsrelevanten Informationen verständlich übermittelt werden. Dies wird z. B. erfüllt, wenn

– Beschäftigten mit Sehbehinderung nach Anhang A1.3 Abs. 2 gestaltete Informationen ausgehändigt sind,
– für Beschäftigte mit Sehbehinderung die Größe der Zeichen gemäß Tabelle 3 der ASR A1.3 erhöht ist oder
– für Rollstuhlbenutzer und Kleinwüchsige die Flucht- und Rettungspläne aus ihrer Augenhöhe erkennbar sind.[372]

(ASR A1.3 Punkt 6; ASR A2.3 Punkt 9 Abs. 2)

---

[371] Die gesicherten Bereiche in Treppenräumen gewährleisten die Sicherheit von Beschäftigten, die Treppen nicht allein begehen können, bis ihnen zur Überwindung der Treppe Helfer zur Seite stehen und halten dadurch den Fluchtweg für vorbeigehende Beschäftigte frei.
[372] Die Vorzugsgrößen der Zeichen gem. Tabelle 3 der ASR A1.3 Sicherheits- und Gesundheitsschutzkennzeichnung sind in Abhängigkeit der Erkennungsweite (Sehentfernung) festzulegen. Bei Beschäftigten mit Sehbehinderungen ist eine individuelle Gefährdungsbeurteilung erforderlich, um die notwendige Größe der Schriftzeichen festzustellen.

Barrierefreie Gestaltung von Arbeitsstätten

ASR V3a.2

(6) Führen Fluchtwege durch Schrankenanlagen mit Drehkreuz muss für Personen mit Behinderung, die eine Gehhilfe oder einen Rollstuhl benutzen, ein alternativer Fluchtweg vorhanden sein.[373] (abweichend von ASR A2.3 Punkt 4 Abs. 7)

(7) Für Beschäftigte, die einen Rollstuhl benutzen und deren Hand-/Arm-Motorik eingeschränkt ist, dürfen Bedienelemente einschließlich der Entriegelungseinrichtungen maximal eine Höhe von 0,85 m haben. Im begründeten Einzelfall sind andere Maße zulässig. Der maximale Kraftaufwand darf nicht mehr als 25 N oder 2,5 Nm betragen. Können die Maximalwerte für Kraft und Drehmoment nicht eingehalten werden, sind elektrische Entriegelungssysteme vorzusehen. Dabei muss die Not-Auf-Taste in einer Höhe von 0,85 m und mindestens 2,50 m vor der aufschlagenden Tür und 1,50 m in Gegenrichtung angebracht sein.[374] (abweichend von ASR A2.3 Punkt 6 Abs. 3 und 4)

(8) Die Alarmierung von Beschäftigten mit Seh- oder Hörbehinderungen, die gefangene Räume nutzen, erfordert die Berücksichtigung des Zwei-Sinne-Prinzips. (ASR A2.3 Punkt 6 Abs. 10)

(9) Für ein sicheres Verlassen ins Freie oder in einen gesicherten Bereich können besondere organisatorische Maßnahmen für Beschäftigte mit Behinderungen erforderlich sein. Das ist z. B. die Benennung einer ausreichenden Anzahl eingewiesener Personen, die gegebenenfalls im Gefahrfall die Beschäftigten mit Behinderungen auf bestehende oder sich abzeichnende Gefahren oder Beeinträchtigungen hinweisen, sie begleiten oder ihnen behilflich sind (Patenschaften). Die notwendigen Maßnahmen sind im Rahmen der Gefährdungsbeurteilung im Einzelfall zu ermitteln und mit den an der organisatorischen Maßnahme beteiligten Beschäftigten abzustimmen.[375]

(10) Bei Räumungsübungen sind die Belange der Beschäftigten mit Behinderungen zu berücksichtigen, z. B. Anwenden von Evakuierungshilfen. (ASR A2.3 Punkt 9 Abs. 7)[376]

---

373) Der alternative Fluchtweg muss selbstständig benutzbar und individuell zu öffnen sein. Sind im alternativen Fluchtweg Sperreinrichtungen vorhanden, müssen diese in Abhängigkeit von Behinderungsart und -schwere schnell und sicher zu öffnen sein, z. B. durch zusätzliche, besondere Hilfsmittel oder Gestaltungslösungen.
374) Die Angabe der Anordnung und der maximalen Höhe für Bedienelemente sowie des maximalen Kraftaufwandes sind durch Art und Schwere der Behinderung zwingend erforderlich und gehen deshalb über die Forderungen von ASR A2.3 hinaus. Elektrische Entriegelungssysteme müssen auch bei Ausfall der Stromversorgung, ggf. durch nichtelektrische Entriegelungsmöglichkeiten, wirksam bleiben.
375) Bei der Gestaltung der Fluchtwege ist auch die äußere Erschließung des Betriebsgeländes zu beachten (DIN 18040 Nr. 4.2.1 Gehwege, Verkehrsflächen).
376) Als Evakuierungshilfen gelten Rettungsmittel wie Tragestühle, Tücher etc. Sie werden bei der Evakuierung von Gebäuden eingesetzt. Ihr Gebrauch ist regelmäßig zu üben. Für Beschäftigte mit Behinderungen, insbesondere mit eingeschränkter Bewegungskoordination, Mobilität oder geistiger Behinderung, sind besondere Maßnahmen zu ergreifen und regelmäßig zu üben. Persönliche Patenschaften müssen benannt, eingewiesen und im Not- und Übungsfall zur Unterstützung und Hilfe zur Verfügung stehen. Anwesenheitstafeln, die die Patenschaften ausweisen, und die aktive Einbeziehung der zu betreuenden Personen helfen bei der Umsetzung.

Anhang A3.4/7

Ergänzende Anforderungen zur ASR A3.4/7 „Sicherheitsbeleuchtung, optische Sicherheitsleitsysteme"

Bei optischen Sicherheitsleitsystemen sind die Belange von Beschäftigten mit Sehbehinderung so zu berücksichtigen, dass die sicherheitsrelevanten Informationen auf andere Art verständlich übermittelt werden. Dies kann dadurch erreicht werden, dass diese Informationen, dem Zwei-Sinne-Prinzip folgend, zusätzlich zum visuellen über einen anderen Sinneskanal durch taktile Zeichen oder Schallzeichen aufgenommen werden können.[377]

Möglichkeiten, die Informationen des optischen Sicherheitsleitsystems für Beschäftigte mit Sehbehinderung taktil erfassbar oder hörbar[378] zu ergänzen sind z. B.:
- dynamisch-akustische Fluchtleitsysteme,[379] z. B. höher oder tiefer werdende Tonfolgen für aufwärts oder abwärts führende Treppen, schneller werdende Tonfolgen für die Weiterleitung im Gebäude oder Sprachansagen zur Richtungsorientierung, oder
- Profilierung der Leitmarkierung ggf. mit Fluchtrichtungserkennung, z. B. durch deren Anstrichdicke, Riffelprofile, Einwebungen oder durch thermische Verbindung von profilierten langnachleuchtenden Leitmarkierungen in Fußbodenbelägen. Bei Leitmarkie-

---

377) Ein Sicherheitsleitsystem dient als Orientierungshilfe in Notfällen. In Notfällen ist mit dem Auftreten von Panik zu rechnen. Optische Sicherheitsleitsysteme sind für Beschäftigte mit Sehbehinderungen nicht geeignet. Nach dem Zwei-Sinne-Prinzip müssen zusätzlich alternative Orientierungshilfemaßnahmen festgelegt werden (hören oder fühlen). Optische Sicherheitsleitsysteme sind für Beschäftigte mit Sehbehinderungen besonders zu gestalten. Optische Zeichen sind zu vergrößern, Kennzeichnungen durch zusätzliche deutliche Farbkontraste in ihrer Wahrnehmbarkeit zu verbessern.
378) Sprachdurchsagen sind hilfreiche Ergänzungen. Sie können Verzögerungen und Verwirrungen in Brandfallsituationen erheblich reduzieren. Menschen reagieren auf das gesprochene Wort bis zu viermal schneller als auf andere inhaltsfreie Tonsignale.
379) Bei Anwendung dynamisch-akustischer Fluchtleitsysteme sind zur Gewährleistung der Hörbarkeit akustischer Zeichen
- das Verhältnis zwischen Nutzsignal und Störgeräusch und
- die Nachhallzeit
zu berücksichtigen.
Dynamisch-akustische Fluchtleitsysteme werden vorrangig für blinde und sehbehinderte Menschen mit einer so großen Sehschwäche, dass eine ausreichende Orientierung durch visuelle Fluchtwegbeschilderung nicht gegeben ist, gefordert. Sie sind jedoch allgemein zu empfehlen. Sie unterstützen alle Beschäftigten, auch bei schlechten Sichtverhältnissen sicher und schneller aus der Gefahrenzone zu gelangen.
Lichtsignale sind mit akustischen Signalen zu kombinieren. Empfohlen wird, das Konzept der dynamisch-akustischen Fluchtweglenkung entsprechend der Broschüre „Effektive Gebäudeevakuierung mit System" des ZVEI zu nutzen (DIN VDE 0833-4:2014-10 Gefahrenmeldeanlagen für Brand, Einbruch und Überfall – T. 4: Festlegungen für Anlagen zur Sprachalarmierung im Brandfall).
Planen, Errichten, Erweitern, Ändern und Betreiben von Anlagen mit Einrichtungen für die Alarmierung mittels Durchsagen regelt die Norm DIN VDE 0833-4.
DIN 14675 regelt Aufbau und Betrieb von Anlagen für die Brandmeldung und Feueralarmierung. Am Arbeitsplatz können Rauchmelder mit Vibrationsalarmkissen kombiniert werden.

Barrierefreie Gestaltung von Arbeitsstätten

ASR V3a.2

rungen in Fußböden sind Stolperstellen und Rutschgefährdungen zu vermeiden (siehe ASR A1.5/1,2 „Fußböden").[380)]

---

380) Über die Art der verwendeten Signale muss regelmäßig belehrt werden. Schulungen und Evakuierungsübungen sind unverzichtbar, technische Lösungen gehen jedoch organisatorischen vor. In bestehenden Arbeitsstätten sind rehabilitative Maßnahmen zur Gestaltung von alternativen Sicherheitsleitsystemen einzusetzen. In neu zu errichtenden Arbeitsstätten sind präventive Maßnahmen nach dem Stand der Technik entsprechend dem Zwei-Sinne-Prinzip von vornherein zu planen, zu gestalten und zu realisieren.
Zusätzlich zur optischen Fluchtwegkennzeichnung ist eine akustische Laufkennzeichnung („vorauslaufende Töne") gut geeignet.
Zur Profilierung der Leitmarkierung legt DIN 32984:2018-06 Anforderungen an Bodenindikatoren und Leitmerkmale fest. Als taktil geführte Sicherheitsleitsysteme eignen sich neben der Profilierung der Leitmarkierungen zur Fluchtwege- und -richtungserkennung auch erhaben/fühlbar ausgeführte Grundrisse. Fluchtwegpläne müssen entsprechend gestaltet sein. Fühlbare Linien sind taktile Findehilfen zum Verständnis und zur Benutzung der Fluchtwegpläne. Zusätzliche in Tasthöhe angebrachte Fluchtwegeschilder mit Tastschrift und Brailleschrift sollen die Sicherheitsleitsysteme ergänzen.
Technische Lösungen für akustische Leitsysteme, akustische Fluchtwegführung sowie taktile Medien und Leitsysteme sind gut entwickelt und verfügbar. Deren präventiver bzw. rehabilitativer Einsatz ermöglicht es, Beschäftigten mit Sehbehinderung sicherheitsrelevante Informationen für sie verständlich zu übermitteln.
Die dynamisch-akustische Fluchtweglenkung setzt auf das Gehör als Orientierungsorgan. Ein spezieller Orientierungssound, der unter allen Umgebungsbedingungen, selbst bei starker Lärmentwicklung, wahrgenommen werden kann, stellt den Fluchtweg dar: Schneller werdende Impulsfolgen leiten die Menschen im Gebäude weiter. Höher oder tiefer werdende Tonfolgen führen sie nach oben bzw. unten. So sollen alle Betroffenen auch bei schlechten Sichtverhältnissen sicher und schnell nach draußen gelangen. Personenschäden sollen vermieden werden und die Feuerwehr kann sich auf die Brandbekämpfung und den Schutz der Sachwerte konzentrieren. Die Eignung dieser zusätzlichen Orientierungshilfen ist jeweils zu ermitteln.
Als taktile Bodenleitsysteme werden im allgemeinen Rillen- und Noppenplatten verwendet. Noppenpflaster lässt sich zumeist auch mit den Füßen ertasten und ist deshalb zur Warnung besonders geeignet. Rillenplatten, die im Allgemeinen nicht mit den Füßen, sondern nur mit dem Langstock ertastet werden können, sind weniger geeignet. Werden Rillenplatten eingesetzt, dann sind
– Platten mit breiteren Rillen,
– Platten mit trapezförmigen Rippen (statt mit sinusförmigen Rippen) und
– über das Umgebungsniveau hinausragende Rippen
zu bevorzugen.
ASR A1.5/1,2 Fußböden fordert als Schutzmaßnahmen gegen Stolpern (Nr. 5 Abs. 2), dass Leisten, Profile oder Ähnliches kipp- und trittsicher, bündig sowie höhengleich mit der Fußbodenoberfläche verlegt und ausreichend fest im Fußboden verankert sind. Als Schutzmaßnahmen gegen Ausrutschen (Nr. 6 Abs. 2) kommen insbesondere Fußbodenbeläge mit einer hohen Rutschhemmung oder zusätzlich einem Verdrängungsraum infrage. Bei zusätzlich auf dem Fußbodenbelag angebrachten Bändern oder Leisten ist zu beachten, dass eine an diesen Stellen wesentlich höhere Rutschhemmung als auf dem Fußboden auch zum Stolpern führen kann.
Technische Lösungen, die optische Sicherheitsleitsystem durch akustische und/oder taktile-sensorische Maßnahmen zu ersetzen, sind allein nicht ausreichend. Grundsätzlich müssen Beschäftigte mit Sehbehinderungen speziell ihnen zugewiesene Orientierungshelfer haben. Die Zuweisung dieser Orientierungshelfer zur Unterstützung eines Beschäftigten mit Sehbehinderungen hat schriftlich im Sinne einer Beauftragung zu erfolgen. Gleichermaßen ist eine Vertretung zu bestimmen. Es muss gewährleistet sein, dass während der Arbeitszeit eines Beschäftigten mit Sehbehinderung stets ein Orientierungshelfer in unmittelbarer Ortsnähe verfügbar ist. Durch regelmäßig durchzuführende Evakuierungsübungen ist das Funktionieren des Orientierungshilfesystems zu üben und nachzuweisen. Das Durchführen der Übungen und ggf. erkannte notwenige weitere Maßnahmen sind zu dokumentieren.

Anhang A4.3

Ergänzende Anforderungen zur ASR A4.3 „Erste-Hilfe-Räume, Mittel und Einrichtungen zur Ersten Hilfe"

(1) Beim Einrichten und Betreiben von Erste-Hilfe-Räumen und bei der Ausstattung der Arbeitsstätte mit Mitteln und Einrichtungen zur Ersten Hilfe sind die besonderen Belange von Beschäftigten mit Behinderungen zu berücksichtigen.[381]

Hinweis:

Ist im Rahmen der Organisation der Ersten Hilfe oder im Ergebnis der Gefährdungsbeurteilung festgelegt worden, dass Beschäftigte mit Behinderungen Aufgaben der Ersten Hilfe übernehmen, müssen die Mittel und Einrichtungen zur Ersten Hilfe durch sie wahrnehmbar, erkennbar, erreichbar und benutzbar sein.[382]

---

381) Abs. 1 umfasst und regelt grundsätzlich zwei verschiedene Sachverhalte:
  – betreffend die Erste-Hilfe-Maßnahmen für im Betrieb oder in den dem jeweiligen Erste-Hilfe-Raum zugeordneten Arbeitsstätten tätige Beschäftigte mit Behinderungen;
  – betreffend die Gestaltung und Ausstattung von Erste-Hilfe-Räumen, wenn dort als ausgebildete Ersthelfer bestimmungsgemäß Beschäftigte mit Behinderungen tätig sind und Erste-Hilfe-Maßnahmen an Verletzten, Vergifteten oder sonstwie Erkrankten zur Abwendung akuter Gesundheitsgefahren durchführen.
  Beide Sachverhalte haben verschiedene Gestaltungskonsequenzen.
  Zum einen sind als Gestaltungsnormalität nicht nur Zugänglichkeit und behindertengerechte Anordnung von Erste-Hilfe-Einrichtungen im Raum zu gewährleisten, sondern insbesondere die Ausstattung mit medizinischen Erstversorgungsmitteln, die ggf. zum Einsatz kommenden Rettungsgeräte und die Rettungstransportmittel entsprechend Behinderungsart und -ausmaß im regulären Bestand vorzuhalten. Dazu ist die Fachberatung des Betriebsarztes und des betrieblichen Sicherheitsingenieurs/der Fachkraft für Arbeitssicherheit einzuholen. Diese „behinderungsgerechte Ausstattungsvorsorge" ist für die medizinische Erstversorgung behinderter Beschäftigter im Betrieb unerlässlich.
  Zum anderen sind die Belange der Ausführung von Erste-Hilfe-Maßnahmen durch ausgebildete, aber selbst behinderte Ersthelfer an Beschäftigten des Betriebes für den Erste-Hilfe-Raum gestaltungsleitend. Hierzu ist die Fachberatung des Sicherheitsingenieurs/der Fachkraft für Arbeitssicherheit und des Betriebsarztes einzuholen.
382) Die behindertengerechten Ausstattungs- und Gestaltungsdetails sind vom Betriebsarzt und vom betrieblichen Sicherheitsingenieur/von der Fachkraft für Arbeitssicherheit einzufordern. Deren Ermittlungsergebnisse sind Bestandteil der Beurteilung der Arbeitsbedingungen für diese Tätigkeiten an diesem Arbeitsplatz nach § 5 ArbSchG und entsprechend § 6 ArbSchG in die Dokumentation aufzunehmen. Empfehlenswert ist, den fachliche Herkunft dieser besonderen Ermittlungsergebnisse aus der Bewertung des Betriebsarztes und des Sicherheitsingenieurs/der Fachkraft für Arbeitssicherheit gesondert zu kennzeichnen und einzeln zu dokumentieren. Dies im Erste-Hilfe-Raum deutlich erkennbar auszuhängen, ist ein gutes Mittel zur Durchsetzbarkeit und zur vorsorglich-stetigen Einhaltung der fachlich begründeten Besonderheiten.
  Die jeweilige Gestaltungslösung muss dem individuellen Behindertenstatus (Art und Ausmaß der jeweiligen Behinderung) entsprechend angepasst werden. Dies betrifft
  – die Barrierefreiheit des Zugangs zu diesen Räumen (s. a. ASR A1.7 Türen und Tore; Anh. A1.7 Ergänzende Anforderungen zur ASR A1.7 „Türen und Tore" im Verlauf von Fluchtwegen; Anh. Nr. 2.3 Nr. 5 Abs. 3, 4 ArbStättV und die hierzu bekannt gemachte ASR A2.3 Fluchtwege und Notausgänge, Flucht- und Rettungsplan),
  – die barrierefreie Benutzung dieser Räume,

Barrierefreie Gestaltung von Arbeitsstätten

ASR V3a.2

(2) Bei der Verteilung und Anbringung der Verbandkästen innerhalb der Arbeitsstätte sind im Rahmen der Organisation der Ersten Hilfe die besonderen Belange von Beschäftigten mit Behinderungen zu berücksichtigen.[383)]

Dies kann z. B. erreicht werden, indem:
- für Beschäftigte, die einen Rollstuhl benutzen, die Anfahrbarkeit gegeben ist,
- für Beschäftigte, die einen Rollstuhl benutzen und für kleinwüchsige Beschäftigte die Benutzung der Verbandkästen in einer Höhe von 0,85 m bis 1,05 m möglich ist oder
- für Beschäftigte mit einer Geh- oder Sehbehinderung ein zusätzlicher Verbandkasten an ihrem Arbeitsplatz bereitgestellt wird.

(ASR A4.3 Punkt 4 Abs. 3 und 4)

(3) Meldeeinrichtungen müssen für Beschäftigte mit Behinderungen wahrnehmbar, erkennbar, erreichbar und nutzbar sein. Dies kann z. B. durch nachfolgend aufgeführte Maßnahmen erreicht werden.

- **Wahrnehmbarkeit** und **Erkennbarkeit** der Meldeeinrichtungen sind gegeben, wenn sie für Beschäftigte mit Sehbehinderung visuell kontrastierend und für blinde Beschäftigte taktil erfassbar gestaltet sind.
- **Erreichbarkeit** der Meldeeinrichtungen ist für Beschäftigte, die einen Rollstuhl benutzen, gegeben, wenn die Anfahrbarkeit gewährleistet ist.
- **Erreichbarkeit** der Bedienelemente der Meldeeinrichtungen (wandmontiert oder Rufsäulen) ist gegeben, wenn sie für kleinwüchsige Beschäftigte und für Beschäftigte, die einen Rollstuhl benutzen, in einer Höhe von 0,85 m bis 1,05 m angeordnet sind.

- ggf. behindertengerecht erreichbare und gestaltete Alarmierungs-/Meldesysteme zur Organisation weiterer Hilfsmaßnahmen,
- innerhalb der Räume die Gestaltung der Einrichtungen und Erste-Hilfe-Mittel behindertengerecht zu realisieren.

Neben Einschränkungen der Hand-Arm-Motorik können auch, kombiniert oder einzeln, Einschränkungen der Fuß-Bein-Motorik vorliegen. In diesen Fällen sind Handläufe an Wänden, ggf. auch gesondert angebrachte Handlauf- und Festhaltemöglichkeiten an Einrichtungsgegenständen und Geräten, zu realisieren. Geeignete Sitzmöglichkeiten sind aufgabenbezogen im Erste-Hilfe-Raum einzuordnen. Für Beschäftigte mit Sehbehinderung und blinde Beschäftigte sind Handlauf- und Festhaltemöglichkeiten ebenso unerlässlich wie ggf. weitere Maßnahmen zur Gewährleistung von Wahrnehmbarkeit und Erkennbarkeit, z. B. wie in Anhang A4.3 Ergänzende Anforderungen zur ASR A4.3 „Erste-Hilfe-Räume, Mittel und Einrichtungen zur Ersten Hilfe" Abs. 3 für die Nutzung von Bedienelementen der Meldeeinrichtungen gefordert.

Grundsätzlich ist bei der Gestaltung des Erste-Hilfe-Raumes das Zwei-Sinne-Prinzip zu berücksichtigen, wenn sich Beschäftigte mit Behinderungen dort aufhalten oder tätig sind.

383) Die behindertengerechten Ausstattungs- und Gestaltungsdetails sind vom Betriebsarzt und vom betrieblichen Sicherheitsingenieur/von der Fachkraft für Arbeitssicherheit einzufordern. Deren Ermittlungsergebnisse sind Bestandteil der Beurteilung der Arbeitsbedingungen für diese Tätigkeiten an diesem Arbeitsplatz nach § 5 ArbSchG und entsprechend § 6 ArbSchG in die Dokumentation aufzunehmen. Empfehlenswert ist, die fachliche Herkunft dieser besonderen Ermittlungsergebnisse aus der Bewertung des Betriebsarztes und des Sicherheitsingenieurs/der Fachkraft für Arbeitssicherheit gesondert zu kennzeichnen und einzeln zu dokumentieren. Dies im Erste-Hilfe-Raum deutlich erkennbar auszuhängen, ist ein gutes Mittel zur Durchsetzbarkeit und zur vorsorglich-stetigen Einhaltung dieser fachlich begründeten Besonderheiten.

ASR V3a.2   **Barrierefreie Gestaltung von Arbeitsstätten**

- Bei der **Nutzung** von Meldeeinrichtungen sind die Belange der Beschäftigten mit Behinderungen so zu berücksichtigen, dass der Notruf verständlich übermittelt werden kann. Dies kann z. B. erreicht werden, indem
  - Beschäftigte mit Sprach- oder Hörbehinderung einen vorgefertigten Notruf absetzen können (z. B. Telefon mit Notrufeinrichtung, Notfallfax),
  - Beschäftigte, deren Hand-Arm-Motorik eingeschränkt ist, die Meldeeinrichtungen benutzen können, z. B. mit Sprachsteuerung, oder
  - Beschäftigte mit Sehbehinderung und blinde Beschäftigte ein Telefon mit Notruftaste nutzen können.

(ASR A4.3 Punkt 5.1)

(4) Für Beschäftigte, die einen Rollstuhl benutzen, ist für den Zugang zum Erste-Hilfe-Raum eine lichte Durchgangsbreite der Tür gemäß Absatz 3 Anhang A1.7: Ergänzende Anforderungen zur ASR A1.7 „Türen und Tore" zu gewährleisten. Schrägrampen zum Ausgleich von Höhenunterschieden sind gemäß Absatz 3 Anhang A1.8: Ergänzende Anforderungen zur ASR A1.8 „Verkehrswege" zu gestalten. (ASR A4.3 Punkt 6.1 Abs. 5).[384]

---

[384] Die jeweilige Gestaltungslösung muss dem individuellen Behindertenstatus (Art und Ausmaß der jeweiligen Behinderung) entsprechend angepasst werden. Dies betrifft
- die Barrierefreiheit des Zugangs zu diesen Räumen (s. a. ASR A1.7 Türen und Tore; Anhang 1.7 Ergänzende Anforderungen zur ASR A1.7 Türen und Tore im Verlauf von Fluchtwegen; Anh. Nr. 2.3 ArbStättV und die hierzu bekannt gemachte ASR A2.3 Fluchtwege und Notausgänge, Flucht- und Rettungsplan)
- die barrierefreie Benutzung dieser Räume
- ggf. behindertengerecht erreichbare und gestaltete Alarmierungs-/Meldesysteme zur Organisation weiterer Hilfsmaßnahmen
- innerhalb der Räume die Gestaltung der Einrichtungen und Erste-Hilfe-Mittel behindertengerecht zu realisieren.

Barrierefreie Gestaltung von Arbeitsstätten

ASR V3a.2

Anhang A4.4

Ergänzende Anforderungen zur ASR A4.4 „Unterkünfte"

(1) Werden Beschäftigte mit Behinderungen in Unterkünften untergebracht, so sind deren besondere Belange so zu berücksichtigen, dass Sicherheit und Gesundheitsschutz gewährleistet sind.[385]

(2) Werden bestehende Einrichtungen, wie Küchen, Vorratsräume, sanitäre Einrichtungen und Mittel zur Ersten Hilfe, von Beschäftigten mit Behinderungen benutzt, bestimmen deren individuelle Erfordernisse die Maßnahmen zur barrierefreien Gestaltung. (ASR A4.4 Punkt 4 Absatz 3)

(3) Bei der Übermittlung der Informationen (z. B. Brandschutzordnung, Alarmplan) hat der Arbeitgeber das Zwei-Sinne-Prinzip anzuwenden, wenn Bewohner mit einer Seh- oder Hörbehinderung untergebracht sind. (ASR A4.4 Punkt 4 Absatz 6)

(4) Sollen bestehende Einrichtungen, wie Hotels und Pensionen, von Beschäftigten mit Behinderungen als Unterkunft genutzt werden, bestimmen deren individuelle Erfordernisse die Möglichkeit der Nutzung. (ASR A4.4 Punkt 4 Absatz 7)

(5) Werden Beschäftige untergebracht, die einen Rollstuhl benutzen, muss in jedem Raum, ausgenommenen dem Windfang, eine freie Bewegungsfläche von mindestens 1,50 × 1,50 m vorhanden sein. Für Beschäftigte, die eine Gehhilfe oder einen Rollator benutzen, ist eine freie Bewegungsfläche von mindestens 1,20 × 1,20 m vorzusehen. Werden zwei oder mehr Beschäftigte untergebracht, die einen Rollator oder einen Rollstuhl benutzen, ist die freie Bewegungsfläche entsprechend anzupassen. (ASR A4.4 Punkt 5.2 Absatz 1 sowie Punkt 5.4 Absatz 6 Satz 3)

(6) Die Möglichkeit zum Waschen, Trocknen und Bügeln von Kleidung sowie die Zubereitungs-, Aufbewahrungs-, Kühl- und Spülgelegenheiten müssen für blinde Beschäftigte, Kleinwüchsige und für Beschäftigte, die einen Rollstuhl benutzen, erreichbar und benutzbar sein. (ASR A4.4 Punkt 5.4 Absätze 7 und 8)

Hinweis:

Für die barrierefreie Gestaltung von Unterkünften gelten zudem die in dieser ASR V3a.2 in den jeweiligen Anhängen beschriebenen ergänzenden Anforderungen.

---

385) Unterkünfte sind gleichwertige Bestandteile einer Arbeitsstätte. Deshalb sind die ergänzenden Anforderungen zu ASR A1.3 Sicherheits- und Gesundheitsschutzkennzeichnungen, ASR A1.6 Fenster, Oberlichter, lichtdurchlässige Wände, ASR A1.7 Türen und Tore, ASR A2.3 Fluchtwege und Notausgänge, Flucht- und Rettungsplan und ASR A3.4/7 Sicherheitsbeleuchtung, optische Sicherheitsleitsysteme in gleicher Weise zu beachten und in Maßnahmen umzusetzen.

zu Anh. Nr. 1.2 ArbStättV

Technische Regeln für Arbeitsstätten	Raumabmessungen und Bewegungsflächen[386)	ASR A1.2

GMBl. Nr. 46 vom 5.9.2013 S. 910, zuletzt geändert durch GMBl. Nr. 24 vom 18.5.2018 S. 471

...

Diese ASR A1.2 konkretisiert im Rahmen des Anwendungsbereichs die Anforderungen der Verordnung über Arbeitsstätten. Bei Einhaltung der Technischen Regeln kann der Arbeitgeber insoweit davon ausgehen, dass die entsprechenden Anforderungen der Verordnungen erfüllt sind. Wählt der Arbeitgeber eine andere Lösung, muss er damit mindestens die gleiche Sicherheit und den gleichen Gesundheitsschutz für die Beschäftigten erreichen.

Inhaltsübersicht

1 Zielstellung
2 Anwendungsbereich
3 Begriffsbestimmungen
4 Allgemeines
5 Grundflächen von Arbeitsräumen
6 Lichte Höhen von Arbeitsräumen
7 Luftraum
Anhang 1 Beispiel für die Grundfläche eines Arbeitsplatzes in einer Fertigungsstätte
Anhang 2 Beispiele für Grundflächen von Arbeitsplätzen in Büroräumen

1 Zielstellung

Diese Arbeitsstättenregel konkretisiert die Anforderungen an Raumabmessungen von Arbeitsräumen[387) und Bewegungsflächen in § 3a Absatz 1 der Arbeitsstättenverordnung sowie insbesondere in den Punkten 1.2 und 3.1 des Anhanges der Arbeitsstättenverordnung.[388)

2 Anwendungsbereich

(1) Diese Arbeitsstättenregel gilt für das Einrichten und Betreiben von Arbeitsräumen.

---

386) Die ASR A1.2 wurde neu erarbeitet. Es gab keine entsprechende Arbeitsstätten-Richtlinie auf der Basis der ArbStättV 1975. Die Regelungen für Raumabmessungen und Bewegungsflächen waren vielmehr mit der Angabe konkreter Zahlenwerte direkt aus den §§ 23 und 24 ArbStättV 1975 ableitbar.
387) Gem. Anh. Nr. 1.2 ArbStättV werden Sanitär-, Pausen- und Bereitschaftsräume, Kantinen, Erste-Hilfe-Räume und Unterkünfte den Arbeitsräumen gleichgestellt.
388) Die Zahlenwerte dieser ASR sind als Mindest- bzw. Höchstwerte einzuhalten. Eine Abweichung davon bedarf einer dokumentierten Begründung, z. B. in der Gefährdungsbeurteilung, durch welche anderen Maßnahmen das gleiche Schutzniveau erreicht wird.

Raumabmessungen und Bewegungsflächen

ASR A1.2

(2) Die Abmessungen aller weiteren Räume, wie Sanitärräume (ASR A4.1), Pausen- und Bereitschaftsräume (ASR A4.2), Erste-Hilfe-Räume (ASR A4.3) und Unterkünfte (ASR A4.4) richten sich gemäß Punkt 1.2 Absatz 2 des Anhangs der Arbeitsstättenverordnung nach der Art ihrer Nutzung.

Hinweis:

Für die barrierefreie Gestaltung der Raumabmessungen und Bewegungsflächen gilt die ASR V3a.2 „Barrierefreie Gestaltung von Arbeitsstätten", Anhang A1.2: Ergänzende Anforderungen zur ASR A1.2 „Raumabmessungen und Bewegungsflächen".[389]

3 Begriffsbestimmungen

3.1 Bewegungsflächen sind zusammenhängende unverstellte Bodenflächen am Arbeitsplatz, die mindestens erforderlich sind, um den Beschäftigten bei ihrer Tätigkeit wechselnde Arbeitshaltungen sowie Ausgleichsbewegungen zu ermöglichen.

3.2 Bewegungsfreiraum ist der zusammenhängende unverstellte Raum am Arbeitsplatz, der mindestens erforderlich ist, um den Beschäftigten bei ihrer Tätigkeit wechselnde Arbeitshaltungen sowie Ausgleichsbewegungen zu ermöglichen.

3.3 Gänge zu den Arbeitsplätzen sind Verkehrswege, die dem ungehinderten Zutritt zu den persönlich zugewiesenen Arbeitsplätzen dienen (siehe ASR A1.8 „Verkehrswege").

3.4 Gänge zu gelegentlich benutzten Betriebseinrichtungen sind Verkehrswege, die dem ungehinderten Zutritt zur Nutzung von Betriebseinrichtungen (z. B. Heizungen, Fenster, Elektroversorgung) dienen (siehe ASR A1.8 „Verkehrswege").

3.5 Stellflächen sind die Bodenflächen, die für Arbeitsmittel (z. B. Roh-, Hilfs- und Betriebsstoffe, Produkte des jeweiligen Arbeitsschrittes, Arbeitsstühle, Arbeitswagen, Werkzeugcontainer, Hebemittel), Einbauten, Einrichtungen und sonstige Gegenstände (z. B. Abfälle) benötigt werden, unabhängig davon, ob diese den Boden berühren oder nicht.

3.6 Funktionsflächen sind die Bodenflächen, die von beweglichen Teilen von Arbeitsmitteln, Einbauten und Einrichtungen überdeckt werden.

3.7 Flächen für Sicherheitsabstände sind die Bodenflächen an Arbeitsplätzen, Arbeitsmitteln, Einbauten und Einrichtungen, die erforderlich sind, um Gefährdungen von Beschäftigten zu vermeiden.

3.8 Zellenbüros sind als Einzel- oder Mehrpersonenbüros in der Regel entlang der Fassade angeordnet und über einen gemeinsamen Flur zugänglich. Mehrpersonenbüros umfassen in der Regel bis sechs Büro- oder Bildschirmarbeitsplätze.

---

[389] Dort werden für die Grundflächen und Höhen des notwendigen Bewegungsfreiraumes am Arbeitsplatz in Abhängigkeit von den individuellen Erfordernissen der Beschäftigten mit Behinderungen erforderlichenfalls Zuschläge gefordert.

3.9 Gruppenbüros sind für die Einrichtung von in der Regel bis zu 25 Büro- oder Bildschirmarbeitsplätzen vorgesehene fensternahe Raumeinheiten, die mit Stellwänden oder flexiblen Raumgliederungssystemen deutlich voneinander abgegrenzt werden.

3.10 Großraumbüros sind organisatorische und räumliche Zusammenfassungen von Büro- oder Bildschirmarbeitsplätzen auf einer 400 m² oder mehr umfassenden Grundfläche, die mit Stellwänden gegliedert sein können.

3.11 Kombibüros sind in der Regel Kombinationen aus Zellenbüro und Großraumbüro. Die „Arbeitskojen" sind in der Regel mit je einem Beschäftigten besetzt, um einen Gemeinschaftsraum mit Besprechungsecken, Registraturen, Serviceeinrichtungen, Teeküchen u. a. gruppiert und durch Glaswände und -türen mit dem Gemeinschaftsraum verbunden.

4 Allgemeines

(1) Arbeitsräume müssen eine ausreichende Grundfläche und Höhe sowie einen ausreichenden Luftraum aufweisen. Damit soll sichergestellt sein, dass die Beschäftigten ohne Beeinträchtigung ihrer Sicherheit, ihrer Gesundheit oder ihres Wohlbefindens ihre Arbeit verrichten können.[390)][391)]

(2) Am Arbeitsplatz muss ausreichend Bewegungsfreiraum vorhanden sein, so dass Beschäftigte alle Arbeitsaufgaben erledigen können und nicht, z. B. durch Einbauten, Einrichtungen oder sonstige Gegenstände, in ihrer Bewegungsfreiheit eingeschränkt sind.

(3) Ausgangspunkt für die Ermittlung der Grundflächen und Höhen des notwendigen Bewegungsfreiraumes sind die Körpermaße des Menschen. Die in dieser ASR aufgeführten

---

390) Die ArbStättV in ihrer aktuellen Fassung fügt für die Abmessungen von Räumen und den Luftraum dem üblichen Schutzziel, Gefährdungen für die Sicherheit und die Gesundheit zu vermeiden, ausdrücklich hinzu, „ ... dass die Beschäftigten ohne Beeinträchtigung ... ihres Wohlbefindens ihre Arbeit verrichten können". Die ASR A3.6 wiederholt diese Forderung (Nr. 4.1).

391) Distanzzonen: Damit die Beschäftigten ohne Beeinträchtigung ihres Wohlbefindens ihre Arbeit ausführen können, werden in der Fachliteratur für nebeneinander angeordnete Arbeitsplätze sog. Distanzzonen genannt. Empfohlen wird, diese Abstände zu anderen Personen zu berücksichtigen. Mai (Mai J.: Bitte Abstand halten! – Distanzzonen und Intimsphären, 2007. Abrufbar unter: http://karrierebibel.de/bitte-abstand-halten-distanzzonen-und-intimsphaeren/) beschreibt die Grundlagen der psychologisch notwendigen Mindestabstände anhand der vier Zonen nach Hall folgendermaßen:
- „Die öffentliche Zone. Sie umfasst einen Umkreis mehr als 3,60 Meter Abstand und ist für die meisten unproblematisch. Dieser Umkreis ist typisch für die Rolle eines Zuschauers während einer Parade oder während er einem Vortrag lauscht.
- Die soziale Zone. Sie reicht von 1,20 bis 3,60 Meter. Der klassische Abstand zu Fremden, Verkäufern, Servicekräften oder Beamten. Näher als eine Armlänge sollten die keinem kommen. Denn dort beginnt schon ...
- Die persönliche Zone. Sie ist guten Freunden oder Kollegen vorbehalten. Sie dürfen zwischen 0,6 und einen Meter an uns heranrücken. Es ist zugleich die Zone, in die jemand beim Händeschütteln eindringt. Deshalb sollten sich Fremde hierbei nur langsam nähern, wenn sie nicht gleich Vorbehalte schüren wollen.
- Die intime Zone. Hier hat unser Gegenüber gerade mal 60 Zentimeter Abstand. Das dürfen wirklich nur engste Freunde, Familie oder der Partner. Andernfalls reagieren wir mit Ablehnung oder gar Aggression."

Raumabmessungen und Bewegungsflächen — ASR A1.2

Werte stellen das Minimum für Bewegungsfreiräume dar, wobei Zuschläge von Kleidung und Körperbewegungen berücksichtigt sind. Weitere Zuschläge z. B. für persönliche Schutzausrüstungen oder für die Handhabung von Arbeitsgegenständen und Arbeitsmitteln sind erforderlichenfalls festzulegen.

(4) Für bestimmte Arbeitsplätze, z. B. Kassenarbeitsplätze, Schulungs- und Besprechungsarbeitsplätze, Arbeitsplätze in Operationsbereichen, können aufgrund ihrer spezifischen betriebstechnischen oder ergonomischen Anforderungen von den Regelungen dieser ASR abweichende Gestaltungen notwendig sein. Diese sind im Rahmen einer Gefährdungsbeurteilung zu ermitteln und festzulegen. Hierfür können branchenspezifische Hilfen herangezogen werden (siehe Punkt Ausgewählte Literaturhinweise).

5 Grundflächen von Arbeitsräumen[392]

(1) Die erforderlichen Grundflächen für Arbeitsräume ergeben sich aus folgenden Flächen:
- Bewegungsflächen der Beschäftigten am Arbeitsplatz,
- Flächen für Verkehrswege einschließlich der Fluchtwege und Gänge zu den Arbeitsplätzen und zu gelegentlich benutzten Betriebseinrichtungen,
- Stellflächen für Arbeitsmittel, Einbauten und Einrichtungen,
- Funktionsflächen für alle Betriebs- bzw. Benutzungszustände von Arbeitsmitteln, Einbauten und Einrichtungen und
- Flächen für Sicherheitsabstände, soweit sie nicht bereits in den Stell- oder Funktionsflächen berücksichtigt sind.

Beispiele für erforderliche Grundflächen von Arbeitsplätzen sind in den Anhängen 1 und 2 dargestellt.

(2) Bei der Bemessung der Grundfläche der Arbeitsräume sind entsprechend der Anzahl der Arbeitsplätze und der Tätigkeit zusätzlich zu den erforderlichen Flächen nach Absatz 1 die Einhaltung des Mindestluftraums nach Punkt 7 sowie gegebenenfalls weitere Anforderungen, z. B. an die Luftqualität (siehe ASR A3.6 „Lüftung") oder an die Akustik, zu berücksichtigen.

(3) Unabhängig von Absatz 1 und von der Tätigkeit dürfen als Arbeitsräume nur Räume genutzt werden, deren Grundflächen mindestens 8 m² für einen Arbeitsplatz zuzüglich mindestens 6 m² für jeden weiteren Arbeitsplatz betragen.

(4) Für Büro- und Bildschirmarbeitsplätze ergibt sich bei Einrichtung von Zellenbüros als Richtwert ein Flächenbedarf von 8 bis 10 m² je Arbeitsplatz einschließlich Möblierung und anteiliger Verkehrsflächen im Raum. Für Großraumbüros ist angesichts des höheren Verkehrsflächenbedarfs und ggf. größerer Störwirkungen (z. B. akustisch, visuell) von 12

---

[392] Eine wesentliche Neuerung ist die systematische Ermittlung der Grundfläche des Arbeitsraums aus der Addition aller Flächenarten (Teilflächen), die aufgrund der spezifischen Arbeitstätigkeiten für den künftigen Arbeitsraum erforderlich sind. Anh. 2 enthält Beispiele mit einer Grundfläche von 8,68 – 16,18 m².

bis 15 m² je Arbeitsplatz auszugehen. Beispielhafte Gestaltungslösungen zu den einzelnen Bürotypen sind dem Anhang 2 zu entnehmen.[393]

5.1 Bewegungsflächen der Beschäftigten am Arbeitsplatz

5.1.1 Allgemeine Anforderungen

(1) Zur Festlegung der Bewegungsfläche sind alle während der Tätigkeit einzunehmenden Körperhaltungen zu berücksichtigen.

(2) Die Bewegungsfläche muss mindestens 1,50 m² betragen. Ist dies aus betriebstechnischen Gründen nicht möglich, muss den Beschäftigten in der Nähe des Arbeitsplatzes eine mindestens 1,50 m² große Bewegungsfläche zur Verfügung stehen (siehe Abb. 1).

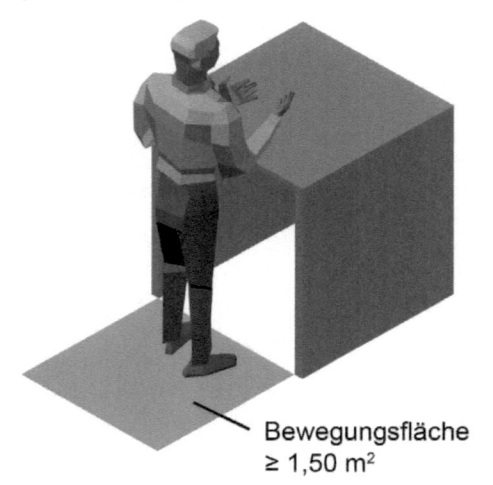

Abb. 1: Mindestgröße der Bewegungsfläche im Sitzen und Stehen (Quelle: VBG Hamburg [www.vbg.de])

---

393) Neu berücksichtigt wurde bei den Anforderungen für die Gestaltung von Büroarbeitsplätzen die Unterscheidung nach den gängigen spezifischen Bürotypen, wie Zellen-, Gruppen- und Großraumbüro. Die in der ASR A1.2 für verschiedene Bürotypen aufgeführten Richtwerte stellen Toleranzbereiche für den Flächenbedarf der in diesen Bürotypen eingerichteten Büro- und Bildschirmarbeitsplätze dar, die eine Möblierung und anteilige Verkehrsflächen in den Büroräumen einschließen. Bedarf es aufgrund spezifischer Anforderungen an die Arbeitstätigkeit nur einer minimalen Ausstattung (z. B. Büro ohne Schränke o. ä.) oder aber einer erhöhten Ausstattung (z. B. Büro mit erhöhtem Anteil an Schränken oder Raumteilern zum Ausschluss akustischer oder visueller Störwirkungen), ist es nach der Logik der ASR A1.2 möglich, dies als Begründung für eine Abweichung vom Toleranzbereich anzugeben. Eine Abweichung von den in der ASR A1.2 festgeschriebenen Richtwerten bedarf einer dokumentierten Begründung. Diese kann im Rahmen der Gefährdungsbeurteilung erfolgen. Darzulegen ist, durch welche anderen Maßnahmen das gleiche Schutzniveau an Sicherheit, Gesundheit und des Wohlbefindens erreicht wird. Der in der ASR A1.2 Nr. 5 Abs. 3 festgelegte Mindestwert darf jedoch nicht unterschritten werden.

5.1.2 Sitzende und stehende Tätigkeiten

Die Tiefe und die Breite der Bewegungsfläche für Tätigkeiten im Sitzen und Stehen müssen mindestens 1,00 m betragen (siehe Abb. 2 und 3).

Abb. 2: Mindesttiefe der Bewegungsfläche im Sitzen und Stehen (Quelle: VBG Hamburg [www.vbg.de])

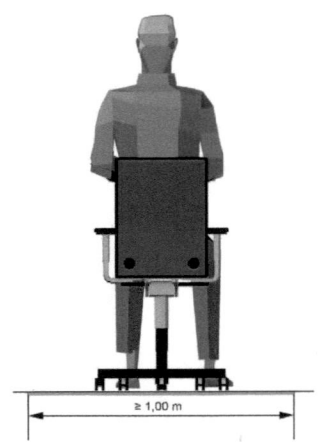

ASR A1.2   Raumabmessungen und Bewegungsflächen

Abb. 3: Mindestbreite der Bewegungsfläche im Sitzen und Stehen (Quelle: VBG Hamburg [www.vbg.de])

5.1.3 Tätigkeiten mit anderen Körperhaltungen

(1) Die Tiefe der Bewegungsfläche an Arbeitsplätzen mit stehender nicht aufrechter Körperhaltung muss mindestens 1,20 m betragen (siehe Abb. 4).

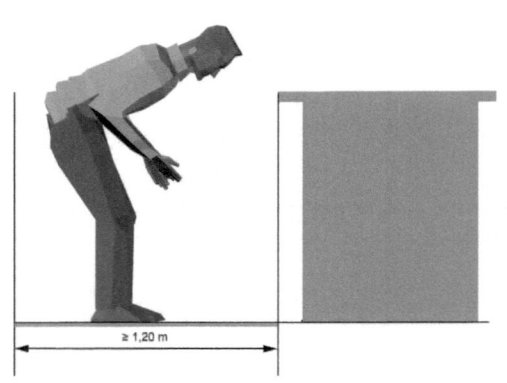

Abb. 4: Mindesttiefe der Bewegungsfläche für Arbeitsplätze mit stehender nicht aufrechter Körperhaltung (Quelle: VBG Hamburg [www.vbg.de])

(2) Für Beschäftigte, die für ihre Tätigkeit andere Körperhaltungen einnehmen müssen, sind die Maße für die Bewegungsfläche im Rahmen der Gefährdungsbeurteilung gesondert zu ermitteln und festzulegen.

Raumabmessungen und Bewegungsflächen

ASR A1.2

5.1.4 Nebeneinander angeordnete Arbeitsplätze

Sind mehrere Arbeitsplätze unmittelbar nebeneinander angeordnet, muss die Breite der Bewegungsfläche an jedem Arbeitsplatz mindestens 1,20 m betragen (siehe Abb. 5).

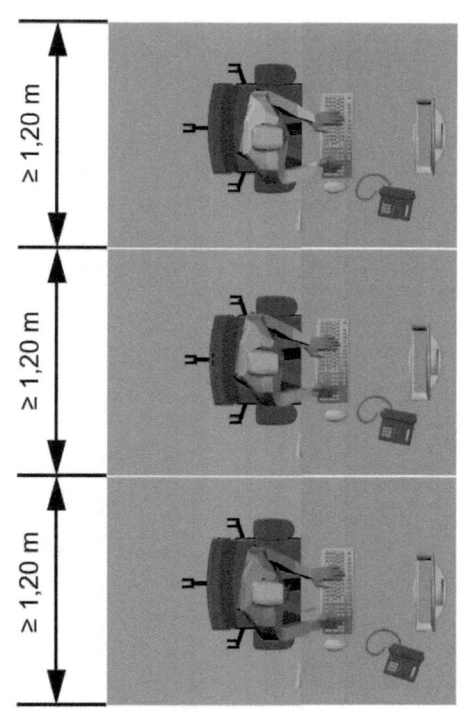

Abb. 5: Breite der Bewegungsfläche für nebeneinander angeordnete Arbeitsplätze mit sitzender oder stehender Körperhaltung (Quelle: VBG Hamburg [www.vbg.de])

5.1.5 Überlagerung von Bewegungsflächen

(1) Bewegungsflächen dürfen sich nicht überlagern mit:
- Bewegungsflächen anderer Arbeitsplätze,
- Flächen für Verkehrswege, einschließlich Fluchtwegen und Gängen zu anderen Arbeitsplätzen und Gängen zu gelegentlich genutzten Betriebseinrichtungen,
- Stellflächen für Arbeitsmittel, Einbauten und Einrichtungen,
- Funktionsflächen für Arbeitsmittel, Einbauten und Einrichtungen und
- Flächen für Sicherheitsabstände.

(2) Abweichend von Absatz 1 ist eine Überlagerung der Bewegungsfläche am Arbeitsplatz des jeweiligen Nutzers möglich mit:
- Stellflächen von selbst benutzten mobilen Arbeitsmitteln,
- Funktionsflächen von selbst benutzten Arbeitsmitteln, Einbauten und Einrichtungen (z. B. Schrankauszüge und -türen, Fensterflügel) und
- Flächen für Sicherheitsabstände (z. B. am Schrankauszug, siehe Abb. 10).

Dabei darf es zu keiner Beeinträchtigung der Sicherheit, der Gesundheit oder des Wohlbefindens der Beschäftigten kommen.

5.2 Flächen für Verkehrswege

(1) Maße zu Höhen und Breiten von Verkehrswegen einschließlich Gängen zu den Arbeitsplätzen und gelegentlich benutzten Betriebseinrichtungen sind in der ASR A1.8 „Verkehrswege" geregelt.

(2) Maße zu Höhen und Breiten von Fluchtwegen sind in der ASR A2.3 „Fluchtwege und Notausgänge, Flucht- und Rettungsplan" geregelt.

5.3 Stellflächen für Arbeitsmittel, Einbauten und Einrichtungen

Stellflächen müssen entsprechend den äußeren Abmessungen der Arbeitsmittel, Einbauten und Einrichtungen berücksichtigt werden (siehe Abb. 6 und 7).

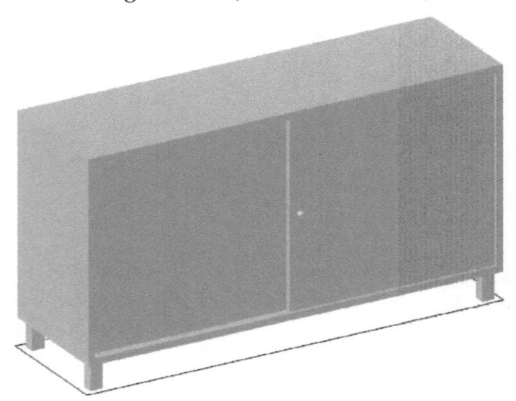

Abb. 6: Stellfläche eines Schrankes (Quelle: VBG Hamburg [www.vbg.de])

Raumabmessungen und Bewegungsflächen

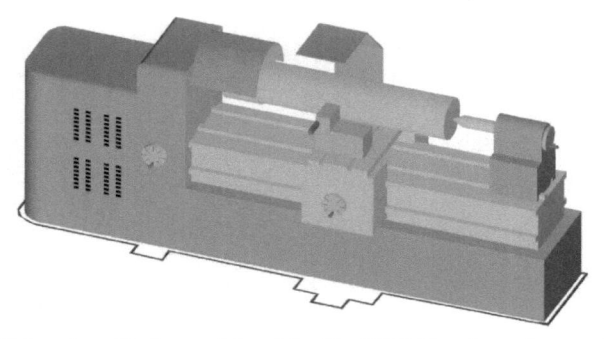

ASR A1.2

Abb. 7: Stellfläche einer Drehmaschine (Quelle: VBG Hamburg [www.vbg.de])

5.4 Funktionsflächen für Arbeitsmittel, Einbauten und Einrichtungen

Für die Ermittlung der Funktionsflächen müssen die Flächen für alle Betriebszustände, z. B. auch für Instandhaltung und Werkzeugwechsel, berücksichtigt werden (siehe Abb. 8 und 9).

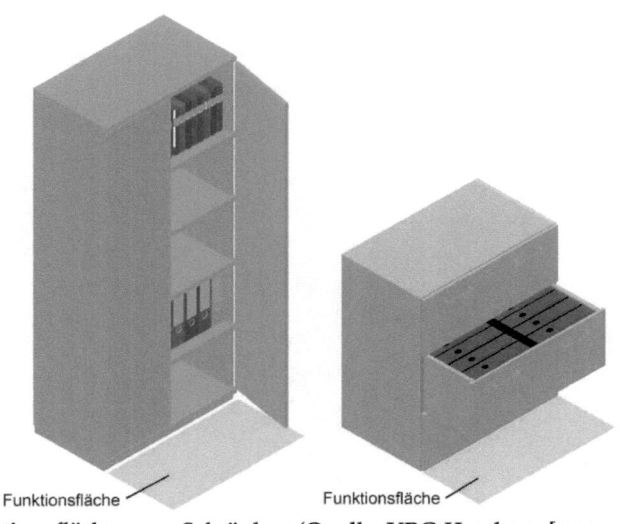

Abb. 8: Funktionsflächen von Schränken (Quelle: VBG Hamburg [www.vbg.de])

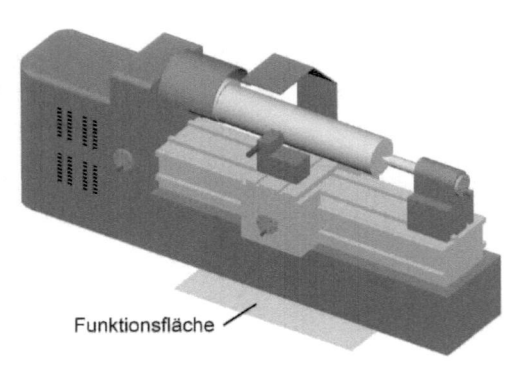

Abb. 9: Funktionsfläche für den Schlitten einer Drehmaschine (Quelle: VBG Hamburg [www.vbg.de])

5.5 Flächen für Sicherheitsabstände

Flächen zur Einhaltung von notwendigen Sicherheitsabständen, soweit diese nicht bereits in den Stell- oder Funktionsflächen berücksichtigt sind, sind im Rahmen der Gefährdungsbeurteilung festzulegen (siehe Abb. 10). Zur Vermeidung von Ganzkörperquetschungen muss der Sicherheitsabstand mindestens 50 cm betragen. Weitere Hinweise dafür können z. B. aus den Herstellerangaben entnommen werden.

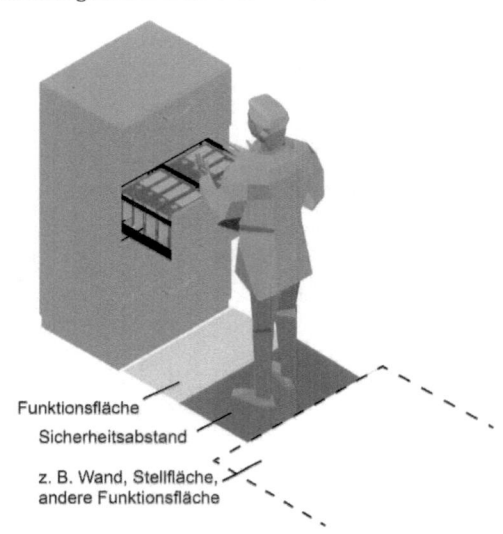

Abb. 10: Beispiel für Funktionsfläche und Sicherheitsabstand zur Benutzung eines Schrankes (Quelle: VBG Hamburg [www.vbg.de])

Raumabmessungen und Bewegungsflächen   ASR A1.2

6 Lichte Höhen von Arbeitsräumen

(1) Die erforderliche lichte Höhe von Räumen ist abhängig von:
- den Bewegungsfreiräumen für die Beschäftigten,
- der Nutzung der Arbeitsräume,
- den technischen Anforderungen, z. B. Platzbedarf für Lüftung und Beleuchtung, und
- den Erfordernissen hinsichtlich des Wohlbefindens der Beschäftigten.

(2) In Abhängigkeit von der Grundfläche muss die lichte Höhe von Arbeitsräumen betragen:
- bei bis zu 50 m^2 mindestens 2,50 m
- bei mehr als 50 m^2 mindestens 2,75 m
- bei mehr als 100 m^2 mindestens 3,00 m
- bei mehr als 2000 m^2 mindestens 3,25 m

(3) Die in Absatz 2 genannten Maße können um 0,25 m herabgesetzt werden, wenn keine gesundheitlichen Bedenken bestehen. Das ist im Rahmen der Gefährdungsbeurteilung zu ermitteln. Eine lichte Höhe von 2,50 m darf jedoch nicht unterschritten werden.

(4) Unabhängig von Absatz 3 kann in Arbeitsräumen bis zu 50 m^2 Grundfläche, in denen überwiegend leichte oder sitzende Tätigkeit ausgeübt wird, die lichte Höhe auf das nach Landesbaurecht zulässige Maß herabgesetzt werden, wenn dies mit der Nutzung der Arbeitsräume vereinbar ist.

(5) Bei Unterschreitung der lichten Höhen nach Absatz 2 darf es zu keiner Beeinträchtigung der Sicherheit, der Gesundheit oder des Wohlbefindens der Beschäftigten kommen.

(6) Sollen Räume mit Schrägdecken als Arbeitsräume genutzt werden, müssen die Anforderungen an Aufenthaltsräume mit Schrägdecken nach Landesbaurecht erfüllt sein. Über den Arbeitsplätzen und freien Bewegungsflächen sind die Anforderungen der Absätze 2 bis 5 einzuhalten. Für die Anforderungen an die lichte Höhe von Verkehrswegen und Fluchtwegen gelten die Bestimmungen der ASR A1.8 „Verkehrswege" bzw. der ASR A2.3 „Fluchtwege und Notausgänge, Flucht- und Rettungsplan".

7 Luftraum

(1) Arbeitsräume sind so einzurichten, dass der freie, durch das Volumen von Einbauten nicht verringerte Luftraum für jeden ständig anwesenden Beschäftigten mindestens
- 12 m³ bei überwiegend sitzender Tätigkeit,
- 15 m³ bei überwiegend nichtsitzender Tätigkeit und
- 18 m³ bei schwerer körperlicher Arbeit

beträgt.[394]

(2) Wenn sich in Arbeitsräumen neben den ständig anwesenden Beschäftigten auch andere Personen nicht nur vorübergehend aufhalten, ist für jede zusätzliche Person ein Mindestluftraum von 10 m³ vorzusehen. Dies gilt nicht für Verkaufsräume, Schank- und Speiseräume in Gaststätten, Schulungs- und Besprechungsräume sowie für Unterrichtsräume in Schulen.

Ausgewählte Literaturhinweise

Informationen der Unfallversicherungsträger

- DGUV Information 208-002 Sitz-Kassenarbeitsplätze (BGHW-Kompakt, Merkblatt 86) 10/2015
- DGUV Information 208-003 Steh-Kassenarbeitsplätze 03/2014 aktualisiert 05/2015
- DGUV Information 215-441 Büroraumplanung, Hilfen für das systematische Planen und Gestalten von Büros 09/2016
- DGUV Information 207-017 Neu- und Umbauplanung im Krankenhaus unter Gesichtspunkten des Arbeitsschutzes 09/2011
- DGUV Information 215-410 Bildschirm- und Büroarbeitsplätze, Leitfaden für die Gestaltung 09/2015

Veröffentlichungen des Länderausschusses für Arbeitsschutz und Sicherheitstechnik (LASI-Veröffentlichungen)

- LV 20 Handlungsanleitung zur Beurteilung der Arbeitsbedingungen an Kassenarbeitsplätzen, Oktober 1999
- LV 50 Bewegungsergonomische Gestaltung von andauernder Steharbeit, März 2009

---

394) Nr. 7 übernimmt die Raumvolumina aus § 23 Abs. 4 ArbStättV 1975. Es wird dabei nicht ausreichend berücksichtigt, dass heutige moderne Fenster praktisch dicht sind und einen Luftwechsel weitgehend verhindern, während ein Luftwechsel bei alten Bauten auch bei geschlossenen Fenstern und Türen vorhanden war. Weil
- ständige Spaltlüftung nicht ganzjährig eingesetzt werden kann und
- Stoßlüftung für Räume von 12 m³ oder 15 m³ nicht sinnvoll ist (die Abstände zwischen zwei Stoßlüftungen wären mit weniger als einer Stunde so gering, dass eine kontinuierliche Arbeit gestört würde),

sollte zur Aufrechterhaltung der erforderlichen Raumluftqualität deshalb bei Raumvolumina von 12 m³ und 15 m³ pro Person eine raumlufttechnische Anlage eingebaut werden.

Raumabmessungen und Bewegungsflächen ASR A1.2

Weitere Literaturstellen

Handlungshilfen:

- Arbeitswissenschaftliche Erkenntnisse Nr. 106: Die systemische Beurteilung von Bildschirmarbeit (BAuA), 1. Auflage. Bremerhaven: Wirtschaftsverlag NW Verlag für neue Wissenschaft GmbH 1999
- Quartbroschüre: Qualifizierung, Q 6 Büroraumtypen und Ergonomieprobleme. Humanisierung in Büro und Verwaltung (BAuA), 1. Auflage. Dortmund: 2001 (vergriffen)

ASR A1.2 Raumabmessungen und Bewegungsflächen

Anhang 1

Beispiel für die Grundfläche eines Arbeitsplatzes in einer Fertigungsstätte

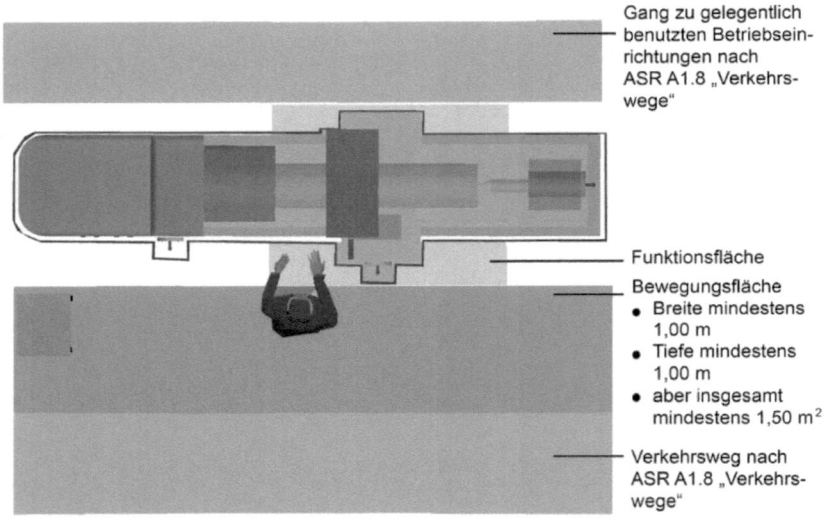

Gang zu gelegentlich benutzten Betriebseinrichtungen nach ASR A1.8 „Verkehrswege"

Funktionsfläche

Bewegungsfläche
- Breite mindestens 1,00 m
- Tiefe mindestens 1,00 m
- aber insgesamt mindestens 1,50 m^2

Verkehrsweg nach ASR A1.8 „Verkehrswege"

Abb. 11: Grundriss (Quelle: VBG Hamburg [www.vbg.de])

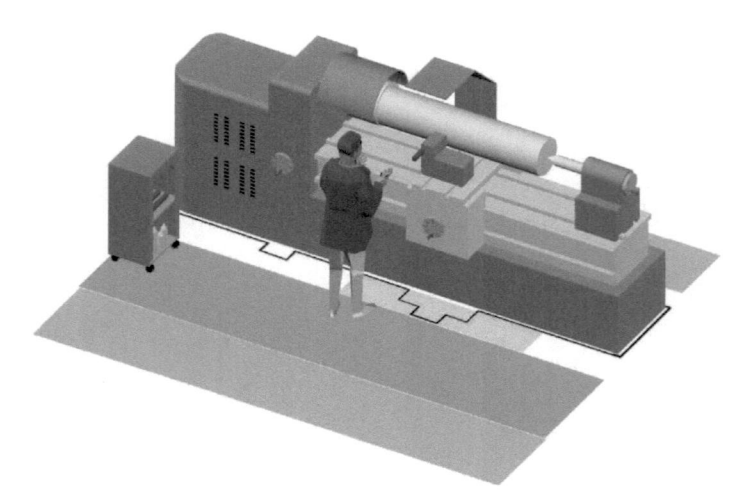

Abb. 12: 3D-Ansicht (Quelle: VBG Hamburg [www.vbg.de])

Raumabmessungen und Bewegungsflächen

ASR A1.2

Anhang 2

Beispiele für Grundflächen von Arbeitsplätzen in Büroräumen

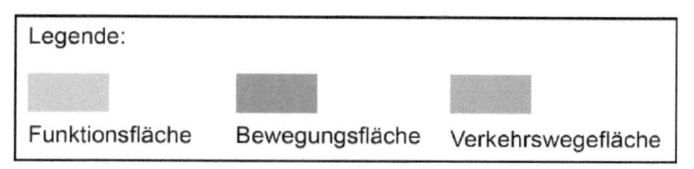

Legende:

Funktionsfläche   Bewegungsfläche   Verkehrswegefläche

Zellenbüros/Einzelbüros

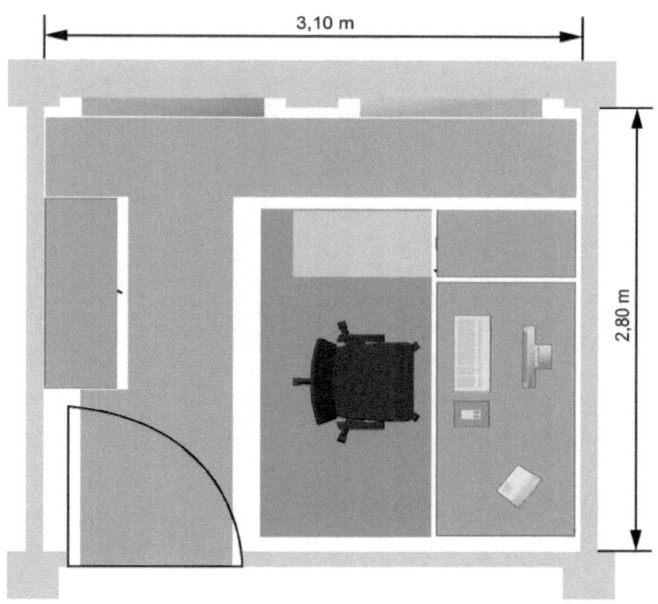

Abb. 13: Zellenbüro/Einzelbüro Beispiel 1[395]   (Quelle: VBG Hamburg [www.vbg.de])

Beispiel für ein Zellenbüro (Einzelbüros entlang der Fassade angeordnet und über einen gemeinsamen Flur zugänglich) jeweils mit Sitz-/Steharbeitstisch, Rollcontainer in Arbeitstischhöhe und Schiebetürenschrank

Flächenbedarf pro Arbeitsplatz: 8,68 m²

---

[395] Abb. 13: Der kleinste Flächenbedarf pro Arbeitsplatz liegt bei diesem Beispiel bei 8,68 m². Bei der Einrichtung von Büroarbeitsplätzen in vorhandenen Räumen mit vorgegebener Länge und Breite lässt sich bei entsprechender Arbeitsplatzausrüstung kaum ein geringerer Flächenbedarf erreichen. Bei einer Raumhöhe von 2,50 m ergibt sich für diesen kleinsten Raum ein Luftvolumen von 21,70 m³, sodass mit freier Lüftung alle 60 Minuten gearbeitet werden kann.

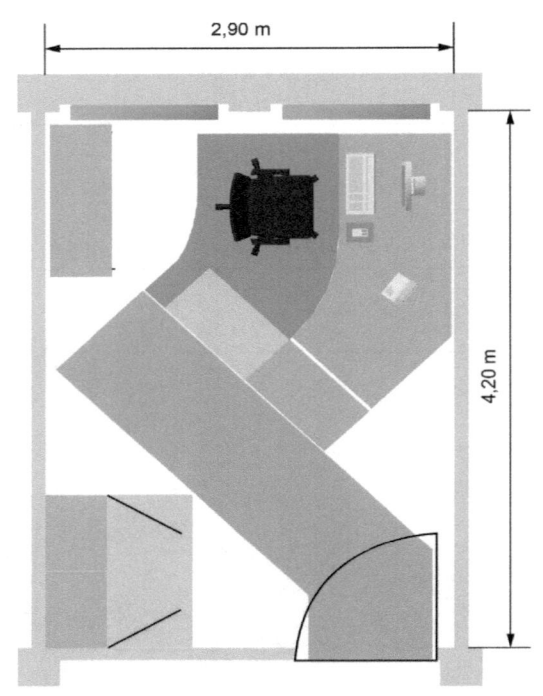

ASR A1.2 — Raumabmessungen und Bewegungsflächen

Abb. 14: Zellenbüro/Einzelbüro Beispiel 2 (Quelle: VBG Hamburg [www.vbg.de])

Beispiel für heute übliche Büroarbeit (Kombination zwischen Bildschirmarbeit und „klassischer" Bürotätigkeit)

Flächenbedarf pro Arbeitsplatz: 12,18 m^2

Raumabmessungen und Bewegungsflächen

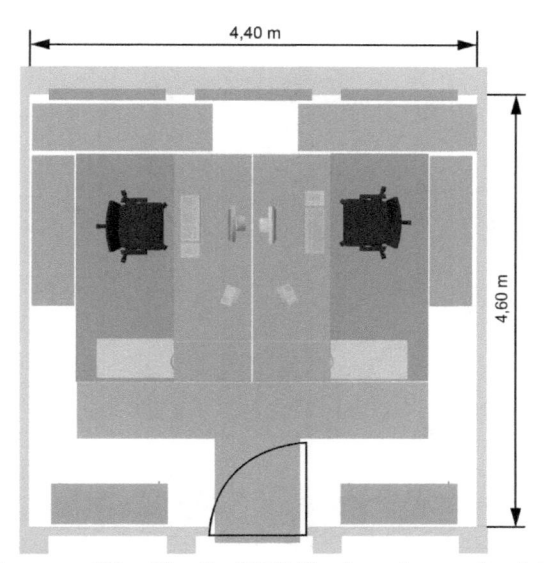

ASR A1.2

Abb. 15: Zwei-Personen-Büro (Quelle: VBG Hamburg [www.vbg.de])

Beispiel für ein Zwei-Personen-Büro jeweils mit Sitz-/Steharbeitstisch, Rollcontainer in Arbeitstischhöhe, Regalen und Schiebetürenschränken

Flächenbedarf pro Arbeitsplatz: 10,12 m²

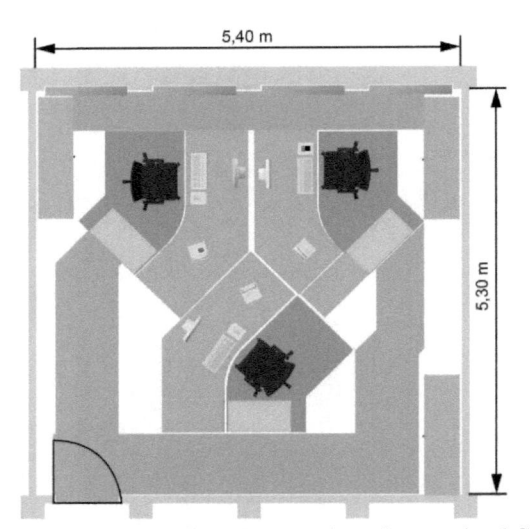

ASR A1.2　　　　　　　　　　　　　　　　　　　　　　　Raumabmessungen und Bewegungsflächen

Abb. 16: Drei-Personen-Büro (Quelle: VBG Hamburg [www.vbg.de])

In diesem Beispiel bestand die Notwendigkeit, ein Zwei-Personen-Büro mit einem dritten Arbeitsplatz auszustatten. Durch den Austausch alter CRT-Monitore durch moderne LCD-Bildschirme konnte die Arbeitsplatztiefe von 1000 auf 800 mm verringert werden. Auch konnte auf Flügeltürenschränke durch die inzwischen üblichen ONLINE-Dokumente verzichtet werden.

Flächenbedarf pro Arbeitsplatz: 9,54 m^2

Raumabmessungen und Bewegungsflächen

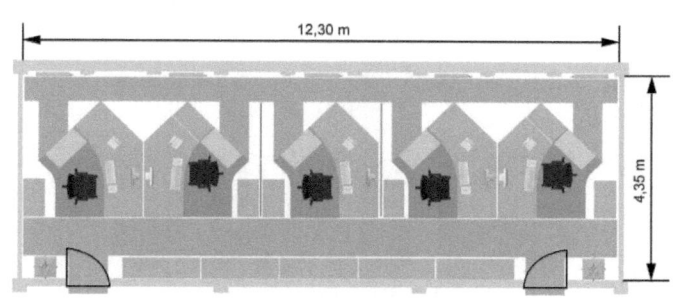

ASR A1.2

Abb. 17: Gruppenbüro (Quelle: VBG Hamburg [www.vbg.de])

Die Ausstattung in diesem Gruppenbüro beschränkt sich auf Arbeitstisch mit Freiformplatte, Rollcontainer am Arbeitstisch, Querrollladenschrank und Schiebetürenschränken zur gemeinsamen Nutzung.

Flächenbedarf pro Arbeitsplatz: 10,70 m²

Kombibüro

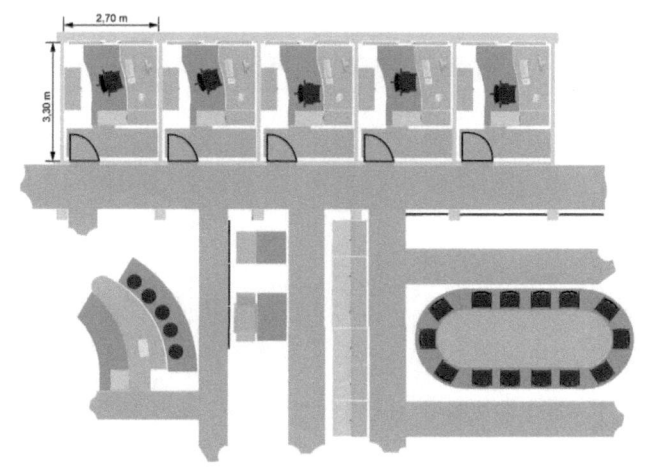

Abb. 18: Kombibüro (Quelle: VBG Hamburg [www.vbg.de])

Das Kombibüro in diesem Beispiel nimmt insgesamt viel Grundfläche pro Arbeitsplatz in Anspruch, jedoch ist der „individuelle" Flächenbedarf pro Einzelbürozelle (Arbeitstisch, Rollcontainer, Schiebetürenschrank) relativ gering.

Flächenbedarf pro Arbeitsplatz: 8,91 m²

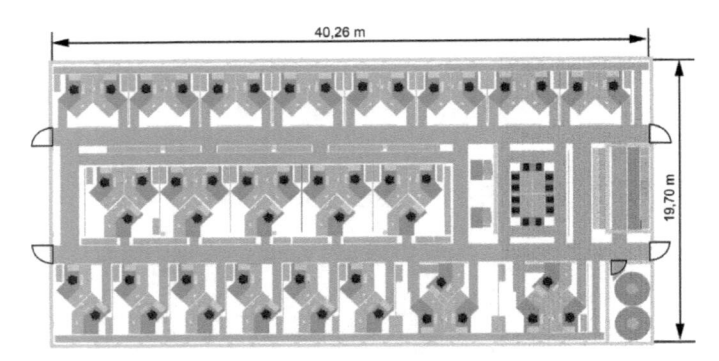

Abb. 19: Großraumbüro (Quelle: VBG Hamburg [www.vbg.de])

In diesem Beispiel eines Großraumbüros sind die Arbeitsplätze ausgestattet mit Arbeitstischen, Rollcontainern, persönlichen Schiebetürenschränken und Schiebetürenschränken zur gemeinsamen Nutzung. Außerdem sind Funktionsflächen wie Besprechungsraum, Teeküche und Kommunikationsraum berücksichtigt.

Flächenbedarf pro Arbeitsplatz: 16,18 m^2

Sicherheits- und Gesundheitsschutzkennzeichnung

ASR A1.3

zu § 4 Abs. 4 ArbStättV, Anh. Nr. 1.3 und Anh. Nr. 2.3 Abs. 2b

Technische Regeln für Arbeitsstätten	Sicherheits- und Gesundheitsschutzkennzeichnung	ASR A1.3

GMBl. Nr. 16 vom 13.3.2013 S. 334,
zuletzt geändert durch GMBl. Nr. 22 vom 5.7.2017 S. 398[396) 397) 398)]

---

396) Nach der ersten Bekanntmachung der ASR A1.3 im April 2007 wurde die Sicherheitskennzeichnung im Normungsprozess weiterentwickelt. Daher wurde 2010 eine erste Überarbeitung beschlossen, damit zeitnah zur Veröffentlichung der dann gültigen DIN-Normen auch die ASR A1.3 mit den neuen Sicherheitszeichen und der geänderten Darstellung des Flucht- und Rettungsplanes bekannt gemacht werden konnte (s. DIN ISO 23601:2010-12 Sicherheitskennzeichnung – Flucht- und Rettungspläne; die Norm enthält auch die internationalen Sicherheitszeichen nach DIN EN ISO 7010 Graphische Symbole – Sicherheitsfahnen und Sicherheitskennzeichen – Registrierte Sicherheitszeichen (ISO 7010:2011); Deutsche Fassung EN ISO 7010:2012-10). Weiterhin sind aufgrund der Vorgaben der 2009 in Kraft gesetzten GHS-Verordnung Nr. 7 Kennzeichnung von Rohrleitungen und Behältern und Anl. 4 Gefahrensymbole anzupassen.

397) Im Rahmen der Neufassung der ASR A1.3 vom Februar 2013 hat das Bundesministerium für Arbeit und Soziales (BMAS) zusätzlich Folgendes bekannt gemacht:
„Die Neufassung der ASR A1.3 vom 28.02.2013 ersetzt die ASR A1.3 GMBl. 2007, S. 674.
Im Wesentlichen wurden die folgenden Anpassungen vorgenommen:
– Es wurden zusätzliche Sicherheitszeichen, die in der Norm DIN EN ISO 7010 enthalten und international und europäisch abgestimmt sind, in die ASR A1.3 übernommen. Insbesondere die Zeichen F001, F002, F003, F004, F005, F006, E009 und W029 wurden erheblich verändert.
– Der Flucht- und Rettungsplan wurde an die Norm DIN ISO 23601:2010-12 angepasst.
Die ASR A1.3 „Sicherheits- und Gesundheitsschutzkennzeichnung" in der Fassung vom Februar 2013 enthält den aktuellen Stand der Technik zur Sicherheits- und Gesundheitsschutzkennzeichnung in Arbeitsstätten. Bei der bestimmungsgemäßen Verwendung dieser Sicherheitszeichen kann der Arbeitgeber davon ausgehen, dass er die Arbeitsstättenverordnung hinsichtlich der Sicherheits- und Gesundheitsschutzkennzeichnung einhält.
Wendet der Arbeitgeber die geänderten Sicherheitszeichen beim Betreiben von bestehenden Arbeitsstätten nicht an, so hat er mit der Gefährdungsbeurteilung zu ermitteln, ob die in der Arbeitsstätte verwendeten Sicherheitszeichen nach ASR A1.3 (GMBl. 2007, S. 674) weiterhin angewendet werden können."
Die DGUV Information 211-049 Sicherheits- und Gesundheitsschutzkennzeichnung, Ausg. 2016-04 enthält hierzu als Entscheidungshilfe folgende Hinweise:
– In Neubauten bzw. bei wesentlichen Änderungen einer Arbeitsstätte sollen nur die neuen Zeichen verwendet werden.
– In Neubauten auf einem bestehenden Betriebsgelände sollen die neuen Zeichen auch dann verwendet werden, wenn im übrigen Betriebsgelände die alten Sicherheitszeichen beibehalten werden können.
– Muss in einem Objekt ein bestehendes Zeichen ersetzt werden, so kann hierfür das entsprechende alte oder neue Zeichen verwendet werden. Fällt die Wahl auf Letzteres, so müssen in diesem Objekt alle alten Zeichen mit dieser Sicherheitsaussage gegen das jeweils neue Zeichen ausgetauscht werden.
– Wird ein bestehendes Brandschutzzeichen durch ein neues Brandschutzzeichen ersetzt, so sind aufgrund des zusätzlichen Erkennungsmerkmals (Flamme) alle vorhandenen Brandschutzzeichen durch neue Zeichen zu ersetzen.
– In den Flucht- und Rettungsplänen sind die tatsächlich im Objekt angebrachten Zeichen abzubilden.

398) Im Januar und im Juli 2017 wurden in der ASR formale Änderungen vorgenommen (GMBl. 2017, S. 7 und S. 398).

ASR A1.3 Sicherheits- und Gesundheitsschutzkennzeichnung

...

Diese ASR A1.3 konkretisiert im Rahmen des Anwendungsbereichs die Anforderungen der Verordnung über Arbeitsstätten. Bei Einhaltung der Technischen Regeln kann der Arbeitgeber insoweit davon ausgehen, dass die entsprechenden Anforderungen der Verordnung erfüllt sind. Wählt der Arbeitgeber eine andere Lösung, muss er damit mindestens die gleiche Sicherheit und den gleichen Gesundheitsschutz für die Beschäftigten erreichen.

Die vorliegende Technische Regel ASR A1.3 schreibt die Technische Regel ASR A1.3 (GMBl. 2007, S. 674) fort und wurde unter Federführung des Fachausschusses „Sicherheitskennzeichnung" der Deutschen Gesetzlichen Unfallversicherung (DGUV) in Anwendung des Kooperationsmodells (vgl. Leitlinienpapier[399] zur Neuordnung des Vorschriften- und Regelwerks im Arbeitsschutz vom 31. August 2011) erarbeitet.

Inhalt

1 Zielstellung
2 Anwendungsbereich
3 Begriffsbestimmungen
4 Allgemeines
5 Kennzeichnung
6 Gestaltung von Flucht- und Rettungsplänen
7 Kennzeichnung von Lagerbereichen sowie von Behältern und Rohrleitungen mit Gefahrstoffen
Anhang 1 – 3

1 Zielstellung

Diese ASR konkretisiert die Anforderungen für die Sicherheits- und Gesundheitsschutzkennzeichnung in Arbeitsstätten.[400] Nach § 3a der Arbeitsstättenverordnung in Verbindung mit Ziffer 1.3 des Anhangs sind Sicherheits- und Gesundheitsschutzkennzeichnungen dann einzusetzen, wenn die Risiken für Sicherheit und Gesundheit anders nicht zu vermeiden oder ausreichend zu minimieren sind.[401] Diese ASR konkretisiert auch die Gestaltung von Flucht- und Rettungsplänen gemäß § 4 Abs. 4 Arbeitsstättenverordnung.[402]

---

399) http://www.gda-portal.de/de/VorschriftenRegeln/VorschriftenRegeln.html
400) Dabei regelt die ASR A1.3, wie ein Sicherheitszeichen auszusehen hat. Ob ein Sicherheitszeichen eingesetzt werden muss, ergibt sich aus der jeweiligen spezifischen Vorschrift (z. B. GefStoffV) sowie aufgrund der betrieblichen Situation (z. B. Anh. Nr. 2.3 Abs. 2b ArbStättV).
401) Gem. Anh. 1.3 Abs. 1 ArbStättV gelten die allgemeinen Grundsätze des Arbeitsschutzes und damit auch die Rangfolge der Maßnahmen entsprechend § 4 ArbSchG. Das bedeutet, dass auf der Grundlage einer Gefährdungsbeurteilung nach § 3 ArbStättV eine Sicherheits- und Gesundheitsschutzkennzeichnung dann eingesetzt werden muss, wenn die Möglichkeit einer Gefährdung der Beschäftigten trotz ergriffener Schutzmaßnahmen nach dem Stand der Technik, Arbeitsmedizin und Hygiene, des Einsatzes technischer Schutzeinrichtungen oder arbeitsorganisatorischer Maßnahmen, Methoden und Verfahren nicht zuverlässig ausgeschlossen werden kann.
402) Die Verpflichtung zur Aufstellung von Flucht- und Rettungsplänen ergibt sich aus § 4 Abs. 4 ArbStättV. Die ASR A2.3 Fluchtwege, Notausgänge, Flucht- und Rettungsplan enthält unter Nr. 9 die inhaltlichen Vorgaben an den Flucht- und Rettungsplan. Regelungen zur konkreten Ausführung des Flucht- und Rettungsplans trifft die ASR A1.3 und gibt in Anl. 3 ein entsprechendes Gestaltungsbeispiel.

Sicherheits- und Gesundheitsschutzkennzeichnung

ASR A1.3

2 Anwendungsbereich

Mit Inkrafttreten der Arbeitsstättenverordnung wird die Richtlinie 92/58/EWG[403)] [404)] über Mindestvorschriften für die Sicherheits- und Gesundheitsschutzkennzeichnung am Arbeitsplatz über einen gleitenden Verweis für den Geltungsbereich der Arbeitsstättenverordnung in nationales Recht umgesetzt. Die Anwendung dieser ASR erfüllt die Mindestanforderungen der Richtlinie 92/58/EWG.

Die Gestaltung der Sicherheits- und Gesundheitsschutzkennzeichnung einschließlich der Gestaltung von Flucht- und Rettungsplänen wird in dieser ASR geregelt. Die Notwendigkeit einer Sicherheits- und Gesundheitsschutzkennzeichnung und von Flucht- und Rettungsplänen sowie von Sicherheitsleitsystemen[405)] [406)] ist im Rahmen der Gefährdungsbeurteilung zu prüfen.[407)]

Hinweis:

Für die barrierefreie Gestaltung der Sicherheits- und Gesundheitsschutzkennzeichnung gilt die ASR V3a.2 „Barrierefreie Gestaltung von Arbeitsstätten", Anhang A1.3: Ergänzende Anforderungen zur ASR A1.3 „Sicherheits- und Gesundheitsschutzkennzeichnung".

3 Begriffsbestimmungen[408)]

3.1 Sicherheits- und Gesundheitsschutzkennzeichnung ist eine Kennzeichnung, die – bezogen auf einen bestimmten Gegenstand, eine bestimmte Tätigkeit oder eine bestimmte Situation – jeweils mittels eines Sicherheitszeichens, einer Farbe, eines Leucht- oder Schallzeichens, verbaler Kommunikation oder eines Handzeichens eine Sicherheits- und Gesundheitsschutzaussage (Sicherheitsaussage) ermöglicht.

3.2 Sicherheitszeichen ist ein Zeichen, das durch Kombination von geometrischer Form und Farbe sowie graphischem Symbol eine bestimmte Sicherheits- und Gesundheitsschutzaussage ermöglicht.

---

403) Amtl. FN: Richtlinie 92/58/EWG des Rates über Mindestvorschriften für die Sicherheits- und/oder Gesundheitsschutzkennzeichnung am Arbeitsplatz (Neunte Einzelrichtlinie im Sinne von Artikel 16 Absatz 1 der Richtlinie 89/391/EWG) vom 24. Juni 1992 (ABl. EU Nr. L 245 S. 23).
404) Das Inverkehrbringen von gefährlichen Stoffen und Zubereitungen sowie die Kennzeichnung zur Regelung des Straßen-, Eisenbahn-, Binnenschiffs-, See- und Luftverkehrs sind nach Art. 1 der Kennzeichnungsrichtlinie 92/58/EWG von deren Geltungsbereich ausgeschlossen.
405) Anforderungen an eine Sicherheitsbeleuchtung und optische Sicherheitsleitsysteme enthält die ASR A3.4/7 Sicherheitsbeleuchtung, optische Sicherheitsleitsysteme (s. S. 374).
406) So enthält z. B. die ASR A2.3 Fluchtwege und Notausgänge, Flucht- und Rettungsplan (s. S. 332) in Nr. 7 Hinweise zur Kennzeichnung und in Nr. 8 Hinweise zur notwendigen Einrichtung einer Sicherheitsbeleuchtung.
407) Des Weiteren hat die ASR A1.3 Bedeutung im Zusammenhang mit der Kennzeichnung von Gefahrenbereichen i. S. d. Anh. Nr. 2.1 Satz 2 ArbStättV. Siehe hierzu ASR A2.1 Schutz vor Absturz und herabfallenden Gegenständen, Betreten von Gefahrenbereichen auf S. 281, u. a. Nr. 5.4 und Nr. 6.1.
408) Hinweiszeichen werden in ASR A1.3 Nr. 3 unter den aufgeführten Begriffsbestimmungen nicht aufgeführt, da es für derartige Zeichen weder eine nationale noch eine internationale Normung gibt.

3.3 Verbotszeichen ist ein Sicherheitszeichen, das ein Verhalten, durch das eine Gefahr entstehen kann, untersagt.

3.4 Warnzeichen ist ein Sicherheitszeichen, das vor einem Risiko oder einer Gefahr warnt.

3.5 Gebotszeichen ist ein Sicherheitszeichen, das ein bestimmtes Verhalten vorschreibt.[409]

3.6 Rettungszeichen ist ein Sicherheitszeichen, das den Flucht- und Rettungsweg oder Notausgang, den Weg zu einer Erste-Hilfe-Einrichtung oder diese Einrichtung selbst kennzeichnet.

3.7 Brandschutzzeichen ist ein Sicherheitszeichen, das Standorte von Feuermelde- und Feuerlöscheinrichtungen kennzeichnet.

3.8 Zusatzzeichen ist ein Zeichen, das zusammen mit einem der unter Nummer 3.2 beschriebenen Sicherheitszeichen verwendet wird und zusätzliche Hinweise liefert.[410]

3.9 Kombinationszeichen ist ein Zeichen, bei dem Sicherheitszeichen und Zusatzzeichen auf einem Träger aufgebracht sind.[411]

3.10 Graphisches Symbol ist eine Darstellung, die eine Situation beschreibt oder ein Verhalten vorschreibt und auf einem Sicherheitszeichen oder einer Leuchtfläche angeordnet ist.

3.11 Sicherheitsfarbe ist eine Farbe, der eine bestimmte, auf die Sicherheit bezogene Bedeutung zugeordnet ist.

3.12 Leuchtzeichen ist ein Zeichen, das von einer Einrichtung mit durchsichtiger oder durchscheinender Oberfläche erzeugt wird, die von hinten erleuchtet wird und dadurch als Leuchtfläche erscheint oder selbst leuchtet.

3.13 Schallzeichen ist ein kodiertes akustisches Signal ohne Verwendung einer menschlichen oder synthetischen Stimme, z. B. Hupen, Sirenen oder Klingeln.

---

[409] Für Gebotszeichen zur Benutzung Persönlicher Schutzausrüstungen ist die gemeinsame Verwendung von bis zu zwei Sicherheitsaussagen gestattet, wenn sich die Aussagen sinnvoll auf einem Sicherheitszeichen zusammenfassen lassen (z. B. M003 „Gehörschutz benutzen" und M004 „Augenschutz benutzen").

[410] Zusätzliche Hinweise können sowohl als Text wie auch in Form von Abbildungen oder Piktogrammen gegeben werden.

[411] Kombinationszeichen informieren durch Bildzeichen und kurzen Text. Verbots-, Warn-, Gebots-, Rettungs- und Brandschutzzeichen können auch mit einem Zusatzzeichen zusammen auf einem Träger als Kombinationszeichen ausgeführt werden.

Sicherheits- und Gesundheitsschutzkennzeichnung

ASR A1.3

3.14 Verbale Kommunikation ist eine Verständigung mit festgelegten Worten unter Verwendung einer menschlichen oder synthetischen Stimme.

3.15 Handzeichen ist eine kodierte Bewegung und Stellung von Armen und Händen zur Anweisung von Personen, die Tätigkeiten ausführen, die ein Risiko oder eine Gefährdung darstellen können.

3.16 Erkennungsweite ist der größtmögliche Abstand zu einem Sicherheitszeichen, bei dem dieses noch lesbar und hinsichtlich Form und Farbe erkennbar ist.

3.17 Langnachleuchtendes Sicherheitszeichen ist ein Sicherheitszeichen, das nach Ausfall der Allgemeinbeleuchtung eine bestimmte Zeit nachleuchtet. Obwohl die Sicherheitsfarben Rot und Grün im nachleuchtenden Zustand nicht dargestellt werden können, bleiben graphisches Symbol und geometrische Form erhalten und es besteht ein Sicherheitsgewinn gegenüber den nicht langnachleuchtenden Sicherheitszeichen.[412]

4 Allgemeines

(1) Schon bei der Planung von Arbeitsstätten ist eine erforderliche Sicherheits- und Gesundheitsschutzkennzeichnung (z. B. bei der Erstellung von Flucht- und Rettungsplänen) so weit wie möglich zu berücksichtigen.

(2) Die Sicherheits- und Gesundheitsschutzkennzeichnung darf nur für Hinweise im Zusammenhang mit Sicherheit und Gesundheitsschutz verwendet werden.

(3) Die Kennzeichnungsarten (z. B. Leuchtzeichen, Handzeichen, Sicherheitszeichen) sind entsprechend der Gefährdungsbeurteilung auszuwählen.

(4) Für ständige Verbote, Warnungen, Gebote und sonstige sicherheitsrelevante Hinweise (z. B. Rettung, Brandschutz) sind Sicherheitszeichen insbesondere entsprechend Anhang 1 zu verwenden. Sicherheitszeichen können als Schilder, Aufkleber oder als aufgemalte Kennzeichnung ausgeführt werden. Diese sind dauerhaft auszuführen (z. B. für die Standorte von Feuerlöschern).

(5) Hinweise auf zeitlich begrenzte Risiken oder Gefahren sowie Notrufe zur Ausführung bestimmter Handlungen (z. B. Brandalarm) sind durch Leucht-, Schallzeichen oder verbale Kommunikation zu übermitteln.

(6) Wenn zeitlich begrenzte risikoreiche Tätigkeiten (z. B. Anschlagen von Lasten im Kranbetrieb, Rückwärtsfahren von Fahrzeugen mit Personengefährdung) ausgeführt werden,

---

[412] Die Sicherheitsfarben Grün und Rot können bei lang nachleuchtenden Produkten nicht dargestellt werden. Bei lang nachleuchtenden Zeichen leuchten nur Bildzeichen und Lichtkanten. Da die Sicherheitsaussage eines Sicherheitszeichens durch die Kombination von geometrischer Form, Farbe und Bildzeichen ermöglicht wird, ist die Sicherheitsaussage bei lang nachleuchtenden Produkten insoweit teilweise eingeschränkt; die Bildzeichen und die geometrische Form bleiben jedoch erkennbar; dadurch ergibt sich ein Sicherheitsgewinn gegenüber einer bei Lichtausfall nicht mehr sichtbaren Kennzeichnung.

sind Anweisungen mittels Handzeichen entsprechend Anhang 2 oder verbaler Kommunikation vorzunehmen.

(7) Verschiedene Kennzeichnungsarten dürfen gemeinsam verwendet werden, wenn im Rahmen der Gefährdungsbeurteilung festgestellt wird, dass eine Kennzeichnungsart allein zur Vermittlung der Sicherheitsaussage nicht ausreicht. Bei gleicher Wirkung kann zwischen verschiedenen Kennzeichnungsarten gewählt werden.[413]

(8) Die Wirksamkeit einer Kennzeichnung darf nicht durch eine andere Kennzeichnung oder durch sonstige betriebliche Gegebenheiten beeinträchtigt werden (z. B. keine Verwendung von Schallzeichen bei starkem Umgebungslärm).[414]

(9) Kennzeichnungen, die für ihre Funktion eine Energiequelle benötigen, müssen für den Fall, dass diese ausfällt, über eine selbsttätig einsetzende Notversorgung verfügen, es sei denn, dass bei Unterbrechung der Energiezufuhr kein Risiko mehr besteht (z. B. wenn bei Netzausfall der Schließvorgang eines elektrisch betriebenen Tores unterbrochen wird und gleichzeitig die Sicherheitskennzeichnung – Warnleuchte, Hupe – ausfällt).

(10) Ist das Hör- oder Sehvermögen von Beschäftigten eingeschränkt (z. B. beim Tragen von persönlichen Schutzausrüstungen), ist eine geeignete Kennzeichnungsart ergänzend oder alternativ einzusetzen.[415]

(11) Zur Kennzeichnung und Standorterkennung von Material und Ausrüstung zur Brandbekämpfung sind Brandschutzzeichen nach Anhang 1 zu verwenden.

(12) Die Beschäftigten sind vor Arbeitsaufnahme und danach in regelmäßigen Zeitabständen über die Bedeutung der eingesetzten Sicherheits- und Gesundheitsschutzkennzeichnung zu unterweisen. Insbesondere ist über die Bedeutung selten eingesetzter Kennzeichnungen zu informieren. Für Einweiser, die Handzeichen nach Punkt 5.7 anwenden, ist eine spezifische Unterweisung erforderlich. Die Unterweisung sollte jährlich erfolgen, sofern sich nicht aufgrund der Ergebnisse der Gefährdungsbeurteilung andere Zeiträume erge-

---

413) Die gemeinsame Verwendung von verschiedenen Kennzeichnungsarten kann Ergebnis der Gefährdungsbeurteilung sein. Nachfolgende Kennzeichnungsarten sollen vorzugsweise gemeinsam zum Einsatz kommen:
– Leuchtzeichen und Schallzeichen,
– Leuchtzeichen und Sprechzeichen,
– Handzeichen und Sprechzeichen,
– Handzeichen und Leuchtzeichen.
414) Dies kann z. B. erreicht werden, wenn
– nicht gleichzeitig zwei verwechselbare Leuchtzeichen verwendet werden,
– ein Leuchtzeichen nicht in der Nähe einer relativ ähnlichen anderen Lichtquelle verwendet wird,
– nicht gleichzeitig mehr als ein Schallzeichen eingesetzt wird.
415) Die Anforderung, bei eingeschränktem Hör- und Sehvermögen eine andere geeignete Kennzeichnungsart ergänzend oder alternativ einzusetzen, bezieht sich sowohl auf eine Einschränkung aufgrund der Tätigkeit (z. B. aufgrund der Nutzung Persönlicher Schutzausrüstung wie Gehörschutz) als auch auf eine körperliche Behinderung. In Satz 2 des § 3a Abs. 2 ArbStättV wird die barrierefreie Gestaltung von Orientierungssystemen ausdrücklich gefordert. Entsprechende Konkretisierungen sind der ASR V3a.2 im Anhang zur ASR A1.3 zu entnehmen (s. S. 114 ff.).

Sicherheits- und Gesundheitsschutzkennzeichnung ASR A1.3

ben. Darüber hinaus muss auch bei Änderungen der eingesetzten Sicherheits- und Gesundheitsschutzkennzeichnung eine Unterweisung erfolgen.

(13) Der Arbeitgeber hat durch regelmäßige Kontrolle und gegebenenfalls erforderliche Instandhaltungsarbeiten dafür zu sorgen, dass Einrichtungen für die Sicherheits- und Gesundheitsschutzkennzeichnung wirksam sind. Dies gilt insbesondere für Leucht- und Schallzeichen, langnachleuchtende Materialien sowie technische Einrichtungen zur verbalen Kommunikation (z. B. Lautsprecher, Telefone). Die zeitlichen Abstände der Kontrollen sind im Rahmen der Gefährdungsbeurteilung festzulegen.

5 Kennzeichnung

5.1 Sicherheitszeichen und Zusatzzeichen[416) 417)]

(1) Sicherheitszeichen und Zusatzzeichen müssen den festgelegten Gestaltungsgrundsätzen nach Tabelle 1 bzw. 2 entsprechen. Die Bedeutung von geometrischer Form und Sicherheitsfarbe für Sicherheitszeichen sind der Tabelle 1 zu entnehmen.

(2) Für die in Anhang 1 festgelegten Sicherheitsaussagen dürfen nur die entsprechend zugeordneten Sicherheitszeichen verwendet werden. Es besteht die Möglichkeit der Verwendung von Zusatzzeichen, die der Verdeutlichung besonderer Situationen oder der Konkretisierung der Sicherheits- und Gesundheitsschutzaussage dienen.

(3) Brandschutzzeichen können in Verbindung mit einem Richtungspfeil als Zusatzzeichen nach Abb. 1 verwendet werden.

Abb. 1:   Richtungspfeile für Brandschutzzeichen

---

416) Die DGUV Information 211-041 Sicherheits- und Gesundheitsschutzkennzeichnung am Arbeitsplatz, Ausg. 2016-04 enthält weitergehende Erläuterungen und informiert praxisnah über die Sicherheitsaussagen von Sicherheitszeichen sowie ihren wirksamen betrieblichen Einsatz. Dazu werden u. a. Kennzeichnungsbeispiele durch Bildmaterial dargestellt.
417) Die Gestaltung der Sicherheitszeichen entspricht den Grundsätzen der DIN 4844-2 Graphische Symbole – Sicherheitsfarben und Sicherheitszeichen, T. 2: Registrierte Sicherheitszeichen, Ausg. 2012-12. Die Signalwirkung der Farbgebung wird verstärkt durch die Auswahl von geometrischen Formen für bestimmte Sicherheitsaussagen. Gebots- und Verbotszeichen sind rund, Warnzeichen dreieckig und Rettungs-, Brandschutz- und Zusatzzeichen quadratisch bzw. rechteckig. Die Sicherheitsfarbe vermittelt den Gefährdungsgrad: Rot (= Halt, Verbot), Gelb (= Vorsicht, mögliche Gefährdung), Grün (= Gefahrlosigkeit, Erste Hilfe) und Blau (= Gebotszeichen).

ASR A1.3   Sicherheits- und Gesundheitsschutzkennzeichnung

(4) Rettungszeichen für Mittel und Einrichtungen zur Ersten Hilfe können in Verbindung mit einem Richtungspfeil als Zusatzzeichen nach Abb. 2 verwendet werden.

Abb. 2: **Richtungspfeile für Rettungszeichen sowie für Mittel und Einrichtungen zur Ersten Hilfe**

(5) Eine Anhäufung von Sicherheitszeichen ist zu vermeiden. Ist das Sicherheitszeichen nicht mehr notwendig, ist dieses zu entfernen.

Tabelle 1: Kombination von geometrischer Form und Sicherheitsfarbe und ihre Bedeutung für Sicherheitszeichen

Geometrische Form	Bedeutung	Sicherheitsfarbe	Kontrastfarbe zur Sicherheitsfarbe	Farbe des graphischen Symbols	Anwendungsbeispiele
Kreis mit Diagonalbalken	Verbot	Rot	Weiß[a]	Schwarz	– Rauchen verboten – Kein Trinkwasser – Berühren verboten
Kreis	Gebot	Blau	Weiß[a]	Weiß[a]	– Augenschutz benutzen – Schutzkleidung benutzen – Hände waschen

166

Sicherheits- und Gesundheitsschutzkennzeichnung

ASR A1.3

Geometrische Form	Bedeutung	Sicherheitsfarbe	Kontrastfarbe zur Sicherheitsfarbe	Farbe des graphischen Symbols	Anwendungsbeispiele
gleichseitiges Dreieck mit gerundeten Ecken	Warnung	Gelb	Schwarz	Schwarz	− Warnung vor heißer Oberfläche − Warnung vor Biogefährdung − Warnung vor elektrischer Spannung
Quadrat	Gefahrlosigkeit	Grün	Weiß[a]	Weiß[a]	− Erste Hilfe − Notausgang − Sammelstelle
Quadrat	Brandschutz	Rot	Weiß[a]	Weiß[a]	− Brandmeldetelefon − Mittel und Geräte zur Brandbekämpfung − Feuerlöscher

a   Die Farbe Weiß schließt die Farbe für langnachleuchtende Materialien unter Tageslichtbedingungen, wie in ISO 3864-4, Ausgabe März 2011 beschrieben, ein.

Die in den Spalten 3, 4 und 5 bezeichneten Farben müssen den Spezifikationen von ISO 3864-4, Ausgabe März 2011 entsprechen. Es ist wichtig, einen Leuchtdichtekontrast sowohl zwischen dem Sicherheitszeichen und seinem Hintergrund als auch zwischen dem Zusatzzeichen und seinem Hintergrund zu erzielen (z. B. Lichtkante).

Tabelle 2: Geometrische Form, Hintergrundfarben und Kontrastfarben für Zusatzzeichen

Geometrische Form	Bedeutung	Hintergrundfarbe	Kontrastfarbe zur Hintergrundfarbe	Farbe der zusätzlichen Sicherheitsinformation
Rechteck	Zusatzinformationen	Weiß	Schwarz	beliebig
		Farbe des Sicherheitszeichens	Schwarz oder Weiß	

(6) Sicherheitszeichen sind deutlich erkennbar und dauerhaft anzubringen. Deutlich erkennbar bedeutet unter anderem, dass Sicherheitszeichen in geeigneter Höhe – fest oder beweglich – anzubringen sind und die Beleuchtung (natürlich oder künstlich) am Anbringungsort ausreichend ist. Verbots-, Warn- und Gebotszeichen müssen sichtbar, unter Berücksichtigung etwaiger Hindernisse am Zugang zum Gefahrbereich angebracht werden. Besonders in lang gestreckten Räumen (z. B. Fluren) sollen Rettungs- bzw. Brandschutzzeichen in Laufrichtung jederzeit erkennbar sein (z. B. Winkelschilder).

(7) Ist eine Sicherheitsbeleuchtung nicht vorhanden, muss auf Fluchtwegen die Erkennbarkeit der dort notwendigen Rettungs- und Brandschutzzeichen durch Verwendung von langnachleuchtenden Materialien auch bei Ausfall der Allgemeinbeleuchtung für den Zeitraum der Flucht in einen gesicherten Bereich erhalten bleiben. Hierbei ist eine ausreichende Anregung der langnachleuchtenden Produkte sicherzustellen. Diesbezügliche Anforderungen enthält die ASR A3.4/7[418] „Sicherheitsbeleuchtung, optische Sicherheitsleitsysteme".

(8) Sicherheitszeichen müssen aus solchen Werkstoffen bestehen, die gegen die Umgebungseinflüsse am Anbringungsort widerstandsfähig sind. Bei der Auswahl der Werkstoffe sind unter anderem mechanische Einwirkungen, feuchte Umgebung, chemische Einflüsse, Lichtbeständigkeit, Versprödung von Kunststoffen sowie Feuerbeständigkeit zu berücksichtigen.

(9) Bei der Auswahl von Sicherheitszeichen ist der Zusammenhang zwischen Erkennungsweiten und Größe der Sicherheitszeichen bzw. Schriftzeichen zu berücksichtigen (Tabelle 3).

---

418) Mit der siebten Änderung der ArbStättV 2016 wurde in Anh. Nr. 3.4 die Forderung einer Sichtverbindung nach außen aufgenommen. In der Folge ist der entsprechende Absatz zur Sicherheitsbeleuchtung vom dritten auf den siebten Absatz verschoben worden. Die entsprechende redaktionelle Änderung der Bezeichnung von ASR A3.4/3 in ASR A3.4/7 ist im Juli 2017 erfolgt.

Sicherheits- und Gesundheitsschutzkennzeichnung — ASR A1.3

Tabelle 3: Vorzugsgrößen von Sicherheits-, Zusatz- und Schriftzeichen für beleuchtete Zeichen, abhängig von der Erkennungsweite

Erkennungsweite [m]	Schriftzeichen (Ziffern und Buchstaben) Schriftgröße (h) [mm]	Verbots- und Gebotszeichen Durchmesser (d) [mm]	Warnzeichen Basis (b) [mm]	Rettungs-, Brandschutz- und Zusatzzeichen Höhe (a) [mm]
0,5	2	12,5	25	12,5
1	4	25	50	25
2	8	50	100	
3	10	100		50
4	14		200	
5	17	200		
6	20			100
7	23		300	
8	27			
9	30	300		
10	34		400	
11	37			150
12	40			
13	44	400	600	
14	47			
15	50			
16	54			200
17	57	600		
18	60			
19	64			
20	67		900	
21	70			300
22	74			
23	77			
24	80			
25	84	900		
26	87			
27	90			
28	94			
29	97			
30	100			

ASR A1.3

5.2 Sicherheitsmarkierungen für Hindernisse und Gefahrstellen

(1) Die Kennzeichnung von Hindernissen und Gefahrstellen ist durch gelbschwarze oder rot-weiße Streifen (Sicherheitsmarkierungen) deutlich erkennbar und dauerhaft auszuführen (siehe Abb. 3). Die Streifen sind in einem Neigungswinkel von etwa 45° anzuordnen. Das Breitenverhältnis der Streifen beträgt 1:1. Die Kennzeichnung soll den Ausmaßen der Hindernisse oder Gefahrstellen entsprechen.

Abb. 3 Sicherheitsmarkierungen

(2) Gelb-schwarze Streifen sind vorzugsweise für ständige Hindernisse und Gefahrstellen zu verwenden (z. B. Stellen, an denen besondere Gefahren des Anstoßens, Quetschens, Stürzens bestehen). Bei langnachleuchtender Ausführung wird die Erkennbarkeit der Hindernisse bei Ausfall der Allgemeinbeleuchtung erhöht.

(3) Rot-weiße Streifen sind vorzugsweise für zeitlich begrenzte Hindernisse und Gefahrstellen zu verwenden (z. B. Baugruben).

(4) An Scher- und Quetschkanten mit Relativbewegung zueinander sind die Streifen gegensinnig geneigt zueinander anzubringen.

5.3 Markierungen von Fahrwegen

(1) Die Kennzeichnung von Fahrwegsbegrenzungen ist farbig, deutlich erkennbar sowie durchgehend auszuführen. Wird die Markierung auf dem Boden angebracht, so kann dies z. B. durch mindestens 5 cm breite Streifen oder durch eine vergleichbare Nagelreihe (mindestens drei Nägel pro Meter), in einer gut sichtbaren Farbe – vorzugsweise Weiß oder Gelb – mit ausreichendem Kontrast zur Farbe der Bodenfläche erreicht werden.

(2) Eine Verwendung von langnachleuchtenden Produkten für die Markierung von Fahrwegen hat den Vorteil, dass bei Ausfall der Allgemeinbeleuchtung die Sicherheitsaussage für eine bestimmte Zeit aufrechterhalten bleibt.

Sicherheits- und Gesundheitsschutzkennzeichnung

ASR A1.3

5.4 Leuchtzeichen[419) 420)]

(1) Leuchtzeichen sind deutlich erkennbar anzubringen. Die Helligkeit (Leuchtdichte) der abstrahlenden Fläche muss sich von der Leuchtdichte der umgebenden Flächen deutlich unterscheiden, ohne zu blenden.

(2) Leuchtzeichen dürfen nur bei Vorliegen von zu kennzeichnenden Gefahren oder Hinweiserfordernissen in Betrieb sein. Die Sicherheitsaussage von Leuchtzeichen darf nach Wegfall der zu kennzeichnenden Gefahr nicht mehr erkennbar sein. Dies kann durch Verdecken der abstrahlenden Fläche erreicht werden.

(3) Leuchtzeichen für eine Warnung dürfen intermittierend („blinkend") nur dann betrieben werden, wenn eine unmittelbare Gefahr droht.[421)] Diese Forderung bedeutet, dass warnende Leuchtzeichen kontinuierlich oder intermittierend, hinweisende Leuchtzeichen ausschließlich kontinuierlich betrieben werden dürfen.

(4) Wird ein intermittierend betriebenes Warnzeichen anstelle eines Schallzeichens oder zusätzlich eingesetzt, müssen die Sicherheitsaussagen identisch sein.

5.5 Schallzeichen[422)]

(1) Schallzeichen müssen deutlich wahrnehmbar und ihre Bedeutung betrieblich festgelegt und eindeutig sein.

(2) Schallzeichen müssen so lange eingesetzt werden, wie dies für die Sicherheitsaussage erforderlich ist.

---

419) Leuchtzeichen weisen auf zeitlich begrenzte Gefährdungen hin. Bestehen diese nicht mehr, sind die Leuchtzeichen abzustellen oder zu entfernen. Im Falle einer unmittelbaren Gefährdung dürfen leuchtende Warnzeichen auch blinkend ausgeführt sein. Verglichen mit akustischen Signalen sind Leuchtzeichen im Betrieb besser und eindeutiger einer Gefährdungsquelle zuzuordnen und unabhängig vom Lärmpegel an den Arbeitsplätzen oder im Aufenthaltsbereich wahrzunehmen.
420) Informationen zur Beschaffenheit optischer Gefahrensignale enthält DIN EN 981:2009-01 Sicherheit von Maschinen – System akustischer und optischer Gefahrensignale und Informationssignale.
421) Eine unmittelbare Gefahr liegt z. B. vor, wenn
– Feuer ausgebrochen ist,
– im Störfall ionisierende Strahlung freigesetzt wird,
– explosionsfähige Gemische entstehen,
– Öfen oder Konverter kippen und flüssiges Metall austritt,
– unzulässige Grenzwertüberschreitungen von Gefahrstoffkonzentrationen auftreten.
422) Schallzeichen (z. B. Hupen, Sirenen, Glockentöne) kommen fast ausschließlich dort als Warnsignal zum Einsatz, wo ein optischer Warnhinweis auf zeitlich begrenzte Gefährdungen nicht wahrgenommen werden kann. Hier sind Schallzeichen oft die einzige Möglichkeit, Betroffene auf eine Gefährdung aufmerksam zu machen. Schallzeichen fordern die Betroffenen zum direkten Handeln auf. Entweder soll die Ursache einer Gefährdung beseitigt oder der Gefahrenbereich verlassen werden. Insbesondere bei mobilen Gefährdungsquellen, z. B. bewegten Maschinen oder Fahrbewegungen von Flurförderzeugen, ist der Einsatz akustischer Signale sinnvoll. Schalldruckpegel und Frequenz des Schallzeichens müssen so ausgelegt sein, dass sie trotz des bestehenden Beurteilungspegels am Arbeitsplatz (Umgebungslärmpegel) wahrgenommen und in ihrer Bedeutung erkannt werden.

ASR A1.3

(3) Ein betrieblich festgelegtes Notsignal muss sich von anderen betrieblichen Schallzeichen und von den beim öffentlichen Alarm verwendeten Signalen unverwechselbar unterscheiden. Der Ton des betrieblich festgelegten Notsignals soll kontinuierlich sein.

5.6 Verbale Kommunikation

Die verbale Kommunikation muss kurz, eindeutig und verständlich formuliert sein. Im Rahmen der Gefährdungsbeurteilung ist für besondere Einsatzsituationen die Verwendung von technischen Einrichtungen (z. B. Lautsprecher, Megaphon) festzulegen.

5.7 Handzeichen[423]

(1) Handzeichen müssen eindeutig eingesetzt werden, leicht durchführbar und erkennbar sein und sich deutlich von anderen Handzeichen unterscheiden. Handzeichen, die mit beiden Armen gleichzeitig erfolgen, müssen symmetrisch gegeben werden und dürfen nur eine Aussage darstellen.

(2) Für die in Anhang 2 aufgeführten Bedeutungen von Handzeichen dürfen nur die dort zugeordneten Handzeichen verwendet werden.

(3) Einweiser müssen geeignete Erkennungszeichen, vorzugsweise in gelber Ausführung, tragen (z. B. Westen, Kellen, Manschetten, Armbinden, Schutzhelme). Um eine gute Wahrnehmung zu erzielen, können Erkennungszeichen je nach Einsatzbedingungen (z. B. langnachleuchtend oder retroreflektierend) ausgeführt sein.

6 Gestaltung von Flucht- und Rettungsplänen

(1) Flucht- und Rettungspläne[424] (Beispiel siehe Anhang 3) müssen eindeutige Anweisungen zum Verhalten im Gefahr- oder Katastrophenfall enthalten sowie den Weg an einen sicheren Ort darstellen.[425] Flucht- und Rettungspläne müssen aktuell, übersichtlich, ausreichend groß und mit Sicherheitszeichen nach Anhang 1 gestaltet sein.

(2) Aus dem Plan muss ersichtlich sein, welche Fluchtwege von einem Arbeitsplatz oder dem jeweiligen Standort aus zu nehmen sind, um in einen sicheren Bereich oder ins Freie zu gelangen. In diesem Zusammenhang sind Sammelstellen zu kennzeichnen. Außerdem sind Kennzeichnungen für Standorte von Erste-Hilfe- und Brandschutzeinrichtungen in den Flucht- und Rettungsplan aufzunehmen. Zur sicheren Orientierung ist der Standort des Betrachters im Flucht- und Rettungsplan zu kennzeichnen.

---

423) Die allgemeinen Handzeichen für „Achtung/Halt" sowie „Halt/Unterbrechung" gem. Anl. 2 der ASR A1.3 weichen von denen in Anh. IX der Kennzeichnungsrichtlinie 92/58/EWG ab; dies ist gem. Art. 6 Abs. 2 der Richtlinie zulässig.
424) Als Grundlage für die Gestaltung der Flucht- und Rettungspläne dient die DIN ISO 23601 Sicherheitskennzeichnung – Flucht- und Rettungspläne, Ausg. 2010-12 (s. Muster in Anl. 3 der ASR A1.3).
425) Die Flucht- und Rettungssituation ist in die regelmäßigen Unterweisungen der Beschäftigten nach § 6 ArbStättV einzubeziehen und bei den vorgeschriebenen Übungen nach § 4 Abs. 4 Satz 5 ArbStättV zu berücksichtigen. Die Unterweisungen müssen und Übungen sollten einmal jährlich erfolgen, z. B. im Rahmen einer gemeinsamen Begehung der Fluchtwege (s. auch ASR A2.3 Fluchtwege und Notausgänge, Flucht- und Rettungsplan Nr. 9 auf S. 343 ff.).

Sicherheits- und Gesundheitsschutzkennzeichnung

ASR A1.3

(3) Soweit auf einem Flucht- und Rettungsplan nur ein Teil des Gebäudegrundrisses dargestellt ist, muss eine Übersichtsskizze die Lage im Gesamtkomplex verdeutlichen. Der Grundriss in Flucht- und Rettungsplänen ist vorzugsweise im Maßstab 1:100 darzustellen. Die Plangröße ist an die Grundrissgröße anzupassen und sollte das Format DIN A3 nicht unterschreiten. Für besondere Anwendungsfälle, z. B. Hotel- oder Klassenzimmer, kann auch das Format DIN A4 verwendet werden. Der Flucht- und Rettungsplan muss farbig angelegt sein.

7 Kennzeichnung von Lagerbereichen sowie von Behältern und Rohrleitungen mit Gefahrstoffen

(1) Die Einstufung und Kennzeichnung von Gefahrstoffen in Behältern und Rohrleitungen hat gemäß den Regelungen der Gefahrstoffverordnung, insbesondere der TRGS 201 „Einstufung und Kennzeichnung bei Tätigkeiten mit Gefahrstoffen" zu erfolgen.

(2) Hinsichtlich der Erkennungsweite ist Tabelle 3 anzuwenden. Bei der Verwendung von Gefahrensymbolen zusammen mit der Gefahrenbezeichnung an Rohrleitungen ist zu berücksichtigen, dass üblicherweise das Verhältnis der Höhe des kombinierten Zeichens zu seiner Breite ungefähr 1,4 : 1 beträgt.

(3) Orte, Räume oder umschlossene Bereiche, die für die Lagerung erheblicher Mengen gefährlicher Stoffe oder Zubereitungen verwendet werden, sind mit einem geeigneten Warnzeichen nach Anhang 1 zu versehen oder gemäß TRGS 201 „Einstufung und Kennzeichnung bei Tätigkeiten mit Gefahrstoffen" zu kennzeichnen.

ASR A1.3 Sicherheits- und Gesundheitsschutzkennzeichnung

Anhang 1

Sicherheitszeichen und Sicherheitsaussagen (nach DIN EN ISO 7010 „Graphische Symbole – Sicherheitsfarben und Sicherheitszeichen – Registrierte Sicherheitszeichen", Ausgabe Oktober 2012 und DIN 4844-2 „Graphische Symbole – Sicherheitsfarben und Sicherheitszeichen – Teil 2: Registrierte Sicherheitszeichen", Ausgabe Dezember 2012)

1 Verbotszeichen

P001 Allgemeines Verbotszeichen[426]	P002 Rauchen verboten
P003 Keine offene Flamme; Feuer, offene Zündquelle und Rauchen verboten	P004 Für Fußgänger verboten
P005 Kein Trinkwasser	P006 Für Flurförderzeuge verboten

---

[426] Amtl. FN: Dieses Zeichen darf nur in Verbindung mit einem Zusatzzeichen angewendet werden, das das Verbot konkretisiert.

Sicherheits- und Gesundheitsschutzkennzeichnung

ASR A1.3

P007 Kein Zutritt für Personen mit Herzschrittmachern oder implantierten Defibrillatoren[427]	P010 Berühren verboten
P011 Mit Wasser löschen verboten	P012 Keine schwere Last[428]
P013 Eingeschaltete Mobiltelefone verboten	P014 Kein Zutritt für Personen mit Implantaten aus Metall

---

427) Amtl. FN: Das Verbot gilt auch für sonstige aktive Implantate.
428) Amtl. FN: „Schwer" ist abhängig von dem Zusammenhang, in dem das Sicherheitszeichen verwendet werden soll. Das Sicherheitszeichen ist erforderlichenfalls in Verbindung mit einem Zusatzzeichen anzuwenden, das die maximale zulässige Belastung konkretisiert (z. B. max. 100 kg).

P015 Hineinfassen verboten	P020 Aufzug im Brandfall nicht benutzen
P021 Mitführen von Hunden verboten[429]	P022 Essen und Trinken verboten
P023 Abstellen oder Lagern verboten	P024 Betreten der Fläche verboten

---

[429] Amtl. FN: Das Verbot gilt auch für andere Tiere.

Sicherheits- und Gesundheitsschutzkennzeichnung

ASR A1.3

P027 Personenbeförderung verboten	P028 Benutzen von Handschuhen verboten
P031 Schalten verboten	D-P006 Zutritt für Unbefugte verboten[430]
P016 Mit Wasser spritzen verboten	P009 Aufsteigen verboten (In der Bedeutung von „Besteigen für Unbefugte verboten")

---

[430] Amtl. FN: Aus DIN 4844-2 „Graphische Symbole – Sicherheitsfarben und Sicherheitszeichen" Ausgabe Dezember 2012.

WSP001 Laufen verboten[431]	

2 Warnzeichen

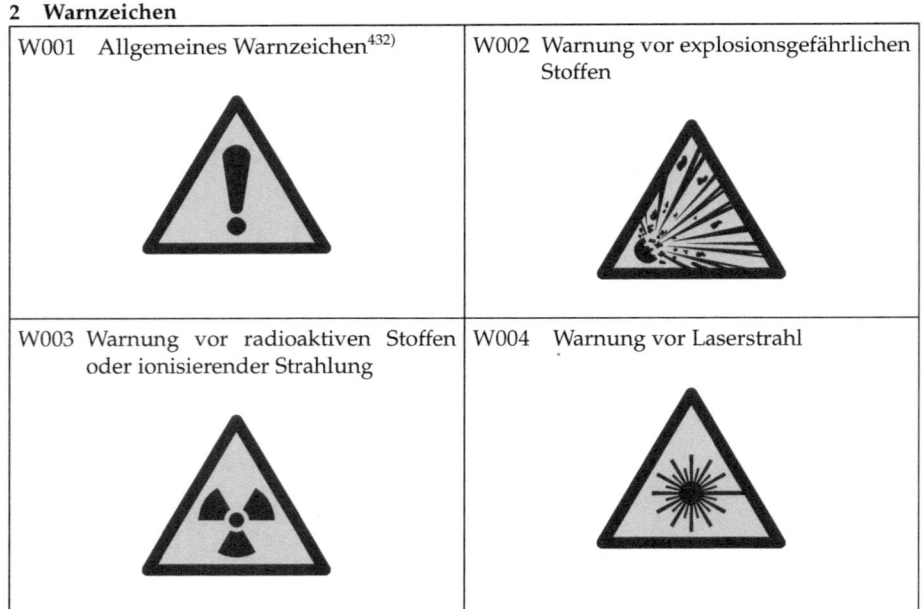

W001 Allgemeines Warnzeichen[432]	W002 Warnung vor explosionsgefährlichen Stoffen
W003 Warnung vor radioaktiven Stoffen oder ionisierender Strahlung	W004 Warnung vor Laserstrahl

---

431) Amtl. FN: Aus DIN 4844-2 „Graphische Symbole – Sicherheitsfarben und Sicherheitszeichen" Ausgabe Dezember 2012.
432) Amtl. FN: Dieses Zeichen darf nur in Verbindung mit einem Zusatzzeichen angewendet werden, das die Gefahr konkretisiert.

Sicherheits- und Gesundheitsschutzkennzeichnung

ASR A1.3

W005 Warnung vor nicht ionisierender Strahlung	W006 Warnung vor magnetischem Feld
W007 Warnung vor Hindernissen am Boden	W008 Warnung vor Absturzgefahr
W009 Warnung vor Biogefährdung	W010 Warnung vor niedriger Temperatur/Frost
W011 Warnung vor Rutschgefahr	W012 Warnung vor elektrischer Spannung

ASR A1.3

**Sicherheits- und Gesundheits-
schutzkennzeichnung**

W014 Warnung vor Flurförderzeugen	W015 Warnung vor schwebender Last
W016 Warnung vor giftigen Stoffen	W017 Warnung vor heißer Oberfläche
W018 Warnung vor automatischem Anlauf	W019 Warnung vor Quetschgefahr
W021 Warnung vor feuergefährlichen Stoffen	W023 Warnung vor ätzenden Stoffen

Sicherheits- und Gesundheitsschutzkennzeichnung

ASR A1.3

W024 Warnung vor Handverletzungen	W025 Warnung vor gegenläufigen Rollen[433]
W026 Warnung vor Gefahren durch das Aufladen von Batterien	W027 Warnung vor optischer Strahlung
W028 Warnung vor brandfördernden Stoffen	W029 Warnung vor Gasflaschen

---

[433] Amtl. FN: Die Warnung gilt auch für Einzugsgefahren anderer Art.

ASR A1.3 Sicherheits- und Gesundheits-schutzkennzeichnung

D-W021 Warnung vor explosionsfähiger Atmosphäre[434]	

3 Gebotszeichen

M001 Allgemeines Gebotszeichen[435]	M003 Gehörschutz benutzen
M004 Augenschutz benutzen	M008 Fußschutz benutzen

---

[434] Amtl. FN: Aus DIN 4844-2 „Graphische Symbole – Sicherheitsfarben und Sicherheitszeichen" Ausgabe Dezember 2012.
[435] Amtl. FN: Dieses Zeichen darf nur in Verbindung mit einem Zusatzzeichen angewendet werden, welches das Gebot konkretisiert.

Sicherheits- und Gesundheitsschutzkennzeichnung

ASR A1.3

M009 Handschutz benutzen	M010 Schutzkleidung benutzen
M011 Hände waschen	M012 Handlauf benutzen
M013 Gesichtsschutz benutzen	M014 Kopfschutz benutzen
M015 Warnweste benutzen	M017 Atemschutz benutzen

ASR A1.3 Sicherheits- und Gesundheitsschutzkennzeichnung

M018 Auffanggurt benutzen	M020 Rückhaltesystem benutzen
M021 Vor Wartung oder Reparatur freischalten	M022 Hautschutzmittel benutzen
M023 Übergang benutzen	M024 Fußgängerweg benutzen

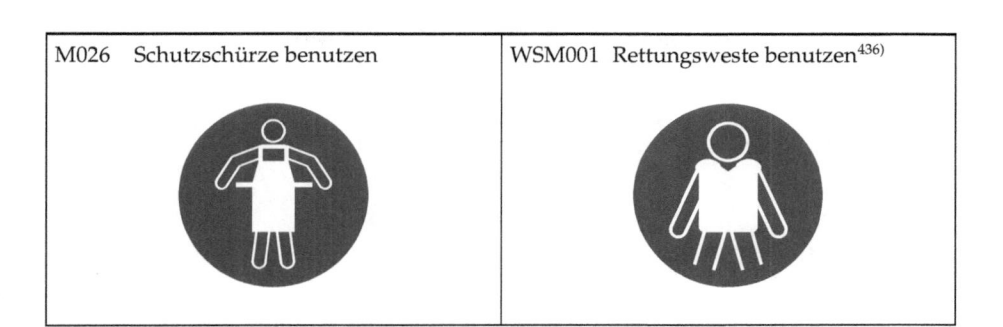

Sicherheits- und Gesundheits-
schutzkennzeichnung   ASR A1.3

M026 Schutzschürze benutzen	WSM001 Rettungsweste benutzen[436]

4 Rettungszeichen

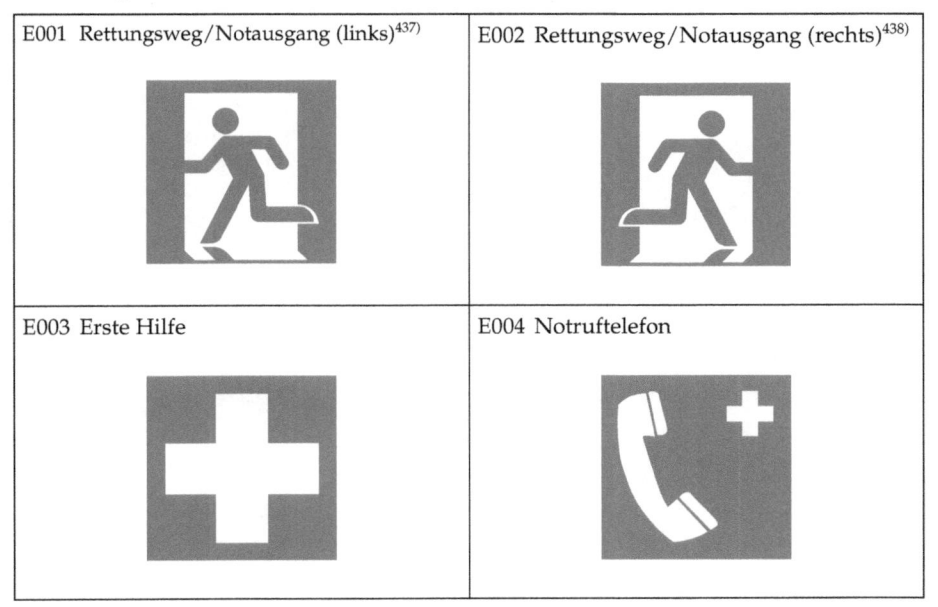

E001 Rettungsweg/Notausgang (links)[437]	E002 Rettungsweg/Notausgang (rechts)[438]
E003 Erste Hilfe	E004 Notruftelefon

---

436) Amtl. FN: Aus DIN 4844-2 „Graphische Symbole – Sicherheitsfarben und Sicherheitszeichen" Ausgabe Dezember 2012.
437) Amtl. FN: Dieses Rettungszeichen darf nur in Verbindung mit einem Zusatzzeichen (Richtungspfeil, Abb. 2) verwendet werden.
438) Amtl. FN: Dieses Rettungszeichen darf nur in Verbindung mit einem Zusatzzeichen (Richtungspfeil, Abb. 2) verwendet werden.

ASR A1.3 Sicherheits- und Gesundheitsschutzkennzeichnung

E007 Sammelstelle	E009 Arzt
E010 Automatisierter Externer Defibrillator (AED)	E011 Augenspüleinrichtung
E012 Notdusche	E013 Krankentrage
E016 Notausstieg mit Fluchtleiter	E017 Rettungsausstieg

Sicherheits- und Gesundheitsschutzkennzeichnung

ASR A1.3

WSE001 Öffentliche Rettungsausrüstung[439]	D-E019 Notausstieg[440]

Beispiel für Rettungsweg/Notausgang (E002) mit Zusatzzeichen (Richtungspfeil)

Beispiel für Rettungsweg/Notausgang (E002) mit Zusatzzeichen (Richtungspfeil)

439) Amtl. FN: Aus DIN 4844-2 „Graphische Symbole – Sicherheitsfarben und Sicherheitszeichen" Ausgabe Dezember 2012.
440) Amtl. FN: Aus DIN 4844-2 „Graphische Symbole – Sicherheitsfarben und Sicherheitszeichen" Ausgabe Dezember 2012.

5 Brandschutzzeichen

F001 Feuerlöscher	F002 Löschschlauch
F003 Feuerleiter	F004 Mittel und Geräte zur Brandbekämpfung
F005 Brandmelder	F006 Brandmeldetelefon

Sicherheits- und Gesundheitsschutzkennzeichnung

ASR A1.3

Anhang 2

Handzeichen

1 Allgemeine Handzeichen

Bedeutung	Beschreibung	Bildliche Darstellung	vereinfachte Darstellung
Achtung Anfang Vorsicht	Rechten Arm nach oben halten, Handfläche zeigt nach vorn		
Halt Unterbrechung Bewegung nicht weite ausführen	Beide Arme seitwärts waagerecht ausstrecken, Handflächen zeigen nach vorn		
Halt – Gefahr	Beide Arme seitwärts waagerecht ausstrecken, Handflächen zeigen nach vorn, und Arme abwechselnd anwinkeln und strecken		

2 Handzeichen für Bewegungen — vertikal

Bedeutung	Beschreibung	Bildliche Darstellung	vereinfachte Darstellung
Heben Auf	Rechten Arm nach oben halten, Handfläche zeigt nach vorn und macht eine langsame, kreisende Bewegung		
Senken Ab	Rechten Arm nach unten halten, Handfläche zeigt nach innen und macht eine langsame, kreisende Bewegung		
Langsam	Rechten Arm waagerecht ausstrecken, Handfläche zeigt nach unten und wird langsam auf- und abbewegt		

ASR A1.3

Sicherheits- und Gesundheits-schutzkennzeichnung

3 Handzeichen für Bewegungen — horizontal

Bedeutung	Beschreibung	Bildliche Darstellung	vereinfachte Darstellung
Abfahren	Rechten Arm nach oben halten, Handfläche zeigt nach vorn, und Arm seitlich hin- und herbewegen		
Herkommen	Beide Arme beugen, Handflächen zeigen nach innen und mit den Unterarmen heranwinken		
Entfernen	Beide Arme beugen, Handflächen zeigen nach außen und mit den Unterarmen wegwinken		
Rechts fahren – vom Einweiser aus gesehen	Den rechten Arm in horizontaler Haltung leicht anwinkeln und seitlich hin- und herbewegen		
Links fahren – vom Einweiser aus gesehen	Den linken Arm in horizontaler Haltung leicht anwinkeln und seitlich hin- und herbewegen		
Anzeige einer Abstandsverringerung	Beide Handflächen parallel halten und dem Abstand entsprechend zusammenführen		

Sicherheits- und Gesundheitsschutzkennzeichnung

ASR A1.3

Anhang 3

Beispiel eines Flucht- und Rettungsplans

(nach DIN ISO 23601 „Sicherheitskennzeichnung – Flucht- und Rettungspläne", Ausgabe Dezember 2010)

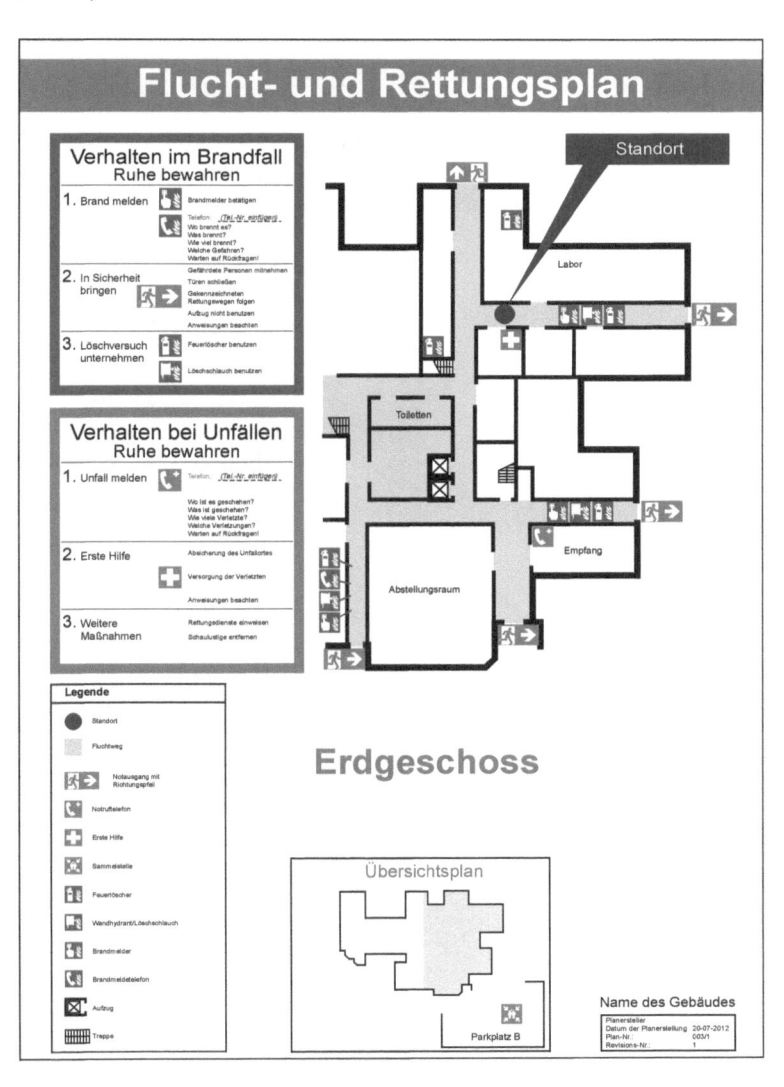

191

Technische Regeln für Arbeitsstätten	Fußböden	ASR A1.5/1,2

zu Anh. Nr. 1.5 Abs. 1 und 2 ArbStättV

GMBl. Nr. 16 vom 13.3.2013 S. 348, zuletzt geändert durch GMBl. Nr. 4 vom 27.2.2019 S. 70

...

Diese ASR A1.5/1,2 konkretisiert im Rahmen des Anwendungsbereichs die Anforderungen der Verordnung über Arbeitsstätten. Bei Einhaltung der Technischen Regeln kann der Arbeitgeber insoweit davon ausgehen, dass die entsprechenden Anforderungen der Verordnungen erfüllt sind. Wählt der Arbeitgeber eine andere Lösung, muss er damit mindestens die gleiche Sicherheit und den gleichen Gesundheitsschutz für die Beschäftigten erreichen.

Die Anhänge der vorliegenden Technischen Regel beruhen auf der BGR/GUV-R 181 „Fußböden in Arbeitsräumen und Arbeitsbereichen mit Rutschgefahr" des Sachgebiets „Bauliche Einrichtungen und Handel" im Fachbereich „Handel und Logistik" der Deutschen Gesetzlichen Unfallversicherung (DGUV). Der Ausschuss für Arbeitsstätten hat die grundlegenden Inhalte der Anhänge der BGR/GUV-R 181 in Anwendung des Kooperationsmodells (vgl. Leitlinienpapier[441] zur Neuordnung des Vorschriften- und Regelwerks im Arbeitsschutz vom 31. August 2011) als ASR in sein Regelwerk übernommen.

Inhaltsübersicht

1 Zielstellung
2 Anwendungsbereich
3 Begriffsbestimmungen
4 Allgemeines
5 Schutzmaßnahmen gegen Stolpern
6 Schutzmaßnahmen gegen Ausrutschen
7 Schutzmaßnahmen gegen besondere physikalische Einwirkungen
8 Kennzeichnung
9 Reinigung
10 Abweichende/ergänzende Anforderungen für Baustellen
Anhang 1 Verfahren zur Prüfung der rutschhemmenden Eigenschaft und des Verdrängungsraums (Begehungsverfahren – Schiefe Ebene)
Anhang 2 Anforderungen an die Rutschhemmung von Fußböden

---

441) http://www.gda-portal.de/de/VorschriftenRegeln/VorschriftenRegeln.html.

Fußböden ASR A1.5/1,2

1 Zielstellung

Diese Arbeitsstättenregel konkretisiert die Anforderungen für das Einrichten und Betreiben von Fußböden nach § 3a Abs. 1[442] und § 4 Abs. 2 sowie nach Punkt 1.5 Abs. 1 und 2 des Anhangs der Arbeitsstättenverordnung.[443] [444]

2 Anwendungsbereich

(1) Diese Arbeitsstättenregel gilt für das Einrichten und Betreiben von Fußböden in Arbeitsstätten.[445]

(2) *(gestrichen)*

Hinweis:

Zusätzliche Anforderungen an die barrierefreie Gestaltung werden zu einem späteren Zeitpunkt als Anhang in die ASR V3a.2 „Barrierefreie Gestaltung von Arbeitsstätten" eingefügt.[446]

3 Begriffsbestimmungen

3.1 Fußböden im Sinne dieser Arbeitsstättenregel umfassen nicht nur die statisch wirksame Tragschicht, den Fußbodenaufbau und die Oberfläche, sondern auch Auflagen, z. B. Matten, Roste oder Teppiche.

3.2 Eine **Rutschgefahr** liegt vor, wenn aufgrund einer zu geringen Rutschhemmung der Fußbodenoberfläche, einer unmittelbaren Änderung der Rutschhemmung der Fußbodenoberfläche oder des Verrutschens eines Bodenbelages, die Möglichkeit des Ausrutschens von Beschäftigten oder Wegrutschens von Fahrzeugen oder Einrichtungsgegenständen besteht.

---

442) Die ArbStättV ergänzt mit den Änderungen von 2016, dass zum „Stand der Technik" auch der Stand der Arbeitsmedizin und -hygiene sowie die ergonomischen Anforderungen gehören.
443) Inhaltlich neu sind
– eine Dämmung der Fußböden an Arbeitsplätzen sowohl gegen Wärme als auch gegen Kälte (Nr. 7 Abs. 1),
– ausreichende Isolierung vor Feuchtigkeit (Nr. 7 Abs. 2),
– Vermeidung von Gefährdungen durch das mögliche Verrutschen von Fußbodenauflagen (Nr. 3.2).
444) Nicht mehr enthalten ist die Forderung zur Angabe der zulässigen Belastung der Fußbodenoberfläche für Lagerräume, die dennoch nach wie vor als sinnvoll angesehen wird.
Zu Anh. Nr. 1.5 Abs. 3 (Schutzzielanforderungen für durchsichtige oder lichtdurchlässige Wände) wurde ASR A1.6 Fenster, Oberlichter, lichtdurchlässige Wände (s. S. 215 ff.) erlassen und zu Abs. 4 (Sicheres Arbeiten auf Dächern mit nicht durchtrittsicherem Material) ASR A2.1 Schutz vor Absturz und herabfallenden Gegenständen, Betreten von Gefahrenbereichen (s. S. 281 ff.).
Die Sicherheits- und Gesundheitsschutzkennzeichnung ergibt sich aus Anh. Nr. 1.3 ArbStättV und ASR A1.3 Sicherheits- und Gesundheitsschutzkennzeichnung (s. S. 159 ff.).
445) Entsprechend der Schutzzielbestimmung in Anh. 1.5 Abs. 1 ArbStättV ist der Anwendungsbereich nicht auf Fußböden in Räumen beschränkt, sondern umfasst generell alle Fußböden in Arbeitsstätten.
446) Der aktuelle Stand, welche Anhänge zu ASR V3a.2 veröffentlicht sind, kann unter https://www.baua.de/DE/Angebote/Rechtstexte-und-Technische-Regeln/Regelwerk/ASR/pdf/ASR-V3a-2.pdf?__blob=publicationFile&v=5 abgerufen werden.

Rutschhemmung ist eine Eigenschaft der Fußbodenoberfläche, die das Ausrutschen wirksam verhindert.

3.3 Eine **gefährliche Schräge** liegt vor, wenn der Fußboden aufgrund seiner Neigung bzw. Steigung nicht mehr sicher betrieben, also begangen, befahren oder zum Abstellen genutzt werden kann. Dies ist in der Regel bei Fußböden ab einer Neigung von 36 Prozent (ca. 20°) gegeben, sofern nicht ohnehin schon aufgrund anderer Vorschriften ein niedrigerer Wert einzuhalten ist. Anforderungen an die Begeh- und Befahrbarkeit von Schrägrampen enthält die ASR A1.8 „Verkehrswege".

3.4 Stolperstellen sind Änderungen der Oberfläche in begehbaren Bereichen des Fußbodens, durch die erhöhte Sturzgefährdungen hervorgerufen werden. Stolperstellen entstehen z. B. durch Höhenunterschiede, die an Absätzen oder durch Unebenheiten oder an Übergängen von der Waagerechten in ein Gefälle oder eine Steigung oder durch unmittelbar auftretende Änderungen der Rutschhemmung der Fußbodenoberfläche auftreten. Unter ebenen Bedingungen in Räumen gelten bereits Höhenunterschiede von mehr als 4 mm als Stolperstelle. Auch bei Spaltenbreiten von mehr als 20 mm im Fußboden sowie bei der Verwendung von Rosten mit einer Maschenteilung von mehr als 35 × 51 mm liegen Stolperstellen vor. Eine Stolperstelle kann auch temporär auftreten, z. B. aufgrund einer Durchbiegung an der Verbindungsstelle verschiedener Fußböden.

3.5 Der Fußboden ist **tragfähig**, wenn er eine der Nutzungsart entsprechende Konstruktion und Festigkeit aufweist und auch das Aufbringen von Lasten, z. B. durch das Aufstellen von Einrichtungen oder durch das Befahren mit Transportmitteln, nicht zu Beschädigungen, zur Bildung von Unebenheiten oder zu Gefährdungen von Beschäftigten in darunter liegenden Bereichen aufgrund der Ablösung von Fußbodenteilen führt.

3.6 Ein Fußboden ist **trittsicher**, wenn dessen Eigenschaften, z. B. Festigkeit, Belastbarkeit, Ebenheit, Rutschhemmung, ein sicheres Begehen ermöglichen. Deshalb ist bei der Beurteilung, inwieweit eine Trittsicherheit gegeben ist, die übliche Art der Gehaufgabe zu berücksichtigen, z. B. die Gehgeschwindigkeiten, die Art des genutzten Schuhwerks oder das ggf. erforderliche Tragen von Lasten. Weiterhin können auch visuelle Eindrücke die beim Begehen von Fußböden erforderliche Einschätzung der Fußbodenoberfläche und das Erkennen ggf. vorhandener Mängel erschweren und so die Trittsicherheit negativ beeinflussen, z. B. Aufmerksamkeit erfordernde Ereignisse außerhalb des Fußbodenbereichs oder ein unregelmäßiges Fußbodendesign.

3.7 Unebenheiten eines Fußbodens sind Abweichungen des Höhenmaßes innerhalb einer Fläche, z. B. bei welligen Fußbodenoberflächen, die beim Begehen oder Befahren zu Gefährdungen führen.

3.8 Die **R-Gruppe** ist ein Maßstab für den Grad der Rutschhemmung auf der Grundlage des mittels des in Anhang 1 beschriebenen Verfahrens ermittelten mittleren Neigungswinkels. Bodenbeläge werden in Abhängigkeit von ihrer Rutschhemmung in fünf R-Gruppen (von R 9 bis R 13) unterteilt, wobei Bodenbeläge mit der R-Gruppe R 9 den geringsten und mit der R-Gruppe R 13 den höchsten Anforderungen an die Rutschhemmung genügen.

3.9 Der **Verdrängungsraum** eines Bodenbelags ist der zur Gehebene hin offene Hohlraum unterhalb der Gehebene zur Aufnahme oder Ableitung von gleitfördernden Stoffen.

3.10 Bei einer **Vertiefung** handelt es sich um eine Stelle, die vom Höhenmaß innerhalb einer Fläche nach unten abweicht und dadurch beim Begehen oder Befahren zu Gefährdungen führen kann. Dies ist beispielsweise bei Löchern, Dellen oder unabgedeckten Rinnen der Fall, wenn diese zu Stolper- oder Umknickgefahren oder aufgrund der Ansammlung von Flüssigkeiten zu Rutschgefahren führen.

4 Allgemeines

(1) Fußböden müssen so beschaffen sein, instand gehalten und gereinigt werden, dass sie unter Berücksichtigung der Art der Nutzung, der betrieblichen Verhältnisse und der Witterungseinflüsse[447] sicher benutzt werden können.

(2) Im Rahmen von Begehungen ist sicherzustellen, dass auch in selten genutzten Bereichen Mängel zeitnah erkannt werden können. Festgestellte Mängel müssen unverzüglich beseitigt werden. Können Mängel, mit denen eine unmittelbare erhebliche Gefahr verbunden ist, nicht sofort beseitigt werden, darf dieser Fußbodenbereich nicht genutzt werden, z. B. im Falle einer fehlenden Abdeckung einer Bodenöffnung.

(3) Fußböden in Räumen dürfen keine Unebenheiten, Vertiefungen, Stolperstellen oder gefährlichen Schrägen aufweisen. Sie müssen gegen Verrutschen bzw. Kippen (z. B. bei Abdeckungen) gesichert, tragfähig, trittsicher und rutschhemmend sein.[448]

---

447) In Außenbereichen gelten grundsätzlich die gleichen Anforderungen an Fußböden von Arbeitsräumen, Arbeitsbereichen und betrieblichen Verkehrsflächen wie in Innenbereichen. Bezüglich der Beschaffenheit ist für eine normgerechte Bauausführung zu sorgen.
Auch die Fußböden in Eingangs- und Außenbereichen müssen so beschaffen, instand gehalten und gereinigt werden, dass keine Unfallgefährdungen durch Ausrutschen, Stolpern, Umknicken oder Fehltritte auftreten können.
Zur Instandhaltung gehören eine regelmäßige Prüfung dieser Flächen auf Schadstellen und nötigenfalls eine Ausbesserung. Zusätzlich muss durch Reinigung und Winterdienst bei Außenbereichen eine sichere Benutzbarkeit gewährleistet werden. Dies kann auch möglich sein durch ausreichend große Überdachungen. Sie stellen somit eine wirkungsvolle Maßnahme auch gegen Glatteis dar.
448) Ablauföffnungen, Ablaufrinnen und ähnliche Vertiefungen müssen tritt- und kippsicher sowie bodengleich abgedeckt sein. Dies gilt nicht für Ablaufrinnen, die abgerundet sind und eine Vertiefung von höchstens 2 cm haben. Die Rinnen sollen farblich vom übrigen Fußboden abgesetzt sein. Die farbliche Kennzeichnung kann z. B. an der Fußbodenkante längs der Ablaufrinne oder als kontrastfarbige Ausführung der Ablaufrinne selbst erfolgen. Auch hierfür ist die Gelb-Schwarz-Kennzeichnung zu verwenden. Auch sollte darauf geachtet werden, dass Ablaufrinnen keine Verkehrswege kreuzen.
Leitungen, die aus betrieblich unvermeidbaren Gründen auf dem Fußboden verlegt werden müssen, können mit besonderen gewölbten Abdeckungen mit gelb-schwarzer Kennzeichnung versehen werden und dadurch als Stolperstellen weitgehend ausgeschaltet werden. Für elektrische Leitungen bietet sich in größeren Büros, Besprechungs- und Konferenzräumen oder Zeichenräumen usw. die Verlegung im Fußboden mit Anschlussstellen an den Arbeitsplätzen an.

(4) Fußböden sollen ohne Neigung angelegt werden. Ausgenommen sind funktionelle Neigungen, z. B. zur Ableitung von Flüssigkeiten.[449]

(5) Von Fußböden dürfen keine gesundheitlichen Gefährdungen und sollen keine spürbaren elektrostatischen Aufladungen oder unzuträglichen Gerüche ausgehen. Unzuträgliche Gerüche und gesundheitliche Gefährdungen können beispielsweise durch Ausdünstungen bzw. Emissionen aus Fußbodenmaterialien, Klebstoffen und Konservierungsmitteln verursacht werden oder z. B. bei Nutzungsänderungen von Arbeitsstätten entstehen. Empfehlenswert ist daher die Auswahl emissionsarmer Materialien.[450]

(6) Fußböden müssen gegen die zu erwartenden Einwirkungen, z. B. durch Säuren, Laugen, Hitze oder Vibrationen, so beständig sein, dass die erforderlichen Eigenschaften erhalten bleiben.

(7) Können Flüssigkeiten oder Gefahrstoffe auf den Fußboden gelangen, darf er diese Stoffe nicht so aufnehmen und speichern, dass sich hierdurch Gefährdungen für die Beschäftigten ergeben, z. B. durch Emissionen, Schimmelpilze oder Brandgefahren.

(8) Sofern in Räumen mit Gefahrstoffen oder biologischen Arbeitsstoffen umgegangen wird, ist der Fußboden so zu gestalten, dass ein unbemerktes Ansammeln derartiger Stoffe in Bereichen, die mit den in diesen Räumen vorgesehenen Reinigungsverfahren nicht erreicht werden können, ausgeschlossen ist. Dies kann z. B. durch einen geschlossenen und mit abgerundeten Übergängen zu den Wänden und ggf. zu den Einrichtungen versehenen Fußboden erreicht werden (Kehlsockel).[451]

(9) Die optische Gestaltung der Fußbodenoberflächen darf das sichere Begehen oder Befahren nicht beeinträchtigen. Beispielsweise sind durch detailreiche oder unregelmäßige oder hochglänzende Designs sowie durch Motive, die zu optischen Täuschungen führen, Beeinträchtigungen möglich.

(10) In Bereichen, die im Rahmen ihrer üblichen Nutzung durchgehend begangen werden müssen, dürfen sich die Fußbodenoberflächen hinsichtlich ihrer Rutschhemmung nicht so

---

449) Wassereinläufe müssen in solchen Bereichen in ausreichender Zahl vorgesehen und an den Stellen angeordnet werden, wo der Wasseranfall zu erwarten ist. In Küchen sollten sie unter den Auslauföffnungen der Kochkessel angeordnet sein. Falls dies bautechnisch nicht möglich ist, sind Ablaufrinnen vorzusehen und so anzuordnen und zu führen, dass die Benetzung des Arbeits- und Verkehrsbereiches vermieden wird. Die Größe der Sinkkästen ist so zu bemessen, dass das anfallende Wasser ohne Rückstau abgeführt werden kann. Ablaufrinnen sollten so bemessen sein, dass sie die plötzlich anfallenden Wassermengen aufnehmen können, ohne dass der Verkehrsbereich überflutet wird. Die Abdeckungen müssen fußbodeneben verlegt werden, um Stolperstellen zu vermeiden, und in ihrer Oberfläche rutschhemmend gestaltet sein.
450) Bei Umnutzungen kommt es in seltenen Fällen vor, dass Bodenbeläge, die von früheren Nutzungen herrühren, unangenehme Gerüche oder Sick-Building-Syndrome hervorrufen. Eine Abstellung dieser Mängel ist oft nur durch vollständigen Abtrag und Neuaufbau des Fußbodens zu erreichen.
451) Auf Fußböden von Räumen, in denen sich gesundheitsschädliche und/oder entzündliche Stoffe in gefahrdrohender Menge ansammeln können, sind lose aufgelegte Bodenbeläge, unter denen sich Staub, Stoffe oder Flüssigkeiten ansammeln können, unzulässig. Lose aufgelegte Bodenbeläge sollten generell vermieden werden. In Räumen, in denen mit gesundheitsschädlichen oder entzündlichen Stoffen oder mit beiden Stoffarten umgegangen wird, sind lose Fußbodenbeläge auch an einzelnen Arbeitsplätzen nicht erlaubt.

voneinander unterscheiden, dass es zu Stolper- und Rutschgefahren kommen kann. Dies kann gegeben sein, wenn sich die Oberflächenbeschaffenheiten innerhalb eines Fußbodens (z. B. bei Abdeckungen, Markierungen oder aufgeklebten Folien) oder von angrenzenden Fußböden hinsichtlich der Rutschhemmung um mehr als eine R-Gruppe unterscheiden.

(11) Ablaufrinnen in Fußböden von Verkehrswegen, z. B. zur Ableitung von Flüssigkeiten, müssen unter Berücksichtigung der Art der Verkehrsmittel, der Art des Transportgutes und der ggf. gleichzeitigen Nutzung durch Fußgänger so gestaltet und in den Fußboden integriert sein, dass sie den zu erwartenden Belastungen standhalten und eine sichere Benutzung der Verkehrswege gewährleistet ist. Dies ist gegeben, wenn Belastungen, z. B. das Überfahren mit schweren Fahrzeugen oder mit Flurförderzeugen mit harten Transportrollen, nicht zu Verformungen oder Beschädigungen der Ablaufrinnen und dadurch zu Stolper- oder Rutschgefahren führen.

(12) Soweit sich andauernde Steharbeit nicht vermeiden lässt, müssen die Fußböden an den Steharbeitsplätzen ausreichend wärmegedämmt und zur Verminderung der Belastungen des Skelett- und Bewegungssystems mit ergonomischen Bodenbelägen (ausreichend stoßdämpfend und elastisch) ausgestattet sein. Die Verwendung von Fußbodenauflagen darf nicht zur Entstehung von Stolperstellen führen.[452]

5   Schutzmaßnahmen gegen Stolpern

(1) Eine geeignete Maßnahme zur Vermeidung von Stolperstellen an Höhenunterschieden bis 2 cm ist z. B. eine Anschrägung mit einem Winkel von höchstens 25°, z. B. bei Kanten an Bodenbelägen. Größere Höhenunterschiede sollen durch begehbare Schrägrampen überbrückt werden, die den an Verkehrswege bzw. Fluchtwege gerichteten Anforderungen der Arbeitsstättenverordnung entsprechen (siehe z. B. ASR A1.8 „Verkehrswege" und ASR A2.3 „Fluchtwege und Notausgänge, Flucht- und Rettungsplan") und keine gefährliche Schräge bilden. Anschluss- und Versorgungsleitungen müssen so verlegt sein, dass sie keine Stolperstellen bilden, z. B. entlang von Einrichtungsgegenständen, Wänden oder Decken. Das kann z. B. mit einer ausreichenden Anzahl von Anschlussmöglichkeiten in einer geeigneten Lage erreicht werden (z. B. durch Anbringen einer Steckdose im näheren Umfeld der Verbrauchseinrichtung, um dadurch auf dem Boden liegende Kabel zu vermeiden).

(2) Leisten, Abdeckungen, Ablauföffnungen, Ablaufrinnen, Profile oder Ähnliches in begehbaren Bereichen von Fußböden müssen so gestaltet und installiert sein, dass sich hierdurch keine Stolpergefahren ergeben. Dies ist beispielsweise gegeben, wenn sie kipp- und trittsicher, bündig sowie höhengleich mit der Fußbodenoberfläche verlegt und ausreichend fest im Fußboden verankert sind.

(3) Technisch und baulich nicht vermeidbare Stolperstellen sind neben der nach Punkt 8 erforderlichen Kennzeichnung ggf. durch weitere Schutzmaßnahmen, z. B. durch Absperrungen oder Handläufe, zu sichern.

---

[452] Als Richtwert für andauernde Steharbeit kann eine Dauer über mehr als 4 Stunden angesehen werden. (BAuA (Hrsg.): Stehend K. O.? Wenn Arbeit durchgestanden werden muss, Dortmund 2005.

6 Schutzmaßnahmen gegen Ausrutschen[453]

(1) Fußbodenoberflächen müssen unter Berücksichtigung der Art der Nutzung sowie der zu erwartenden gleitfördernden Stoffe, z. B. Wasser, Fett, Öl, Staub, eine sichere Benutzung ermöglichen. Rutschgefahren können sich weiterhin beispielsweise durch Witterungseinflüsse im Außenbereich, durch von außen durch Fußgänger oder Verkehrsmittel eingebrachte Nässe, durch nicht beseitigte Verunreinigungen oder durch eine Abnutzung der Fußbodenoberfläche ergeben.
Rutschgefahren sind durch entsprechende Schutzmaßnahmen zu vermeiden. Als Schutzmaßnahmen kommen insbesondere geeignete Fußbodenbeläge infrage, z. B. Beläge mit einer hohen Rutschhemmung oder zusätzlich einem Verdrängungsraum. Als geeignet können Fußbodenbeläge betrachtet werden, die hinsichtlich ihrer R-Gruppe oder ihres Verdrängungsraumes den in Anhang 2 genannten Anforderungen entsprechen.

(2) Im Außenbereich sind Maßnahmen gegen witterungsbedingte Glätte erforderlich, z. B. ausreichend große Überdachungen vor Gebäudeeingängen oder ein wirksamer Winterdienst.

(3) Gebäudeeingänge sind so einzurichten, dass der Eintrag von Schmutz und Nässe nicht zu Rutschgefahren führt. Dies kann durch Sauberlaufzonen in Form von Schmutz- und Feuchtigkeitsaufnehmern erreicht werden, die hinsichtlich ihrer Länge, Breite und des Materials auf den zu erwartenden Personenverkehr ausgelegt sind und in ihrer Laufrichtung über die gesamte Durchgangsbreite mindestens 1,5 m lang sind. Sauberlaufzonen müssen gegen Verrutschen gesichert sein und dürfen keine Stolperstellen bilden, z. B. indem sie bündig mit dem unmittelbar daran anschließenden Bodenbelag abschließen.
Sofern Flüssigkeiten oder gleitfördernde Stoffe in einem solchen Umfang auf den Fußboden gelangen, dass dadurch eine Rutschgefahr für Personen besteht, sind geeignete Maßnahmen zu ergreifen. Fließfähige Flüssigkeiten lassen sich beispielsweise durch ein ausreichendes Fußbodengefälle abführen (z. B. ein Gefälle von mindestens 2 Prozent bei Flüssigkeiten mit wasserähnlichen Fließeigenschaften). Das Ableiten von Flüssigkeiten über Verkehrswege ist nach Möglichkeit zu vermeiden. Eine geeignete Maßnahme gegen die Ausrutschgefahr aufgrund gleitfördernder Stoffe, z. B. Öl oder Speisereste, sind Bodenbeläge mit ausreichendem Verdrängungsraum.

(4) Ist die erforderliche Rutschhemmung kurzzeitig herabgesetzt und lassen sich die Ursachen hierfür nicht unverzüglich beseitigen, ist der betreffende Bereich zu kennzeichnen und erforderlichenfalls abzusperren.

7 Schutzmaßnahmen gegen besondere physikalische Einwirkungen

(1) Fußböden an Arbeitsplätzen in Sanitär-, Pausen- und Bereitschaftsräumen, in Kantinen, in Erste-Hilfe-Räumen und in Unterkünften müssen so gegen Wärme und Kälte gedämmt sein, dass ein ausreichender Schutz sowohl gegen eine unzuträgliche Wärmeableitung als auch gegen eine unzuträgliche Wärmezuführung besteht. Dies kann beispielsweise mit ge-

---

453) Siehe hierzu auch DGUV Regel 108-003 Fußböden in Arbeitsräumen und Arbeitsbereichen mit Rutschgefahr, Ausg. 2003-10 sowie DGUV Information 207-006 Bodenbeläge für nassbelastete Barfußbereiche, Ausg. 2015-06.

eigneten Fußbodenkonstruktionen, Baustoffen, Fußbodenauflagen oder Heiz- bzw. Kühleinrichtungen erreicht werden.
Ein ausreichender Schutz gegen Wärmeableitung oder Wärmezuführung liegt in Arbeitsräumen[454] vor, wenn die Oberflächentemperatur des Fußbodens nicht mehr als 3 °C unter oder 6 °C über der Lufttemperatur liegt. Sofern die Oberflächentemperatur des Fußbodens +29 °C bei Fußbodenheizungen überschreitet oder soweit ein ausreichender Schutz gegen Wärmeableitung, z. B. aus hygienischen oder betriebstechnischen Gründen, nicht möglich ist, sind geeignete Ersatzmaßnahmen vorzusehen.

(2) Fußböden an Arbeitsplätzen in Sanitär-, Pausen- und Bereitschaftsräumen, in Kantinen, in Erste-Hilfe-Räumen und in Unterkünften müssen so eingerichtet sein, dass es nicht zu Durchfeuchtungen oder einem Aufsteigen von Feuchtigkeit aus dem Untergrund kommen kann. Ist dies nicht möglich, sind geeignete Maßnahmen zu treffen, z. B. die Verwendung von feuchtigkeitssperrenden Auflagen oder von Rosten.

(3) In explosions- oder explosivstoffgefährdeten Bereichen[455] muss der Fußboden so ausgeführt sein, dass Zündgefahren durch Reißfunken[456] oder elektrostatische Aufladungen[457] vermieden werden.

(4) Fußböden an Arbeitsplätzen müssen so eingerichtet sein, dass diese keine unzuträglichen Erschütterungen auf Beschäftigte übertragen.

8 Kennzeichnung

Fußbodenstellen, an denen sich die Gefahr des Stolperns oder Ausrutschens technisch nicht vermeiden lässt, sind entsprechend der ASR A1.3 „Sicherheits- und Gesundheitsschutzkennzeichnung" zu kennzeichnen.

---

454) Gem. ArbStättV Anh. Nr. 1.5 Abs. 1 müssen auch Sanitär-, Pausen- und Bereitschaftsräume, Kantinen, Erste-Hilfe-Räume und Unterkünfte über eine angemessene Dämmung gegen Wärme und Kälte sowie über eine ausreichende Isolierung gegen Feuchtigkeit verfügen.
455) Regelungen über diese Räume sind auch enthalten in der Betriebssicherheitsverordnung (BetrSichV), der Gefahrstoffverordnung (GefStoffV) sowie in einigen der zugehörigen Technischen Regeln für Betriebssicherheit (TRBS).
456) Siehe auch Explosionsschutz-Regeln (EX-RL): DGUV Regel 113-001, Ausg. 2019-05.
457) Wenn zur Erreichung einer besseren elektrostatischen Ableitfähigkeit von Fußböden Aluminiumfarben oder Aluminiumbeschichtungen verwendet werden, ist die Bildung zündfähiger Funken nicht zu unterstellen, sofern der Aluminiumgehalt der Farben und Beschichtungen in gealtertem, trockenem Zustand unter 25 % Massenanteile liegt. In Abhängigkeit der verschiedenen Bindemittel und Füllstoffe kann diese Grenze auch bis zu einem Anteil von 45 % Massenanteile ausgedehnt werden. Diese Bestimmung enthält TRBS 2152 Teil 3 Gefährliche explosionsfähige Atmosphäre – Vermeidung der Entzündung gefährlicher explosionsfähiger Atmosphäre in Nr. 5.4.2. Abs. 9. Zur Vermeidung von Zündgefahren infolge elektrostatischer Aufladungen enthält die TRBS 2153 Vermeidung von Zündgefahren durch elektrostatische Aufladung unter Nr. 7.2 die Regelung, dass Fußböden in explosionsgefährdeten Bereichen, in denen sich Personen aufhalten, so ausgeführt sein müssen, dass sich Personen beim Tragen ableitfähiger Schuhe nicht gefährlich aufladen. Siehe auch DGUV Information 213-060 Vermeidung von Zündgefahren infolge elektrostatischer Aufladungen (Merkblatt T 033 der Reihe „Sichere Technik"), Ausg. 2016-08.

9 Reinigung

(1) Die Oberflächen von Fußböden müssen leicht zu reinigen sein und entsprechend den hygienischen Erfordernissen gereinigt werden, wenn nicht ohnehin aufgrund anderer Rechtsvorschriften weitergehende Anforderungen zu berücksichtigen sind, z. B. im Gesundheits- oder im Lebensmittelbereich. Verunreinigungen und Ablagerungen, die zu Gefährdungen führen können, sind unverzüglich zu beseitigen.

(2) Die Reinigungsverfahren sowie Reinigungs- oder Pflegemittel sind so auszuwählen, dass die jeweilige Fußbodenoberfläche nach der Reinigung oder Unterhaltspflege noch über die erforderlichen Eigenschaften, z. B. Rutschhemmung verfügt. Der Auswahl sind die Angaben bzw. Pflegehinweise des Fußbodenherstellers und des Herstellers des jeweiligen Reinigungsmittels zugrunde zu legen. Weiterhin sind die Gefahren zu berücksichtigen,
- die von der Verwendung von Reinigungsmitteln, die Gefahrstoffe im Sinne der Gefahrstoffverordnung sind oder
- die bei der Reinigung von gegebenenfalls im Bodenbereich befindlichen Einrichtungen, z. B. einer Elektroinstallation,

ausgehen können.

(3) Die mit der Reinigung beauftragten Personen sind über die Ergebnisse nach Abs. 2 Satz 1 zu unterweisen.

(4) Sofern sich aufgrund der Reinigung zeitlich beschränkte Rutschgefahren ergeben, z. B. bei Nassreinigungsverfahren bis zum Zeitpunkt der Trocknung der Fußbodenoberfläche, sind die Reinigungsarbeiten soweit möglich zu Zeiten durchzuführen, in denen diese Bereiche nicht genutzt werden. Ist dies nicht möglich, sind die Bereiche bis zur Wiederherstellung der erforderlichen Rutschhemmung abzugrenzen oder zumindest entsprechend zu kennzeichnen.

(5) Fußböden in Außenbereichen, zu denen Beschäftigte im Rahmen ihrer Arbeit Zugang haben, müssen so gereinigt bzw. geräumt oder gestreut werden, dass sich keine Stolper- oder Rutschgefahren ergeben.

10 Abweichende/ergänzende Anforderungen für Baustellen

Werden auf Baustellen Fußböden und Trittflächen von Treppen mit temporären Belägen, z. B.
- Malerabdeckvliese als Schutz vor Verschmutzung,
- PVC-Folien als Feuchtigkeitssperren,
- Auflagen aus Pappe als Schutz vor Beschädigung oder
- Auflagen gegen Funkenflug,

abgedeckt, ist auf eine ausreichende Trittsicherheit zu achten. Hierzu hat der Arbeitgeber geeignete Maßnahmen zur Sicherung gegen Verrutschen, zur Rutschhemmung und zur Vermeidung von Unebenheiten oder Stolperstellen durchzuführen.

Technische Maßnahmen sind z. B. Verkleben/Befestigen von Rändern und Stößen, Sicherung gegen Faltenbildung und Verschieben. Organisatorische Maßnahmen sind z. B. Absperren von Bereichen oder Unterweisung der Beschäftigten zum Betreten der temporären Beläge.

Ausgewählte Literaturhinweise

- DGUV Information 208-007 – Roste – Auswahl und Betrieb 01/1996 aktualisiert 05/2013
- DGUV Information 208-008 – Roste – Montage 01/2017
- DGUV Information 207-006 Bodenbeläge für nassbelastete Barfußbereiche 06/2015
- DGUV Information 208-041 Bewertung der Rutschgefahr unter Betriebsbedingungen 01/2011
- IFA Institut für Arbeitsschutz der Deutschen Gesetzlichen Unfallversicherung; Geprüfte Bodenbeläge – Positivliste in: IFA-Handbuch Sicherheit und Gesundheitsschutz am Arbeitsplatz, Erich Schmidt Verlag GmbH & Co. KG, Berlin
- DIN 51130:2014-02 Prüfung von Bodenbelägen – Bestimmung der rutschhemmenden Eigenschaft – Arbeitsräume und Arbeitsbereiche mit Rutschgefahr, Begehungsverfahren – Schiefe Ebene
- LV 50 Bewegungsergonomische Gestaltung von andauernder Steharbeit, März 2009

| ASR A1.5/1,2 | Fußböden |

Anhang 1

Verfahren zur Prüfung der rutschhemmenden Eigenschaft und des Verdrängungsraums[458] (Begehungsverfahren – Schiefe Ebene)

1 Rutschhemmende Eigenschaft

Eine Prüfperson mit Prüfschuhen begeht in aufrechter Haltung mit Schritten einer halben Schuhlänge vor- und rückwärts den zu prüfenden Bodenbelag, dessen Neigung vom waagerechten Zustand beginnend bis zum Akzeptanzwinkel (α) gesteigert wird (siehe Abb. 1). Dieser sogenannte Akzeptanzwinkel ist der Winkel, bei dem die Prüfperson nicht mehr sicher gehen kann und zu rutschen beginnt. Der Akzeptanzwinkel wird auf mit Gleitmittel bestrichenem Bodenbelag ermittelt. Der erreichte mittlere Akzeptanzwinkel (mittlerer Gesamtakzeptanzwinkel) dient anschließend zur Beurteilung des Grades der Rutschhemmung (siehe Tabelle 1). Subjektive Einflüsse auf den Akzeptanzwinkel werden durch ein Kalibrierverfahren eingegrenzt.

Abb. 1: Prüfeinrichtung (Schiefe Ebene) mit Sicherheitseinrichtung

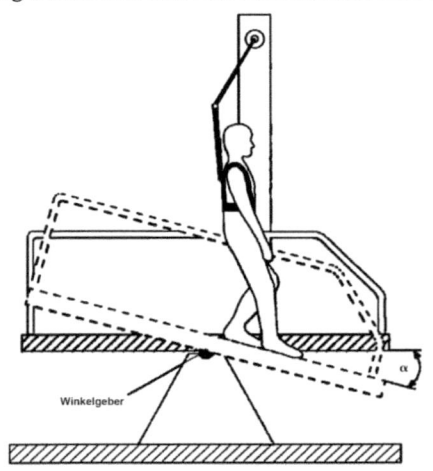

---

458) Amtl. FN: Gilt nicht für nassbelastete Barfußbereiche.

Fußböden   ASR A1.5/1,2

Tabelle 1: Zuordnung der korrigierten mittleren Gesamtakzeptanzwinkel zu den Klassen der Rutschhemmung

Korrigierter mittlerer Gesamtakzeptanzwinkel	Klasse der Rutschhemmung (R-Gruppe)
6° bis 10°	R 9
über 10° bis 19°	R 10
über 19° bis 27°	R 11
über 27° bis 35°	R 12
über 35°	R 13

2 Verdrängungsraum

Der Probekörper wird mit einer Paste bündig abgeglichen und seine Masse vor und nach dem Abgleichen gemessen. Aus der Massendifferenz und der Dichte der Paste wird das Volumen des Verdrängungsraumes errechnet. Bodenbeläge mit Verdrängungsraum sind mit dem Kennzeichen „V" in Verbindung mit der Kennzahl für das Mindestvolumen des Verdrängungsraums versehen und werden in die in Tabelle 2 genannten Gruppen unterteilt.

Tabelle 2: Zuordnung der Bezeichnung des Verdrängungsraumes zu den Mindestvolumina

Bezeichnung des Verdrängungsraumes	Mindestvolumen des Verdrängungsraumes [cm^3/dm^2]
V 4	4
V 6	6
V 8	8
V 10	10

ASR A1.5/1,2   Fußböden

Anhang 2

Anforderungen an die Rutschhemmung von Fußböden

Dieser Anhang beschränkt sich auf solche Arbeitsräume, Arbeitsbereiche und betriebliche Verkehrswege, deren Fußböden mit gleitfördernden Medien in Kontakt kommen, wo also die Gefahr des Ausrutschens zu vermuten ist.

Der mit dem Begehungsverfahren (Schiefe Ebene) ermittelte mittlere Gesamtakzeptanzwinkel ist für die Einordnung eines Bodenbelages in eine von fünf Bewertungsgruppen maßgebend. Die Bewertungsgruppe dient als Maßstab für den Grad der Rutschhemmung, wobei Bodenbeläge mit der Bewertungsgruppe R 9 den geringsten und mit Bewertungsgruppe R 13 den höchsten Anforderungen an die Rutschhemmung genügen.

Fußböden, bei denen wegen des Anfalls besonderer gleitfördernder Stoffe ein Verdrängungsraum unterhalb der Gehebene erforderlich ist, sind durch ein „V" in Verbindung mit der Kennzahl für das Mindestvolumen des Verdrängungsraums zu kennzeichnen.

Die in der nachstehenden Tabelle vorgenommene Zuordnung von Arbeitsräumen, Arbeitsbereichen und betrieblichen Verkehrswegen zu Bewertungsgruppen erhebt nicht den Anspruch auf Vollständigkeit. Nicht aufgeführte Arbeitsräume, Arbeitsbereiche und betriebliche Verkehrswege sind, entsprechend der in ihnen zu erwartenden Rutschgefahr (z. B. je nach Häufigkeit, Menge und Art der auftretenden gleitfördernden Stoffe), in Analogie zur Tabelle einer Bewertungsgruppe zuzuordnen.

Die Prüfung der Rutschhemmung erfolgt mit einem Prüfschuh, dessen Sohle profiliert ist. Bei rauen oder profilierten Fußbodenoberflächen und bei Fußböden mit Verdrängungsraum trägt der Formschluss mit dem Sohlenprofil zur Rutschhemmung bei. Bei der Auswahl der Bewertungsgruppe ist daher zu berücksichtigen, welches Schuhwerk getragen wird.

Die Messergebnisse der Prüfmethode zur Bestimmung der Rutschhemmung von Bodenbelägen im Betriebszustand (Gleitreibungskoeffizient (μ)) können nicht direkt mit den Messergebnissen der Prüfung (Akzeptanzwinkel (α)) auf der Schiefen Ebene verglichen werden. Der Gleitreibungskoeffizient (μ) kann deshalb nicht zur Einordnung in eine R-Gruppe herangezogen werden.

Nummer	Arbeitsräume, -bereiche und betriebliche Verkehrswege	Bewertungsgruppe der Rutschgefahr (R-Gruppe)	Verdrängungsraum mit Kennzahl für das Mindestvolumen
0	**Allgemeine Arbeitsräume und -bereiche**[*)]		
0.1	Eingangsbereiche, innen[**)]	R 9	
0.2	Eingangsbereiche, außen	R 11 oder R 10	V 4
0.3	Treppen, innen[***)]	R 9	
0.4	Außentreppen	R 11 oder R 10	V 4

Fußböden   ASR A1.5/1,2

Nummer	Arbeitsräume, -bereiche und betriebliche Verkehrswege	Bewertungsgruppe der Rutschgefahr (R-Gruppe)	Verdrängungsraum mit Kennzahl für das Mindestvolumen
0.5	Schrägrampen, innen***) (z. B. Rollstuhlrampen, Ausgleichsschrägen, Transportwege)	Eine R-Gruppe höher als für den Zugangsbelag erforderlich	V-Wert des Zugangsbelags, falls zutreffend
0.6	Sanitärräume		
0.6.1	Toiletten	R 9	
0.6.2	Umkleide- und Waschräume	R 10	
0.7	Pausenräume (z. B. Aufenthaltsraum, Betriebskantinen)	R 9	
0.8	Erste-Hilfe-Räume und vergleichbare Einrichtungen (siehe ASR A4.3)	R 9	
1	**Herstellung von Margarine, Speisefett, Speiseöl**		
1.1	Fettschmelzen	R 13	V 6
1.2	Speiseölraffinerie	R 13	V 4
1.3	Herstellung und Verpackung von Margarine	R 12	
1.4	Herstellung und Verpackung von Speisefett, Abfüllen von Speiseöl	R 12	
2	**Milchbe- und -verarbeitung, Käseherstellung**		
2.1	Frischmilchverarbeitung einschließlich Butterei	R 12	
2.2	Käsefertigung, -lagerung und Verpackung	R 11	
2.3	Speiseeisfabrikation	R 12	
3	**Schokoladen- und Süßwarenherstellung**		
3.1	Zuckerkocherei	R 12	
3.2	Kakaoherstellung	R 12	
3.3	Rohmassenherstellung	R 11	
3.4	Eintafelei, Hohlkörper- und Pralinenfabrikation	R 11	

Nummer	Arbeitsräume, -bereiche und betriebliche Verkehrswege	Bewertungsgruppe der Rutschgefahr (R-Gruppe)	Verdrängungsraum mit Kennzahl für das Mindestvolumen
4	**Herstellung von Backwaren (Bäckereien, Konditoreien, Dauerbackwaren-Herstellung)**		
4.1	Teigbereitung	R 11	
4.2	Räume, in denen vorwiegend Fette oder flüssige Massen verarbeitet werden	R 12	
4.3	Spülräume	R 12	V 4
5	**Schlachtung, Fleischbearbeitung, Fleischverarbeitung**		
5.1	Schlachthaus	R 13	V 10
5.2	Kuttlerraum, Darmschleimerei	R 13	V 10
5.3	Fleischzerlegung	R 13	V 8
5.4	Wurstküche	R 13	V 8
5.5	Kochwurstabteilung	R 13	V 8
5.6	Rohwurstabteilung	R 13	V 6
5.7	Wursttrockenraum	R 12	
5.8	Darmlager	R 12	
5.9	Pökelei, Räucherei	R 12	
5.10	Geflügelverarbeitung	R 12	V 6
5.11	Aufschnitt- und Verpackungsabteilung	R 12	
5.12	Handwerksbetrieb mit Verkauf	R 12	V 8****)
6	**Be- und Verarbeitung von Fisch, Feinkostherstellung**		
6.1	Be- und Verarbeitung von Fisch	R13	V 10
6.2	Feinkostherstellung	R13	V 6
6.3	Mayonnaiseherstellung	R13	V 4
7	**Gemüsebe- und -verarbeitung**		
7.1	Sauerkrautherstellung	R 13	V 6
7.2	Gemüsekonservenherstellung	R 13	V 6
7.3	Sterilisierräume	R 11	
7.4	Räume, in denen Gemüse für die Verarbeitung vorbereitet wird	R 12	V 4

Fußböden ASR A1.5/1,2

Nummer	Arbeitsräume, -bereiche und betriebliche Verkehrswege	Bewertungsgruppe der Rutschgefahr (R-Gruppe)	Verdrängungsraum mit Kennzahl für das Mindestvolumen
8	Nassbereiche bei der Nahrungsmittel- und Getränkeherstellung (soweit nicht besonders erwähnt)		
8.1	Lagerkeller, Gärkeller	R 10	
8.2	Getränkeabfüllung, Fruchtsaftherstellung	R 11	
9	Küchen, Speiseräume		
9.1	Gastronomische Küchen (Gaststättenküchen, Hotelküchen)	R 12	
9.2	Küchen für Gemeinschaftsverpflegung in Heimen, Schulen, Kindertageseinrichtungen, Sanatorien	R 11	
9.3	Küchen für Gemeinschaftsverpflegung in Krankenhäusern, Kliniken	R 12	
9.4	Großküchen für Gemeinschaftsverpflegung in Mensen, Kantinen, Fernküchen	R 12	V 4
9.5	Aufbereitungsküchen (Fast-Food-Küchen, Convenience- und Imbissbetriebe)	R 12	
9.6	Auftau- und Anwärmküchen	R 10	
9.7	Kaffee- und Teeküchen, Küchen in Hotels-Garni, Stationsküchen	R 10	
9.8	Spülräume		
9.8.1	Spülräume zu 9.1, 9.4, 9.5	R 12	V 4
9.8.2	Spülräume zu 9.2	R 11	
9.8.3	Spülräume zu 9.3	R 12	
9.9	Speiseräume, Gasträume, Kantinen, einschließlich Serviergängen	R 9	
10	Kühlräume, Tiefkühlräume, Kühlhäuser, Tiefkühlhäuser		
10.1	für unverpackte Ware	R 12	
10.2	für verpackte Ware	R 11	
11	Verkaufsstellen, Verkaufsräume		
11.1	Warenannahme Fleisch		
11.1.1	für unverpackte Ware	R 11	

ASR A1.5/1,2 — Fußböden

Nummer	Arbeitsräume, -bereiche und betriebliche Verkehrswege	Bewertungsgruppe der Rutschgefahr (R-Gruppe)	Verdrängungsraum mit Kennzahl für das Mindestvolumen
11.1.2	für verpackte Ware	R 10	
11.2	Warenannahme Fisch	R 11	
11.3	Bedienungsgang für Fleisch und Wurst		
11.3.1	für unverpackte Ware	R 11	
11.3.2	für verpackte Ware	R 10	
11.4	Bedienungsgang für Brot- und Backwaren, unverpackte Ware	R 10	
11.5	Bedienungsgang für Molkerei- und Feinkosterzeugnisse, unverpackte Ware	R 10	
11.6	Bedienungsgang für Fisch		
11.6.1	für unverpackte Ware	R 12	
11.6.2	für verpackte Ware	R 11	
11.7	Bedienungsgänge, ausgenommen Nr. 11.3 bis 11.6	R 9	
11.8	Fleischvorbereitungsraum		
11.8.1	zur Fleischbearbeitung, ausgenommen Nr. 5	R 12	V 8
11.8.2	zur Fleischverarbeitung, ausgenommen Nr. 5	R 11	
11.9	Blumenbinderäume und -bereiche	R 11	
11.10	Verkaufsbereiche mit Backöfen		
11.10.1	zum Herstellen von Backware	R 11	
11.10.2	zum Aufbacken vorgefertigter Backware	R 10	
11.11	Verkaufsbereiche mit Fritteusen oder Grillanlagen	R 12	V 4
11.12	Verkaufsräume, Kundenräume	R 9	
11.13	Vorbereitungsbereiche für Lebensmittel zum SB-Verkauf	R 10	
11.14	Kassenbereiche, Packbereiche	R 9	
11.15	Verkaufsbereiche im Freien	R 11 oder R 10	V 4

Fußböden   ASR A1.5/1,2

Nummer	Arbeitsräume, -bereiche und betriebliche Verkehrswege	Bewertungsgruppe der Rutschgefahr (R-Gruppe)	Verdrängungsraum mit Kennzahl für das Mindestvolumen
12	**Räume des Gesundheitsdienstes/der Wohlfahrtspflege**		
12.1	Desinfektionsräume (nass)	R 11	
12.2	Vorreinigungsbereiche der Sterilisation	R 10	
12.3	Fäkalienräume, Ausgussräume, unreine Pflegearbeitsräume	R 10	
12.4	Sektionsräume	R 10	
12.5	Räume für medizinische Bäder, Hydrotherapie, Fango-Aufbereitung	R 11	
12.6	Waschräume von OPs, Gipsräume	R 10	
12.7	Sanitäre Räume, Stationsbäder	R 10	
12.8	Räume für medizinische Diagnostik und Therapie, Massageräume	R 9	
12.9	OP-Räume	R 9	
12.10	Stationen mit Krankenzimmern und Flure	R 9	
12.11	Praxen der Medizin, Tageskliniken	R 9	
12.12	Apotheken	R 9	
12.13	Laborräume	R 9	
12.14	Friseursalons	R 9	
13	**Wäscherei**		
13.1	Räume mit Durchlaufwaschmaschinen (Waschröhren) oder mit Waschschleudermaschinen	R 9	
13.2	Räume mit Waschmaschinen, bei denen die Wäsche tropfnass entnommen wird	R 11	
13.3	Räume zum Bügeln und Mangeln	R 9	
14	**Kraftfutterherstellung**		
14.1	Trockenfutterherstellung	R 11	
14.2	Kraftfutterherstellung unter Verwendung von Fett und Wasser	R 11	V 4

Nummer	Arbeitsräume, -bereiche und betriebliche Verkehrswege	Bewertungsgruppe der Rutschgefahr (R-Gruppe)	Verdrängungsraum mit Kennzahl für das Mindestvolumen
15	**Lederherstellung, Textilien**		
15.1	Wasserwerkstatt in Gerbereien	R 13	
15.2	Räume mit Entfleischmaschinen	R 13	V 10
15.3	Räume mit Leimlederanfall	R 13	V 10
15.4	Fetträume für Dichtungsherstellung	R 12	
15.5	Färbereien für Textilien	R 11	
16	**Lackierereien**		
16.1	Nassschleifbereiche	R 12	V 10
16.2	Pulverbeschichtung	R 11	
16.3	Lackierung	R 10	
17	**Keramische Industrie**		
17.1	Nassmühlen (Aufbereitung keramischer Rohstoffe)	R 11	
17.2	Mischer Umgang mit Stoffen wie Teer, Pech, Graphit, Kunstharzen	R 11	V 6
17.3	Pressen (Formgebung) Umgang mit Stoffen wie Teer, Pech, Graphit, Kunstharzen	R 11	V 6
17.4	Gieß-, Druckgussbereiche	R 12	
17.5	Glasierbereiche	R 12	
18	**Be- und Verarbeitung von Glas und Stein**		
18.1	Steinsägerei, Steinschleiferei	R 11	
18.2	Glasformung von Hohlglas, Behälterglas	R 11	
18.3	Schleifereibereiche für Hohlglas, Flachglas	R 11	
18.4	Isolierglasfertigung Umgang mit Trockenmittel	R 11	V 6
18.5	Verpackung, Versand von Flachglas Umgang mit Antihaftmittel	R 11	V 6
18.6	Ätz- und Säurepolieranlagen für Glas	R 11	

Fußböden   ASR A1.5/1,2

Nummer	Arbeitsräume, -bereiche und betriebliche Verkehrswege	Bewertungsgruppe der Rutschgefahr (R-Gruppe)	Verdrängungsraum mit Kennzahl für das Mindestvolumen
19	**Betonwerke**		
19.1	Betonwaschplätze	R 11	
20	**Lagerbereiche**		
20.1	Lagerräume für Öle und Fette	R 12	V 6
20.2	Lagerräume für verpackte Lebensmittel	R 10	
20.3	Lagerbereiche im Freien	R 11 oder R 10	V 4
21	**Chemische und thermische Behandlung von Eisen und Metall**		
21.1	Beizereien	R 12	
21.2	Härtereien	R 12	
21.3	Laborräume	R 11	
22	**Metallbe- und -verarbeitung, Metall-Werkstätten**		
22.1	Galvanisierräume	R 12	
22.2	Graugussbearbeitung	R 11	V 4
22.3	Mechanische Bearbeitungsbereiche (z. B. Dreherei, Fräserei), Stanzerei, Presserei, Zieherei (Rohre, Drähte) und Bereiche mit erhöhter Öl-Schmiermittelbelastung	R 11	V 4
22.4	Teilereinigungsbereiche, Abdämpfbereiche	R 12	
23	**Werkstätten für Fahrzeug-Instandhaltung**		
23.1	Instandsetzungs- und Wartungsräume	R 11	
23.2	Arbeits- und Prüfgrube	R 12	V 4
23.3	Waschhalle, Waschplätze	R 11	V 4
24	**Werkstätten für das Instandhalten von Luftfahrzeugen**		
24.1	Flugzeughallen	R 11	
24.2	Werfthallen	R 12	
24.3	Waschplätze	R 11	V 4

Nummer	Arbeitsräume, -bereiche und betriebliche Verkehrswege	Bewertungsgruppe der Rutschgefahr (R-Gruppe)	Verdrängungsraum mit Kennzahl für das Mindestvolumen
25	**Abwasserbehandlungsanlagen**		
25.1	Pumpenräume	R 12	
25.2	Räume für Schlammentwässerungsanlagen	R 12	
25.3	Räume für Rechenanlagen	R 12	
25.4	Standplätze von Arbeitsplätzen, Arbeitsbühnen und Wartungspodeste	R 12	
26	**Feuerwehrhäuser**		
26.1	Fahrzeug-Stellplätze	R 12	
26.2	Räume für Schlauchpflegeeinrichtungen	R 12	
27	**Funktionsräume in der Atemschutz-Übungsanlage**		
27.1	Vorbereitungsraum	R 10	
27.2	Konditionsraum	R 10	
27.3	Übungsraum	R 11	
27.4	Schleuse	R 10	
27.5	Zielraum	R 11	
27.6	Wärmegewöhnungsraum	R 11	
27.7	Leitstand	R 9	
28	**Schulen und Kindertageseinrichtungen**		
28.1	Eingangsbereiche, Flure, Pausenhallen	R 9	
28.2	Klassenräume, Gruppenräume	R 9	
28.3	Treppen	R 9	
28.4	Toiletten, Waschräume	R 10	
28.5	Lehrküchen in Schulen (siehe auch Nr. 9)	R 10	
28.6	Küchen in Kindertageseinrichtungen (siehe auch Nr. 9)	R 10	
28.7	Maschinenräume für Holzbearbeitung	R 10	
28.8	Fachräume für Werken	R 10	

Fußböden　　　　　　　　　　　　　　　　　　　　　　　　　　　　ASR A1.5/1,2

Nummer	Arbeitsräume, -bereiche und betriebliche Verkehrswege	Bewertungsgruppe der Rutschgefahr (R-Gruppe)	Verdrängungsraum mit Kennzahl für das Mindestvolumen
28.9	Pausenhöfe	R 11 oder R 10	V 4
29	**Geldinstitute**		
29.1	Schalterräume	R 9	
30	**Betriebliche Verkehrswege in Außenbereichen**		
30.1	Gehwege	R 11 oder R 10	V 4
30.2	Laderampen		
30.2.1	überdacht	R 11 oder R 10	V 4
30.2.2	nicht überdacht	R 12 oder R 11	V 4
30.3	Schrägrampen (z. B. für Rollstühle, Ladebrücken)	R 12 oder R 11	V 4
30.4	Betankungsbereiche		
30.4.1	überdacht	R 11	
30.4.2	nicht überdacht	R 12	
31	**Parkbereiche**		
31.1	Garagen, Hoch- und Tiefgaragen ohne Witterungseinfluss[*****])	R 10	
31.2	Garagen, Hoch- und Tiefgaragen mit Witterungseinfluss	R 11 oder R 10	V 4
31.3	Parkflächen im Freien	R 11 oder R 10	V 4

[*])　Für Fußböden in barfuß begangenen Nassbereichen siehe GUV-Information „Bodenbeläge für nassbelastete Barfußbereiche" (DGUV Information 207-006).

[**])　Eingangsbereiche gemäß Nummer 0.1 sind die Bereiche, die durch Eingänge direkt aus dem Freien betreten werden und in die Feuchtigkeit von außen hereingetragen werden kann (siehe auch Punkt 6 Absatz 3, Verwendung von Schmutz- und Feuchtigkeitsaufnehmer). Für anschließende Bereiche oder andere großflächige Räume ist Punkt 4 Abs. 10 zu beachten.

[***])　Treppen, Rampen gemäß Nummer 0.3 und 0.5 sind diejenigen, auf die Feuchtigkeit von außen hineingetragen werden kann. Für anschließende Bereiche ist Punkt 4 Abs. 10 zu beachten.

[****])　Wurde überall ein einheitlicher Bodenbelag verlegt, kann der Verdrängungsraum auf Grund einer Gefährdungsbeurteilung (unter Berücksichtigung des Reinigungsverfahrens, der Arbeitsabläufe und des Anfalls an gleitfördernden Stoffen auf den Fußboden) bis auf V 4 gesenkt werden.

[*****])　Die Fußgängerbereiche, die nicht von Rutschgefahr durch Witterungseinflüsse, wie Schlagregen oder eingeschleppte Nässe, betroffen sind.

Anwendungsbeispiel

Der Arbeitsbereich Nummer 6.3 Mayonnaiseherstellung wird mit der Bewertungsgruppe R 13 der Rutschgefahr bewertet. Die Größe des Mindestvolumens des Verdrängungsraumes wird mit V 4, entsprechend mindestens 4 cm^3/dm^2, angegeben. Bei der Auswahl eines geeigneten Bodenbelages können unter Berücksichtigung der betrieblichen Bedingungen des Einzelfalls Bodenbeläge in die Betrachtung einbezogen werden, denen nach Prüfung folgende Eigenschaften bescheinigt worden sind:

Rutschhemmung	Verdrängungsraum
R 13	V 4
R 13	V 6
R 13	V 8
R 13	V 10

Fenster, Oberlichter, lichtdurchlässige Wände — ASR A1.6

zu Anh. Nr. 1.6 ArbStättV

Technische Regeln für Arbeitsstätten	Fenster, Oberlichter, lichtdurchlässige Wände	ASR A1.6

GMBl. Nr. 1 vom 12.1.2012 S. 5,
zuletzt geändert durch GMBl. Nr. 4 vom 27.2.2019 S. 70[459)]

...

Diese ASR A1.6 konkretisiert im Rahmen des Anwendungsbereichs die Anforderungen der Verordnung über Arbeitsstätten. Bei Einhaltung der Technischen Regeln kann der Arbeitgeber insoweit davon ausgehen, dass die entsprechenden Anforderungen der Verordnung erfüllt sind. Wählt der Arbeitgeber eine andere Lösung, muss er damit mindestens die gleiche Sicherheit und den gleichen Gesundheitsschutz für die Beschäftigten erreichen.

Inhalt

1 Zielstellung
2 Anwendungsbereich
3 Begriffsbestimmungen
4 Sicherheitsanforderungen bei Planung und Auswahl
5 Reinigung, Instandhaltung einschließlich Prüfungen
Anhang

1 Zielstellung

Diese ASR konkretisiert die Anforderungen an das Einrichten und Betreiben von Fenstern, Oberlichtern und lichtdurchlässigen Wänden in § 3a Abs. 1 sowie insbesondere in den Punkten 1.5 Abs. 3 und 1.6 des Anhanges der Arbeitsstättenverordnung.[460)]

2 Anwendungsbereich

Diese ASR gilt für das Einrichten und das Betreiben von Fenstern, Oberlichtern und lichtdurchlässigen Wänden in Arbeitsstätten.[461)]

---

459) Die ASR A1.6 Fenster, Oberlichter, lichtdurchlässige Wände wurde seit ihrer Erstausgabe im Januar 2012 viermal geändert bzw. ergänzt, zuletzt im Februar 2019. Die Änderungen betrafen das Aktualisieren von Rechtsbezügen, auch den Hinweis auf die Ergänzenden Anforderungen zur ASR A1.6 für eine barrierefreie Gestaltung, sowie die weiterführenden Literaturempfehlungen, in keinem Falle aber die Kernsubstanz der Regelinhalte.
460) Das Betreten von Dächern aus nicht durchtrittsicherem Material (Anh. Nr. 1.5 Abs. 4 ArbStättV) wird durch ASR A2.1 Schutz vor Absturz und herabfallenden Gegenständen, Betreten von Gefahrenbereichen (s. S. 281) geregelt.
461) § 3a Abs. 2 ArbStättV fordert, dass die besonderen Belange von Beschäftigten mit Behinderungen, insbesondere eine barrierefreie Gestaltung, berücksichtigt werden. Fenster, Oberlichter und lichtdurchlässige Wände sind Bestandteile der Arbeitsstätte und hinsichtlich Erreichbar- bzw. Bedienbarkeit barrierefrei zu gestalten. Bereits bei Planung und Errichtung der Arbeitsstätte sollten diese Anforderungen Berücksichtigung finden. Zum Betreiben gehören auch das Reinigen und Instandhalten von Fenstern und Dachoberlichtern. Hierbei sind die Anforderungen von ASR A2.1 Schutz vor Absturz und herabfallenden Gegenständen, Betreten von Gefahrenbereichen zu beachten.

ASR A1.6 — Fenster, Oberlichter, lichtdurchlässige Wände

Hinweis:

Für die barrierefreie Gestaltung der Fenster, Oberlichter und lichtdurchlässigen Wände gilt die ASR V3a.2 „Barrierefreie Gestaltung von Arbeitsstätten", Anhang A1.6: Ergänzende Anforderungen zur ASR A1.6 „Fenster, Oberlichter, lichtdurchlässige Wände".

3 Begriffsbestimmungen

3.1 Fenster sind Bauteile zur natürlichen Beleuchtung. Hierzu zählen auch Schaufenster. Darüber hinaus können sie sowohl der Sichtverbindung nach außen als auch der Lüftung dienen. Beispiele für Bauarten von Fenstern siehe Abbildung 1.[462]

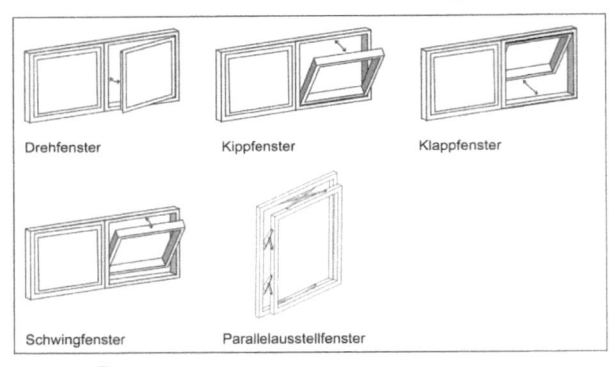

Abb. 1: Bauarten von Fenstern

(Drehfenster, Kippfenster, Klappfenster, Schwingfenster, Parallelausstellfenster)

3.2 Flügel sind diejenigen beweglichen Bauteile, die Öffnungen von Fenstern oder Oberlichtern schließen oder freigeben. Flügel sind z. B. Drehflügel, Kippflügel, Klappflügel, Schwingflügel, Wendeflügel und Schiebeflügel.

3.3 Kraftbetätigt sind Fenster und Oberlichter, wenn die für die Bewegung der Flügel erforderliche Energie vollständig oder teilweise von Kraftmaschinen zugeführt wird.

3.4 Ferngesteuert sind Flügel dann, wenn sie vom festen Bedienungsstandort aus nicht oder nicht vollständig zu übersehen sind; ferngesteuert sind auch Flügel, deren Antrieb durch Steuerimpulse gesteuert wird, die z. B. von einem Sender (z. B. mobile Fernbedienung) oder Sensor (z. B. Windsensor) ausgehen.

---

[462] Fenster sind Bauteile, die der Beleuchtung von Arbeitsstätten mit Tageslicht (s. ASR A3.4 Beleuchtung auf S. 347 ff.), der Sichtverbindung nach außen (s. Anh. 3.4 Abs. 1 ArbStättV) sowie dem Luftaustausch (s. ASR A3.6 Lüftung auf S. 390 ff.) dienen. Kraftbetätigte Fenster bieten den Vorteil, dass sie z. B. im Rahmen automatisierter Gebäudesteuerungssysteme (Energieeffizienz, Lüftung, Heizung) eingesetzt werden, eine Funktion als Rauch- und Wärmeabzugsanlage übernehmen können und die Nutzung durch Menschen mit einer Behinderung erleichtern, da die Betätigungselemente barrierefrei handhabungssicher gestaltbar sind.

Fenster, Oberlichter, lichtdurchlässige Wände

ASR A1.6

3.5 Bewegungsraum ist der Raum, in dem die Flügel Öffnungs- und Schließbewegungen ausführen.

3.6 Sicherheitsglas ist ein Glas, das durch besondere Behandlung wie Vorspannen oder Laminieren bruchsicher ist und die Verletzungsgefährdung im Falle einer Beschädigung verhindert oder minimiert. Keine ausreichenden Sicherheitseigenschaften haben u. a. Floatglas, Profilbauglas mit und ohne Drahteinlage, Ornamentgläser, teilvorgespanntes Glas und Draht(spiegel)glas in monolithischer Form.

– **Einscheibensicherheitsglas (ESG)** zerfällt bei Bruch in der Regel in kleine, relativ stumpfkantige Krümel, wodurch die Verletzungsgefährdung herabgesetzt wird.[463]
– **Verbundsicherheitsglas (VSG)** besteht aus zwei oder mehr Glasscheiben, die durch mindestens eine organische Zwischenschicht zu einer Einheit verbunden werden. Bei einem Bruch haften die Bruchstücke an der Folie und es besteht eine Splitterbindung, wodurch die Verletzungsgefährdung geringer ist als bei anderen Glaserzeugnissen.

3.7 Splitterschutzfolien sind selbstklebende Folien, die nachträglich auf plane Glasflächen fachgerecht aufgeklebt werden und in Kombination mit der entsprechenden Glasscheibe die Sicherheitseigenschaften verbessern können.

3.8 Oberlichter nach Arbeitsstättenverordnung sind in Dach- bzw. Deckenflächen integrierte Bauteile – im Weiteren Dachoberlicht genannt –, die der natürlichen Beleuchtung und ggf. der Lüftung dienen. Dachoberlichter werden oft mit einem Rauch-Wärme-Abzug (RWA) kombiniert. Ausführungen von Dachoberlichtern sind z. B. Lichtkuppeln, Lichtbänder und Lichtplatten. Obere Teile von Fenstern und Türen, die umgangssprachlich als Oberlichter bezeichnet werden, sind im Sinne dieser Regel Fenster.[464]

---

[463] Gem. DGUV Information 208-014 Glastüren, Glaswände, Ausg. 2019-02, ist „Einscheiben-Sicherheitsglas (ESG) ein thermisch vorgespanntes Floatglas, Ornamentglas oder gezogenes Glas, das bei mechanischer oder thermischer Zerstörung in kleine stumpfkantige Krümel zerfällt und damit weitgehend vor Verletzungen schützt." Beim Zerbrechen von ESG können ggf. durch das plötzliche Zerspringen der Scheibe in kleine Glaskrümel oder durch das Entstehen größerer Glasschollen aus noch zusammenhängenden Krümeln beim Herunterfallen Verletzungen verursacht werden.

[464] Gem. ASR A1.6 Nr. 3.8 können sich Oberlichter nicht nur in Dächern, sondern auch in Innenbereichen von baulichen Einrichtungen (Decken) befinden. Oberlichter im Sinne dieser ASR sind oft als bewegliche Raumabschlüsse ausgebildet, insbesondere wenn sie der Lüftung dienen. Im Gegensatz dazu werden die oberen Teile von Fenstern, die ggf. zu öffnen sind, als Oberlichtfenster bezeichnet. Dachoberlichter sind i. d. R. nicht durchtrittsicher (Schutzmaßnahmen s. ASR A2.1 Schutz vor Absturz und herabfallenden Gegenständen, Betreten von Gefahrenbereichen auf S. 281 ff.). Zu Dachoberlichtern zählen u. a. Lichtplatten, Lichtbänder und Lichtkuppeln, aber ggf. auch Kuppeln von Rauch- und Wärmeabzugsanlagen, wenn diese auch zur natürlichen Beleuchtung mit Tageslicht dienen.

ASR A1.6 — Fenster, Oberlichter, lichtdurchlässige Wände

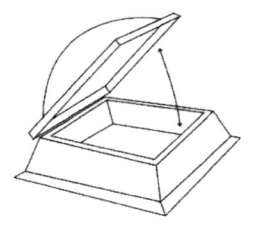

Abb. 2: Dachoberlicht (Lichtkuppel)

3.9 Lichtdurchlässige Wände sind Wände mit lichtdurchlässigen Flächen, die bis in die Nähe des Fußbodens reichen und aus Glas, Kunststoff oder anderen transparenten Materialien bestehen. Sie sind in der Regel feststehende Raum- oder Gebäudeabschlüsse, die keine Lüftungsfunktion haben. Sie können aber auch aus einzelnen mobilen Bauteilen bestehen bzw. aufgebaut werden.[465]

3.10 Reinigungsbalkone sind Balkone, die ausschließlich für Reinigungs- und Instandhaltungsarbeiten am Gebäude vorgesehen sind.

3.11 Befahranlagen sind Vorrichtungen, z. B. bewegliche Steigleitern mit innen liegenden Zwischenpodesten, Reinigungsbrücken oder Fassadenaufzüge, die zum Gebäude gehören, am Gebäude verbleiben und für Reinigungs- und Instandhaltungsarbeiten am Gebäude oder an Gebäudeeinrichtungen benutzt werden.[466]

3.12 Steuerung ohne Selbsthaltung (Totmannsteuerung) ist eine Steuereinrichtung, die eine kontinuierliche Betätigung der Steuereinrichtung für die Flügelbewegung erfordert.[467]

3.13 Absturzsichernde Verglasungen sind Vertikalverglasungen, tragende Glasbrüstungen mit Handlauf oder Geländerausfachungen aus Glas, die ein Abstürzen der Beschäftigten verhindern.

---

[465] Lichtdurchlässige Wände können Außenwände als Bestandteil der Außenfassade, z. B. auch Verbindungsgänge zwischen zwei Gebäuden oder Trennwände in Gebäuden, sein. Die Lichtdurchlässigkeit darf den Eintrag von Tageslicht in das Gebäude nicht beeinträchtigen. Um lichtdurchlässige Wände handelt es sich auch dann, wenn nicht die komplette Wand lichtdurchlässig ist. Auch sog. Fensterwände, die aus mehreren Fenster- oder Türelementen bestehen, werden von der Begriffsbestimmung in Nr. 3.9 erfasst.

[466] Für den Zugang zu und Einstieg in Befahranlagen (auch Fassadenbefahranlagen genannt) gelten die Maßgaben der ASR A2.1 Schutz vor Absturz und herabfallenden Gegenständen, Betreten von Gefahrenbereichen (s. S. 281 ff.).

[467] Bei Benutzung einer Steuerung ohne Selbsthaltung ist die Bedienperson während der Flügelbewegung an den Steuerplatz gebunden. Die Bedienperson hat die Aufgabe, die Flügelbewegung zu überwachen und die Bewegung nur auszulösen, wenn niemand gefährdet wird. Dazu ist sie speziell zu unterweisen (s. auch ASR A1.7 Türen und Tore Nr. 8.1 auf S. 243).

Fenster, Oberlichter, lichtdurchlässige Wände — **ASR A1.6**

3.14 **Instandhaltungsarbeiten** umfassen alle Maßnahmen zur Bewahrung des Soll-Zustandes (Wartung)[468], zur Feststellung und Beurteilung des Ist-Zustandes (Inspektion) und zur Wiederherstellung des Soll-Zustandes (Instandsetzung) oder Verbesserung des Ist-Zustandes.

4 Sicherheitsanforderungen bei Planung und Auswahl

In Arbeitsstätten dürfen nur Fenster, Dachoberlichter und lichtdurchlässige Wände verwendet werden, die hinsichtlich ihrer Beschaffenheitsanforderungen den europäischen und nationalen Vorschriften (z. B. Produktrecht) entsprechen, die für die Verwendung in der Arbeitsstätte geeignet sind und sicher betrieben werden können.[469]

Die Einbausituation und das Betreiben von Fenstern, Dachoberlichtern und lichtdurchlässigen Wänden stellen Anforderungen an die Nutzungssicherheit, die auch die Beschaffenheit von Fenstern betreffen kann. Daher ist beim Einrichten und Betreiben der Arbeitsstätte über die EG-Konformitätsbewertung hinaus die Eignung und Verwendbarkeit von Fenstern für die vorgesehene Nutzung zu prüfen und ggf. die erforderlichen baulichen Maßnahmen und Veränderungen am Einbauort vorzunehmen (wenn z. B. durch Einrichtungsgegenstände neue Gefahrenstellen entstehen).[470]

4.1 Fenster

4.1.1 Allgemeine Anforderungen

(1) Der Arbeitgeber hat bereits bei der Auswahl der eingesetzten Materialien im Rahmen einer Gefährdungsbeurteilung die Nutzung und Einbausituation[471] zu berücksichtigen. Dies gilt insbesondere für die Auswahl der Glasart.[472]

---

468) Zu den Wartungsarbeiten i. S. d. ASR A1.6 zählen z. B. auch Reinigungsarbeiten an Fenstern oder Glasfassaden.
469) Bei der Ausführung der Fenster, die im Verlauf von Flucht- und Rettungswegen liegen (sog. Notausstieg), ist insbesondere in Bezug auf die minimale lichte Breite und Höhe des Fensters sowie dessen Höhe oberhalb des Fußbodens auch das Bauordnungsrecht der Länder zu beachten. Dort werden ggf. weitere Anforderungen an derartige Fenster wie z. B. feuerbeständig oder dichtschließend gestellt.
470) Durch Umbaumaßnahmen oder das Umstellen von Einrichtungsgegenständen können sich die örtlichen Verhältnisse innerhalb einer Arbeitsstätte verändern, was ggf. zu Gefährdungen wie z. B. neu entstandene Quetschstellen zwischen Fensterflügeln und festen Teilen der Umgebung führen kann. Für Informationen zu notwendigen Sicherheitsabständen zur Vermeidung derartiger mechanischer Gefährdungen s. ASR A1.7 Türen und Tore Nr. 6 Abs. 5–8 auf S. 239.
471) Beim Betreiben von Fenstern sind insbesondere Quetsch-, Einzugs- oder Scherstellen mit festen oder beweglichen Teilen der Fensterflügel und der Umgebung (z. B. an den Schließkanten), das Angestoßen werden durch Fensterflügel (z. B. in einen Verkehrsweg aufschlagende Flügel), die Absturzgefährdung (z. B. bei Reinigungsarbeiten an Fenstern) und die Verletzungsgefährdung durch zerbrochenes oder herabstürzendes Fensterglas zu beachten.
472) Nicht nur durch die Brucheigenschaften der eingesetzten Glasart, sondern auch durch die Einbaulage des Glases können Gefährdungen entstehen, z. B. bei Überkopfverglasung (Neigung > 10°) gegenüber vertikal eingebauter Verglasung. Hinweise zur Auswahl geeigneter Glasarten für Fenster unterschiedlicher Bauart und Gestaltung bietet DGUV Information 208-014 Glastüren, Glaswände, Ausg. 2019-02. Hier wird z. B. für bodentief eingebaute Fenster die Verwendung von Sicherheitsglas ggf. mit Bemessung als absturzsichernde Verglasung empfohlen.

ASR A1.6

Fenster, Oberlichter, lichtdurchlässige Wände

(2) Sofern Arbeitsplätze oder Verkehrswege an Fenster grenzen, deren Brüstungshöhe zur Absturzsicherung nicht ausreichend ist (siehe ASR A2.1 „Schutz vor Absturz und herabfallenden Gegenständen, Betreten von Gefahrenbereichen") und eine Absturzgefährdung besteht, muss eine andere ständige Sicherung gegen Absturz vorhanden sein.[473] Bei feststehenden Fensterflügeln erfüllt auch eine absturzsichernde Verglasung, die den baurechtlichen Bestimmungen entspricht, diese Forderung. Regelungen für kurzzeitige Arbeiten sind in Punkt 5, insbesondere im Absatz 3, explizit aufgeführt.[474]

(3) Flügel von Fenstern müssen gegen unbeabsichtigtes Verlassen der Führungs- und Befestigungselemente gesichert sein.

(4) Gefährdungen durch geöffnete Flügel müssen vermieden oder minimiert werden. Gefährdungen, wie Anstoßen oder Quetschen, können vorliegen, wenn sich die Flügel im Aufenthaltsbereich von Beschäftigten oder im Bereich von Verkehrswegen unkontrolliert bewegen oder die erforderliche Breite von Verkehrswegen einschränken.[475] Unkontrollierte Bewegungen von Flügeln können z. B. durch Dämpfungseinrichtungen, Auffangbügel, mechanische oder elektrische Verstelleinrichtungen vermieden werden.

(5) Von Griffen, Hebeln und Schlössern dürfen bei bestimmungsgemäßem Gebrauch keine Gefährdungen für die Beschäftigten ausgehen. Das wird beispielsweise erreicht, wenn:
– Griffe und Hebel gerundet und in jeder Stellung eines Flügels mindestens 25 mm zu feststehenden Teilen des Fensters oder der Fensterleibung angeordnet sind,
– Hebel für Panikbeschläge[476] seitlich drehbar oder als Wippe ausgebildet sind,
– Hebel für Kippfenster zurückversetzt in der Fensternische angeordnet sind oder
– Griffe und Hebel von einem sicheren Standort betätigt werden können.[477]

(6) Kurbeln, als Einrichtungen für die Handbetätigung, dürfen nicht zurückschlagen und müssen gegen Abgleiten und unbeabsichtigtes Abziehen gesichert sein.

(7) Sonnenschutzsysteme (siehe Punkt 4.3 der ASR A3.5 „Raumtemperatur") müssen so installiert sein, dass sie das Öffnen der Fenster für die Lüftung nicht verhindern.

---

473) Geeignete Schutzmaßnahmen müssen vorrangig durch bauliche Maßnahmen getroffen werden. Werden Umwehrungen eingesetzt, müssen diese mindestens 1,00 m hoch sein (s. auch DGUV Regel 102-002 Kindertageseinrichtungen, Ausg. 2009-04). Bei einer Absturzhöhe von mehr als 12 m muss die Höhe der Umwehrung mindestens 1,10 m betragen.
474) Diese im Februar 2019 eingefügte Passage verweist auf besondere Anforderungen bei Reinigungs- und Instandhaltungsarbeiten sowie Prüfungen mit Absturzgefährdungen nach Pkt. 5 dieser ASR. Verwiesen wird auf die Rangfolge durchzuführender Schutzmaßnahmen nach ASR A2.1 Schutz vor Absturz und herabfallenden Gegenständen, Betreten von Gefahrenbereichen.
475) Fenster sollen so angebracht sein, dass sie in geöffnetem Zustand die erforderliche Breite von Verkehrswegen gem. ASR A1.8 Verkehrswege Nr. 4.1 und 4.2 (s. S. 254) nicht einengen.
476) Sind Fenster mit Panikbeschlägen ausgestattet, dann handelt es sich hierbei i. d. R. um Notausstiege i. S. d. ASR A2.3 Fluchtwege und Notausgänge, Flucht- und Rettungsplan Nr. 6 Abs. 8 (s. S. 339). Soll die Bedienung auch durch Benutzer mit besonderen Anforderungen wie z. B. Menschen mit Behinderungen erfolgen, dann ist zu beurteilen, ab welchem Kraftaufwand eine Kraftbetätigung des Fensters notwendig ist.
477) Die regelmäßige – z. B. arbeitstägliche – Benutzung einer Leiter zur Betätigung von Griffen oder Hebeln an Fenstern entspricht nicht dieser Forderung nach einem sicheren Standort.

Fenster, Oberlichter, lichtdurchlässige Wände — ASR A1.6

(8) Bodentief eingebaute Fenster, z. B. Schaufenster, müssen hinsichtlich der Bruchsicherheit den für lichtdurchlässige Wände festgelegten Anforderungen entsprechen.[478]

(9) Sofern Fenster als Notausstieg Teil eines Flucht- oder Rettungsweges sind, gelten zusätzlich die Anforderungen der ASR A2.3 „Fluchtwege und Notausgänge, Flucht- und Rettungsplan".[479]

4.1.2 Besondere Anforderungen an kraftbetätigte Fenster

(1) Von kraftbetätigten Fenstern können in Abhängigkeit von der Einbausituation, der Steuerung oder der Nutzung spezifische, insbesondere mechanische Gefährdungen ausgehen. Eine wirksame Sicherung gegen diese Gefährdungen, wie Quetschen oder Anstoßen, muss vorhanden sein. Dies kann durch eine einzelne Schutzmaßnahme oder eine Kombination der folgenden beispielhaften Schutzmaßnahmen erreicht werden:
- Einbauhöhe des Fensters von mehr als 2,50 m,
- Eingriffsweite ≤ 8 mm (z. B. an Einzugsstellen zwischen Schiebeflügeln)[480],
- akustische oder optische Warnsignale,
- langsame Flügelbewegung[481],
- geringe Schließkräfte[482],
- Einrichtungen vor dem Fenster, die einen Zugang zum Bewegungsraum verhindern,

---

478) Geeignete Glasarten können nach DGUV Information 208-014 Glastüren, Glaswände, Ausg. 2019-02, z. B. Floatglas oder Verbundsicherheitsglas (VSG) sein. Für nicht weiter im Bauordnungsrecht geregelte Anwendungen wird „eine Mindestdicke von 10 mm Floatglas bzw. 12 mm VSG empfohlen". Die Verwendung solcher Verglasungen ist im Grundsatz in den Technischen Regeln für die Verwendung von linienförmig gelagerten Verglasungen (TRLV, Schlussfassung August 2006) festgelegt.
479) Notausstiege sind ständig freizuhalten, damit sie jederzeit benutzt werden können. Können Notausstiege von außen verstellt werden, dann sind sie gem. ASR A2.3 Fluchtwege und Notausgänge, Flucht- und Rettungsplan Nr. 4 Abs. 3 und Nr. 7 Abs. 3 (s. S. 335) zu kennzeichnen und ggf. durch weitere Maßnahmen zu sichern, wie z. B. durch die Anbringung von Abstandsbügeln für Kraftfahrzeuge. Notausstiege müssen im Lichten mindestens 0,90 m in der Breite und mindestens 1,20 m in der Höhe aufweisen (s. ASR A2.3 Nr. 6 Abs. 8). Um die sichere Benutzbarkeit von Notausstiegen zu gewährleisten, sind diese erforderlichenfalls mit fest angebrachten Aufstiegshilfen auszurüsten.
480) Kann die Benutzung kraftbetätigter Fenster auch durch besonders schutzbedürftige Dritte (z. B. Schulkinder) erfolgen, empfiehlt sich eine Verringerung der Eingriffsweite auf weniger als 4 mm.
481) Im Institut für Arbeitssicherheit (IFA) der DGUV wurde im Rahmen einer Forschungsstudie eine maximale Schließgeschwindigkeit von 5 mm/s für kraftbetätigte Fenster ermittelt, bei der eine Verletzungsgefahr an Quetsch- und Scherstellen weitgehend auszuschließen ist (s. Mewes, D., Müller-Gethmann, H. und Mauser, F.: Sicherung von Quetsch- und Scherstellen durch Begrenzung der Schließgeschwindigkeit. TÜ Bd. 44 2003, Nr. 4, S. 43–46.).
482) Im Vergleich zu kraftbetätigten Türen ist bei kraftbetätigten Fenstern i. d. R. von wesentlich geringeren Schließkräften auszugehen. Gem. dem Merkblatt KB.01 Kraftbetätigte Fenster (Verband der Fenster- und Fassadenhersteller, November 2014) werden Schließkräfte von 80 bis 150 N der Schutzklasse 2 zugeordnet. Zur Bestimmung des Kraftverlaufes kann ein Schließkraftmessgerät (s. auch IFA 0031 Ausgabe 1/2015) eingesetzt werden.

- Not-Halt-Einrichtung am Fenster[483],
- druckempfindliche Schutzeinrichtungen, z. B. Schaltleisten oder Kontaktschläuche,
- berührungslos wirkende Schutzeinrichtungen, z. B. Lichtschranken oder Lichtgitter[484],
- Steuerung ohne Selbsthaltung (Totmannsteuerung)[485] oder
- gerundete, gepolsterte Kanten.

(2) Bei ferngesteuerten Fensterflügeln sind die damit verbundenen erhöhten Gefährdungen (z. B. unbemerkte Schließvorgänge) zu beachten und entsprechende Maßnahmen (z. B. vorausgehendes Warnsignal) zu ergreifen.

(3) Flügel müssen in ihren Endstellungen selbsttätig zum Stillstand kommen.

(4) Sind kraftbetätigte Flügel so eingerichtet, dass sie auch von Hand geöffnet werden können, müssen Hand- und Kraftantrieb gegeneinander verriegelt sein, sofern der Kraftantrieb mechanische Rückwirkungen auf den Handantrieb hat. Können Flügel bei Ausfall eines Beschlagelementes abstürzen oder herabschlagen und können hierdurch Personen gefährdet werden, so sind Sicherheitsvorrichtungen notwendig. Dies können z. B. doppelte Aufhängungen, Sicherheitsscheren oder Fangvorrichtungen sein.[486]

(5) Sind Einrichtungen für die Handbetätigung von Flügeln vorhanden, dürfen sie mit festen oder beweglichen Teilen der Umgebung keine Quetsch- und Scherstellen bilden. Die Handbetätigung muss vom Fußboden oder von einem anderen sicheren Standplatz aus erfolgen können.

(6) Fenster mit elektrischem Antrieb dürfen nur verwendet werden, wenn sie eine Netztrenneinrichtung[487] (z. B. Hauptschalter, geeignete Steckverbindungen) besitzen, mit der die Anlage allpolig vom Stromnetz getrennt werden kann. Die Netztrenneinrichtung muss an geeigneter Stelle angebracht und gegen irrtümliches oder unbefugtes Einschalten sicherbar sein. Dies gilt sinngemäß auch für pneumatische und hydraulische Antriebe; Restenergien müssen ohne Gefährdung von Beschäftigten ableitbar sein.

(7) Bauteile, von denen der sichere Betrieb der kraftbetätigten Fenster abhängt, müssen für Instandhaltung und Prüfung leicht zugänglich sein.

---

483) Nach EG-Maschinen-Richtlinie 2006/42/EG ist eine Not-Halt Einrichtung (Not-Aus-Schalter) erforderlich, wenn dadurch die ohnehin vorzuhaltende technische Sicherheit entscheidend erhöht werden kann (s. ASR A1.7 Türen und Tore Nr. 8.3 Abs. 3 Satz 1 auf S. 244).
484) Siehe ASR A1.7 Türen und Tore Nr. 6 Abs. 1 Satz 2 (6. Spiegelstrich) auf S. 239.
485) Siehe ASR A1.7 Türen und Tore Nr. 8.1 auf S. 243.
486) Kraftbetätigte Fenster sind i. d. R. allein durch Steuerung und Antrieb schwerer als vergleichbar dimensionierte handbetätigte Fenster und haben somit ein höheres Gefährdungspotential, u. a. in Bezug auf ein unbeabsichtigtes Verlassen der Führungs- und Befestigungselemente. Aus diesem Grund werden in ASR A1.6 Fenster, Oberlichter, lichtdurchlässige Wände Nr. 4.1.2 Abs. 4 auch konkrete Sicherheitsvorrichtungen aufgeführt, die im Gefährdungsfall zum Einsatz kommen.
487) Die Netztrenneinrichtung soll z. B. bei Wartungsarbeiten am Antrieb oder an der Steuerung eines Fensters ein nicht geplantes Wiedereinschalten verhindern. Geht von pneumatisch oder hydraulisch bewegten Antrieben eine vergleichbare Gefährdung aus, ist sicherzustellen, dass der Antrieb von der Energiezufuhr getrennt werden kann. I.d.R. wird die Netztrenneinrichtung häufig dort anzuordnen sein, wo sich Antrieb und Steuerung befinden.

Fenster, Oberlichter, lichtdurchlässige Wände — ASR A1.6

4.2 Dachoberlichter

(1) Gefährdungen durch geöffnete Dachoberlichter müssen vermieden oder minimiert werden. Gefährdungen können z. B. sein:
- Einengung des Verkehrsweges,
- Absturz von Beschäftigten,
- Herabfallen von Gegenständen durch die Öffnung oder
- Zugluft.

(2) Dachoberlichter sind in der Regel nicht durchtrittsicher. Deshalb sind geeignete Maßnahmen gegen Absturz zu treffen (siehe ASR A2.1 „Schutz vor Absturz und herabfallenden Gegenständen, Betreten von Gefahrenbereichen[488]").

(3) Für die Auswirkungen der Sonneneinstrahlung auf das Raumklima durch Dachoberlichter sind die Anforderungen der ASR A3.5 „Raumtemperatur" zu beachten.[489]

(4) Für beleuchtungstechnische Anforderungen an Dachoberlichter sind die Vorgaben der ASR A3.4 „Beleuchtung" zu beachten.[490]

4.3 Lichtdurchlässige Wände

(1) In der Nähe von Arbeitsplätzen und im Bereich von Verkehrswegen ist die Kennzeichnung von durchsichtigen, nicht strukturierten Flächen in Augenhöhe erforderlich. Dies kann z. B. durch ausreichend große Bildzeichen, Symbole, farbige Tönungen oder Klebefolien erfolgen. Diese müssen sich je nach Beleuchtung und Hintergrund gut erkennbar abheben. Die diesbezüglichen Vorgaben der ASR A1.3 „Sicherheits- und Gesundheitsschutzkennzeichnung" sind zu berücksichtigen.[491]

(2) Weiter reichende Schutzmaßnahmen sind dort erforderlich, wo trotz Kenntlichmachung die Gefährdung besteht, dass Beschäftigte in die lichtdurchlässige Wandfläche hineinstürzen oder beim Zersplittern der Wände verletzt werden können. Solche Gefährdungen können z. B. auftreten:
- im Bereich von Absätzen, Treppen oder Stufen,

---

488) ASR A2.1 regelt u. a., dass Zugänge zu Dächern mit nicht durchtrittsicheren Bauteilen, wie z. B. Dachoberlichtern, unter Verschluss stehen müssen, der nur von besonders unterwiesenen und beauftragten Personen geöffnet werden kann. Nicht durchtrittsichere Dachoberlichter, wie z. B. Lichtkuppeln und Lichtbänder, müssen mit geeigneten Umwehrungen, Überdeckungen oder Unterspannungen ausgeführt sein, die einen Absturz verhindern. Überdeckungen haben den Vorteil, dass sie leicht nachträglich montiert werden können. Unterspannungen müssen i. d. R. schon bei der Montage von Dachoberlichtern eingebaut werden.
489) Sind Dachoberlichter so angeordnet, dass die Sonneneinstrahlung zu einer Erhöhung der Raumtemperatur über + 26 °C in der Arbeitsstätte führt, so sind sie mit geeigneten Sonnenschutzsystemen auszurüsten.
490) Die Forderung in ASR A3.4 Beleuchtung Nr. 4.1 (s. S. 350) nach ausreichendem Tageslicht kann z. B. durch Einbau und geeignete Anordnung von Dachoberlichtern umgesetzt werden (Tageslichtquotient größer als 4 %). Mit Dachoberlichtern kann eine gleichmäßige Lichtverteilung in der Arbeitsstätte erreicht werden.
491) Die Forderung nach einer Kennzeichnung lichtdurchlässiger Wände ergibt sich auch aus dem Bauordnungsrecht der Länder. Zu den Kennzeichnungsmöglichkeiten s. Anh. 1.7 Abs. 2 ArbStättV sowie ASR A1.7 Türen und Tore Nr. 5 Abs. 7 auf S. 237.

- bei Menschengedränge oder
- beim Transport von Material.

Geeignete Schutzmaßnahmen sind die Verwendung von bruchsicherem Glas oder einem anderen bruchsicheren Werkstoff.[492] Beim Einsatz von nichtbruchsicherem Werkstoff ist eine feste Abschirmung wie ein Geländer, ein Netz oder ein Gitter erforderlich.

(3) Flächen von lichtdurchlässigen Wänden gelten als bruchsicher, wenn sie die baurechtlichen Bestimmungen für Sicherheitsglas erfüllen (z. B. Einscheiben- und Verbundsicherheitsglas). In der Praxis ist darauf zu achten, dass die verschiedenen Arten von Sicherheitsglas nicht für alle Anwendungen geeignet sind. Die Entscheidung, ob Einscheibensicherheitsglas, Verbundsicherheitsglas oder andere Werkstoffe eingesetzt werden, muss unter Berücksichtigung der unterschiedlichen Brucheigenschaften und der Einbausituation im Rahmen der Gefährdungsbeurteilung gefällt werden. Kunststoffe mit vergleichbarer Bruchsicherheit sind zulässig. Die Bruchsicherheit hängt entscheidend davon ab, dass derartige Flächen keine Beschädigungen aufweisen und keine unzulässigen Spannungen oder Belastungen auf die Flächen einwirken (siehe Anhang).

(4) Bei bestehenden nicht bruchsicheren Glasflächen, deren Austausch zu einer unverhältnismäßigen Härte führen würde, lässt sich die Schutzwirkung gegen Verletzungsgefahren bei Glasbruch durch fachgerechtes und ganzflächiges Aufkleben von geeigneten Splitterschutzfolien verbessern. Dabei ist die zeitlich begrenzte Schutzwirkung (Herstellerangaben) dieser Folien zu beachten.[493]

(5) Lichtdurchlässige Wände sowie deren Bestandteile, z. B. Rahmen, Befestigungsteile und Glaselemente, müssen so eingebaut oder verankert werden, dass Beschäftigte nicht durch herabfallende Teile (z. B. von versetzbaren Raumteilern zur Abtrennung von Arbeitsplätzen) verletzt werden können.[494]

(6) Sofern Arbeitsplätze oder Verkehrswege an lichtdurchlässige Wände grenzen und für die Beschäftigten eine Absturzgefährdung besteht, muss eine ständige Sicherung gegen

---

492) Schließen lichtdurchlässige Wände z. B. mit einem Sockel aus festem Baustoff nach unten ab, wird bei einer ausreichenden Sockelhöhe die Gefährdung durch Hineinstürzen oder Zersplittern der Glasfläche verringert (Sockelhöhe ab 0,50 m gem. Bauordnungsrecht der Länder). Grenzen lichtdurchlässige Wände z. B. an Verkehrswege, auf denen regelmäßig Material mit kraftbetätigten Fahrzeugen transportiert wird, empfiehlt es sich, zusätzlich eine feste Abschirmung einzusetzen, auch wenn die Wände aus bruchsicherem Werkstoff bestehen. Kommt eine feste Abschirmung wie z. B. ein Geländer als Schutzmaßnahme vor einer lichtdurchlässigen Wand zum Einsatz, dann sollte diese entsprechend ASR A2.1 Schutz vor Absturz und herabfallenden Gegenständen, Betreten von Gefahrenbereichen mindestens 1,00 m hoch sein. Eine ausreichende Abschirmung kann auch z. B. durch Heizkörper oder Schränke erfolgen, wenn sie aufgrund ihrer Höhe über Fußboden oder dem Abstand zur lichtdurchlässigen Wand das Schutzziel sicherstellen. Feste Stab- oder Drahtgitter im unteren Bereich der Wandfläche sind geeignete Schutzmaßnahmen und sichern gegen Eindrücken dieser Fläche.
493) Bei beidseitiger Zugänglichkeit müssen beide Seiten der Glaswand beklebt werden.
494) Bei Überkopfverglasungen (Neigung > 10°) muss zumindest die dem Benutzer zugewandte Glasscheibe bzw. Verglasung in der Lage sein, bei Glasbruch in ausreichendem Maße Scherben zu binden. In den Technischen Regeln für die Verwendung von linienförmig gelagerten Verglasungen (TRLV Nr. 3.2; Schlussfassung August 2006) sind u. a. die Anwendungsbedingungen festgelegt.

Absturz vorhanden sein. Dies ist z. B. gewährleistet wenn die Wand aus einer absturzsichernden Verglasung besteht oder ein Geländer montiert ist.[495]

5 Reinigung, Instandhaltung einschließlich Prüfungen

(1) Bereits bei der Planung der Fenster, Dachoberlichter oder lichtdurchlässigen Wände muss der Arbeitgeber darauf achten, dass eine sichere Instandhaltung und Reinigung gewährleistet wird. Dies gilt insbesondere, wenn hierzu bauliche Vorrichtungen zur Durchführung von Instandhaltungs- und Reinigungsarbeiten erforderlich sind.[496]

(2) Die Reinigung oder Instandhaltung von Fenstern, Dachoberlichtern und lichtdurchlässigen Wänden muss von einer sicheren Standfläche mit ausreichendem Bewegungsfreiraum aus erfolgen können. Diese kann dauerhaft oder zeitweilig eingerichtet sein.[497]

Sichere Standflächen sind z. B.:

– Reinigungsbalkone,

– Befahranlagen oder

– Standroste mit Anschlageinrichtungen für Persönliche Schutzausrüstung gegen Absturz (PSAgA).

Sind solche sicheren Standflächen nicht vorhanden, können Reinigungs- und Instandhaltungsarbeiten z. B. auch von Hebebühnen und Gerüsten durchgeführt werden, wenn die baulichen Voraussetzungen und geeignete Aufstellflächen gegeben sind.[498]

Hochziehbare Personenaufnahmemittel (z. B. Arbeitskörbe, Arbeitsbühnen und Arbeitssitze) dürfen nur nachrangig in exponierten Teilbereichen eingesetzt werden, wenn sichere Standplätze nicht einrichtbar sind.[499]

---

495) Gem. ASR A2.1 Schutz vor Absturz und herabfallenden Gegenständen, Betreten von Gefahrenbereichen (s. S. 292 ff.) liegt ab einer Absturzhöhe von mehr als 1,0 m eine Absturzgefährdung vor und geeignete Schutzmaßnahmen sind zu ergreifen. Umwehrungen müssen mindestens 1,00 m hoch sein. Beträgt die Absturzhöhe mehr als 12 m, muss die Höhe der Umwehrung mindestens 1,10 m betragen.
496) Der Baustellenkoordinator hat gem. § 3 Abs. 2 BaustellV eine Unterlage für spätere Arbeiten zu erstellen. Danach hat der Bauherr bereits vor Fertigstellung des Bauwerkes dafür zu sorgen, dass die Voraussetzungen für eine sicherheits- und gesundheitsgerechte Gestaltung der späteren Arbeiten geplant und dokumentiert werden. Die o. g. Unterlage kann z. B. ein Reinigungskonzept für eine Arbeitsstätte beinhalten, die angibt, welche Reinigungs- und Instandhaltungsarbeiten z. B. an der Fensterverglasung oder der Glasfassade später erforderlich sind, welche Gefährdungen mit diesen Arbeiten verbunden sind und welche Sicherheitsvorkehrungen bzw. Schutzmaßnahmen getroffen werden.
497) Beschäftigte, die Fenster, Dachoberlichter oder lichtdurchlässige Wände reinigen oder instandhalten, müssen sich dabei sicher und mit ausreichend Freiraum bewegen können. Dies ist z. B. gewährleistet, wenn sich die Fenster von innen öffnen lassen und ggf. mit Absturzsicherung versehen sind oder die Fassade mit Befahranlagen oder Reinigungsbalkonen ausgestattet ist.
498) Das Führen von Hubarbeitsbühnen ist z. B. in DGUV Regel 100-500 Betreiben von Arbeitsmitteln, Ausg. 2017-03, geregelt. Gem. DGUV Grundsatz 308-008 Ausbildung und Beauftragung der Bediener von Hubarbeitsbühnen, Ausg. 2010-04, dürfen Hubarbeitsbühnen nur von Beschäftigten benutzt werden, die mindestens 18 Jahre alt und in der Bedienung unterwiesen sind.
499) Arbeitskörbe, -bühnen und -sitze werden nur in einem zeitlich begrenzten Umfang eingesetzt. Nach DGUV Information 201-009 Gebäudereinigungsarbeiten, Ausg. 2012-07 (diese Information wurde zurückgezogen, wird aber als Baustein/Merkheft durch die BG Bau fortgeführt), dürfen dabei nur Arbeitskörbe und -bühnen verwendet werden, die allseits mit einem mindestens 1,0 m hohen Seitenschutz versehen sind. Weitere Informationen zum Einsatz von Arbeitskörben, -bühnen und -sitzen bietet DGUV Regel 101-005 Hochziehbare Personenaufnahmemittel, Ausg. 2015-01.

ASR A1.6 — Fenster, Oberlichter, lichtdurchlässige Wände

(3) Bei Reinigungs- und Instandhaltungsarbeiten mit Absturzgefährdung sind geeignete Maßnahmen zum Schutz gegen Absturz (z. B. feste oder mobile Umwehrungen, PSAgA) erforderlich. Dabei ist die Rangfolge der Schutzmaßnahmen nach ASR A2.1 „Schutz vor Absturz und herabfallenden Gegenständen, Betreten von Gefahrenbereichen" einzuhalten.[500]

(4) Für Reinigungs- und Instandhaltungsarbeiten müssen für den Einsatz von tragbaren Leitern, Vorrichtungen nach Absatz 2 vorhanden sein. Dabei muss für den sicheren Stand der Leiter eine ausreichend breite und tragfähige Fläche gewährleistet sein. Werden bei der Benutzung von Leitern bestehende Sicherungen gegen Absturz unwirksam, ist die Anbringung von Absturzsicherungen vorzunehmen. Die Bereitstellung und Benutzung von Leitern sind in der Betriebssicherheitsverordnung und in der TRBS 2121 Teil 2 „Gefährdungen von Personen durch Absturz – Bereitstellung und Benutzung von Leitern" geregelt.[501]

(5) Rahmenlose mobile Glaswände sind regelmäßig auf Beschädigungen des Glases, insbesondere auf Kantenverletzungen bei ESG, und auf den festen Sitz der Beschläge hin zu prüfen, um Glasbruch vorzubeugen.[502]

(6) Für die Reinigung von ESG sollen keine scharfen Klingen oder andere Werkzeuge, die die Oberfläche des Glases beschädigen können, verwendet werden, da dies zum Bruch der Scheibe führen kann.

(7) Bei kraftbetätigten Fenstern und Dachoberlichtern ist zusätzlich das Folgende zu beachten:

– Vor Reinigungs- und Instandhaltungsarbeiten muss der Antrieb abgeschaltet und gegen irrtümliches und unbefugtes Einschalten, sowie gegen unbeabsichtigte Bewegung gesichert werden. Hiervon ausgenommen bleibt der Probelauf (Funktionsprüfung).

---

500) Bei mobilen Umwehrungen (z. B. ausziehbare Fenster-Sicherungsgeländer) ist eine Gefährdung durch mögliche Fehlbedienung oder fehlerhafte Einschätzung des Aufstellungsortes (z. B. Tragfähigkeit des Fensterrahmens) zu berücksichtigen. Persönliche Schutzausrüstungen gegen Absturz (PSAgA) dürfen nach DGUV Information 201-009 Gebäudereinigungsarbeiten, Ausg. 2012-07 (diese Information wurde zurückgezogen, wird aber als Baustein/Merkheft durch die BG Bau fortgeführt), nur bei Arbeiten geringen Umfangs genutzt werden. PSAgA darf nur an tragfähigen Bauteilen bzw. geeigneten Anschlageinrichtungen befestigt werden. Weitere Informationen zur Nutzung von PSAgA s. DGUV Regel 112-198 Benutzung von persönlichen Schutzausrüstungen gegen Absturz, Ausg. 2011-03.

501) Demzufolge dürfen tragbare Leitern (hier insbesondere Anlegeleiter, Glasreinigerleiter) nur eingesetzt werden, wenn die Forderung nach einer sicheren Standfläche mit ausreichendem Bewegungsfreiraum gem. ASR A1.6 Nr. 5 Abs. 2 technisch nicht umsetzbar ist oder im Gebäudebestand zu unverhältnismäßig hohen Aufwendungen und ein sicheres Arbeiten gewährleistet bleibt. Zusätzliche Hinweise für Einsatz von Leitern bietet die DGUV Information 208-016 Handlungsanleitung für den Umgang mit Leitern und Tritten, Ausg. 2008-01.

502) Insbesondere ESG- und ESG-H-Scheiben sind auf Kantenverletzungen zu prüfen. Nach den Technischen Regeln für die Verwendung von linienförmig gelagerten Verglasungen (TRLV Nr. 2.3; Schlussfassung Ausg. 2006-08) „dürfen ESG-Scheiben mit Kantenverletzungen, die tiefer als 15 % der Scheibendicke ins Glasvolumen eingreifen, nicht eingebaut werden".

Fenster, Oberlichter, lichtdurchlässige Wände

ASR A1.6

- Die Instandhaltung darf nur durch vom Arbeitgeber beauftragte Personen durchgeführt werden, die mit den jeweiligen Arbeiten vertraut sind.[503]
- Kraftbetätigte Fenster müssen nach den Vorgaben des Herstellers vor der ersten Inbetriebnahme, nach wesentlichen Änderungen sowie wiederkehrend[504] sachgerecht auf ihren sicheren Zustand geprüft werden. Die wiederkehrende Prüfung sollte mindestens einmal jährlich erfolgen. In die Prüfung sind auch die Fangvorrichtungen einzubeziehen. Die Ergebnisse der sicherheitstechnischen Prüfung sind zu dokumentieren.
- Die sicherheitstechnische Prüfung von kraftbetätigten Fenstern darf nur durch Sachkundige durchgeführt werden, die die Funktionstüchtigkeit der Schutzeinrichtungen beurteilen und überprüfen können.[505]

Ausgewählte Literaturhinweise[506]

- Verordnung über Sicherheit und Gesundheitsschutz bei der Verwendung von Arbeitsmitteln (Betriebssicherheitsverordnung – BetrSichV)
- TRBS 2121 Gefährdung von Personen durch Absturz – Allgemeine Anforderungen
- TRBS 2121 Teil 2 Gefährdungen von Personen durch Absturz – Bereitstellung und Benutzung von Leitern
- TRBS 2121 Teil 3 Gefährdungen von Personen durch Absturz – Bereitstellung und Benutzung von Zugangs- und Positionierungsverfahren unter Zuhilfenahme von Seilen
- TRAV Technische Regeln für die Verwendung von absturzsichernden Verglasungen (Deutsches Institut für Bautechnik)
- TRLV Technische Regeln für die Verwendung von linienförmig gelagerten Verglasungen (Deutsches Institut für Bautechnik)
- TRPV Technische Regeln für die Bemessung und Ausführung punktförmig gelagerter Verglasungen (Deutsches Institut für Bautechnik)
- RAB 32 Regeln zum Arbeitsschutz auf Baustellen – Unterlage für spätere Arbeiten
- DGUV Vorschrift 38 Bauarbeiten 1.4.1977 aktualisiert 01/1997

---

503) Beauftragte Personen, die Instandhaltungsarbeiten an kraftbetätigten Fenstern ausführen, sollten für diese Arbeiten z. B. vom Hersteller geschult werden.
504) Kraftbetätigte Fenster müssen vor der ersten Inbetriebnahme und danach innerhalb der nach § 3 Abs. 3 BetrSichV zu ermittelnden Fristen von einer befähigten Person auf ihren sicheren Zustand geprüft werden. Die Durchführung und die Ergebnisse der Prüfung sind z. B. in einem Prüfbuch zu dokumentieren.
505) Siehe auch ASR A1.7 Türen und Tore Nr. 10.2 Abs. 2 auf S. 246. Sachkundig ist, wer aufgrund seiner fachlichen Ausbildung, Tätigkeit und Erfahrung sowie aufgrund seiner Kenntnisse der einschlägigen Arbeitsschutzvorschriften, DGUV- bzw. BG-Regeln und allgemein anerkannter Regeln der Technik, z. B. Normen, VDE-Bestimmungen, in der Lage ist, den funktionssicheren Zustand kraftbetätigter Fenster zu beurteilen. Sachkundige in diesem Sinn sind insbesondere Personen mit abgeschlossener handwerklicher oder gleichwertiger Ausbildung sowie Ingenieurinnen und Ingenieure der entsprechenden Fachrichtungen und jeweils einschlägiger Berufserfahrung.
506) Diese ausgewählten Literaturhinweise wurden zuletzt in der vierten Änderung im Februar 2019 aktualisiert.

- DGUV Information 208-014 Glastüren, Glaswände 10/2010
- DGUV Information 208-016 Handlungsanleitung für den Umgang mit Leitern und Tritten 11/2007
- VFF Merkblatt KB.01:2017-07 Kraftbetätigte Fenster (Verband Fenster und Fassade [VFF] in Frankfurt) Juli 2017
- Glas- und Fassadenreinigung – Instandhaltung sicher und wirtschaftlich planen (BG BAU)

Fenster, Oberlichter, lichtdurchlässige Wände

ASR A1.6

Anhang

Einsatz von Sicherheitsglas

Einscheibensicherheitsglas (ESG) und Verbundsicherheitsglas (VSG) haben verschiedene Brucheigenschaften und sind daher für unterschiedliche Anwendungen geeignet.

ESG ist thermisch vorgespanntes Glas, das bei Zerstörung in kleine stumpfkantige Glaskrümel (würfelförmige Fragmente) zerfällt und damit weitgehend vor Verletzungen schützt.

Restrisiken durch das Bruchverhalten beim Zerbersten einer Scheibe aus ESG sind allerdings zum Einen das explosionsartige Zerspringen der Scheibe in Glaskrümel und zum Anderen das Zusammenhalten größerer Schollen aus noch zusammenhängenden Glaskrümeln, die beim Herunterfallen Beschäftigte treffen und Verletzungen verursachen können.

ESG ist gegen stumpfe Schläge auf die Scheibenfläche sehr robust, weil es sich durchbiegen kann. An den Kantenbereichen hingegen ist es sehr empfindlich.

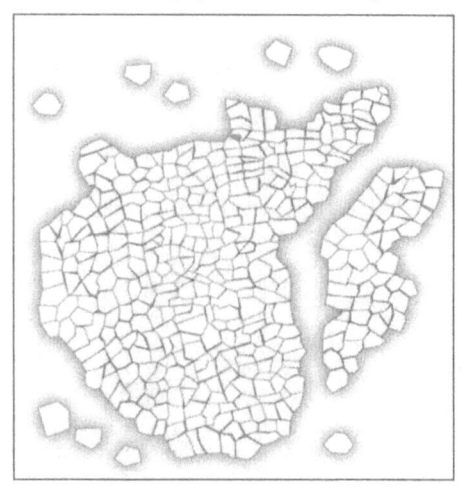

Abb. 3: Bruchbild ESG

VSG besteht aus zwei oder mehreren Glasscheiben, die durch mindestens eine organische Zwischenschicht zu einer Einheit verbunden werden. Bei mechanischer Überlastung (z. B. Stoß, Schlag und Beschuss) bricht VSG zwar an, aber die Bruchstücke haften fest an der Zwischenlage. Es entstehen somit keine losen, scharfkantigen Glasbruchstücke; die Verletzungsgefahr wird weitgehend herabgesetzt.

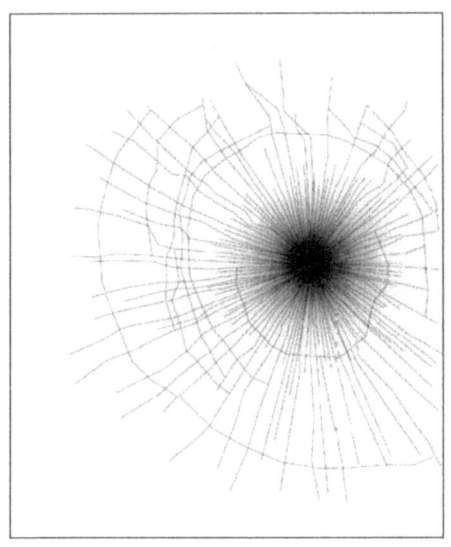

ASR A1.6   Fenster, Oberlichter, lichtdurchlässige Wände

Abb. 4: Bruchbild VSG

Je nach Zusammensetzung und Dicke ist VSG von splitterbindend bis hin zu sprengwirkungshemmend. Es findet daher häufig Verwendung in Fenstern, Türen und Abtrennungen, die Personen und hohe Sachwerte schützen, z. B. an Kassenschaltern oder bei Juwelieren.

Verglichen mit ESG kommt es bei Schlägen frontal gegen die Scheibe aus VSG schneller zum Bruch.

VSG ist nicht für jeden Anwendungsfall der sicherere Werkstoff. Bei rahmenlosen Ganzglastüren beispielsweise wird in der Regel ESG verwendet, da mit VSG die Flügel zu schwer werden. Diese Türen werden in der Regel nur an zwei Bändern (Scharnieren) gehalten. Kommt es zum Bruch eines solchen Flügels aus VSG, besteht die Gefahr, dass die Scheibe ihre Statik verliert und zusammenhängend als Ganzes zusammenbricht. Dabei kann sie eine Person unter sich begraben.

Türen und Tore — ASR A1.7

zu § 4 Abs. 3; Anh. Nr. 1.7 und Anh. Nr. 2.3 Abs. 2 ArbStättV

Technische Regeln für Arbeitsstätten	Türen und Tore	ASR A1.7

GMBl. Nr. 78 vom 3.12.2009 S. 1619,
zuletzt geändert durch GMBl. Nr. 24 vom 18.5.2018 S. 472

...

Diese ASR A1.7 konkretisiert im Rahmen ihres Anwendungsbereichs Anforderungen der Verordnung über Arbeitsstätten. Bei Einhaltung der Technischen Regeln kann der Arbeitgeber insoweit davon ausgehen, dass die entsprechenden Anforderungen der Verordnung erfüllt sind. Wählt der Arbeitgeber eine andere Lösung, muss er damit mindestens denselben Sicherheits- und Gesundheitsschutz für die Beschäftigten erreichen.

Die vorliegende Technische Regel beruht auf der BGR 232 „Kraftbetätigte Fenster, Türen und Tore" des Fachausschusses „Bauliche Einrichtungen" der Deutschen Gesetzlichen Unfallversicherung (DGUV). Der Ausschuss für Arbeitsstätten hat die Inhalte der BGR 232 in Anwendung des Kooperationsmodells (vgl. Leitlinienpapier[507] zur Neuordnung des Vorschriften- und Regelwerks im Arbeitsschutz vom 31. August 2011) als ASR in sein Regelwerk übernommen.

Inhaltsübersicht

1 Zielstellung
2 Anwendungsbereich
3 Begriffsbestimmungen
4 Planung von Türen und Toren
5 Auswahl von Türen und Toren
6 Sicherung gegen mechanische Gefährdungen
7 Sicherung der Flügelbewegung
8 Sicherheit der Steuerung
9 Anforderungen an Türen und Tore im Verlauf von Fluchtwegen
10 Instandhaltung einschließlich sicherheitstechnischer Prüfung

---

507) http://www.gda-portal.de/de/VorschriftenRegeln/VorschriftenRegeln.html

ASR A1.7 — Türen und Tore

1 Zielstellung

Diese Arbeitsstättenregel konkretisiert die Anforderungen an das Einrichten und Betreiben von Türen und Toren in § 3 Abs. 1 und § 4 Abs. 3 sowie insbesondere in den Punkten 1.7 und 2.3 Abs. 2 des Anhanges der Arbeitsstättenverordnung.[508)][509)][510)]

2 Anwendungsbereich

(1) Diese Arbeitsstättenregel gilt für das Einrichten und Betreiben von Türen und Toren in Gebäuden und auf dem Betriebsgelände sowie in vergleichbaren betrieblichen Einrichtungen, die sich auf dem Gelände eines Betriebes oder einer Baustelle befinden und zu denen Beschäftigte im Rahmen ihrer Arbeit Zugang haben. Sie gilt nicht für Türen und Tore von maschinellen Anlagen (z. B. Aufzugsanlagen) und nicht für provisorische Türen und Tore auf Baustellen.

(2) *(gestrichen)*[511)]

Hinweis:

Für die barrierefreie Gestaltung der Türen und Tore gilt die ASR V3a.2 „Barrierefreie Gestaltung von Arbeitsstätten", Anhang A1.7: Ergänzende Anforderungen zur ASR A1.7 „Türen und Tore".

3 Begriffsbestimmungen

3.1 Abstürzen ist die unkontrollierte, nicht ausgeglichene Bewegung von vertikal bewegten Flügeln im Fall des Versagens eines einzelnen Tragmittels oder der Gewichtsausgleichssysteme.

3.2 Bewegungsraum ist der Raum, in dem die Flügel Öffnungs- und Schließbewegungen ausführen.

3.3 Der **Fallweg** von Torflügeln ist die senkrechte Strecke, die die Hauptschließkante nach dem Versagen der Tragmittel bis zum erfolgten Fangen durch die Fangvorrichtung zurücklegt.

---

508) ASR A1.7 konkretisiert die Anforderungen der ArbStättV zum Thema Türen und Tore, folgt aber nicht vollständig der Systematik des Anh. Nr. 1.7 ArbStättV. So werden in dieser ASR keine Festlegungen zur Verwendung von Pendeltüren und -toren (Anh. Nr. 1.7 Abs. 3 ArbStättV) sowie zu Maßnahmen, unter welchen Voraussetzungen der Durchgang für Fußgänger durch ein Tor für den Fahrverkehr gefährdungsfrei möglich ist (s. Anh. Nr. 1.7 Abs. 6 ArbStättV), getroffen. Für diesbezügliche Hinweise und Auslegungen siehe Opfermann/Streit: Arbeitsstätten, Loseblattwerk mit Kommentar, 3. Aufl., Landsberg 2019 unter OZ 3100, Erl. zu Anh. Nr. 1.7 Abs. 3 (s. RdNr. 65, 66) sowie zu Abs. 6 (s. RdNr. 75–79).

509) Ergänzende Anforderungen an Türen und Tore im Verlauf von Fluchtwegen enthalten Anh. Nr. 2.3 Nr. 5 Abs. 3, 4 ArbStättV und die hierzu bekannt gemachte ASR A2.3 Fluchtwege und Notausgänge, Flucht- und Rettungsplan unter Nr. 6 Abs. 1–4 (s. S. 339 ff.).

510) Praxisgerechte Erläuterungen und Hilfestellungen enthält die DGUV Information 208-022 Türen und Tore, Ausg. 2017-09.

511) Die Vorgaben für die barrierefreie Gestaltung von Türen und Toren sind mittlerweile in der ASR V3a.2 Barrierefreie Gestaltung von Arbeitsstätten Anh. A1.7 (s. S. 118 ff.) geregelt.

3.4 Fangvorrichtungen sind Einrichtungen, die im Falle des Flügelabsturzes selbsttätig auf den Flügel oder das Bauteil, das mit ihm fest verbunden ist (z. B. Wickelwelle), wirken und ihn halten. Hierzu zählen auch Getriebe, die imstande sind, den Flügel zu halten, wenn tragende Getriebeteile versagen (Sicherheitsgetriebe).

3.5 Flügel sind diejenigen beweglichen Anlagenteile, die Tür- oder Toröffnungen schließen oder freigeben.[512)]

3.6 Gefährdungen an Türen und Toren ergeben sich besonders durch:
– Quetsch-, Einzugs- oder Scherstellen mit festen oder beweglichen Teilen der Flügel und der Umgebung (z. B. an den Schließkanten),
– Absturzgefährdung an angrenzenden Treppenabgängen oder höher gelegenen Arbeitsplätzen,
– Angestoßen oder Erfasst werden durch den Flügel.

3.7 Herausfallen ist das ungewollte Verlassen des Tor- oder Türflügels aus der Führung.

3.8 Türen und Tore sind **kraftbetätigt**, wenn die für das Öffnen oder Schließen der Flügel erforderliche Energie vollständig oder teilweise von Kraftmaschinen zugeführt wird.

3.9 Nachlaufweg ist der Weg des kraftbetätigten Flügels, von der Einleitung des Stoppvorganges bis zum Stillstand.

3.10 Mit der **NOT-HALT-Einrichtung** kann im Fall einer Gefährdung die Flügelbewegung bewusst zum Stillstand gebracht werden.

3.11 Schließkanten sind (siehe Tabelle):
– Hauptschließkante ist jede Schließkante eines Flügels, deren Abstand von der parallelen Gegenschließkante oder Gegenfläche die Öffnungsweite bestimmt,
– Gegenschließkante ist jede Schließkante, die einer Haupt- oder Nebenschließkante des Flügels gegenüberliegt,
– Nebenschließkante ist jede andere Schließkante des Flügels, die nicht Haupt- oder Gegenschließkante ist.

3.12 Schlupftüren sind Türen, die in Torflügeln eingebaut sind.

3.13 Schutzeinrichtungen sind Einrichtungen zum Schutz vor Gefährdungen, z. B. der Quetschgefährdung an Schließkanten:
– trennende Schutzeinrichtungen, wie Abdeckungen,

---

512) Die hier gewählte Definition für Flügel umfasst Begriffe wie z. B. Tür- und Torblatt, Tür- und Torflügel, Tür- und Torgitter, Falttür und -tor, Schiebetür und -tor, Gliedertor, Rollgitter, Rollladen.

ASR A1.7 — Türen und Tore

- druckempfindliche Schutzeinrichtungen, wie Schaltleisten oder -matten,
- berührungslos wirkende Schutzeinrichtungen, wie Lichtschranken oder Aktiv-Infrarot-Systeme.

3.14 Die **Steuerung** ist der Bestandteil der Antriebseinheit, der von außen kommende Steuerbefehle annimmt, diese verarbeitet und Ausgangssignale zum Betrieb des Antriebes erzeugt:
- Steuerung mit Selbsthaltung (Impulssteuerung) ist eine Steuereinrichtung, die nur eine einmalige Betätigung zum Auslösen der vollständigen Flügelbewegung erfordert. Steuerimpulse werden z. B. durch Drucktaster, Kontaktschwellen, Lichtschranken, Radareinrichtungen, Zugschalter oder durch im Fußboden verlegte Induktionsschleifen ausgelöst oder gehen von einem elektrischen Sender, einer Licht- oder Schallquelle aus.[513]
- Steuerung ohne Selbsthaltung (Totmannsteuerung) ist eine Steuereinrichtung, die eine kontinuierliche Betätigung für die Flügelbewegung erfordert.[514]

3.15 Tore sind bewegliche Raumabschlüsse, vorzugsweise für den Verkehr mit Fahrzeugen und für den Transport von Lasten mit oder ohne Personenbegleitung.

3.16 Türen sind bewegliche Raumabschlüsse, vorzugsweise für den Fußgängerverkehr.

3.17 Tragmittel sind Bauteile oder Einrichtungen zum Tragen des Flügels, z. B. Feder, Stahldrahtseil, Kette, Gurt, Rolle, Trommel, Welle, Hebelarm sowie sonstige Kraftübertragungselemente zwischen Antriebsquelle und Flügel (z. B. Getriebe).

Tabelle: Schließkanten von Türen und Toren

	Tür/Tor	Schließkante
a)	**Drehflügeltüren/-tore** sind Türen mit einem oder zwei Flügeln, die sich um die senkrechte Achse an einer Flügelkante drehen.	Gegenschließkante, Nebenschließkante, Nebenschließkante, Gegenschließkante, Nebenschließkante, Hauptschließkante

---

513) Zum Begriff Automatiksteuerung von Toren s. DIN EN 12433-2 Tore – Terminologie – T. 2: Bauteile von Toren, Ausg. 2000-02 (Abs. 4.4).
514) Durch eine Totmannsteuerung wird die Bedienperson während der Flügelbewegung an den Steuerplatz gebunden. Die Bedienperson übernimmt die Aufgabe, die Flügelbewegung zu überwachen und die Bewegung nur auszulösen, wenn sie selbst oder andere Personen nicht gefährdet sind.

	Tür/Tor	Schließkante
b)	**Schiebetüren/-tore** sind Türen mit einem oder mehreren sich horizontal bewegenden Türflügeln, die sich auf ihrer eigenen Ebene über eine Öffnung hinweg bewegen.	
c)	**Faltflügeltüren/-tore** sind Türen mit zwei oder mehreren Flügeln, die miteinander gelenkig verbunden sind und bei denen eine Seite des Türflügels mit der Zarge verbunden ist.	
d)	**Karusselltüren** sind Türen mit zwei oder mehreren Türflügeln, die mit einer gemeinsamen vertikalen Drehachse innerhalb einer Einfassung verbunden sind.	
e)	**Rolltore** sind Tore mit einem Flügel, der vertikal bewegt wird und sich beim Öffnen auf eine Wickelwelle aufwickelt.	

	Tür/Tor	Schließkante
f)	**Sektionaltore** sind Tore mit einem Flügel, der aus einer Anzahl von horizontal miteinander verbundenen Sektionen besteht und in der Regel beim Öffnen vertikal angehoben wird. Die Ablage des Flügels in der oberen Öffnungsposition ist abhängig vom jeweiligen Typ (z. B. waagerecht, senkrecht, gefaltet).	Hauptschließkante / Gegenschließkante
g)	**Kipptore** sind Tore mit einem Flügel, der bei der Betätigung eine Kippbewegung ausführt und vollständig geöffnet in der oberen, waagerechten Endstellung verbleibt.	Nebenschließkante / Nebenschließkante / Gegenschließkante / Hauptschließkante
h)	**Schiebetore** sind Tore mit einem oder mehreren Flügeln, die horizontal bewegt werden.	Gegenschließkante / Nebenschließkante / Hauptschließkante

4 Planung von Türen und Toren

(1) Türen und Tore sind so anzuordnen, dass sie sicher bedient werden können. Durch ihre Anordnung dürfen keine zusätzlichen Gefährdungen entstehen, beispielsweise durch Aufschlagen des Flügels in einen Treppenlauf.[515]

(2) Türen und Tore sollen so angeordnet und gestaltet sein, dass sich möglichst kurze Wege innerhalb der Arbeitsstätte ergeben und keine Gefährdungen durch Windbelastung entstehen. Die Entstehung von störendem Luftzug (Zugluft) sollte vermieden werden (siehe ASR A3.6 „Lüftung").

(3) Türen und Tore müssen so angebracht sein, dass sie in geöffnetem Zustand die erforderliche Mindestbreite vorbeiführender Verkehrswege nicht einengen (siehe ASR A1.8 „Verkehrswege").

---

515) Bei Türen ist ein Abstand zu Absätzen oder Treppen von mindestens 1,0 m, bei aufgeschlagener Tür noch eine Podestbreite von mindestens 0,5 m einzuhalten (s. ASR A1.8 Verkehrswege Nr. 4.2 Abs. 4 auf S. 259 ff.).

(4) Die Betätigung von Türen und Toren muss vom Fußboden aus oder von einem anderen sicheren Bedienort aus möglich sein.

(5) Griffe und andere Einrichtungen für die Betätigung von Türen und Toren dürfen mit festen und beweglichen Teilen der Tür oder des Tores oder deren Umgebung keine Quetsch- oder Scherstellen bilden.

(6) Die Durchgangsbreite und -höhe von Türen und Toren richtet sich nach den Mindestmaßen von Fluchtwegen (siehe ASR A2.3 „Fluchtwege und Notausgänge, Flucht- und Rettungsplan").[516]

Türen und Tore in Zugängen, die nur der Bedienung, Überwachung und Wartung dienen, sollen 0,50 m in der lichten Durchgangsbreite und 1,80 m in der lichten Durchgangshöhe nicht unterschreiten. Auf die Anstoßgefährdung im Kopfbereich, die aufgrund dieser verringerten Durchgangshöhe besteht, ist mit einer Kennzeichnung nach ASR A1.3 „Sicherheits- und Gesundheitsschutzkennzeichnung" hinzuweisen.

(7) Rahmen von Türen und Toren dürfen keine Stolperstellen bilden (siehe ASR A1.5/1,2 „Fußböden"). Höhenunterschiede sollen durch Schrägen angeglichen oder gekennzeichnet (siehe ASR A1.3) werden.

5 Auswahl von Türen und Toren

(1) In Arbeitsstätten dürfen nur Türen und Tore verwendet werden, die hinsichtlich ihrer Beschaffenheitsanforderungen den europäischen und nationalen Vorschriften (z. B. Produktrecht) entsprechen und die für die Verwendung in der Arbeitsstätte geeignet und sicher sind.[517] Bei der Ausführung der Türen und Tore sind unter anderem das Bio- und Gefahrstoffrecht (z. B. dichtschließend, Sicherheitsschleusen) sowie das Baurecht (z. B. feuerhemmend, feuerbeständig, selbstschließend) zu beachten.

Die Einbausituation und das Betreiben von Türen und Toren stellen Anforderungen an die Nutzungssicherheit, die auch die Beschaffenheit von Türen und Toren betreffen kann. Daher sind beim Einrichten und Betreiben der Arbeitsstätte über die EG-Konformitätsbewertung hinaus die Eignung und Verwendbarkeit von Türen und Toren für die vorgesehene Nutzung zu prüfen und ggf. die erforderlichen baulichen Maßnahmen und Veränderun-

---

516) Die Türbreite von Verkehrswegen für den Personenverkehr, die gleichzeitig Fluchtwege sind, variiert zwischen einer lichten Breite von 0,875 m und 2,40 m je nach Benutzerzahl (s. ASR A2.3 Fluchtwege und Notausgänge, Flucht- und Rettungsplan Nr. 5 Abs. 3 auf S. 336 ff.).
517) Sicherheitstechnische Anforderungen für Bau und Ausrüstung kraftbetätigter Türen enthalten insb. DIN EN 14351-1 Fenster und Türen – Produktnorm, Leistungseigenschaften – T. 1: Fenster und Außentüren, Ausg. 2016-12 und T. 2: Innentüren (ohne Feuerschutz- und Rauchschutzeigenschaften, die für Türen und Fenster durch DIN EN 16034, Ausg. 2014-12 beschrieben werden). Ausg. 2019-01; DIN 18650-1 Automatische Türsysteme – T. 1: Produktanforderungen und Prüfverfahren, Ausg. 2010-06 sowie DIN 18650-2 Automatische Türsysteme – T. 2: Sicherheit an automatischen Türsystemen, Ausg. 2010-06.
Sicherheitstechnische Anforderungen für Bau und Ausrüstung kraftbetätigter Tore enthalten insb. DIN EN 12604 Tore – Mechanische Aspekte – Anforderungen und Prüfverfahren, Ausg. 2017-12, DIN EN 12453 Tore – Nutzungssicherheit kraftbetätigter Tore – Anforderungen, Ausg. 2017-11 sowie DIN EN 13241-1 Tore – Produktnorm, Leistungseigenschaften, Ausg. 2016-12.

gen am Einbauort vorzunehmen (z. B. durch Einrichtungsgegenstände zusätzlich entstandene Quetschstellen, die zu sichern sind).

(2) Damit Beschäftigte bei Ausfall der Antriebsenergie bei kraftbetätigten Türen und Toren nicht eingeschlossenen werden können, müssen sich diese ohne besonderen Kraftaufwand (siehe Punkt 10.1 Abs. 3) auch von Hand öffnen lassen. Abweichend von Satz 1 dürfen schwere, kraftbetätigte Tore anstelle mit Handbetrieb auch unter bestimmungsgemäßer Verwendung von Hilfsmitteln, z. B. bereitgestellte hydraulische/pneumatische Hebezeuge oder Notstromaggregate, verwendet werden, wenn die ursprüngliche Energiezufuhr ausgefallen ist.

(3) In Räumen, in denen z. B. gesundheitsgefährdende Gase, Dämpfe oder Stäube in die Raumluft gelangen können, müssen Türen und Tore deren Eindringen in angrenzende Bereiche der Arbeitsstätte verhindern. Dies kann z. B. durch ein selbstständiges und dichtes Schließen der Türen und Tore erreicht werden.

(4) Türen und Tore, die nur in einer Richtung benutzt werden sollen, sind entsprechend auf beiden Seiten als Einbahnverkehr zu kennzeichnen.

(5) Bei Torflügeln mit eingebauter Schlupftür darf eine kraftbetätigte Flügelbewegung nur bei geschlossener Schlupftür möglich sein. Die Flügelbewegung muss zum Stillstand kommen, wenn die Schlupftür geöffnet wird. Im Fall von mechanisch bewegten Brandschutztoren mit Schlupftüren sind die den baurechtlichen Zulassungen zugrunde liegenden Ausführungen zu beachten.

(6) Damit Beschäftigte nicht durch zersplitternde Flächen von Türen und Toren gefährdet werden, müssen diese Flächen bruchsicher sein oder die Füllungen müssen durch feste Abschirmungen (z. B. Stabgitter) so geschützt sein, dass sie beim Öffnen und Schließen nicht eingedrückt oder Personen nicht durch diese hindurchgedrückt werden können. Werkstoffe für durchsichtige Flächen gelten als bruchsicher, wenn sie die baurechtlichen Bestimmungen für Sicherheitsglas erfüllen (z. B. Einscheiben- und Verbundsicherheitsglas). Die Bruchsicherheit hängt entscheidend davon ab, dass das Glas nicht beschädigt ist und dass keine unzulässigen Spannungen oder Belastungen auf das Glas einwirken (siehe Punkt 10.1 Abs. 4). Kunststoffe mit vergleichbarer Bruchsicherheit sind zulässig. Drahtglas ist kein Sicherheitsglas.

(7) Flügel von Türen und Toren, die zu mehr als drei Vierteln ihrer Fläche aus einem durchsichtigen Werkstoff bestehen, müssen in Augenhöhe so gekennzeichnet sein, dass sie deutlich wahrgenommen werden können. Hierzu können z. B. ausreichend große Bildzeichen, Symbole oder farbige Tönungen verwendet werden. Sie sollen sich je nach Hintergrund und Beleuchtungssituation gut erkennbar abheben. Die Wahrnehmbarkeit der Türen und Tore wird durch die Gestaltung mit auffallenden Griffen oder einer Handleiste verbessert.[518]

---

518) Die Forderung der abgelösten ASR 10/5 Glastüren, Türen mit Glaseinsatz Nr. 2.3, dass Türen, deren Flächen zu mehr als der Hälfte aus bruchsicherem, durchsichtigem Werkstoff bestehen, auf beiden Seiten in etwa 1 m Höhe mit einer über die gesamte Türbreite verlaufenden Handleiste versehen sein müssen, wurde nicht mehr in die ASR A1.7 aufgenommen, sollte aber aus Gründen der Unfallverhütung beachtet werden.

6 Sicherung gegen mechanische Gefährdungen[519]

(1) Bei kraftbetätigten Türen und Toren muss eine wirksame Sicherung vor mechanischen Gefährdungen bis zu einer Höhe von 2,50 m über dem Fußboden oder einer anderen dauerhaften Zugangsebene vorhanden sein. Dies kann durch eine einzelne oder eine Kombination der folgenden Sicherungsmaßnahmen erreicht werden:[520]
- Einhalten von Sicherheitsabständen (siehe Abs. 5 bis 8),
- Einbauen von trennenden Schutzeinrichtungen an den Schließkanten, wie Gehäuse, Abdeckungen, Verkleidungen, feststehende Schutzflügel,
- Formgebung von Flügeloberflächen und vorstehenden Teilen in geeigneter Weise,
- Torbetätigung mit einer manuellen Steuerung ohne Selbsthaltung (Totmannsteuerung, siehe Punkt 8.1),
- Begrenzung der Kräfte, die durch den Torflügel erzeugt werden, wenn er auf eine Person oder einen Gegenstand auftrifft,
- Einbau von schaltenden Schutzeinrichtungen (druckempfindliche oder berührungslos wirkende Schutzeinrichtungen).

(2) Beim Betrieb von Türen und Toren darf der Nachlaufweg des Flügels nach Auslösen einer druckempfindlichen Schutzeinrichtung nicht größer sein als deren Verformungsweg. Bei Flügeln ohne Sicherheitseinrichtung an den Schließkanten darf der Nachlaufweg nicht größer als 50 mm sein, sofern mit dem Nachlauf eine gefährdende Flügelbewegung verbunden ist.

(3) Die erforderlichen Sicherheitsabstände müssen auch während der betrieblichen Nutzung dauerhaft eingehalten werden.

(4) Die Gefährdung, dass Beschäftigte beim Betrieb von vertikal bewegten Flügeln erfasst oder eingezogen werden, kann z. B. durch die Verwendung glattflächiger Flügel vermieden werden. Andernfalls, wie bei Rollgittern, sind weitere Sicherungsmaßnahmen (siehe Abs. 1) notwendig.

(5) Zusätzliche Sicherungen an Quetsch- und Scherstellen an Nebenschließkanten sind nicht erforderlich:
- bei Nebenschließkanten, deren Gegenschließkanten sich am Sturz der Tür- oder Toröffnung befinden,

---

[519] Wichtige Hinweise zu Gefährdungsbeurteilung und Absicherung von kraftbetätigten Karusselltüren werden in der DGUV Information 208-026 Sicherheit von kraftbetätigten Karusselltüren, Ausg. 2019-03 gegeben. Die verschiedenen Anforderungen zur Vermeidung der relevanten Gefährdungen können durch ein Bündel von Schutzmaßnahmen (wie z. B. Sicherung der Haupt- und Gegenschließkanten durch Sensoren oder Kontaktschaltleisten, Not-Auf-Schalter) erfüllt werden.
[520] Zur Sicherheit besonders schutzbedürftiger Personen (z. B. behinderte Beschäftigte) kann es erforderlich sein, eine Berührung mit der bewegten Tür bzw. dem Torflügel ganz auszuschließen, z. B. durch berührungslos wirkende Schutzeinrichtungen wie Lichtgitter oder Anwesenheitssensoren.

- wenn der Spalt zwischen Nebenschließkante und Gegenschließkante maximal 8 mm beträgt,
- wenn die Nebenschließkanten z. B. durch hohlwandige Gummi-, Kunststoffleisten oder Haarbürsten so nachgiebig gestaltet sind, dass sie im zusammengedrückten Zustand einen Sicherheitsabstand für die Finger von mindestens 25 mm ermöglichen.

(6) Die Gefährdung, dass Finger eingezogen werden, besteht nicht, wenn die Flügel von automatischen Schiebetüren/-toren und festen Teilen ihrer Umgebung in einem Abstand s von 8 mm oder weniger aneinander vorbeilaufen (Abb. 1). Ein Abscheren oder Quetschen von Fingern wird verhindert, wenn der Abstand t zwischen Flügeln und Bauteilen 25 mm oder mehr beträgt (Abb. 1).

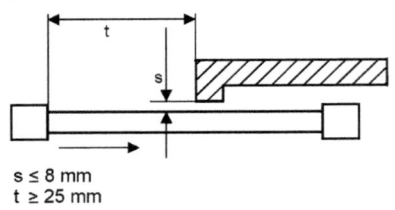

$s \leq 8$ mm
$t \geq 25$ mm

Abb. 1: Vermeiden von Einzugs- und Schergefährdung zum Schutz der Finger

(7) Damit zwischen den hinteren Kanten der Flügel (Nebenschließkanten) von kraftbetätigten Schiebetüren/-toren und festen Teilen der Umgebung beim Betrieb keine Quetschstellen entstehen, müssen genügend große Sicherheitsabstände verbleiben:
- für Flügel, die in einem Abstand von maximal 100 mm an feststehenden, geschlossenen Bauteilen entlang laufen, sind mindestens 200 mm Sicherheitsabstand notwendig (Abb. 2),
- für Flügel, die in einem Abstand von mehr als 100 mm an feststehenden Bauteilen entlang laufen, sind mindestens 500 mm Sicherheitsabstand notwendig (Abb. 3).

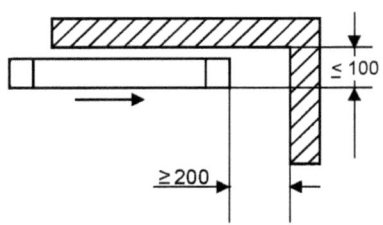

Abb. 2: Vermeiden von Quetschgefährdung zum Schutz des Kopfbereiches

Türen und Tore   ASR A1.7

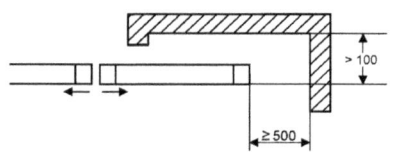

Abb. 3: Vermeiden von Quetschgefährdung zum Schutz des Körpers

(8) Damit kraftbetätigte Dreh- und Faltflügeltüren oder -tore hinsichtlich Quetschstellen (zwischen dem Flügel und festen Teilen der Umgebung) sicher betrieben werden können, muss bei größtmöglicher Flügelöffnung der hinter dem Flügel gelegene Bereich über seine gesamte Tiefe eine lichte Weite von mindestens 500 mm aufweisen (Abb. 4). Abweichend hiervon genügt eine lichte Weite von mindestens 200 mm, wenn die Tiefe des vom geöffneten Flügel und festen Teilen seiner Umgebung gebildeten Bereichs höchstens 250 mm beträgt (Abb. 5). Können diese Werte nicht eingehalten werden, sind weitere Sicherheitsmaßnahmen (siehe Abs. 1) notwendig.

(9) Damit Flügel, die für die Handbetätigung angefasst werden müssen, weil zusätzliche Einrichtungen (z. B. Kurbeln oder Haspelkettenantriebe) nicht vorhanden sind, sicher verwendet werden können, müssen diese auf der inneren und äußeren Seite über Einrichtungen zur Handbetätigung verfügen, z. B. Klinken, Griffe, Griffmulden, Griffplatten. Wenn Türen und Tore nur von einer Seite betätigt werden sollen, braucht nur diese Seite mit solchen Einrichtungen ausgerüstet sein.

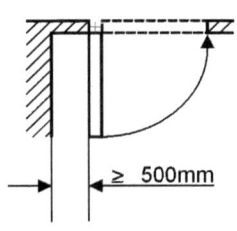

Abb. 4: Vermeiden von Quetschgefährdung zum Schutz des Körpers

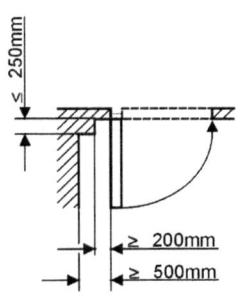

Abb. 5: Vermeiden von Quetschgefährdung zum Schutz des Kopfbereiches

241

(10) Einrichtungen für die Handbetätigung, z. B. Kurbeln oder Ketten, von Türen und Toren müssen sicher verwendet werden können und müssen gegen Zurückschlagen, Abgleiten und unbeabsichtigtes Abziehen gesichert sein.

(11) Hat der Antrieb von kraftbetätigten Türen und Toren mechanische Rückwirkung auf den Handantrieb, müssen Hand- und Kraftantrieb gegeneinander verriegelt sein.

7 Sicherung der Flügelbewegung

(1) Für den sicheren Betrieb von Toren müssen selbsttätig wirkenden Einrichtungen für die Endstellung vorhanden sein, die Beschäftigte gegen unbeabsichtigtes Schließen der Tore (z. B. Zuschlagen durch Windeinwirkung) schützen.

(2) Schiebetüren und -tore dürfen nur betrieben werden, wenn ein Pendeln der Flügel quer zur Bewegungsrichtung der Türen und Tore ausgeschlossen ist.

(3) Senkrecht bewegte Torflügel sind durch Gegengewichte oder andere technische Einrichtungen (z. B. Antriebe, Federn) so auszugleichen, dass sie sich nicht unbeabsichtigt schließen. Bei der Verwendung von Toren darf die Kraft an der Hauptschließkante bei einer Bewegung durch nicht ausgeglichene Gewichte maximal 150 N betragen.

(4) Besteht durch Gegengewichte von Torflügeln eine Quetsch-, Scher- oder Stoßgefährdung oder die Gefährdung des Eingezogenwerdens, darf das Tor nur betrieben werden, wenn die Laufbahn der Gegengewichte bis 2,50 m über der Zugangsebene verdeckt ist.

(5) Bei senkrecht bewegten kraftbetätigten Türen und Toren mit Seil-, Gurt- oder Kettenaufhängung muss das Schlaffwerden des Tragmittels verhindert werden, sofern nicht direkt auf den Flügel wirkende Fangvorrichtungen vorhanden sind.

7.1 Sicherung gegen Abstürzen der Flügel

(1) Beim Betrieb von senkrecht bewegten Flügeln müssen diese mit Fangvorrichtungen gesichert sein, die beim Versagen der Tragmittel ein Abstürzen der Flügel selbsttätig verhindern.[521) 522)]

(2) Von Fangvorrichtungen nach Absatz 1 kann abgesehen werden:
- bei Flügeln mit Seil- oder Kettenaufhängung, deren Eigengewicht durch Gegengewicht ausgeglichen ist, wenn zusätzliche Seile oder Ketten vorhanden sind, die allein das Flügelgewicht zu tragen imstande sind,
- bei Flügeln mit Seil- oder Kettenaufhängung, deren Eigengewicht durch Federn ausgeglichen ist, wenn beim Bruch eines Seils oder einer Kette das Flügelgewicht ausge-

---

521) Das Abstürzen von angehobenen hand- oder kraftbetätigten Flügeln beim Versagen eines Tragmittels kann durch Fangvorrichtungen oder andere konstruktive Mittel verhindert werden. Tragmittel sind Seile, Ketten oder Gurte. Aber auch die Gewichtsausgleichsfedern gehören zu den Tragmitteln.
522) Für Tore, die vertikal bewegt werden (v.a. Rolltore, Sektionaltore, Kipptore), war eine geeignete Fangvorrichtung oder eine vergleichbare technische Lösung bereits vor dem Inkrafttreten der ASR A1.7 z. B. in der zurückgezogenen BGR/GVV-R 232 Kraftbetätigte Fenster, Türen und Tore, Ausg. 2003, Nr. 4.10 vorgesehen.

Türen und Tore   ASR A1.7

glichen bleibt und der Antrieb so beschaffen ist, dass er allein das Flügelgewicht zu tragen imstande ist,
- bei Flügeln ohne Seil- oder Kettenaufhängung, deren Eigengewicht durch Federn ausgeglichen ist, wenn der Antrieb so beschaffen ist, dass er allein das Flügelgewicht zu tragen imstande ist,
- bei Flügeln mit zwei Antrieben, wenn jeder Antrieb so ausgelegt ist, dass er das Flügelgewicht allein zu tragen imstande ist und wenn bei Ausfall eines Antriebes eine weitere Bewegung des Flügels selbsttätig verhindert ist, spätestens wenn der Flügel seine untere Endstellung erreicht hat,
- bei Flügeln, die unmittelbar hydraulisch oder pneumatisch angetrieben werden, wenn an den Arbeitszylindern Einrichtungen vorhanden sind, die bei Rohr- oder Leitungsbruch ein Absenken des Flügels verhindern.

7.2 Sicherung gegen Herausfallen der Flügel

(1) Tür- und Torflügel müssen gegen unbeabsichtigtes Verlassen der Führungseinrichtungen gesichert sein.

(2) Beim Öffnen oder Schließen der Flügel von kraftbetätigten Türen und Toren müssen diese in ihren Endstellungen selbsttätig zum Stillstand kommen. Können Flügel beim Versagen der Begrenzungseinrichtungen über ihre Endstellungen hinausfahren, müssen Notendschalter oder feste Anschläge in Verbindung mit einer Überlastsicherung vorhanden sein.

(3) Begrenzungseinrichtungen, wie Stopper oder Anschläge, müssen eine ausreichende Festigkeit aufweisen.

8 Sicherheit der Steuerung

8.1 Steuerung ohne Selbsthaltung

An Türen und Toren kann bei Steuerung ohne Selbsthaltung (Totmannsteuerung) auf die Sicherungen nach Punkt 6 verzichtet werden, wenn:
- bei manuell betätigter Steuerung ohne Selbsthaltung die Flügelbewegung durch das Loslassen der Befehlseinrichtung unmittelbar zum Stillstand kommt und
- die Befehlseinrichtung so angeordnet ist, dass der Gefahrenbereich vom Bedienungsstandort aus vollständig eingesehen werden kann und
- die Bedienung der Befehlseinrichtung durch unbefugte Personen durch technische oder organisatorische Maßnahmen ausgeschlossen wird und
- die Schließgeschwindigkeit der Flügel, gemessen an der Hauptschließkante, maximal 0,5 m/s beträgt.

8.2 Steuerung mit Selbsthaltung (Impulssteuerung)

(1) Impulsgesteuerte Flügelbewegungen dürfen nur durch die hierfür vorgesehenen Befehlseinrichtungen ausgelöst werden.

(2) Impulsgesteuerte Türen und Tore sind so zu betreiben, dass Beschäftigte z. B. gegen Quetschgefährdungen geschützt sind. Dazu müssen die entsprechenden Schutzeinrichtungen so beschaffen sein, dass beim Auftreten eines Fehlers in der Einrichtung, der einen Befehl zur Unterbrechung der gefährdenden Flügelbewegung verhindern würde,
– die Schutzwirkung der Einrichtung erhalten bleibt (Einfehlersicherheit)
oder
– der Fehler spätestens in einer der Endlagen des Flügels selbsttätig erkannt wird und ein Befehl zum Verhindern einer weiteren gefährdenden Flügelbewegung erfolgt (Testung).

8.3 Abschalt- und NOT-HALT-Einrichtungen

(1) Damit gefährdende Flügelbewegungen nach Abschalten des Antriebes oder bei Ausfall der Energieversorgung (z B. elektrisch, pneumatisch, hydraulisch) für den Antrieb verhindert werden, muss nach Abschalten des Antriebes oder des Ausfalls der Energieversorgung die Bewegung der Flügel unmittelbar zum Stillstand kommen. Eine unbeabsichtigte erneute Bewegung der Flügel darf nicht möglich sein. Abweichend von Satz 1 dürfen Flügel von kraftbetätigten Türen und Toren, die einen Brandabschluss bilden, nur verwendet werden, wenn sie bei Ausfall der Energieversorgung ohne Gefährdung von Beschäftigten selbsttätig schließen.

(2) Werden zur Sicherung von Quetsch- und Scherstellen an Schließkanten von Brandabschlüssen Einrichtungen verwendet, die bei Berührung oder Unterbrechung durch einen Beschäftigten die Flügelbewegung zum Stillstand bringen, muss sich der im Brandfall eingeleitete Schließvorgang nach Freigabe dieser Sicherheitseinrichtung selbsttätig fortsetzen.

(3) Eine NOT-HALT-Einrichtung ist dann erforderlich, wenn im Ergebnis einer Gefährdungsbeurteilung festgestellt wird, dass durch diese Maßnahme eine zusätzliche Sicherheit erreicht werden kann.[523] Abweichend von Satz 1 sind kraftbetätigte Karusselltüren unmittelbar an den Zugangsstellen mit NOT-HALT-Einrichtungen auszurüsten. NOT-HALT-Einrichtungen sind so anzubringen, dass sie gut sichtbar und schnell erreichbar sind.

(4) Türen und Tore mit elektrischem Antrieb dürfen nur verwendet werden, wenn sie eine Netztrenneinrichtung (z. B. Hauptschalter, geeignete Steckverbindungen) besitzen, mit der die Anlage allpolig vom Stromnetz getrennt werden kann. Die Netztrenneinrichtung muss gegen irrtümliches oder unbefugtes Einschalten gesichert sein. Dies gilt sinngemäß auch

---

523) Die Sicherung von kraftbetätigten Türen und Toren durch NOT-HALT-Einrichtungen entspricht nicht mehr dem Stand der Technik. Die direkte Absicherung an der Gefährdungsstelle mittels einfehlersicherer Schutzeinrichtungen ist zu gewährleisten. Sind also kraftbetätigte Türen und Tore durch Schutzeinrichtungen so gut abgesichert, dass keine gefahrbringende Bewegung durch einen NOT-HALT gestoppt werden muss, ist keine NOT-HALT-Einrichtung vorgeschrieben. Ein NOT-HALT ist nur erforderlich, wenn damit eine zusätzliche Sicherheit erreicht werden kann.

Türen und Tore　　　　　　　　　　　　　　　　　　　　　　ASR A1.7

für pneumatische und hydraulische Antriebe; Restenergien sind ohne Gefährdung von Beschäftigten abzuleiten.

9 Anforderungen an Türen und Tore im Verlauf von Fluchtwegen[524]

(1) Automatische Schiebetüren und Schnelllauftore (ausgenommen Feuer- und Rauchschutztüren und -tore) dürfen nur verwendet werden, wenn sie bei Ausfall der Energiezufuhr selbsttätig öffnen oder über eine manuelle Öffnungsmöglichkeit (Breakout) verfügen.[525] Automatische Karusselltüren dürfen nur verwendet werden, wenn sich Teile der Innenflügel ohne größeren Kraftaufwand (siehe Punkt 10.1 Abs. 3) von Hand und ohne Hilfsmittel sowie in jeder Stellung der Tür auf die erforderliche Fluchtwegbreite öffnen lassen. Weitere Bestimmungen zu Türen und Toren Verlauf von Fluchtwegen enthält die ASR A2.3 „Fluchtwege und Notausgänge, Flucht- und Rettungsplan".

(2)Die Anzahl und Lage von Türen und Toren ergibt sich insbesondere aus den Fluchtweglängen nach ASR A2.3.

10 Instandhaltung einschließlich sicherheitstechnischer Prüfung

(1) Die Betriebs-, Instandhaltungs- und Prüfanleitungen des Herstellers sind zu beachten und müssen in der Arbeitsstätte verfügbar sein. Türen und Tore unterliegen durch betriebliche Veränderungen (insbesondere Nutzungsänderungen, Nachrüstungen und Umbauten) Einflüssen, die im Hinblick auf die Sicherheit neue Voraussetzungen schaffen können. Bei der Beurteilung, ob Türen und Tore unter veränderten Nutzungsbedingungen noch ausreichend sicher sind, ist das Ergebnis der sicherheitstechnischen Prüfung zu berücksichtigen. Der Hersteller sollte mit einbezogen werden.

(2) Bauteile, von denen der sichere Betrieb der Türen und Tore abhängt, müssen für die Instandhaltung und Prüfung leicht zugänglich sein.

10.1 Instandhaltung

(1) Vor Instandhaltungsarbeiten müssen Flügel gegen unbeabsichtigte Bewegung gesichert werden.

(2) Vor Instandhaltungsarbeiten muss der Antrieb der Türen und Tore abgeschaltet und gegen irrtümliches und unbefugtes Einschalten gesichert werden. Hiervon ausgenommen bleibt der Probelauf (Funktionsprüfung).

---

524) Türen im Verlauf von Fluchtwegen oder Türen von Notausgängen müssen jederzeit von innen ohne besondere Hilfsmittel leicht zu öffnen sein, solange Beschäftigte und andere Personen im Falle einer Gefährdung auf die Nutzung des entsprechenden Fluchtweges angewiesen sind (Anh. Nr. 2.3 Abs. 2a ArbStättV). Insbesondere Türen in Notausgängen sind mit besonderen Verschlüssen (z. B. einem Panikschloss) auszustatten.

525) Automatische Schiebetüren sind im Verlauf von Fluchtwegen nur zugelassen, wenn sie den bauordnungsrechtlichen Anforderungen entsprechen. Dafür ist die Einhaltung der Richtlinie für elektrische Verriegelungssysteme von Türen in Rettungswegen (EltVTR) sowie der Richtlinie für automatische Schiebetüren in Rettungswegen (AutSchR), beide Fassung 12.1997, erforderlich.

(3) Der Kraftaufwand für das Öffnen oder Schließen von Hand sollte für Türen 220 N und für Tore 260 N nicht überschreiten. Für kraftbetätigte Tore darf in begründeten Fällen der maximale Kraftaufwand um 50 Prozent überschritten werden.

(4) Rahmenlose Glastüren und Glasschiebeelemente sind regelmäßig auf Beschädigungen des Glases, insbesondere auf Kantenverletzungen und auf den festen Sitz der Beschläge bzw. Türbänder hin zu prüfen, um Glasbruch vorzubeugen.

(5) Die Instandsetzung von Türen und Toren darf nur durch Personen durchgeführt werden, die mit den jeweiligen Instandsetzungsarbeiten vertraut sind.[526]

10.2 Sicherheitstechnische Prüfung

(1) Kraftbetätigte Türen und Tore müssen nach den Vorgaben des Herstellers vor der ersten Inbetriebnahme, nach wesentlichen Änderungen[527] sowie wiederkehrend sachgerecht auf ihren sicheren Zustand geprüft werden. Die wiederkehrende Prüfung sollte mindestens einmal jährlich erfolgen. Die Ergebnisse der sicherheitstechnischen Prüfung sind aufzuzeichnen und in der Arbeitsstätte aufzubewahren.

(2) Die sicherheitstechnische Prüfung von kraftbetätigten Türen und Toren darf nur durch Sachkundige durchgeführt werden, die die Funktionstüchtigkeit der Schutzeinrichtungen beurteilen und mit geeigneter Messtechnik, die z. B. den zeitlichen Kraftverlauf an Schließkanten nachweist[528], überprüfen können.

Des Weiteren sind die länderspezifischen baurechtlichen Bestimmungen (z. B. Technische Prüfverordnung) zu beachten.

(3) Brandschutztüren und -tore sind nach der allgemeinen bauaufsichtlichen Zulassung bzw. dem Prüfzeugnis regelmäßig zu prüfen, damit sie im Notfall einwandfrei schließen (z. B. Feststellanlagen einmal monatlich durch den Betreiber und einmal jährlich durch den Sachkundigen).

(4) Die sicherheitstechnische Prüfung schließt die Überprüfung des Vorhandenseins einer vollständigen technischen Dokumentation und der Betriebsanleitung ein.

---

526) Für Instandhaltungsarbeiten, zu denen die Instandsetzung gehört, wird es in der Regel ausreichen, unterwiesene Personen (z. B. Beschäftigte oder Personal von Fachfirmen) einzusetzen. Die sicherheitstechnische Prüfung darf dagegen nur durch Sachkundige durchgeführt werden (s. u. Nr. 10.2 Abs. 2).
527) Anlass für eine sicherheitstechnische Überprüfung aufgrund einer wesentlichen Änderung könnte z. B. die nachträgliche Motorisierung (Nachrüstung) oder der Wechsel der Steuerungsart (Umrüstung) sein.
528) Messung des Kraftverlaufs gem. DIN EN 12445:2017-11 Tore – Nutzungssicherheit kraftbetätigter Tore – Prüfverfahren.

Türen und Tore ASR A1.7

Ausgewählte Literaturhinweise[529]

- DGUV Information 208-022 Türen und Tore 09/2017
- DGUV Information 208-026 Sicherheit von kraftbetätigten Karusselltüren 09/2007

---

[529] Die aufgeführten DGUV Informationen 208-022 Türen und Tore, Ausg. 2017-09 und 208-026 Sicherheit von kraftbetätigten Karusselltüren, Ausg. 2017-09 erläutern praxisbezogen die ASR A1.7 und sind bei Bedarf ergänzend für die Einrichtung und den Betrieb von Türen und Toren in Arbeitsstätten heranzuziehen, wenn es um die Beantwortung branchenspezifischer Fragestellungen (z. B. die bei der Beschaffung von Türen und Toren zu berücksichtigenden harmonisierten Normen) geht. Anzumerken ist, dass die DGUV Information 208-026 inzwischen durch die Ausg. 2019-03 aktualisiert worden ist. Ergänzend wird auf die DGUV Information 208-044 Automatische Tore im Fluchtweg, Ausg. 2014-12 verwiesen.

ASR A1.8 — Verkehrswege

zu § 4 Abs. 4; Anh. Nr. 1.8 ArbStättV

Technische Regeln für Arbeitsstätten	Verkehrswege	ASR A1.8

GMBl. Nr. 62 vom 3.12.2012 S. 1210,
zuletzt geändert durch GMBl. Nr. 24 vom 18.5.2018 S. 473

...

Diese ASR A1.8 konkretisiert im Rahmen des Anwendungsbereichs die Anforderungen der Verordnung über Arbeitsstätten. Bei Einhaltung der Technischen Regeln kann der Arbeitgeber insoweit davon ausgehen, dass die entsprechenden Anforderungen der Verordnung erfüllt sind. Wählt der Arbeitgeber eine andere Lösung, muss er damit mindestens die gleiche Sicherheit und den gleichen Gesundheitsschutz für die Beschäftigten erreichen.

Inhaltsübersicht

1 Zielstellung
2 Anwendungsbereich
3 Begriffsbestimmungen
4 Einrichten von Verkehrswegen
5 Betreiben von Verkehrswegen
6 Instandhaltung und sicherheitstechnische Funktionsprüfung
7 Abweichende/ergänzende Anforderungen für Baustellen

1 Zielstellung

Diese ASR konkretisiert die Anforderungen an das Einrichten und Betreiben von Verkehrswegen in § 3a Abs. 1 und § 4 Abs. 4 sowie der Punkte 1.8, 1.9, 1.10 und 1.11 des Anhangs der Arbeitsstättenverordnung.[530]

2 Anwendungsbereich

Diese ASR gilt für das Einrichten und Betreiben von Verkehrswegen inklusive Treppen, ortsfesten Steigleitern und Steigeisengängen, Laderampen sowie Fahrsteigen und Fahr-

---

[530] Mit der ASR A1.8 werden die Anforderungen gem. Anh. Nr. 1.8 Verkehrswege, Anh. Nr. 1.9 Fahrtreppen, Fahrsteige, Anh. Nr. 1.10 Laderampen und Anh. Nr. 1.11 Steigleitern, Steigeisengänge i. V. m. § 3a Abs. 1 ArbStättV zusammenfassend konkretisiert. Darüber hinaus wird § 4 Abs. 4 ArbStättV untersetzt, wonach Verkehrswege ständig freigehalten werden müssen, damit sie jederzeit benutzt werden können.

Verkehrswege ASR A1.8

treppen. Sie gilt nicht für Zu- und Abgänge in, an und auf Arbeitsmitteln im Sinne von § 2 Abs. 1 der Betriebssicherheitsverordnung[531] [532] und für Fahrzeuge sowie dazugehörige Anhänger, die für die Beförderung von Personen und den Gütertransport bestimmt sind.

Diese ASR findet keine Anwendung auf Steigeisen, Steigeisengängen und Steigleitern an Hausschornsteinen[533], die ausschließlich als Angriffswege für die Feuerwehr dienen.[534]

Hinweise:

Sofern entsprechende Gefährdungen vorliegen, ist diese Arbeitsstättenregel insbesondere[535] in Verbindung mit folgenden ASR anzuwenden:

- *Sicherheitszeichen: ASR A1.3 „Sicherheits- und Gesundheitsschutzkennzeichnung",*
- *Schutz vor Absturz und herabfallenden Gegenständen, Verkehrswege auf nicht durchtrittsicheren Dächern: ASR A2.1 „Schutz vor Absturz und herabfallenden Gegenständen, Betreten von Gefahrenbereichen",*
- *Fluchtwege: ASR A2.3 „Fluchtwege und Notausgänge, Flucht- und Rettungsplan",*

---

531) Die konstruktiven Festlegungen für Treppen als ortsfeste Zugänge zu maschinellen Anlagen weichen zum Teil erheblich von den Anforderungen an Gebäudetreppen in Arbeitsstätten ab. Für Treppen, Treppenleitern und Geländer sowie Steigleitern als ortsfeste Zugänge zu Arbeitsbühnen, Zwischenbühnen, Laufstegen und anderen hochgelegenen Einrichtungen von maschinellen Anlagen, wie sie z. B. in Hütten- und Walzwerken, in der chemischen Industrie, dem Bergbau und in Kraftwerken häufig zu finden sind, enthalten die Normen DIN EN ISO 14122:2016-10 Sicherheit von Maschinen – Ortsfeste Zugänge zu maschinellen Anlagen, T. 1: Wahl eines ortsfesten Zugangs und allgemeine Anforderungen; T: 2: Arbeitsbühnen und Laufstege; T. 3: Treppen, Treppenleitern und Geländer; T. 4: Ortsfeste Steigleitern die einzuhaltenden Anforderungen an die Bauart. Sind derartige Treppen mit Trittstufen aus Gitterrost ausgestattet ist zudem DIN 24531 Roste als Stufen T. 1: Gitterroste aus metallischen Werkstoffen, Ausg. 2006-04; T: 2: Blechprofilroste aus metallischen Werkstoffen und T. 3: Kunststoffgitterroste, Ausg. 2007-08 je nach Anwendungsfall zu berücksichtigen.
532) Werden Steigleitern mit Steigschutz in Windenergieanlagen eingesetzt, sind zusätzlich die Festlegungen nach DIN EN 50308:2005-03 Windenergieanlagen Schutzmaßnahmen – Anforderungen für Konstruktion, Betrieb und Wartung zu beachten. Für ortsfeste Zugänge zum Einbau in verfahrenstechnischen Anlagen z. B. der chemischen Industrie bestehen spezielle Regelungen nach DIN 28017-3 Ortsfeste Zugänge zu verfahrenstechnischen Apparaten, T. 1: Bühnen, Ausg. 2014-06; T. 2: Geländer für Bühnen, Ausg. 2012-04; T. 3: Steigleitern, Ausg. 2012-04; T. 4: Abstiegsicherungen, Ausg. 2012-04; T. 5: Treppen, Ausg. 2016-04.
533) Die Norm DIN 18160-5:2016-04 Abgasanlagen, T. 5: Einrichtungen für Schornsteinfegerarbeiten – Anforderungen, Planung und Ausführung enthält Anforderungen für die Ausführung von Verkehrswegen und Standflächen, die zur Durchführung von Schornsteinfegerarbeiten an Abgasanlagen von Gebäuden erforderlich sind.
534) Über Notleiteranlagen, die an Gebäuden fest angebracht sind, können Menschen im Gefahrenfall gerettet werden oder sich selbst retten. Sie sind i. d. R. als Seitenholmsteigleitern konzipiert. Bei der Planung von Notleiteranlagen ist die zuständige Brandschutzdienststelle mit einzubeziehen. Anforderungen an die Ausführung von Notleiteranlagen enthält DIN 14094-1:2017-04 Feuerwehrwesen – Notleiteranlagen – T. 1: Ortsfeste Notsteigleitern mit Rückenschutz, Haltevorrichtung, Podeste.
535) Die Verwendung des Begriffes „insbesondere" im Hinweis macht deutlich, dass mit den hier aufgeführten ASR keine abschließende Auflistung erfolgt. Im Ergebnis der Gefährdungsbeurteilung sind beim Einrichten und Betrieb von betrieblichen Verkehrswegen ggf. weitere ASR wie z. B. ASR A1.2 Raumabmessungen und Bewegungsflächen (s. S. 138), ASR A1.5/1,2 Fußböden (s. S. 192) oder ASR V3a.2 Barrierefreie Gestaltung von Arbeitsstätten (s. S. 102) zu beachten.

- *Beleuchtung: ASR A3.4 „Beleuchtung" und*
- *Sicherheitsbeleuchtung: ASR A3.4/3 „Sicherheitsbeleuchtung, optische Sicherheitsleitsysteme".*

Für die barrierefreie Gestaltung der Verkehrswege gilt die ASR V3a.2 „Barrierefreie Gestaltung von Arbeitsstätten", Anhang A1.8: Ergänzende Anforderungen zur ASR A1.8 „Verkehrswege".

3 Begriffsbestimmungen

3.1 Verkehrswege sind für den Fußgänger- oder Fahrzeugverkehr (personengesteuert oder automatisiert) oder für die Kombination aus beiden bestimmte Bereiche auf dem Gelände eines Betriebes oder auf Baustellen. Dazu gehören insbesondere[536] Flure, Gänge einschließlich Laufstege und Fahrsteige, Bühnen und Galerien, Treppen, ortsfeste Steigleitern und Laderampen.[537]

3.2 Gänge zu gelegentlich benutzten Betriebseinrichtungen sind Verkehrswege, die dem ungehinderten Zutritt zur Nutzung von Betriebseinrichtungen (z. B. Heizungen, Fenster, Elektroversorgung) dienen.[538]

3.3 Wartungsgänge sind Verkehrswege, die ausschließlich der Wartung und der Inspektion dienen.[539]

3.4 Lagereinrichtungen sind ortsfeste sowie verfahrbare Regale und Schränke.[540]

3.5 Schmalgänge sind Verkehrswege für kraftbetriebene Flurförderzeuge in Regalanlagen ohne beidseitigen Randzuschlag von jeweils mindestens 0,50 m zwischen den am weitesten ausladenden Teilen der Flurförderzeuge einschließlich ihrer Last und festen Teilen der Umgebung. Ausgenommen sind Gänge von Einfahrregalen. Einfahrregal ist ein Regalsystem, das eine Art Blocklagerung ermöglicht, in dem mehrere Paletten hintereinander

---

536) Die Aufzählung der verschiedenen Arten der Verkehrswege in Nr. 3.1 Satz 2 ist beispielhaft.
537) Die genannten Beispiele für Verkehrswege verdeutlichen, dass Bahnen, Gleise, Führungen und Schienen sowie andere Konstruktionsteile als Bestandteile von Förder- und Transportanlagen (z. B. von Kranen oder Förderbändern) nicht zu den Verkehrswegen i. S. d. ASR A1.8 zu rechnen sind.
538) Gänge zu gelegentlich benutzten Betriebseinrichtungen entsprechen den in der DGUV Information 215-410 Bildschirm- und Büroarbeitsplätze – Leitfaden für die Gestaltung, Ausg. 2015-09 in Nr. 7.4.1 aufgeführten Wegen, die nur der Bedienung und Überwachung dienen, um z. B. Fenster und Heizkörper zu betätigen.
539) Instandhaltung umfasst nach DIN 31051:2019-06 Grundlagen der Instandhaltung die Wartung, Inspektion, Instandsetzung und Verbesserung. Insbesondere die in Nr. 3.3 ausgeschlossenen Instandsetzungsarbeiten beinhalten häufig den zusätzlichen Transport von Werkzeugen und Ersatzteilen, sodass für diese Tätigkeiten i. d. R breitere lichte Verkehrswegbreiten erforderlich sind.
540) Gem. DGUV Regel 108-007 Lagereinrichtungen und -geräte, Ausg. 2006-09 Nr. 2 sind „Regale z. B. Fachbodenregale, Palettenregale, Kragarmregale, Durchlaufregale, Einfahrregale und mehrgeschossige Regaleinrichtungen. Schränke sind z. B. Schränke mit Flügel-, Roll- oder Schiebetüren, Schränke mit Schubladen oder Auszügen, mehrgeschossige Schrankeinrichtungen und Schränke mit kraftbetriebenen Inneneinrichtungen."

und übereinander gelagert werden, wobei diese auf mit den Stützen verbundenen Auflageschienen abgesetzt werden. Die Flurförderzeuge fahren dabei in die Regalgassen ein.

3.6 Fahrzeuge im Sinne dieser Regel sind z. B.:
- Kraftwagen oder -räder für die Personenbeförderung und den Lastentransport,
- Flurförderzeuge, ausgenommen manuell zu bewegende Flurförderzeuge (z. B. Handgabelhubwagen, Sackkarre),
- kraftbetriebene fahrbare Arbeitsmaschinen und Arbeitseinrichtungen und
- manuell betriebene Fahrzeuge (z. B. Fahrräder).

3.7 Treppe ist ein fest mit dem Bauwerk verbundenes, unbewegbares Bauteil, das mindestens aus einem Treppenlauf besteht.[541]

3.8 Treppenlauf ist die ununterbrochene Folge von mindestens drei Treppenstufen zwischen zwei Ebenen.[542]

3.9 Hilfstreppen sind Treppen, die zu nicht regelmäßig begangenen Bereichen führen, z. B. Zugänge zu Laufstegen, Arbeitsbühnen, Arbeitsgruben.[543]

3.10 Bautreppen sind ein- oder mehrläufige Treppen, die ausschließlich im Zuge von Bauarbeiten errichtet und benutzt werden.

Hinweis:

Gerüsttreppen und Treppentürme sind Arbeitsmittel im Sinne der Betriebssicherheitsverordnung und werden daher hier nicht erfasst.

3.11 Zwischenpodest (Ruhepodest) ist der Treppenabsatz zwischen zwei Treppenläufen.

3.12 Steigeisen sind einzelne, vorwiegend an senkrechten Bauteilen fest angebrachte Auftritte.

3.13 Steigeisengänge werden durch ein- oder zweiläufig übereinander angeordnete Steigeisen gebildet.

---

541) Eine weiterführende Definition zur Treppe findet sich in DIN 18065:2015-03 Gebäudetreppen – Begriffe, Messregeln, Hauptmaße.
542) Sowohl der Begriff des Treppenlaufs als auch der Treppenstufe werden in DIN 18065:2015-03 Gebäudetreppen genauer definiert.
543) Hilfstreppen sind Steiltreppen mit Neigungswinkeln zwischen 38° bis 45° und kommen i. d. R. nur bei besonders beengten betrieblichen Verhältnissen zum Einsatz. Beim Begehen besteht eine erhöhte Gefährdung, dass Beschäftigte über die Stufenkanten abrutschen. Hilfstreppen sollten deshalb nur gelegentlich von einem eingeschränkten Kreis in der Nutzung unterwiesener Beschäftigter begangen werden. An Arbeitsgruben und Unterfluranlagen für die Fahrzeug-Instandhaltung kommen Hilfstreppen dagegen regelmäßig zum Einsatz. Nach DGUV Regel 109-009 Fahrzeug-Instandhaltung, Ausg. 2006-09, Nr. 4.6.1 müssen diese Arbeitsbereiche mit zwei Treppen ausgestattet sein.

3.14 Steigleitern sind senkrecht oder nahezu senkrecht ortsfest angebrachte Leitern, bestehend aus zwei Seitenholmen mit dazwischen liegenden Sprossen oder einem Mittelholm, an dem beidseitig höhengleich Sprossen angebracht sind.

3.15 Steiggänge sind senkrecht oder nahezu senkrecht angeordnete Aufstiege mit ein- oder zweiläufig übereinander angeordneten, fest angebrachten oder als fester Bestandteil angeordneten Auftritten, z. B. Steigeisen, Steigstufen, Steigkästen sowie Steigleitern. Sie können mit geeigneten Schutzeinrichtungen gegen Absturz ausgerüstet sein.

3.16 Fallhöhe ist die mögliche Absturzhöhe innerhalb eines Steigleiterlaufes bzw. Steigeisenganges (siehe Abb. 1). Diese kann von der Gesamthöhe abweichen.

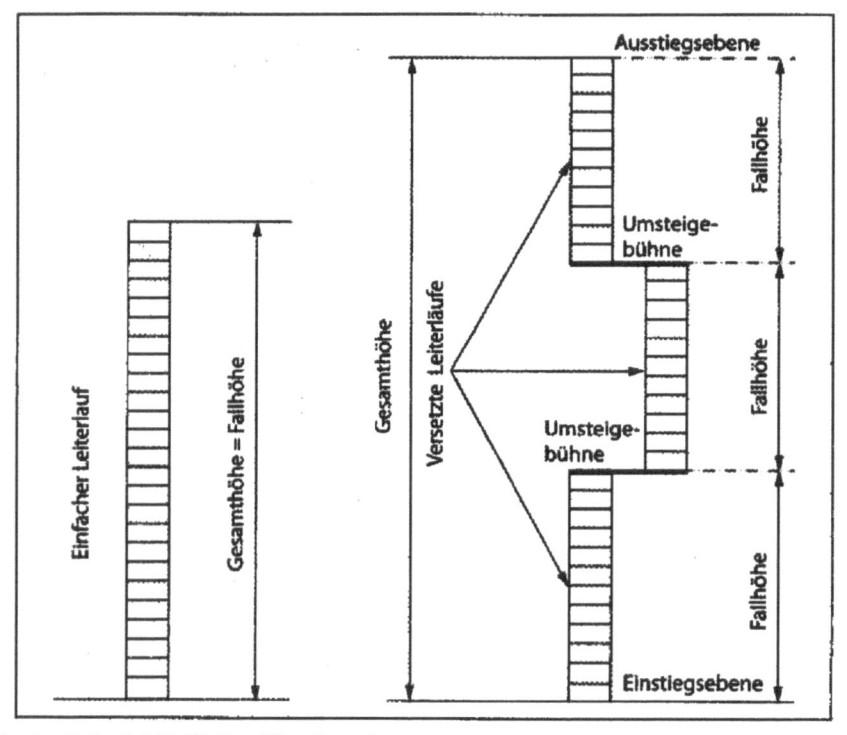

Abb. 1: Beispiel: Fallhöhe, Einstiegsebene

Verkehrswege ASR A1.8

3.17 Steigschutzeinrichtungen sind Auffangsysteme als Teil der Schutzausrüstung gegen den Absturz von Personen von Steiggängen. Sie bestehen aus einer festen Führung und dem dazu gehörigen Auffanggerät. Dieses wird mit dem Auffanggurt verbunden.[544]

3.18 Rückenschutz ist eine Einrichtung, die die Absturzgefahr an Steigleitern vermindert.

3.19 Haltevorrichtung ist eine Einrichtung, die an den Ein- und Ausstiegsstellen von Steiggängen das Festhalten des Benutzers ermöglicht.

3.20 Ruhebühnen sind ein- oder mehrteilige Plattformen zum Ausruhen von Personen, welche unmittelbar an oder neben Steigleitern oder Steigeisengängen angeordnet sind.

3.21 Einstiegsebene ist die Ebene der Umgebung oder die Umsteigebühne, von der mit der Besteigung der Steigleiter begonnen wird (siehe Abb. 1).

3.22 Laderampen sind bauliche Einrichtungen für das Be- und Entladen von Fahrzeugen. Laderampen sind erhöhte horizontale Flächen, um das Be- und Entladen ohne große Höhenunterschiede zu ermöglichen. Andockstationen sind keine Laderampen im Sinne dieser Definition.

3.23 Schrägrampen sind geneigte Verkehrswege, die unterschiedlich hohe Arbeits- oder Verkehrsflächen verbinden.

3.24 Fahrsteige sind kraftbetriebene Anlagen mit umlaufenden stufenlosen Bändern zur Beförderung von Personen zwischen zwei auf gleicher oder unterschiedlicher Höhe liegenden Verkehrsebenen. Es können geeignete Transporteinrichtungen (z. B. Einkaufswagen) mitgeführt werden.

3.25 Fahrtreppen sind kraftbetriebene Anlagen mit umlaufenden Stufenbändern zur Beförderung von Personen zwischen zwei auf unterschiedlicher Höhe liegenden Verkehrsebenen.[545]

3.26 Balustrade ist der beidseitige Teil der Fahrtreppe oder des Fahrsteigs, der wie ein Geländer aufgrund seiner Festigkeit die Sicherheit des Benutzers gewährleistet sowie den Handlauf aufnimmt.

---

544) Steigschutzeinrichtungen bestehen aus einer Führung (meist einer Schiene), einem mitlaufenden Auffanggerät und einem Verbindungselement zum Anschlagen am Auffanggurt des Benutzers. Eine Steigschutzeinrichtung ist nur dann sicher verwendbar, wenn die genannten Systemkomponenten aufeinander abgestimmt sind. Anforderungen an die Ausführung von Steigschutzeinrichtungen sind in DIN EN 353-1:2018-03 Persönliche Schutzausrüstung gegen Absturz – Mitlaufende Auffanggeräte einschließlich einer Führung – T. 1: Mitlaufende Auffanggeräte einschließlich fester Führung festgelegt.
545) Fahrtreppen werden umgangssprachlich auch als Rolltreppen bezeichnet.

3.27 Fahrsteigpalette ist das den Benutzer aufnehmende und sich in Fahrtrichtung bewegende Flächensegment.

3.28 Kamm ist ein gezackter Bereich an jedem Zu- oder Abgang, der in die Rillen der den Benutzer aufnehmenden Fläche von Fahrsteigen oder Fahrtreppen eingreift.

3.29 Laufstege bei Bauarbeiten sind waagerechte oder geneigte Verkehrswege, die Arbeits- oder Verkehrsflächen miteinander verbinden.

4 Einrichten von Verkehrswegen

4.1 Allgemeines

(1) Damit im späteren Betrieb von Verkehrswegen keine Gefährdungen für Sicherheit und Gesundheit der Beschäftigten ausgehen, ist bereits bei der Planung von Verkehrswegen die Art des Betriebes zu berücksichtigen, beispielsweise beim Einsatz von Flurförderzeugen in Schmalgängen (siehe Punkt 4.3 Abs. 10) oder bei der Festlegung von Verkehrsrichtungen.[546]

(2) Verkehrswege sind übersichtlich zu führen und sollen möglichst gradlinig verlaufen.

Die Verkehrswege eines Höhenniveaus (Geschosses) müssen grundsätzlich waagerecht angelegt sein. Nicht vermeidbare Höhenunterschiede, z. B. zwischen benachbarten Gebäudeteilen, oder wenn z. B. ein Gefälle zum Ableiten von Flüssigkeiten erforderlich ist[547], sind in Abhängigkeit vom Verkehrsaufkommen, der jeweiligen Verkehrsart und den verwendeten Transportmitteln vorzugsweise durch Schrägrampen auszugleichen. Dabei müssen Gefährdungen, z. B. durch Kippen, Auslaufen oder Wegrollen, vermieden werden.

(3) Verkehrswege sind so einzurichten, dass die Belastung der Beschäftigten, die Lasten manuell transportieren, möglichst gering gehalten wird. Folgende Einflussfaktoren sind besonders in Betracht zu ziehen:

– Länge und Neigung des Transportweges[548],

– Gesamtgewicht des manuell zu bewegenden Flurförderzeuges bzw. des Transportmittels,

– Häufigkeit der Transporttätigkeit,

---

546) Eine weitere Planungsgröße ist die Auswahl der für die vorgesehenen Betriebsabläufe geeigneten Transportmittel. Kriterien für die geeignete Auswahl von Fahrzeugen sind z. B. Breite und Länge der Verkehrswege sowie Art und Gewicht der Transportgüter. Zu berücksichtigen ist auch, ob Beschäftigte im späteren betrieblichen Ablauf, z. B. mit Handgabelhubwagen, Lasten manuell transportieren sollen.

547) Ein betriebstechnischer Grund für nicht vermeidbare Höhenunterschiede können z. B. funktionelle Neigungen des Fußbodens zum Ableiten von Flüssigkeiten in Küchenbetrieben oder in Fahrzeugwaschanlagen sein.

548) Werden manuelle Transportmittel über geneigte Verkehrswege, wie z. B. Schrägrampen, Ladebrücken oder Hubladebühnen bewegt, wird dadurch i. d. R. die physische Belastung vergrößert. Durch eine zusätzliche Neigung der Verkehrswege quer zur Fahrtrichtung des Transportmittels können weitere Belastungen entstehen. Darüber hinaus kann durch Querneigung die Abrutsch- oder Absturzgefahr von Beschäftigten oder Transportmitteln erhöht sein.

Verkehrswege ASR A1.8

- Beschaffenheit der Rollen und Lenkeinrichtungen und
- Positioniergenauigkeit.

(4) Schrägrampen für den Fahr- und Gehverkehr dürfen in Abhängigkeit von der Art der Nutzung die in Tabelle 1 aufgeführten Neigungen nicht überschreiten.[549]

Tabelle 1: Maximale Neigungen für unterschiedliche Nutzungsarten von Schrägrampen[550]

	Art der Rampe	Maximale Neigung
1	Schrägrampe im Verlauf von Fluchtwegen	3,5 ° (6 %)
2	Schrägrampe beim Einsatz von Flurförderzeugen ohne Fahrantrieb bzw. manuell zu bewegender Transportmittel (bei der Neuanlage von Arbeitsstätten)	3,5 ° (6 %)
3	Schrägrampen im Regelfall (sofern nicht Ziffer 1 oder 2 anzuwenden ist)	5 ° (8 %)
4	Schrägrampe zur Anwendung im Einzelfall entsprechend Gefährdungsbeurteilung	7 ° (12,5 %)*

* Abweichungen von Ziffer 4 sind gemäß Bauordnung der Länder möglich, z. B. bei Garagen.

(5) Verkehrswege müssen eine ebene und trittsichere Oberfläche aufweisen, um Gefährdungen durch z. B. Stolpern, Umstürzen oder Wegrutschen zu vermeiden. Einbauten, z. B. Schachtabdeckungen, Roste, Abläufe, sind bündig in die Verkehrswege einzupassen. Der Oberflächenbelag ist den maximalen Beanspruchungen, z. B. durch Schleifen, Rollen, Druck, Stoß und Schlag sowie der Verkehrsbelastung, entsprechend zu wählen.

(6) Beschäftigte müssen auf Verkehrswegen vor Gefährdungen durch Absturz[551] oder durch herabfallende Gegenstände, umstürzende Lasten oder Beförderungsmittel durch geeignete Maßnahmen geschützt sein (siehe ASR A2.1 „Schutz vor Absturz und herabfallenden Gegenständen, Betreten von Gefahrenbereichen").

---

549) Zu unterscheiden ist zwischen Schrägrampen im Verlauf von Fluchtwegen und im Verlauf von sonstigen Verkehrswegen. Gem. ASR A2.3 Fluchtwege und Notausgänge, Flucht- und Rettungsplan Nr. 6 Abs. 7 (s. S. 341) sind geringe Höhenunterschiede im Verlauf von Fluchtwegen durch Schrägrampen mit einer maximalen Neigung von 6 % auszugleichen.
550) Gem. DIN 18040-1:2010-10 Barrierefreies Bauen – Planungsgrundlagen – T. 1: Öffentlich zugängliche Gebäude darf die Längsneigung von Schrägrampen maximal 6 % betragen, wobei eine Querneigung unzulässig ist. Dies entspricht der allgemeinen Anforderung des Bauordnungsrechts an die barrierefreie Gestaltung von Verkehrswegen.
551) Eine Absturzgefahr besteht nach Anh. Nr. 2.1 Abs. 1 Satz 3 ArbStättV bei einer Absturzhöhe von mehr als einem Meter.

(7) Verkehrswegkreuzungen und -einmündungen müssen übersichtlich gestaltet und einsehbar sein.[552] Ist dies nicht möglich, sind verkehrssichernde Maßnahmen zu ergreifen, z. B. Drehkreuze, Schranken, Ampeln, Blinkleuchten, Spiegel, Hinweisschilder. Dies gilt auch für Kreuzungen zwischen Verkehrswegen und Gleisen.

(8) Im Freien liegende Verkehrswege, insbesondere Treppen, Laderampen, Fahrsteige, Gebäudeein- und -ausgänge, müssen sicher benutzbar sein. Hierbei sind Witterungseinflüsse zu berücksichtigen. Erforderliche Schutzmaßnahmen können z. B. eine Überdachung, ein Windschutz oder ein Winterdienst sein.

Hinweis:

Ergänzende Anforderungen an Verkehrswege auf nicht durchtrittsicheren Dächern enthält ASR A2.1 „Schutz vor Absturz und herabfallenden Gegenständen, Betreten von Gefahrenbereichen".

4.2 Wege für den Fußgängerverkehr

(1) Die Mindestbreite der Wege für den Fußgängerverkehr ist nach Tabelle 2 zu bemessen.[553]

Tabelle 2: Mindestbreite der Wege für den Fußgängerverkehr

Verkehrsweg	Lichte Breite [m][554]
Die Mindestbreite von Verkehrswegen ergibt sich aus den Breiten von Fluchtwegen der ASR A2.3 (diese richten sich nach der Anzahl der Personen im Einzugsgebiet):	
bis 5	0,875
bis 20	1,00
bis 200	1,20

---

552) Verkehrswege, die Gleise kreuzen, sollten rechtwinklig dazu angelegt werden und nicht im Bereich von Weichen verlaufen. Führen Verkehrswege für Beschäftigte in den Gleisbereich, müssen an Stellen, an denen herannahende Schienenfahrzeuge nicht rechtzeitig wahrgenommen werden können, entsprechende Einrichtungen (z. B. selbsttätig zufallende Schranken oder Warneinrichtungen, wie z. B. Signalanlagen) vorhanden sein, durch die eine Gefährdung vermieden wird, s. DGUV Information 214-009 Gestaltung von Sicherheitsräumen, Sicherheitsabständen und Verkehrswegen bei Eisenbahnen, Ausg. 2011-07, Nr. 4.1.
553) Die Mindestbreite der innerbetrieblichen Wege für den Fußgängerverkehr entspricht der Mindestbreite von Fluchtwegen gemäß ASR A2.3 Fluchtwege und Notausgänge, Flucht- und Rettungsplan (s. S. 332).
554) Im Unterschied zu dem früher verwendeten Baurichtmaß ist nun die tatsächliche lichte Breite der Verkehrswege in Abhängigkeit von der Personenzahl zu gewährleisten. Dies kann in bestehenden Arbeitsstätten insbesondere im Bereich der Türzargen im Verlauf von Verkehrswegen zu Problemen führen. Für die Mindestbreite der Flure wurde hierzu in Tabelle 2 der Hinweis aufgenommen, dass im Bereich der Türzargen die Mindestbreite um maximal 0,15 m reduziert werden kann (vgl. auch ASR A2.3 Nr. 5 Abs. 3).

Verkehrsweg	Lichte Breite [m][555]
bis 300	1,80
bis 400	2,40
	Eine Unterschreitung der Mindestbreite der Flure von maximal 0,15 m an Türen kann vernachlässigt werden. Die lichte Breite darf jedoch an keiner Stelle weniger als 0,80 m betragen.
Gänge zu persönlich zugewiesenen Arbeitsplätzen, Hilfstreppen[556]	0,60
Wartungsgänge, Gänge zu gelegentlich benutzten Betriebseinrichtungen[557]	0,50
Verkehrswege für Fußgänger	
– zwischen Lagereinrichtungen und -geräten[558]	1,25
– in Nebengängen von Lagereinrichtungen für die ausschließliche Be- und Entladung von Hand	0,75

---

[555] Im Unterschied zu dem früher verwendeten Baurichtmaß ist nun die tatsächliche lichte Breite der Verkehrswege in Abhängigkeit von der Personenzahl zu gewährleisten. Dies kann in bestehenden Arbeitsstätten insbesondere im Bereich der Türzargen im Verlauf von Verkehrswegen zu Problemen führen. Für die Mindestbreite der Flure wurde hierzu in Tabelle 2 der Hinweis aufgenommen, dass im Bereich der Türzargen die Mindestbreite um maximal 0,15 m reduziert werden kann (vgl. auch ASR A2.3 Nr. 5 Abs. 3).

[556] Nach DGUV Information 215-410 Bildschirm- und Büroarbeitsplätze, Ausg. 2015-09 Nr. 7.4.1 können Verbindungsgänge zum persönlich zugewiesenen Arbeitsplatz bis auf eine Breite von 0,60 m verringert werden.

[557] Das Mindestmaß von 0,50 m für die lichte Breite gilt ausschließlich für Wartungsgänge, die nur der Bedienung und Überwachung dienen. Es stimmt mit der entsprechenden Anforderung aus ASR A1.7 Türen und Tore Nr. 4 Abs. 6 (s. S. 236) überein.

[558] Die für Verkehrswege in Lagereinrichtungen aufgeführten Mindestmaße von 1,25 m zwischen Lagereinrichtungen und Lagergeräten bzw. von 0,75 m in Nebengängen entspricht den in der Praxis bewährten Vorgaben in der DGUV Regel 108-007 Lagereinrichtungen und -geräte, Ausg. 2006-09 Nr. 4.1.4.

ASR A1.8 Verkehrswege

Verkehrsweg	Lichte Breite [m][559]
Verkehrswege zwischen Schienenfahrzeugen mit Geschwindigkeiten ≤ 30 km/h und ohne feste Einbauten in den Verkehrswegen[560]	1,00
Rangiererwege	1,30

(2) Die lichte Höhe über Verkehrswegen muss mindestens 2,00 m betragen. Eine Unterschreitung der lichten Höhe von maximal 0,05 m an Türen kann vernachlässigt werden.[561] Für Wartungsgänge darf eine lichte Mindesthöhe von 1,90 m nicht unterschritten werden. Eine Unterschreitung der Mindesthöhe an Türen und Toren im Verlauf von Wartungsgängen von maximal 0,10 m kann vernachlässigt werden (siehe ASR A1.7 „Türen und Tore").

Hinweis:

Beim Errichten von neuen Arbeitsstätten muss die lichte Mindesthöhe über Verkehrswegen mindestens 2,10 m betragen.

(3) Verkehrswege dürfen nicht durch einzelne Stufen unterbrochen werden. Können Höhenunterschiede nicht durch eine Schrägrampe (siehe Punkt 4.1 Abs. 2) ausgeglichen werden, ist eine Stufenfolge von mindestens zwei zusammenhängenden Stufen mit parallel verlaufenden Stufenkanten und gleichen Stufenabmessungen zulässig. Die Stufenfolge ist nach ASR A1.3 „Sicherheits- und Gesundheitsschutzkennzeichnung" zu kennzeichnen. Verkehrswege, die gleichzeitig als Fluchtweg dienen, dürfen keine Ausgleichsstufen enthalten (siehe ASR A2.3 „Fluchtwege und Notausgänge, Flucht- und Rettungsplan").

---

559) Im Unterschied zu dem früher verwendeten Baurichtmaß ist nun die tatsächliche lichte Breite der Verkehrswege in Abhängigkeit von der Personenzahl zu gewährleisten. Dies kann in bestehenden Arbeitsstätten insbesondere im Bereich der Türzargen im Verlauf von Verkehrswegen zu Problemen führen. Für die Mindestbreite der Flure wurde hierzu in Tabelle 2 der Hinweis aufgenommen, dass im Bereich der Türzargen die Mindestbreite um maximal 0,15 m reduziert werden kann (vgl. auch ASR A2.3 Nr. 5 Abs. 3).

560) Anforderungen zu Verkehrswegen zwischen Gleisen für Schienenfahrzeuge werden in der DGUV Vorschrift 73 Schienenbahnen, Ausg. 1998-10 (Stand 2010-01), der Eisenbahn-Bau-Betriebsordnung (EBO) sowie in der DGUV Information 214-09 Gestaltung von Sicherheitsräumen, Sicherheitsabständen und Verkehrswegen bei Eisenbahnen, Ausg. 2011-07 näher ausgeführt. Bei der Bemessung der notwendigen Gleisabstände müssen neben der Breite der Verkehrswege die zulässigen Fahrgeschwindigkeiten in den Gleisen, das Aufstellen von Einbauten zwischen den Gleisen sowie die beabsichtigten Tätigkeiten berücksichtigt werden.

561) In bestehenden Arbeitsstätten finden sich häufig Türöffnungen, deren Zargen nach DIN 18111-1:2018-10 Türzargen – Stahlzargen – T. 1: Standardzargen für gefälzte Türen in Mauerwerkswänden und Ständerwerkswänden nur eine lichte Höhe (lichtes Zargen-Durchgangsmaß) von 1968 mm aufweisen. Diesem Umstand wurde mit der Möglichkeit der Unterschreitung der lichten Höhe um maximal 0,05 m an Türen Rechnung getragen.

Verkehrswege ASR A1.8

(4) Unmittelbar vor und hinter Türen müssen Absätze und Treppen einen Abstand von mindestens 1,0 m, bei aufgeschlagener Tür noch eine Podesttiefe von 0,5 m einhalten (siehe Abb. 2).[562]

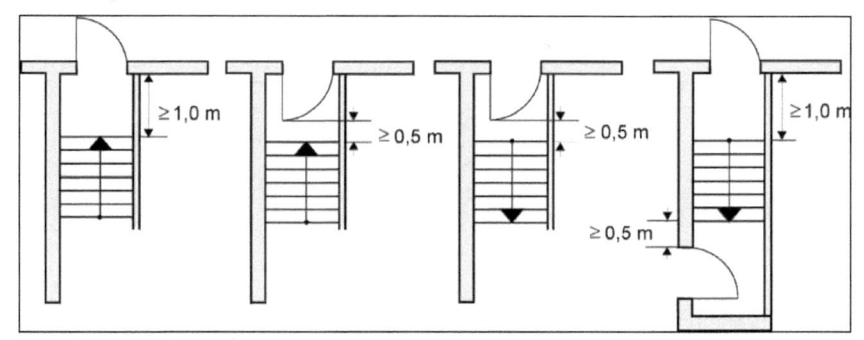

Abb. 2: Abstandsmaße von Treppen zu Türöffnungen

4.3 Wege für den Fahrzeugverkehr

(1) Fußgänger- und Fahrzeugverkehr sind so zu führen, dass Beschäftigte nicht gefährdet werden.[563]

(2) Wege für den Fahrzeugverkehr müssen in einem Mindestabstand von 1 m an Türen und Toren, Durchgängen, Durchfahrten und Treppenaustritten vorbeiführen.

Hinweis:

Es hat sich bewährt, den Fußgängerverkehr in diesen Bereichen zusätzlich durch ein Geländer vom Fahrzeugverkehr zu trennen.

(3) Die Mindestbreite der Wege für den Fahrzeugverkehr berechnet sich aus der Summe (siehe Abb. 3)

- der größten Breite des Transportmittels oder Ladegutes (a_T),
- des Randzuschlags (Z_1) und
- des Begegnungszuschlags (Z_2).

---

562) Ein Sicherheitsabstand von 1,0 m hat sich bewährt, da bei Treppenstufen, die in kürzerer Entfernung vor bzw. hinter Türen liegen, aufgrund zu später Wahrnehmung oder Inanspruchnahme der Aufmerksamkeit, z. B. durch das Öffnen der Tür, eine erhöhte Stolper- und Absturzgefahr besteht. Bei aufgeschlagener Tür ist noch eine Podesttiefe von 0,5 m einzuhalten, so dass eine ausreichend große Fläche für ggf. notwendige Ausgleichsschritte gewährleistet ist.
563) Verkehrswegkreuzungen sollen übersichtlich gestaltet sein. An Stellen, an denen sich Verkehrswege für Fußgänger und Fahrzeuge kreuzen, sollten Einrichtungen vorhanden sein, die Fußgänger bei herannahenden Fahrzeugen zurückhalten oder warnen, z. B. Schranken, Drehkreuze, Blinkleuchten, Ampeln.

ASR A1.8 — Verkehrswege

Sicherheitszuschläge (Rand- und Begegnungszuschläge) sind abhängig von der Fahrgeschwindigkeit und der Kombination von Fußgänger- und Fahrzeugverkehr (siehe Tabelle 3).[564] Bei Geschwindigkeiten des Fahrzeugverkehrs größer als 20 km/h sind größere Werte für Z_1 und Z_2 erforderlich.

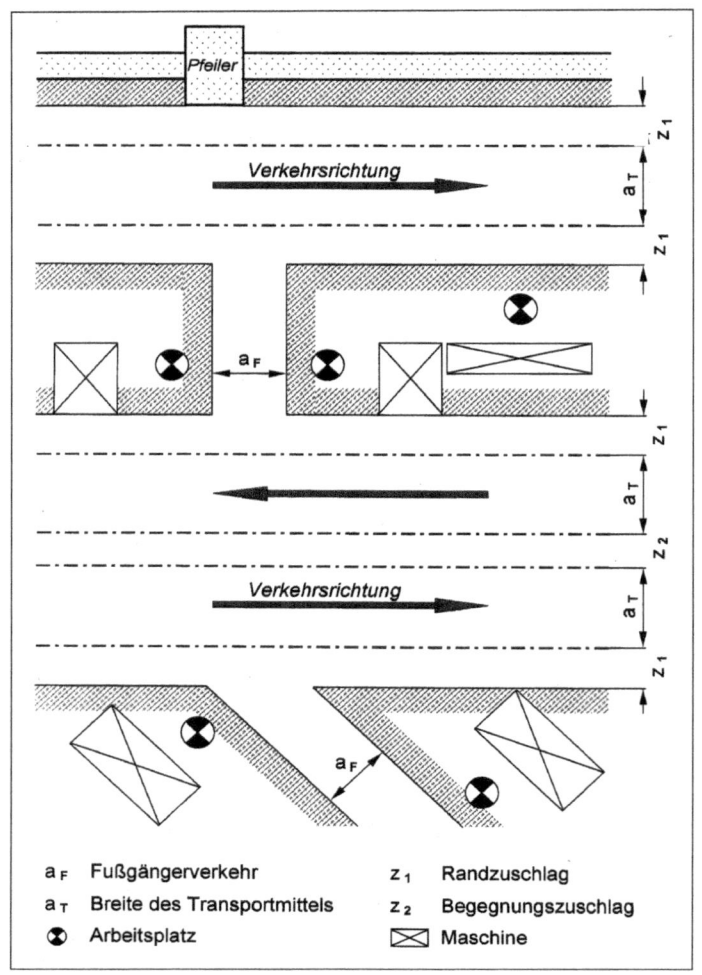

Abb. 3: Verkehrswegbreiten, Sicherheitszuschläge (siehe auch Tabellen 2 und 3)

---

[564] Zur Vermeidung einer Quetschgefahr für den Körper ist nach DIN EN 349:2008-09 Sicherheit von Maschinen – Mindestabstände zur Vermeidung des Quetschens von Körperteilen ein Sicherheitsabstand von mindestens 500 mm zu gewährleisten.

Tabelle 3: Mindestmaße von Sicherheitszuschlägen für die Verkehrswegbreiten für Geschwindigkeiten ≤ 20 km/h

Betriebsart	Randzuschlag	Begegnungszuschlag
Fahrzeugverkehr	$2\,Z_1 = 2 \times 0{,}50$ m $= 1{,}00$ m	$Z_2 = 0{,}40$ m
Gemeinsamer Fußgänger- und Fahrzeugverkehr	$2\,Z_1 = 2 \times 0{,}75$ m $= 1{,}50$ m	$Z_2 = 0{,}40$ m

(4) Bei einer geringen Anzahl von Verkehrsbegegnungen (ca. 10 pro h) darf die Summe aus doppeltem Rand- und einfachem Begegnungszuschlag bis auf 1,10 m herabgesetzt werden, wenn dadurch keine zusätzliche Gefährdung für die Beschäftigten entsteht.

(5) Bei manuell zu bewegenden Flurförderzeugen sind die Sicherheitszuschläge entsprechend der Gefährdungsbeurteilung festzulegen.

(6) An Kurven und zweckmäßigerweise auch an Kreuzungen ist die Breite des Verkehrsweges in Abhängigkeit von den Wenderadien der Fahrzeuge einschließlich des Ladegutes zu bemessen. Hierbei sind die entsprechenden Angaben der Hersteller zu berücksichtigen.

(7) Die Mindesthöhe über Verkehrswegen für Transportmittel ergibt sich aus der größten Höhe des Fahrzeugs einschließlich Ladung in Transportstellung sowie dem stehenden oder sitzenden Fahrer. Zu dieser Höhe ist ein Sicherheitszuschlag von mindestens 0,20 m anzusetzen. Die lichte Höhe muss über die gesamte Breite des Verkehrsweges, der von Transportmitteln genutzt werden kann, eingehalten werden.[565]

(8) Werden Verkehrswege auch als Feuerwehrzufahrten genutzt, so sind diese mindestens mit einem Lichtraumprofil von 3,50 m × 3,50 m einzurichten. Sie sind ständig freizuhalten und dürfen, z. B. durch nachträgliche Einbauten, nicht eingeengt werden.[566]

(9) Werden geeignete Personenerkennungssysteme beim Einsatz automatisch gesteuerter Transportmittel (fahrerlos betrieben) verwendet, sind Abweichungen aufgrund der Gefährdungsbeurteilung bei der Bemessung der Rand- und Begegnungszuschläge zulässig.

---

565) Das sich aus Wegbreite und -höhe ergebende Wegprofil ist vollständig von Bauteilen und sonstigen Einrichtungen, z. B. Rohren, Leitungen, Leuchten, freizuhalten. Bei Fahrwegen für Eisenbahnen und Straßenbahnen ergibt sich die Mindesthöhe des Verkehrsweges aus dem festgelegten Lichtraumprofil.
566) Die Nutzung von Verkehrswegen als Feuerwehrzufahrt kann aufgrund bauaufsichtlicher Vorgaben notwendig sein. Die Norm DIN 14090:2003-05 Flächen für die Feuerwehr auf Grundstücken legt Maße und Anforderungen für die im Baurecht geforderten Flächen auf dem Betriebsgelände fest, die für Rettungsmaßnahmen und die Durchführung wirksamer Löscharbeiten notwendig sind. Dazu zählen auch Feuerwehrzufahrten.

(10) Bei gleichzeitigem Aufenthalt von kraftbetriebenen Flurförderzeugen, z. B. Regal- und Kommissionierstapler, und Fußgängern in Schmalgängen müssen geeignete technische bzw. bauliche Schutzmaßnahmen (z. B. Personenerkennungssystem) installiert werden.[567] [568]

4.4 Kennzeichnung und Abgrenzung von Verkehrswegen

(1) Lassen sich Gefährdungen im Verlauf von Verkehrswegen nicht durch technische Maßnahmen verhindern oder beseitigen, oder ergeben sich Gefährdungen durch den Fahrzeugverkehr aufgrund unübersichtlicher Betriebsverhältnisse (z. B. durch Arbeits- und Lagerflächen ohne feste Einbauten), sind die Verkehrswege gemäß ASR A1.3 „Sicherheits- und Gesundheitsschutzkennzeichnung" deutlich erkennbar zu kennzeichnen, z. B. eine dauerhafte Gefahr in Form einer Ausgleichsstufe im Verkehrsweg durch gelbschwarze Streifen oder eine zeitlich begrenzte Gefahr ausgehend von ausgelaufener Flüssigkeit durch das Warnzeichen W011 „Warnung vor Rutschgefahr". Eine Kennzeichnung kann entfallen, wenn die Verkehrswege durch feststehende Betriebseinrichtungen (z. B. Regale) eindeutig bestimmt sind und sich dadurch keine Gefährdungen ergeben.

(2) Zur Kenntlichmachung der Abgrenzung zwischen niveaugleichen Verkehrswegen und umgebenden Arbeits- und Lagerflächen, sowie zwischen Wegen für den Fußgänger- und Fahrzeugverkehr können verschiedene Markierungsformen (z. B. dauerhafte Farbmarkierung, Markierungsleuchten) eingesetzt werden.[569]

(3) Wenn es das Ergebnis der Gefährdungsbeurteilung erforderlich macht, sind Geländer oder Leitplanken zur Abgrenzung zwischen niveaugleichen Verkehrswegen und umgebenden Arbeits- und Lagerflächen sowie zwischen Wegen für den Fußgänger- und Fahrzeugverkehr zu setzen.

---

567) DIN 15185-2:2013-10 Flurförderzeuge – Sicherheitsanforderungen – T. 2: Einsatz in Schmalgängen zeigt auf, durch welche Schutzmaßnahmen ein ausreichender Personenschutz erzielt werden kann. Die in der Norm aufgeführten Personenschutzsysteme umfassen bauliche Maßnahmen, technische Maßnahmen an den Zugängen der Schmalgänge, technische Maßnahmen am Flurförderzeug sowie Geschwindigkeitsbegrenzungen.
568) In Lagern, in denen sich systembedingt Fußgänger und Regalflurförderzeuge gleichzeitig im selben Schmalgang aufhalten dürfen, ist ein ausreichender Personenschutz in der Regel nur mit Sensoren am Flurförderzeug, wie z. B. Laserscanner zum Erkennen von Personen, die den Fahrbereich des Flurförderzeuges innerhalb eines ausreichenden Abstandes überwachen, möglich. Weiterführende Hinweise enthält die DGUV Information 208-030 Personenschutz beim Einsatz von Flurförderzeugen in Schmalgängen, Ausg. 2016-03.
569) In ASR A1.3 Sicherheits- und Gesundheitsschutzkennzeichnung Nr. 5.3 Abs. 1 (s. S. 170) werden als Möglichkeiten zur Kennzeichnung von Begrenzungen der Fahrwege neben Farbmarkierungen auch Bodennägel aufgeführt. Bei einem möglichen Einsatz von Nagelreihen oder unterschiedlichen Bodenbelägen ist zu berücksichtigen, dass es sich hierbei um potenzielle Stolper- und Rutschstellen (z. B. am Übergang zu einem Bodenbelag mit anderer Rutschhemmung) handeln kann.

4.5 Treppen

(1) Treppen sind so zu gestalten, dass diese sicher und leicht begangen werden können. Das wird erreicht durch ausreichend große, ebene, rutschhemmende, erkennbare und tragfähige Auftrittsflächen in gleichmäßigen, mit dem Schrittmaß übereinstimmenden Abständen.[570] [571]

(2) Die Steigungen und Auftritte einer Treppe, die zwei Geschosse verbindet, dürfen nicht voneinander abweichen.[572] Die Treppenstufen sollen kontrastreich und möglichst ohne störende Blendung des Benutzers ausgeleuchtet sein (siehe ASR A3.4 „Beleuchtung").[573]

(3) Unter Berücksichtigung der Unfallgefahren sind Treppen mit geraden Läufen solchen mit gewendelten Läufen oder gewendelten Laufteilen vorzuziehen. Im Verlauf des ersten Fluchtweges sind gewendelte Treppen und Spindeltreppen unzulässig (siehe ASR A2.3 „Fluchtwege und Notausgänge, Flucht- und Rettungsplan").[574]

---

570) Das Arbeitsstättenrecht ergänzt bezüglich der Treppen das Bauordnungsrecht durch betriebsbezogene Regelungen (s. Erl. zu Anh. 1.8 Abs. 1 RdNr. 62-70 in Opfermann/Streit: Arbeitsstätten, Loseblattwerk mit Kommentar, 3. Aufl., Landsberg 2019 unter OZ 3100).
571) Anforderungen an die konstruktive Gestaltung von Gebäudetreppen und deren Abmessungen enthält DIN 18065:2015-3 Gebäudetreppen – Begriffe, Messregeln, Hauptmaße. Weiterführende Hinweise für die sicherheitsgerechte Gestaltung, den sicheren Betrieb und die Instandhaltung von Treppen in Arbeitsstätten bietet DGUV Information 208-005 Treppen, Ausg. 2010-07.
572) Das Istmaß von Treppensteigung und Treppenauftritt innerhalb eines Treppenlaufes darf nach DIN 18065:2015-3 Gebäudetreppen – Begriffe, Messregeln, Hauptmaße gegenüber dem Sollmaß um nicht mehr als 5 mm abweichen.
573) Nach ASR A3.4 Beleuchtung Anh. 1 Punkt 1.3 (s. S. 360) muss der Mindestwert der Beleuchtungsstärke für Treppen mindestens 100 Lux betragen.
574) Wendel- und Spindeltreppen sind im Verlauf des ersten Fluchtweges nicht zulässig (s. ASR A2.3 Fluchtwege und Notausgänge, Flucht- und Rettungsplan Nr. 4 Abs. 6 und Nr. 6 Abs. 6). Im Verlauf des zweiten Fluchtweges sind sie nur dann zulässig, wenn die Ergebnisse der Gefährdungsbeurteilung deren sichere Benutzung im Gefahrenfall erwarten lassen. Dabei sollen Wendeltreppen gegenüber Spindeltreppen bevorzugt werden. Bei den gewendelten oder gewinkelten Treppen sollte sich die Lauflinie nur nach einer Richtung ändern, d. h., die Treppe sollte als Linksoder Rechtstreppe ausgebildet sein (s. hierzu DGUV Information 208-005 Treppen, Ausg. 2010-07, Nr. 3.1.1).

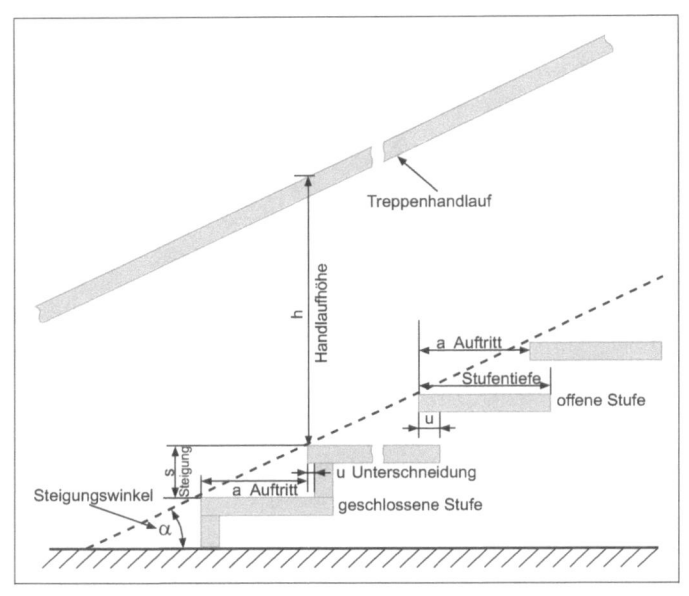

Abb. 4: Benennung einzelner Teile an Treppen

(4) Für Treppen (siehe Abb. 4) ergibt sich als Beziehung zwischen Schrittlänge (SL), Auftritt (a) und Steigung (s) die Schrittmaßregel 2 × s + a = SL. Für eine gute Begehbarkeit einer Treppe soll die Schrittlänge zwischen 59 und 65 cm betragen.

In Arbeitsstätten darf die Steigung (s) zwischen 14 bis 19 cm, der Auftritt (a) zwischen 26 bis 32 cm und der Steigungswinkel (α) zwischen 24 ° bis 36 ° variieren (siehe Tabelle 4).[575]

Als besonders sicher begehbar haben sich Treppen erwiesen, deren Stufen einen Auftritt von 29 cm und eine Steigung von 17 cm aufweisen.

---

[575] Die Grenzwerte der Stufenabmessung von mindestens 26 cm bei der Auftrittsbreite und höchstens 19 cm bei der Steigungshöhe in Tabelle 4 entsprechen den Vorgaben des Bauordnungsrechts gemäß DIN 18065:2015-3 Gebäudetreppen – Begriffe, Messregeln, Hauptmaße. In der Praxis wird es Fälle geben, in denen Treppen mit einem Steigungswinkel größer 36° eingesetzt werden, z. B. wegen Platzmangels oder der konstruktiven Gestaltung einer technischen Anlage. Hilfstreppen (Steiltreppen) dürfen nicht steiler als 45° sein. Ihre Stufenhöhe darf nicht mehr als 21 cm und die Auftrittsbreite der Treppenstufe nicht weniger als 21 cm betragen.

Verkehrswege   ASR A1.8

Tabelle 4: Auftritte und Steigungen unterschiedlicher Treppen

Anwendungsbereich/Bauten	Auftritt (a) [cm]	Steigung (s) [cm]
Freitreppen	32 bis 30	14 bis 16
Versammlungsstätten, Verwaltungsgebäude der öffentlichen Verwaltung[576], Schulen, Horte, Kindertageseinrichtungen	31 bis 29	15 bis 17
gewerbliche Bauten, sonstige Gebäude	30 bis 26	16 bis 19
Hilfstreppen	30 bis 21*)	14 bis 21

* Bei Stufen, deren Auftritt a < 24 cm ist, muss die Unterschneidung (u) mindestens so groß sein, dass insgesamt eine Stufentiefe u + a = 24 cm erreicht wird.

(5) Hilfstreppen, die selten und nur von unterwiesenen Personen begangen werden, dürfen bis zu einem Steigungswinkel von 45 ° ausgeführt sein.[577] [578]

(6) Bei Treppenläufen mit einem Steigungswinkel bis 36 ° muss nach höchstens 18 Trittstufen ein Zwischenpodest vorhanden sein. In begründeten Ausnahmefällen kann in bestehenden Arbeitsstätten davon abgewichen werden. Bei Hilfstreppen mit einem Steigungswinkel größer als 36 ° ist nach jedem Treppenlauf mit einem Höhenunterschied von 3 m ein Zwischenpodest erforderlich.

---

576) Der genannte Anwendungsbereich „Verwaltungsgebäude der öffentlichen Verwaltung" erscheint nicht begründet. Die entsprechenden Anforderungen an Toleranzen für Auftritts- und Steigungsmaße dürften sich auf alle Verwaltungsgebäude beziehen (s. auch DGUV Information 208-005 Treppen, Ausg. 2010-07 Nr. 3.2.4 Tabelle 1).
577) Hilfstreppen mit einem Neigungswinkel zwischen 36° bis 45° haben relativ kleine Auftritte. Daher besteht insbesondere in Abwärtsrichtung eine erhöhte Gefährdung, dass Beschäftigte über die Stufenkanten abrutschen. Hilfstreppen sollten nur gelegentlich durch besonders unterwiesene Personen benutzt werden. S. auch DGUV Information 208-005 Treppen, Ausg. 2010-07, Nr. 4.3.
578) Bei Treppen in Arbeitsgruben und Unterfluranlagen für die Fahrzeug-Instandhaltung sind Neigungswinkel bis zu 45° zulässig. Diese Arbeitsgruben und Unterfluranlagen müssen gemäß DGUV Regel 109-009 Fahrzeug-Instandhaltung, Ausg. 2006-09, Nr. 4.6.1 mit zwei Treppen ausgestattet sein.

(7) Die freien Seiten der Treppen, Treppenabsätze und Treppenöffnungen müssen durch Geländer gesichert sein. Die Höhe der Geländer muss lotrecht über der Stufenvorderkante mindestens 1,00 m betragen.[579] [580] Bei Absturzhöhen von mehr als 12 m muss die Geländerhöhe mindestens 1,10 m betragen (siehe ASR A2.1 „Schutz vor Absturz und herabfallenden Gegenständen, Betreten von Gefahrenbereichen").

(8) Die Geländer müssen so ausgeführt sein, dass sie in der angebrachten Mindesthöhe eine Horizontalkraft von mindestens 500 N/m aufnehmen können. Abweichend genügt eine Horizontalkraft von 300 N/m für Geländer an Treppen von Wartungsgängen.

(9) Geländer müssen so ausgeführt sein, dass Personen nicht hindurchstürzen können. Das Füllstabgeländer mit senkrecht angebrachten Stäben ist dem Knieleistengeländer vorzuziehen.[581] Der lichte Abstand zwischen den Füllstäben darf dabei nicht mehr als 18 cm betragen (siehe ASR A2.1 „Schutz vor Absturz und herabfallenden Gegenständen, Betreten von Gefahrenbereichen").

(10) Treppen müssen:
– einen Handlauf haben,
– an beiden Seiten Handläufe haben, wenn die Stufenbreite mehr als 1,5 m beträgt und zusätzlich
– Zwischenhandläufe haben, mit denen die Stufenbreite in zwei gleiche Breitenabschnitte unterteilt wird, wenn sie mehr als 4,0 m beträgt.

---

579) Die Musterbauordnung, Ausg. 2002-11, zuletzt geändert am 13.05.2016 fordert eine Mindesthöhe der Umwehrung von 0,90 m von Flächen mit einer Absturzhöhe von 1 m bis zu 12 m (§ 38 Abs. 4 Nr. 1 MBO). Mit Ausnahme der entsprechenden Vorschrift der Bauordnung Hessen (§ 41 Abs. 4 BauO HE), die eine Höhe der Umwehrung von 1 m für Arbeitsstätten und 0,9 m für Wohngebäude und andere bauliche Anlagen, die keine Wohngebäude sind, vorschreibt, besteht somit bis zu einer Absturzhöhe von 12 m eine Abweichung des Arbeitsstättenrechts zum Bauordnungsrecht. Hier gilt, dass Anh. Nr. 2.1 Abs. 1 i. V. m. ASR A2.1 Schutz vor Absturz und herabfallenden Gegenständen, Betreten von Gefahrenbereichen Nr. 5.1 Abs. 2 (s. S. 287) in Arbeitsstätten als weitergehende Vorschrift anzuwenden sind.
580) Demgegenüber entspricht die Festlegung der Höhe der Treppengeländer den Vorgaben der bauaufsichtlich eingeführten Norm DIN 18065:2015-3 Gebäudetreppen – Begriffe, Messregeln, Hauptmaße, die in Bezug auf die Geländerhöhe zwischen Treppen in Arbeitsstätten und Treppen in Gebäuden, die nicht der ArbStättV unterliegen, unterscheidet und in diesem Zusammenhang auf die Festlegungen der ArbStättV verweist.
581) Knieleistengeländer werden häufig an ortsfesten Zugängen zu maschinellen Anlagen eingesetzt. Sie verfügen als Schutz gegen Ab- oder Hindurchstürzen über eine Fußleiste, die Knieleiste und den Handlauf. Gemäß DIN EN ISO 14122-3:2016-10 Ortsfeste Zugänge zu maschinellen Anlagen, T. 3: Treppen, Treppenleitern und Geländer muss die Fußleiste bei Knieleistengeländern eine Höhe von mindestens 10 cm haben und maximal 1 cm über der Laufebene angebracht sein. Abweichend davon wird in ASR A2.1 Schutz vor Absturz und herabfallenden Gegenständen, Betreten von Gefahrenbereichen Nr. 5.1 Abs. 5 (s. S. 287) lediglich eine Mindesthöhe der Fußleisten von 0,05 m und die Anordnung unmittelbar an der Absturzkante gefordert. Zudem darf der Abstand zwischen Fuß- und Knieleiste, zwischen Knieleiste und Handlauf oder zwischen zwei Knieleisten nicht größer als 0,50 m sein.

Verkehrswege ASR A1.8

In bestehenden Arbeitsstätten müssen Treppen mit mehr als 4 Stufen mindestens einen Handlauf haben, soweit das Bauordnungsrecht der Länder einen Handlauf nicht schon bei geringerer Stufenzahl fordert.

(11) Treppenhandläufe müssen dem Benutzer einen sicheren Halt bieten. Hierzu wird eine ergonomische Gestaltung des Handlaufs empfohlen, die ein sicheres Umgreifen ermöglicht. Dies wird dadurch gewährleistet, dass der Durchmesser bzw. die Breite des Handlaufes zwischen 2,5 und 6 cm beträgt. An den freien Seiten der Treppen müssen Handläufe ohne Unterbrechung über den gesamten Treppenlauf in einer Höhe zwischen 0,80 und 1,15 m führen.[582] Ein Mindestabstand von 5 cm zu benachbarten Bauteilen ist einzuhalten. Die Enden der Handläufe müssen so gestaltet sein, dass Beschäftigte daran nicht hängen bleiben oder abgleiten können.

(12) Um dem Abrutschen und Hängenbleiben an den Stufenvorderkanten vorzubeugen, sollen deren Radien zwischen 2 und 10 mm liegen.

(13) Die Trittflächen von Treppen müssen rutschhemmend ausgeführt sein.[583]

(14) Stolperstellen (z. B. hoch stehende Kantenprofile) auf Treppen sind nicht zulässig.

4.6 Steigeisengänge und Steigleitern

4.6.1 Allgemeine Anforderungen

(1) Steigeisengänge und Steigleitern sind wegen der höheren Absturzgefahr und der höheren körperlichen Anstrengung nur zulässig, wenn der Einbau einer Treppe betriebstechnisch nicht möglich ist. Auf Grundlage der Gefährdungsbeurteilung können Steigleitern oder Steigeisengänge gewählt werden, wenn der Zugang nur gelegentlich (z. B. zu Wartungsarbeiten) von einer geringen Anzahl unterwiesener Beschäftigter genutzt werden muss. Der Transport von Werkzeugen oder anderen Gegenständen durch die Beschäftigten darf die sichere Nutzung von Steigeisengängen und Steigleitern nicht wesentlich be-

---

582) Die Handläufe müssen an den freien Seiten der Treppen ohne Unterbrechung über den gesamten Treppenlauf führen. Dabei sollen die Handläufe 30 cm vor der ersten Stufe beginnen und um 30 cm über die letzte Stufe hinausgeführt werden. Dies entspricht der Forderung aus dem Bauordnungsrecht an die barrierefreie Gestaltung gemäß DIN 18040-1:2010-10 Barrierefreies Bauen – Planungsgrundlagen, T. 1: Öffentlich zugängige Gebäude, Nr. 4.3.6.3. Das Weiterführen der äußeren Handläufe über den Treppenlauf hinaus soll gewährleisten, dass Personen, deren Mobilität eingeschränkt ist, das Zwischenpodest oder das Stockwerk bereits betreten haben, wenn sie den sicheren Halt am Handlauf lösen.
583) Nach ASR A1.5/1,2 Fußböden Anh. 2 (s. S. 204) muss die Auftrittsfläche von Treppenstufen innerhalb von Gebäuden mindestens eine Rutschhemmung der Bewertungsgruppe R 9 aufweisen, wenn Feuchtigkeit von außen eingetragen werden kann. Für Außentreppen sind höhere Bewertungsgruppen (R 11 oder R 10 V4) erforderlich. Bei außen liegenden Treppen sind zum Schutz vor witterungsbedingter Glätte ggf. zusätzliche Maßnahmen erforderlich wie z. B. eine ausreichend große Überdachung.

hindern. Die Möglichkeit der Rettung der Beschäftigten ist dabei jederzeit sicherzustellen.[584) 585) 586)]

Bei Verwendung von Persönlicher Schutzausrüstung gegen Absturz (PSAgA), muss ein Rettungssystem zur Verfügung stehen, das an jeder beliebigen Stelle eine Rettung von Personen aus Notlagen ermöglicht.

(2) In bestimmten Bereichen mit besonderen Gefährdungen ist der Einsatz von Steigeisengängen und Steigleitern unzulässig. Dies gilt z. B. in Bereichen, in denen Erstickungsgefahr droht, wie in Deponien bei Schächten mit einer inneren Bauhöhe von mehr als 5,00 m.

Hinweis:

Werden Steigeisengänge und Steigleitern in explosionsgefährdeten Bereichen eingesetzt, sind besondere Anforderungen zu beachten (siehe TRBS 2152 Teil 1 „Gefährliche explosionsfähige Atmosphäre – Beurteilung der Explosionsgefährdung").

(3) Steigeisengänge und Steigleitern sind aus dauerhaften Werkstoffen herzustellen und gegen Korrosion zu schützen. Dabei sind sie nach den jeweiligen Betriebsverhältnissen auszuwählen.

(4) Die Befestigung der Steigeisen und Steigleitern muss zuverlässig und dauerhaft sein. Zu berücksichtigen sind dabei die zu erwartenden Belastungen und die Tragfähigkeit des Befestigungssystems und des Verankerungsgrundes.

---

584) Wenn Steigleitern oder Steigeisengänge an baulichen Einrichtungen von Arbeitsstätten benutzt werden, ergänzen Anh. 1.8 und 1.11 ArbStättV das Bauordnungsrecht (s. Opfermann/Streit: Arbeitsstätten, Loseblattwerk mit Kommentar, 3. Aufl., Landsberg 2019, Erl. zu Anh. 1.11 in OZ 3100). Werden Steigleitern oder Steigeisengänge in Arbeitsstätten im Verlauf des zweiten Fluchtweges eingesetzt, sind die Anforderungen der ASR A2.3 Fluchtwege, Notausgänge, Flucht- und Rettungsplan (s. S. 332) zu beachten.
585) Die DGUV Information 208-032 Auswahl und Benutzung von Steigleitern, Ausg. 2018-10 enthält weiterführende Hinweise für die sicherheitsgerechte Gestaltung, Instandhaltung und Prüfung von ortsfesten Steigleitern. Diese Information stellt die Anforderungen an die Einrichtung und Benutzung von Steigleitern einschließlich der Absturzsicherungen sowie Ruhebühnen an baulichen Anlagen und in Schächten bzw. als Zugang zu maschinellen Anlagen zusammen und bietet weitergehende Hinweise zur Erstellung standortbezogener Rettungskonzepte.
586) Festlegungen zu bauartspezifischen Maßen und sicherheitstechnischen Anforderungen für Steigleitern in Arbeitsstätten enthalten die Normen DIN 18799:2019-06 Ortsfeste Steigleitern an baulichen Anlagen T. 1: Steigleitern mit Seitenholm, sicherheitstechnische Anforderungen und Prüfung und T. 2: Steigleitern mit Mittelholm, sicherheitstechnische Anforderungen und Prüfung. Hinweise zur sicheren Nutzung von Steiggängen in Behältern und umschlossenen Räumen, z. B. Schächten oder Kanälen, enthält DGUV Regel 103-007 Steiggänge in Behältern und umschlossenen Räumen, Ausg. 2006-04.

Verkehrswege ASR A1.8

4.6.2 Gestaltung und Einbau

(1) Steigeisen und Steigleitern müssen trittsicher sein.[587] Hierzu gehört auch die Rutschhemmung, deren Ausführung sich nach den betrieblichen Verhältnissen richtet.

(2) Die Auftrittsbreiten von Steigeisen und Steigleitersprossen sind in der Regel ausreichend dimensioniert, wenn folgende Mindestmaße eingehalten werden:
- bei einläufigen Steigeisengängen mindestens 300 mm,
- bei zweiläufigen Steigeisengängen mindestens 150 mm,
- bei Sprossen an Steigleitern mit Seitenholmen mindestens 350 mm,
- bei Sprossen an Steigleitern mit Seitenholmen mit Steigschutzeinrichtung beidseitig der Führungsschiene mindestens 150 mm und
- bei Sprossen bei Steigleitern mit Mittelholm beidseitig mindestens 150 mm.

Ausreichende Fußfreiraumtiefen sind in der Regel gegeben, wenn mindestens 150 mm zwischen Wandfläche und Auftrittsachse oder mindestens 160 mm gemessen von Wandfläche und Auftrittsvorderkante eingehalten werden.

(3) Ein- und Ausstiege an Steigeisengängen und Steigleitern müssen sicher begehbar sein. Dazu ist die Haltevorrichtung an der Austrittsstelle bei Steigleitern mindestens 1,10 m, bei Steigeisengängen mindestens 1 m über die Austrittsstelle hinauszuführen (Schnittstelle zum Übergang auf höher gelegene Verkehrswege, z. B. auf Dächern, siehe ASR A2.1 „Schutz vor Absturz und herabfallenden Gegenständen, Betreten von Gefahrenbereichen").

Im Allgemeinen darf der Abstand von der Standfläche bis zum untersten Steigeisen bei Steigeisengängen höchstens einen Steigeisenabstand, abweichend davon in Schächten zwei Steigeisenabstände, betragen. Die Steigeisenabstände dürfen maximal 333 mm betragen. Der lotrechte Abstand zwischen oberstem Steigeisen und Austrittsstelle darf höchstens einen Steigeisenabstand betragen. Bei Schächten im Straßenbau mit Einstiegsöffnungen von nicht mehr als 650 mm Durchmesser kann der Abstand bis auf 500 mm vergrößert werden. Wenn sich durch nachträgliches Aufbringen/Erhöhen der Straßendecke Änderungen ergeben, sind in Ausnahmefällen 650 mm bei bestehenden Anlagen statthaft.

(4) Der Abstand von der Vorderkante des Auftritts bis zu festen Bauteilen oder fest angebrachten Gegenständen muss bei Schächten auf der begehbaren Seite so groß sein, dass die Rettung von Personen jederzeit gewährleistet ist.[588]

(5) An Steigeisengängen und Steigleitern müssen in Abständen von höchstens 10 m geeignete Ruhebühnen vorhanden sein. Für den Fall der Verwendung von Steigschutzeinrichtungen mit Schiene (z. B. zum Besteigen von Schornsteinen, Antennen) darf der Abstand

---

587) Für die trittsichere Ausführung ist es notwendig, dass die Auftrittstiefe der Sprosse mindestens 20 mm beträgt, s. DGUV Information 208-032 Auswahl und Benutzung von Steigleitern, Ausg. 2018-10 Nr. 2.2.
588) Um die Rettung von Personen jederzeit gewährleisten zu können, sind gem. DGUV Regel 103-007 Steiggänge in Behältern und umschlossenen Räumen, Ausg. 2006-04, Nr. 4.4 bevorzugt Schächte mit Einstiegsöffnungen mit einem Durchmesser von mindestens 800 mm zu planen.

bis auf maximal 25 m verlängert werden, wenn die Benutzung nur durch körperlich geeignete Beschäftigte erfolgt, die nachweislich im Benutzen des Steigschutzes geübt und regelmäßig unterwiesen sind.

(6) Im Bereich der Ruhebühnen müssen Steigeisengänge und Steigleitern ungehindert begehbar sein.

4.6.3 Einrichtungen zum Schutz gegen Absturz

(1) Die Sicherungsmaßnahmen gegen Absturz sind unter Berücksichtigung der Fallhöhe (siehe Punkt 3.16) und der betriebsspezifischen Gefährdungen festzulegen.[589]

(2) Einrichtungen zum Schutz gegen Absturz können ortsfest (Steigschutzeinrichtung, Rückenschutz) oder ortsveränderlich (z. B. Dreibein mit Höhensicherungsgerät mit Rettungsfunktion) ausgeführt sein.

(3) Bei Abweichungen des Steigganges von der Senkrechten muss bereits vor der Ausstattung mit Steigschutzeinrichtungen geprüft werden, ob die Funktion der Steigschutzeinrichtung auch unter diesen Umständen gewährleistet ist.[590]

(4) Steigeisengänge und Steigleitern mit mehr als 5 m Fallhöhe müssen mit Einrichtungen zum Schutz gegen Absturz ausgestattet sein.[591] Solche Einrichtungen sind z. B.:

– mitlaufendes Auffanggerät mit fester Führung (Steigschutzeinrichtung),
– mitlaufendes Auffanggerät an beweglicher Führung,
– durchgehender Rückenschutz, beginnend zwischen 2,2 m und 3 m oberhalb der Standfläche der Person oder
– Bauteile oder Streben, die aufgrund ihrer Anordnung und Beschaffenheit geeignet sind, den Rückenschutz zu ersetzen.

(5) Bei Fallhöhen von mehr als 10 m dürfen nur PSAgA (z. B. Steigschutzeinrichtungen) vorgesehen werden. Dies gilt, unabhängig von der Fallhöhe, auch für Steigeisengänge und Steigleitern:

– die bei der Rettung von Personen begangen werden müssen,
– in umschlossenen und engen Räumen (z. B. Silos, Schächte),
– an Masten und Gerüsten von elektrischen Freileitungsnetzen und Schaltanlagen und
– in Anlagen der Siedlungswasserwirtschaft.

---

589) Steigeisengänge und Steigleitern, die als Einstieg in Schächte genutzt werden, sind entsprechend der Gefährdungsbeurteilung ggf. auch bei weniger als 5 m Fallhöhe mit Sicherungsmaßnahmen gegen Absturz auszustatten.
590) Bei Steigleitern mit Steigschutzeinrichtungen kann der Winkel mehr als 90° betragen, wenn die Funktionsfähigkeit und die Gebrauchstauglichkeit der Steigschutzeinrichtung nachgewiesen werden (s. DGUV Information 208-032 Auswahl und Benutzung von Steigleitern, Ausg. 2018-10 Nr. 3.2.
591) Für ortsfeste Steigleitern als Zugänge zu maschinellen Anlagen fordert DIN EN ISO 14122-4:2016-10 Ortsfeste Zugänge zu maschinellen Anlagen – T. 4: Ortsfeste Steigleitern, bereits ab einer Fallhöhe von mehr als 3 m Einrichtungen zum Schutz gegen Absturz.

(6) Bestehen besondere Gefährdungen beim Einstieg in Schächte (z. B. Abwasserschächte), sind die unter Punkt 4.6.3 Abs. 4 und 5 genannten Schutzmaßnahmen gegen Absturz bereits bei Fallhöhen unter 5 m erforderlich.

(7) Zur Sicherstellung der Rettung von Personen aus oder über Steigeisengängen und Steigleitern mit Steigschutzeinrichtungen darf kein zusätzlicher Rückenschutz angebracht sein, da dieser eine Rettung behindert.

(8) Die Nutzung der Steigschutzeinrichtungen muss bereits an der Einstiegsebene möglich sein.[592]

4.7 Laderampen

(1) Die Breite der Laderampe ist so zu wählen, dass – sofern Längsverkehr mit kraftbetriebenen Transportmitteln vorgesehen ist – der Mindestabstand (Randzuschlag Z_1 siehe Tabelle 3) zu festen Bauteilen gewährleistet ist.

(2) Die Breite von Laderampen darf 0,80 m nicht unterschreiten.

(3) Laderampen müssen über geeignete Auf- bzw. Abgänge verfügen. Wenn betriebstechnisch möglich, sind Auf- bzw. Abgänge als Treppen oder als geneigte sicher begeh- oder befahrbare Flächen auszuführen. Die Auf- bzw. Abgänge sollen möglichst nahe an den Be- und Entladestellen angeordnet sein.

(4) Laderampen mit einer Länge von mehr als 20 m müssen, sofern betriebstechnisch möglich, an jedem Endbereich einen Abgang haben.

(5) Besteht die Gefährdung, dass Personen oder Flurförderzeuge abstürzen können (siehe ASR A2.1 „Schutz vor Absturz und herabfallenden Gegenständen, Betreten von Gefahrenbereichen"), müssen folgende Verkehrsbereiche durch Umwehrungen – vorzugsweise durch Geländer – gesichert sein:
– Laderampenkanten, insbesondere Bereiche, die keine ständigen Be- und Entladestellen sind,
– Seiten von Schrägrampen,
– Treppenzugänge und
– Laderampenkanten bei integrierten Hubtischen.

---

[592] Bei der Verwendung von Steigschutzeinrichtungen muss die Verbindung zwischen dem Auffanggerät und dem Auffanggurt von einem sicheren Standplatz, z. B. vom Erdboden, einer Geschossdecke oder einem ausreichend dimensioniertem Podest aus, herzustellen und zu lösen sein.

ASR A1.8 — Verkehrswege

4.8 Fahrtreppen und Fahrsteige

Hinweis:

In Arbeitsstätten müssen Fahrtreppen und Fahrsteige hinsichtlich ihrer Beschaffenheitsanforderungen den europäischen und nationalen Vorschriften, z. B. der Neunten Verordnung zum Produktsicherheitsgesetz, entsprechen. Sie müssen für die Nutzung in Arbeitsstätten geeignet sein und sicher betrieben werden können.

(1) Die Einbausituation und das Betreiben von Fahrtreppen und Fahrsteigen stellen Anforderungen an die Nutzungssicherheit, die auch deren Beschaffenheit betreffen kann. Daher ist beim Einrichten und Betreiben in der Arbeitsstätte im Rahmen der Gefährdungsbeurteilung die Eignung und Verwendbarkeit von Fahrtreppen und Fahrsteigen für die vorgesehene Nutzung zu prüfen und ggf. die erforderlichen baulichen Sicherungsmaßnahmen und Veränderungen am Einbauort vorzunehmen (z. B. durch Einrichtungsgegenstände zusätzlich entstandene Quetschstellen sind zu sichern). Dabei sind die Herstellerangaben (z. B. Einbau- oder Betriebsanleitung) zu berücksichtigen.[593] [594]

(2) Fahrtreppen oder Fahrsteige sind immer ein Teil der Verkehrswege. Sie müssen deshalb den zu- und abführenden Verkehrsströmen angepasst sein.

(3) Die Breite des Stauraums (siehe Abb. 5) muss mindestens der Breite der Fahrtreppe oder des Fahrsteiges entsprechen. Die Tiefe muss mindestens 2,5 m – gemessen vom Ende der Balustrade – betragen. Sie darf auf 2,0 m verringert werden, wenn der Stauraum in der Breite mindestens auf die doppelte Breite der Fahrtreppe oder des Fahrsteiges vergrößert wird.

---

[593] Die Beschaffenheitsanforderungen an Fahrtreppen und Fahrsteige sind in europäischen und nationalen Vorschriften, z. B. der Neunten Verordnung zum Produktsicherheitsgesetz (ProdSG) sowie in einschlägigen Normen (DIN EN 115-1:2018-01 Sicherheit von Fahrtreppen und Fahrsteigen – T. 1: Konstruktion und Einbau und DIN EN 115-2:2010-12 T. 2: Regeln für die Erhöhung der Sicherheit bestehender Fahrtreppen und Fahrsteige) abschließend geregelt. Allerdings hat der Arbeitgeber beim Einrichten und Betreiben einer Arbeitsstätte zu berücksichtigen, dass sich die betrieblichen Verhältnisse z. B. durch Umbaumaßnahmen, Umstellen von Einrichtungsgegenständen verändern können. Dieses führt zu Veränderungen auch hinsichtlich der Gefährdungsmöglichkeiten, z. B. durch neu entstandene Quetsch- und Scherstellen. Insofern müssen grundlegende Beschaffenheitsanforderungen (z. B. Abstandsmaße zu Vermeidung mechanischer Gefährdungen) für den Arbeitgeber verständlich und nachvollziehbar sein, damit er Gefährdungsmöglichkeiten erkennen und bei der Planung und dem Betrieb sowie bei der Instandhaltung (s. ASR A1.8 Nr. 6) geeignete Schutzmaßnahmen einleiten kann.

[594] Weiterführende Angaben zur Einrichtung und zum sicheren Betrieb enthält die DGUV Information 208-028 Fahrtreppen und Fahrsteige – T. 1: Betrieb von Fahrtreppen und Fahrsteigen, Ausg. 2007-12.

Verkehrswege ASR A1.8

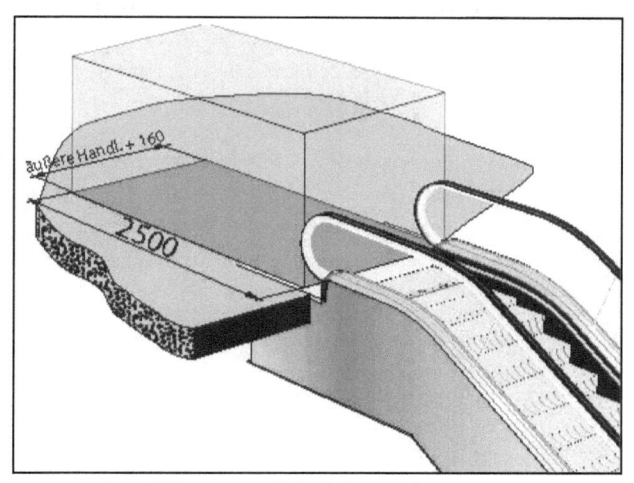

Abb. 5: Stauraum an einer Fahrtreppe (Maße in mm)

(4) Beim Einrichten sind die nachfolgenden Maßnahmen anzuwenden:
- Der senkrechte Abstand über den Stufen- oder Bandoberflächen zu festen Teilen der Umgebung (Durchgangshöhe) muss mindestens 2,3 m betragen.
- Beim Umfassen des Handlaufs muss der horizontale Abstand zwischen der Handlaufaußenseite und festen Teilen der Anlage und der Umgebung mindestens 8 cm betragen.
- Der horizontale Abstand zwischen Handlauf und den Kanten der Deckendurchbrüche oder den Unterkanten der Balustraden bei sich kreuzenden Fahrtreppen oder Fahrsteigen muss mindestens 40 cm betragen, soweit nicht zur Vermeidung von Verletzungen zwischen der Balustrade und den Kanten der Gefahrbereich durch Abweiser gesichert ist, die durch ihre Formgebung und ihre Anordnung den Gefahrbereich verdecken und Personen, die in den Gefahrbereich kommen, abweisen.

(5) Beim Einrichten ist sicherzustellen, dass das Besteigen der Außenseite der Balustrade verhindert wird, z. B. durch Geländer.

(6) Beim Einrichten von Fahrtreppen und Fahrsteigen in Arbeitsstätten ist darauf zu achten, dass das Stillsetzen der Anlage durch NOT-HALT-Einrichtungen an den Zu- und Abgängen zu jeder Zeit gewährleistet ist. NOT-HALT-Einrichtungen sind gut erkennbar und leicht erreichbar anzuordnen. Die Abstände zwischen den NOT-HALT-Einrichtungen dürfen 30 m bei Fahrtreppen sowie 40 m bei Fahrsteigen nicht überschreiten. Falls erforder-

lich, müssen zusätzliche NOT-HALT-Einrichtungen vorgesehen werden, um diese Abstände einzuhalten.[595]

(7) Um Stolpern oder Ausrutschen zu vermeiden, müssen die angrenzenden Bodenbeläge an die Rutschhemmung der Zu- und Abgänge der Fahrtreppen und Fahrsteige angepasst sein.[596]

(8) Fahrtreppen und Fahrsteige dürfen (außer im Notfall) nur ein- oder ausgeschaltet werden, wenn sich auf ihnen keine Personen befinden und sollen deshalb von der Schaltstelle aus gut überblickt werden können.[597]

(9) Von Hand bewegte Transporteinrichtungen dürfen auf Fahrtreppen und Fahrsteigen nur benutzt werden, wenn im Rahmen der Gefährdungsbeurteilung Maßnahmen festgelegt wurden, die einen sicheren Transport gewährleisten, z. B.:
- Sollen auf Fahrtreppen und Fahrsteigen Transporteinrichtungen, z. B. Kofferkulis, Einkaufswagen[598] oder Gepäckwagen befördert werden, hat der Betreiber dafür zu sorgen, dass Fahrsteige und Transporteinrichtungen aufeinander abgestimmt und besondere Maßnahmen für den sicheren Betrieb festgelegt werden, z. B. das selbsttätige Feststellen der Transporteinrichtungen auf den Fahrsteigpaletten und das Maximalgewicht der Ladung.[599]
- Damit Fahrsteige im Notfall (z. B. bei Stillstand) gefahrlos verlassen werden können, ist die Breite der Transporteinrichtungen auf die Fahrsteigbreite abzustimmen. Ein gefahr-

---

595) Für neu zu errichtende Fahrsteige werden in DIN EN 115-1:2018-06 Sicherheit von Fahrtreppen und Fahrsteigen – T. 1: Konstruktion und Einbau, im Bedarfsfall weitere NOT-HALT-Einrichtungen gefordert.
596) Bei der Auswahl von geeigneten Bodenbelägen, die an Zu- und Abgänge von Fahrtreppen und Fahrsteige angrenzen, ist ASR A1.5/1,2 Fußböden Nr. 4 Abs. 10 (s. S. 196) zu berücksichtigen. Danach soll sich die Oberflächenbeschaffenheit von angrenzenden Fußböden hinsichtlich der Rutschhemmung nicht um mehr als eine R-Gruppe unterscheiden.
597) Fahrtreppen und Fahrsteige dürfen nur von Personen ein- oder ausgeschaltet werden, die anhand der Betriebsanweisung unterwiesen sind (vgl. ASR A1.8 Nr. 5 Abs. 2). Zum Zeitpunkt des Ein- oder Ausschaltens dürfen sich keine Personen auf der Fahrtreppe oder dem Fahrsteig befinden. Während der Betriebszeit der Fahrtreppe oder des Fahrsteigs soll ein in der Nutzung unterwiesener und vom Arbeitgeber benannter Beschäftigter ständig leicht erreichbar sein, s. DGUV Information 208-028 Fahrtreppen und Fahrsteige – T. 1: Betrieb von Fahrtreppen und Fahrsteigen, Ausg. 2007-12, Nr. 5.2.
598) Anforderungen an geeignete Einkaufswagen zur Nutzung auf Fahrsteigen enthalten DIN EN 1929-2:2005-03 Einkaufswagen – T. 2: Anforderungen, Prüfungen und Instandhaltung für Einkaufswagen mit oder ohne Kindersitz, geeignet für den Gebrauch auf Personenfahrsteigen und DIN EN 1929-4:2005-07 Einkaufswagen – T. 4: Anforderungen und Prüfungen für Einkaufswagen mit zusätzlichen Abstelleinrichtungen für Waren, mit oder ohne Kindersitz, geeignet für den Gebrauch auf Fahrsteigen.
599) Nach den Vorgaben des Produktsicherheitsgesetzes (ProdSG) hat der Hersteller in der Bedienanleitung auf sicherheitsrelevante Faktoren wie z. B. das Maximalgewicht der Ladung und die Feststellmöglichkeiten für Transporteinrichtungen hinzuweisen. Der Betreiber hat die Pflicht, nur abgestimmte Transportmittel einzusetzen, die einen sicheren Betrieb gewährleisten.

loses Verlassen der Fahrsteige ist in der Regel gegeben, wenn die Fahrsteige 0,40 m breiter als die Transporteinrichtung sind.[600] [601]
- Zur Vermeidung von Gefährdungen, z. B. Quetschung durch nachfolgende Transporteinrichtungen, wenn sich eine vorausfahrende Transporteinrichtung nicht von der Fahrsteigpalette löst, sollten in Abstimmung mit dem Hersteller zusätzliche NOT-HALT-Einrichtungen vorgesehen werden.
- Beim Mitführen von Transporteinrichtungen sollte der Stauraum abweichend von Abs. 3 mindestens 5 m tief sein.

5 Betreiben von Verkehrswegen

(1) Bei der Benutzung von Verkehrswegen können sich Gefährdungen, insbesondere durch
- die Art der Nutzung (z. B. gemeinsamer Fußgänger- und Fahrzeugverkehr),
- die betrieblichen Verhältnisse (z. B. Schichtbetrieb mit unterschiedlicher Verkehrsdichte oder Besucherdichte),
- Verschmutzungen (z. B. Verunreinigungen und Ablagerungen),
- Witterungsverhältnisse (z. B. Glatteis) oder
- Vegetation

ergeben.
Für die Sicherheit auf Verkehrswegen sind geeignete Schutzmaßnahmen (z. B. innerbetriebliche Verkehrsregeln, geeignete Warnkleidung, farbliche Markierungen, Reinigungsverfahren, Winterdienst, Überdachung) im Rahmen der Gefährdungsbeurteilung festzulegen und umzusetzen.

(2) Die Beschäftigten müssen gefährdungsbezogen in die Benutzung der Verkehrswege und über die betrieblichen Verkehrsregeln unterwiesen sein. Dies betrifft auch Verkehrsbereiche, in denen sich innerbetriebliche Regelungen mit öffentlichen Anforderungen überschneiden (z. B. Straßenverkehrsordnung auf Parkflächen, die zum Betriebsgelände gehören).[602] [603]

---

600) Kann die Forderung, dass die Fahrsteige 0,40 m breiter als die Transporteinrichtung sind, nicht umgesetzt werden, muss der Betreiber dafür sorgen, dass der Fahrsteig auf andere Weise verlassen werden kann. Dies kann z. B. durch die Auswahl schmalerer Transportmittel erreicht werden, s. DGUV Information 208-028 Fahrtreppen und Fahrsteige – T. 1: Betrieb von Fahrtreppen und Fahrsteigen, Ausg. 2007-12, Nr. 4.1.
601) Werden Transporteinrichtungen wie z. B. Einkaufswagen auf Fahrsteigen genutzt, dann sollten diese möglichst ca. 1,5 bis 2 m geradeaus zur Zufahrt des Fahrsteigs geschoben werden, da hierdurch die Rollen der Transporteinrichtung parallel zum Fahrsteig ausgerichtet werden und dadurch besser festsetzen.
602) Gem. DGUV Information 208-030 Personenschutz beim Einsatz von Flurförderzeugen in Schmalgängen, Ausg. 2016-03, Nr. 4.9 ist der ordnungsgemäße Betrieb von Schmalgang-Lagersystemen in einer Betriebsanweisung zu regeln und den Beschäftigten im Rahmen der Unterweisung schon vor Aufnahme der Tätigkeit bekannt zu machen.
603) Andere Verkehrsbereiche, in denen sich innerbetriebliche Regelungen mit öffentlichen Anforderungen überschneiden, und die der gefährdungsbezogenen Unterweisung der Beschäftigten in die Benutzung der Verkehrswege bedürfen sind z. B. Arbeiten im Bereich von Gleisen gem. DGUV Information 214-009 Gestaltung von Sicherheitsräumen, Sicherheitsabständen und Verkehrswegen bei Eisenbahnen, Ausg. 2011-07 oder Baustellen im Grenzbereich zum Straßenverkehr, bei denen durch den fließenden Verkehr Gefährdungen für die Beschäftigten entstehen können (s. ASR A5.2 Anforderungen an Arbeitsplätze und Verkehrswege auf Baustellen im Grenzbereich zum Straßenverkehr – Straßenbaustellen auf S. 490).

ASR A1.8 — Verkehrswege

(3) Die erforderliche Mindestbreite der Verkehrswege (siehe Tabellen 2 und 3, Abb. 3) muss ständig freigehalten werden, damit sie jederzeit benutzt werden können.

(4) Verkehrswege im Freien und in Gebäuden sind für die Dauer der Benutzung ausreichend so zu beleuchten (siehe ASR A3.4 „Beleuchtung"), dass eine sichere Benutzung gewährleistet wird.[604]

(5) Transporte dürfen nur dann durchgeführt werden, wenn die für einen sicheren Transport ausreichende Sicht über den Verkehrsweg gegeben ist.

(6) Wenn die Sichtverhältnisse es erfordern, dürfen Fahrzeuge nur eingesetzt werden, wenn sie mit einer ausreichenden Beleuchtungseinrichtung ausgerüstet sind und diese eingeschaltet ist.

(7) Transportvorgänge über Treppen sollen so durchgeführt werden, dass für den Transportierenden eine Hand zum Festhalten am Handlauf frei bleibt und ihm die Sicht auf die Treppe durch das Transportgut nicht verdeckt wird.

(8) Zum Transport von Lasten über Steigleitern und Steigeisengänge sind geeignete Hilfsmittel (z. B. Winden, Lasthaken, Seile) einzusetzen. Beschäftigte dürfen Lasten über Steigleitern und Steigeisengänge nur dann transportieren, wenn sie dabei beide Hände frei haben und die Gefährdung durch herabfallende Gegenstände vermieden wird (z. B. durch Verwendung eines Rucksacks oder einer verschließbaren Werkzeugtasche am Gürtel). Durch die mitgeführte Last darf die Bewegungsfreiheit nicht eingeschränkt werden (z. B. durch Hängenbleiben am Rückenschutz).

(9) Auf die besonderen Gefährdungen bei der Benutzung von Fahrtreppen und Fahrsteigen ist durch geeignete Maßnahmen (z. B. Unterweisung, Sicherheitskennzeichnung und Aufschriften) hinzuweisen.[605] So birgt z. B. das Gehen auf Fahrtreppen durch unterschiedliche oder zu große Steigung der Stufen Stolper- und Sturzgefahren.

(10) Unmittelbar aufeinander folgende Fahrtreppen oder Fahrsteige ohne Zwischenausgänge oder Verteilerebenen müssen mit gleicher Laufgeschwindigkeit betrieben werden.

(11) Bei Mängeln, die sich aus dem Betrieb ergeben und zur Gefährdung von Personen führen können, muss die Fahrtreppe oder der Fahrsteig stillgesetzt werden. Solche Mängel sind z. B.:

– Fremdkörper, die an den Einlaufstellen (Kamm) der Stufen bzw. Bänder oder an den Einlaufstellen der Handläufe in die Balustrade eingeklemmt sind,
– Handlaufbeschädigungen,
– gefahrbringende Vandalismusschäden,

---

[604] Nach ASR A3.4 Beleuchtung Anh. 1 (s. S. 360) beträgt der Mindestwert der Beleuchtungsstärke z. B. für innerbetriebliche Verkehrsflächen und Flure ohne Fahrzeugverkehr 50 lx, für innerbetriebliche Verkehrsflächen und Flure mit Fahrzeugverkehr 150 lx, für Treppen, Fahrtreppen, Fahrsteige, Aufzüge 100 lx für Laderampen, Ladebereiche 150 lx. Auch für Verkehrswege im Außenbereich werden in ASR A3.4 Anh. 1 Mindestwerte der Beleuchtungsstärke für verschiedene Verkehrswegtypen festgelegt.
[605] Über geeignete Sicherheitszeichen für die Benutzung von Fahrtreppen und Fahrsteigen informiert DGUV Information 208-028 Fahrtreppen und Fahrsteige – T. 1: Betrieb von Fahrtreppen und Fahrsteigen, Ausg. 2007-12 Anh. 2.

Verkehrswege ASR A1.8

- unzulässiger Vor- bzw. Nachlauf des Handlaufes,
- unzulässige Einzugstellen zwischen den Stufen oder dem Band und dem Balustradensockel oder
- Beschädigungen an Kämmen,[606] Sockelbürsten, Balustradenverkleidung.

6 Instandhaltung und sicherheitstechnische Funktionsprüfung

(1) Verkehrswege und deren Sicherheitseinrichtungen sind je nach Art und Häufigkeit der Benutzung und der vorhandenen Gefahren in regelmäßigen Abständen auf ihre ordnungsgemäße Funktion zu überprüfen und, falls erforderlich, instand zu setzen. Art, Umfang und Fristen der Überprüfung richten sich nach dem Ergebnis der Gefährdungsbeurteilung. Für Fahrtreppen und Fahrsteige sind die Wartungshinweise der Hersteller zu beachten.[607] [608] [609] [610]

(2) Vor und während der Instandhaltungsarbeiten an Fahrtreppen und Fahrsteigen müssen diese abgesperrt werden.

(3) Der sichere Betrieb von Steigleitern und Steigeisengängen sowie von Fahrtreppen und Fahrsteigen ist zur Verhütung und Beseitigung von Gefahren durch regelmäßige Funktionsprüfungen – insbesondere der sicherheitstechnischen Einrichtungen – zu gewährleisten.[611] [612] Der sichere Zu- und Abgang zu Fahrtreppen und Fahrsteigen ist jederzeit zu gewährleisten (siehe Punkt 4.8 Abs. 3).

---

606) Zur Vermeidung erhöhter Einzugsgefahr sind Fahrtreppen oder Fahrsteige umgehend stillzusetzen, wenn zwei nebeneinander liegende Zähne eines Kamms (s. ASR A1.8 Nr. 3.24) abgebrochen sind. Erst nach Austausch des beschädigten Kamms darf die Fahrtreppe oder der Fahrsteig wieder in Betrieb genommen werden, s. a. DGUV Information 208-028 Fahrtreppen und Fahrsteige – T. 1: Betrieb von Fahrtreppen und Fahrsteigen, Ausg. 2007-12 Nr. 6.1.
607) Anforderungen an wiederkehrende sicherheitstechnische Prüfungen von Fahrtreppen und Fahrsteigen, die über eine Funktionsprüfung hinausgehen, sind in der Betriebssicherheitsverordnung (BetrSichV) zu regeln. Dies gilt auch für Steigleitern und Steigeisengänge, obwohl diese keine Arbeitsmittel im Sinne der BetrSichV, sondern technische Einrichtungen gem. dem Bauordnungsrecht sind, s. DGUV Information 208-028 Fahrtreppen und Fahrsteige – T. 1: Betrieb von Fahrtreppen und Fahrsteigen, Ausg. 2007-12, Anwendungsbereich.
608) Beschädigte Stufenkanten von Treppen und unebene Auftritte von Stufen sind instandzusetzen. Beschädigte Kantenprofile müssen unverzüglich gegen neue ausgewechselt werden (vgl. ASR A1.8 Nr. 4.5 Abs. 14).
609) Die zum Betrieb von Flurförderzeugen in Schmalgängen erforderlichen Sicherheitseinrichtungen müssen einer täglichen Funktionsprüfung unterzogen werden, s. DGUV Information 208-030 Personenschutz beim Einsatz von Flurförderzeugen in Schmalgängen, Ausg. 2016-03 Nr. 4.11.
610) Bei Fahrtreppen haben sich Wartungszeiträume entsprechend dem Aufstellungsort, Typ und Laufzeiten von ein bis drei Monaten bewährt. Konkrete Angaben sind der Betriebsanleitung zu entnehmen, s. DGUV Information 208-028 Fahrtreppen und Fahrsteige – T. 1: Betrieb von Fahrtreppen und Fahrsteigen, Ausg. 2007-12 Nr. 6.1.
611) Um einen sicheren Betrieb von Fahrtreppen und Fahrsteigen sicherzustellen, sind diese täglich und vor jedem Einschalten auf ihren ordnungsgemäßen Zustand zu prüfen. Dabei sind die Hinweise aus DGUV Information 208-030 Personenschutz beim Einsatz von Flurförderzeugen in Schmalgängen, Ausg. 2016-03 Nr. 4.11 zu beachten.
612) Art, Umfang und Fristen der wiederkehrenden sicherheitstechnischen Prüfungen von Steigleitern richten sich nach dem Ergebnis der Gefährdungsbeurteilung unter Beachtung der Hinweise des Herstellers. I.d.R. empfiehlt sich die jährliche Prüfung durch einen Sachkundigen; je nach Ergebnis der Gefährdungsbeurteilung kann diese Frist verlängert bzw. verkürzt werden, DGUV Information 208-032 Auswahl und Benutzung von Steigleitern, Ausg. 2018-10, Nr. 5.2.

ASR A1.8 Verkehrswege

Hinweis:

Die sicherheitstechnischen Prüfungen für Fahrtreppen und Fahrsteige erfolgen nach den Vorgaben der Betriebssicherheitsverordnung.[613]

7 Abweichende/ergänzende Anforderungen für Baustellen

(1) Zwischen Baustraßen und Böschungskanten bzw. Verbaukanten sind Sicherheitsabstände (gemäß DIN 4124 „Baugruben und Gräben") einzuhalten.[614]

(2) Laufstege bei Bauarbeiten müssen mindestens 0,5 m breit sein und dürfen nur bis zu einer Neigung von 1:1,75 (etwa 30 °) verwendet werden. Sie müssen Trittleisten haben, wenn sie steiler als 1:5 (etwa 11 °) sind.[615]

(3) Abweichend von Punkt 4.1 Abs. 5 dürfen Abdeckungen von Öffnungen in Verkehrswegen auf Baustellen höchstens 5 cm über die umgebende Oberfläche überragen.

(4) Abweichend von Punkt 4.2, Tabelle 2 beträgt die Mindestbreite der Verkehrswege auf Baustellen 0,50 m. Für Verkehrswege zu besonderen Arbeitsplätzen in Tunneln, Stollen und Durchpressungen gelten die Mindestabmessungen aus Tabelle 5 und Abb. 6. Auf die Regelungen der ASR A2.1 „Schutz vor Absturz und herabfallenden Gegenständen, Betreten von Gefahrenbereichen" wird verwiesen.

Tabelle 5: **Mindestbreite von Verkehrswegen zu besonderen Arbeitsplätzen in Tunneln, Stollen und Durchpressungen**

Länge [m] von Tunneln, Stollen und Durchpressungen	Mindestlichtmaß (MLM) [m]		
	Kreisquerschnitt	Rechteckquerschnitt	
	Durchmesser	Höhe	Breite
< 50	0,80	0,80	0,60
50 – < 100	1,00	1,00	0,60
≥ 100	1,20	1,20	0,60
Steigschächte müssen einen freien Querschnitt von mindestens 0,70 × 0,70 m haben.			

---

613) Art, Umfang und Fristen erforderlicher sicherheitstechnischer Prüfungen für Fahrtreppen und Fahrsteige sind in einer Gefährdungsbeurteilung zu ermitteln (s. §§ 3, 10, 15 BetrSichV). Darüber hinaus sind Fahrtreppen und Fahrsteige vor der ersten Inbetriebnahme sowie nach wesentlichen Veränderungen einer sicherheitstechnischen Prüfung zu unterziehen. s. auch VdTÜV-Merkblatt 1504 Grundsätze für die Prüfung von Fahrtreppen und Fahrsteigen, Ausg. 2011-08.
614) DIN 4124:2012-01 Baugruben und Gräben – Böschungen, Verbau, Arbeitsraumbreiten enthält Angaben, wie Baugruben und Gräben zu bemessen und auszuführen sind. Danach ist z. B. an den Rändern von Baugruben und Gräben, die betreten werden müssen, ein mindestens 0,60 m breiter, möglichst waagerechter, betretbarer Arbeitsraum freizuhalten.
615) Laufstege bei Bauarbeiten sind waagerechte oder geneigte Verkehrswege, die Arbeits- oder Verkehrsflächen miteinander verbinden. Die höchstzulässige Steigung für Laufstege mit Trittleisten ist eine Neigung von maximal 1:1,75 (etwa 30°). Bei einer steileren Neigung müssen Laufstege gemäß DGUV Vorschrift 38 Bauarbeiten, Ausg. 1997-01, § 10 Abs. 2 Stufen haben.

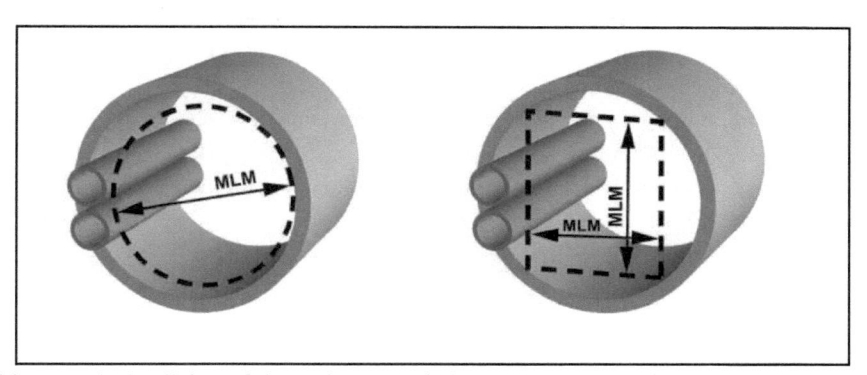

Abb. 6: Mindestlichtmaß (MLM) von Verkehrswegen in Tunneln, Stollen und Durchpressungen

(5) Abweichend von Punkt 4.2 Abs. 2 darf auf Baustellen die lichte Mindesthöhe über Verkehrswegen von 2,00 m unterschritten werden, wenn diese aus baulichen Gegebenheiten nicht eingehalten werden kann.

(6) Abweichend von Punkt 4.3 Abs. 3 muss bei kombiniertem Fußgänger- und Fahrzeugbetrieb bei Bauarbeiten im Tunnel ein Gehweg mit einem freien Mindestquerschnitt von 1,00 m Breite und 2,00 m Höhe vorhanden sein. Kann dieser Querschnitt aus bautechnischen Gründen nicht eingehalten werden, müssen – ausgenommen bei Förderung mit Stetigförderern – in Abständen von höchstens 50 m auffällig gekennzeichnete und beleuchtete Schutznischen von mindestens 1,00 m Tiefe, 1,00 m Länge und 2,00 m Höhe vorhanden sein und ständig freigehalten werden. Lässt sich bei Gleis- oder Stetigfördererbetrieb der Mindestquerschnitt für den Gehweg aus bautechnischen Gründen nicht einhalten, darf dessen Breite bis auf 0,50 m verringert werden.

(7) Bei Bautreppen kann die Steigung (s) zwischen 18 und 25 cm betragen. Der Auftritt (a) muss mindestens 18 cm und die Unterschneidung (u) mindestens 3 cm groß sein. Der Steigungswinkel (α) einer Bautreppe kann zwischen 30 ° und 55 ° variieren. Geringfügige Abweichungen an der An- und Austrittsstufe sind zulässig.[616]

(8) Abweichend von Punkt 4.5 Abs. 8 müssen die Geländer- und Zwischenholme an Treppen, die bei Bauarbeiten genutzt werden, so ausgeführt sein, dass sie eine Einzellast in ungünstigster Richtung von 300 N aufnehmen können. Dabei darf die elastische Durchbiegung nicht mehr als 3,5 cm betragen.

---

616) Die Festlegungen zu Auftritt, Steigung, Steigungswinkel und Unterschneidung von Bautreppen stimmen weitgehend mit DGUV Regel 101-002 Regeln für die Sicherheit von Treppen bei Bauarbeiten, Ausg. 1996-01 (Fassung 2002), Nr. 6.2 überein.

(9) Abweichend von Punkt 4.5 Abs. 7 und 9 genügt auf Baustellen an freiliegenden Treppenläufen und Podesten mit mehr als 1,00 m Absturzhöhe Seitenschutz, bestehend aus Geländer- und mindestens einem Zwischenholm.[617]

(10) Für Handläufe bei Bautreppen bedarf es keiner ergonomischen Ausgestaltung des Handlaufes im Sinne von Punkt 4.5 Abs. 11.

(11) Abweichend von Punkt 4.5 Abs. 12 kann bei Bautreppen auf die Abrundung der Stufenvorderkante verzichtet werden.

Ausgewählte Literaturhinweise

- DGUV Information 240-410 Handlungsanleitung für die arbeitsmedizinische Vorsorge nach dem Berufsgenossenschaftlichen Grundsatz G 41 „Arbeiten mit Absturzgefahr" 01/2010
- DGUV Information 208-001 Ladebrücken, Informationen zum Arbeitsschutz (Merkblatt M 74) 08/2010
- DGUV Information 208-005 Treppen 04/1991 aktualisiert 07/2010
- DGUV Information 208-028 Fahrtreppen und Fahrsteige; Teil 1: Sicherer Betrieb 04/2009
- DGUV Information 208-029 Fahrtreppen und Fahrsteige; Teil 2: Montage, Demontage und Instandhaltung 12/2007
- DGUV Information 208-030 Personenschutz beim Einsatz von Flurförderzeugen in Schmalgängen 03/2016
- DGUV Information 208-032 Auswahl und Benutzung von Steigleitern 05/2013
- DGUV Regel 103-008 Steiggänge für Behälter und umschlossene Räume 05/2007

---

[617] Dies entspricht der entsprechenden Festlegung in DGUV Regel 101-002 Regeln für die Sicherheit von Treppen bei Bauarbeiten, Ausg. 1996-01 (Fassung 2002) Nr. 6.2.6. Geländer- und Zwischenholm sind in Abmessung und Ausführung nach DIN 4420-1:2004-03 Arbeits- und Schutzgerüste – T. 1: Schutzgerüste – Leistungsanforderungen, Entwurf, Konstruktion und Bemessung auszuführen.

Schutz vor Absturz und herabfallenden Gegenständen — ASR A2.1

zu Anh. Nr. 2.1 ArbStättV

Technische Regeln für Arbeitsstätten	Schutz vor Absturz und herabfallenden Gegenständen, Betreten von Gefahrenbereichen	ASR A2.1

GMBl. Nr. 62 vom 3.12.2012 S. 1220, zuletzt geändert durch GMBl. Nr. 24 vom 18.5.2018 S. 473

...

Diese ASR A2.1 konkretisiert im Rahmen des Anwendungsbereiches die Anforderungen der Verordnung über Arbeitsstätten. Bei Einhaltung der Technischen Regeln kann der Arbeitgeber insoweit davon ausgehen, dass die entsprechenden Anforderungen der Verordnung erfüllt sind. Wählt der Arbeitgeber eine andere Lösung, muss er damit mindestens die gleiche Sicherheit und den gleichen Gesundheitsschutz für die Beschäftigten erreichen.

Inhaltsübersicht

1 Zielstellung
2 Anwendungsbereich
3 Begriffsbestimmungen
4 Beurteilung der Gefährdungen und Rangfolge der Schutzmaßnahmen
5 Maßnahmen zum Schutz vor Absturz
6 Maßnahmen zum Schutz vor herabfallenden Gegenständen
7 Arbeitsplätze und Verkehrswege auf Dächern
8 Abweichende/ergänzende Anforderungen für Baustellen

1 Zielstellung

Diese ASR konkretisiert die Anforderungen an das Einrichten und Betreiben von Arbeitsplätzen und Verkehrswegen zum Schutz vor Absturz oder herabfallenden Gegenständen sowie die damit verbundenen Maßnahmen bezüglich des Betretens von Dächern oder anderen Gefahrenbereichen nach § 3a Abs. 1 der Arbeitsstättenverordnung in Verbindung mit Punkt 1.5 Abs. 4 und Punkt 2.1 des Anhangs.

2 Anwendungsbereich

(1) Diese ASR gilt zum Schutz der Beschäftigten vor Absturz und vor herabfallenden Gegenständen sowie für das Betreten von Dächern oder Gefahrenbereichen.[618] [619] [620]

---

618) Bei der Reinigung von Fenstern, Dachoberlichtern und lichtdurchlässigen Wänden sind die Anforderungen der ASR A2.1 in Bezug auf den Umgang mit Gefährdungen durch Absturz und herabfallende Gegenstände zu berücksichtigen.
619) Für Treppen, Steigleitern und Steigeisengänge, Laderampen, Fahrtreppen und Fahrsteige ist die ASR A2.1 i. V. m. der ASR A1.8 Verkehrswege Nr. 4.5–4.8 (s. S. 263 ff.) anzuwenden.
620) Bezüglich der Kennzeichnung von Gefahrstellen ist die ASR A2.1 i. V. m. der ASR A1.3 Sicherheits- und Gesundheitskennzeichnung (s. S. 159) anzuwenden.

(2) Diese ASR gilt nicht für das Einrichten und Betreiben von Arbeitsplätzen und Verkehrswegen, die Bestandteil eines Arbeitsmittels sind, das in den Regelungsbereich der Betriebssicherheitsverordnung fällt.[621) 622)]

(3) *(gestrichen)*

Hinweis:

Beim Reinigen von Fenstern, Oberlichtern und lichtdurchlässigen Wänden ist diese Arbeitsstättenregel in Verbindung mit der ASR A1.6 „Fenster, Oberlichter, lichtdurchlässige Wände" anzuwenden.

3 Begriffsbestimmungen

3.1 Absturz ist das Herabfallen von Personen auf eine tiefer gelegene Fläche oder einen Gegenstand. Als Absturz gilt auch das Durchbrechen durch eine nicht tragfähige Fläche oder das Hineinfallen und das Versinken in flüssigen oder körnigen Stoffen.[623)]

3.2 Absturzkante ist die Kante, über die Beschäftigte abstürzen können (siehe Abb. 1).

Eine Absturzkante ist definiert als:
- Kante zu einer mehr als 60 ° geneigten Fläche (z. B. einer Dachfläche),
- Übergang einer durchtrittsicheren zu einer nicht durchtrittsicheren Fläche,
- Übergang von Flächen mit unterschiedlichen Neigungswinkeln von einer bis zu 20 ° geneigten Fläche[624)] zu einer mehr als 60 ° geneigten Fläche oder
- die gedachte Linie an gewölbten Flächen, ab der der Neigungswinkel einer Tangente größer als 60 ° ist.[625)]

---

621) Das Thema Absturz wird in der BetrSichV und in deren untergesetzlichen Regelwerk aus der Sicht der Bereitstellung und Benutzung von Arbeitsmitteln angesprochen (TRBS 2121 Gefährdung von Beschäftigten durch Absturz – Allgemeine Anforderungen, Ausg. 2018-07 sowie TRBS 2121 Teil 1 Bereitstellung und Benutzung von Gerüsten, Ausg. 2019-01, Teil 2 Bereitstellung und Benutzung von Leitern, Ausg. 2018-12, Teil 3 Bereitstellung und Benutzung von Zugangs- und Positionierungsverfahren unter Zuhilfenahme von Seilen, Ausg. 2019-01 und Teil 4 Ausnahmsweises Heben von Personen mit hierfür nicht vorgesehenen Arbeitsmitteln, Ausg. 2019-01.
622) Für ortsfeste Zugänge zu maschinellen Anlagen enthält die Normreihe DIN EN ISO 14122 konstruktive Festlegungen u. a. zum Schutz vor Absturz und vor herabfallenden Gegenständen: DIN EN ISO 14122:2016-10 Sicherheit von Maschinen – Ortsfeste Zugänge zu maschinellen Anlagen – T. 1: Wahl eines ortsfesten Zugangs zwischen zwei Ebenen, Ausg. 2016-10, T. 2: Arbeitsbühnen und Laufstege, Ausg. 2016-10, T. 3: Treppen, Treppenleitern und Geländer, Ausg. 2016-06 und T. 4: Ortsfeste Steigleitern, Ausg. 2016-10.
623) Zu den aufgeführten körnigen Stoffen sind auch Pulver und Stäube zu zählen. Diese sind mit dem eingeführten Begriff Schüttgüter gleichzusetzen.
624) Gem. ASR A1.5/1,2 Fußböden Nr. 3.3 (s. S. 194) liegt ab ca. 20 ° „eine gefährliche Schräge vor, [ab] der ein Fußboden aufgrund seiner Neigung bzw. Steigung nicht mehr sicher betrieben, also begangen, befahren oder zum Abstellen genutzt werden kann".
625) Nach dieser Begriffsbestimmung wird das Abrutschen auf einer mehr als 60 ° geneigten Fläche einem Abstürzen gleichgesetzt.

Schutz vor Absturz und herabfallenden Gegenständen ASR A2.1

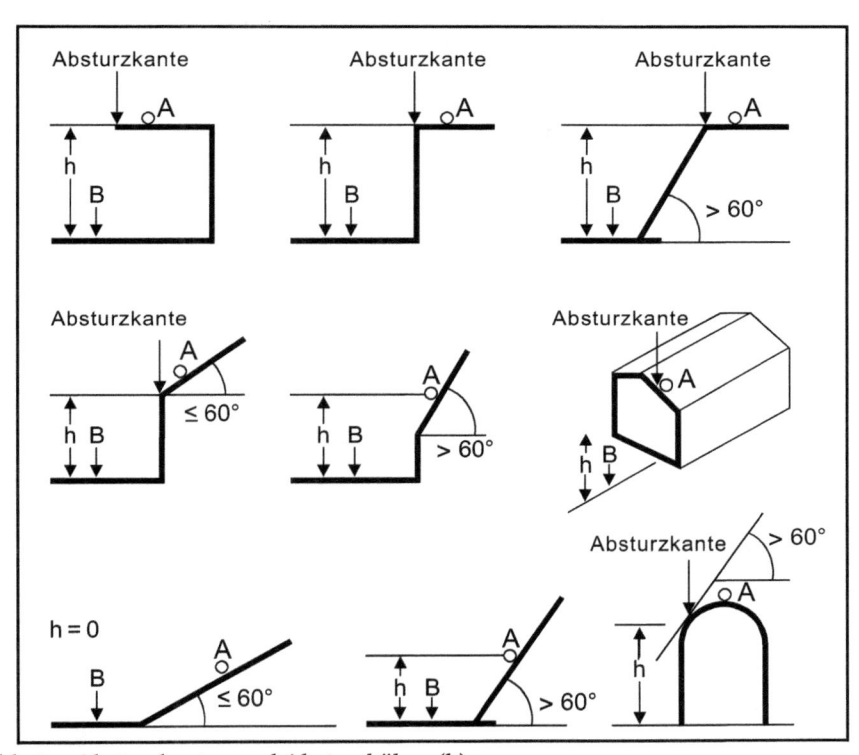

Abb. 1: Absturzkanten und Absturzhöhen (h)

h = senkrechter Höhenunterschied zwischen A = Standfläche bzw. der Absturzkante und B = Auftrefffläche

3.3 Absturzhöhe im Sinne dieser ASR (siehe Abb. 1) ist der senkrechte Höhenunterschied zwischen der Standfläche der Beschäftigten an Arbeitsplätzen und Verkehrswegen bzw. der Absturzkante und der angrenzenden tiefer liegenden ausreichend großen und tragfähigen Fläche (Auftrefffläche).

3.4 Abrutschen im Sinne dieser ASR ist ein unkontrolliertes Abgleiten von Beschäftigten bei Arbeiten auf geneigten Flächen (z. B. aufgrund der Neigung oder der Beschaffenheit der Standfläche) über eine Absturzkante.[626]

---

[626] Eine Gefährdung durch Abrutschen von Beschäftigten bei Arbeiten oder bei der Benutzung von Verkehrswegen auf geneigten Flächen von mehr als 20 ° und weniger als 60 ° über eine Absturzkante ist gem. Nr. 4.1 Abs. 1 zu beurteilen. Ein Abrutschen auf einer mehr als 60 ° geneigten Fläche wird dagegen unmittelbar dem Abstürzen gleichgesetzt.

3.5 Absturzsicherung im Sinne dieser ASR ist eine zwangsläufig wirksame Einrichtung, die einen Absturz auch ohne bewusstes Mitwirken der Beschäftigten verhindert, z. B. eine Umwehrung (siehe auch Punkt 3.8) oder Abdeckung.

3.6 Auffangeinrichtung im Sinne dieser ASR ist eine zwangsläufig wirksame Einrichtung, die abstürzende Beschäftigte auch ohne deren bewusstes Mitwirken auffängt und vor einem weiteren Absturz schützt, z. B. Schutznetz, Schutzwand oder Schutzgerüst.[627] [628]

3.7 Individuelle Schutzmaßnahmen dienen dem Schutz vor Absturz einzelner Beschäftigter oder dem Auffangen abstürzender Beschäftigter, z. B. Persönliche Schutzausrüstung gegen Absturz (PSAgA).

3.8 Umwehrung ist eine Einrichtung zum Schutz der Beschäftigten gegen Absturz, z. B. Brüstung, Geländer, Gitter oder Seitenschutz. Im Gegensatz zum meist durchbrochenen Geländer handelt es sich bei einer Brüstung um eine geschlossene, in der Regel massiv ausgeführte Wandscheibe bzw. im Fall der Fensterbrüstung um einen Teil einer Außenwand.

3.9 Gefahrenbereiche im Sinne dieser ASR sind Bereiche, in denen Beschäftigte nicht durch bauliche Maßnahmen vor einer Gefährdung durch Absturz oder herabfallende Gegenstände geschützt sind.

3.10 Herabfallende Gegenstände sind auch solche Materialien, die umstürzen, abgleiten, abrollen oder auslaufen können.

3.11 Durchtrittsicher sind Bauteile, die beim Betreten nicht brechen und durch die Beschäftigte nicht hindurch stürzen können. Nicht durchtrittsichere Bauteile können z. B. sein:
- Faserzement-Wellplatten,
- Asbestzement-Wellplatten,
- Bitumen-Wellplatten,
- Dachoberlichter (z. B. Lichtplatten, Lichtbänder, Lichtkuppeln),
- lichtdurchlässige Dächer (z. B. Glasdächer, Dächer aus Kunststoff),

---

[627] Einrichtungen zum Auffangen abstürzender Personen sind insbesondere Schutznetze nach DIN EN 1263-1:2015-03 Temporäre Konstruktionen für Bauwerke – Schutznetze (Sicherheitsnetze) – T. 1: Sicherheitstechnische Anforderungen, Prüfverfahren, T. 2: Sicherheitstechnische Anforderungen für die Errichtung von Schutznetzen, Ausg. 2015-03, temporäre Seitenschutzsysteme nach EN 13374:2019-06 Temporäre Seitenschutzsysteme – Produktfestlegungen – Prüfverfahren sowie Fang- und Dachfanggerüste nach DIN 4420:2004-03 Arbeits- und Schutzgerüste – T. 1: Schutzgerüste – Leistungsanforderungen, Entwurf, Konstruktion und Bemessung. Schutznetze und andere temporäre Seitenschutzbauteile werden meist beim Bau oder bei der Instandhaltung von Gebäuden oder sonstigen Baukonstruktionen verwendet.
[628] Zum Einsatz von Schutznetzen (Sicherheitsnetzen) enthält die DGUV Regel 101-011, Ausg. 2016-07, praktische Hinweise für die Montage und Nutzung als Auffangeinrichtung.

Schutz vor Absturz und herabfallenden Gegenständen — ASR A2.1

- Verglasungen (z. B. Shed-Dächer) oder
- Solar-, Photovoltaikelemente.

4 Beurteilung der Gefährdungen und Rangfolge der Schutzmaßnahmen

4.1 Gefährdung durch Absturz

(1) Bei der Ermittlung und Beurteilung der für die Beschäftigten mit ihrer Arbeit verbundenen Gefährdungen sind mindestens folgende Kriterien zu berücksichtigen:
- Absturzhöhe,
- Art, Dauer der Tätigkeit, körperliche Belastung,
- Abstand von der Absturzkante,
- Beschaffenheit des Standplatzes (Neigungswinkel), der Standfläche (z. B. Rutschhemmung),
- Beschaffenheit der tiefer gelegenen Fläche, z. B. Schüttgüter (versinken, ersticken), Wasser (versinken, ertrinken), Beton (harter Aufschlag), Bewehrungsanschlüsse (aufspießen), Behälter mit Flüssigkeiten, Gegenstände oder Maschinen einschließlich deren bewegter Teile, die sich auf dieser Fläche befinden und
- Beschaffenheit der Arbeitsumgebung und gefährdende äußere Einflüsse, z. B. Sichtverhältnisse, Erkennbarkeit (z. B. Beleuchtung, Tageszeit, Blendwirkung durch helle Flächen oder Gegenlicht, Markierungen), Vibrationen, gleichgewichtsbeeinflussende Faktoren, Witterungseinflüsse (z. B. Wind, Eis und starker Schneefall).

(2) Im Rahmen der Gefährdungsbeurteilung kann der Arbeitgeber u. a. die Hinweise aus den Planungsunterlagen für bauliche Anlagen heranziehen.[629]

(3) Befinden sich Arbeitsplätze oder Verkehrswege 0,2 m bis 1,0 m oberhalb einer angrenzenden Fläche oder besteht die Gefährdung des Abrutschens oder unabhängig von der vorgenannten Höhe die Gefährdung des Hineinfallens oder des Versinkens in Stoffen, ist im Rahmen der Gefährdungsbeurteilung zu ermitteln, ob und welche Schutzmaßnahmen nach Punkt 4.2 erforderlich sind.[630]

(4) Eine Gefährdung durch Absturz liegt bei einer Absturzhöhe von mehr als 1,0 m vor.[631]

4.2 Rangfolge der Maßnahmen zum Schutz vor Absturz

Bauliche und technische Maßnahmen haben Vorrang vor organisatorischen und individuellen Schutzmaßnahmen. Sie sind entsprechend der nachfolgenden Rangfolge zu treffen.

1. Absturzsicherungen

---

[629] RAB 32 Regel zum Arbeitsschutz auf Baustellen, Unterlage für spätere Arbeiten (Stand: 2003-03).
[630] Die Festlegung des unteren Maßes von 0,2 m erfolgte in Übereinstimmung mit der Festlegung in ASR A1.8 Verkehrswege Nr. 4.5 Abs. 4 (s. S. 263), nach der die Steigung von Treppen zwischen 14 und 19 cm variieren darf. In der Gefährdungsbeurteilung ist folglich eine Absturzgefährdung durch die Benutzung von Treppen nicht zu betrachten.
[631] Auch nach dem Bauordnungsrecht ist beim Angrenzen einer begehbaren Fläche an eine mehr als 1,00 m tiefer liegende Fläche eine Umwehrung vorzusehen (s. z. B. § 38 Abs. 1 BauO NW, § 38 Abs. 1 BauO SN), womit unterstellt wird, dass eine Absturzgefährdung vorliegt.

2. Lassen sich aus betriebstechnischen Gründen (z. B. Arbeitsverfahren, zwingende technische Gründe) Absturzsicherungen nicht verwenden, müssen an deren Stelle Auffangeinrichtungen vorhanden sein.
3. Lassen sich keine Absturzsicherungen oder Auffangeinrichtungen einrichten, sind Persönliche Schutzausrüstungen gegen Absturz (PSAgA) als individuelle Schutzmaßnahme zu verwenden. Die geeignete PSAgA muss sich aus der Gefährdungsbeurteilung ergeben. Voraussetzung für die Verwendung von PSAgA ist das Vorhandensein geeigneter Anschlageinrichtungen.[632] Die Beschäftigten müssen in der Benutzung der PSAgA eingewiesen und über die Durchführung der erforderlichen Rettungsmaßnahmen, z. B. über den Auffangvorgang, unterwiesen werden (Erste Hilfe und Rettungsgeräte siehe ASR A4.3 „Erste-Hilfe-Räume, Mittel und Einrichtungen zur Ersten Hilfe").[633] [634]
4. Lassen die Eigenart und der Fortgang der Tätigkeit und Besonderheiten des Arbeitsplatzes die vorgenannten Schutzmaßnahmen nicht zu, darf auf die Anwendung von PSAgA im Einzelfall (z. B. Boden- und Wandöffnungen von Szenenflächen bei Bühnen) nur dann verzichtet werden, wenn:
   - die Arbeiten von fachlich qualifizierten und körperlich geeigneten Beschäftigten ausgeführt werden,
   - der Arbeitgeber für den begründeten Ausnahmefall eine besondere Unterweisung durchgeführt hat und
   - die Absturzkante für die Beschäftigten deutlich erkennbar ist.[635]

---

632) Nach DIN 4426:2017-01 Einrichtungen zur Instandhaltung baulicher Anlagen – Sicherheitstechnische Anforderungen an Arbeitsplätze und Verkehrswege – Planung und Ausführung sind Anschlagpunkte für die Verwendung von PSAgA so anzuordnen, dass bei der Durchführung von Arbeiten ein Absturz ausgeschlossen ist. Anschlagmöglichkeiten, bei denen ein unbeabsichtigtes Lösen des Auffangsystems möglich ist, z. B. freie Rohr- bzw. Trägerenden, sind ungeeignet. Einzelanschlagpunkte sind nachrangig zu umlaufenden Sicherungssystemen zu nutzen. Anschlageinrichtungen müssen DIN EN 795:2012-10 Persönliche Absturzschutzausrüstung – Anschlageinrichtungen entsprechen. Auf Dächern mit einer Neigung > 20 ° und < 75 ° sind gemäß DIN 4426:2017-01 in festgelegten Abständen Sicherheitsdachhaken nach DIN EN 517:2006-05 Vorgefertigte Zubehörteile für Dacheindeckungen – Sicherheitsdachhaken einzubauen.
633) Die Verwendung der Persönlichen Schutzausrüstung gegen Absturz (PSAgA) setzt eine besondere Gefährdungsbeurteilung voraus, die auch die Festlegung der erforderlichen Rettungsmaßnahmen nach einem Auffangvorgang beinhaltet, z. B. Umgang mit Hängetrauma. Die in diesem Fall ebenfalls notwendige besondere Unterweisung der Beschäftigten, die PSAgA nutzen, sollte auch Übungen angepasst an die jeweilige Gefährdungssituation beinhalten. Im Rahmen dieser Unterweisung ist sicherzustellen, dass die Beschäftigten Höhenretter verständigen können, soweit ein solcher Einsatz in Betracht kommt.
634) Bei der Auswahl geeigneter Schutzmaßnahmen ist zu berücksichtigen, dass PSAgA bei einer Absturzhöhe von nur 1 m bis 2 m nicht sicher wirken kann. Zum Auffangen eines Sturzes sind größere Mindestfreiräume unterhalb des zu sichernden Beschäftigten erforderlich.
635) Auch nach DGUV Regel 115-002 Veranstaltungs- und Produktionsstätten für szenische Darstellung, Ausg. 2018-03, § 6 Abs. 2 sind Ausnahmen von der Forderung nach einer Absturzsicherung „aus zwingenden szenischen Gründen" möglich. In den Erläuterungen zu § 6 Abs. 2 werden als Ersatzmaßnahme Einrichtungen zum Auffangen abstürzender Personen, z. B. Auffangnetze, Anseilsicherungen oder deutlich erkennbare Markierungen an den Absturzkanten, z. B. selbstleuchtende oder stark reflektierende Bänder, gefordert.

4.3 Gefährdung durch herabfallende Gegenstände

Bei der Ermittlung und Beurteilung der für die Beschäftigten mit ihrer Arbeit verbundenen Gefährdungen sind mindestens folgende Kriterien zu berücksichtigen:
- Höhenunterschied zwischen der Fläche, von der aus Gegenstände herabfallen können, und den Bereichen, die von Beschäftigten begangen oder befahren werden können,
- Beschaffenheit des Gegenstandes, z. B. Form, Gewicht, Konsistenz (z. B. Schüttgüter, Flüssigkeiten) und
- äußere Einflüsse, z. B. Witterungseinflüsse wie Wind.

4.4 Rangfolge der Maßnahmen zum Schutz vor herabfallenden Gegenständen

Bauliche und technische Maßnahmen haben Vorrang vor organisatorischen und individuellen Schutzmaßnahmen. Sie sind entsprechend der nachfolgenden Rangfolge zu treffen.

1. Reicht die bauliche Ausführung nicht aus, ein Herabfallen von Gegenständen zu verhindern, sind zum Schutz der Beschäftigten Fußleisten, Schutzwände, Schutzgitter oder vergleichbare Einrichtungen anzubringen.
2. Lassen sich die Maßnahmen nach Nr. 1 aus betriebstechnischen Gründen nicht durchführen, müssen an deren Stelle die tiefer gelegenen Arbeitsplätze und Verkehrswege durch Schutzeinrichtungen, z. B. Schutzdächer oder Fangnetze, gesichert werden.
3. Lassen sich Bereiche aus betriebstechnischen Gründen nicht durch Maßnahmen nach Nr. 1 und 2 sichern, muss eine zeitlich-organisatorische Trennung in Verbindung mit einer Absperrung und Kennzeichnung des Gefahrenbereiches oder einer Überwachung (z. B. Warnposten) des Gefahrenbereiches erfolgen.[636]
4. Lassen sich Bereiche aus betriebstechnischen Gründen nicht durch Maßnahmen nach Nr. 1, 2 und 3 sichern, ist Persönliche Schutzausrüstung (PSA) zu verwenden, soweit diese als Ergebnis der Gefährdungsbeurteilung geeignet ist. Die Beschäftigten sind in der Benutzung der PSA zu unterweisen.[637]

5 Maßnahmen zum Schutz vor Absturz

5.1 Sicherung an Absturzkanten

(1) Umwehrungen müssen entsprechend der Nutzung so gestaltet sein, dass sie den zu erwartenden Belastungen standhalten und ein Hinüber- oder Hindurchfallen von Beschäftigten verhindern. Bewegliche Teile der Umwehrungen dürfen nur aus der Schutzstellung

---

[636] Ob der Zutritt zum Gefahrenbereich durch Warnposten oder andere Warneinrichtungen gesichert werden muss, ergibt sich aus der Gefährdungsbeurteilung. Wird der Gefahrenbereich z. B. nur selten und kurzzeitig begangen und liegt eine Gefährdung nur durch leichte herabfallende Gegenstände vor, sollte ein Absperren des Gefahrenbereichs ausreichen. In diesem Fall hat der Arbeitgeber eine besondere Unterweisung der betroffenen Beschäftigten durchzuführen.

[637] Zum Schutz vor herabfallenden Gegenständen dürfte es kaum eine ausreichend wirksame PSA geben. Ein Schutzhelm schützt z. B. nur die Kopfoberfläche und nicht andere Körperbereiche, wie z. B. Schultern, und auch die Kopfoberfläche nur dann, wenn der herabfallende Gegenstand über eine begrenzte Aufprallenergie verfügt (stumpfe Form, geringe Fallhöhe, geringes Gewicht).

gebracht werden, wenn dieses betrieblich erforderlich ist und andere Schutzmaßnahmen getroffen sind. Sie müssen in der Schutzstellung gesichert werden können und dürfen sich nicht in Richtung des Absturzbereiches öffnen lassen.

(2) Die Umwehrungen müssen mindestens 1,00 m hoch sein. Die Höhe der Umwehrungen darf bei Brüstungen bis auf 0,80 m verringert werden, wenn die Tiefe der Umwehrung mindestens 0,20 m beträgt und durch die Tiefe der Brüstung ein gleichwertiger Schutz gegen Absturz gegeben ist.[638]

Beträgt die Absturzhöhe mehr als 12 m, muss die Höhe der Umwehrung mindestens 1,10 m betragen.

Ergibt sich bei der Gefährdungsbeurteilung, dass in bestehenden Arbeitsstätten die Einhaltung der Höhe der Umwehrung mit Aufwendungen verbunden ist, die offensichtlich unverhältnismäßig sind, so hat der Arbeitgeber dies individuell zu beurteilen. Bei der Gefährdungsbeurteilung hat der Arbeitgeber zu prüfen, wie durch andere oder ergänzende Maßnahmen die Sicherheit und der Gesundheitsschutz der Beschäftigten in vergleichbarer Weise gesichert werden kann; die erforderlichen Maßnahmen hat er durchzuführen. Eine solche Maßnahme kann z. B. die Zugangsbeschränkung zur Absturzkante sein. Die ergänzenden Maßnahmen können solange herangezogen werden, bis die bestehenden Arbeitsstätten wesentlich umgebaut werden.[639]

(3) Wenn für die Umwehrung Geländer verwendet werden, müssen diese:

– eine geschlossene Füllung aufweisen,
– mit senkrechten Stäben versehen sein (Füllstabgeländer) oder
– aus Handlauf, Knieleiste und Fußleiste bestehen (Knieleistengeländer).[640]

(4) Bei Füllstabgeländern mit senkrechten Zwischenstäben darf deren lichter Abstand nicht mehr als 0,18 m betragen. Der Abstand zwischen der Unterkante der Umwehrung bis zur Fußbodenoberkante darf 0,18 m nicht überschreiten (siehe Abb. 2).

Hinweis:

Bei Gebäuden, in denen mit dauernder oder häufiger Anwesenheit von Kindern gerechnet werden muss, können geringere Abstände erforderlich sein.

---

638) Eine entsprechend gestaltete breite Brüstung benötigt nicht die vorgeschriebene Höhe von 1,00 m bzw. 1,10 m. Die zulässige Verminderung der Höhe ist abhängig von der Breite der Brüstung, hat jedoch dort seine Grenze, wo die Brüstung ohne Anstrengung bestiegen werden kann. Die Untergrenze der Brüstungshöhe von 0,80 m bei einer gleichzeitigen Tiefe von mindestens 0,20 m konkretisiert hierzu die Abweichungsmöglichkeit bei ausreichend breiten Umwehrungen.
639) Ein Anlass, die Vorgaben der ASR an die Höhe von Umwehrungen nicht umzusetzen, kann durch die Anforderungen der Denkmalschutzgesetze (DSchG) der Länder gegeben sein. So liegt in Baudenkmälern wie z. B. in Kirchen die Brüstungshöhe von Emporen in der Regel unter 1,00 m. In diesem Fall kann z. B. durch horizontal vorgelagerte, ausreichend dimensionierte Abweiser der Zugang zur Absturzkante in der Regel verlässlich beschränkt werden.
640) Insbesondere in Arbeitsstätten, in denen mit dauernder oder häufiger Anwesenheit von Kindern gerechnet werden muss, ist der Einbau von Füllstabgeländern mit senkrechten Stäben zur Vermeidung des Be- oder Übersteigens zu bevorzugen.

Schutz vor Absturz und herabfallenden Gegenständen

ASR A2.1

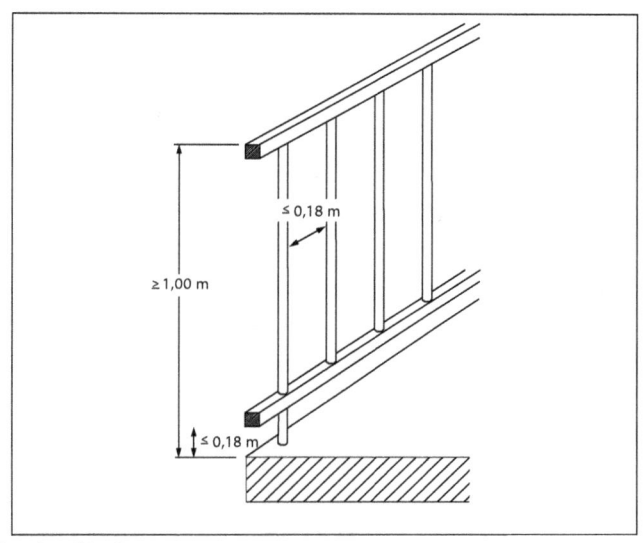

Abb. 2: Füllstabgeländer

(5) Bei Knieleistengeländern darf der Abstand zwischen Fuß- und Knieleiste, zwischen Knieleiste und Handlauf oder zwischen zwei Knieleisten nicht größer als 0,50 m sein. Die Fußleisten müssen eine Höhe von mindestens 0,05 m haben und unmittelbar an der Absturzkante angeordnet sein (siehe Abb. 3).[641]

---

641) Es kann Sonderfälle geben, in denen die Fußleiste höher sein muss. Nach DIN EN ISO 14122-3:2016-10 Sicherheit von Maschinen – Ortsfeste Zugänge zu maschinellen Anlagen – T. 3: Treppen, Treppenleitern und Geländer müssen waagerechte Geländer eine Fußleiste mit einer Mindesthöhe von 100 mm aufweisen. Für Geländer im Verlauf von Treppen werden keine Fußleisten gefordert.

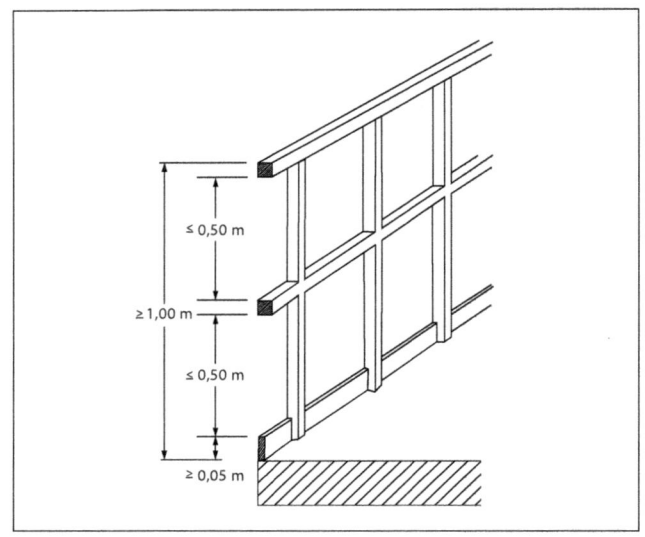

Abb. 3: Knieleistengeländer

(6) Kann die Umwehrung bei vorgesetzten Füllstabgeländern nicht bündig mit der Absturzkante abschließen und entsteht dadurch nach außen hin ein Spalt, darf dessen lichte Breite (Abstand zwischen Absturzkante und Unterkante der Umwehrung) 0,06 m nicht überschreiten (siehe Abb. 4).

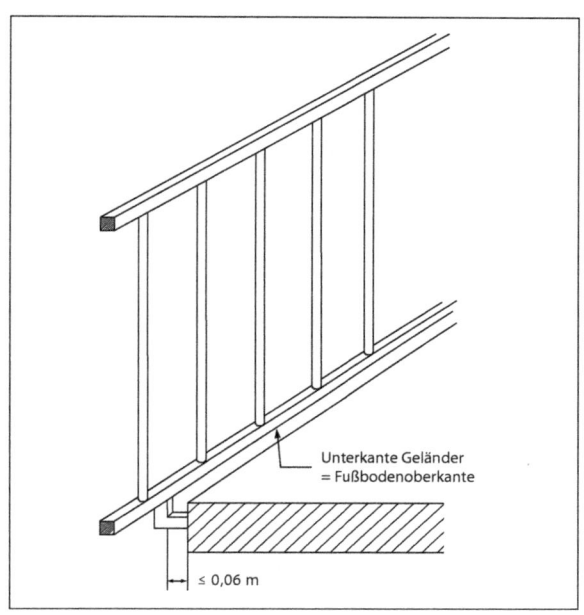

Schutz vor Absturz und herabfallenden Gegenständen — ASR A2.1

Abb. 4: Vorgesetztes Füllstabgeländer

(7) Die Umwehrungen müssen so beschaffen und angebracht sein, dass an ihrer Oberkante eine Horizontallast H = 1000 N/m aufgenommen werden kann. Abweichend genügt ein Lastansatz:

– von H = 500 N/m für Umwehrungen an Bühnen und Laufstegen mit lotrechten Verkehrslasten von höchstens 5000 N/m^2 und

– von H = 300 N/m für Umwehrungen in Bereichen oder an Verkehrswegen, die nur zu Inspektions- oder Wartungszwecken begangen werden (z. B. Tankdächer, Schauöffnungen an Öfen) sowie an Steckgeländern.[642] [643]

---

[642] Geländer mit einem horizontalen Lastansatz von 500 N/m reichen im Regelfall aus, z. B. in Büro- und Verwaltungsgebäuden, kleinen Einzelhandelsbetrieben, Arztpraxen, Lagerräumen, in denen leichte Lasten zu transportieren sind, an Treppen, Treppenabsätzen, hoch gelegenen Verkehrswegen in Hallen, an Galerien und Podesten.

[643] Erst bei höheren Belastungen – in der ASR werden sie mit einer lotrechten Verkehrslast von mehr als 5000 N/m^2 angegeben – müssen Umwehrungen vorhanden sein, die einer Horizontalkraft von mindestens 1000 N/m widerstehen. Von lotrechten Verkehrslasten über 5000 N/m^2 ist auszugehen, wenn schwere Lasten transportiert werden oder kraftbetriebene Flurförderzeuge verkehren, ebenso an Zufahrten und Rampen von Garagen für Pkw, bei Lagerräumen mit schwerem Lagergut und entsprechendem Transportbetrieb. Soll die Umwehrung gleichzeitig noch als Anfahrschutz für Kraftfahrzeuge gelten, müssen höhere Horizontalkräfte in Ansatz gebracht werden. Auch bei Umwehrungen von Flächen, die für größere Menschenansammlungen bestimmt sind, z. B. in Theatern, an Tribünen, in Lichtspielsälen, Kaufhäusern, Schulen, wird von einer Horizontalkraft von 1000 N/m ausgegangen.

5.2 Sicherung an Bodenöffnungen

(1) Bodenöffnungen müssen gesichert sein:
- durch feste oder abnehmbare, gegen unbeabsichtigtes Ausheben gesicherte Umwehrungen oder
- durch Abdeckungen.[644) 645)]

(2) Abdeckungen, z. B. Luken-, Schacht-, Rutschen-, Gruben-, Falltüren, müssen so gestaltet und installiert sein, dass sich hierdurch keine Stolpergefahren ergeben und sie der Nutzungsart entsprechend tragfähig sein. Sie müssen sicher zu handhaben und gegen unbeabsichtigtes Bewegen (Auf- und Zuklappen, Verschieben) zu sichern sind. Diese Forderung ist z. B. dann erfüllt, wenn:
- Abdeckungen von gesicherten Standplätzen aus geöffnet werden können,
- klappbare Abdeckungen in geöffnetem Zustand festgestellt werden können oder
- Abdeckungen, für deren Betätigung eine Kraft von mehr als 250 N erforderlich ist, mit entsprechenden Hilfseinrichtungen, z. B. zusätzlich mit Gewichtsausgleich, hydraulisch betätigten Hubvorrichtungen oder Gasdruckfedern, ausgestattet sind.[646) 647)]

(3) Bewegliche Abdeckungen und Umwehrungen dürfen nur aus der Schutzstellung gebracht werden, wenn dies betrieblich erforderlich ist und andere Schutzmaßnahmen getroffen sind. Sie müssen in der Schutzstellung gesichert werden können und dürfen sich nicht in Richtung der Absturzkante öffnen lassen.

5.3 Sicherung an Wandöffnungen

(1) Wandöffnungen müssen fest angebrachte oder bewegliche Umwehrungen haben, wenn:
- die Brüstungshöhe geringer ist als in Punkt 5.1 Abs. 2 angegeben,
- die Breite größer als 0,18 m und die Höhe größer als 1,00 m sind und
- bei denen eine Gefährdung durch Absturz nach Punkt 4.1 besteht.

---

644) Die als Absturzsicherung vorgesehenen Geländer und Abdeckungen sind je nach Art und Funktion der Bodenöffnung zu wählen. Als Einrichtung zur Verhinderung eines Absturzes ist auch eine Absperrung des Zugangs für Unbefugte zu den Bodenöffnungen denkbar (s. Anh. Nr. 2.1 Satz 2 ArbStättV). Diese Möglichkeit ist in der ASR zwar nicht vorgesehen, gilt aber als gleichwertig zur Umwehrung oder Abdeckung.

645) Bei Treppen-, Schacht- und Abwurföffnungen in Fußböden, die regelmäßig benutzt werden, ist ein Geländer zweckmäßig. In allen übrigen Fällen sollte einer Abdeckung der Vorzug gegeben werden, insbesondere, wenn der Bereich der Bodenöffnung mit in den Verkehrs- oder Arbeitsbereich (z. B. Kellerluken in Einzelhandelsgeschäften und Gaststätten) einbezogen ist.

646) Lukendeckel werden i. d. R. dann verwendet, wenn die Luke wenig benutzt wird oder der Lukenbereich mit in die Verkehrsfläche oder den Arbeitsbereich einbezogen ist. Die Tragfähigkeit des Lukendeckels muss den auftretenden Belastungen entsprechen. Die Forderung nach einem tragfähigen Lukendeckel gilt auch für Dekorationsluken in Schaufenstern; leichte Abdeckungen, z. B. aus Hartfaser- oder Pressspanplatten, sind nicht zulässig.

647) Die Forderung, dass Lukendeckel nicht unbeabsichtigt zufallen dürfen, wird oft bereits dadurch erfüllt, dass der aufgeklappte Lukendeckel mit in die Absturzsicherung einbezogen und damit gegen unbeabsichtigtes Zufallen gesichert ist. Ist dies nicht der Fall, so können Ketten, Stangen, Bügel oder selbsttätige Halteklinken zur Sicherung des aufgeklappten Lukendeckels verwendet werden.

Schutz vor Absturz und herabfallenden Gegenständen ASR A2.1

Umwehrungen können z. B. aus verschieb- oder schwenkbaren Schranken, Schleusengeländern oder Halbtüren bestehen. Sie müssen mit einer Sicherung gegen unbeabsichtigtes Öffnen oder Ausheben versehen sein.[648]

(2) Umwehrungen dürfen sich nicht zur tiefer liegenden Seite hin öffnen lassen.

5.4 Gefahrenbereich Absturz

Arbeitsplätze und Verkehrswege, bei denen der Abstand mehr als 2,0 m zur Absturzkante beträgt, liegen außerhalb des Gefahrenbereichs Absturz. Der Gefahrenbereich ist durch geeignete Maßnahmen, z. B. Ketten oder Seile, und gut sichtbare Kennzeichnung entsprechend ASR A1.3 „Sicherheits- und Gesundheitsschutzkennzeichnung" (Verbotszeichen D-P006 „Zutritt für Unbefugte verboten") gegen unbefugten Zutritt zu sichern. Bei Verkehrswegen ist als Schutzmaßnahme auch ausreichend, wenn die Abgrenzung optisch deutlich erkennbar ist.[649] [650]

6 Maßnahmen zum Schutz vor herabfallenden Gegenständen

(1) Einrichtungen zum Schutz vor herabfallenden Gegenständen (z. B. Schutzdächer, Schutznetze) sind entsprechend der Beschaffenheit und der zu erwartenden kinetischen Energie der herabfallenden Gegenstände auszuwählen und zu dimensionieren.[651]

(2) Besteht für Beschäftigte in tiefer gelegenen Bereichen der Arbeitsstätte eine Gefährdung durch z. B. auslaufende Flüssigkeiten oder Schüttgüter, sind Schutzmaßnahmen, z. B. Anbringung von Auffangwannen, zu treffen.

(3) Nicht geschlossene Böden (z. B. Gitterroste) sind so auszuführen, dass eine Gefährdung tiefer gelegener Arbeitsplätze und Verkehrswege durch herabfallende Gegenstände verhindert wird. Das entsprechende maximale Öffnungsmaß (z. B. die Maschenweite bei Git-

---

648) Umwehrungen an Wandöffnungen müssen über eine Sicherung gegen unbeabsichtigtes Öffnen oder Ausheben verfügen. Daher erscheint eine einfache Sicherung wie z. B. ein stabiler Querriegel als nicht mehr ausreichend. Da sich Wandöffnungen häufig in Lagerhäusern, in denen Flurförderzeuge verkehren, befinden ist es erforderlich, dass die ggf. notwendige Umwehrung einer horizontalen Belastung von 1000 N standhält.
649) Grenzen Arbeitsplätze an einen Gefahrenbereich gem. ASR A2.1, dann ist dieser durch eine feste Absperrung, z. B. mit Geländer, Ketten oder Seilen, abzusperren sowie deutlich und dauerhaft erkennbar entsprechend ASR A1.3 Sicherheits- und Gesundheitsschutzkennzeichnung (s. S. 166) zu kennzeichnen. Regelmäßige Wartungs- und Instandsetzungsarbeiten, bei denen auch Werkzeug und Material im Einsatz ist, dürften in diesem Zusammenhang zu den Arbeitsplätzen zu rechnen sein, während der Zugang zu reinen Inspektionstätigkeiten eher einem Verkehrsweg gleichzusetzen ist.
650) Für die Absicherung von Gefahrenbereichen zu Verkehrswegen ist eine Abstufung der erforderlichen Schutzmaßnahmen zulässig, welche im Rahmen der Gefährdungsbeurteilung zu ermitteln ist. So kann für selten begangene Verkehrswege auf Dächern, die im Abstand von mehr als 2,0 m zur Absturzkante verlaufen, eine optische Abgrenzung, z. B. im Verkehrsweg aus Betonplatten auf einer bekiesten Dachfläche, i. V. m. einer wirksamen Einschränkung des Zutritts und einer entsprechenden Unterweisung der Beschäftigten, die den Verkehrsweg nutzen, eine ausreichende Schutzmaßnahme darstellen.
651) Können Gegenstände von Betriebseinrichtungen auf Arbeitsplätze und Verkehrswege herabfallen, z. B. von Hängebahnen, Transportbändern, Kreisförderern, Schaukelförderern und sonstigen Stetigförderern, sind geeignete Schutzeinrichtungen anzubringen.

terrosten) ist unter Berücksichtigung der örtlichen Gegebenheiten im Rahmen der Gefährdungsbeurteilung zu ermitteln. Dabei ist z. B. die Einbausituation oder die Personenfrequenz zu berücksichtigen.[652]

6.1 Gefahrenbereich herabfallende Gegenstände

(1) Werden Gefahrenbereiche durch Absperrung und Kennzeichnung gemäß Punkt 4.4 Nr. 3 gesichert, sind als Absperrungen z. B. Geländer, Ketten oder Seile und als Kennzeichnung nach ASR A1.3 „Sicherheits- und Gesundheitsschutzkennzeichnung" das Verbotszeichen D-P006 „Zutritt für Unbefugte verboten" anzubringen.

(2) Werden Gefahrenbereiche durch Überwachung des Gefahrenbereiches gemäß Punkt 4.4 Nr. 3 gesichert, kann dieses z. B. durch Warnposten oder geeignete Warneinrichtungen (z. B. Schall- oder Leuchtzeichen nach ASR A1.3 „Sicherheits- und Gesundheitsschutzkennzeichnung") erfolgen.

7 Arbeitsplätze und Verkehrswege auf Dächern

(1) Wenn auf Dächern Arbeiten durchgeführt werden oder diese als Verkehrswege genutzt werden, hat der Arbeitgeber zu ermitteln, ob eine Gefährdung durch Absturz nach Punkt 4.1 besteht.[653] Arbeiten auf Dächern können z. B. sein:

- vom Hersteller vorgeschriebene regelmäßige Prüfungen oder Instandhaltungsarbeiten an technischen oder baulichen Einrichtungen,
- das Reinigen oder Wechseln von Filterelementen an lüftungstechnischen Anlagen,
- das Ablesen oder Eichen von Messgeräten,
- das Durchführen von Pflegearbeiten auf begrünten Dachflächen,
- das Reinigen der Abläufe bei Dächern mit Innenentwässerung,
- das Räumen von Schnee,
- die Instandhaltung oder Reinigung von Dachoberlichtern oder Rauch- und Wärmeabzugsanlagen (RWA) oder
- die Instandhaltung oder Reinigung von Photovoltaik- und Solarthermieanlagen.

---

652) Nach DGUV Information 208-007 Roste – Auswahl und Betrieb, Ausg. 2013-05, Nr. 2.4.4 sind für Roste auf Arbeitsbühnen und deren Zugängen Maschenteilungen bis 34,3 mm × 50,8 mm nach DIN 24537:2006-04 Roste als Bodenbelag – T. 1: Gitterroste aus metallischen Werkstoffen zulässig. Allerdings dürfen Roste mit darunter liegenden Arbeitsbereichen, die nicht nur gelegentlich genutzt werden, höchstens Öffnungsweiten aufweisen, die verhindern, dass eine Kugel mit einem Durchmesser von 20 mm hindurch fällt, wenn kein gleichwertiger Schutz durch andere Maßnahmen hergestellt wird (DGUV Information 208-007 Nr. 3.3).
653) Anh. Nr. 1.5 Abs. 4 ArbStättV fordert Schutzmaßnahmen gegen Abstürzen bzw. Hindurchstürzen nur, wenn Dächer aus nicht durchtrittsicherem Material begangen werden müssen. Da bei Arbeiten auf Dächern eine Absturzgefährdung (Absturzhöhe größer 1,0 m) immer vorliegen dürfte, muss der Arbeitgeber in jedem Fall geeignete Schutzmaßnahmen nach Nr. 4.2 ermitteln und umsetzen.

Schutz vor Absturz und herabfallenden Gegenständen ASR A2.1

(2) Besteht bei Arbeiten auf Dächern oder Verkehrswegen eine Gefährdung durch Absturz, sind Maßnahmen zum Schutz vor Absturz entsprechend der Rangfolge nach Punkt 4.2 zu treffen.[654] [655]

7.1 Nicht durchtrittsichere Dächer und Bauteile

(1) Zugänge (z. B. Dachausstiege, Luken) zu nicht durchtrittsicheren Dächern (siehe Punkt 3.11) müssen unter Verschluss stehen, der nur von besonders unterwiesenen und beauftragten Personen geöffnet werden kann.[656] [657] Diese Unterweisung ist ggf. vor Ort durchzuführen. An den Zugängen muss eine dauerhafte und deutlich sichtbare Kennzeichnung angebracht sein, z. B. „Dach nur auf Laufstegen benutzen".

(2) Müssen nicht durchtrittsichere Dächer begangen werden, z. B. für Instandhaltungsarbeiten an Anlagen oder Einrichtungen, müssen sicher ausgeführte Verkehrswege zum Arbeitsbereich vorhanden sein. Dies kann z. B. durch Laufstege gewährleistet werden, die den zu erwartenden Lasten (Beschäftigte und Arbeitsmittel) sicher standhalten, mindestens 0,50 m breit und

– beidseitig umwehrt sind oder

---

[654] Bei der Planung von dauerhaft installierten Arbeitsplätzen, Verkehrswegen und anderen Einrichtungen auf Dächern und an Fassaden-, Fenster- und Glasflächen baulicher Anlagen, die bei Wartungs- und Inspektionsarbeiten sowie kurzzeitigen Instandsetzungsarbeiten auf Dächern zeitweise genutzt werden, ist DIN 4426:2017-01 Einrichtungen zur Instandhaltung baulicher Anlagen – Sicherheitstechnische Anforderungen an Arbeitsplätze und Verkehrswege – Planung und Ausführung anzuwenden. Die Norm unterscheidet zwischen Schutzmaßnahmen auf Dächern mit einer Neigung bis maximal 20° (u. a. geeignete Umwehrungen oder Anschlageinrichtungen, tragfähige Unterspannung von Lichtkuppeln und Lichtbändern) und Dächern mit einer Neigung größer 20° (Sicherheitsdachhaken als Anschlageinrichtungen).
[655] Die DGUV Information 201-054 Dach-, Zimmer- und Holzbauarbeiten, Ausg. 2015-10, enthält praktische Beispiele zur sicheren Ausführung von Dacharbeiten. Zu den Dacharbeiten gehören nach dieser Information auch Tätigkeiten zur kompletten Dachabdichtung und deren Schutz, wie z. B. Begrünung, Bekiesung oder Plattenbeläge. Zu den Dächern gehören auch angrenzende, abgrenzende und durchdringende Bauteile. Angrenzende, abgrenzende und durchdringende Bauteile sind z. B. Dachrinnen, Regenfallrohre, Attiken, Gauben, Erker, Gesimse, Traufen, Ortgänge, Firste, Blitzableiter, Schornsteine, Lichtkuppeln, Dachfenster und Geländer, Dachterrassen, Sonnendecks an oder auf Dächern.
[656] Aus der Bestimmung des Anh. Nr. 1.5 Abs. 4 ArbStättV folgt, dass der Zutritt zu nicht durchtrittsicheren Dächern und nicht durchtrittsicheren Bauteilen, wie z. B. Lichtkuppeln, ausgeschlossen sein muss, wenn keine geeigneten Schutzmaßnahmen getroffen sind. Aber auch nicht durchtrittsichere Dächer mit einem Laufsteg sind in einem gewissen Grad gefährlich, insbesondere für Personen, die normalerweise keine Tätigkeiten auf dem Dach auszuführen haben. Die ASR sieht deshalb vor, dass die Zugänge zu nicht durchtrittsicheren Dächern, unabhängig davon, ob ein Laufsteg vorhanden ist oder nicht, verschlossen sein müssen. Der Zugang zum Dach kann z. B. eine Dachluke, ein von außen an das Gebäude fest angebrachter Aufstieg, eine Tür oder auch das Fenster eines angrenzenden Gebäudes sein.
[657] Der Arbeitgeber hat die Beschäftigten zu benennen, die Instandhaltungsarbeiten an Anlagen und Einrichtungen durchführen, die nur über ein nicht begehbares Dach zu erreichen sind. Nur diese Beschäftigten dürfen die Zugänge, von denen aus die Laufstege begangen werden können, öffnen. Insbesondere beim Einsatz von Fremdfirmen für Instandhaltungsarbeiten auf nicht durchtrittsicheren Dächern und Bauteilen ist eine Unterweisung vor Ort für die befugten Beschäftigen unbedingt erforderlich.

– einseitig umwehrt sind, wenn eine beidseitige Umwehrung die vorzunehmenden Arbeiten behindern würde und geeignete Anschlageinrichtungen für den Einsatz von PSAgA vorhanden sind.[658]

(3) Lichtkuppeln und Lichtbänder, die konstruktiv nicht durchtrittsicher sind, müssen mit geeigneten Umwehrungen, Überdeckungen oder Unterspannungen ausgeführt sein, die ein Durchstürzen von Beschäftigten verhindern.[659] Für Arbeiten und Verkehrswege im Gefahrenbereich (Abstand ≤ 2,0 m) von nicht durchtrittsicheren Lichtkuppeln und Lichtbändern im Bestand ist sicherzustellen, dass durch Absperrungen oder Abdeckungen ein Absturz verhindert wird. Auf Unterspannungen, Überdeckungen oder Absperrungen kann verzichtet werden, wenn der Aufsatzkranz des nicht durchtrittsicheren Bauteils, z. B. der Lichtkuppel, mindestens 0,50 m über die Dachfläche hinausragt.[660] [661]

(4) Für die Ausführung von Arbeiten und für die Benutzung von Verkehrswegen im Gefahrenbereich (Abstand ≤ 2,0 m) von sonstigen nicht durchtrittsicheren Dach-Oberlichtern (z. B. Lichtplatten aus Kunststoff) ist aufgrund der örtlichen Gegebenheiten im Rahmen der Gefährdungsbeurteilung zu entscheiden, ob und ggf. welche Maßnahmen zu treffen sind, z. B. Geländer, Abdeckung, Arbeiten mit PSAgA.[662]

---

658) Wenn vom Laufsteg aus Arbeiten ausgeführt werden, besteht die Gefahr, dass ein Beschäftigter über den Laufsteg hinaus auf die Dachhaut tritt – sei es beim Vorbeugen oder Zurücktreten –, durchbricht und abstürzt. Daher sind besondere Maßnahmen vorgeschrieben. Sie richten sich nach der Art der durchzuführenden Arbeit. Die Verwendung von Sicherheitsgeschirren, die an einem Spannseil angeschlagen sind, wäre eine besondere Maßnahme, um ein Abstürzen bei der Durchführung von Arbeiten zu verhindern.

659) Dies stellt klar, dass auch in bestehenden Arbeitsstätten eine Kennzeichnung von nicht durchtrittsicheren Lichtkuppeln und Lichtbändern als alleinige Schutzmaßnahme nicht ausreichend ist, sondern durch Absperrungen oder Abdeckungen ein wirksamer Schutz gegen Absturz herzustellen ist.

660) Bei der Reinigung oder Instandhaltung von nicht durchtrittsicheren Dachoberlichtern, Lichtkuppeln oder Lichtbändern sind die in der ASR genannten Schutzmaßnahmen gegen Absturz zu treffen. Dabei werden hier Umwehrungen, Überdeckungen oder Unterspannungen als gleichwertige Schutzmaßnahmen angesehen. Im Falle der Unterspannung einer nicht durchtrittsicheren Lichtkuppel oder eines Lichtbandes besteht eine Gefährdung, dass ein Beschäftigter hineinstürzt und sich ggf. verletzt. Inwieweit Unterspannungen verwendet werden, muss sich aus der Gefährdungsbeurteilung ergeben, in der u. a. zu berücksichtigen ist, wie häufig und von welchem Personenkreis die Dachfläche betreten werden muss.

661) Gem. dem Bauordnungsrecht der Länder sind nicht begehbare Oberlichter in begehbaren Dachflächen zu umwehren, wenn sie weniger als 0,50 m aus diesen Flächen herausragen (s. § 38 Abs. 1 BauO NW).

662) Auch für sonstige nicht durchtrittsichere Dachoberlichter (z. B. Dachflächenfenster in geneigten Dächern) ist im Rahmen einer Gefährdungsbeurteilung zu ermitteln, ob und welche Schutzmaßnahmen gegen Absturz bzw. Hindurchfallen notwendig sind.

Schutz vor Absturz und herabfallenden Gegenständen — **ASR A2.1**

8 Abweichende/ergänzende Anforderungen für Baustellen

8.1 Arbeitsplätze und Verkehrswege auf geneigten Flächen

(1) Auf geneigten Flächen, auf denen die Gefahr des Abrutschens von Beschäftigten besteht, darf nur gearbeitet werden, nachdem Maßnahmen gegen das Abrutschen vom Arbeitsplatz getroffen worden sind.[663) 664) 665)]

(2) Für Arbeiten auf einer mehr als 45 ° geneigten Fläche (z. B. auf gelatteten Dachflächen oder Böschungen) sind besondere Arbeitsplätze mit mindestens 0,50 m breiten, waagerechten Standplätzen zu schaffen.[666)]

(3) Bei Arbeiten an und auf Flächen mit Neigungen von mehr als 22,5 ° bis 60 ° darf der Höhenunterschied zwischen Arbeitsplätzen oder Verkehrswegen und den Einrichtungen zum Auffangen abrutschender Beschäftigter nicht mehr als 5,00 m betragen.

(4) Für das Errichten, Instandhalten oder Umlegen von Masten für elektrische Betriebsmittel auf Dachflächen mit einer Neigung von mehr als 22,5 ° bis 60 ° müssen Einrichtungen zum Auffangen abrutschender Beschäftigter bei mehr als 2,00 m Absturzhöhe vorhanden sein.

---

663) Gem. der Begriffsbestimmung „Abrutschen" unter Nr. 3.2 besteht eine Gefährdung durch Abrutschen von Beschäftigten in der Folge unkontrollierten Abgleitens von Beschäftigten bei Arbeiten auf geneigten Flächen wie Böschungen oder Dächern (z. B. aufgrund der Neigung oder der Beschaffenheit der Standfläche). Ab ca. 20 ° liegt nach der ASR A1.5/1,2 Fußböden „eine gefährliche Schräge vor, [ab] der ein Fußboden aufgrund seiner Neigung bzw. Steigung nicht mehr sicher betrieben, also begangen, befahren oder zum Abstellen genutzt werden kann". Dies gilt so auch für Arbeitsplätze oder Verkehrswege auf Baustellen, d. h. spätestens bei der Benutzung von geneigten Flächen von mehr als 20 ° sind Maßnahmen gegen das Abrutschen erforderlich. Ist die Trittsicherheit z. B. durch Witterungseinflüsse wie Eis oder Nässe herabgesetzt, können Maßnahmen auch schon bei geringerer Neigung erforderlich sein. Auf glatten Oberflächen von Dächern, z. B. aus Glas, Metall oder Kunststoff, kann bereits bei geringen Neigungen eine erhöhte Rutschgefahr bestehen.
664) Maßnahmen zum Schutz gegen Abrutschen können z. B. sein: Nutzung bauseitig vorhandener Verkehrswege (stationäre Verkehrswege), Personenaufzüge, Treppen oder Steigleitern zum Erreichen z. B. von Arbeitsplätzen auf Dächern, Durchführung von Arbeiten am Dach unter Einsatz von Hubarbeitsbühnen, Einsatz von Bohlen, Dachdecker-Auflegeleitern, der Einsatz von kollektiv wirkenden Schutzeinrichtungen wie z. B. mobile Geländer, Dachfanggerüste und Auffangnetze oder, wenn andere Möglichkeiten nicht bestehen, die ausschließliche Benutzung von persönlicher Schutzausrüstung gegen Absturz an geeigneten Anschlagpunkten. Nähere Ausführungen enthält die DGUV Information 201-054 Dach-, Zimmer- und Holzbauarbeiten, Ausg. 2015-10. Konkrete Anforderungen an die Montage von Schutznetzen (Sicherheitsnetzen) können der DGUV Regel 101-11 Einsatz von Schutznetzen (Sicherheitsnetzen), Ausg. 2016-07 entnommen werden.
665) Hierzu können nach DGUV Information 201-054 Dach-, Zimmer- und Holzbauarbeiten, Ausg. 2015-10 Nr. 3.1.9 sowie Anh. 1 Dachdecker-Auflegeleitern nur bei Dachneigungen bis 75° verwendet werden. Dabei sind diese in Sicherheitsdachhaken nach DIN EN 517:2006-05 Vorgefertigte Zubehörteile für Dacheindeckungen – Sicherheitsdachhaken einzuhängen. Sie dürfen nicht in die oberste Sprosse eingehängt werden. Der Standplatz des Beschäftigten auf der Dachdecker-Auflegeleiter muss unterhalb des Aufhängungspunktes liegen.
666) Die Forderung zur Schaffung besonderer Arbeitsplätze ab einer mehr als 45 ° geneigten Fläche enthält bereits die DGUV Vorschrift 38 Bauarbeiten, Ausg. 1997-01 in § 8 Abs. 2. Als besondere Arbeitsplätze gelten z. B. gelattete Dachflächen, wenn die Dachlatten eine ausreichende Dimensionierung und Qualität aufweisen. Eine Forderung nach waagerechten Standplätzen ausreichender Breite wie in Nr. 8.1 Abs. 2 ASR A2.1 war damit bisher nicht verbunden.

8.2 Sicherungen gegen Absturz an Arbeitsplätzen und Verkehrswegen

(1) Abweichend von Punkt 4.1 Abs. 3 und 4 müssen Einrichtungen, die ein Abstürzen von Beschäftigten verhindern (Absturzsicherungen), vorhanden sein:
1. unabhängig von der Absturzhöhe an
   – Arbeitsplätzen an und über Wasser oder anderen festen oder flüssigen Stoffen, in denen man versinken kann,
   – Verkehrswegen über Wasser oder anderen festen oder flüssigen Stoffen, in denen man versinken kann;
2. bei mehr als 1,00 m Absturzhöhe, soweit nicht nach Nummer 1 zu sichern ist, an
   – freiliegenden Treppenläufen und -absätzen,
   – Wandöffnungen;
3. bei mehr als 2,00 m Absturzhöhe an allen übrigen Arbeitsplätzen.

Abweichend von Nummer 3 ist eine Absturzsicherung bei einer Absturzhöhe bis 3,00 m entbehrlich an Arbeitsplätzen und Verkehrswegen auf Dächern und Geschossdecken mit bis zu 22,5 Grad Neigung und nicht mehr als 50,00 m^2 Grundfläche, sofern die Arbeiten von hierfür fachlich qualifizierten und körperlich geeigneten Beschäftigten ausgeführt werden, welche besonders unterwiesen sind. Die Absturzkante muss für die Beschäftigten deutlich erkennbar sein.[667]

(2) Abweichend von Punkt 5.1 Abs. 2 beträgt die Mindesthöhe der Umwehrung 1,00 m. Bei der Verwendung von Systembauteilen ist eine Mindesthöhe von 950 mm zulässig. Die Höhe der Umwehrung darf entgegen Punkt 5.1 Abs. 2 Satz 2 nicht auf 0,80 m verringert werden.

(3) Umwehrungen sind so dicht wie möglich an der Absturzkante anzubringen. Davon darf unabhängig von der Absturzhöhe abgewichen werden, wenn Arbeitsplätze oder Verkehrswege höchstens 0,30 m von anderen tragfähigen und ausreichend bemessenen Umwehrungen entfernt liegen (siehe Abb. 5).

---

[667] Der Absatz ist im Rahmen der Novellierung der ArbStättV 2016 nahezu vollständig in Nr. 5.2 Baustellen als neuer Abs. 2 überführt worden. In der Folge sind die Forderungen zum Vorhandensein von Schutzvorrichtungen, die ein Abstürzen von Beschäftigten an Arbeitsplätzen oder Verkehrswegen auf Baustellen verhindern, ab den aufgeführten Absturzhöhen zwingend umzusetzen. Ausnahmen kann auf schriftlichen Antrag die zuständige Arbeitsschutzbehörde zulassen. Vor diesem Hintergrund wird die ASR A2.1 bezüglich der Nr. 8 Abs. 1 durch den ASTA anzupassen sein.

Schutz vor Absturz und herabfallenden Gegenständen

ASR A2.1

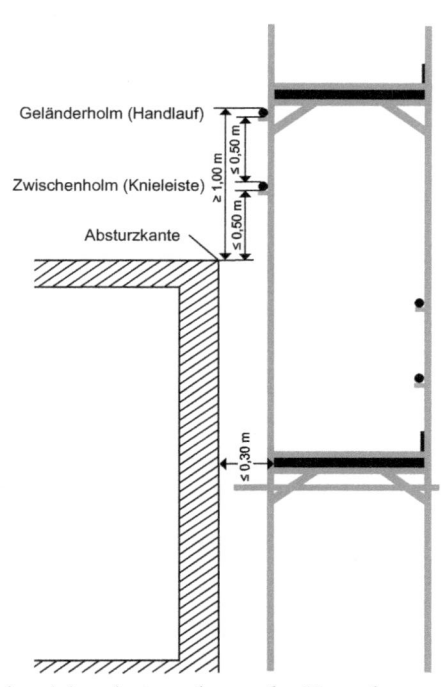

Abb. 5: Beispiel für abweichende Anordnung der Umwehrung

(4) Abweichend von Punkt 5.1 Abs. 5 müssen Umwehrungen Fußleisten von mindestens 0,15 m Höhe haben.

(5) Abweichend von Punkt 5.1 Abs. 7 müssen Umwehrungen so beschaffen und angebracht sein, dass an jeder Stelle normal zur Achse des Pfostens wirkend, eine Einzellast von H_{T1} und V_{T1} = 300 N und parallel zum Geländerholm wirkend von H = 200 N aufgenommen werden kann. Dabei darf die elastische Durchbiegung des Systems nicht größer als 5,5 cm sein. Die Fußleiste/Bordbrett muss abweichend hiervon eine Einzellast H_{T2} und V_{T2} = 200 N aufnehmen. Die Umwehrungen müssen so beschaffen und befestigt sein, dass an allen Seitenschutzbauteilen zusätzlich eine vertikal wirkende Einzellast von V_D = 1250 N aufgenommen werden kann (siehe Abb. 6). Die Umwehrung muss so ausgelegt sein, dass sie einer Person, die sich am Seitenschutz anlehnt oder beim Gehen festhält, standhält. Außerdem muss sie eine Person auffangen, die gegen den Seitenschutz läuft oder fällt. Umwehrungen müssen den Beanspruchungen infolge Windlasten widerstehen.

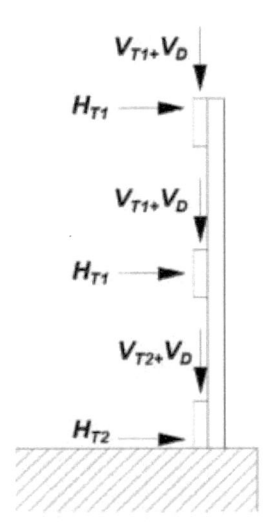

Abb. 6: Ansatzpunkte der Vertikal- und Horizontallasten

(6) Für Bauarbeiten in bestehenden Gebäuden ist im Rahmen der Gefährdungsbeurteilung zu prüfen, ob vorhandene Absturzsicherungen den Anforderungen dieser ASR entsprechen oder ob ergänzende Maßnahmen erforderlich sind.

8.3 Wandöffnungen

Abweichend von Punkt 5.3 Abs. 1 müssen Wandöffnungen, bei denen eine Absturzgefährdung besteht, und die breiter als 0,30 m und höher als 1,00 m sind und die nicht über die nach Punkt 5.1 Abs. 2 und 3 erforderliche Brüstungshöhe verfügen, fest angebrachte oder bewegliche Umwehrungen haben. Sie müssen mit einer Sicherung gegen unbeabsichtigtes Öffnen oder Ausheben versehen sein.

8.4 Schutz gegen herabfallende Gegenstände

(1) Ergänzend zu Punkt 6.1 sind Schütt-Trichter über Arbeitsplätzen und Verkehrswegen so auszubilden, dass Beschäftigte und andere Personen nicht durch überschüttetes Material getroffen werden können.

(2) Ergänzend zu Punkt 6.1 sind Traggerüste sowie Verbau von Gruben, Gräben und Schächten von losen Gegenständen freizuhalten.

Schutz vor Absturz und herabfallenden Gegenständen — ASR A2.1

Ausgewählte Literaturhinweise

– TRBS 2121	Technische Regel für Betriebssicherheit, Gefährdung von Personen durch Absturz
– RAB 32	Regel zum Arbeitsschutz auf Baustellen, Unterlage für spätere Arbeiten
– DGUV Information 201-054	Dach-, Zimmer- und Holzbauarbeiten 10/2015
– DGUV Information 212-515	Persönliche Schutzausrüstungen 09/2006
– DGUV Information 208-007	Roste – Auswahl und Betrieb 01/1996 aktualisiert 05/2013
– DGUV Information 201-056	Planungsgrundlagen von Anschlageinrichtungen auf Dächern 08/2012 aktualisiert 08/2015
– ETB-Richtlinie	Bauteile, die gegen Absturz sichern
– TRAV	Technische Regeln für die Verwendung von absturzsichernden Verglasungen (Deutsches Institut für Bautechnik)
– TRLV	Technische Regeln für die Verwendung von linienförmig gelagerten Verglasungen (Deutsches Institut für Bautechnik)
– DIN 4426:2013-12	Einrichtungen zur Instandhaltung baulicher Anlagen – Sicherheitstechnische Anforderungen an Arbeitsplätze und Verkehrswege – Planung und Ausführung
– DIN EN 795:2012-10	Persönliche Absturzschutzausrüstung – Anschlageinrichtungen
– DIN EN 1263-1:2013-01	Schutznetze (Auffangnetze), Teil 1: Sicherheitstechnische Anforderungen, Prüfverfahren
– DIN EN 1263-2:2013-01	Schutznetze (Sicherheitsnetze) Teil 2: Sicherheitstechnische Anforderungen für die Errichtung von Schutznetzen
– DIN EN 12811-1:2004-03	Temporäre Konstruktionen für Bauwerke – Teil 1: Arbeitsgerüste – Leistungsanforderungen, Entwurf, Konstruktion und Bemessung
– DIN EN 13374:2004-08	Temporäre Seitenschutzsysteme – Produktfestlegungen und Prüfverfahren

ASR A2.2 — Maßnahmen gegen Brände

zu § 4 Abs. 3, Anh. Nr. 2.2 ArbStättV

Technische Regeln für Arbeitsstätten	Maßnahmen gegen Brände[668]	ASR A2.2

GMBl. Nr. 24 vom 18.5.2018 S. 446

...

Diese ASR A2.2 konkretisiert im Rahmen des Anwendungsbereichs die Anforderungen der Verordnung über Arbeitsstätten. Bei Einhaltung der Technischen Regeln kann der Arbeitgeber insoweit davon ausgehen, dass die entsprechenden Anforderungen der Verordnung erfüllt sind. Wählt der Arbeitgeber eine andere Lösung, muss er damit mindestens die gleiche Sicherheit und den gleichen Gesundheitsschutz für die Beschäftigten erreichen.

Inhalt

1 Zielstellung
2 Anwendungsbereich
3 Begriffsbestimmungen
4 Eignung von Feuerlöschern und Löschmitteln
5 Ausstattung für alle Arbeitsstätten
6 Ausstattung von Arbeitsstätten mit erhöhter Brandgefährdung
7 Organisation des betrieblichen Brandschutzes
8 Abweichende/ergänzende Anforderungen für Baustellen
Anhang 1 Standardschema zur Festlegung der notwendigen Feuerlöscheinrichtungen
Anhang 2 Beispiele für die Ermittlung der Grundausstattung
Anhang 3 Beispiele für die Abweichung von der Grundausstattung

1 Zielstellung

Diese ASR konkretisiert die Anforderungen an die Ausstattung von Arbeitsstätten mit Brandmelde- und Feuerlöscheinrichtungen sowie die damit verbundenen organisatorischen Maßnahmen für das Betreiben nach § 3a Absatz 1, § 4 Absatz 3 und § 6 Absatz 3

---

[668] Die bis zur fünften Änderung der ArbStättV verwendete Überschrift „Schutz vor Entstehungsbränden" für die in Anh. Nr. 2.2 enthaltenen Forderungen brachte die Zielsetzung eines vorbeugenden Schutzes der Beschäftigten vor Brandgefahren deutlicher zum Ausdruck. Die Forderungen in der ASR A2.2 sind unverändert auf die vorsorglich zu treffenden Maßnahmen zur Bekämpfung eines Brandes möglichst schon in dessen Entstehungsphase ausgerichtet und stellen keineswegs einen umfassenden Brandschutz dar. Weitergehende Regelungen zum Brandschutz sind in anderen Rechtsvorschriften (insbesondere im Bauordnungs- und im Gefahrstoffrecht) und Regelwerken enthalten. Ausführlicher hierzu Opfermann/Streit: Arbeitsstätten, Loseblattwerk mit Kommentar, 3. Aufl., Landsberg 2019 unter OZ 3100 und OZ 4100.

Maßnahmen gegen Brände ASR A2.2

einschließlich der Punkte 2.2 und 5.2 Absatz 1g des Anhangs der Arbeitsstättenverordnung.[669] [670]

2 Anwendungsbereich

(1) Diese ASR gilt für das Einrichten und Betreiben von Arbeitsstätten mit Feuerlöscheinrichtungen sowie für weitere Maßnahmen zur Erkennung, Alarmierung sowie Bekämpfung von Entstehungsbränden.[671] [672] [673]

(2) Für alle Arbeitsstätten gemäß § 2 der Arbeitsstättenverordnung gelten die Anforderungen und Gestaltungshinweise nach Punkt 5 dieser Regel (Grundausstattung).

(3) Für Arbeitsstätten mit normaler Brandgefährdung ist die Grundausstattung ausreichend.

(4) Für Arbeitsstätten mit erhöhter Brandgefährdung sind über die Grundausstattung hinaus zusätzlich Maßnahmen nach Punkt 6 dieser Regel erforderlich.

---

669) Die ArbStättV ist bezüglich der organisatorischen Voraussetzungen für einen vorbeugenden Brandschutz nicht hinreichend konsistent. So beschränkt sich § 4 Abs. 3 auf die Anforderung an den Arbeitgeber, dafür Sorge zu tragen, dass die Sicherheitseinrichtungen regelmäßig und sachkundig gewartet sowie ihre Funktionsfähigkeit geprüft werden. § 6 Abs. 3 enthält die Anforderungen zur Unterweisung der Beschäftigten bezogen auf Maßnahmen der Brandverhütung und Verhaltensmaßnahmen im Brandfall. Beschäftigte mit Brandschutzmaßnahmen sind zudem in der Bedienung von Feuerlöscheinrichtungen zu unterweisen. Anh. Nr. 2.2 ist ausschließlich auf die Ausrüstung der Arbeitsstätten mit geeigneten Feuerlöscheinrichtungen und erforderlichenfalls Brandmeldern und Alarmanlagen ausgerichtet. Anh. Nr. 5.2 mit den zusätzlichen Anforderungen an Baustellen enthält in Abs. 1g auch die Forderung, in regelmäßigen Abständen geeignete Versuche und Übungen an Feuerlöscheinrichtungen und Brand- und Alarmanlagen durchzuführen.
670) Vor diesem Hintergrund sind unter Nummer 7 der ASR A2.2 auch die bisher im staatlichen Recht nicht oder unzureichend geregelten Aspekte der betrieblichen Brandschutzorganisation, wie u. a. die Brandschutzordnung, die spezifische Unterweisung der Beschäftigten, der Einsatz von Brandschutzhelfern und Brandschutzbeauftragten oder die Instandhaltung und Prüfung berücksichtigt worden.
671) Die Verpflichtungen des Arbeitgebers zur Einleitung und Umsetzung geeigneter Maßnahmen zur Vermeidung oder Verminderung von Gefährdungen der Beschäftigten beim Eintreten eines Notfalls ergeben sich aus § 10 ArbSchG. Danach haben der Arbeitgeber und jede andere nach § 13 ArbSchG verantwortliche Person entsprechend der Art der Arbeitsstätte und der Tätigkeiten sowie der Zahl der Beschäftigten die Maßnahmen zu treffen, die zur Ersten Hilfe, Brandbekämpfung und Evakuierung der Beschäftigten notwendig sind.
672) Gem. Anh. Nr. 2.2 ArbStättV sind zusätzlich zur Brandgefährdung vorhandener Einrichtungen und Materialien die Abmessungen und die Nutzung der Arbeitsstätte sowie die größtmögliche Anzahl der in der Arbeitsstätte anwesenden Personen bei der Ausstattung mit Feuerlöscheinrichtungen und erforderlichenfalls Brandmeldern und Alarmanlagen zu berücksichtigen. Dabei kann die Anzahl anwesender Personen die Zahl der Beschäftigten um ein Vielfaches überschreiten, wie dies z. B. regelmäßig in einem Warenhaus der Fall ist.
673) Der Anwendungsbereich der ASR A2.2 umfasst über das Ausstatten und Betreiben von Arbeitsstätten mit Feuerlöscheinrichtungen hinaus weitere Maßnahmen zur Erkennung von Entstehungsbränden, zur Alarmierung sowie zur wirksamen Vorbeugung. So sind auch Forderungen zur Unterweisung aller Beschäftigten, zum Einsatz einer ausreichenden Anzahl von im Hinblick auf die Bekämpfung von Entstehungsbränden besonders unterwiesener Beschäftigter (Brandschutzhelfer) und zur sachgerechten Wartung und Prüfung der Brandmelde- und Feuerlöscheinrichtungen enthalten.

ASR A2.2 — Maßnahmen gegen Brände

Hinweis:

Zusätzliche Anforderungen an die barrierefreie Gestaltung werden zu einem späteren Zeitpunkt als Anhang in die ASR V3a.2 „Barrierefreie Gestaltung von Arbeitsstätten" eingefügt.

3 Begriffsbestimmungen

3.1 Brandgefährdung liegt vor, wenn brennbare Stoffe vorhanden sind und die Möglichkeit für eine Brandentstehung besteht.[674]

3.2 Normale Brandgefährdung liegt vor, wenn die Wahrscheinlichkeit einer Brandentstehung, die Geschwindigkeit der Brandausbreitung, die dabei frei werdenden Stoffe und die damit verbundene Gefährdung für Personen, Umwelt und Sachwerte vergleichbar sind mit den Bedingungen bei einer Büronutzung.[675]

3.3 Erhöhte Brandgefährdung[676] liegt vor, wenn

– entzündbare bzw. oxidierende Stoffe oder Gemische vorhanden sind,
– die örtlichen und betrieblichen Verhältnisse für eine Brandentstehung günstig sind,
– in der Anfangsphase eines Brandes mit einer schnellen Brandausbreitung oder großen Rauchfreisetzung zu rechnen ist,
– Arbeiten mit einer Brandgefährdung durchgeführt werden (z. B. Schweißen, Brennschneiden, Trennschleifen, Löten) oder Verfahren angewendet werden, bei denen eine Brandgefährdung besteht (z. B. Farbspritzen, Flammarbeiten) oder
– erhöhte Gefährdungen vorliegen, z. B. durch selbsterhitzungsfähige Stoffe oder Gemische, Stoffe der Brandklassen D und F, brennbare Stäube, extrem oder leicht entzündbare Flüssigkeiten oder entzündbare Gase.

---

674) Entscheidende Kriterien für die Beurteilung der Brandgefährdung sind zum einen die Wahrscheinlichkeit einer Brandentstehung, z. B. durch das Vorhandensein von Stoffen, die leicht entzündbar sind, und zum anderen die örtlichen und betrieblichen Bedingungen, die eine Brandausbreitung begünstigen oder verhindern können. Im Hinblick auf die Bekämpfung von Entstehungsbränden spielt insbesondere eine Rolle, wie schnell sich ein Brand in der Anfangsphase ausbreiten kann.
675) Die Definition der normalen Brandgefährdung wurde in Übereinstimmung mit Nr. 3.3 Abs. 3 der TRGS 800 Brandschutzmaßnahmen, Ausg. 2010-12, festgelegt. Als Synonym wird auch der Begriff Brandpotenzial verwendet.
676) Die Lagerung oder Verwendung von brennbaren Stoffen in nicht nur geringer Menge und/oder von Stoffen mit erhöhter Entzündbarkeit und/oder die Anwendung von Arbeitsverfahren, die z. B. eine offene Flamme verwenden (z. B. Schweißen, Schneidbrennen, Trennschleifen) oder für die größere mechanische oder elektrische Energien erforderlich sind, führen ebenso wie günstige räumliche Bedingungen für eine schnelle Brandausbreitung im Sinne der ASR A2.2 zu einer erhöhten Brandgefährdung.

Maßnahmen gegen Brände　　　　　　　　　　　　　　　　ASR A2.2

Hinweis:

Die erhöhte Brandgefährdung im Sinne dieser ASR schließt die erhöhte und hohe Brandgefährdung nach der Technischen Regel für Gefahrstoffe TRGS 800 „Brandschutzmaßnahmen" ein.[677]

3.4 Entstehungsbrände im Sinne dieser Regel sind Brände mit so geringer Rauch- und Wärmeentwicklung, dass noch eine gefahrlose Annäherung von Personen bei freier Sicht auf den Brandherd möglich ist.

3.5 Brandmelder dienen dem frühzeitigen Erkennen von Bränden und Auslösen eines Alarms. Dabei wird zwischen automatischen[678] und nichtautomatischen[679] Brandmeldern (Handfeuermeldern) unterschieden.

---

677) Auf die gesonderte Definition einer hohen Brandgefährdung (z. B. in Lackieranlagen oder in der Leichtmetallverarbeitung), wie in der TRGS 800, kann verzichtet werden, weil es in diesen Fällen zu einer schnellen und unkontrollierbaren Brandausbreitung kommt oder eine große Rauch- oder Wärmefreisetzung zu erwarten ist, sodass eine Bekämpfung des Entstehungsbrandes nicht ohne erhebliche Gefährdungen der Beschäftigten erfolgen könnte und somit nicht in Frage käme.

678) Automatische Brandmelder erkennen einen Brand anhand der physikalischen Eigenschaften und lösen in der Regel nach drei bis vier Minuten einen Alarm aus. Brandmeldeanlagen müssen als Gefahrenmeldeanlagen der Normenreihe DIN VDE 0800 Informationstechnik, den DIN VDE 0833-1:2014-10 Gefahrenmeldeanlagen für Brand, Einbruch und Überfall – T. 1: Allgemeine Festlegungen und DIN VDE 0833-2:2017-10 Gefahrenmeldeanlagen für Brand, Einbruch und Überfall – T. 2: Festlegungen für Brandmeldeanlagen, der DIN 14675-1:2018-03 Brandmeldeanlagen, T. 1: Aufbau und Betrieb und der Reihe DIN EN 54 Brandmeldeanlagen, u. a. T. 2: Brandmelderzentralen, Ausg. 2016-03 Entwurf, T. 3: Feueralarmeinrichtungen – Akustische Signalgeber, Ausg. 2014-09, entsprechen.

679) Nichtautomatische Brandmelder sind nach DIN 14675-1:2018-04 Brandmeldeanlagen – T. 1: Aufbau und Betrieb Handfeuermelder. Diese sind durch eine Glasscheibe geschützt, die bei Gebrauch eingeschlagen werden muss. Durch Drücken des Knopfes wird an der Brandmeldezentrale ein Alarm ausgelöst. Ein betätigter Handfeuermelder kann nur durch einen zugelassenen Techniker oder durch die Feuerwehr zurückgestellt werden. Es soll so auch der Missbrauch verhindert werden, welcher strafbar ist. Brandmelder sind gem. Anh. 1 Nr. 5 der ASR A1.3 Sicherheits- und Gesundheitsschutzkennzeichnung (s. S. 188) mit dem Brandschutzzeichen F005 zu kennzeichnen.

ASR A2.2   Maßnahmen gegen Brände

3.6 Feuerlöscheinrichtungen im Sinne dieser Regel sind tragbare oder fahrbare Feuerlöscher[680] [681] [682], Wandhydranten und weitere handbetriebene Geräte zur Bekämpfung von Entstehungsbränden.[683] [684]

3.7 Löschvermögen beschreibt die Leistungsfähigkeit eines Feuerlöschers, ein genormtes Brandobjekt abzulöschen.[685] [686]

3.8 Löschmitteleinheit (LE) ist eine eingeführte Hilfsgröße, die es ermöglicht, die Leistungsfähigkeit unterschiedlicher Feuerlöschertypen zu vergleichen und durch Addition das Gesamtlöschvermögen von mehreren Feuerlöschern zu ermitteln.[687]

---

680) Feuerlöscher sind tragbare Löschgeräte und ohne eigenen Kraftantrieb fahrbare Löschgeräte zur Bekämpfung von Klein- und Entstehungsbränden. Das Gesamtgewicht für tragbare Löscher darf höchstens 20 kg betragen.
681) Feuerlöscher müssen amtlich geprüft und zugelassen sein sowie das Zulassungszeichen tragen. Die Grundlage hierfür bildet die europäische Norm DIN EN 3-7:2007-10 Tragbare Feuerlöscher, insbes. T. 7: Eigenschaften, Leistungsanforderungen und Prüfungen. Feuerlöscher, die vor Veröffentlichung der DIN EN 3 in Verkehr gebracht wurden, sind nach DIN 14406 Tragbare Feuerlöscher – Teile 1 und 2 zugelassen worden. Diese bleiben weiterhin in Deutschland zugelassen, obwohl die DIN 14406 Teile 1 und 2 nach dem Erscheinen der DIN EN 3 zurückgezogen wurde. Für die Prüfung und Instandhaltung tragbarer Feuerlöscher ist weiterhin die DIN 14406-4:2009-09 Tragbare Feuerlöscher – T. 4: Instandhaltung heranzuziehen.
682) Für die Prüfung und Instandhaltung tragbarer Feuerlöscher ist weiterhin die DIN 14406-4:2009-09 Tragbare Feuerlöscher – T. 4: Instandhaltung heranzuziehen.
683) Fest installierte Feuerlöscheinrichtungen müssen nach verschiedenen Vorschriften des Bauordnungsrechts oder auf Verlangen der Sachversicherer vorhanden sein oder ergeben sich aus der besonderen Brandgefährlichkeit des Raumes. Sie ersetzen nicht die Bereitstellung von Feuerlöschern, sondern sind zusätzlich vorhanden. Sie werden also bei der Ermittlung der Zahl der tragbaren Feuerlöscher nicht berücksichtigt.
684) Ortsfeste Feuerlöscheinrichtungen, wie Sprinkleranlagen, Sprühwasserlöschanlagen, Schaumlöschanlagen, Regenvorhänge (hier wird ein schmaler Bereich dicht mit Wasser besprüht, um ein Übergreifen des Brandes auf andere Bereiche zu verhindern), werden von der ASR A2.2 mit Ausnahme der Wandhydranten nicht erfasst. Hierzu gehören auch CO_2-Löschanlagen, die in Räumen installiert werden, in denen mit brennbaren Flüssigkeiten oder Druckgasen umgegangen wird, z. B. in Lagerräumen, Abfüllräumen, Lackierräumen/-anlagen. Ebenso werden Pulverlöschanlagen zum Löschen brennbarer Flüssigkeiten, die aus Rohrleitungen oder Behältern austreten können, verwendet.
685) Nach DIN EN 3 ist nicht mehr die Löschmittelmenge, sondern das Löschvermögen für die Beschreibung der Leistung eines Feuerlöschers maßgeblich. Zur Ermittlung des Löschvermögens dienen Prüffeuer, die nach DIN EN 3-7:2007-10 Tragbare Feuerlöscher – T. 7: Eigenschaften, Leistungsanforderungen und Prüfungen und nach DIN EN 2:2005-01 Brandklassen genormt werden.
686) Die Prüfung und Zuordnung des Löschvermögens erfolgt mit verschieden großen Prüfobjekten (Löschobjekte). Das größte Löschobjekt, das mit dem Feuerlöscher noch abgelöscht werden kann, definiert sein maximales Löschvermögen. Da dieses je nach Brandart des Prüfobjektes differieren kann, wird es für jede Brandklasse gesondert ermittelt. Das Löschvermögen wird als Leistungsklasse durch Zahlen-Buchstaben-Kombinationen angegeben, die auf dem Feuerlöschern aufgedruckt sind. Die Zahl bezeichnet das Löschobjekt, der Buchstabe die Brandklasse. Je nach Leistung des Gerätes und des Löschmittels kann das gleiche Löschvermögen auch mit einer geringeren Löschmittelmenge erreicht werden als der in DIN EN 3 angegebenen Maximalmenge.
687) Das Löschvermögen nach DIN EN 3 kann nicht addiert werden. Deshalb wird als Hilfsgröße die Löschmitteleinheit (LE) verwendet. Beispielsweise wird für die Zulassung eines ABC-Pulverlöschers mit 6 kg Füllmenge ein Löschvermögen von 21A 113B gefordert. Dieses Löschvermögen kann ein entsprechend ausgerüsteter 4-kg-Löscher ebenfalls erreichen. Unabhängig von der Füllmenge ist das Löschvermögen beider Geräte gleich.

Maßnahmen gegen Brände ASR A2.2

3.9 Brandschutzhelfer sind die Beschäftigten, die der Arbeitgeber für Aufgaben der Brandbekämpfung bei Entstehungsbränden benannt hat.

3.10 Brandschutzbeauftragte sind Personen, die vom Arbeitgeber bestellt werden und ihn zu Themen des betrieblichen Brandschutzes beraten und unterstützen.

4 Eignung von Feuerlöschern und Löschmitteln

4.1 Brandklassen

Feuerlöscher bzw. Löschmittel werden vom Hersteller entsprechend der Eignung einer oder mehreren Brandklassen zugeordnet. Diese Zuordnung ist auf dem Feuerlöscher mit Piktogrammen angegeben (siehe Tabelle 1).[688] [689]

Tabelle 1: Brandklassen nach DIN EN 2:2005-01 „Brandklassen", Piktogramme nach DIN EN 3-7:2007-10 „Tragbare Feuerlöscher – Teil 7: Eigenschaften, Leistungsanforderungen und Prüfungen"

Piktogramm	Brandklasse
A	**Brandklasse A:** Brände fester Stoffe (hauptsächlich organischer Natur), verbrennen normalerweise unter Glutbildung Beispiele: Holz, Papier, Stroh, Textilien, Kohle, Autoreifen
B	**Brandklasse B:** Brände von flüssigen oder flüssig werdenden Stoffen Beispiele: Benzin, Öle, Schmierfette, Lacke, Harze, Wachse, Teer *Hinweis: Sicherheitsdatenblatt beachten*

---

688) In der Tabelle 1 sind die Brandklassen A bis F nach DIN EN 2:2005-01 Brandklassen dargestellt. Die Einteilung in Brandklassen dient der Klassifizierung der Brände nach dem brennenden Stoff. Die Brandklasse F beinhaltet Fettbrände in Frittier- und Fettbackgeräten und anderen Kücheneinrichtungen und -geräten. Prinzipiell gehören Fette zwar der Brandklasse B an, jedoch werden Fettbrände wegen ihrer besonderen Gefahren und Eigenheiten einer eigenen Brandklasse zugeordnet.
689) Auf eine Zuordnung geeigneter Arten von Feuerlöschern nach dem enthaltenen Löschmittel (z. B. Pulverlöscher, Kohlendioxidlöscher, Wasserlöscher mit und ohne Zusätze, Schaumlöscher) zu den einzelnen Brandklassen wird in der ASR A2.2 verzichtet. Begründet wird dies mit dem Hinweis, dass die auf jedem Feuerlöscher angebrachten Piktogramme eindeutig aussagen müssen, für welche Brandklassen die Feuerlöscher geeignet sind.

Piktogramm	Brandklasse
C	**Brandklasse C:** Brände von Gasen Beispiele: Methan, Propan, Wasserstoff, Acetylen, Erdgas
D	**Brandklasse D:** Brände von Metallen Beispiele: Aluminium, Magnesium, Lithium, Natrium, Kalium und deren Legierungen
F	**Brandklasse F:** Brände von Speiseölen und -fetten (pflanzliche oder tierische Öle und Fette) in Frittier- und Fettbackgeräten und anderen Kücheneinrichtungen und -geräten

Für Brände von elektrischen Anlagen und Betriebsmitteln wird in DIN EN 2:2005-01 „Brandklassen" keine eigenständige Brandklasse ausgewiesen.

Feuerlöscher nach DIN EN 3-7:2007-10 „Tragbare Feuerlöscher – Teil 7: Eigenschaften, Leistungsanforderungen und Prüfungen", die für die Brandbekämpfung im Bereich elektrischer Anlagen geeignet sind, werden mit der maximalen Spannung und dem notwendigen Mindestabstand gekennzeichnet, z. B. bis 1000 V, Mindestabstand 1m.

4.2 Löschvermögen, Löschmitteleinheiten[690] [691]

(1) Das Löschvermögen wird durch eine Zahlen-Buchstabenkombination auf dem Feuerlöscher angegeben. In dieser Zahlen-Buchstabenkombination bezeichnet die Zahl die Größe des erfolgreich abgelöschten Norm-Prüfobjektes und der Buchstabe die Brandklasse (siehe Abbildung 1).

---

[690] Die Wahl eines geeigneten Feuerlöschers muss im Ergebnis der Gefährdungsbeurteilung nach der Höhe der Brandgefährdung und der Art der brennbaren Stoffe erfolgen. Die Feuerlöscher unterscheiden sich nach der Art des verwendeten Löschmittels. Jedes Löschmittel weist hier besondere Eigenschaften und Stärken aus. Neben Löschmitteln mit einer größeren Bandbreite für verschiedene Brandklassen gibt es auch spezielle Löscherarten mit besonders guten Eigenschaften für bestimmte Brandklassen.

[691] Je nach verwendetem Löschmittel haben Feuerlöscher eine unterschiedliche Löschwirkung in verschiedenen Brandklassen A und B. Als Vergleichsgröße für das Löschvermögen dient dann die Löschmitteleinheit. Ist dem Löschvermögen für die Brandklasse A oder B eine unterschiedliche Anzahl von Löschmitteleinheiten zugeordnet, so ist aus Gründen der Sicherheit der niedrigere Wert für die Bestimmung der Löschmitteleinheiten anzusetzen.

FEUERLÖSCHER
6 Liter wässrige Lösung

21A   113B   75F

1. SICHERUNG ENTFERNEN

2. SCHLAGKNOPF BETÄTIGEN

3. LÖSCHPISTOLE BETÄTIGEN

A   B   F

VORSICHT

NACH JEDER BETÄTIGUNG NEU FÜLLEN.

REGELMÄSSIG AUF EINSATZBEREITSCHAFT ÜBERPRÜFEN.

NUR SOLCHE LÖSCH-/TREIBMITTEL UND ERSATZTEILE VERWENDEN, DIE MIT DEM ANERKANNTEN MUSTER ÜBEREINSTIMMEN.

LÖSCHMITTEL: 6 Liter wässrige Lösung   NR. DER ANERKENNUNG:

TREIBMITTEL: 40 g CO_2 TYP:

FUNKTIONSBEREICH: 0 °C BIS +60 °C

HERSTELLER

Abb. 1: Beispiel für die Beschriftung eines Feuerlöschers durch den Hersteller, in Anlehnung an DIN EN 3-7:2007-10 „Tragbare Feuerlöscher – Teil 7: Eigenschaften, Leistungsanforderungen und Prüfungen"

Hinweise:
1. *Die Buchstaben **A, B, F** bezeichnen die jeweilige Brandklasse, für die der Feuerlöscher geeignet ist. Die davor stehenden Zahlen **21A**, **113B**, **75F** in Abbildung 1 geben das Löschvermögen in der jeweiligen Brandklasse, bestimmt an einem Norm-Prüfobjekt entsprechender Größe, an.*

2. Es kann für die Brandklassen A und B mit Hilfe der Tabelle 2 in Löschmitteleinheiten (LE) umgerechnet werden.
3. Für die Brandklassen C und D wird nur die Eignung des Feuerlöschers ohne Bestimmung des Löschvermögens festgestellt.
4. Für die Brandklasse F gibt die Zahl 75 in Abbildung 1 an, dass unter Prüfbedingungen ein Brand mit einem Volumen von 75 Litern Speisefett/-öl erfolgreich abgelöscht werden kann. Feuerlöscher der Brandklasse F sind mit einem Löschvermögen von 5F, 25F, 40F und 75F erhältlich. Eine Umrechnung in Löschmitteleinheiten (LE) erfolgt nicht.

(2) Da das Löschvermögen nicht addiert werden kann, wird zur Berechnung der Anzahl der erforderlichen Feuerlöscher für die Brandklassen A und B eine Hilfsgröße, die „Löschmitteleinheit (LE)" verwendet. Dem im Versuch ermittelten Löschvermögen der Feuerlöscher wird dadurch eine bestimmte Anzahl von Löschmitteleinheiten zugeordnet, siehe Tabelle 2. Diese Werte können dann je Brandklasse addiert werden.

Tabelle 2: Zuordnung des Löschvermögens zu Löschmitteleinheiten (Zuordnung von Feuerlöschern der Grundausstattung gemäß Punkt 5.2)

	Löschvermögen (Rating gemäß DIN EN 3-7:2007-10)	
LE	Brandklasse A	Brandklasse B
1	5A	21B
2	8A	34B
3		55B
4	13A	70B
5		89B
6	21A	113B
9	27A	144B
10	34A	
12	43A	183B
15	55A	233B

(3) Werden Feuerlöscher für verschiedene Brandklassen bereitgestellt, dann muss das Löschvermögen für jede der vorhandenen Brandklassen ausreichend sein.

Maßnahmen gegen Brände — ASR A2.2

5 Ausstattung für alle Arbeitsstätten

5.1 Branderkennung und Alarmierung[692]

(1) Der Arbeitgeber hat durch geeignete Maßnahmen sicherzustellen, dass die Beschäftigten im Brandfall unverzüglich gewarnt und zum Verlassen von Gebäuden oder gefährdeten Bereichen aufgefordert werden können. Die Möglichkeit zur Alarmierung von Hilfs- und Rettungskräften muss gewährleistet sein.

(2) Brände können durch Personen oder Brandmelder erkannt und gemeldet werden. Brandmelder dienen der frühzeitigen Erkennung von Bränden. Dies trägt maßgeblich zum Löscherfolg und zur rechtzeitigen Einleitung von Evakuierungs- und Rettungsmaßnahmen bei.
Als Brandmelder werden technische Geräte zum Auslösen eines Alarms im Falle eines Brandes bezeichnet. Dabei wird unterschieden zwischen automatischen Brandmeldern, welche einen Brand anhand seiner Eigenschaften (z. B. Rauch, Temperatur, Flamme) erkennen, und nichtautomatischen Brandmeldern, die von Hand betätigt werden (Handfeuermelder). Der Alarm kann dem Warnen der anwesenden Personen oder dem Herbeirufen von Hilfe (z. B. Sicherheitspersonal, Feuerwehr) dienen.

(3) Geeignete Maßnahmen zur Alarmierung von Personen sind z. B.:
- Brandmeldeanlagen mit Sprachalarmanlagen (SAA) oder akustische Signalgeber (z. B. Hupen, Sirenen),
- Hausalarmanlagen,
- Elektroakustische Notfallwarnsysteme (ENS),
- optische Alarmierungsmittel,
- Telefonanlagen,
- Megaphone,
- Handsirenen,
- Zuruf durch Personen oder
- personenbezogene Warneinrichtungen.

(4) Technische Maßnahmen sind vorrangig umzusetzen. Dabei sind automatische Brandmelde- und Alarmierungseinrichtungen zu bevorzugen.
Die Notwendigkeit von technischen Alarmierungsanlagen ergibt sich aus der Gefährdungsbeurteilung, z. B. wenn Ruf- und Sichtverbindungen oder räumliche Gegebenheiten eine Warnung der gefährdeten Personen nicht erlauben bzw. sich Handlungsbedarf aus den Räumungsübungen nach ASR A2.3 „Fluchtwege und Notausgänge, Flucht- und Rettungsplan" oder aus Auflagen von Behörden ergibt.

---

692) Siehe Erläuterungen unter FN 678, 679.

5.2 Grundausstattung mit Feuerlöscheinrichtungen[693) 694)]

(1) Der Arbeitgeber hat Feuerlöscheinrichtungen nach Art und Umfang der im Betrieb vorhandenen brennbaren Stoffe, der Brandgefährdung und der Grundfläche der Arbeitsstätte in ausreichender Anzahl bereitzustellen. Für die Ermittlung der Art und Anzahl der erforderlichen Feuerlöscher kann die Arbeitsstätte in Teilbereiche unterteilt werden, sofern dies wegen der baulichen Gegebenheiten oder der Nutzungsbedingungen sinnvoll oder erforderlich ist. Die zu einer Arbeitsstätte gehörenden Teilbereiche können in unterschiedliche Brandgefährdungen eingestuft sein.[695)]

Im Regelfall hat der Arbeitgeber bei der Grundausstattung als Feuerlöscheinrichtungen Feuerlöscher nach DIN EN 3-7:2007-10 „Tragbare Feuerlöscher – Teil 7: Eigenschaften, Leistungsanforderungen und Prüfungen" bereitzustellen. Ein allgemeines Lösungsschema zur Festlegung der Ausstattung der Arbeitsstätte enthält Anhang 1; Ausführungsbeispiele für die Grundausstattung sind im Anhang 2 und für die Abweichung von der Grundausstattung im Anhang 3 dargestellt.

(2) In allen Arbeitsstätten ist für die Grundausstattung die für einen Bereich erforderliche Anzahl von Feuerlöschern mit dem entsprechenden Löschvermögen für die Brandklassen A und B nach den Tabellen 2 und 3 zu ermitteln. Ausgehend von der Grundfläche (Summe der Grundflächen aller Ebenen) der Arbeitsstätte gemäß Tabelle 3 sind die erforderlichen Löschmitteleinheiten zu ermitteln.[696)] Aus Tabelle 2 ist dann die entsprechende Art, Anzahl und Größe der Feuerlöscher entsprechend ihrem Löschvermögen zu entnehmen, wobei die Summe der Löschmitteleinheiten mindestens der aus der Tabelle 3 entnommenen Zahl je Brandklasse entsprechen muss.

---

693) Neben tragbaren und fahrbaren Feuerlöschern sind als Feuerlöscheinrichtungen Wandhydranten und weitere handbetriebene Geräte zur Bekämpfung von Entstehungsbränden zugelassen (s. FN 680 bis 684). Normalerweise reichen zur Bekämpfung eines Brandes in der Entstehungsphase Feuerlöscher aus. Sie sind einfach aufzustellen oder anzubringen und im Brandfall leicht zu handhaben. Daher werden in der ASR vorrangig Feuerlöscher verlangt.

694) Die Voraussetzungen für die Anrechnung von Wandhydranten waren in der ASR A2.2 Ausg. November 2012 in Nummer 5.2.2 explizit aufgeführt. Dieser Abschnitt wurde in der Neufassung vom Mai 2018 ersatzlos gestrichen. Zur Begründung wird vom ASTA aufgeführt, dass eine Ausstattung mit Feuerlöschern den Regelfall einer Grundausstattung darstellt. Der Arbeitgeber kann von diesem Regelfall abweichen, wenn er die gleiche Sicherheit mit einer anderen Lösung gewährleistet. Demzufolge sind nach wie vor auch Wandhydranten als „andere Lösung" möglich. Bei deren Einsatz entfällt allerdings die Vermutungswirkung. Insoweit ist die Einhaltung der Voraussetzungen im Rahmen der Gefährdungsbeurteilung zu ermitteln und als erreichte vergleichbare Sicherheit zu dokumentieren.

695) Die zu einer Arbeitsstätte gehörenden Teilbereiche können in unterschiedliche Brandgefährdungen eingestuft sein. Bei gleicher Brandgefährdung können aber auch die Flächen mehrerer gleichartiger Etagen/Ebenen addiert werden. In mehrgeschossigen Gebäuden sind weiterhin in jedem Geschoss mindestens 6 Löschmitteleinheiten (LE) bereitzustellen.

696) In Tabelle 3 sind die für die Grundausstattung erforderlichen Löschmitteleinheiten (LE) in Abhängigkeit von der Grundfläche der Arbeitsstätte angegeben. Diese entsprechen den bisherigen Angaben in der Tabelle 3 der ASR A2.2 Ausg. 2014-11. Zu beachten ist, dass im Gegensatz zur ArbStättV 1975 nicht nur die Flächen der Räume zu berücksichtigen sind, sondern die gesamte Grundfläche der Arbeitsstätte.

Maßnahmen gegen Brände ASR A2.2

Flächen im Freien (z. B. Grünanlagen, Verkehrswege) können bei der Ermittlung der Grundausstattung unberücksichtigt bleiben.

Tabelle 3: Löschmitteleinheiten in Abhängigkeit von der Grundfläche der Arbeitsstätte

Grundfläche bis ... m²	Löschmitteleinheiten [LE]
50	6[697]
100	9
200	12
300	15
400	18
500	21
600	24
700	27
800	30
900	33
1000	36
je weitere 250	+ 6

Für die Grundausstattung werden im Regelfall nur Feuerlöscher angerechnet, die jeweils über mindestens 6 Löschmitteleinheiten (LE) verfügen.[698] [699]

---

[697] Für kleine Arbeitsstätten (bis 50 m²) ist somit die Vorhaltung eines Feuerlöschers mit 6 LE ausreichend. Dies stellt im Regelfall auch die wirtschaftlichste Lösung dar, da bei nach DIN EN 3 zertifizierten Feuerlöschern die Lebensdauer und die Folgekosten der regelmäßigen Prüfungen genau kalkulierbar sind.

[698] Wie bisher dürfen auf die Grundausstattung nur Feuerlöscher angerechnet werden, die über mindestens 6 Löschmitteleinheiten (LE) verfügen. Diese Forderung soll sicherstellen, dass typische Entstehungsbrände durch Laien sicher zu löschen sind und ausreichende Löschmittelreserven für eventuelle Rückzündungen zur Verfügung stehen. Auch sollen damit evtl. Fehler bei der Brandbekämpfung zu korrigieren sein (z. B. ein zunächst zu großer Abstand zum Brandobjekt, nicht optimales Zielen, aber auch Selbstüberschätzung des Anwenders).

[699] Durch die Einfügung der Worte „im Regelfall" weicht die ASR A2.2 von der vorherigen Fassung ab. Hintergrund ist, dass abweichend vom Regelfall unter definierten Rahmenbedingungen und für normale Brandgefährdung nun auch Feuerlöscher mit jeweils mindestens 2 Löschmitteleinheiten auf die Grundausstattung angerechnet werden können.

ASR A2.2 — Maßnahmen gegen Brände

Abweichend davon können für die Grundausstattung bei normaler Brandgefährdung auch Feuerlöscher, die jeweils nur über mindestens 2 Löschmitteleinheiten (LE) verfügen,[700) 701) 702) 703) 704)] angerechnet werden, wenn:
- sich hierdurch eine Vereinfachung in der Bedienung ergibt, z. B. durch mindestens 25 % Gewichtsersparnis je Feuerlöscher,

---

700) Mit dieser Ausnahme für normale Brandgefährdung soll erreicht werden, dass der Arbeitgeber im Rahmen der Gefährdungsbeurteilung prüfen kann, ob die Vorteile kleinerer Feuerlöscher, wie eine Gewichtsersparnis und eine somit leichtere Handhabung in Verbindung mit kürzeren Zugriffszeiten durch eine mindestens anzusetzende Halbierung der maximalen Entfernung zum nächstgelegenen Feuerlöscher und einer verdoppelten Anzahl von Brandschutzhelfern für die spezifischen Bedingungen in seiner Arbeitsstätte zu einer höheren Wirksamkeit führen. Bei Einhaltung der in der ASR beschriebenen Voraussetzungen erlangt er dann auch mit diesem Ansatz den Vorteil der Vermutungswirkung.

701) Die Festlegung der Untergrenze von 2 LE für auf die Grundausstattung anzurechnende Feuerlöscher hat zu kontroversen Diskussionen über den damit verbundenen Ausschluss der Anrechenbarkeit von Feuerlöschsprays geführt. Bei Feuerlöschsprays handelt es sich um mit einem Löschmittel gefüllte Spraydosen. Als Löschmittel kommen Löschschaum oder Löschgel zum Einsatz. Feuerlöschsprays sind mit einem Treibgas versehen oder treibgaslos im Handel als Löschmittel für die Brandklassen A, B und F erhältlich. Die Feuerlöschsprays einzelner Hersteller konnten in „Normbrandversuchen" ein Löschvermögen von 5A, 21 B bzw. 25F nachweisen. Löschspraydosen sind nicht nachfüllbar und sollten nach Gebrauch bzw. nach Ablauf der Gebrauchsdauer entsorgt werden. Auch gibt es für den Einsatz im gewerblichen Bereich bisher keine einheitliche europäische Norm, was dazu führt, dass große Qualitätsunterschiede bei den auf dem Markt angebotenen Löschsprays feststellbar sind.

702) In Deutschland ist eine nationale Vornorm DIN SPEC 14411:2013-07 Löschspraydose erarbeitet worden. Mit dieser wird das Ziel verfolgt, eine Spezifikation für Einmal-Löschspraydosen mit einem annehmbaren Mindest-Feuerlöschvermögen zu erstellen. Dieser Produkttyp ist nur für die Verwendung in Situationen vorgesehen, bei denen durch die Art bestimmter Prozesse oder Tätigkeiten Brände mit begrenztem Ausmaß vorherzusehen sind, bei denen eine geringe Möglichkeit der Brandausbreitung auf andere Materialien besteht und wenn davon ausgegangen werden kann, dass zum wahrscheinlichen Gefahrenzeitpunkt Personen anwesend sind. Löschspraydosen sind daher für die Verwendung durch ungeübte Personen im privaten und häuslichen Bereich vorgesehen. Löschspraydosen sind keine tragbaren Feuerlöscher nach DIN EN 3 und daher nicht geeignet, Feuerlöscher nach DIN EN 3 zu ersetzen.

703) In einer Empfehlung des ASTA zur ASR A2.2 zur Gefährdungsbeurteilung bei der Verwendung von Löschspraydosen (s. S. 530) wird klargestellt, dass Löschspraydosen zwar „handbetriebene Geräte zur Bekämpfung von Entstehungsbränden" im Sinne von Nr. 3.6 der ASR A2.2 sind, nicht aber Feuerlöscher nach DIN EN 3-7:2007-10. Somit gilt die genannte Ausnahmeregelung für Feuerlöscher mit 2 LE nicht für Löschspraydosen, auch wenn diese jeweils über mindestens 2 LE verfügen. Löschspraydosen können daher nicht für die Grundausstattung angerechnet werden.

704) Die Gefährdungsbeurteilung durch den Arbeitgeber kann ergeben, dass der zusätzliche Einsatz von Löschspraydosen die Brandschutzsituation verbessern kann, da diese aufgrund ihrer geringen Abmessungen fast überall platziert werden können und in Verbindung mit dem im Vergleich zu anderen Feuerlöscheinrichtungen geringeren Gewicht sehr schnell einsetzbar sind. Für diesen Fall enthält die Empfehlung des ASTA zu Löschspraydosen (s. S. 516) wichtige Hinweise für einzuhaltende Rahmenbedingungen. Mögliche Einsatzbereiche für den ergänzenden Einsatz von Löschspraydosen können z. B. Büros in Verwaltungsbereichen, Aufenthaltsräume in Kindertageseinrichtungen, Pflegeeinrichtungen oder Arztpraxen sein. Kritisch zu sehen oder auszuschließen ist hingegen der Einsatz von Feuerlöschsprays in Laboren, Produktionsstätten, Räumen oder Hallen mit großer Ausdehnung und überall dort, wo die begrenzte Löschwirkung der Feuerlöschsprays nachteilig ist.

- die Zugriffszeit, z. B. durch Halbierung der maximalen Entfernung zum nächstgelegenen Feuerlöscher nach Punkt 5.3, reduziert wird und
- die Anzahl der Brandschutzhelfer nach Punkt 7.3 verdoppelt wird.

In mehrgeschossigen Gebäuden sind in jedem Geschoss mindestens 6 Löschmitteleinheiten (LE) bereitzustellen.

Um tragbare Feuerlöscher einfach handhaben zu können, soll
- auf ein geringes Gerätegewicht sowie
- innerhalb eines Bereiches auf gleiche Funktionsweise der Geräte bei Auslöse- und Unterbrechungseinrichtungen

geachtet werden.

Hinweise:
1. *Bei der Auswahl der Feuerlöscher sollten auch mögliche Folgeschäden durch die Löschmittel berücksichtigt werden.*
2. *Bei dem Einsatz von Kohlendioxid (CO_2) als Löschmittel sind Gesundheitsgefahren durch zu hohe CO_2-Konzentrationen zu berücksichtigen.*

(3) Sind in einem Gebäude Arbeitsstätten verschiedener Arbeitgeber vorhanden, können vorhandene Feuerlöscher gemeinsam genutzt werden. Dabei hat jeder Arbeitgeber sicherzustellen, dass für seine Beschäftigten der Zugriff zu den erforderlichen Feuerlöschern jederzeit gewährleistet ist.

5.3 Anforderungen an die Bereitstellung von Feuerlöscheinrichtungen

Der Arbeitgeber hat sicherzustellen, dass in Arbeitsstätten:
- Feuerlöscher gut sichtbar und leicht erreichbar angebracht sind,[705]
- Feuerlöscher vorzugsweise in Fluchtwegen, im Bereich der Ausgänge ins Freie, an den Zugängen zu Treppenräumen oder an Kreuzungspunkten von Verkehrswegen/Fluren angebracht sind,
- die Entfernung von jeder Stelle zum nächstgelegenen Feuerlöscher nicht mehr als 20 m (tatsächliche Laufweglänge) beträgt, um einen schnellen Zugriff zu gewährleisten,[706]

---

705) Feuerlöscher müssen an gut sichtbaren und im Brandfall leicht zugänglichen Stellen angebracht sein, an denen sie vor Beschädigungen und Witterungseinflüssen geschützt sind. Die Stellen, an denen sich Feuerlöscher befinden, müssen generell gem. ASR A1.3 durch das Brandschutzzeichen F001 „Feuerlöscher" gekennzeichnet sein. Die bisher in der ASR A2.2, Ausg. 2014-11 enthaltene Abweichung von der Kennzeichnungspflicht „sofern die Feuerlöscher nicht gut sichtbar angebracht oder aufgestellt sind" wurde gestrichen.
706) Um einen schnellen Zugriff zu gewährleisten, wurde die Forderung, dass die Entfernung von jeder Stelle zum nächstgelegenen Feuerlöscher nicht mehr als 20 m tatsächliche Laufweglänge betragen darf, gegenüber der Ausgabe der ASR 2014-11 verschärft. Zur Begründung wird angeführt, dass die Regeln für Arbeitsstätten eine Vermutungswirkung auslösen und damit konkrete Vorgaben enthalten müssen. Die Streichung des bislang enthaltenen Wortes „möglichst" bringt zum Ausdruck, dass die maximale Entfernung zum nächstgelegenen Feuerlöscher von entscheidender Bedeutung für den schnellen Einsatz des Feuerlöschers zur Bekämpfung von Entstehungsbränden und somit für die Sicherheit der Beschäftigten ist.

ASR A2.2   Maßnahmen gegen Brände

- Feuerlöscher vor Beschädigungen und Witterungseinflüssen geschützt aufgestellt sind, z. B. durch Schutzhauben, Schränke, Anfahrschutz; dies kann z. b. bei Tankstellen, in Tiefgaragen oder nicht allseitig umschlossenen baulichen Anlagen erforderlich sein,
- Feuerlöscher so angebracht sind, dass diese ohne Schwierigkeiten aus der Halterung entnommen werden können; für die Griffhöhe haben sich 0,80 m bis 1,20 m als zweckmäßig erwiesen,[707]
- die Standorte von Feuerlöschern durch das Brandschutzzeichen F001 „Feuerlöscher" entsprechend ASR A1.3 „Sicherheits- und Gesundheitsschutzkennzeichnung" gekennzeichnet sind. In unübersichtlichen Arbeitsstätten ist der nächstgelegene Standort eines Feuerlöschers gut sichtbar durch das Brandschutzzeichen F001 „Feuerlöscher" in Verbindung mit einem Zusatzzeichen „Richtungspfeil" anzuzeigen. Besonders in lang gestreckten Räumen oder Fluren sollen Brandschutzzeichen in Laufrichtung jederzeit erkennbar sein, z. B. durch den Einsatz von Fahnen- oder Winkelschildern,
- weitere Feuerlöscheinrichtungen ebenfalls entsprechend ASR A1.3 „Sicherheits- und Gesundheitsschutzkennzeichnung" gekennzeichnet sind (z. B. für Wandhydranten: Brandschutzzeichen F002 „Löschschlauch"),
- die Erkennbarkeit der notwendigen Brandschutzzeichen auf Fluchtwegen ohne Sicherheitsbeleuchtung durch Verwendung von langnachleuchtenden Materialien entsprechend ASR A1.3 erhalten bleibt und
- die Standorte der Feuerlöscheinrichtungen in den Flucht- und Rettungsplan entsprechend ASR A2.3 „Fluchtwege und Notausgänge, Flucht- und Rettungsplan" aufgenommen sind.

6 Ausstattung von Arbeitsstätten mit erhöhter Brandgefährdung

6.1 Feststellung der erhöhten Brandgefährdung

Werden im Rahmen der Gefährdungsbeurteilung Bereiche mit erhöhter Brandgefährdung festgestellt,[708] hat der Arbeitgeber neben der Grundausstattung nach Punkt 5.2 und den Grundanforderungen für die Bereitstellung nach Punkt 5.3 zusätzliche betriebs- und tätigkeitsspezifische Maßnahmen zu ergreifen (siehe Punkt 6.2).

---

707) Tragbar sind Feuerlöscher bis zu einem Gewicht von 20 kg, die von Hand bedient werden können. Das Gewicht der Feuerlöscher sollte so gering wie möglich sein, um eine ergonomische Handhabung auch für kleinere oder physisch nicht so kräftige Personen zu gewährleisten. Aus dem gleichen Grund ist eine Griffhöhe von 0,80 bis 1,20 m einzuhalten.
708) Jede über eine normale Brandgefährdung (d. h. Bedingungen wie bei einer Büronutzung) hinausgehende Brandgefährdung bedeutet i. S. d. ASR A2.2 eine erhöhte Brandgefährdung und erfordert vom Arbeitgeber über die Grundausstattung hinaus weitergehende betriebs- und tätigkeitsspezifische Maßnahmen. Als Grundlage für diese Einschätzung dienen dem Arbeitgeber die Ergebnisse einer Gefährdungsbeurteilung. Wichtig ist, dass die Arbeitsstätte dafür in unterschiedliche Bereiche eingeteilt wird. Denn in der Regel ist die Brandgefährdung nicht in allen Teilen einer Arbeitsstätte gleich. So lassen sich Bürobereiche mit normaler Brandgefährdung von Lager- oder Herstellungsbereichen abgrenzen, in denen ggf. eine erhöhte Brandgefährdung vorliegt.

Maßnahmen gegen Brände ASR A2.2

Von erhöhter Brandgefährdung kann z. B. in folgenden Arbeitsstätten oder bei folgenden Tätigkeiten ausgegangen werden (siehe Tabelle 4):

Tabelle 4: Beispielhafte Aufzählung von Bereichen und Tätigkeiten in Arbeitsstätten mit erhöhter Brandgefährdung[709)]

1.	Verkauf, Handel, Lagerung
	– Lager mit extrem oder leicht entzündbaren bzw. leicht entflammbaren Stoffen oder Gemischen – Lager für Recyclingmaterial und Sekundärbrennstoffe – Speditionslager – Lager mit Lacken und Lösungsmitteln – Altpapierlager – Baumwolllager, Holzlager, Schaumstofflager – Lagerbereiche für Verpackungsmaterial – Lager mit sonstigem brennbaren Material – Ausstellungen für Möbel – Verkaufsräume mit erhöhten Brandgefährdungen, z. B. Heimwerkermarkt, Baumarkt
2.	Dienstleistung
	– Kinos, Diskotheken – Abfallsammelräume – Küchen – Beherbergungsbetriebe – Theaterbühnen – technische und naturwissenschaftliche Bereiche in Bildungs- und Forschungseinrichtungen – Tank- und Tankfahrzeugreinigung – chemische Reinigung, Wäschereien – Alten- und Pflegeheime – Werkstätten für Menschen mit Behinderungen – Krankenhäuser

---

709) Für die Festlegung von Bereichen in einer Arbeitsstätte mit einer erhöhten Brandgefährdung ist die Einordnung von Stoffen anhand ihrer Brennbarkeit von Bedeutung. Eine Einteilung kann in brennbar oder nicht brennbar vorgenommen werden. Als Brennbarkeit bezeichnet man im allgemeinen Sprachgebrauch die chemische Eigenschaft von gasförmigen, flüssigen und festen Stoffen, mit dem Sauerstoff der Luft unter Freisetzung von Strahlungsenergie bzw. Wärme zu reagieren und nach der Entflammung weiter zu brennen, auch wenn die Zündquelle entfernt wird. Die Brennbarkeit eines Stoffes ist eine Voraussetzung für die Verbrennung. Schwer entflammbar ist danach ein Stoff, der nach der Entzündung nicht mehr weiterbrennt, sobald die Wärmezufuhr aufhört. Ein nicht brennbarer Stoff kann weder entzündet werden, noch verascht er.

3.	Industrie
	– Möbelherstellung, Spanplattenherstellung – Webereien, Spinnereien – Herstellung von Papier im Trockenbereich – Verarbeitung von Papier – Getreidemühlen und Futtermittelproduktion – Schaumstoff-, Dachpappenherstellung – Verarbeitung von brennbaren Lacken und Klebern – Lackier- und Pulverbeschichtungsanlagen und -geräte – Öl-Härtereien – Druckereien – petrochemische Anlagen – Verarbeitung von brennbaren Chemikalien – Leder- und Kunststoffverarbeitung – Kunststoff-Spritzgießerei – Kartonagenherstellung – Backwarenfabrik – Herstellung von Maschinen und Geräten
4.	Handwerk
	– Kfz-Werkstatt – Tischlerei/Schreinerei – Polsterei – Metallverarbeitung – Galvanik – Vulkanisierung – Leder-, Kunstleder- und Textilverarbeitung – Backbetrieb – Elektrowerkstatt

6.2 Zusätzliche Maßnahmen bei erhöhter Brandgefährdung

(1) Über die Grundausstattung hinausgehende zusätzliche Maßnahmen in Bereichen mit erhöhter Brandgefährdung sind z. B.:
– die Ausrüstung von Bereichen mit Brandmeldeanlagen zur frühzeitigen Erkennung von Entstehungsbränden,[710]

---

710) Neben einer Erhöhung der Anzahl von Feuerlöschern können auch Maßnahmen zur frühzeitigen Erkennung von Entstehungsbränden z. B. durch automatische Brandmeldeanlagen, getroffen werden. Merkmale für das Erkennen und Beurteilen von Bränden sind Rauch, Flammen und Wärmeentwicklung. Deshalb sind selbsttätig arbeitende Brandmeldeanlagen so gebaut, dass sie auf diese Anzeichen reagieren. Zuverlässiger Alarm im Brandfall wird beispielsweise erreicht durch: richtige Auswahl der Melder, Ausschließen von Fehlalarm und schnellstmögliche Reaktion auf den Alarm.

Maßnahmen gegen Brände   ASR A2.2

- die Erhöhung der Anzahl der Feuerlöscher und deren gleichmäßige Verteilung in Bereichen mit erhöhter Brandgefährdung, um die maximale Entfernung zum nächstgelegenen Feuerlöscher und dadurch die Zeit bis zum Beginn der Entstehungsbrandbekämpfung zu verkürzen,[711]
- die Anbringung mehrerer gleichartiger und baugleicher Feuerlöscher an einem Standort in Bereichen mit erhöhter Brandgefährdung,[712] um bei ausreichend anwesenden Beschäftigten zur Entstehungsbrandbekämpfung durch gleichzeitigen Einsatz mehrerer Feuerlöscher einen größeren Löscheffekt zu erzielen,
- die Bereitstellung von zusätzlichen, für die vor Ort vorhandenen Brandklassen geeigneten Feuerlöscheinrichtungen in Bereichen oder an Arbeitsplätzen mit erhöhter Brandgefährdung, um eine schnelle und wirksame Entstehungsbrandbekämpfung zu ermöglichen, z. B. Kohlendioxidlöscher in Laboren, Fettbrandlöscher an Fritteusen und Fettbackgeräten, fahrbare Feuerlöscher mit einer höheren Wurfweite und Löschleistung an Tanklagern mit brennbaren Flüssigkeiten, Wandhydranten in Gebäuden, bei denen eine hohe Löschleistung für die Entstehungsbrandbekämpfung oder zur Kühlung benötigt wird oder
- Maßnahmen, die nach der Technischen Regel für Gefahrstoffe TRGS 800 „Brandschutzmaßnahmen" für Tätigkeiten mit Gefahrstoffen nötig sind.

(2) Die wegen der erhöhten Brandgefährdung einzusetzenden Löscheinrichtungen sind so anzuordnen, dass sie auch schnell zum Einsatz gebracht werden können. Daher sind insbesondere in der Nähe der folgenden Stellen Feuerlöscheinrichtungen zu positionieren:

- Bearbeitungsmaschinen mit erhöhter Zündgefahr,
- erhöhte Brandlasten oder
- Räume, die wegen der erhöhten Brandgefahr brandschutztechnisch abgetrennt werden.

Dabei ist sicherzustellen, dass:
- das Löschmittel der Brandklasse angepasst ist,
- die Löschmittelmenge ausreichend ist, um einen Entstehungsbrand dieser Gefährdung abzudecken und
- die Feuerlöscheinrichtung so positioniert ist, dass sie im Falle eines Brandausbruchs in Bereichen mit erhöhter Brandgefährdung noch ohne Gefährdung vom Beschäftigten schnell (in der Regel nicht größer als 5 m, maximal 10 m tatsächliche Laufweglänge) erreicht werden kann.

---

711) Die bisherige pauschale Verdoppelung bzw. Verdreifachung der Anzahl von Feuerlöschern, wie sie in der alten ASR 13/1,2 zur ArbStättV 1974 für Betriebsbereiche mit mittlerer bzw. großer Brandgefährdung gefordert wurde, ist in vielen Fällen nicht sinnvoll und wurde daher durch spezifische zusätzliche Maßnahmen ersetzt. Diese sind vom Arbeitgeber abhängig von den Bedingungen in der Arbeitsstätte zu treffen.
712) Eine weitere Maßnahme bei erhöhter Brandgefährdung besteht in der Schaffung von Voraussetzungen für einen gleichzeitigen Einsatz mehrerer Feuerlöscher, die durch mehrere, gesondert eingewiesene Beschäftigte bedient werden.

(3) Ortsfeste Brandbekämpfungsanlagen (z. B. Sprinkleranlagen, Sprühwasserlöschanlagen, Feinsprühlöschanlagen, Schaum-, Pulver- oder Gaslöschanlagen) sind zusätzliche, also über die Grundausstattung hinausgehende Maßnahmen des Brandschutzes.[713] Sie sind vorrangig z. B. dann erforderlich, wenn:
- eine Brandbekämpfung mit Feuerlöscheinrichtungen wegen der Eigengefährdung nicht möglich ist oder
- die Bereiche nicht zugänglich sind.

Hinweis:

Für Tätigkeiten mit Gefahrstoffen sind die Maßnahmen des Brandschutzes nach der Technischen Regel für Gefahrstoffe – TRGS 800 „Brandschutzmaßnahmen" und für die Verwendung von Arbeitsmitteln die Maßnahmen zum Brand- und Explosionsschutz nach der Betriebssicherheitsverordnung zu beachten.

7 Organisation des betrieblichen Brandschutzes

7.1 Organisatorische Brandschutzmaßnahmen

(1) Der Arbeitgeber hat die notwendigen Maßnahmen gegen Entstehungsbrände einschließlich der Verhaltensregeln im Brandfall (z. B. Evakuierung von Gebäuden) festzulegen und zu dokumentieren.

Hinweis:

Informationen zur Evakuierung von Gebäuden sind in der ASR A2.3 „Fluchtwege und Notausgänge, Flucht- und Rettungsplan" enthalten.

(2) Die Maßnahmen für alle Personen, die sich in der Arbeitsstätte aufhalten, sind an gut zugänglicher Stelle in geeigneter Form auszuhängen, wenn:
- erhöhte Brandgefährdung vorliegt,
- der Aushang eines Flucht- und Rettungsplanes nach ASR A2.3 „Fluchtwege und Notausgänge, Flucht- und Rettungsplan" erforderlich ist oder
- sich häufig Besucher oder Fremdfirmen in der Arbeitsstätte aufhalten, insbesondere wenn sie nicht begleitet sind.

---

[713] Stationäre Brandschutzanlagen werden zum Schutz größerer Menschenansammlungen oder wichtiger Anlagen installiert. V. a. findet man sie in Räumen und Bereichen, in denen größere Mengen brennbarer Stoffe oder Flüssigkeiten gelagert oder verarbeitet werden und mit schneller Brandausbreitung zu rechnen ist, aber auch zum Schutz elektronischer Datenverarbeitungsanlagen oder in Kabelschächten. Stationäre Brandschutzanlagen müssen einer Abnahmeprüfung und wiederkehrenden Prüfungen unterzogen werden. Schriftliche Nachweise werden gefordert. Als Löschmittel in Brandschutzanlagen werden folgende Stoffe verwendet: Wasser, Sauerstoff verdrängende Inertgase, Löschpulver, Löschschaum. Weiterführende Informationen enthält die DGUV Information 205-001 Arbeitssicherheit durch vorbeugenden Brandschutz, Ausg. 2013-11.

Dies kann z. B. als
- Brandschutzordnung Teil A[714] nach DIN 14096:2014-05 „Brandschutzordnung – Regeln für das Erstellen und das Aushängen oder
- „Regeln für das Verhalten im Brandfall" im grafischen Teil des Flucht- und Rettungsplans nach ASR A1.3 „Sicherheits- und Gesundheitsschutzkennzeichnung"

erfolgen.

(3) Die Maßnahmen für alle Beschäftigten sind diesen durch Auslegen oder in elektronischer Form zugänglich zu machen. Dies kann z. B. in Form der Brandschutzordnung Teil B nach DIN 14096:2014-05 „Brandschutzordnung – Regeln für das Erstellen und das Aushängen" erfolgen.

(4) Die Maßnahmen für Beschäftigte mit besonderen Aufgaben im Brandschutz, soweit diese vorhanden sind (z. B. Brandschutzbeauftragte), sind diesen gegen Nachweis gegebenenfalls auch elektronisch bekannt zu machen. Dies kann z. B. in Form der Brandschutzordnung Teil C nach DIN 14096:2014-05 „Brandschutzordnung – Regeln für das Erstellen und das Aushängen" erfolgen.

7.2 Unterweisung

Der Arbeitgeber hat alle Beschäftigten über die nach Punkt 7.1 festgelegten Maßnahmen

- vor Aufnahme der Beschäftigung,
- bei Veränderung des Tätigkeitsbereiches und
- danach in angemessenen Zeitabständen, mindestens jedoch einmal jährlich,

zu unterweisen.[715] [716]

---

714) Eine Brandschutzordnung gliedert sich nach DIN 14096:2015-05 Brandschutzordnung – Regeln für das Erstellen und das Aushängen in drei Teile:
Teil A (früher DIN 14096-1) richtet sich an alle Menschen, die sich in dem Gebäude des Betriebes aufhalten. Dieser Teil umfasst in der Regel nicht mehr als eine DIN-A4-Seite, ist an mehreren Stellen gut sichtbar ausgehängt und enthält die wichtigsten Verhaltensregeln im Brandfall.
Teil B (früher DIN 14096-2) richtet sich an alle Personen, die sich langfristig und/oder regelmäßig im Gebäude aufhalten. Er enthält wichtige Regeln zur Verhinderung von Brand- und Rauchausbreitung, zur Freihaltung der Flucht- und Rettungswege und weitere Regeln, die das Verhalten im Brandfall betreffen. Teil B wird allen Mitarbeitern in schriftlicher Form ausgehändigt.
Teil C (früher DIN 14096-3) richtet sich an die Mitarbeiter des Betriebes, die mit besonderen Brandschutzaufgaben betraut sind (Brandschutzhelfer, Evakuierungshelfer, Sicherheitsbeauftragter, Brandschutzbeauftragter u. a.). In diesem Teil werden alle vorbeugenden und abwehrenden Maßnahmen für diesen Personenkreis vor dem Hintergrund deren Brandschutzaufgaben beschrieben. Der Ablauf einer Evakuierung (in der Praxis auch Evakuierungskonzept genannt) ist ebenfalls Bestandteil von Teil C.
715) Spezifische Festlegungen zu den Unterweisungspflichten bezüglich der Maßnahmen zum Brandschutz enthält § 6 Abs. 3. Danach muss sich die Unterweisung auf Maßnahmen der Brandverhütung und Verhaltensmaßnahmen im Brandfall erstrecken, insbesondere auf die Nutzung der Fluchtwege und Notausgänge. Gefordert wird auch, dass diejenigen Beschäftigten, die Aufgaben der Brandbekämpfung übernehmen, vom Arbeitgeber in der Bedienung der Feuerlöscheinrichtungen zu unterweisen sind.
716) Ein Brand kann Beschäftigten das Leben kosten oder die Gesundheit der Beschäftigten erheblich gefährden. Von daher ist eine regelmäßige Unterweisung über diese Gefährdungen und die getroffenen Maßnahmen zum Schutz der Beschäftigten sowie das Verhalten im Gefahrenfall eine zwingend notwendige Forderung. Dafür werden Zeitpunkte und Fristen für die erstmalige und wiederkehrend durchzuführende Unterweisung festgelegt.

7.3 Brandschutzhelfer

(1) Der Arbeitgeber hat eine ausreichende Anzahl von Beschäftigten durch Unterweisung und Übung im Umgang mit Feuerlöscheinrichtungen zur Bekämpfung von Entstehungsbränden vertraut zu machen.

(2) Die Anzahl von Brandschutzhelfern ergibt sich aus der Gefährdungsbeurteilung. Ein Anteil von 5 % der Beschäftigten ist in der Regel ausreichend. Eine größere Anzahl von Brandschutzhelfern kann z. B. in Bereichen mit erhöhter Brandgefährdung, bei der Anwesenheit vieler Personen, Personen mit eingeschränkter Mobilität sowie bei großer räumlicher Ausdehnung der Arbeitsstätte erforderlich sein.

(3) Bei der Anzahl der Brandschutzhelfer sind auch Schichtbetrieb und Abwesenheit einzelner Beschäftigter, z. B. Fortbildung, Urlaub und Krankheit, zu berücksichtigen.

(4) Die Brandschutzhelfer sind im Hinblick auf ihre Aufgaben fachkundig zu unterweisen.[717] Zum Unterweisungsinhalt gehören neben den Grundzügen des vorbeugenden Brandschutzes Kenntnisse über die betriebliche Brandschutzorganisation, die Funktions- und Wirkungsweise von Feuerlöscheinrichtungen, die Gefahren durch Brände sowie über das Verhalten im Brandfall.[718]

(5) Praktische Übungen (Löschübungen) im Umgang mit Feuerlöscheinrichtungen gehören zur fachkundigen Unterweisung der Brandschutzhelfer. Es wird empfohlen, die Unterweisung mit Übung in Abständen von 3 bis 5 Jahren zu wiederholen.

7.4 Brandschutzbeauftragte

Ermittelt der Arbeitgeber eine erhöhte Brandgefährdung, kann die Benennung eines Brandschutzbeauftragten zweckmäßig sein.[719] Dieser berät und unterstützt den Arbeitgeber zu Themen des betrieblichen Brandschutzes.

---

717) Den Brandschutzhelfern sollen im Rahmen ihrer Unterweisung Grundkenntnisse des vorbeugenden Brandschutzes, Kenntnisse über die betriebliche Brandschutz- und Notfallorganisation, das Verhalten im Brandfall, die Funktion und Wirkungsweise von Feuerlöscheinrichtungen sowie die Gefahren durch Brände vermittelt werden. Die fachkundige Unterweisung beinhaltet ebenfalls praktische Löschübungen.
718) Zu Inhalten und Dauer einer Ausbildung von Brandschutzhelfern gibt die DGUV Information 205-023 Brandschutzhelfer – Ausbildung und Befähigung, Ausg. 2014-02 Auskunft. Zum Ausbildungsinhalt gehören neben den Grundzügen des vorbeugenden Brandschutzes Kenntnisse über die betriebliche Brandschutzorganisation, die Funktions- und Wirkungsweise von Feuerlöscheinrichtungen, die Gefahren durch Brände sowie über das Verhalten im Brandfall. Zum Ausbildungsinhalt gehören auch praktische Übungen im Umgang mit Feuerlöscheinrichtungen.
719) Zu Aufgaben, Qualifikation, Aus- und Fortbildung der Brandschutzbeauftragten, die bei Feststellung erhöhter Brandgefährdung bestellt werden sollten, enthält die DGUV Information 205-003 Brandschutzhelfer – Ausbildung und Befähigung, Ausg. 2014-02 nähere Angaben. Voraussetzung für die Ausbildung ist mindestens eine Berufsausbildung. Als Qualifikation bei erhöhter Brandgefährdung wird eine besondere Qualifikation empfohlen, z. B. Personen mit feuerwehrtechnischer Ausbildung, Absolventinnen oder Absolventen der Ausbildung Werkfeuerwehrmann/-frau, Fachkräfte für Arbeitssicherheit sowie Hochschul-/FH-Absolventen mit Studienschwerpunkt Brandschutz.

Maßnahmen gegen Brände — ASR A2.2

Hinweis:

Die Notwendigkeit zur Bestellung eines Brandschutzbeauftragten kann sich auch aus anderen Rechtsvorschriften ergeben.

7.5 Instandhaltung und Prüfung

7.5.1 Brandmelde- und Feuerlöscheinrichtungen

(1) Der Arbeitgeber hat Brandmelde- und Feuerlöscheinrichtungen unter Beachtung der Herstellerangaben in regelmäßigen Abständen sachgerecht instand zu halten und auf ihre Funktionsfähigkeit prüfen zu lassen. Die Ergebnisse sind zu dokumentieren.

(2) Werden keine Mängel festgestellt, ist dies auf der Feuerlöscheinrichtung kenntlich zu machen, z. B. durch Anbringen eines Instandhaltungsnachweises.

(3) Werden Mängel festgestellt, durch welche die Funktionsfähigkeit der Feuerlöscheinrichtung nicht mehr gewährleistet ist, hat der Arbeitgeber unverzüglich zu veranlassen, dass die Feuerlöscheinrichtung instand gesetzt oder ausgetauscht wird.

7.5.2 Besondere Regelungen für Feuerlöscher

(1) Die Bauteile von Feuerlöschern sowie die im Feuerlöscher enthaltenen Löschmittel können im Laufe der Zeit unter den äußeren Einflüssen am Aufstellungsort (wie Temperatur, Luftfeuchtigkeit, Verschmutzung, Erschütterung oder unsachgemäße Behandlung) unbrauchbar werden. Zur Sicherstellung der Funktionsfähigkeit sind Feuerlöscher daher alle zwei Jahre durch einen Fachkundigen zu warten. Lässt der Hersteller von der genannten Frist abweichende längere Fristen für die Instandhaltung zu, können diese vom Arbeitgeber herangezogen werden. Kürzere vom Hersteller genannte Fristen sind zu beachten.

Hinweise:
1. *Fachkundige zur Wartung von Feuerlöschern sind insbesondere Sachkundige gemäß DIN 14406-4:2009-09 „Tragbare Feuerlöscher – Teil 4: Instandhaltung".*
2. *Von der Wartung durch den Fachkundigen bleiben die wiederkehrenden Prüfungen der Feuerlöscher (Druckprüfung) durch eine befähigte Person nach der Betriebssicherheitsverordnung unberührt.*

(2) Bei starker Beanspruchung, z. B. durch Umwelteinflüsse oder mobilen Einsatz, können kürzere Zeitabstände erforderlich sein.

Hinweis:

Für die erforderlichen Arbeitsschritte wird auf das bvfa- Merkblatt „Arbeitsschritte bei der Instandhaltung von tragbaren Feuerlöschern", Ausgabe 2016-09 (01) verwiesen.

8 Abweichende/ergänzende Anforderungen für Baustellen

(1) Die Anforderungen in den Punkten 5.2 und 7.3 gelten auf Baustellen nur für stationäre Baustelleneinrichtungen, z. B. Baubüros, Unterkünfte oder Werkstätten.

(2) Werden auf Baustellen Tätigkeiten mit einer erhöhten Brandgefährdung nach Punkt 6.1 durchgeführt,[720] ist dort bei Tätigkeiten mit einer Brandgefährdung (z. B. Schweißen, Brennschneiden, Trennschleifen, Löten) oder bei der Anwendung von Verfahren, bei denen eine Brandgefährdung besteht (z. B. Farbspritzen, Flammarbeiten) für jedes der dabei eingesetzten und eine erhöhte Brandgefährdung auslösenden Arbeitsmittel ein Feuerlöscher für die entsprechenden Brandklassen mit mindestens 6 LE in unmittelbarer Nähe bereitzuhalten.

(3) Abweichend von Punkt 7.3 Absätze 1 bis 3 sind sämtliche Personen, die mit den vorgenannten Arbeitsmitteln tätig werden, theoretisch und praktisch im Umgang mit Feuerlöschern nach Punkt 7.3 Absätze 4 und 5 zu unterweisen.

(4) Baustellen mit besonderen Gefährdungen (z. B. Untertagebaustellen, Hochhausbau) erfordern zusätzliche Maßnahmen gegen Brände nach Punkt 6.2.

Ausgewählte Literaturhinweise

- Technische Regeln für Gefahrstoffe (TRGS) 800 „Brandschutzmaßnahmen"
- DGUV Information 205-003 Aufgaben, Qualifikation, Ausbildung und Bestellung von Brandschutzbeauftragten 11/2014
- DGUV Information 205-023 Brandschutzhelfer 02/2014

---

[720] Auf Baustellen sind Arbeiten mit einer Brandgefährdung, z. B. Schweißen, Brennschneiden, Trennschleifen und Löten als häufige Ursache für die Brandentstehung hervorzuheben. Deshalb wird für jedes gleichzeitig eingesetzte Arbeitsmittel, von welchem eine Brandgefahr ausgehen kann, die unmittelbare Bereithaltung eines geeigneten tragbaren Feuerlöschers mit mindestens 6 LE gefordert. Zusätzlich müssen alle Personen, die derartige Arbeitsverfahren anwenden, theoretisch und praktisch im Umgang mit Feuerlöschern unterwiesen werden.

Maßnahmen gegen Brände — ASR A2.2

Anhang 1

Standardschema zur Festlegung der notwendigen Feuerlöscheinrichtungen

1. Schritt – Ermittlung der vorhandenen Brandklassen nach Tabelle 1
2. Schritt – Ermittlung der Brandgefährdung (siehe auch Tabelle 4)
3. Schritt – Ermittlung der Löschmitteleinheiten (LE) in Abhängigkeit von der Grundfläche für die in allen Arbeitsstätten notwendige Grundausstattung mit Feuerlöscheinrichtungen nach Tabelle 3
4. Schritt – Festlegung der für die Grundausstattung notwendigen Anzahl der Feuerlöscheinrichtungen entsprechend den Löschmitteleinheiten (LE) nach Tabelle 2
5. Schritt – Gegebenenfalls Festlegung von zusätzlichen Maßnahmen, insbesondere nach Punkt 6.2, bei erhöhter Brandgefährdung

ASR A2.2 — Maßnahmen gegen Brände

Anhang 2

Beispiele für die Ermittlung der Grundausstattung

Beispiel 2.1:

Bürobetrieb

Brandklassen: A und B

Grundfläche: 500 m^2

Ergebnis der Gefährdungsbeurteilung: normale Brandgefährdung

→ Grundausstattung mit Feuerlöschern gemäß Tabelle 3:

Tabelle 3 ergibt bis 500 m^2 – 21 LE.

Gewählt werden Pulverlöscher mit Löschvermögen 21A 113B, was nach Tabelle 2 für diesen Feuerlöschertyp 6 LE entspricht.

Es sind demnach 21 LE, geteilt durch 6, also 4 Feuerlöscher dieses Typs erforderlich.

Beispiel 2.2:

Kindertagesstätte mit 4 Gruppen

Brandklasse: A

Grundfläche: 538 m^2

Ergebnis der Gefährdungsbeurteilung: normale Brandgefährdung

Brandschutzhelfer: alle Beschäftigten sind ausgebildet

→ Grundausstattung mit Feuerlöschern gemäß Tabelle 3:

Tabelle 3 ergibt bis 600 m^2 – 24 LE.

Als Grundausstattung nach Punkt 5.2 wären hier insgesamt 24 LE erforderlich, sodass bei mindestens 6 LE je Feuerlöscher 4 Feuerlöscher erforderlich wären.

Das Ziel ist, dass in jeder Gruppe, im Büro und in der Aufwärmküche Feuerlöscher mit geringerem Gewicht zur Verfügung stehen.

Für die Kindertagesstätte werden insgesamt 6 Wasserlöscher mit 3 Litern Wasser und einem Löschvermögen von 13A je Gerät, was nach Tabelle 2 für diesen Feuerlöschertyp 4 LE für die Brandklasse A entspricht, vorgesehen und in den 4 Gruppen, im Büro und in der Aufwärmküche positioniert.

Durch die Auswahl und Positionierung der genannten Feuerlöscher sind die Kriterien Gewichtsersparnis und Reduzierung der Entfernung zum nächstgelegenen Feuerlöscher erfüllt.

Maßnahmen gegen Brände ASR A2.2

Beispiel 2.3:

Küche mit 3 Fritteusen von jeweils 25 Liter Inhalt

Brandklassen: A, B und F

Grundfläche: 700 m²

Ergebnis der Gefährdungsbeurteilung: erhöhte Brandgefährdung

→ Grundausstattung mit Feuerlöschern gemäß Tabelle 3:

Tabelle 3 ergibt bis 700 m² – 27 LE.

Gewählt werden Pulverlöscher mit Löschvermögen 43A 233B, was nach Tabelle 2 für diesen Feuerlöschertyp 12 LE entspricht.

Es sind demnach 27 LE, geteilt durch 12, also 3 Feuerlöscher dieses Typs für die Grundausstattung erforderlich.

→ Zusätzliche Maßnahmen:

Zusätzlich werden für die Bereiche mit Brandklasse F Fettbrandlöscher mit Löschvermögen 75F bereitgestellt.

Beispiel 2.4:

Polsterei

Brandklassen: A und B

Grundfläche: 390 m²

Ergebnis der Gefährdungsbeurteilung: erhöhte Brandgefährdung

→ Grundausstattung mit Feuerlöschern gemäß Tabelle 3:

Tabelle 3 ergibt bis 400 m² – 18 LE.

Gewählt werden Schaumlöscher mit Löschvermögen 21A 113B, was nach Tabelle 2 für diesen Feuerlöschertyp 6 LE entspricht.

Es sind demnach 18 LE, geteilt durch 6, also 3 Feuerlöscher dieses Typs für die Grundausstattung erforderlich.

→ Zusätzliche Maßnahmen:

Zusätzlich werden eine automatische Brandmeldeanlage aufgrund des unübersichtlichen Arbeitsbereiches und eine Löschanlage installiert.

Beispiel 2.5:

Speditionslager

Brandklasse: A

Grundfläche: 600 m²

ASR A2.2 — Maßnahmen gegen Brände

Ergebnis der Gefährdungsbeurteilung: erhöhte Brandgefährdung

→ Grundausstattung mit Feuerlöschern gemäß Tabelle 3:

Tabelle 3 ergibt bis 600 m^2 – 24 LE.

Gewählt werden Wasserlöscher mit Löschvermögen 21A, was nach Tabelle 2 für diesen Feuerlöschertyp 6 LE entspricht.

Es sind demnach 24 LE, geteilt durch 6, also 4 Feuerlöscher dieses Typs für die Grundausstattung erforderlich.

→ Zusätzliche Maßnahmen:

Zusätzlich werden 6 weitere Wasserlöscher mit Löschvermögen 13A bereitgestellt und im Speditionslager verteilt, um die Wege zum nächstgelegenen Feuerlöscher für einen noch schnelleren Zugriff zu verkürzen.

Maßnahmen gegen Brände　　　　　　　　　　　　　　　　　　　　　ASR A2.2

Anhang 3

Beispiele für die Abweichung von der Grundausstattung

Die Anwendung der in der ASR A2.2 angegebenen Maßnahmen zur Ermittlung der Grundausstattung von Arbeitsstätten gemäß Punkt 5.2 stellen die zweckmäßigen Lösungen für die Sicherung des Brandschutzes in einer Arbeitsstätte dar.

Abweichend von dieser Ermittlung der Grundausstattung kann der Arbeitgeber eine andere Lösung wählen, wenn er damit mindestens die gleiche Sicherheit und den gleichen Gesundheitsschutz für die Beschäftigten erreicht. Dieses gilt für die normale wie auch für die erhöhte Brandgefährdung.

Die in diesem Anhang aufgeführten Beispiele für solche Abweichungen zeigen die Vorgehensweise auf, ersetzen jedoch weder die Gefährdungsbeurteilung noch stellen sie eine „Musterlösung" dar, die ohne Prüfung der konkreten Bedingungen übernommen werden kann.

Da Abweichungen unter der Voraussetzung möglich sind, dass die Gleichwertigkeit mit den Lösungen nach ASR A2.2 gewährleistet wird, müssen die Abweichungen von der ASR A2.2 ermittelt und bewertet werden. Den Nachweis über die Gleichwertigkeit hat der Arbeitgeber im Einzelfall auf Basis der Gefährdungsbeurteilung zu erbringen.

Beispiele für normale Brandgefährdung

Beispiel 3.1:

Verwaltung

Brandklasse: A

Grundfläche: 600 m², eingeschossig

Ergebnis der Gefährdungsbeurteilung: normale Brandgefährdung

Hinweis: ein Wandhydrant ist vorhanden

Nach Punkt 5.2 wären hier insgesamt 24 LE erforderlich, sodass bei mindestens 6 LE je Feuerlöscher 4 Feuerlöscher als Grundausstattung erforderlich wären.

Das Ziel ist, den vorhandenen Wandhydranten weiter zu betreiben und als Teil der Grundausstattung zu berücksichtigen.

Aus der Gefährdungsbeurteilung ergibt sich auch, dass
- Wasser als Löschmittel geeignet ist,
- das Geschoss ausreichend groß (> 400 m² Geschossfläche) ist, sodass der Einsatz eines Wandhydranten sinnvoll ist,
- es sich um einen Wandhydranten mit formbeständigem Schlauch handelt, der auch von einer Person eingesetzt werden kann,

- eine ausreichende Anzahl von Beschäftigten in der Handhabung dieses Wandhydranten unterwiesen ist,
- eine Verrauchung von Fluchtwegen (z. B. Treppenräumen) vermieden wird, weil der Wandhydrant sich auf dem Flur befindet und dessen Schlauch nicht durch Brand- oder Rauchschutztüren zum Brandherd geführt werden muss und
- mindestens zwei Drittel der erforderlichen Löschmitteleinheiten durch Feuerlöscher abgedeckt sind, da Wandhydranten nicht die alleinige Feuerlöscheinrichtung sein sollen.

Einem Wandhydranten könnten aufgrund seines Löschvermögens bis zu 27 LE zugeordnet werden. Auf Basis der Gefährdungsbeurteilung wird der vorhandene Wandhydrant mit 8 LE angerechnet. Die verbleibenden 16 LE werden durch 3 Pulverlöscher mit Löschvermögen 21A 113B, was nach Tabelle 2 für diesen Feuerlöschertyp 6 LE entspricht, abgedeckt.

Beispiel 3.2:

Beispiel für erhöhte Brandgefährdung

Küchenbetrieb mit 3 Kleinfritteusen mit einer Füllmenge von je 10 Litern Speiseöl pro Gerät

Brandklassen: A und F

Grundfläche: 180 m^2

Ergebnis der Gefährdungsbeurteilung: erhöhte Brandgefährdung

Nach Punkt 5.2 wären hier insgesamt 12 LE erforderlich, sodass bei mindestens 6 LE je Feuerlöscher 2 Feuerlöscher als Grundausstattung erforderlich wären. Dazu wären wegen der Brandklasse F zusätzliche Fettbrandlöscher notwendig.

Um Verwechslungen und eine Doppelausstattung zu vermeiden, soll die Ausstattung mit Feuerlöschern erfolgen, die für die Brandklassen A und F geeignet sind. Die verfügbaren Feuerlöscher haben allerdings nur ein Löschvermögen von 13A und 40F je Gerät, was nach Tabelle 2 für diese Bauart 4 LE für die Brandklasse A entspricht.

Die Gefährdungsbeurteilung ergibt, dass
- das gesamte Küchenpersonal zu Brandschutzhelfern ausgebildet ist,
- die Wahrscheinlichkeit, dass 2 Feuerlöscher gleichzeitig zum Einsatz kommen können, sehr hoch ist,
- die vorhandene Anzahl der Feuerlöscher sehr schnell erreichbar ist und
- auch bei einer Rückzündung des Speiseöls in der Fritteuse weitere Feuerlöscher (Löschmittelreserve) schnell zum Einsatz kommen können.

Maßnahmen gegen Brände — ASR A2.2

Auf Basis dieser Gefährdungsbeurteilung werden für die Küche insgesamt 3 auch für die Brandklasse A geeignete Fettbrandlöscher mit einem Löschvermögen von 13A und 40F je Gerät, was nach Tabelle 2 für diese Bauart 4 LE für die Brandklasse A entspricht, in der Nähe der Fritteusen positioniert.

ASR A2.3	Fluchtwege und Notausgänge Flucht- und Rettungsplan

zu § 4 Abs. 4, Anh. Nr. 2.3 ArbStättV

Technische Regeln für Arbeitsstätten	Fluchtwege und Notausgänge Flucht- und Rettungsplan	ASR A2.3

GMBl. Nr. 45 vom 28.9.2007 S. 902,
zuletzt geändert durch GMBl. Nr. 1 vom 25.1.2017 S. 7

...

Diese ASR A2.3 konkretisiert im Rahmen des Anwendungsbereichs die Anforderungen der Verordnung über Arbeitsstätten. Bei Einhaltung der Technischen Regeln kann der Arbeitgeber insoweit davon ausgehen, dass die entsprechenden Anforderungen der Verordnung erfüllt sind. Wählt der Arbeitgeber eine andere Lösung, muss er damit mindestens die gleiche Sicherheit und den gleichen Gesundheitsschutz für die Beschäftigten erreichen.

Inhaltsübersicht

1 Zielstellung
2 Anwendungsbereich
3 Begriffsbestimmungen
4 Allgemeines
5 Anordnung, Abmessungen
6 Ausführung
7 Kennzeichnung
8 Sicherheitsbeleuchtung
9 Flucht- und Rettungsplan
10 Abweichende/ergänzende Anforderungen für Baustellen

1 Zielstellung

Diese Arbeitsstättenregel konkretisiert die Anforderungen an das Einrichten und Betreiben von Fluchtwegen und Notausgängen sowie an den Flucht- und Rettungsplan nach § 3a Abs. 1 und § 4 Abs. 4 sowie Punkt 2.3 des Anhangs der Arbeitsstättenverordnung, um im Gefahrenfall das sichere Verlassen der Arbeitsstätte zu gewährleisten.

2 Anwendungsbereich

Diese Arbeitsstättenregel gilt für das Einrichten und Betreiben von Fluchtwegen sowie Notausgängen in Gebäuden und vergleichbaren Einrichtungen, zu denen Beschäftigte im Rahmen ihrer Arbeit Zugang haben, sowie für das Erstellen von Flucht- und Rettungsplänen und das Üben entsprechend dieser Pläne. Dabei ist die Anwesenheit von anderen Personen zu berücksichtigen.

Diese Arbeitsstättenregel gilt nicht
− für das Einrichten und Betreiben von
   a) nicht allseits umschlossenen und im Freien liegenden Arbeitsstätten,

Fluchtwege und Notausgänge
Flucht- und Rettungsplan ASR A2.3

b) *(entfallen)*
c) Bereichen in Gebäuden und vergleichbaren Einrichtungen, in denen sich Beschäftigte nur im Falle von Instandhaltungsarbeiten (Wartung, Inspektion, Instandsetzung oder Verbesserung der Arbeitsstätten zum Erhalt des baulichen und technischen Zustandes) aufhalten müssen,[721]
d) *(entfallen)*
- für das Verlassen von Arbeitsmitteln i. S. d. § 2 Abs. 1 Betriebssicherheitsverordnung im Gefahrenfall.[722]

Sofern im Einzelfall vergleichbare Verhältnisse vorliegen, können sowohl in diesen sowie in den anderen vom Anwendungsbereich ausgenommenen Bereichen die hierfür zutreffenden Regelungen der Arbeitsstättenregel angewendet werden. Andernfalls sind spezifische Maßnahmen notwendig, um die erforderliche Sicherheit für die Beschäftigten im Gefahrenfall zu gewährleisten.

Hinweis:

Für die barrierefreie Gestaltung der Fluchtwege und Notausgänge sowie der Flucht- und Rettungspläne gilt die ASR V3a.2 „Barrierefreie Gestaltung von Arbeitsstätten", Anhang A2.3: Ergänzende Anforderungen zur ASR A2.3 „Fluchtwege und Notausgänge, Flucht- und Rettungsplan".

3 Begriffsbestimmungen

3.1 Fluchtwege sind Verkehrswege, an die besondere Anforderungen zu stellen sind und die der Flucht aus einem möglichen Gefährdungsbereich und in der Regel zugleich der Rettung von Personen dienen. Fluchtwege führen ins Freie oder in einen gesicherten Bereich. Fluchtwege im Sinne dieser Regel sind auch die im Bauordnungsrecht definierten Rettungswege, sofern sie selbstständig begangen werden können.[723]

Den **ersten** Fluchtweg bilden die für die Flucht erforderlichen Verkehrswege und Türen, die nach dem Bauordnungsrecht notwendigen Flure und der Treppenraum notwendiger Treppen sowie die Notausgänge.

---

721) Wegen der spezifischen Bedingungen sind nicht allseits umschlossene und im Freien liegende Arbeitsstätten und solche Bereiche in Gebäuden und vergleichbaren Einrichtungen, in denen sich Beschäftigte nur zur Durchführung von Instandsetzungs- und Wartungsarbeiten aufhalten, vom Anwendungsbereich der ASR ausgenommen. Weil auch diese Arbeitsstätten vom Geltungsbereich der ArbStättV erfasst sind, muss der Arbeitgeber dennoch Vorkehrungen treffen, damit sich die Beschäftigten im Falle einer Gefährdung unverzüglich in Sicherheit bringen und schnell gerettet werden können.
722) Für die Flucht aus oder von Arbeitsmitteln (z. B. Krananlagen, Hochregallager mit automatischer Regalbedienung) sind vom Arbeitgeber angemessene Maßnahmen auf der Grundlage einer Gefährdungsbeurteilung nach § 3 BetrSichV unter Berücksichtigung der Mindestanforderungen in Anh. 1 der BetrSichV zu treffen.
723) Mit der Definition des Fluchtweges wird klargestellt, dass die Anforderungen – sofern möglich und sinnvoll – den bauordnungsrechtlichen Vorschriften anzugleichen sind, um in der Praxis widerspruchsfreie Lösungen zu erreichen (s. FN 730).

Der **zweite** Fluchtweg führt durch einen zweiten Notausgang, der als Notausstieg ausgebildet sein kann.[724)]

3.2 Fluchtweglänge ist die kürzeste Wegstrecke in Luftlinie gemessen vom entferntesten Aufenthaltsort bis zu einem Notausgang.[725) 726)]

3.3 *(entfallen)*

3.4 Gefangener Raum ist ein Raum, der ausschließlich durch einen anderen Raum betreten oder verlassen werden kann.[727)]

3.5 Gesicherter Bereich ist ein Bereich, in dem Personen vorübergehend vor einer unmittelbaren Gefahr für Leben und Gesundheit geschützt sind. Als gesicherte Bereiche gelten z. B. benachbarte Brandabschnitte oder notwendige Treppenräume.[728)]

3.6 Ein **Notausgang** ist ein Ausgang im Verlauf eines Fluchtweges, der direkt ins Freie oder in einen gesicherten Bereich führt.

Ein **Notausstieg** ist im Verlauf eines zweiten Fluchtweges ein zur Flucht aus einem Raum oder einem Gebäude geeigneter Ausstieg.

---

724) Der wesentliche Unterschied zwischen den Rettungswegen nach dem Bauordnungsrecht der Länder und den Fluchtwegen nach dem Arbeitsstättenrecht zeigt sich beim Einrichten und Betreiben von zweiten Fluchtwegen. Im Gegensatz zum Bauordnungsrecht müssen zweite Fluchtwege in Arbeitsstätten immer selbstständig benutzbar sein und direkt bis ins Freie oder in einen gesicherten Bereich führen. Eine nach Bauordnungsrecht mögliche Führung des Rettungswegs zu einer anleiterbaren Stelle zur Rettung durch die Feuerwehr entspricht nicht dieser Forderung. Somit sind Rettungswege nach dem Bauordnungsrecht immer dann auch Fluchtwege, wenn sie selbstständig begangen werden können. Nach dem Arbeitsstättenrecht steht die Selbstrettung der Beschäftigten und sonstiger Personen, die sich in der Arbeitsstätte befinden, durchgängig im Vordergrund.
725) Bei der Ermittlung der Fluchtweglänge als der in Luftlinie gemessenen Wegstrecke bleiben somit nicht begehbare Bereiche im Raum außer Betracht, wie technische Anlagen oder ortsfeste Trennwände. Eine Berücksichtigung dieser Bereiche ergibt sich jedoch aus der Begrenzung der maximal zulässigen tatsächlichen Laufweglänge auf den 1,5-fachen Wert der in der Luftlinie gemessenen Fluchtweglänge in Nr. 5 Abs. 2.
726) Für die Festlegung des Anfangspunktes eines Fluchtweges sind die Vorgaben der ArbStättV zu beachten, wonach aufgrund des § 2 Abs. 2 Nr. 2 Fluchtwege ebenso zur Arbeitsstätte gehören wie die in § 2 Abs. 2 Nr. 1 benannten Orte auf dem Gelände eines Betriebes, zu denen Beschäftigte im Rahmen ihrer Arbeit Zugang haben. Aus diesem Grund kann der Beginn eines Fluchtwegs nicht auf Arbeitsplätze eingegrenzt werden, sondern muss stets vom am weitesten entfernten Aufenthaltsort ausgehen, an dem sich Beschäftigte aufhalten können.
727) In bauordnungsrechtlichen Vorschriften wird eine Nutzung von „gefangenen Räumen" bis 400 m^2 für Büro- und Verwaltungszwecke zugelassen.
728) Aus dem gesicherten Bereich muss eine leichte Rettung durch Rettungs- oder Hilfskräfte von außen gewährleistet sein. Als Mindestdauer, innerhalb der Beschäftigte und andere Personen in einem gesicherten Bereich zuverlässig geschützt sind, sollten 90 Minuten nicht unterschritten werden. Diese Zeitvorgabe ergibt sich aufgrund der Festlegungen zur Feuerwiderstandsklasse F 90 bzw. F 90-AB für feuerbeständige Bauteile (s. DIN 4102 -2 Nr. 3 Brandverhalten von Baustoffen und Bauteilen; Bauteile, Begriffe, Anforderungen und Prüfungen, Ausg. 1977-09).

Fluchtwege und Notausgänge
Flucht- und Rettungsplan ASR A2.3

3.7 Im Rahmen einer **Räumungsübung** wird überprüft, ob eine kurzfristige Evakuierung (Räumung) der im Anwendungsbereich dieser Regel genannten Bereiche im Gefahrenfall schnell und sicher möglich ist.

3.8 *(entfallen)*

4 Allgemeines

(1) Beim Einrichten und Betreiben von Fluchtwegen und Notausgängen sind die beim Errichten von Rettungswegen zu beachtenden Anforderungen des Bauordnungsrechts der Länder zu berücksichtigen.[729] Darüber hinaus können sich weitergehende Anforderungen an Fluchtwege und Notausgänge aus dieser Arbeitsstättenregel ergeben.[730] Dies gilt z. B. für das Erfordernis zur Einrichtung eines zweiten Fluchtweges.

(2) Fluchtwege, Notausgänge und Notausstiege müssen ständig freigehalten werden, damit sie jederzeit benutzt werden können.

(3) Notausgänge und Notausstiege, die von außen verstellt werden können, sind auch von außen gem. Punkt 7 (3) zu kennzeichnen und durch weitere Maßnahmen zu sichern, z. B. durch die Anbringung von Abstandsbügeln für Kraftfahrzeuge.[731]

(4) Aufzüge sind als Teil des Fluchtweges unzulässig.[732]

(5) Das Erfordernis eines zweiten Fluchtweges ergibt sich aus der Gefährdungsbeurteilung unter besonderer Berücksichtigung der bei dem jeweiligen Aufenthaltsort bzw. Arbeitsplatz vorliegenden spezifischen Verhältnisse, z. B. einer erhöhten Brandgefahr oder der Anzahl der Personen, die auf den Fluchtweg angewiesen sind. Ein zweiter Fluchtweg kann z. B. erforderlich sein bei Produktions- oder Lagerräumen mit einer Fläche von mehr

---

729) Mit dem Querverweis auf das Bauordnungsrecht der Länder wird klargestellt, dass es sich bei einem Fluchtweg i. d. R. auch um einen Rettungsweg handelt.
730) Über das Bauordnungsrecht hinausgehende Anforderungen an Arbeitsstätten ergeben sich u. a. bezüglich des Verbots von Ausgleichstufen im Verlauf von Fluchtwegen (Nr. 6.7), des Verbots von Wendel- und Spindeltreppen als erster Fluchtweg (Nr. 6.6) oder der Forderung nach selbstständiger Benutzbarkeit von zweiten Fluchtwegen. Letztere muss gewährleisten, dass flüchtende Personen in Selbsthilfe bis ins Freie oder in einen gesicherten Bereich gelangen.
731) Es muss sichergestellt werden, dass der Ausgang nicht durch Fahrzeuge, Materialien usw. verstellt werden kann. Hierauf muss erforderlichenfalls durch die Anbringung eines Verbotszeichens P023 „Abstellen oder Lagern verboten" (s. ASR A1.3 Sicherheits- und Gesundheitsschutzkennzeichnung Anl. 1, s. S. 176) oder einer gelb-schwarzen Gefahrenkennzeichnung (a.a.O. Nr. 5.2) vor dem Ausgang hingewiesen werden. I. Ü. muss auch von außen an den entsprechenden Türen und Toren ersichtlich sein, dass es sich um Notausgänge handelt (Hinweisschild!). Der Bereich im Freien vor dem Ausgang muss so groß sein, dass es bei einer Fluchtbewegung aus dem Gebäude zu keinem Rückstau kommen kann. Ob die örtlichen Verhältnisse dieser Anforderung genügen, kann z. B. bei einer Räumungsübung nach ASR A2.3 Nr. 9 Abs. 7 überprüft werden.
732) Das Verbot, Aufzüge als Teil des Fluchtweges einzurichten oder zu betreiben, ergibt sich daraus, dass die Beschaffenheit der Aufzüge deren sichere Benutzung, z. B. im Brandfall, nicht sicherstellt. Dies gilt auch für sog. Feuerwehraufzüge, deren Funktion im Gefahrenfall zwar noch gewährleistet ist, die aber nicht für die Selbstrettung, z. B. durch Personen bis zum Eintreffen der Feuerwehr, vorgesehen und ausgelegt sind.

als 200 m², bei Geschossen mit einer Grundfläche von mehr als 1 600 m² oder aufgrund anderer spezifischer Vorschriften.

(6) Fahrsteige, Fahrtreppen, Wendel- und Spindeltreppen sowie Steigleitern und Steigeisengänge sind im Verlauf eines ersten Fluchtweges nicht zulässig. Im Verlauf eines zweiten Fluchtweges sind sie nur dann zulässig, wenn die Ergebnisse der Gefährdungsbeurteilung deren sichere Benutzung im Gefahrenfall erwarten lassen. Dabei sollten Fahrsteige gegenüber Fahrtreppen, Wendeltreppen gegenüber Spindeltreppen, Spindeltreppen gegenüber Steigleitern und Steigleitern gegenüber Steigeisengängen bevorzugt werden.[733]

(7) Führen Fluchtwege durch Schrankenanlagen, z. B. in Kassenzonen oder Vereinzelungsanlagen, müssen sich Sperreinrichtungen schnell und sicher sowie ohne besondere Hilfsmittel mit einem Kraftaufwand von maximal 150 N in Fluchtrichtung öffnen lassen.

(8) Fluchtwege sind deutlich erkennbar und dauerhaft zu kennzeichnen. Die Kennzeichnung ist im Verlauf des Fluchtweges an gut sichtbaren Stellen und innerhalb der Erkennungsweite anzubringen. Sie muss die Richtung des Fluchtweges anzeigen.[734] [735]

(9) Der erste und der zweite Fluchtweg dürfen innerhalb eines Geschosses über denselben Flur zu Notausgängen führen.

5 Anordnung, Abmessungen

(1) Fluchtwege sind in Abhängigkeit von vorhandenen Gefährdungen und den damit gemäß Punkt 5 (2) dieser Regel verbundenen maximal zulässigen Fluchtweglängen, sowie in Abhängigkeit von Lage und Größe des Raumes anzuordnen.[736] [737]

---

[733] Die ASR enthält ein Verbot, den ersten Fluchtweg ganz oder teilweise über Fahrsteige, Fahrtreppen, Wendel- und Spindeltreppen sowie über Steigleitern und Steigeisengängen zu führen. Hiermit wird den Gefährdungen Rechnung getragen, die sich aus der Nutzung derartiger Einrichtungen im Gefahrfall ergeben können. Im Verlauf eines zweiten Fluchtweges dürfen sich derartige Einrichtungen befinden, sofern auch im Gefahrfall deren sichere Benutzung zu erwarten ist. Dies muss der Arbeitgeber im Rahmen einer Gefährdungsbeurteilung für den jeweiligen Einzelfall ermitteln.

[734] Für die geforderte Kennzeichnung dürfen nur Rettungszeichen nach ASR A1.3 Sicherheits- und Gesundheitsschutzkennzeichnung Anl. 1 Abschn. 4 verwendet werden. Der einfache Richtungspfeil (Sicherheitszeichen E001 und E002) darf nur in Verbindung mit weiteren Rettungszeichen, nicht aber als Richtungsweiser in Fluchtwegen von Arbeitsstätten verwendet werden (ASR A1.3 Nr. 5.1, s. S. 165).

[735] Ein Sicherheitsleitsystem kann eine erforderliche Ergänzung der Kennzeichnung mit Rettungszeichen sein, diese jedoch nicht ersetzen. In Abhängigkeit vom Ergebnis der Gefährdungsbeurteilung muss der Arbeitgeber im Falle des Gebäudes, in dem sich die gefährdeten Arbeitsplätze befinden, eine Entscheidung über den Einsatz eines Sicherheitsleitsystems oder die Kombination mehrerer Sicherheitsleitsysteme (z. B. Sicherheitsbeleuchtung i. V. m. optischem Sicherheitsleitsystem) treffen.

[736] Anzahl, Anordnung, Abmessung und Ausführung der Fluchtwege und Notausgänge sind von der Nutzung der Räume, insbesondere dem dort vorhandenen Gefährdungspotenzial abhängig. Es ist zu unterscheiden, ob es sich bei den Räumen z. B. um eine Werkstatt, einen Raum mit erhöhter Brand- oder Explosionsgefahr oder um einen normalen Lagerraum handelt. Die Einrichtung des jeweiligen Raumes beeinflusst die Lage, den Verlauf und die Ausführung der Fluchtwege.

[737] Die Fluchtwege müssen so angeordnet werden, dass bei deren Benutzung flüchtende Personen nicht weiteren Gefährdungen ausgesetzt sein können. Dies setzt z. B. einen ausreichenden Abstand von möglichen Absturzkanten oder von Arbeitsbereichen voraus, in denen z. B. eine Gefährdung durch heiße oder kalte Medien, umstürzende oder herabfallende Lagermaterialien auftreten kann. Gleiches gilt für die Rettung von außen.

Fluchtwege und Notausgänge
Flucht- und Rettungsplan

ASR A2.3

Bei der Gefährdungsbeurteilung sind u. a. die höchstmögliche Anzahl der anwesenden Personen und der Anteil an ortsunkundigen Personen zu berücksichtigen.[738]

(2) Die Fluchtweglänge muss möglichst kurz sein und darf

a)	für Räume ohne oder mit normaler Brandgefährdung, ausgenommen Räume nach b) bis f)	bis zu 35 m
b)	für Räume mit erhöhter Brandgefährdung mit selbsttätigen Feuerlöscheinrichtungen	bis zu 35 m
c)	für Räume mit erhöhter Brandgefährdung ohne selbsttätige Feuerlöscheinrichtungen	bis zu 25 m
d)	für giftstoffgefährdete Räume	bis zu 20 m
e)	für explosionsgefährdete Räume, ausgenommen Räume nach f)	bis zu 20 m
f)	für explosivstoffgefährdete Räume	bis zu 10 m

betragen[739] (bezüglich der Begriffsbestimmungen der Brandgefährdungen siehe ASR A2.2 „Maßnahmen gegen Brände"). Die tatsächliche Laufweglänge darf jedoch nicht mehr als das 1,5-fache der Fluchtweglänge betragen.[740] Sofern es sich bei einem Fluchtweg nach a), b) oder c) auch um einen Rettungsweg handelt und das Bauordnungsrecht der Länder für diesen Weg eine von Satz 1 abweichende längere Weglänge zulässt, können beim Einrichten und Betreiben des Fluchtweges die Maßgaben des Bauordnungsrechts angewandt werden.[741] [742]

---

738) Die Höchstzahl der in der Arbeitsstätte unter bestimmten, auch außergewöhnlichen Bedingungen (z. B. bei Betriebsstörungen, Unglücksfällen oder Instandhaltungsarbeiten), anwesenden Personen ist ebenso zu berücksichtigen wie der mögliche Anteil ortsunkundiger Dritter, z. B. in Verkaufsstätten.

739) Durch die Wortfolgen „möglichst kurz" und „bis zu" wird klargestellt, dass der sich aus der Begriffsbestimmung zur Fluchtweglänge ergebende Spielraum nicht in jedem Fall in Anspruch genommen werden kann, sondern nur unter Berücksichtigung der Ergebnisse der Gefährdungsbeurteilung.

740) Die tatsächliche Laufweglänge bis zu einem Notausgang ist in der Folge der in Nr. 3.2 erfolgten Definition der Fluchtweglänge i. d. R. größer als die in Nr. 5.2 in Abhängigkeit von der Gefährdungssituation angegebene zulässige Fluchtweglänge. Anders als in der bisher geltenden ASR 10/1 zur ArbStättV 1975 wird aber in der ASR A2.3 die tatsächliche Laufweglänge auf maximal das 1,5fache der Fluchtweglänge begrenzt (s. auch FN 725).

741) Für Fluchtwege, die zugleich Rettungswege nach dem Bauordnungsrecht sind, wird ausdrücklich zugelassen, dass in den Fällen, in denen nach Bauordnungsrecht für den Fluchtweg eine abweichende längere Fluchtweglänge zulässig ist (dies trifft z. B. für die unter Nr. 5.6 der Muster-Industriebaurichtlinie [MIndBauRL], Stand 2014-07, geregelten besonderen Verhältnisse zu), diese nach den Maßgaben des Bauordnungsrechts angewandt werden kann. Somit dürften die bisher bei der Bemessung der Flucht- bzw. Rettungsweglängen im Einzelfall aufgetretenen Widersprüche zwischen den Regelungen im Bauordnungsrecht und im Arbeitsstättenrecht beseitigt sein. Dies kann aber nur gelten, wenn dafür im Rahmen der Gefährdungsbeurteilung nach § 3 ArbStättV der Nachweis erbracht wird.

742) Für Produktions- und Lagerräume sind entsprechende Festlegungen zu den in Luftlinie gemessenen Entfernungen für den Rettungsweg in Abhängigkeit von der lichten Raumhöhe in Nr. 5.6 MIndBauRL, Stand 2014-07, enthalten.

ASR A2.3 — Fluchtwege und Notausgänge / Flucht- und Rettungsplan

(3) Die Mindestbreite der Fluchtwege bemisst sich nach der höchstmöglichen Anzahl der Personen, die im Bedarfsfall den Fluchtweg benutzen müssen und ergibt sich aus Tabelle 1:

Tabelle 1: Mindestbreite der Fluchtwege

Nr.	Anzahl der Personen (Einzugsgebiet)	Lichte Breite (in m)
1	bis 5	0,875
2	bis 20	1,00
3	bis 200	1,20
4	bis 300	1,80
5	bis 400	2,40

Bei der Bemessung von Tür-, Flur- und Treppenbreiten sind sämtliche Räume und für die Flucht erforderliche und besonders gekennzeichnete Verkehrswege in Räumen zu berücksichtigen, die in den Fluchtweg münden. Tür-, Flur- und Treppenbreiten sind aufeinander abzustimmen.[743]

Die Mindestbreite des Fluchtweges darf durch Einbauten oder Einrichtungen sowie in Richtung des Fluchtweges zu öffnende Türen nicht eingeengt werden. Eine Einschränkung der Mindestbreite der Flure von maximal 0,15 m an Türen kann vernachlässigt werden. Für Einzugsgebiete bis 5 Personen darf die lichte Breite jedoch an keiner Stelle weniger als 0,80 m betragen.

(4) Die lichte Höhe über Fluchtwegen muss mindestens 2,00 m betragen. Eine Unterschreitung der lichten Höhe von maximal 0,05 m an Türen kann vernachlässigt werden.[744]

---

743) Die Mindestbreiten der Fluchtwege sind in Bereichen, in denen mehr als 200 Beschäftigte auf die Nutzung der Fluchtwege angewiesen sind, analog den Anforderungen des Versammlungsstättenrechts der Länder gewählt. Danach muss die lichte Breite eines jeden Teiles von Rettungswegen mindestens 1,20 m je 200 Personen (s. z. B. § 7 Abs. 4 Nr. 2 VersStättV SN, Stand 2004-09) betragen. Abweichend davon wurden die Vorgaben für die lichte Breite des Fluchtwegs wie in früheren Regelungen (ASR 17/1,2 Nr. 2.1) mit mindestens 0,875 m für Fluchtwege, die von bis zu fünf Personen und mit mindestens 1,00 m für Fluchtwege, die von bis zu 20 Personen benutzt werden, festgelegt.
744) Wo möglich, sollte die lichte Höhe über Fluchtwegen in Arbeitsstätten mehr als 2,00 m betragen. Im Rahmen der durchzuführenden Gefährdungsbeurteilung ist insbesondere zu berücksichtigen, ob z. B. die auf den Fluchtweg angewiesenen Personen mit persönlichen Schutzausrüstungen ausgestattet sind. Müssen bei der Arbeitsverrichtung z. B. Schutzhelme getragen werden, können bereits für Personen mit einer Körpergröße ab 1,90 m Probleme bei der Benutzung des Fluchtwegs im Gefahrfall auftreten. Gleiches gilt für die Rettungskräfte, wenn diese z. B. mit Helm und Atemschutz ausgerüstet sind.

Fluchtwege und Notausgänge
Flucht- und Rettungsplan   ASR A2.3

6 Ausführung

(1) Manuell betätigte Türen in Notausgängen müssen in Fluchtrichtung aufschlagen.[745)][746)] Die Aufschlagrichtung von sonstigen Türen im Verlauf von Fluchtwegen hängt von dem Ergebnis der Gefährdungsbeurteilung ab, die im Einzelfall unter Berücksichtigung der örtlichen und betrieblichen Verhältnisse, insbesondere der möglichen Gefahrenlage, der höchstmöglichen Anzahl der Personen, die gleichzeitig einen Fluchtweg benutzen müssen sowie des Personenkreises, der auf die Benutzbarkeit der Türen angewiesen ist, durchzuführen ist.[747)]

(2) Karussell- und Schiebetüren, die ausschließlich manuell betätigt werden, sind in Fluchtwegen unzulässig.[748)] Automatische Türen und Tore sind im Verlauf von Fluchtwegen nur in Fluren und für Räume nach Punkt 5 (2) a) und b) zulässig, wenn sie den diesbezüglichen bauordnungsrechtlichen Anforderungen entsprechen.[749)] Sie dürfen nicht in

---

745) Nach der Vorgabe in Anh. Nr. 2.3 Abs. 2 Satz 2 müssen sich Türen von Notausgängen nach außen öffnen lassen, d. h. sie müssen in Fluchtrichtung aufschlagen. Ein eigenständiges Abweichen von dieser Forderung in der Verordnung ist dem Arbeitgeber anders als bei den in Regeln für Arbeitsstätten definierten Forderungen nicht möglich. Mit der Novellierung der ArbStättV 2016 ist auch die Präambel zum Anhang der ArbStättV entfallen, die ein Abweichen im Einzelfall dann ermöglichte, wenn die Eigenschaften der Arbeitsstätte oder der Tätigkeit, die Umstände oder eine Gefahr die Umsetzung einer Vorgabe begründet nicht erforderlich machten. In zahlreichen Einzelfällen dürfte die Umsetzung der Forderung zu Problemen führen, wie z. B. bei sehr kleinen Ladengeschäften mit einem nur geringen Personendurchsatz, deren einziger Ein- und Ausgang nicht nach außen geöffnet werden kann, z. B. aufgrund eines dieser Tür vorgelagerten öffentlichen Verkehrsweges. Eine der Verordnung entsprechende Lösung für diese Einzelfälle besteht bisher lediglich nach § 3a Abs. 3 durch Zulassung einer Ausnahme durch die zuständige Behörde.
746) Die Vorgabe der Aufschlagrichtung der Türen in Notausgängen bezieht sich nur auf manuell betätigte Türen. Automatisch betätigte Türen in Notausgängen, die gleichzeitig als Ein- und Ausgang dienen, müssen nicht zwingend in Fluchtrichtung öffnen. Automatische Schiebetüren, die im Gefährdungsfall bei Einhaltung der entsprechenden Anforderungen des Bauordnungsrechts sicher und zuverlässig öffnen, sind zulässig.
747) Vorgaben zur Öffnungsrichtung der sonstigen Türen im Verlauf von Fluchtwegen enthält Anh. Nr. 2.3 ArbStättV nicht. Dies bedeutet jedoch nicht, dass der Arbeitgeber in der Festlegung der Öffnungsrichtung dieser Türen frei ist. Es gilt der Grundsatz, dass diese Türen in Fluchtrichtung aufschlagen müssen. Da Fluchtwege i. d. R. in beiden Richtungen genutzt werden müssen, werden in der ASR insofern keine konkreteren Regelungen getroffen. Mit dem Verweis auf die Gefährdungsbeurteilung wird auf die Eigenverantwortung des Arbeitgebers hingewiesen.
748) Mit der Festlegung wird das in Anh. Nr. 2.3 Abs. 2 Satz 3 ArbStättV enthaltene Verbot von Karussell- und Schiebetüren in Notausgängen dahingehend konkretisiert, dass es auf ausschließlich manuell betätigte Karussell- und Schiebetüren beschränkt wird. Unter Berücksichtigung der von diesen Türen im Fluchtfall ausgehenden Gefährdungen sind derartige Türen nicht nur in Notausgängen, sondern auch im Verlauf von Fluchtwegen unzulässig.
749) Gegen eine Verwendung automatischer Türen und Tore im Verlauf von Fluren, die als Fluchtweg dienen, sowie in Räumen ohne Gefährdung und in brandgefährdeten Räumen mit dort installierten selbsttätigen Feuerlöscheinrichtungen bestehen keine Bedenken, sofern diese Türen und Tore den bauordnungsrechtlichen Anforderungen entsprechen. Da es sich bei derartigen Türen und Toren um Bauprodukte handelt, ist die Einhaltung der Richtlinie für elektrische Verriegelungssysteme von Türen in Rettungswegen (EltVTR) sowie der Richtlinie für automatische Schiebetüren in Rettungswegen (AutSchR), beide in der Fassung 12.1997, erforderlich.

Notausgängen eingerichtet und betrieben werden, die ausschließlich für den Notfall konzipiert und ausschließlich im Notfall benutzt werden.[750]

(3) Türen im Verlauf von Fluchtwegen und Notausstiege müssen sich leicht und ohne besondere Hilfsmittel öffnen lassen, solange Personen im Gefahrenfall auf die Nutzung des entsprechenden Fluchtweges angewiesen sind.

Leicht zu öffnen bedeutet, dass die Öffnungseinrichtung gut erkennbar und an zugänglicher Stelle angebracht (insbesondere Entriegelungshebel bzw. -knöpfe zur Handbetätigung von automatischen Türen), sowie dass die Betätigungsart leicht verständlich und das Öffnen mit nur geringer Kraft möglich ist.

Ohne besondere Hilfsmittel bedeutet, dass die Tür im Gefahrfall unmittelbar von jeder Person geöffnet werden kann.

(4) Verschließbare Türen und Tore im Verlauf von Fluchtwegen müssen jederzeit von innen ohne besondere Hilfsmittel leicht zu öffnen sein. Dies ist gewährleistet, wenn sie mit besonderen mechanischen Entriegelungseinrichtungen, die mittels Betätigungselementen, z. B. Türdrücker, Panikstange, Paniktreibriegel oder Stoßplatte, ein leichtes Öffnen in Fluchtrichtung jederzeit ermöglichen, oder mit bauordnungsrechtlich zugelassenen elektrischen Verriegelungssystemen ausgestattet sind. Bei elektrischen Verriegelungssystemen übernimmt die Not-Auf-Taste die Funktion der o. g. mechanischen Entriegelungseinrichtung. Bei Stromausfall müssen elektrische Verriegelungssysteme von Türen im Verlauf von Fluchtwegen selbstständig entriegeln.[751]

(5) Am Ende eines Fluchtweges muss der Bereich im Freien bzw. der gesicherte Bereich so gestaltet und bemessen sein, dass sich kein Rückstau bilden kann und alle über den Fluchtweg flüchtenden Personen ohne Gefahren, z. B. durch Verkehrswege oder öffentliche Straßen, aufgenommen werden können.

(6) Treppen im Verlauf von ersten Fluchtwegen müssen, Treppen im Verlauf von zweiten Fluchtwegen sollen über gerade Läufe verfügen.[752]

---

750) Das Verbot der Einrichtung und des Betriebs automatischer Türen und Tore in Notausgängen, die ausschließlich für die Benutzung im Notfall vorgesehen sind, bedeutet, dass sowohl manuell zu betätigende als auch automatisch betriebene Karussell- und Schiebetüren (und Tore) in derartigen besonderen Notausgängen unzulässig sind.
751) Auf spezifische Verhältnisse, wie sie beispielsweise bezüglich der Verschließbarkeit der Türen in Einrichtungen vorliegen, in denen Personen aufgrund eines Unterbringungs- bzw. Verwahrungsauftrags untergebracht sind (z. B. in psychiatrischen oder forensischen Einrichtungen) oder in Einrichtungen, in denen die betreuten Personen zum eigenen Schutz an einem unkontrollierten Verlassen gehindert werden sollen, geht die ASR nicht ein. Hier hat der Arbeitgeber (Betreiber) die erforderlichen Maßnahmen des Arbeitsschutzes in eigener Verantwortung im Rahmen der Gefährdungsbeurteilung festzulegen.
752) Treppen in Arbeitsstätten müssen im Verlauf des ersten Fluchtweges über gerade Läufe verfügen. Dies sollte möglichst auch für alle zusätzlichen (zweiten) Fluchtwege gelten. Die Nutzung von gewinkelten oder gewendelten Treppen ist nicht so schnell und gefahrlos möglich wie die von geradläufigen Treppen.

Fluchtwege und Notausgänge
Flucht- und Rettungsplan ASR A2.3

(7) Fluchtwege dürfen keine Ausgleichsstufen enthalten. Geringe Höhenunterschiede sind durch Schrägrampen mit einer maximalen Neigung von 6 % auszugleichen.[753]

(8) Für Notausstiege sind erforderlichenfalls fest angebrachte Aufstiegshilfen zur leichten und raschen Benutzung vorzusehen (z. B. Podest, Treppe, Steigeisen oder Haltestangen zum Überwinden von Brüstungen). Notausstiege müssen im Lichten mindestens 0,90 m in der Breite und mindestens 1,20 m in der Höhe aufweisen.[754]

(9) Dachflächen, über die zweite Fluchtwege führen, müssen den bauordnungsrechtlichen Anforderungen an Rettungswege entsprechen (z. B. hinsichtlich Tragfähigkeit, Feuerwiderstandsdauer und Umwehrungen der Fluchtwege im Falle einer bestehenden Absturzgefahr).

(10) Gefangene Räume dürfen als Arbeits-, Bereitschafts-, Liege-, Erste-Hilfe- und Pausenräume nur genutzt werden, wenn die Nutzung nur durch eine geringe Anzahl von Personen erfolgt und wenn folgende Maßgaben beachtet wurden:

– Sicherstellung der Alarmierung im Gefahrenfall, z. B. durch eine automatische Brandmeldeanlage mit Alarmierung

oder

– Gewährleistung einer Sichtverbindung zum Nachbarraum, sofern der gefangene Raum nicht zum Schlafen genutzt wird und im vorgelagerten Raum nicht mehr als eine normale Brandgefährdung vorhanden ist.

7 Kennzeichnung

(1) Die Kennzeichnung der Fluchtwege, Notausgänge, Notausstiege und Türen im Verlauf von Fluchtwegen muss entsprechend der ASR A1.3 „Sicherheits- und Gesundheitsschutzkennzeichnung" erfolgen.[755]

---

753) Fluchtwege in Arbeitsstätten dürfen im Gegensatz zum Bauordnungsrecht keine Ausgleichsstufen enthalten, da dies bei einer Benutzung des Fluchtwegs zu zusätzlichen Gefährdungen führen kann. Geringe Höhenunterschiede sind daher mit flach geneigten Schrägrampen zu überbrücken. Die geforderte Begrenzung der Steigung auf maximal 6 v. H. entspricht den diesbezüglichen Anforderungen des Bauordnungsrechts an die barrierefreie Gestaltung von Verkehrswegen in öffentlich zugänglichen Gebäuden (z. B. § 49 Abs. 2 BauO NW). Sofern sich in konkreten Einzelfällen, wie bei der Nutzung unter Denkmalschutz stehender Gebäude, Ausgleichsstufen nicht vermeiden lassen, muss der Arbeitgeber die Maßnahmen treffen, mit denen er die gleiche Sicherheit und den gleichen Gesundheitsschutz der Beschäftigten erreicht.
754) Im Gegensatz zum Bauordnungsrecht wird in der ASR A2.3 auf eine zahlenmäßige Festlegung der Entfernung von der Fensterunterkante bis zur Fußbodenoberkante verzichtet. Die Gewährleistung der sicheren Benutzbarkeit des Notausstiegs liegt somit im Ermessen des Arbeitgebers. Dies kann er erforderlichenfalls mit fest angebrachten Aufstiegshilfen (z. B. Podest, Treppe, Steigeisen oder Haltestangen zum Überwinden von Brüstungen) zur leichten und raschen Benutzung erreichen. Da solche Hilfen jedoch im Gefahrfall nicht immer kurzfristig verfügbar sind, sollte bei den als Notausstieg vorgesehenen Fenstern angestrebt werden, dass die Fensterbrüstung nicht höher als 1,20 m über Fußbodenoberkante liegt (s. zur Brüstungshöhe z. B. § 37 Abs. 5 BauO NW).
755) Als Kennzeichnung der Fluchtwege, Notausgänge, Notausstiege und Türen im Verlauf von Fluchtwegen in Arbeitsstätten dürfen nur die Rettungszeichen nach ASR A1.3 Sicherheits- und Gesundheitsschutzkennzeichnung Anl. 1 Nr. 4 (s. S. 185 ff.) verwendet werden.

(2) Erforderlichenfalls ist ein Sicherheitsleitsystem einzurichten, wenn aufgrund der örtlichen oder betrieblichen Bedingungen eine erhöhte Gefährdung vorliegt. Eine erhöhte Gefährdung kann z. B. in großen zusammenhängenden oder mehrgeschossigen Gebäudekomplexen, bei einem hohen Anteil ortsunkundiger Personen oder einem hohen Anteil an Personen mit eingeschränkter Mobilität vorliegen. Dabei kann ein Sicherheitsleitsystem notwendig sein, das auf eine Gefährdung reagiert und die günstigste Fluchtrichtung anzeigt.[756]

(3) Notausgänge und Notausstiege sind, sofern diese von der Außenseite zugänglich sind, auf der Außenseite mit dem Verbotszeichen „P023 Abstellen oder Lagern verboten" zu kennzeichnen und ggf. gemäß Punkt 4 (3) zu sichern.[757]

8 Sicherheitsbeleuchtung

Fluchtwege sind mit einer Sicherheitsbeleuchtung[758] auszurüsten, wenn bei Ausfall der allgemeinen Beleuchtung das gefahrlose Verlassen der Arbeitsstätte nicht gewährleistet ist.

Eine Sicherheitsbeleuchtung kann z. B. in Arbeitsstätten erforderlich sein

- mit großer Personenbelegung[759], hoher Geschosszahl[760], Bereichen erhöhter Gefährdung[761] oder unübersichtlicher Fluchtwegführung,
- die durch ortsunkundige Personen genutzt werden,
- in denen große Räume durchquert werden müssen (z. B. Hallen, Großraumbüros oder Verkaufsgeschäfte)[762],
- ohne Tageslichtbeleuchtung, z. B. bei Räumen unter Erdgleiche.

---

756) Konkrete Angaben zu den lichttechnischen Anforderungen und zum Betrieb optischer Sicherheitsleitsysteme enthält die ASR A3.4/7 Sicherheitsbeleuchtung, optische Sicherheitsleitsysteme in den Abschnitten 5 und 6 (s. S. 379 ff.).
757) Das Verbotszeichen mit der Kennung P023 „Abstellen oder Lagern verboten " ist in der ASR A1.3 Sicherheits- und Gesundheitsschutzkennzeichnung Anl. 1 Nr. 1 (s. S. 174 ff.) dargestellt.
758) Konkrete Angaben zu den lichttechnischen Anforderungen an eine Sicherheitsbeleuchtung enthält die ASR A3.4/7 Sicherheitsbeleuchtung, optische Sicherheitsleitsysteme unter Nr. 4 und 6 (s. S. 377 ff.).
759) Dies können z. B. Einkaufszentren, Gesundheitseinrichtungen oder größere Bürokomplexe mit einem hohen und nicht in das Fluchtleitsystem unterwiesenen Publikumsanteil sein.
760) Hierbei sind insbesondere die als Fluchtweg zu benutzenden Treppenhäuser zu berücksichtigen.
761) Die durch die ASR A3.4/7 Sicherheitsbeleuchtung, optische Sicherheitsleitsysteme abgelöste ASR 7/4 zur ArbStättV 1975 forderte eine Sicherheitsbeleuchtung u. a. in explosions- oder giftstoffgefährdeten Arbeitsräumen sowie in Arbeitsräumen, in denen mit offenen radioaktiven Stoffen umgegangen wird, mit einer Grundfläche von mehr als 100 m² sowie für Laboratorien mit erhöhter Gefährdung der Beschäftigten (z. B. chemische Laboratorien) mit mehr als 600 m² Grundfläche. Eine Hilfestellung zur Frage, wann Sicherheitszeichen, Sicherheitszeichenleuchten oder eine Sicherheitsbeleuchtung der Fluchtwege erforderlich sind, enthält die LV 41 „LASI-Handlungsanleitung zur Beleuchtung von Arbeitsstätten", Stand April 2005; https://lasi-info.com/uploads/media/lv_41_ges_01.pdf.
762) Die abgelöste ASR 7/4 zur ArbStättV 1975 forderte eine Sicherheitsbeleuchtung u. a. für Arbeits- und Lagerräume mit einer Grundfläche von mehr als 2000 m² und in Arbeitsräumen ohne Fenster oder Oberlichter sowie in betriebstechnisch dunkel zu haltenden Räumen mit mehr als 100 m² Raumgrundfläche (s. hierzu LASI LV 41 Nr. 7).

Fluchtwege und Notausgänge
Flucht- und Rettungsplan   ASR A2.3

9 Flucht- und Rettungsplan

(1) Der Arbeitgeber hat einen Flucht- und Rettungsplan für die Bereiche in Arbeitsstätten zu erstellen, in denen die Lage[763], die Ausdehnung[764] oder die Art der Benutzung der Arbeitsstätte[765] dies erfordert.

Flucht- und Rettungspläne können z. B. erforderlich sein:
- bei unübersichtlicher Fluchtwegführung (z. B. über Zwischengeschosse, durch größere Räume, gewinkelte oder von den normalen Verkehrswegen abweichende Wegführung),
- bei einem hohen Anteil an ortsunkundigen Personen (z. B. Arbeitsstätten mit Publikumsverkehr) oder
- in Bereichen mit einer erhöhten Gefährdung (z. B. Räume nach Punkt 5 (2) c) bis f)), wenn sich aus benachbarten Arbeitsstätten Gefährdungsmöglichkeiten ergeben (z. B. durch explosions- bzw. brandgefährdete Anlagen oder Stofffreisetzung).

(2) Flucht- und Rettungspläne müssen aktuell, übersichtlich, gut lesbar und farblich unter Verwendung von Sicherheitsfarben und Sicherheitszeichen gestaltet sein. Angaben zur Gestaltung von Flucht- und Rettungsplänen siehe ASR A1.3 „Sicherheits- und Gesundheitsschutzkennzeichnung".[766]

(3) Die Flucht- und Rettungspläne müssen grafische Darstellungen enthalten über
- den Gebäudegrundriss oder Teile davon,
- den Verlauf der Fluchtwege,
- die Lage der Erste-Hilfe-Einrichtungen,
- die Lage der Brandschutzeinrichtungen,

---

763) Die Lage der Arbeitsstätte bedingt die Aufstellung eines Flucht- und Rettungsplanes, wenn sich der Betrieb z. B. in beengten Verhältnissen im Kerngebiet einer Ortschaft, in einem Hochhaus, in einem unübersichtlichen Gebäudekomplex (z. B. Vorhandensein von Hinterhöfen) oder in unmittelbarer Nähe von Anlagen oder Behältern (auch auf benachbartem Gelände) befindet, in denen feuer- oder explosionsgefährliche Stoffe oder Giftgase verarbeitet oder gelagert werden (z. B. Lack- oder Chlorfabrik, Flüssiggaslager).
764) Wenn in großflächigen Arbeitsstätten eine größere Zahl von Beschäftigten tätig ist oder in Arbeitsstätten mit Publikumsverkehr zusätzlich ein hoher Anteil ortsunkundiger Personen den Fluchtweg benutzen muss, ist es notwendig, die Art und Weise der schnellen Räumung der Arbeitsstätte festzulegen, damit im Ernstfall das Verlassen ohne zusätzliche Gefährdung der Beschäftigten und ohne Panik erfolgen kann.
765) Die Art der Nutzung erfordert einen Flucht- und Rettungsplan, wenn in der Arbeitsstätte explosionsgefährliche, brandfördernde, giftige oder entzündliche Stoffe verwendet, hergestellt oder gelagert werden oder mit sonstigen Gefährdungen gerechnet werden muss (z. B. starke Rauchentwicklung oder Austritt von Heißdampf beim Versagen einer Betriebsanlage). Brand- und Explosionsgefahren bestehen z. B. bei der Herstellung von Schuhcreme, Wachs, pyrotechnischen Artikeln, Lacken und Farben, aber auch beim Anfall großer Mengen brennbarer Verpackungsmaterialien oder bei der Lagerung von Stoffen, die zur Selbstentzündung neigen.
766) Regelungen zur konkreten Ausführung des Flucht- und Rettungsplans trifft die ASR A1.3 Sicherheits- und Gesundheitsschutzkennzeichnung Nr. 6 (s. S. 172 ff.). Anl. 3 der ASR A1.3 enthält eine Musterdarstellung eines Flucht- und Rettungsplans nach DIN ISO 23601:2010-12 Flucht- und Rettungswege.

- die Lage der Sammelstellen,
- den Standort des Betrachters.

(4) Regeln für das Verhalten im Brandfall und das Verhalten bei Unfällen sind eindeutig und in kurzer, prägnanter Form und in hinreichender Schriftgröße in jeden Flucht- und Rettungsplan zu integrieren. Die Inhalte der Verhaltensregeln sind den örtlichen Gegebenheiten anzupassen.

(5) Die Flucht- und Rettungspläne sind in den Bereichen der Arbeitsstätte in ausreichender Zahl an geeigneten Stellen auszuhängen, in denen sie nach Punkt 9 (1) zu erstellen sind. Geeignete Stellen sind beispielsweise zentrale Bereiche in Fluchtwegen, an denen sich häufiger Personen aufhalten (z. B. vor Aufzugsanlagen, in Pausenräumen, in Eingangsbereichen, vor Zugängen zu Treppen, an Kreuzungspunkten von Verkehrswegen).[767]

Sie müssen auf den jeweiligen Standort des Betrachters bezogen lagerichtig dargestellt werden.

Ist am Ort des Aushangs des Flucht- und Rettungsplans eine Sicherheitsbeleuchtung nach Punkt 8 erforderlich, muss die Nutzbarkeit des Flucht- und Rettungsplans auch bei Ausfall der allgemeinen Beleuchtung gewährleistet sein (z. B. durch eine entsprechende Anordnung der Sicherheitsbeleuchtung oder durch Verwendung von nachleuchtenden Materialien).

(6) Der Arbeitgeber hat die Beschäftigten über den Inhalt der Flucht- und Rettungspläne, sowie über das Verhalten im Gefahrenfall regelmäßig in verständlicher Form vorzugsweise mindestens einmal jährlich im Rahmen einer Begehung der Fluchtwege zu informieren.

(7) Auf der Grundlage der Flucht- und Rettungspläne sind Räumungsübungen durchzuführen.

Anhand der Übungen soll mindestens überprüft werden, ob

- die Alarmierung zu jeder Zeit unverzüglich ausgelöst werden kann,
- die Alarmierung alle Personen erreicht, die sich im Gebäude aufhalten,
- sich alle Personen, die sich im Gebäude aufhalten, über die Bedeutung der jeweiligen Alarmierung im Klaren sind,
- die Fluchtwege schnell und sicher benutzt werden können.

---

767) Ein Flucht- und Rettungsplan muss den Beschäftigten in unmissverständlicher Form, erforderlichenfalls auch mehrsprachig, bekannt gemacht werden. Er muss für die Beschäftigten jederzeit einzusehen sein. Ein erforderlicher Flucht- und Rettungsplan ist grundsätzlich auszuhängen, um die Beschäftigten und andere anwesende Personen über die Flucht- und Rettungswegsituation zu informieren und somit ein sicheres Verlassen im Falle einer Gefährdung zu ermöglichen. Dies wird mit anderen Formen der Bekanntmachung, z. B. einem Auslegen des Flucht- und Rettungsplans oder einem Abspeichern im betrieblichen Intranet, nicht sichergestellt. Es ist dem Arbeitgeber aber zu empfehlen, zusätzlich zum Aushang auch andere Formen der Bekanntmachung zu nutzen. Im Einzelfall empfiehlt es sich, den Plan jedem einzelnen Beschäftigten auszuhändigen und bei Bedarf zu erläutern.

Fluchtwege und Notausgänge
Flucht- und Rettungsplan   ASR A2.3

Zur Festlegung der Häufigkeit und des Umfangs der Räumungsübungen sowie zu deren Durchführung sind auch Anforderungen anderer Rechtsvorschriften (z. B. Bauordnungsrecht, Gefahrstoffrecht, Immissionsschutzrecht) zu berücksichtigen.[768]

(8) Für Arbeitsstätten, in denen gemäß der Gefährdungsbeurteilung besondere Gefährdungen auftreten können oder aufgrund der örtlichen Gegebenheiten sowie der Nutzungsart mit komplizierten Bedingungen im Gefahrenfall zu rechnen ist, ist unter Berücksichtigung der Anforderungen aus anderen Rechtsgebieten zu prüfen, ob zusätzliche Anforderungen nach § 10 Arbeitsschutzgesetz erforderlich sind, z. B. die Aufstellung betrieblicher Alarm- und Gefahrenabwehrpläne oder die Erstellung von Brandschutzordnungen oder Evakuierungsplänen.[769]

(9) Der Flucht- und Rettungsplan ist mit entsprechenden Plänen nach anderen Rechtsvorschriften, z. B. den Alarm- und Gefahrenabwehrplänen nach § 10 der Störfallverordnung, abzustimmen oder mit diesen zu verbinden.[770]

10 Abweichende/ergänzende Anforderungen für Baustellen

(1) Auf Baustellen, auf denen Beschäftigte mehrerer Arbeitgeber tätig werden, haben sich diese Arbeitgeber bei der Festlegung von Maßnahmen zur Gestaltung von Fluchtwegen abzustimmen. Die Hinweise des nach Baustellenverordnung bestellten Koordinators sind dabei zu berücksichtigen.

(2) Die Anforderungen in den Punkten 5 und 6 dieser ASR sind aufgrund der örtlichen und betrieblichen Gegebenheiten auf Baustellen nicht durchgehend anwendbar. In diesen Fällen sind in Abhängigkeit von der höchstmöglichen Anzahl der anwesenden Personen, die im Bedarfsfall den Fluchtweg benutzen, die Anordnung, die Abmessungen und die Ausführung der Fluchtwege im Ergebnis der Gefährdungsbeurteilung festzulegen und an

---

768) Die Zeitabstände, in denen die Übungen vorzunehmen sind, richten sich nach den betrieblichen und örtlichen Gegebenheiten und Erfordernissen, auch nach der Fluktuation innerhalb der Belegschaft. Größere und umfangreiche Übungen sollten mit Feuerwehr, Polizei und den angrenzenden Betrieben abgesprochen werden. In Betrieben mit erhöhter Feuer- und Explosionsgefahr sollte die Übung möglichst einmal jährlich durchgeführt werden; in weniger stark gefährdeten Betrieben erscheint ein größerer Zeitraum (etwa alle zwei bis fünf Jahre) zulässig.
769) In einer Reihe von Betrieben sind aufgrund von Vorschriften der Länder (z. B. § 27 VerkStättV BY; § 42 VersStättV BB) oder Einzelanordnungen der Behörden Brandschutzordnungen und Brandschutzpläne aufzustellen. Teilweise werden darin auch Löschübungen der betriebseigenen Kräfte oder gemeinsame Übungen mit Feuerwehren verlangt. Insoweit sind der vorbeugende Brandschutz und die Bekämpfung von Entstehungsbränden geregelt. Unabhängig von den vorbeugenden Vorkehrungen ist es notwendig, dass die Beschäftigten im Gefahr- oder Katastrophenfall wissen, wie sie sich schnell aus der Gefahrzone in Sicherheit bringen bzw. von außen gerettet werden können.
770) Für Arbeitsstätten, in denen bestimmte störfallrelevante Anlagen betrieben werden, sieht § 10 i. V. m. § 1 Abs. 1 und Anh. I (Stoffliste) StörfallV die Aufstellung betrieblicher Alarm- und Gefahrenabwehrpläne vor, die mit den für Katastrophenschutz und allgemeine Gefahrenabwehr zuständigen Behörden abzustimmen sind. § 4 Abs. 4 Satz 3–5 ArbStättV trifft Regelungen für alle übrigen Arbeitsstätten bzw. ergänzt in anderen Rechtsvorschriften enthaltene Regelungen. Umgekehrt sind Flucht- und Rettungspläne nach § 4 Abs. 4 Satz 2 ArbStättV mit den entsprechenden Plänen nach anderen Rechtsvorschriften abzustimmen.

den Baufortschritt anzupassen. Fluchtwege können auch über temporäre Verkehrswege führen, z. B. Treppentürme, Gerüste oder Anlegeleitern.[771] [772]

(3) Fluchtwege, die nicht erkennbar ins Freie oder in einen gesicherten Bereich führen oder deren Verlauf sich während der Baumaßnahme wesentlich ändert oder unübersichtlich ist, müssen nach Punkt 7 gekennzeichnet sein. Auch in diesen Fällen ist ein Flucht- und Rettungsplan nach Punkt 9 erforderlich.

(4) Die Kennzeichnung nach Punkt 7 hat zum frühest möglichen Zeitpunkt, spätestens nach Fertigstellung einzelner Bauabschnitte zu erfolgen.

(5) Der Flucht- und Rettungsplan kann mit Baustelleneinrichtungsplänen oder Baustellenordnungen verbunden und abweichend von Punkt 9 (5) an einer zentralen Stelle, z. B. dem sogenannten „Schwarzen Brett", witterungsgeschützt ausgehängt sein. Insbesondere bei großen und komplexen bzw. unübersichtlichen Baustellen kann es erforderlich werden, orts-, geschoss- oder abschnittsbezogene Flucht- und Rettungspläne an anderen geeigneten Stellen auszuhängen.

(6) Abweichend von Punkt 9 (6) hat der Arbeitgeber in Abhängigkeit der Baustellensituation über Veränderungen der Fluchtwege unverzüglich zu informieren.

(7) Beispiele für Baustellen mit besonderen Gefährdungen nach Punkt 9 (8) sind:
- Tunnelbau,
- Arbeiten in Druckluft und Caissonbau,
- Turm- und Schornsteinbau.

---

771) Die für dauerhaft eingerichtete Arbeitsplätze in Gebäuden geltenden Anforderungen zur Anordnung und zu den Abmessungen der Fluchtwege in Nr. 5 und zur Ausführung der Fluchtwege und Notausgänge in Nr. 6 der ASR A2.3 können für Baustellen in Räumen oder Gebäuden nicht immer in vollem Umfang eingehalten werden. Hintergrund ist, dass abhängig von den zu verrichtenden Bauarbeiten in Gebäuden, wie z. B. Ausbau, Umbau, Sanierung oder Instandhaltung, in unterschiedlichem Maße in die Bausubstanz des Gebäudes eingegriffen werden muss. Dabei kann es je nach Baufortschritt auch erforderlich sein, dass Verkehrswege nur für eine zeitweise Nutzung angelegt werden müssen. Anstelle fester Treppen werden zur Überwindung der Höhendifferenz zwischen den Geschossen dann zeitweise Treppentürme, Gerüste oder möglichst im Ausnahmefall auch Anlegeleitern benutzt.
772) Die Forderung, dass Beschäftigte im Gefahrenfall sicher und schnell den Arbeitsplatz verlassen und in einen sicheren Bereich gelangen können, besteht jedoch in gleicher Weise für dauerhaft eingerichtete wie für temporäre Verkehrs- und Fluchtwege. Wenn für die temporären Verkehrs- und Fluchtwege wegen der örtlichen und betrieblichen Gegebenheiten des Betriebs einer Baustelle die Anforderungen der Nr. 5 und der Nr. 6 der ASR A2.3 nicht vollständig eingehalten werden können, muss der verantwortliche Arbeitgeber im Rahmen einer Gefährdungsbeurteilung andere, aber ebenso sichere Gestaltungsformen für den Fluchtweg festlegen.

Beleuchtung ASR A3.4

zu Anh. Nr. 3.4 ArbStättV

Technische Regeln für Arbeitsstätten	Beleuchtung[773]	ASR A3.4

GMBl. Nr. 16 vom 1.6.2011 S. 303,
zuletzt geändert durch GMBl. Nr. 13 vom 10.4.2014 S. 287

...

Diese ASR A3.4 konkretisiert im Rahmen des Anwendungsbereichs die Anforderungen der Verordnung über Arbeitsstätten. Bei Einhaltung der Technischen Regeln kann der Arbeitgeber insoweit davon ausgehen, dass die entsprechenden Anforderungen der Verordnung erfüllt sind. Wählt der Arbeitgeber eine andere Lösung, muss er damit mindestens die gleiche Sicherheit und den gleichen Gesundheitsschutz für die Beschäftigten erreichen.

Die vorliegende Technische Regel beruht auf der BGR 131, Teil 2 „Leitfaden zur Planung und zum Betrieb der Beleuchtung" des Fachausschusses „Einwirkungen und arbeitsbedingte Gesundheitsgefahren" der Deutschen Gesetzlichen Unfallversicherung (DGUV). Der Ausschuss für Arbeitsstätten hat die grundlegenden Inhalte der BGR 131, Teil 2 in Anwendung des Kooperationsmodells (BArbBl. 6/2003 S. 48) als ASR in sein Regelwerk übernommen.

Inhaltsübersicht

1 Zielstellung
2 Anwendungsbereich
3 Begriffsbestimmungen
4 Beleuchtung mit Tageslicht
5 Künstliche Beleuchtung in Gebäuden
6 Künstliche Beleuchtung im Freien
7 Betrieb, Instandhaltung und orientierende Messung
8 Abweichende/ergänzende Anforderungen für Baustellen

---

773) ASR A3.4 berücksichtigt neu
– die seit 1993 grundlegend veränderten und noch in stetiger Veränderung begriffenen technischen Möglichkeiten zur Beleuchtung von Arbeitsstätten,
– die Veränderungen an den Arbeitsplätzen in den Jahren seit 1993 (z. B. den höheren Anteil älterer Beschäftigter und die geänderten Arbeitszeiten – nicht mehr 7–18 Uhr),
– die in 2004 Anhang Nr. 3.4 Abs. 1 ArbStättV neu aufgenommene Forderung, dass die Arbeitsstätten möglichst ausreichend Tageslicht erhalten müssen und
– Werte für den Farbwiedergabeindex.
Zu den aktuell diskutierten Möglichkeiten des Einsatzes dynamischer künstlicher Beleuchtung (oft auch als biologisch wirksame Beleuchtung bezeichnet) liegen noch keine ausreichenden arbeitswissenschaftlichen Erkenntnisse vor. Verwiesen wird auf die vom ASTA hierzu herausgegebene Empfehlung zu künstlich biologisch wirksamer Beleuchtung auf S. 520. ASR A3.4 enthält vor diesem Hintergrund keine Aussagen zum Einsatz dynamischer künstlicher Beleuchtung.

ASR A3.4 — Beleuchtung

1 Zielstellung

(1) Diese Arbeitsstättenregel konkretisiert die Anforderungen an das Einrichten und Betreiben der Beleuchtung von Arbeitsstätten in § 3a Abs. 1 sowie insbesondere im Punkt 3.4 Abs. 1 und 2 des Anhanges der Arbeitsstättenverordnung.[774] [775] Weiterhin konkretisiert diese Arbeitsstättenregel die Anforderungen im Punkt 3.5 Abs. 2 des Anhanges der Arbeitsstättenverordnung bezüglich des Blendschutzes bei Sonneneinstrahlung.

(2) Die Festlegungen dieser ASR zur Beleuchtung dienen der Sicherheit und dem Gesundheitsschutz der Beschäftigten am Arbeitsplatz und beschreiben für ausgewählte Tätigkeiten die erforderliche Beleuchtung zur gesundheitsgerechten Erledigung der Sehaufgaben. Der Einfluss des Tageslichts am Arbeitsplatz wird soweit berücksichtigt, wie dies für die Gesundheit und Sicherheit der Beschäftigten erforderlich ist.

Hinweis:

Die Anforderungen dieser ASR weichen in Einzelfällen von Normen, insbesondere von DIN EN 12464-1:2003 Beleuchtung von Arbeitsstätten – Teil 1: Arbeitsstätten in Innenräumen sowie DIN EN 12464-2:2007 – Teil 2: Beleuchtung im Freien ab. Die DIN EN 12464 Teil 1 und 2 legen Planungsgrundlagen für Beleuchtungsanlagen fest, berücksichtigen aber nicht die Anforderungen, die an Sicherheit und Gesundheitsschutz der Beschäftigten bei der Arbeit zu stellen sind.

2 Anwendungsbereich

(1) Diese ASR findet Anwendung auf die natürliche und künstliche Beleuchtung von Arbeitsstätten[776] in Gebäuden und fliegenden Bauten oder im Freien, soweit dem betriebstechnische Gründe nicht entgegenstehen, z. B. in Räumen mit Fotolaboren und in Gasträumen. Betriebstechnische Besonderheiten können die Nichtanwendung bestimmter Anforderungen dieser ASR begründen. In solchen Fällen ist im Rahmen der Gefährdungsbeurteilung vom Arbeitgeber zu entscheiden, welche Maßnahmen zur Sicherheit und zum Gesundheitsschutz der Beschäftigten durchgeführt werden müssen.

(2) Anforderungen zum Schutz vor der thermischen Belastung durch Sonneneinstrahlung siehe ASR A3.5 „Raumtemperatur".

---

774) Vgl. auch: DGUV Information 215-210 Natürliche und künstliche Beleuchtung von Arbeitsstätten, Ausg. 2016-09.
775) Hinweis: In Anh. Nr. 3.4 ArbStättV wurden im Jahr 2016 folgende Änderungen aufgenommen, die in dieser ASR noch nicht berücksichtigt werden, aber zusätzlich zu berücksichtigen sind:
(1) Der Arbeitgeber darf als Arbeitsräume nur solche Räume betreiben, die möglichst ausreichend Tageslicht erhalten und die eine Sichtverbindung nach außen haben.
(2) Pausen- und Bereitschaftsräume sowie Unterkünfte müssen möglichst ausreichend mit Tageslicht beleuchtet sein und eine Sichtverbindung nach außen haben. Kantinen sollen möglichst ausreichend Tageslicht erhalten und eine Sichtverbindung nach außen haben.
776) ASR A3.4 unterscheidet nicht zwischen ständig und nicht ständig besetzten Arbeitsplätzen und stellt auf die Tatsache ab, dass die Arbeitsaufgabe erfüllt werden muss, egal welcher Zeitraum dazu erforderlich ist.

Beleuchtung ASR A3.4

3 Begriffsbestimmungen

3.1 Der **Bereich des Arbeitsplatzes** setzt sich zusammen aus
- den Arbeitsflächen,
- den Bewegungsflächen und
- allen dem unmittelbaren Fortgang der Arbeit dienenden Stellflächen.

3.2 **Umgebungsbereich** ist ein räumlicher Bereich, der sich direkt an einen Bereich oder mehrere Bereiche von Arbeitsplätzen anschließt oder durch die Raumwände oder Verkehrswege begrenzt wird.

3.3 **Arbeitsfläche** ist eine Fläche in Arbeitshöhe, auf der die eigentliche Arbeitsaufgabe verrichtet wird.

3.4 **Bewegungsflächen** sind zusammenhängende unverstellte Bodenflächen am Arbeitsplatz, die mindestens erforderlich sind, um den Beschäftigten bei ihrer Tätigkeit wechselnde Arbeitshaltungen sowie Ausgleichsbewegungen zu ermöglichen.

3.5 Eine **Teilfläche** ist eine Fläche mit höheren Sehanforderungen, z. B. Lesen, Schreiben, Messen, Kontrollieren und Betrachten von Fertigungsprozessen, innerhalb einer Arbeitsfläche.

3.6 Die **Beleuchtungsstärke** E ist ein Maß für das auf eine Fläche auftreffende Licht. Die Beleuchtungsstärke wird in Lux (lx) gemessen.

3.7 Die mittlere **Beleuchtungsstärke** E ist die über eine Fläche gemittelte Beleuchtungsstärke.

3.8 Der **Mindestwert der Beleuchtungsstärke** (siehe Anhänge 1 und 2) $\bar{E}_m$ ist der Wert, unter den die mittlere Beleuchtungsstärke auf einer bestimmten Fläche nicht sinken darf.[777]

3.9 Die **horizontale Beleuchtungsstärke** E_h ist die Beleuchtungsstärke auf einer horizontalen Fläche, z. B. auf einer Arbeitsfläche.

3.10 Die **vertikale Beleuchtungsstärke** E_v ist die Beleuchtungsstärke auf einer vertikalen Fläche.

---

777) ASR A3.4 enthält in Anh. 1 Mindestwerte der Beleuchtungsstärke nach Nr. 3.8:
Der Mindestwert der Beleuchtungsstärke stimmt mit dem Wartungswert nach DIN EN 12464-1: 2011-08 Licht und Beleuchtung – Beleuchtung von Arbeitsstätten – T. 1: Arbeitsstätten in Innenräumen überein. Der Mindestwert der Beleuchtungsstärke $\bar{E}_m$ bzw. der Wartungswert hat den Vorzug, dass er jederzeit gemessen werden kann. Er ist nicht identisch mit der Nennbeleuchtungsstärke E, die in ASR 7/3 Künstliche Beleuchtung verwendet wurde und die sich auf den mittleren Alterungszustand der Beleuchtungseinrichtung bezog.

3.11 Der **Tageslichtquotient** D ist das Verhältnis der Beleuchtungsstärke an einem Punkt im Innenraum E_p zur Beleuchtungsstärke im Freien ohne Verbauung E_a bei bedecktem Himmel.

$$D = E_p/E_a \times 100\,\%$$

3.12 Unter **Blendung** versteht man Störungen durch zu hohe Leuchtdichten oder zu große Leuchtdichteunterschiede im Gesichtsfeld. Sie entsteht z. B. durch

– schlecht abgeschirmte und zu helle Lichtquellen (Direktblendung) oder
– störende Spiegelungen von hellen Lichtquellen auf Arbeitsmitteln, auf glänzenden Oberflächen, z. B. auf Bildschirmen, blanken Werkstücken oder glänzenden Maschinenteilen (Reflexblendung).

3.13 Die **Farbwiedergabe** ist die Wirkung einer Lichtquelle auf den Farbeindruck, den ein Mensch von einem Objekt hat, das mit dieser Lichtquelle beleuchtet wird. Der Farbwiedergabeindex R_a ist eine dimensionslose Kennzahl von 0 bis 100, mit der die Farbwiedergabeeigenschaften der Lampen klassifiziert wird. Je höher der Wert, je besser ist die Farbwiedergabe.

4 Beleuchtung mit Tageslicht

4.1 Ausreichendes Tageslicht

(1) Die Arbeitsstätten müssen möglichst ausreichend Tageslicht erhalten. Eine Beleuchtung mit Tageslicht ist der Beleuchtung mit ausschließlich künstlichem Licht vorzuziehen[778]. Helle Wände und Decken unterstützen die Nutzung des Tageslichts. Tageslicht weist Gütemerkmale (z. B. die Dynamik, die Farbe, die Richtung, die Menge des Lichts) auf, die in ihrer Gesamtheit von künstlicher Beleuchtung nicht zu erreichen sind. Tageslicht hat im Allgemeinen eine positive Wirkung auf die Gesundheit und das Wohlempfinden des Menschen.

(2) Tageslicht kann durch Fenster, Dachoberlichter und lichtdurchlässige Bauteile in Gebäude gelangen, wobei Fenster zusätzlich eine Sichtverbindung nach außen ermöglichen. Eine gleichmäßige Lichtverteilung kann mit Dachoberlichtern erreicht werden, wenn der Abstand der Dachoberlichter voneinander nicht größer ist als die lichte Raumhöhe.

(3) Die Anforderung nach ausreichendem Tageslicht[779] wird erfüllt, wenn in Arbeitsräumen

– am Arbeitsplatz ein Tageslichtquotient größer als 2 %, bei Dachoberlichtern größer als 4 % erreicht wird oder

---

[778] Eine Beleuchtung mit ausschließlich künstlichem Licht sollte vermieden werden. Eine zusätzliche künstliche Beleuchtung ist jedoch insbesondere für Arbeitsplätze, die nicht in unmittelbarer Fensternähe eingerichtet werden, in Abhängigkeit von der Tageszeit erforderlich.
[779] Vgl. auch DGUV Information 215-211 Tageslicht am Arbeitsplatz – leistungsfördernd und gesund, Ausg. 2009-02.

Beleuchtung ASR A3.4

– mindestens ein Verhältnis von lichtdurchlässiger Fenster-, Tür- oder Wandfläche bzw. Oberlichtfläche zur Raumgrundfläche von mindestens 1 : 10 (entspricht ca. 1 : 8 Rohbaumaße), eingehalten ist. Die Einrichtung fensternaher Arbeitsplätze ist zu bevorzugen.

Die Anforderungen gelten auch für Aufenthaltsbereiche in Pausenräumen.

Wenn die Forderung nach ausreichendem Tageslicht in bestehenden Arbeitsstätten oder auf Grund spezifischer betriebstechnischer Anforderungen nicht einzuhalten ist[780], sind im Rahmen der Gefährdungsbeurteilung andere Maßnahmen zur Gewährleistung der Sicherheit und des Gesundheitsschutzes erforderlich. Eine andere Maßnahme besteht in der Einrichtung und Nutzung von Pausenräumen mit hohem Tageslichteinfall in Verbindung mit einer geeigneten Pausengestaltung.

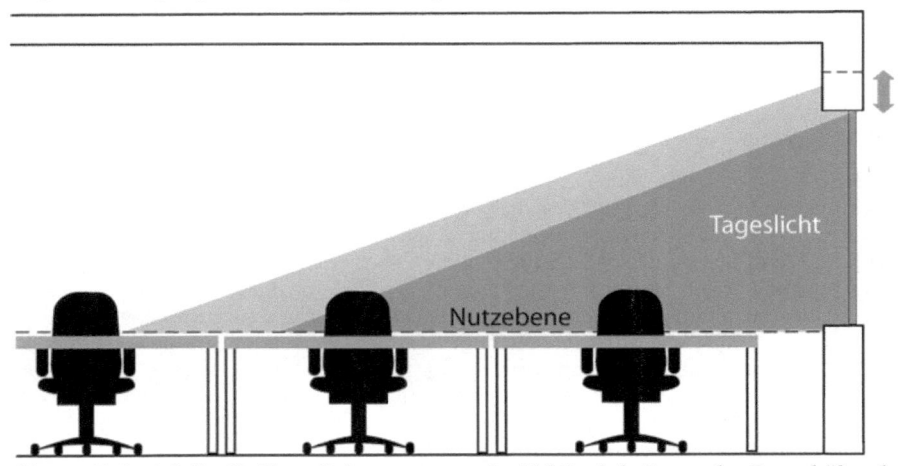

Abb. 1: Beispiel für die Tageslichtversorgung in Abhängigkeit von der Raumhöhe, der Größe und Anordnung des Fensters

(4) Für die Beleuchtung von Arbeitsplätzen mit Tageslicht sind in Fenstern und Dachoberlichtern Verglasungsmaterialien zu verwenden, die zu einer möglichst geringen Veränderung des Farbeindrucks führen.

4.2 Maßnahmen zur Begrenzung der Blendung

Störende Blendung durch Sonneneinstrahlung ist zu vermeiden oder – wenn dies nicht möglich ist – zu minimieren. Zur Begrenzung störender Blendungen oder Reflexionen kön-

---

[780] Die Anforderungen nach ausreichendem Tageslicht lassen sich im Altbestand nicht immer realisieren. Der Arbeitgeber sollte dann gem. § 3a Abs. 3 ArbStättV einen schriftlichen Antrag zur Genehmigung von Ausnahmen zu den Vorschriften der ArbStättV bei der zuständigen Behörde stellen.

nen z. B. Jalousien, Rollos und Lamellenstores dienen. Bei Dachoberlichtern können dies z. B. lichtstreuende Materialien oder Verglasungen mit integrierten Lamellenrastern sein.

Die Anforderungen aus der ASR A3.5 „Raumtemperatur" bezüglich übermäßiger Sonneneinstrahlung (siehe Punkt 4.3 sowie Tabelle 3 der ASR A3.5) sind zu beachten.

5 Künstliche Beleuchtung in Gebäuden

5.1 Allgemeine Anforderungen

Da Tageslicht örtlich und zeitlich nicht immer in ausreichendem Maße vorhanden ist, ist zusätzlich eine künstliche Beleuchtung erforderlich. Die Arbeitsstätten müssen mit Einrichtungen für eine der Sicherheit und dem Gesundheitsschutz der Beschäftigten angemessenen künstlichen Beleuchtung ausgestattet sein. Eine Verringerung des individuellen Sehvermögens, z. B. mit zunehmendem Alter, kann eine höhere Anforderung an die Beleuchtungsqualität (z. B. eine höhere Beleuchtungsstärke und höhere Anforderungen an die Begrenzung der Blendung) erfordern.

5.2 Beleuchtungsstärken

(1) Beim Einrichten und Betreiben von Arbeitsstätten müssen die Mindestwerte der Beleuchtungsstärken des Anhanges 1 eingehalten werden.
Ergibt sich bei der Gefährdungsbeurteilung, dass in bestehenden Arbeitsstätten die Einhaltung der Mindestwerte der Beleuchtungsstärken nach Anhang 1 mit Aufwendungen verbunden ist, die offensichtlich unverhältnismäßig sind, so hat der Arbeitgeber die betroffenen Arbeitsplätze individuell zu beurteilen. Bei der Gefährdungsbeurteilung hat der Arbeitgeber zu prüfen, wie durch andere oder ergänzende Maßnahmen die Sicherheit und der Gesundheitsschutz der Beschäftigten in vergleichbarer Weise gesichert werden kann; die erforderlichen Maßnahmen hat er durchzuführen. Solche Maßnahmen sind z. B. der Einsatz von effizienteren Leuchtmitteln oder die Verkürzung von Wartungsintervallen der Beleuchtungseinrichtungen.

(2) Für Arbeitsplätze, Arbeitsräume und Tätigkeiten, die im Anhang 1 nicht aufgelistet sind, sind die erforderlichen Werte im Rahmen der Gefährdungsbeurteilung zu ermitteln.

(3) An keiner Stelle im Bereich des Arbeitsplatzes darf das 0,6-fache der mittleren Beleuchtungsstärke unterschritten werden. Der niedrigste Wert darf nicht im Bereich der Hauptsehaufgabe liegen.

(4) Die Beleuchtung kann als raumbezogene Beleuchtung oder auf den Bereich des Arbeitsplatzes bezogene Beleuchtung ausgeführt werden. Die im Anhang 1 angegebenen Mindestwerte der Beleuchtungsstärke müssen erreicht werden.
Die Anwendung einer raumbezogenen Beleuchtung kann gegeben sein, wenn
– Arbeitsplätze in der Planungsphase örtlich nicht zugeordnet werden können,
– eine flexible Anordnung der Arbeitsplätze vorgesehen ist.
Bei den genannten Anwendungsfällen für die raumbezogene Beleuchtung ist es möglich in der Grundausstattung den gesamten Raum mit dem Mindestwert der Beleuchtungsstärke für den Umgebungsbereich entsprechend der späteren Nutzung zu beleuchten. In

Beleuchtung ASR A3.4

diesen Fällen ist durch zusätzliche Beleuchtung, z. B. mobile Beleuchtungssysteme, die Mindestbeleuchtungsstärke für den Bereich des Arbeitsplatzes sicherzustellen.
Die Anwendung einer auf den Bereich des Arbeitsplatzes bezogenen Beleuchtung kann gegeben sein, wenn
- die Anordnung der Arbeitsplätze und deren Umgebungsbereiche bekannt sind,
- verschiedene Arbeitsplätze – auch innerhalb eines Raumes – unterschiedliche Beleuchtungsbedingungen erfordern.

(5) Die mittlere Beleuchtungsstärke im Umgebungsbereich eines Arbeitsplatzes mit 300 lx Beleuchtungsstärke muss mindestens 200 lx betragen. Bei Arbeitsplätzen, die mit 500 lx oder mehr zu beleuchten sind, muss die mittlere Beleuchtungsstärke im Umgebungsbereich mindestens 300 lx betragen. Beleuchtungsstärken über 500 lx im Bereich des Arbeitsplatzes können eine höhere mittlere Beleuchtungsstärke im Umgebungsbereich erfordern. Die minimale Beleuchtungsstärke im Umgebungsbereich darf das 0,5-fache der mittleren Beleuchtungsstärke des Umgebungsbereichs nicht unterschreiten.

(6) Bei Mindestwerten der Beleuchtungsstärke über 500 lx nach Anhang 1 ist es zulässig, diese nicht am gesamten Arbeitsplatz, sondern nur auf den für die Sehaufgabe relevanten Teilflächen zu erreichen. Dies kann zum Beispiel durch zusätzliche Arbeitsplatzleuchten geschehen. Die mittlere Beleuchtungsstärke im Bereich des Arbeitsplatzes darf bei teilflächenbezogener Beleuchtung 500 lx nicht unterschreiten. An keiner Stelle im Bereich des Arbeitsplatzes darf ein Einzelwert der Beleuchtungsstärke 300 lx unterschreiten.
Die Anwendung einer teilflächenbezogenen Beleuchtung kann gegeben sein, wenn
- besondere Sehaufgaben (wenig Kontraste, Notwendigkeit zur Erkennung von Oberflächenstrukturen, Arbeiten mit kleinen Teilen, kurze Betrachtungszeiträume) vorliegen,
- eine Anpassung an das individuelle Sehvermögen der Beschäftigten erfolgt.

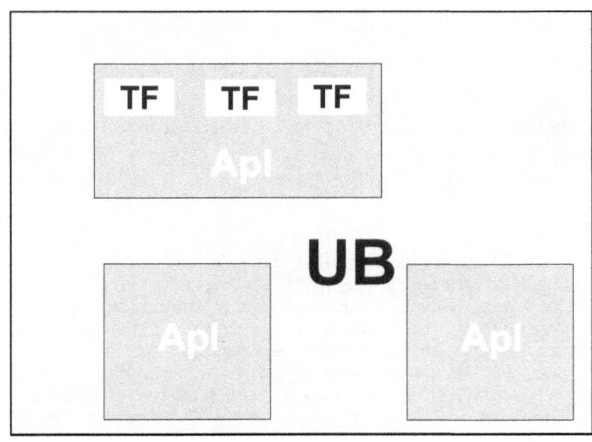

Abb. 2: Prinzipskizze zur Aufteilung einer Arbeitsstätte in zu beleuchtende Bereiche (Apl = Bereich des Arbeitsplatzes, TF = Teilfläche, UB = Umgebungsbereich)

(7) Die mittlere vertikale Beleuchtungsstärke muss der Seh- und Arbeitsaufgabe angemessen sein. Sie muss den im Anhang 1 angegebenen Werten entsprechen, soweit hierauf in der Spalte „Bemerkungen" verwiesen wird. Bei hellen Raumflächen und breit strahlenden Leuchten ist bei Einhalten der horizontalen Beleuchtungsstärken nach Anhang 1 in der Regel eine ausreichende vertikale Beleuchtungsstärke gegeben. Bewährt hat sich für Büroarbeitsplätze, Arbeitsplätze im Gesundheitsdienst und vergleichbare Arbeitsplätze (siehe Anhang 1, Spalte „Bemerkungen") ein Verhältnis von vertikaler Beleuchtungsstärke zu horizontaler Beleuchtungsstärke von $\geq 1 : 3$.[781]

5.3 Begrenzung von Blendung

(1) Störende Blendung oder Reflexionen sind zu minimieren. Blendung, die zu Unfällen führen kann, muss vermieden werden.

(2) Geeignete Maßnahmen zur Vermeidung und Begrenzung der Blendung sind z. B.
– Auswahl geeigneter Leuchtmittel,
– richtige Auswahl und Anordnung der Leuchten,
– Verringerung der Helligkeitsunterschiede zwischen Blendquelle und Umfeld, z. B. durch helle Decken und Wände,
– Vermeidung von Reflexionen, z. B. durch entsprechende Oberflächengestaltung (matte Oberflächen).

5.4 Farbwiedergabe

(1) Es müssen Lampen mit mindestens einem Farbwiedergabeindex nach Anhang 1 verwendet werden[782]. Durch die Leuchte darf dieser Farbwiedergabeindex nicht unterschritten werden. Für Arbeitsplätze, die im Anhang 1 nicht aufgelistet sind, sind die erforderlichen Werte im Rahmen der Gefährdungsbeurteilung zu ermitteln.

(2) Durch Auswahl der Lampen und Leuchten ist sicherzustellen, dass Sicherheitszeichen und Sicherheitsfarben als solche erkennbar sind sowie die Signalwirkung von selbstleuchtenden Sicherheitszeichen nicht beeinträchtigt wird. Werden Lampen mit einem Farbwiedergabeindex $R_a < 40$ verwendet, muss durch geeignete Maßnahmen sichergestellt werden, dass Sicherheitsfarben erkennbar bleiben (z. B. durch Hinterleuchtung oder Anstrahlung).

---

781) Die verbindliche Forderung („die ... vertikale Beleuchtungsstärke muss ... angemessen sein") kann Nachrüstungsbedarf für bestehende Arbeitsstätten bedeuten, der nicht in allen Fällen realisierbar und angemessen sein kann (Ausnahmeregelung erforderlich).
Ein Verhältnis von vertikaler Beleuchtungsstärke zu horizontaler Beleuchtungsstärke von 1:3 wird für mit Büroarbeitsplätzen vergleichbare Arbeitsplätze empfohlen; d. h. nicht in Lagerhallen, nicht im Freien. Bei Arbeitsplätzen mit ständiger Arbeit an vertikalen Flächen wie Schultafeln, Hochregalen oder Bibliotheken ist als vertikale Beleuchtungsstärke die volle Beleuchtungsstärke nach der Tabelle in Anh. 1 erforderlich, nicht nur 33 % der horizontalen Beleuchtungsstärke.
782) Die Werte für den Farbwiedergabeindex sind neu in ASR A3.4 aufgenommen worden. Inhaltlich ist das jedoch keine wesentliche Änderung, da die bisherige ASR 7/3 empfahl, die Werte der DIN 5035 zugrunde zu legen.
Gute Farbwiedergabe beeinflusst zusätzlich die Sehleistung, die Behaglichkeit und das Wohlbefinden der Beschäftigten positiv, was jedoch nicht Inhalt dieser ASR ist.

5.5 Flimmern oder Pulsation

Flimmern oder Pulsation dürfen nicht zu Unfallgefahren (z. B. durch stroboskopischen Effekt) oder Ermüdungen führen. Dies kann z. B. durch den Einsatz von elektronischen Vorschaltgeräten oder durch Drei-Phasen-Schaltung verhindert werden.

5.6 Schatten

Schatten ermöglicht die räumliche Wahrnehmung. Durch angemessene Schattigkeit können Gegenstände in ihrer Form und Oberflächenstruktur leichter erkannt werden. Schatten, die Gefahrenquellen überdecken, dürfen nicht zu Unfallgefahren führen. Sie können z. B. durch Anordnung mehrerer Leuchten, die aus verschiedenen Richtungen Licht abgeben, minimiert werden.

6 Künstliche Beleuchtung im Freien

6.1 Beleuchtungsstärken

(1) Beim Einrichten und Betreiben von Arbeitsstätten im Freien müssen die Mindestwerte der Beleuchtungsstärken im Anhang 2 des Anhanges eingehalten werden.[783]

Ergibt sich bei der Gefährdungsbeurteilung, dass in bestehenden Arbeitsstätten die Einhaltung der Mindestwerte der Beleuchtungsstärken nach Anhang 2 mit Aufwendungen verbunden ist, die offensichtlich unverhältnismäßig sind, so hat der Arbeitgeber die betroffenen Arbeitsplätze individuell zu beurteilen. Bei der Gefährdungsbeurteilung hat der Arbeitgeber zu prüfen, wie durch andere oder ergänzende Maßnahmen die Sicherheit und der Gesundheitsschutz der Beschäftigten in vergleichbarer Weise gesichert werden kann; die erforderlichen Maßnahmen hat er durchzuführen. Solche Maßnahmen sind z. B. der Einsatz von effizienteren Leuchtmitteln oder die Verkürzung von Wartungsintervallen der Beleuchtungseinrichtungen.

(2) Werden an ortsfesten Arbeitsplätzen Tätigkeiten verrichtet, die den Tätigkeiten in Räumen entsprechen, so sind diese mit den in Innenräumen geforderten Beleuchtungsstärken, entsprechend Anhang 1 zu beleuchten.

6.2 Begrenzung von Blendung

(1) Störende Blendung oder Reflexionen sind zu minimieren. Blendung, die zu Unfällen führen kann, muss vermieden werden.

---

783) Im Freien lässt sich nicht die gleiche Beleuchtungsgüte erreichen wie in geschlossenen Räumen, da die das Licht reflektierenden Raumbegrenzungsflächen fehlen. Deshalb werden technisch bedingt teilweise geringere Anforderungen an die künstliche Beleuchtung im Freien gestellt als das in Räumen der Fall ist.
Tabelle 2 fordert auf Baustellen mit verhältnismäßigem Aufwand erreichbare Beleuchtungsstärken. Das sind absolute Mindestwerte. Wünschenswert wären auch auf Baustellen die Beleuchtungsstärken, die in der Tabelle in Anh. 1 für die Gewährleistung von Sicherheit und Gesundheit vorgegeben werden.

(2) Geeignete Maßnahmen zur Vermeidung und Begrenzung der Blendung sind z. B.
- Auswahl geeigneter Leuchtmittel,
- richtige Auswahl und Anordnung der Leuchten,
- Vermeidung von Reflexionen, z. B. durch entsprechende Oberflächengestaltung (matte Oberflächen).

(3) Beleuchtungsanlagen im Bereich von Verkehrsanlagen, z. B. für Gleisanlagen oder im Bereich von Schifffahrt, müssen so angebracht sein, dass eine Blendung vermieden wird und so betrieben werden, dass sie nicht mit Signalen verwechselt werden können.

6.3 Farbwiedergabe

(1) Es müssen Lampen mit mindestens einem Farbwiedergabeindex nach Anhängen 1 und 2 verwendet werden. Durch die Leuchte darf dieser Farbwiedergabeindex nicht unterschritten werden. Für Arbeitsplätze, die in den Anhängen 1 und 2 nicht aufgelistet sind, sind die erforderlichen Werte im Rahmen der Gefährdungsbeurteilung zu ermitteln.

(2) Durch Auswahl der Lampen und Leuchten ist sicherzustellen, dass Sicherheitszeichen und Sicherheitsfarben als solche erkennbar sind sowie die Signalwirkung von selbstleuchtenden Sicherheitszeichen nicht beeinträchtigt wird. Werden Lampen mit einem Farbwiedergabeindex $R_a < 40$ verwendet, muss durch geeignete Maßnahmen sichergestellt werden, dass Sicherheitsfarben erkennbar bleiben (z. B. durch Hinterleuchtung oder Anstrahlung).

6.4 Flimmern oder Pulsation

Die Anforderungen des Punktes 5.5 sind analog anzuwenden.

6.5 Schatten

Die Anforderungen des Punktes 5.6 sind analog anzuwenden.

7 Betrieb, Instandhaltung und orientierende Messung

7.1 Betrieb

(1) Beleuchtungsanlagen sind so einzurichten und zu betreiben, dass sie die Sicherheit und die Gesundheit der Beschäftigten nicht gefährden. Diesbezüglich auftretende Mängel sind unverzüglich zu beseitigen.
Mängel können z. B. sein:
- Ausfall von Leuchtmitteln,
- Lösen von Leuchtenteilen,
- Platzen des Schutzkolbens bei Hochdrucklampen,
- Beschädigung von Leuchtenabdeckungen, die die Schutzart beeinträchtigen,
- Verringerung der Beleuchtungsstärke, z. B. aufgrund einer Verschmutzung oder der Alterung von Leuchten oder
- Kontakt mit heißen Oberflächen.

Beleuchtung ASR A3.4

(2) Bei Umstellung der Arbeitsplätze oder Änderungen der Sehaufgabe (z. B. Umstellung der Produktion oder der Tätigkeit) ist im Rahmen der Gefährdungsbeurteilung zu prüfen, ob die Beleuchtungsanlage den geänderten Bedingungen entspricht oder angepasst werden muss.

7.2 Instandhaltung

(1) Beleuchtungsanlagen sind regelmäßig dahingehend zu überprüfen, ob sie noch den Anforderungen dieser Arbeitsstättenregel entsprechen. Im Laufe der Zeit unterliegen Beleuchtungsanlagen einer Veränderung der lichttechnischen Parameter (z. B. Verringerung der Beleuchtungsstärke) oder sie können beschädigt werden. Instandhaltungsmaßnahmen sind spätestens dann erforderlich, wenn die Beleuchtungsanlage durch Verschmutzung, Alterung oder Beschädigung die Anforderungen dieser ASR nicht mehr erfüllt oder auf andere Weise zu einer Gefährdung wird. Es ist dafür zu sorgen, dass sichere Instandhaltung möglich ist, insbesondere ist für einen sicheren Zugang zu sorgen.

(2) Um die Versorgung mit Tageslicht nicht zu beeinträchtigen, sind Fenster und Dachoberlichter regelmäßig zu reinigen. Anforderungen an den Arbeitsschutz bei der Reinigung von Fensterflächen siehe ASR A1.6 „Fenster, Oberlichter, lichtdurchlässige Wände".

7.3 Orientierende Messung

(1) Sofern zur Auswahl oder zur Prüfung von Beleuchtungseinrichtungen orientierende Messungen im Betrieb durchgeführt werden, sind Beleuchtungsstärkemessgeräte zu verwenden, die mindestens der Klasse C gemäß DIN 5035 Teil 6, Ausgabe 2006-11 entsprechen.

(2) Die Messungen der künstlichen Beleuchtung in Räumen, die auch durch Tageslicht beleuchtet werden, sollen bei natürlicher Dunkelheit durchgeführt werden. Kann Tageslicht bei der Messung nicht ausgeschlossen werden, ist zunächst bei eingeschalteter und danach bei ausgeschalteter künstlicher Beleuchtung zu messen. Aus der Differenz der beiden Messungen werden die Werte der künstlichen Beleuchtung ermittelt. Da das Tageslicht stark schwanken kann, sollten die beiden Messungen bei bedecktem Himmel und unmittelbar nacheinander durchgeführt werden. Die Differenzmessung ist bei tageslichtabhängig geregelten Beleuchtungsanlagen nicht anwendbar.

(3) Zur Bewertung des Ist-Zustandes sind die Beleuchtungsanlagen im jeweiligen Betriebszustand zu messen. Leuchtstofflampen und andere Entladungslampen müssen bei der Messung mindestens 100 Betriebsstunden aufweisen.

(4) Die Messpunkte sind auf der Bezugsebene möglichst gleichmäßig zu verteilen (siehe Abb. 3).

(5) Der Mindestwert der Beleuchtungsstärke muss in der Bezugsebene (siehe Tabelle 1) erreicht werden und wird auch dort gemessen. Ist die Höhe oder Ebene bekannt, in der die Sehaufgabe ausgeführt wird, kann die Messung auch dort durchgeführt werden.

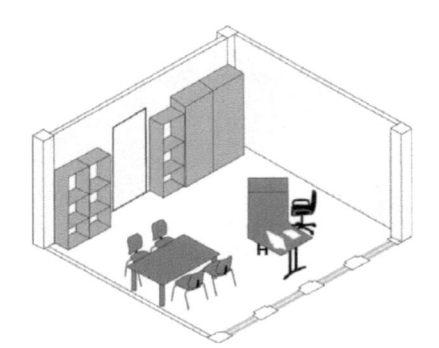

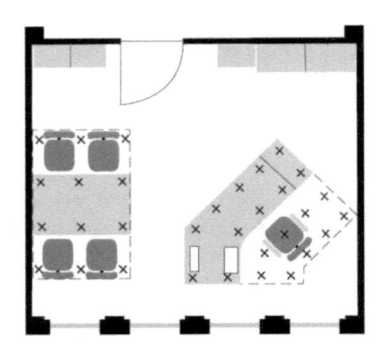

Abb. 3: Beispiel für die Verteilung der Messpunkte für einen Bereich des Arbeitsplatzes

Tabelle 1: Höhe der Bezugsebenen für horizontale Beleuchtungsstärken E_h und vertikale Beleuchtungsstärken E_v

	Horizontal E_h [m über dem Boden]	Vertikal E_v [m über dem Boden]
überwiegend stehende Tätigkeiten	0,85	1,60
überwiegend sitzende Tätigkeiten	0,75	1,20
Verkehrswege z. B. Flure und Treppen	bis 0,20	

8 Abweichende/ergänzende Anforderungen für Baustellen

(1) Arbeitsplätze und Verkehrswege auf Baustellen sind mindestens mit den Beleuchtungsstärken nach Tabelle 2 zu beleuchten.

(2) Werden an ortsfesten Arbeitsplätzen Tätigkeiten verrichtet, die den Tätigkeiten in der Tabelle des Anhanges 1 entsprechen, sind die dort angegebenen Werte anzuwenden.

Tabelle 2: Mindestwerte der Beleuchtungsstärken auf Baustellen

Arbeitsbereiche, Arbeitsplätze, Tätigkeiten auf Baustellen	lx
Allgemeine Beleuchtung, Verkehrswege	20
Grobe Tätigkeiten, z. B.: Erdarbeiten, Hilfs- und Lagerarbeiten, Transport, Verlegen von Entwässerungsrohren	50

Beleuchtung ASR A3.4

Arbeitsbereiche, Arbeitsplätze, Tätigkeiten auf Baustellen	lx
Normale Tätigkeiten, z. B.: Montage von Fertigteilen, einfache Bewehrungsarbeiten, Schalungsarbeiten, Stahlbeton- und Maurerarbeiten, Installationsarbeiten, Arbeiten im Tunnel	100
Feine Tätigkeiten, z. B.: Anspruchsvolle Montagen, Oberflächenbearbeitung, Verbindung von Tragwerkselementen	200

Ist die Anpassung der Beleuchtung nach den Ziffern 3.2 und 3.4 der Tabelle des Anhanges 1 in bestehenden mobilen Sanitär-, Pausen- und Bereitschaftsräumen mit einem unverhältnismäßigen Aufwand verbunden, ist diese spätestens dann vorzunehmen, wenn ein wesentlicher Umbau durchgeführt wird.

Anhang 1

Beleuchtungsanforderungen für Arbeitsräume, Arbeitsplätze und Tätigkeiten[784]

(Die im Anhang angegebenen Werte sind Beleuchtungsstärken auf der Bezugsfläche der Sehaufgabe, die horizontal, vertikal oder geneigt sein kann. Auf die Regelungen des Punktes 5.2. Abs. 1 für bestehende Beleuchtungseinrichtungen wird verwiesen.)

	Arbeitsräume, Arbeitsplätze, Tätigkeiten	Mindestwert der Beleuchtungsstärke lx	Mindestwert der Farbwiedergabe Index R_a	Bemerkungen
1 Verkehrswege				
1.1	Verkehrsflächen und Flure ohne Fahrzeugverkehr	50	40	In Hotels ist während der Nacht ein geringeres Niveau nach einer Gefährdungsbeurteilung zulässig.
1.1a	Verkehrsflächen und Flure ohne Fahrzeugverkehr im Bereich von Absätzen und Stufen	100	40	
1.2	Verkehrsflächen und Flure mit Fahrzeugverkehr	150	40	
1.3	Treppen, Fahrtreppen, Fahrsteige, Aufzüge	100	40	
1.4	Laderampen, Ladebereiche	150	40	
1.5	Begehbare Unterflurtunnel, Zwischenböden und für Wartungszwecke, z. B. Stetigförderer, Wartungsgänge	50	40	
1.6	Halleneinfahrten			
	Tagesbetrieb (Übergangsbereich im Gebäude)	400	40	
	Nachtbetrieb (Übergangsbereich vor dem Gebäude)	50	40	

---

[784] ASR A3.4 enthält einige andere Zahlenwerte als die bisherige ASR 7/3 und weicht in einigen Fällen auch von DIN EN 12464-1 ab. Die Werte in ASR A3.4 wurden im ASTA mit Arbeitgebern, Gewerkschaften, Unfallversicherungsträgern und staatlichen Arbeitsschutzbehörden geprüft und abgestimmt. Beispiele für bewusste Änderungen sind z. B. Verkehrsflächen und Flure ohne Fahrzeugverkehr im Bereich von Absätzen und Stufen (alt: 50 lx, neu: 100 lx) oder Großraumbüros (alt: 750–1000 lx, neu: 500 lx).

Beleuchtung ASR A3.4

	Arbeitsräume, Arbeitsplätze, Tätigkeiten	Mindestwert der Beleuchtungsstärke lx	Mindestwert der Farbwiedergabe Index R_a	Bemerkungen
2 Lager				
2.1	Versand- und Verpackungsbereiche	300	60	
2.2	Lagerräume für gleichartiges oder großteiliges Lagergut	50	60	
2.3	Lagerräume mit Suchaufgabe bei nicht gleichartigem Lagergut	100	60	
2.4	Lagerräume mit Leseaufgaben	200	60	
3 Allgemeine Bereiche, Tätigkeiten und Aufgaben				
3.1	Kantinen, Teeküchen, SB-Restaurants	200	80	
3.2	Pausenräume, Warteräume, Aufenthaltsräume	200	80	
3.3	Räume für körperliche Ausgleichsübungen (Sport-, Fitnessräume, Sporthallen)	300	80	
3.4	Waschräume, Bäder, Toiletten, Umkleideräume	200	80	
3.5	Erste Hilfe Räume	500	90	$\bar{E}_v \geq 175$ lx
3.6	Haustechnische Anlagen, Schaltgeräteräume	200	60	
3.7	Steuerwarten, Kontrollräume, Schaltwarten	500	80	Bei Sehaufgaben außerhalb der Warte muss die Beleuchtungsstärke in der Warte ggf. anpassbar sein. $\bar{E}_v \geq 175$ lx
3.8	Farbprüfung, Kontrolle	1 000	90	
3.9	Laboratorien, Messplätze	500	80	$\bar{E}_v \geq 175$ lx
3.10	Küchen	500	80	
3.11	Eingangshallen	200	80	
3.12	Empfangstheke, Schalter, Portiertheke	300	80	

ASR A3.4 — Beleuchtung

	Arbeitsräume, Arbeitsplätze, Tätigkeiten	Mindestwert der Beleuchtungsstärke lx	Mindestwert der Farbwiedergabe Index R_a	Bemerkungen
4 Büros und büroähnliche Arbeitsbereiche[785]				
4.1	Ablegen, Kopieren	300	80	
4.2	Schreiben, Lesen, Datenverarbeitung	500	80	$\hat{E}_v \geq 175\,lx$
4.3	Technisches Zeichnen (Handzeichnen)	750	80	
4.4	Archive	200	80	
5 Landwirtschaft				
5.1	Beschicken und Bedienen von Fördereinrichtungen und Maschinen	200	80	
5.2	Behandlungsstände für Tiere	200	80	
5.3	Melkstände	200	80	
6 Bäckereien				
6.1	Vorbereitungs- und Backräume	300	80	
6.2	Endbearbeitung, Glasieren, Dekorieren	500	80	
7 Zement-, Beton- und Ziegelindustrie				
7.1	Trocknen	50	40	
7.2	Materialaufbereitung, Arbeiten an Öfen und Mischern	200	40	
7.3	Allgemeine Maschinenarbeiten, Grobformen	300	80	
8 Keramik, Fliesen, Glas, Glaswaren, Augenoptiker				
8.1	Trocknen	50	40	
8.2	Materialaufbereitung, allgemeine Maschinenarbeiten	300	80	
8.3	Emaillieren, Walzen, Pressen, Formen einfacher Teile, Glasieren, Glasblasen	300	80	
8.4	Schleifen, Gravieren, Polieren von Glas, Formen kleiner Teile, Herstellung von Glasinstrumenten	750	80	
8.5	Feine Arbeiten, z. B. Schleifen von	1 000	90	

---

[785] Vgl. auch: DGUV Information 215-442 Beleuchtung im Büro – Hilfen für die Planung der künstlichen Beleuchtung, Ausg. 2008-10.

Beleuchtung　　ASR A3.4

	Arbeitsräume, Arbeitsplätze, Tätigkeiten	Mindestwert der Beleuchtungsstärke lx	Mindestwert der Farbwiedergabe Index R_a	Bemerkungen
	Verzierungen (Dekorationsschleifen), Handmalerei			
8.6	Augenoptikerwerkstattplatz	1 500	90	
9 Chemische Industrie, Kunststoff- und Gummiindustrie				
9.1	Verfahrenstechnische Anlagen mit Fernbedienung	50	40	
9.2	Verfahrenstechnische Anlagen mit gelegentlichen manuellen Eingriffen	150	40	
9.3	Arbeitsplätze in verfahrenstechnischen Anlagen	300	80	
9.4	Arzneimittelherstellung	500	80	
9.5	Reifenproduktion	500	80	
9.6	Zuschneiden, Nachbearbeiten, Kontrollarbeiten	750	80	
10 Elektro-Industrie				
10.1	Kabel- und Drahtherstellung	300	80	
10.2	Imprägnieren von Spulen, Galvanisieren	300	80	
10.3	Montagearbeiten, Wickeln			
	– grobe, z. B. große Transformatoren	300	80	
	– mittelfeine, z. B. Schalttafeln	500	80	
	– feine, z. B. Telefone	750	80	
	– sehr feine, z. B. Messinstrumente	1 000	80	
10.4	Elektronikwerkstätten, Prüfen, Justieren	1 500	80	

	Arbeitsräume, Arbeitsplätze, Tätigkeiten	Mindestwert der Beleuchtungsstärke lx	Mindestwert der Farbwiedergabe Index R_a	Bemerkungen
11 Nahrungs- und Genussmittelindustrie				
11.1	Arbeitsplätze und -zonen in – Brauereien, auf Malzböden, – zum Waschen, zum Abfüllen in Fässern, zur Reinigung, zum Sieben, zum Schälen, – zum Kochen in Konserven- und Schokoladenfabriken, – Arbeitsplätze und -zonen in Zuckerfabriken, – zum Trocknen und Fermentieren von Rohtabak, Gärkeller	200	80	
11.2	Schneiden, Sortieren; Waschen; Mahlen, Mischen und Abpacken von Produkten	300	80	
11.3	Arbeitsplätze und kritische Zonen in Schlachthöfen, Metzgereien, Molkereien, Mühlen,	500	80	
11.4	Herstellung von Feinkost-Nahrungsmitteln, Herstellung von Zigarren und Zigaretten	500	80	
11.5	Kontrolle von Gläsern und Flaschen, Produktkontrolle, Garnieren, Sortieren, Dekorieren	500	80	
12 Friseure/Coiffeure				
12.1	Haarpflege	500	90	$\bar{E}_v \geq 175\, lx$
13 Schmuck- und Uhrenherstellung				
13.1	Bearbeitung von Edelsteinen	1 500	90	
13.2	Herstellung von Schmuckwaren	1 000	90	
13.3	Uhrenmacherei (Handarbeit)	1 500	80	
13.4	Uhrenherstellung (automatisch)	500	80	

Beleuchtung ASR A3.4

	Arbeitsräume, Arbeitsplätze, Tätigkeiten	Mindestwert der Beleuchtungsstärke lx	Mindestwert der Farbwiedergabe Index R_a	Bemerkungen
14 Wäschereien und chemische Reinigung				
14.1	Wareneingang, Auszeichnen und Sortieren, Waschen und chemische Reinigung, Bügeln und Pressen	300	80	
14.2	Kontrolle und Ausbessern	750	80	
15 Leder und Lederwaren				
15.1	Arbeiten an Bottichen, Fässern, Gruben	200	40	
15.2	Schaben, Spalten, Schleifen, Walken der Häute	300	80	
15.3	Sattlerarbeiten, Schuhherstellung: Steppen, Nähen, Polieren, Pressen, Zuschneiden, Stanzen, Lederfärben (maschinell)	500	80	
15.4	Sortieren	500	90	
15.5	Qualitätskontrolle	1 000	80	
15.6	Schuhmacherei (Handarbeit), Handschuhherstellung	500	80	
16 Metallbe- und -verarbeitung, Gießereien und Metallguss				
16.1	Sandaufbereitung, Gussputzerei, Gieß- und Schmelzhallen, Ausleerstellen, Maschinenformerei	200	60	300 lx beim Gussputzen kleiner oder filigraner Teile
16.2	Hand- und Kernformerei, Druckgießerei	300	60	
16.3	Modellbau	500	80	
16.4	Freiformschmieden	200	60	
16.5	Gesenkschmieden	200	60	
16.6	Schweißen	300	60	
16.7	Grobe und mittlere Maschinenarbeiten: Toleranzen $\geq$ 0,1 mm	300	60	
16.8	Feine Maschinenarbeiten, Schleifen: Toleranzen $<$ 0,1 mm	500	60	
16.9	Anreißen, Kontrolle	750	60	

	Arbeitsräume, Arbeitsplätze, Tätigkeiten	Mindestwert der Beleuchtungsstärke lx	Mindestwert der Farbwiedergabe Index R_a	Bemerkungen
16.10	Draht- und Rohrzieherei, Kaltverformung	300	60	
16.11	Verarbeitung von schweren Blechen: Dicke ≥ 5 mm	200	60	
16.12	Verarbeitung von leichten Blechen: Dicke < 5 mm	300	60	
16.13	Herstellung von Werkzeugen und Schneidwaren	750	60	
16.14	Montagearbeiten:			
	– grobe	200	80	
	– mittelfeine	300	80	
	– feine	500	80	
	– sehr feine	750	80	
16.15	Galvanisieren	300	80	
16.16	Oberflächenbearbeitung und Lackierung	750	80	
16.17	Werkzeug-, Lehren- und Vorrichtungsbau, Präzisions- und Mikromechanik	1 000	80	
16.18	Kfz-Werkstätten und Kfz-Prüfstellen	300	80	
17 Papier und Papierwaren				
17.1	Arbeiten an Holländern, Kollergängen, Holzschleiferei	200	80	
17.2	Papierherstellung und -verarbeitung, Papier- und Wellpappemaschinen, Kartonagenfabrikation	300	80	
17.3	Allgemeine Buchbinderarbeiten, z. B. Falten, Sortieren, Leimen, Schneiden, Prägen, Nähen	500	80	

Beleuchtung ASR A3.4

	Arbeitsräume, Arbeitsplätze, Tätigkeiten	Mindestwert der Beleuchtungsstärke lx	Mindestwert der Farbwiedergabe Index R_a	Bemerkungen
18 Kraftwerke				
18.1	Kraftstoff-Versorgungsanlagen	50	40	
18.2	Kesselhäuser	100	40	
18.3	Maschinenhallen	200	80	
18.4	Nebenräume, z. B. Pumpenräume, Kondensatorräume usw.; Schaltanlagen (in Gebäuden)	200	60	
18.5	Außen-Schaltanlagen	20	40	
19 Druckereien				
19.1	Zuschneiden, Vergolden, Prägen, Ätzen von Klischees, Arbeiten an Steinen und Platten, Druckmaschinen, Matrizenherstellung	500	80	
19.2	Papiersortierung und Handdruck	500	80	
19.3	Typensatz, Retusche, Lithographie	1 000	80	
19.4	Farbkontrolle bei Mehrfarbendruck	1 500	90	
19.5	Stahl- und Kupferstich	2 000	80	
20 Walz-, Hütten- und Stahlwerke				
20.1	Produktionsanlagen ohne manuelle Eingriffe	50	40	
20.2	Produktionsanlagen mit manuellen Eingriffen	200	40	
20.3	Haspel, Scheren-/Trennstrecken der Walzstraße	300	40	

	Arbeitsräume, Arbeitsplätze, Tätigkeiten	Mindestwert der Beleuchtungsstärke lx	Mindestwert der Farbwiedergabe Index R_a	Bemerkungen
21 Textilherstellung und -verarbeitung				
21.1	Arbeitsplätze und -zonen an Bädern, Ballen aufbrechen	200	60	
21.2	Krempeln, Waschen, Bügeln, Arbeiten am Reißwolf, Strecken, Kämmen, Schlichten, Kartenschlagen, Vorspinnen, Jute- und Hanfspinnen	300	80	
21.3	Nähen, Feinstricken, Maschenaufnehmen	750	80	
21.4	Entwerfen, Musterzeichnen	750	90	
21.5	Trocknungsraum	100	60	
21.6	Automatisches Stoffdrucken, Hutherstellung, Zurichten, Färben Spinnen, Zwirnen, Spulen, Winden Zetteln, Weben, Flechten, Stricken	500	80	
21.7	Noppen, Ketteln, Putzen	1 000	80	
21.8	Kunststopfen	1 500	90	
22 Automobilbau				
22.1	Karosseriebau und Montage	500	80	
22.2	Lackieren, Spritzkabinen, Schleifkabinen	750	80	
22.3	Lackieren: Ausbessern, Inspektion	1 000	90	
22.4	Polsterei	1 000	80	
22.5	Endkontrolle, Oberflächenkontrolle	1 000	80	
23 Holzbe- und -verarbeitung				
23.1	Automatische Bearbeitung, z. B. Trocknung, Schichtholzherstellung	50	40	
23.2	Dämpfgruben	100	40	
23.3	Sägegatter	200	60	
23.4	Arbeiten an der Hobelbank, Leimen, Zusammenbau	300	80	

Beleuchtung ASR A3.4

	Arbeitsräume, Arbeitsplätze, Tätigkeiten	Mindestwert der Beleuchtungsstärke lx	Mindestwert der Farbwiedergabe Index R_a	Bemerkungen
23.5	Schleifen, Lackieren, Tischlerei	750	80	
23.6	Arbeiten an Holzbearbeitungsmaschinen, z. B. Drechseln, Kehlen, Abrichten, Fugen, Schneiden, Sägen, Fräsen, Hobeln	500	80	
23.7	Auswahl von Furnierhölzern, Holzeinlegearbeiten	750	90	
23.8	Qualitätskontrolle	1 000	90	
24 Verkaufsräume				
24.1	Verkaufsbereich	300	80	
24.2	Kassenbereich, Packtisch	500	80	
25 Messen und Ausstellungshallen				
25.1	Allgemeinbeleuchtung	300	80	
26 Büchereien, Bibliotheken				
26.1	Bücherregale	200*	80	*Vertikale Beleuchtungsstärke
26.2	Lesebereiche	500	80	
27 Ausbildungsstätten, Kindergärten, Vorschulen				
27.1	Spielzimmer, Krippenräume, Bastelräume (Handarbeitsräume)	300	80	Eine steuerbare Beleuchtung wird empfohlen (z. B. dimmbar). $\bar{E}_v \geq 100$ lx
27.2	Unterrichtsräume			
	– in Grund- und weiterführenden Schulen	300	80	$\bar{E}_v \geq 100$ lx
27.3	Hörsäle	500	80	
27.4	Wandtafel, Demonstrationstisch	500*	80	*Vertikal
27.5	Computerübungsräume, Sprachlabore, Musikübungsräume	300	80	
27.6	Fachunterrichtsräume: naturwissenschaftlicher und technischer Unterricht, Werken und textiles Gestalten, Lehrwerkstätten, Handarbeitsräume, Zeichensäle	500	80	$\bar{E}_v \geq 175$ lx

Arbeitsräume, Arbeitsplätze, Tätigkeiten	Mindestwert der Beleuchtungsstärke lx	Mindestwert der Farbwiedergabe Index R_a	Bemerkungen
28 Gesundheitseinrichtungen			
28.1 Flure: während des Tages	200	80	
28.2 Flure: während der Nacht	50	80	
28.3 Allgemeinbeleuchtung ohne regelmäßigen Aufenthalt von Beschäftigten	200	80	
28.4 Nachtbeleuchtung, Übersichtsbeleuchtung in nicht regelmäßig begangenen Bereichen	5	80	
28.5 risikoarme medizinische oder pflegerische Tätigkeiten ohne Kontakt zu Körperflüssigkeiten, Körperausscheidungen oder kontaminierten Gegenständen	300	90	
28.6 Arbeitsbereiche für medizinische oder pflegerische Tätigkeiten mit erhöhtem Gefährdungspotential durch Umgang mit – Körperflüssigkeiten, Körperausscheidungen oder kontaminierten Gegenständen oder – mit spitzen, scharfen, sich bewegenden oder heißen Instrumenten	500	90	Zur Durchführung der medizinischen Behandlung können höhere Werte erforderlich sein.
28.7 Teilfläche für medizinische oder pflegerische Tätigkeiten mit erhöhtem Gefährdungspotential durch Umgang – mit Körperflüssigkeiten, Körperausscheidungen oder kontaminierten Gegenständen oder – mit spitzen, scharfen, sich bewegenden oder heißen Instrumenten	1 000	90	
28.8 Überwachung von Patienten in der Nacht	50	90	
28.9 Bildgebende Diagnostik mit Bildverstärkern und Fernsehsystemen	50	80	
28.10 Medizinische Bäder	300	80	
28.11 Massage und Strahlentherapie	300	80	
28.12 Instrumentenaufbereitung	500	80	
28.13 Laboratorien für den Gesundheitsdienst	500	90	
28.14 Dienstzimmer	500	80	

Beleuchtung ASR A3.4

Anhang 2

Beleuchtungsanforderungen für Arbeitsbereiche, Arbeitsplätze und Tätigkeiten im Freien

(Die im Anhang angegebenen Werte sind Beleuchtungsstärken auf der Bezugsfläche der Sehaufgabe, die horizontal, vertikal oder geneigt sein kann. Auf die Regelungen des Punktes 6.1 Abs. 1 für bestehende Beleuchtungseinrichtungen wird verwiesen)

	Arbeitsräume, Arbeitsplätze, Tätigkeiten	Mindestwert der Beleuchtungsstärke lx	Mindestwert der Farbwiedergabe Index R_a	Bemerkungen
1 Verkehrswege				
1.1	Toranlagen	50	25	
1.2	Fußwege	5	25	
1.3	Werkstraßen mit Be- und Entladezone oder mit starkem Querverkehr und mit Geschwindigkeitsbegrenzung max. 30 km/h	10	25	
1.4	Werkstraßen mit Be- und Entladezone oder mit starkem Querverkehr und mit Geschwindigkeitsbegrenzung max. 50 km/h	20	25	
2 Parkplätze				
2.1	Betriebliche Parkplätze	10	25	
3 Häfen				
3.1	Kaianlagen, Kaikante	5	25	
3.2	Verladen von Massengut (Schüttgut, Flüssigkeit)	10	25	
3.3	Lager für Massengut	10	25	
3.4	Verladen von Stückgut	20	25	
3.5	Lager für Stückgut	20	25	
3.6	Container-Umschlagflächen, Stellflächen und Verkehrszonen	20	25	
3.7	Be- und Entladen von Containern	100	25	
3.8	Anlegestellen für Personenverkehr	30	25	
3.9	Anlegestellen für gemischten Verkehr	50	25	
3.10	Docks	50	60	

	Arbeitsräume, Arbeitsplätze, Tätigkeiten	Mindestwert der Beleuchtungsstärke lx	Mindestwert der Farbwiedergabe Index R_a	Bemerkungen
4 Umschlagflächen, Verladestellen, Lagerflächen				
4.1	Lagerflächen Massengut	10	25	
4.2	Umschlagflächen, Verladestellen	30	25	
4.3	Lagerflächen Stückgut	30	25	
5 Gleisanlagen, Bahnbereiche				
5.1	Tätigkeiten im Gleisbereich, Rangieren, Verkehrswege in Bahnanlagen bei Eisenbahnen	10	25	
5.2	Gleisbauarbeiten	50	25	
5.3	Bahnüberwege	20	25	
5.4	Laderampen	150	40	
5.5	Umschlagbereiche	30	25	
6 Chemische Großanlagen				
6.1	Einfache Arbeiten, Betätigung von Ventilen, Motoren, Brennern	20	25	
6.2	Be- und Entladebereiche	50	60	
7 Kraftwerke				
7.1	Verkehrszone Herkömmliche Kraftwerke	10	60	
7.2	Verkehrszone Kernkraftwerke	20	60	
7.3	Schaltanlagen	20	25	
8 Tagebau				
8.1	Orientierungsbeleuchtung	3	60	
8.2	Zusatzbeleuchtung im Arbeitsbereich	20	60	
9 Kläranlagen				
9.1	Wege	5	25	
9.2	Gebrauch von Werkzeugen, Bedienung handgesteuerter Ventile, In- und Außerbetriebsetzen von Motoren, mechanische Wasseraufbereitungsanlagen, z. B. Rechen	50	20	

Beleuchtung ASR A3.4

	Arbeitsräume, Arbeitsplätze, Tätigkeiten	Mindestwert der Beleuchtungsstärke lx	Mindestwert der Farbwiedergabe Index R_a	Bemerkungen
9.3	Chemische Wasseraufbereitungsanlagen, Undichtigkeitsprüfungen, allgemeine Wartungsarbeiten, Instrumentenablesung	100	40	
9.4	Reparaturarbeiten an Motoren und elektrischen Einrichtungen	200	60	
10 Tankstellen				
10.1	Tankstellen	100	60	
11 Flughäfen				
11.1	Vorfeld allgemein	20	25	
11.2	Umschlagsbereiche im Vorfeld	30	25	

Ausgewählte Literaturhinweise

- BGI 856 Beleuchtung im Büro; Hilfen für die Planung von Beleuchtungsanlagen von Räumen mit Bildschirm- und Büroarbeitsplätzen, März 2005
- BGI 7007 Tageslicht am Arbeitsplatz – leistungsfördernd und gesund, Februar 2009

ASR A3.4/7 — Sicherheitsbeleuchtung, optische Sicherheitsleitsysteme

zu § 4 Abs. 3, Anh. Nr. 3.4 Abs. 3 und Anh. Nr. 2.3 Abs. 1 ArbStättV

Technische Regeln für Arbeitsstätten	Sicherheitsbeleuchtung, optische Sicherheitsleitsysteme[786]	ASR A3.4/7

GMBl. Nr. 32 vom 14.7.2009 S. 684,
zuletzt geändert durch GMBl. Nr. 22 vom 5.7.2017 S. 400

...

Diese ASR A3.4/7 konkretisiert im Rahmen ihres Anwendungsbereichs Anforderungen der Verordnung über Arbeitsstätten. Bei Einhaltung der Technischen Regeln kann der Arbeitgeber insoweit davon ausgehen, dass die entsprechenden Anforderungen der Verordnung erfüllt sind. Wählt der Arbeitgeber eine andere Lösung, muss er damit mindestens denselben Sicherheits- und Gesundheitsschutz für die Beschäftigten erreichen.

Inhalt

1 Zielstellung
2 Anwendungsbereich
3 Begriffsbestimmungen
4 Sicherheitsbeleuchtung
5 Optische Sicherheitsleitsysteme
6 Betrieb, Instandhaltung und Prüfung
7 Abweichende/ergänzende Anforderungen für Baustellen

---

[786] Die Arbeitsstättenregel ASR A3.4/3 Sicherheitsbeleuchtung, optische Sicherheitsleitsysteme (früher: ASR A3.4/3, jetzt: ASR A3.4/7) löste die Arbeitsstättenrichtlinie ASR7/4 Sicherheitsbeleuchtung ab. Die Aufnahme der optischen Sicherheitsleitsysteme in den Titel unterstreicht deren Bedeutung und entspricht den Erkenntnissen der Sicherheitstechnik. Sicherheitsleitsysteme sind zunächst nur eine spezielle Ausführungsform der Sicherheitsbeleuchtung für Fluchtwege und werden in der ArbStättV nicht explizit erwähnt. Der Absatzbezug der ASR A3.4/7 wurde aufgrund der siebten Änderung der ArbStättV 2016 redaktionell notwendig und wurde im GMBl. Nr. 22 vom 30. Juni 2017 (S. 400) bekannt gemacht.

Sicherheitsbeleuchtung, optische Sicherheitsleitsysteme ASR A3.4/7

1 Zielstellung

Diese Arbeitsstättenregel konkretisiert die Anforderungen an das Einrichten und Betreiben der Sicherheitsbeleuchtung und von optischen Sicherheitsleitsystemen in § 3 Abs. 1 und § 4 Abs. 3 und 4 sowie insbesondere in den Punkten 2.3 Abs. 1 und 3.4 Abs. 3 des Anhanges der Arbeitsstättenverordnung.[787]

2 Anwendungsbereich

(1) Diese ASR gilt für das Einrichten und Betreiben von Sicherheitsbeleuchtung und von optischen Sicherheitsleitsystemen in Arbeitsstätten.[788] Sie nennt Beispiele für Arbeitsstätten, für die eine Sicherheitsbeleuchtung oder ein Sicherheitsleitsystem erforderlich sein kann. Sie enthält die lichttechnischen Anforderungen an Sicherheitsbeleuchtung und Sicherheitsleitsysteme sowie Hinweise zu deren Betrieb.

(2) *(gestrichen)*

Hinweis:

Für die barrierefreie Gestaltung der Sicherheitsbeleuchtung und optischen Sicherheitsleitsysteme gilt die ASR V3a.2 „Barrierefreie Gestaltung von Arbeitsstätten", Anhang A3.4/7: Ergänzende Anforderungen zur ASR A3.4/7 „Sicherheitsbeleuchtung, optische Sicherheitsleitsysteme".

3 Begriffsbestimmungen

3.1 Die **Sicherheitsbeleuchtung** ist eine Beleuchtung, die dem gefahrlosen Verlassen der Arbeitsstätte und der Verhütung von Unfällen dient, die durch Ausfall der künstlichen Allgemeinbeleuchtung entstehen können.[789]

---

787) Die ASR A3.4/7
- erläutert die unbestimmten Rechtsbegriffe der ArbStättV „in regelmäßigen Abständen sachgerecht warten" (§ 4 Abs. 3) und „ausreichende Sicherheitsbeleuchtung" (Anh. Nr. 3.4),
- enthält die Mindestanforderungen, die der Arbeitgeber durch geeignete Maßnahmen und Einrichtungen gewährleisten muss, wobei sie dem Arbeitgeber aber freistellt, wie er die Anforderungen im Einzelnen erreicht,
- bestimmt die Forderung des § 4 Abs. 4 näher, dass sich die Beschäftigten im Falle einer Gefährdung in Sicherheit bringen und schnell gerettet werden können,
- berücksichtigt die Vorschrift des Anh. Nr. 2.3 Abs. 1 Satz 2 nach Ausrüstung der Arbeitsstätte mit einer Sicherheitsbeleuchtung.
788) ASR A3.4/7 unterscheidet zwischen Sicherheitsbeleuchtung für Fluchtwege und Sicherheitsbeleuchtung in Arbeitsstätten. Sie fordert für Arbeitsstätten keine Antipanikbeleuchtung, die nach DIN EN 1838:2013-10 Angewandte Lichttechnik – Notbeleuchtung ebenfalls zur Sicherheitsbeleuchtung zählt. Antipanikbeleuchtung ist eine Sicherheitsbeleuchtung, die in Räumen mit großen Menschenansammlungen der Panikvermeidung dient und Personen erlauben soll, eine Stelle zu erreichen, von der aus ein Fluchtweg eindeutig als solcher erkannt werden kann. Sie wird überwiegend für öffentliche Bauten benötigt, aber auch für Versammlungsstätten, in denen sich Beschäftigte arbeitsbedingt aufhalten.
789) Die Sicherheitsbeleuchtung ist Teil der Notbeleuchtung, zu der auch noch die Antipanikbeleuchtung und die Ersatzbeleuchtung gehören, die in der ArbStättV nicht geregelt werden.

3.2 Optische Sicherheitsleitsysteme sind durchgehende Leitsysteme, die mithilfe optischer Kennzeichnungen und Richtungsangaben einen sicheren Fluchtweg[790] vorgeben. Grundsätzlich sind dies bodennahe Systeme, die an der Wand angebracht sind und deren Oberkante nicht höher als 40 cm über dem Fußboden liegt sowie Sicherheitsleitsysteme, die auf dem Fußboden angebracht sind. Sie bestehen aus Sicherheitszeichen und Leitmarkierungen. Sie können lang nachleuchtend, elektrisch betrieben oder als Kombination beider Systeme ausgeführt werden. Dazu kann auch die Umrandung von Türen in Fluchtwegen, sowie die nachleuchtende Hinterlegung von Türgriffen zählen. Optische Sicherheitsleitsysteme sind kein Ersatz für gegebenenfalls erforderliche hochmontierte Rettungszeichen.[791]

3.3 Ein **lang nachleuchtendes Sicherheitsleitsystem** ist ein optisches Sicherheitsleitsystem, das aus lang nachleuchtenden Komponenten besteht, die nach Anregung durch Licht ohne weitere Energiezufuhr nachleuchten.

3.4 Ein **elektrisch betriebenes Sicherheitsleitsystem** ist ein optisches Sicherheitsleitsystem, das elektrisch betrieben, und durch eine Stromquelle für Sicherheitszwecke gespeist wird.

3.5 Ein **dynamisches Sicherheitsleitsystem** ist ein optisches Sicherheitsleitsystem, das seine Richtungsangaben ändern kann, indem es z. B. im Bedarfsfall automatisch auf eine konkrete Brandmeldung mit der Änderung der Fluchtrichtungsanzeige reagiert.

3.6 Leitmarkierungen sind gut sichtbare durchgehende Markierungen auf dem Fußboden oder an Wänden, wobei die Oberkante der Markierung nicht höher als 40 cm über dem Fußboden liegt. Sie markieren den Verlauf von Fluchtwegen.

3.7 Die **Beleuchtungsstärke** E ist ein Maß für das auf eine Fläche auftreffende Licht. Die Beleuchtungsstärke wird in Lux [lx] gemessen.[792]

3.8 Die **Leuchtdichte** beschreibt den Helligkeitseindruck einer beleuchteten oder leuchtenden Fläche.

3.9 Unter **Blendung** versteht man subjektiv empfundene Störungen durch zu hohe Leuchtdichten oder zu große Leuchtdichteunterschiede im Gesichtsfeld.

---

[790] Fluchtwege im Sinne dieser Regel sind auch die im Bauordnungsrecht definierten Rettungswege, sofern sie selbstständig begangen werden können.
[791] Rettungszeichen sind Sicherheitszeichen, die den Rettungsweg oder Notausgang, den Weg zu einer Erste-Hilfe-Einrichtung oder diese Einrichtung selbst kennzeichnen.
[792] Die Erkennbarkeit des Arbeitsgegenstandes hängt außer der Beleuchtungsstärke von dessen Reflexionsvermögen ab. Deshalb wird die Beleuchtungsstärke der Sicherheitsbeleuchtung für Fluchtwege vorgegeben, nicht aber in Arbeitsstätten. Sie ist dort auf der Grundlage der Gefährdungsbeurteilung festzulegen.

3.10 Die **Farbwiedergabe** ist die Wirkung einer Lichtquelle auf den Farbeindruck, den ein Mensch von einem Objekt hat, das mit dieser Lichtquelle beleuchtet wird. Der **Farbwiedergabeindex** R_a ist eine dimensionslose Kennzahl von 0 bis 100, mit der die Farbwiedergabeeigenschaften der Lampen klassifiziert wird.

4 Sicherheitsbeleuchtung

4.1 Sicherheitsbeleuchtung für Fluchtwege

Die ASR A2.3 „Fluchtwege und Notausgänge, Flucht- und Rettungsplan" regelt unter Punkt 8, unter welchen Bedingungen eine Sicherheitsbeleuchtung für Fluchtwege erforderlich ist. Sofern diese Bedingungen vorliegen, sind der erste und gegebenenfalls der vorhandene zweite Fluchtweg mit einer Sicherheitsbeleuchtung auszurüsten.

4.2 Sicherheitsbeleuchtung in Arbeitsbereichen mit besonderer Gefährdung

Arbeitsstätten, in denen durch den Ausfall der Allgemeinbeleuchtung Sicherheit und Gesundheit der Beschäftigten gefährdet sind und bei denen eine Sicherheitsbeleuchtung erforderlich ist, sind z. B.[793]

– Laboratorien, wenn es notwendig ist, dass Beschäftigte einen laufenden Versuch beenden oder unterbrechen müssen, um eine akute Gefährdung von Beschäftigten und Dritten zu verhindern. Solche akuten Gefährdungen können Explosionen oder Brände, sowie das Freisetzen von Krankheitserregern oder von giftigen, sehr giftigen oder radioaktiven Stoffen in Gefahr bringender Menge sein,

– Arbeitsplätze, die aus technischen Gründen dunkel gehalten werden müssen,

– elektrische Betriebsräume und Räume für haustechnische Anlagen, die bei Ausfall der künstlichen Beleuchtung betreten werden müssen,

– der unmittelbare Bereich lang nachlaufender Arbeitsmittel mit nicht zu schützenden bewegten Teilen, die Unfallgefahren verursachen können, z. B. Plandrehmaschinen, soweit durch Lichtausfall zusätzliche Unfallgefahren verursacht werden,

– Steuereinrichtungen für ständig zu überwachende Anlagen z. B. Schaltwarten und Leitstände für Kraftwerke, chemische und metallurgische Betriebe, sowie Arbeitsplätze an Absperr- und Regeleinrichtungen, die betriebsmäßig oder bei Betriebsstörungen zur Vermeidung von Unfallgefahren betätigt werden müssen, um Produktionsprozesse gefahrlos zu unterbrechen bzw. zu beenden,

---

[793] Vielfach wird auch eine Sicherheitsbeleuchtung in Toiletten-, Sanitär-, Pausen-, Wasch- und Bereitschaftsräumen ohne Tageslichteinfall zu fordern sein, obwohl diese Räume in der ASR wie auch in der ArbStättV nicht aufgeführt sind, da sie keine Arbeitsplätze mit besonderen Gefährdungen sind.
In der in Nr. 4.2 enthaltenen Aufzählung der Arbeitsstätten, in denen durch den Ausfall der Allgemeinbeleuchtung Sicherheit und Gesundheit der Beschäftigten gefährdet sind, wurden in der Änderung der ASR A3.4/3 vom 1. Juni 2011 Arbeitsplätze ohne Tageslicht gestrichen. Sie gehören nicht in die Kategorie der Laboratorien und der Räume mit heißen Bädern; die nach Nr. 4.3 Abs. 4 geforderte Zuschaltzeit für die Sicherheitsbeleuchtung von 0,5 s und die daraus folgenden Konsequenzen erscheinen nicht als angemessen. Außerdem wäre zu fragen, ob nachts genutzte Arbeitsstätten auch unter diese Regelung fallen sollen.

- Arbeitsplätze in der Nähe heißer Bäder oder Gießgruben, die aus produktionstechnischen Gründen nicht durch Geländer oder Absperrungen gesichert werden können,
- Bereiche um Arbeitsgruben, die aus arbeitsablaufbedingten Gründen nicht abgedeckt sein können,
- Arbeitsplätze auf Baustellen (siehe Punkt 7).

4.3 Anforderungen an die Sicherheitsbeleuchtung und Richtwerte

(1) Die Beleuchtungsstärke der Sicherheitsbeleuchtung muss für Fluchtwege mindestens 1 lx mit einer Gleichmäßigkeit (Verhältnis der maximalen zur minimalen Beleuchtungsstärke) von < 40:1 betragen. Die Beleuchtungsstärke ist auf der Mittellinie des Fluchtweges in 20 cm Höhe über dem Fußboden oder den Treppenstufen zu messen.

(2) Nach Ausfall der Allgemeinbeleuchtung muss die Sicherheitsbeleuchtung für Fluchtwege die erforderliche Beleuchtungsstärke nach Abs. 1 innerhalb von 15 s erreichen. Die Sicherheitsbeleuchtung für Fluchtwege muss die erforderliche Beleuchtungsstärke mindestens für einen Zeitraum von 60 min nach Ausfall der Allgemeinbeleuchtung erbringen. Ergibt sich bei der Gefährdungsbeurteilung, dass in bestehenden Arbeitsstätten die erforderliche Beleuchtungsstärke der Sicherheitsbeleuchtung für Fluchtwege innerhalb von 15 s nicht erreicht wird, hat der Arbeitgeber die betroffenen Bereiche der Arbeitsstätten individuell zu beurteilen. Kommt der Arbeitgeber dabei zu dem Ergebnis, dass die Umsetzung der erforderlichen Beleuchtungsstärke innerhalb der in Satz 1 festgelegten Zeit mit Aufwendungen verbunden ist, die offensichtlich unverhältnismäßig sind, so hat er zu prüfen, wie durch andere oder ergänzende Maßnahmen die Sicherheit und der Gesundheitsschutz der Beschäftigten in vergleichbarer Weise gesichert werden können; die erforderlichen Maßnahmen hat er durchzuführen. Solche Maßnahmen sind z. B. der Einsatz von effizienteren Leuchtmitteln und Leuchten oder zusätzliche Unterweisungen.

(3) In Arbeitsstätten, in denen bei Ausfall der Allgemeinbeleuchtung Unfallgefahren entstehen können, ist die Beleuchtungsstärke der Sicherheitsbeleuchtung auf der Grundlage der Gefährdungsbeurteilung festzulegen. Die Beleuchtungsstärke der Sicherheitsbeleuchtung darf 15 lx nicht unterschreiten. Im Einzelfall können höhere Beleuchtungsstärken erforderlich sein. Allgemein bewährt hat sich ein Wert von zehn Prozent der Beleuchtungsstärke der Allgemeinbeleuchtung. Die Beleuchtungsstärke ist am Ort der Sehaufgabe zu messen.[794]

---

794) Die ASR A3.4/7 enthält keine Vorgaben, wo die erforderlichen Leuchten angebracht werden sollen und berücksichtigt deren Anordnung nur mittelbar durch die Vorgaben der zu erreichenden Beleuchtungsstärke.
Eine hinreichende allgemeine Ausleuchtung eines Raumes für Evakuierungsmaßnahmen ist gewährleistet, wenn die Leuchten mindestens 2 m über dem Boden installiert sind. Diese sollten mindestens über den Ausgangstüren, in der Nähe (< 2 m) von Treppen oder anderen Niveauänderungen, bei jeder Richtungsänderung oder Kreuzung, nahe jeder Erste-Hilfe-Station und jeder Brandbekämpfungsvorrichtung oder -meldestelle angebracht sein (DIN 1838:2013-10 Angewandte Lichttechnik – Notbeleuchtung).

Sicherheitsbeleuchtung, optische Sicherheitsleitsysteme ASR A3.4/7

(4) In Arbeitsstätten, in denen bei Ausfall der Allgemeinbeleuchtung Unfallgefahren entstehen können, ist die erforderliche Beleuchtungsstärke der Sicherheitsbeleuchtung innerhalb von 0,5 s zu erreichen.[795] Diese muss mindestens für die Dauer der Unfallgefahr zur Verfügung stehen.

(5) Die Lichtfarbe der Sicherheitsbeleuchtung ist so zu wählen, dass die Sicherheitsfarben erkennbar bleiben. Der allgemeine Farbwiedergabeindex R_a darf nicht unter 40 liegen. Dabei ist eine Blendung der Beschäftigten zu vermeiden.[796]

5 Optische Sicherheitsleitsysteme

5.1 Allgemeines

(1) Die ASR A2.3 „Fluchtwege und Notausgänge, Flucht- und Rettungsplan" regelt unter Punkt 7, in welchen Fällen ein optisches Sicherheitsleitsystem für Fluchtwege erforderlich ist.[797] Darin wird u. a. gefordert, dass der Arbeitgeber Vorkehrungen zu treffen hat, damit sich die Beschäftigten bei Gefahr unverzüglich in Sicherheit bringen und schnell gerettet werden können. Dabei hat der Arbeitgeber nach Punkt 2.3 Abs. 1 des Anhanges der Arbeitsstättenverordnung der Anwesenheit der höchstmöglichen Anzahl der anwesenden Personen Rechnung zu tragen; betriebsfremde Personen sind mit einzubeziehen.

(2) Der Einsatz von optischen Sicherheitsleitsystemen mit einer beidseitigen Kennzeichnung der Fluchtwege ist immer dann erforderlich, wenn eine Gefährdung durch Verrauchung[798] nicht sicher ausgeschlossen werden kann und die Fluchtwegbreite > 3,60 m beträgt.

(3) Optische Sicherheitsleitsysteme sind entweder lang nachleuchtend, elektrisch oder als Kombination beider Systeme zu betreiben. Sie sind so zu errichten, dass Fluchtwege und Notausgänge sowie Gefahrstellen erkannt werden können.

(4) Innerhalb optischer Sicherheitsleitsysteme muss die Fluchtrichtung mithilfe der Sicherheitszeichen „Rettungsweg/Notausgang" (E001 bzw. E002) in Verbindung mit einem Zusatzzeichen (Richtungspfeil) gemäß ASR A1.3 „Sicherheits- und Gesundheitsschutzkenn-

---

795) In der kurzen Zeit von 0,5 s kann nach dem derzeitigen Stand der Technik keine Sicherheitsbeleuchtung zugeschaltet werden. Diese strenge Forderung bedeutet praktisch, dass in Arbeitsstätten, in denen bei Ausfall der Allgemeinbeleuchtung Unfallgefahren entstehen können, die Sicherheitsbeleuchtung parallel zur normalen Beleuchtung immer mitlaufen muss.
796) Es ist vorrangig physiologische Blendung zu erwarten. Die Leuchten dürfen nicht zu hell sein und blenden und dadurch die Lesbarkeit und das Erkennen von Hindernissen erschweren.
Wegen der unterschiedlichen Leuchtdichten einer Sicherheitsbeleuchtung und langnachleuchtender Leitmarkierungen kann es zur Blendung mit der Folge kommen, dass die nachleuchtenden Markierungen nicht mehr erkannt werden.
797) Sicherheitsleitsysteme ersetzen eine notwendige Sicherheitsbeleuchtung nicht (s. Nr. 4 dieser ASR).
798) Rauchgase steigen nach oben. Im Brandfall sind die Sicherheitsbeleuchtung und die Sicherheitskennzeichnungen ab einer Höhe von 40 cm nicht mehr deutlich erkennbar. Aus diesem Grund müssen bodennahe Leitsysteme installiert werden, um flüchtenden Menschen bei starker Rauchentwicklung ausreichend Orientierung für ihren Fluchtweg zu geben.

zeichnung" angegeben werden.[799] Die Kennzeichnung der Fluchtrichtung ist im Verlauf des Fluchtweges und bei Richtungsänderungen anzubringen.

(5) Türflügel im Verlauf von Fluchtwegen dürfen wegen der möglichen Irreführung bei geöffneter Tür nicht mit Richtungsangaben versehen werden. In diesem Fall sind die Leitmarkierungen auf dem Fußboden weiter zu führen.

(6) Der Mindestabstand der Sicherheitszeichen voneinander ergibt sich aus der Erkennungsweite (siehe Tabelle 3 ASR A1.3 „Sicherheits- und Gesundheitsschutzkennzeichnung").

(7) Die Leitmarkierungen an der Wand und auf dem Boden sind so zu platzieren, dass sie die Sicherheitszeichen miteinander verbinden. Die Leitmarkierungen sind durchgehend bis zum nächsten sicheren Bereich anzubringen (siehe Abb. 1).

(8) Leitmarkierungen auf dem Boden werden als durchgehend angesehen, wenn mindestens drei Markierungen pro Meter in regelmäßigen Abständen angebracht sind. Die Markierungen müssen mindestens einen Durchmesser oder eine Kantenlänge von 5 cm haben.

5.2 Lang nachleuchtende Sicherheitsleitsysteme

(1) Lang nachleuchtende Sicherheitsleitsysteme[800] sind so zu bemessen und einzurichten, dass die Leuchtdichte der nachleuchtenden Materialien, gemessen am Einsatzort, nach 10 min nicht weniger als 80 mcd/m^2 (Millicandela/m^2) und nach 60 min nicht weniger als 12 mcd/m^2 beträgt.[801]

(2) Die Leitmarkierungen von lang nachleuchtenden Sicherheitsleitsystemen müssen eine Mindestbreite von 5 cm haben. Die Mindestbreite der Leitmarkierungen in Form von Streifen von lang nachleuchtenden Sicherheitsleitsystemen kann bis auf 2,5 cm verringert werden, wenn die Leuchtdichte nach 10 min nicht weniger als 100 mcd/m^2 (Millicandela/m^2) und nach 60 min nicht weniger als 15 mcd/m^2 beträgt.

(3) Fluchttüren in Fluchtwegen und Notausgängen sind mit lang nachleuchtenden Materialien zu umranden (siehe Abb. 1). Der Türgriff ist lang nachleuchtend zu gestalten oder der Bereich des Türgriffes ist flächig lang nachleuchtend zu hinterlegen. Treppen, Treppenwangen, Handläufe und Rampen im Verlauf von Fluchtwegen sind so zu kennzeichnen, dass der Beginn, der Verlauf und das Ende eindeutig erkennbar sind. Die oben genannten Werte gelten entsprechend. Das gilt auch für Notbetätigungseinrichtungen.

---

799) ASR A1.3 Sicherheits- und Gesundheitsschutzkennzeichnung (Tabelle 2) enthält die Vorzugsgrößen für Sicherheits-, Zusatz- und Schriftzeichen für die beleuchteten Zeichen, in Abhängigkeit von der Erkennungsweite.
800) Langnachleuchtende Sicherheitsleitsysteme können nur eingesetzt werden, wenn sie im normalen Betrieb ausreichend aktiviert (angestrahlt) werden.
801) Wegen der unterschiedlichen Leuchtdichten einer Sicherheitsbeleuchtung und langnachleuchtender Leitmarkierungen kann es zur Blendung mit der Folge kommen, dass die nachleuchtenden Markierungen nicht mehr erkannt werden.

Sicherheitsbeleuchtung, optische Sicherheitsleitsysteme

ASR A3.4/7

Abb. 1: Anordnung der Fluchtwegkennzeichnung

5.3 Elektrisch betriebene Sicherheitsleitsysteme

(1) Hinterleuchtete Sicherheitszeichen, die Teil eines optischen Sicherheitsleitsystems sind, sind im Abstand von maximal 10 m im Verlauf des Fluchtweges anzubringen. Bei jeder Richtungsänderung des Fluchtweges ist grundsätzlich ein hinterleuchtetes Sicherheitszeichen vorzusehen.

(2) Um die Leitfunktion zwischen bodennahen hinterleuchteten Sicherheitszeichen sicherzustellen, sind kontinuierliche elektrisch betriebene Leitmarkierungen oder niedrig montierte Sicherheitsleuchten[802] einzusetzen. Dabei muss eine Beleuchtungsstärke von mindestens 1 lx mit einer Gleichmäßigkeit von < 40:1, gemessen in einer Höhe von 20 cm über dem Fußboden und einem Abstand von 50 cm von der Wand, auf der die Leuchten montiert sind, erreicht werden. Dabei ist störende Blendung durch Abschirmung zu vermeiden.

(3) Die elektrisch betriebenen Sicherheitsleitsysteme müssen die erforderliche Beleuchtungsstärke nach Absatz 2 mindestens für einen Zeitraum von 60 min nach Ausfall der Allgemeinbeleuchtung erbringen.

(4) Elektrisch betriebene Sicherheitsleitsysteme sind mit einer selbsttätig einsetzenden Stromquelle für Sicherheitszwecke auszurüsten.

5.4 Dynamische Sicherheitsleitsysteme

Werden dynamische Sicherheitsleitsysteme eingesetzt, müssen alle damit verbundenen sicherheitsrelevanten Komponenten so gestaltet sein, dass auch bei Ausfall einzelner Komponenten die Funktionsfähigkeit des Gesamtsystems erhalten bleibt.

6 Betrieb, Instandhaltung und Prüfung

(1) Sicherheitsbeleuchtung und optische Sicherheitsleitsysteme sind so zu betreiben, dass die Forderungen gemäß Punkt 4.3 und 5.1 bis 5.4 eingehalten werden. Sie sind an die aktu-

---

802) Sicherheitsleuchten sind Leuchten mit eigener oder ohne eigene Energiequellen, die für die Sicherheitsbeleuchtung verwendet werden.

elle Gefährdungssituation anzupassen. Schäden, die die Funktionsfähigkeit beeinträchtigen können, sind unverzüglich zu beseitigen.

(2) Wenn gleichzeitig ein optisches Sicherheitsleitsystem und eine Sicherheitsbeleuchtung vorhanden sind, so sind die Wechselwirkungen beider Systeme aufeinander abzustimmen.

(3) Der Arbeitgeber hat die Sicherheitsbeleuchtung und die Sicherheitsleitsysteme in regelmäßigen Abständen sachgerecht warten und auf ihre Funktionsfähigkeit prüfen zu lassen. Die Prüffristen ergeben sich aus der Gefährdungsbeurteilung unter Berücksichtigung der Herstellerangaben. Festgestellte Mängel sind umgehend sachgerecht zu beseitigen.

(4) Die Messung der Leuchtdichten von lang nachleuchtenden Sicherheitsleitsystemen erfolgt grundsätzlich am Einsatzort mit kalibrierten Geräten und ist zu dokumentieren.

(5) Prüfbestimmungen aus anderen Rechtsvorschriften bleiben davon unberührt.

(6) Eine Stromquelle[803] für Sicherheitszwecke muss ortsfest aufgestellt sein und darf durch den Ausfall der allgemeinen Stromversorgung nicht beeinträchtigt werden. Wenn nur eine Stromquelle für Sicherheitszwecke vorhanden ist, darf diese nicht für andere Zwecke genutzt werden.

7 Abweichende/ergänzende Anforderungen für Baustellen

(1) Eine Sicherheitsbeleuchtung auf Baustellen ist nicht erforderlich, wenn durch das einfallende Tageslicht die Mindestbeleuchtungsstärke von 1 lx gegeben ist und die Beschäftigten ihre Arbeitsstätte gefahrlos verlassen können.
Dieses ist z. B. auch gegeben auf folgenden Baustellen:
– Gebäude mit einem Kellergeschoss, in welches während der Arbeitszeit Tageslicht einfällt.

(2) Bei Bauarbeiten unter Tage (z. B. Tunnelbauarbeiten) ist eine Sicherheitsbeleuchtung am Arbeitsplatz von 15 lx erforderlich.

---

[803] Wegen der kürzeren Einschaltverzögerung für Fluchtwege muss geprüft werden, ob zusätzlich zu einem gegebenenfalls vorhandenen Notstromaggregat eine Batterieanlage installiert werden muss.

zu Anh. Nr. 3.5 ArbStättV

Technische Regeln für Arbeitsstätten	Raumtemperatur	ASR A3.5

GMBl. Nr. 35 vom 23.6.2010 S. 751,
zuletzt geändert durch GMBl. Nr. 24 vom 18.5.2018 S. 474

...

Diese ASR A3.5 konkretisiert im Rahmen ihres Anwendungsbereichs Anforderungen der Verordnung über Arbeitsstätten. Bei Einhaltung der Technischen Regeln kann der Arbeitgeber insoweit davon ausgehen, dass die entsprechenden Anforderungen der Verordnung erfüllt sind. Wählt der Arbeitgeber eine andere Lösung, muss er damit mindestens die gleiche Sicherheit und den gleichen Gesundheitsschutz für die Beschäftigten erreichen.

Inhalt

1 Zielstellung
2 Anwendungsbereich
3 Begriffsbestimmungen
4 Raumtemperaturen
5 Abweichende/ergänzende Anforderungen für Baustellen

1 Zielstellung

Diese Arbeitsstättenregel konkretisiert die Anforderungen an Raumtemperaturen in § 3 Abs. 1 sowie insbesondere im Punkt 3.5 des Anhanges der Arbeitsstättenverordnung.[804]

2 Anwendungsbereich

(1) Diese Arbeitsstättenregel gilt für Arbeits-, Pausen-, Bereitschafts-, Sanitär-, Kantinen- und Erste-Hilfe-Räume, an die betriebstechnisch keine spezifischen raumklimatischen Anforderungen gestellt werden. Insbesondere gibt diese ASR eine Erläuterung zum Begriff „gesundheitlich zuträgliche Raumtemperatur". Zum Unterschied zwischen Raumtemperatur und Lufttemperatur vgl. Punkt 3.1 und 3.2.

(2) Diese ASR enthält weiterhin Hinweise für Arbeitsräume, bei denen das Raumklima durch die Betriebstechnik bzw. Technologie unvermeidbar beeinflusst wird.

---

[804] ASR A3.5 greift vielfach auf die bewährten Erfahrungswerte für die Lufttemperatur zurück. Sie bestimmt näher, was unter der nach Anh. Nr. 3.5 Abs. 1 ArbStättV einzuhaltenden gesundheitlich zuträglichen Raumtemperatur in Abhängigkeit von der Arbeitsschwere und Körperhaltung sowie vom spezifischen Nutzungszweck des Raumes (z. B. Pausenraum) zu verstehen ist. Grundlegend überarbeitet wurden Nr. 4.3 „Übermäßige Sonneneinstrahlung" und Nr. 4.4 „Arbeitsräume bei einer Außenlufttemperatur über +26 °C". Die Festlegungen der ASR zur Raumtemperatur wirken sich auch auf die in Anh. 3.6 Abs. 1 ArbStättV geforderte gesundheitlich zuträgliche Atemluft aus.

(3) Diese ASR enthält keine Regelungen für Arbeitsräume, an die aus betriebstechnischen Gründen besondere Anforderungen an das Raumklima gestellt werden (z. B. Kühlräume, medizinische Bäder).

(4) Anforderungen an Raumtemperaturen in Unterkünften sind in dieser ASR nicht enthalten. Hinweise enthalten die ASR A4.4 „Unterkünfte" bzw. ASR A4.1 „Sanitärräume".

3 Begriffsbestimmungen

3.1 Die **Raumtemperatur** ist die vom Menschen empfundene Temperatur. Sie wird u. a. durch die Lufttemperatur und die Temperatur der umgebenden Flächen (insbesondere Fenster, Wände, Decke, Fußboden) bestimmt.[805]

3.2 Die **Lufttemperatur** ist die Temperatur der den Menschen umgebenden Luft ohne Einwirkung von Wärmestrahlung.

3.3 Ein **Klimasummenmaß** ist eine Zusammenfassung von mehreren Klimagrößen (Lufttemperatur, Luftfeuchte, Luftgeschwindigkeit, Wärmestrahlung).

4 Raumtemperaturen

4.1 Allgemeines

(1) Der Arbeitgeber hat bereits beim Einrichten der Arbeitsstätte darauf zu achten, dass die baulichen Voraussetzungen an den sommerlichen Wärmeschutz nach den anerkannten Regeln der Technik (nach geltendem Baurecht) gegeben sind.[806]

(2) Eine gesundheitlich zuträgliche Raumtemperatur liegt vor, wenn die Wärmebilanz (Wärmezufuhr, Wärmeerzeugung und Wärmeabgabe) des menschlichen Körpers ausgeglichen ist.[807]

(3) Die Wärmeerzeugung des Menschen ist abhängig von der Arbeitsschwere. Die Wärmeabgabe ist abhängig von der Lufttemperatur, der Luftfeuchte, der Luftgeschwindigkeit und der Wärmestrahlung. Sie wird durch die Bekleidung[808] beeinflusst.

(4) Für die meisten Arbeitsplätze reicht die Lufttemperatur zur Beurteilung, ob eine gesundheitlich zuträgliche Raumtemperatur vorhanden ist, aus. Arbeitsplätze mit hoher

---

805) Von den umgebenden Flächen geht in Abhängigkeit von deren Temperatur Wärmestrahlung aus. Die vom Menschen empfundene Raumtemperatur wird auch als „operative Raumtemperatur" bezeichnet. Die „operative Raumtemperatur" wird als thermische Kombinationsgröße aus Lufttemperatur und Strahlungstemperatur mit einem Globethermometer ermittelt (s. hierzu LASI – LV 16 „Kenngrößen zur Beurteilung raumklimatischer Grundparameter" Ausg. 2011/09).
806) Eine Änderung der Bausubstanz nach Inbetriebnahme der Arbeitsstätte kann erhebliche Kosten erfordern. Wenn eine derartige Änderung dann nicht möglich ist, muss eine Klimaanlage eingesetzt werden, die Kosten verursacht.
807) Die Wärmebilanz (Verhältnis von Wärmeerzeugung zu Wärmeabgabe) des menschlichen Körpers soll ohne erheblichen thermoregulatorischen Aufwand (Kältezittern, übermäßiges Schwitzen), ausgeglichen sein. Die Wärmebilanz des Menschen ist im Komfortbereich und auch noch im Erträglichkeitsbereich ausgeglichen.
808) Die angegebenen Temperaturen gelten für normale Arbeitskleidung.

Raumtemperatur ASR A3.5

Luftfeuchte, Wärmestrahlung oder Luftgeschwindigkeit[809] müssen gesondert betrachtet werden. Dann sind diese Klimagrößen zusätzlich einzeln oder gegebenenfalls nach einem Klimasummenmaß[810] zu bewerten.

(5) An Arbeitsplätzen mit erheblichem betriebstechnisch bedingten Wärmeeinfluss mit Belastungen durch Lufttemperatur, Luftfeuchte, Luftgeschwindigkeit, Wärmestrahlung, Arbeitsschwere oder Bekleidung ist im Rahmen der Gefährdungsbeurteilung zu prüfen, ob und welche technischen, organisatorischen oder personenbezogenen Maßnahmen erforderlich sind und ob Hitzearbeit vorliegt.

(6) Die Lufttemperatur wird mit einem strahlungsgeschützten Thermometer in Grad Celsius [°C] gemessen, dessen Messgenauigkeit +/-0,5 °C betragen soll. Die Messung erfolgt nach Erfordernis stündlich an Arbeitsplätzen für sitzende Tätigkeit in einer Höhe von 0,6 m und bei stehender Tätigkeit in einer Höhe von 1,1 m über dem Fußboden.[811] Die Außenlufttemperatur wird stündlich[812] während der Arbeitszeit ohne Einwirkung von direkter Sonneneinstrahlung gemessen. Die Außenlufttemperatur sollte etwa 4 m von der Gebäudeaußenwand entfernt und in einer Höhe von 2 m gemessen werden.

(7) Luftgeschwindigkeiten (Zugluft) und Luftfeuchten werden in dieser ASR nicht betrachtet. Diese Parameter werden in der ASR A3.6 „Lüftung" behandelt.[813]

(8) Zu den Fußbodentemperaturen siehe ASR A1.5/1,2 „Fußböden".

4.2 Lufttemperaturen in Räumen

(1) In Arbeitsräumen muss die Lufttemperatur[814] in Abhängigkeit von der Arbeitsschwere und Körperhaltung mindestens den Werten in Tabelle 1 entsprechen, wobei diese Lufttemperatur während der gesamten Nutzungsdauer zu gewährleisten ist.[815]

---

809) Hohe Luftfeuchte (s. ASR A3.5 Raumtemperatur Nr. 4.1 Abs. 7), Wärmestrahlung oder Luftgeschwindigkeit (ASR A3.5 Nr. 4.1 Abs. 7) können das Klima einzeln wesentlich beeinflussen und werden dann einzeln bewertet.
810) Klimasummenmaße werden insbesondere im Mollier-Diagramm, als Effektivtemperatur nach Yaglou und als WBGT-Index angegeben (s. DGUV Information 213-002 Hitzearbeit; Erkennen – beurteilen – schützen, Ausg. 2013-08).
811) Aus pragmatischen Gründen wird nur je eine Messhöhe für sitzende und stehende Arbeitshaltung angegeben und das im Regelfall unerhebliche vertikale Temperaturgefälle nicht erfasst.
812) Wünschenswert wäre die Bestimmung eines Mittelwertes der Temperatur über eine Stunde, um eine kurzzeitige Überschreitung der Grenzwerte dieser ASR nicht überzubewerten. Um den Messaufwand gering zu halten, wird eine stündliche Messung empfohlen. Eine Mittelung über 8 Stunden würde der kurzzeitig wirkenden Belastung nicht gerecht werden.
813) Siehe ASR A3.6 Lüftung Nr. 6.5 Raumluftgeschwindigkeit.
814) Nr. 4.2 Abs. 1 und 2 wechseln von der Raumtemperatur, die in der Überschrift genannt wird, zur Lufttemperatur, die im Folgenden ausschließlich verwendet wird.
815) Die Mindesttemperatur muss also bereits zu Beginn der Arbeitszeit im Raum vorhanden sein und darüber hinaus auch bei Nutzung außerhalb der Arbeitszeit; dazu gehören z. B. Reparaturen außerhalb der für einen speziellen Arbeitsraum üblichen Arbeitszeiten sowie Schulungen und Versammlungen außerhalb der Arbeitszeit.

(2) Werden die Mindestwerte nach Tabelle 1 in Arbeitsräumen auch bei Ausschöpfung der technischen Möglichkeiten nicht erreicht, ist der Schutz gegen zu niedrige Temperaturen in folgender Rangfolge durch zusätzliche

- arbeitsplatzbezogene technische Maßnahmen (z. B. Wärmestrahlungsheizung, Heizmatten),
- organisatorische Maßnahmen (z. B. Aufwärmzeiten) oder
- personenbezogene Maßnahmen (z. B. geeignete Kleidung)

sicher zu stellen.

Tabelle 1: Mindestwerte der Lufttemperatur in Arbeitsräumen

Überwiegende Körperhaltung	Arbeitsschwere		
	leicht	mittel	schwer
Sitzen	+20 °C	+19 °C	–
Stehen, Gehen	+19 °C	+17 °C	+12 °C

Üblicherweise reichen für die Klassifizierung der Arbeitsschwere die Angaben aus Tabelle 2 aus.

Tabelle 2: Arbeitsschwere

Arbeitsschwere	Beispiele
leicht	leichte Hand-/Armarbeit bei ruhigem Sitzen bzw. Stehen verbunden mit gelegentlichem Gehen
mittel	mittelschwere Hand-/Arm- oder Beinarbeit im Sitzen, Gehen oder Stehen
schwer	schwere Hand-/Arm-, Bein- und Rumpfarbeit im Gehen oder Stehen

(3) Die Lufttemperatur in Arbeitsräumen und den in Absatz 4 genannten Räumen soll +26 °C nicht überschreiten. Bei Außenlufttemperaturen über +26 °C gilt Punkt 4.4.[816)]

(4) In Pausen-, Bereitschafts-, Sanitär-, Kantinen- und Erste-Hilfe-Räumen muss während der Nutzungsdauer eine Lufttemperatur von mindestens +21 °C herrschen; in Toilettenräumen darf die Lufttemperatur durch Lüftungsvorgänge, die durch die Benutzer ausgelöst werden, kurzzeitig unterschritten werden.

[816)] Nr. 4.2 Abs. 3 enthält in Ergänzung zu Tabelle 1 als Maximalwert der Lufttemperatur +26 °C. Diese Aussage gilt für das ganze Jahr, in der kalten und der warmen Jahreszeit. Wenn auch außerhalb der Zeiten sommerlicher Hitze im Arbeitsraum – bedingt z. B. durch starke Sonneneinstrahlung durch Glasfassaden – Temperaturen über 26 °C auftreten, so sind bauliche Maßnahmen zu ergreifen oder die Arbeitsräume zu klimatisieren.

Raumtemperatur ASR A3.5

(5) In stationären Toilettenanlagen, die für Beschäftigte bei Arbeiten im Freien oder für gelegentlich genutzte Arbeitsstätten eingerichtet werden, muss während der Nutzungsdauer eine Lufttemperatur +21 °C erreicht werden können.[817]

(6) In Waschräumen, in denen Duschen installiert sind, soll die Lufttemperatur während der Nutzungsdauer mindestens +24 °C betragen.

4.3 Übermäßige Sonneneinstrahlung

(1) Fenster, Oberlichter und Glaswände, die der Tageslichtversorgung nach ASR A3.4 „Beleuchtung" dienen, sind so zu gestalten, dass eine ausreichende Tageslichtversorgung gewährleistet ist und gleichzeitig störende Blendung und übermäßige Erwärmung vermieden werden.

(2) Führt die Sonneneinstrahlung durch Fenster, Oberlichter und Glaswände zu einer Erhöhung der Raumtemperatur über +26 °C, so sind diese Bauteile mit geeigneten Sonnenschutzsystemen auszurüsten. Störende direkte Sonneneinstrahlung auf den Arbeitsplatz ist zu vermeiden. Anforderungen an einen wirksamen Blendschutz an Fenstern, Oberlichtern und Glaswänden enthält die ASR A3.4 „Beleuchtung".

(3) Beispiele für gestalterische Maßnahmen für Sonnenschutzsysteme enthält Tabelle 3. Dabei sind die Ausrichtung der Arbeitsräume und die jeweiligen Fensterflächenanteile zu beachten. Außerdem können z. B. Vordächer, Balkone, feststehende Lamellen oder Bepflanzungen einen wirkungsvollen Sonnenschutz bieten.

Tabelle 3: Gestaltungsbeispiele für Sonnenschutzsysteme

	Gestaltungsbeispiele für Sonnenschutzsysteme
a)	Sonnenschutzvorrichtungen, die das Fenster von außen beschatten (z. B. Jalousien oder hinterlüftete Markisen)
b)	im Zwischenraum der Verglasung angeordnete reflektierende Vorrichtungen
c)	innenliegende hochreflektierende oder helle Sonnenschutzvorrichtungen
d)	Sonnenschutzverglasungen (innerhalb eines Sonnenschutzsystems, Blendschutz und Lichtfarbe sind zu beachten)

---

817) Da es sich bei den Toiletten um kleinere Räume innerhalb der Arbeitsstätte handelt, sind keine hohen Heizkosten für diese (nicht ständig genutzten) Räume zu erwarten.

ASR A3.5 — Raumtemperatur

4.4 Arbeitsräume bei einer Außenlufttemperatur über +26 °C[818]

(1) Wenn die Außenlufttemperatur über +26 °C beträgt und unter der Voraussetzung, dass geeignete Sonnenschutzmaßnahmen nach Punkt 4.3 verwendet werden, sollen beim Überschreiten einer Lufttemperatur im Raum von +26 °C zusätzliche Maßnahmen, z. B. nach Tabelle 4, ergriffen werden. In Einzelfällen kann das Arbeiten bei über +26 °C zu einer Gesundheitsgefährdung führen, wenn z. B.:
- schwere körperliche Arbeit zu verrichten ist,
- besondere Arbeits- oder Schutzbekleidung getragen werden muss, die die Wärmeabgabe stark behindert oder
- hinsichtlich erhöhter Lufttemperatur gesundheitlich Vorbelastete und besonders schutzbedürftige Beschäftigte (z. B. Jugendliche, Ältere, Schwangere, stillende Mütter) im Raum tätig sind.

In solchen Fällen ist über weitere Maßnahmen anhand einer angepassten Gefährdungsbeurteilung zu entscheiden.

(2) Bei Überschreitung der Lufttemperatur im Raum von +30 °C müssen wirksame Maßnahmen gemäß Gefährdungsbeurteilung (siehe Tabelle 4) ergriffen werden, welche die Beanspruchung der Beschäftigten reduzieren. Dabei gehen technische und organisatorische gegenüber personenbezogenen Maßnahmen vor.

Tabelle 4: Beispielhafte Maßnahmen

	Beispielhafte Maßnahmen
a)	effektive Steuerung des Sonnenschutzes (z. B. Jalousien auch nach der Arbeitszeit geschlossen halten)
b)	effektive Steuerung der Lüftungseinrichtungen (z. B. Nachtauskühlung)
c)	Reduzierung der inneren thermischen Lasten (z. B. elektrische Geräte nur bei Bedarf betreiben)
d)	Lüftung in den frühen Morgenstunden

---

818) Die bisherige, durch ASR A3.5 abgelöste Arbeitsstätten-Richtlinie ASR 6 Raumtemperaturen gestattete, dass die Lufttemperatur in Arbeitsräumen „in Ausnahmefällen" höher sein darf als 26 °C, wenn die Außentemperatur über 26 °C liegt. Der in dieser Formulierung enthaltene Ermessensspielraum hatte zu Unsicherheiten bei der praktischen Festlegung der Raumtemperatur geführt.
Ziel dieser Regelung ist eine passive Klimatisierung der Arbeitsräume mit geringem betriebstechnisch bedingtem Wärmeeinfluss z. B. durch Sonnenschutz und Lüftung. Eine Kühlung mithilfe von Klimaanlagen sollte die Ausnahme bleiben, sofern die erhöhten Temperaturen im Arbeitsraum nur in den sommerlichen Hitzephasen auftreten.
Nr. 4.4 unterscheidet oberhalb des Behaglichkeitsbereiches (< 26 °C) drei Temperaturbereiche: Bereich der Erträglichkeit (> 26 °C–0 °C), Bereich der Unerträglichkeit (> 30 °C–35 °C) und Beginn des Hitzebereiches (> 35 °C). Die beiden unteren Bereiche zwischen > 26 °C und 35 °C werden von einem zunehmenden Anteil der Beschäftigten als unangenehm empfunden; gesundheitliche Beeinträchtigungen sind jedoch nicht zu erwarten. Bei mehr als 35 °C können gesundheitliche Beeinträchtigungen nicht ausgeschlossen werden.

Raumtemperatur ASR A3.5

	Beispielhafte Maßnahmen
e)	Nutzung von Gleitzeitregelungen zur Arbeitszeitverlagerung
f)	Lockerung der Bekleidungsregelungen
g)	Bereitstellung geeigneter Getränke (z. B. Trinkwasser)

(3) Wird die Lufttemperatur im Raum von +35 °C überschritten, so ist der Raum für die Zeit der Überschreitung ohne
- technische Maßnahmen (z. B. Luftduschen, Wasserschleier),
- organisatorische Maßnahmen (z. B. Entwärmungsphasen) oder
- persönliche Schutzausrüstungen (z. B. Hitzeschutzkleidung)

wie bei Hitzearbeit[819] nicht als Arbeitsraum geeignet.

(4) Technische Maßnahmen, die die Lufttemperatur reduzieren, dürfen die absolute Luftfeuchte nicht erhöhen.[820]

5 Abweichende/ergänzende Anforderungen für Baustellen

(1) Abweichend von Punkt 4.2 Abs. 4, 5 und 6 ist es in Pausen-, Bereitschafts-, Sanitär- und Kantinenräumen, sofern sie nicht gleichzeitig als Sanitärräume für Unterkünfte genutzt werden, ausreichend, wenn eine Lufttemperatur von +18 °C vorhanden ist und sichergestellt ist, dass eine Lufttemperatur von +21 °C während der Nutzungsdauer erreicht werden kann.

(2) In Pausen-, Bereitschafts-, Sanitär- und Kantinenräumen darf von den in dieser ASR genannten Lufttemperaturen durch Lüftungsvorgänge, die durch die Benutzer ausgelöst werden, kurzzeitig abgewichen werden.

Ausgewählte Literaturhinweise

- DGUV Information 213-002 Hitzearbeit erkennen – beurteilen – schützen 08/2013
- DGUV Information 215-444 Sonnenschutz im Büro 12/2016
- DGUV Information 213-022 Beurteilung von Hitzearbeit – Tipps für Wirtschaft, Verwaltung, Dienstleistung 06/2011
- DGUV Information 215-510 Beurteilung des Raumklimas 12/2016
- LV 16 Kenngrößen zur Beurteilung raumklimatischer Grundparameter, September 2011

---

819) Siehe DGUV Information 213-002 Hitzearbeit; Erkennen – beurteilen – schützen, Ausg. 2013-08.
820) Bei der sog. adiabatischen Kühlung wird eine gewisse Senkung der Lufttemperatur durch Verdunsten von Wasser erreicht. So können zwar in einigen Fällen die Grenzwerte für die Lufttemperatur eingehalten werden, durch die damit verbundene Erhöhung der Feuchte kommt es jedoch zu keiner Verbesserung des Klimas im Arbeitsraum und der Belastung der Beschäftigten.

Technische Regeln für Arbeitsstätten	Lüftung[821]	ASR A3.6

zu Anh. Nr. 3.6 ArbStättV

GMBl. Nr. 6 vom 27.2.2012 S. 92, zuletzt geändert durch GMBl. Nr. 24 vom 18.5.2018 S. 474

...

Diese ASR A3.6 konkretisiert im Rahmen des Anwendungsbereichs die Anforderungen der Verordnung über Arbeitsstätten. Bei Anwendung der Technischen Regeln kann der Arbeitgeber insoweit davon ausgehen, dass die entsprechenden Anforderungen der Verordnung erfüllt sind. Wählt der Arbeitgeber eine andere Lösung, muss er damit mindestens die gleiche Sicherheit und den gleichen Gesundheitsschutz für die Beschäftigten erreichen.

Inhalt

1 Zielstellung
2 Anwendungsbereich
3 Begriffsbestimmungen
4 Luftqualität
5 Freie Lüftung
6 Raumlufttechnische Anlagen
7 Abweichende/ergänzende Anforderungen für Baustellen
Anhang

1 Zielstellung

Diese ASR konkretisiert die Anforderungen an die Lüftung in § 3a Abs. 1 und § 4 Abs. 3 sowie in Punkt 3.6 des Anhanges der Arbeitsstättenverordnung (ArbStättV).

2 Anwendungsbereich

(1) Diese ASR gilt für Arbeitsplätze in umschlossenen Arbeitsräumen[822] und berücksichtigt die Arbeitsverfahren, die körperliche Belastung und die Anzahl der Beschäftigten sowie der sonstigen anwesenden Personen. Es wird empfohlen, diese ASR auch für Pausen-, Bereitschafts-, Erste-Hilfe-, Sanitärräume und Unterkünfte anzuwenden.[823]

---

821) ASR A3.6 enthält neue Richtwerte für die CO_2-Konzentration in der Raumluft zur Beurteilung der Raumluftqualität und führt die Stoßlüftung ein.
822) Die ursprünglich nur auf umschlossene Arbeitsräume beschränkte Vorschrift zum Vorhandensein einer gesundheitlich zuträglichen Atemluft wurde mit der Novellierung der ArbStättV 2016 auf Sanitär-, Pausen- und Bereitschaftsräume, Kantinen, Erste-Hilfe-Räume und Unterkünfte erweitert. Gesundheitlich zuträgliche Atemluft soll während der Nutzungsdauer gerade auch in den oben genannten Sozialräumen der Arbeitsstätte vorhanden sein. Diese Forderung der übergeordneten ArbStättV Anh. Nr. 3.6 ist auch bei der ASR A3.6 zu berücksichtigen.
823) ASR A3.6 gilt nicht für Arbeitsplätze im Freien sowie für Transportmittel bzw. Fahrzeuge.

Lüftung ASR A3.6

(2) *(gestrichen)*

(3) Werden am Arbeitsplatz Tätigkeiten mit Gefahrstoffen oder biologischen Arbeitsstoffen durchgeführt und können dabei Beschäftigte gefährdet werden, gelten hinsichtlich der stofflichen Gefährdungen an diesen Arbeitsplätzen die Vorschriften nach der Gefahrstoffverordnung oder der Biostoffverordnung einschließlich der entsprechenden Technischen Regeln.[824]

3 Begriffsbestimmungen

3.1 Lüftung ist die Erneuerung der Raumluft durch direkte oder indirekte Zuführung von Außenluft. Die Lüftung erfolgt durch freie Lüftung oder Raumlufttechnische Anlagen.[825]

3.2 Freie Lüftung ist Lüftung mit Förderung der Luft durch Druckunterschiede infolge Wind oder Temperaturdifferenzen zwischen außen und innen, z. B. Fensterlüftung, Schachtlüftung, Dachaufsatzlüftung und Lüftung durch sonstige Lüftungsöffnungen, ggf. unterstützt durch Ventilatoren.

3.3 Raumlufttechnische Anlagen (RLT-Anlagen) sind Anlagen mit maschineller Förderung der Luft, Luftreinigung (Filtern) und mindestens einer thermodynamischen Luftbehandlungsfunktion (Heizen, Kühlen, Befeuchten, Entfeuchten).

3.4 Zugluft ist ein störender Luftzug, der zu einer lokalen Abkühlung, insbesondere an unbekleideten Körperflächen führt. Zugluft kann sowohl durch freie Lüftung als auch durch RLT-Anlagen hervorgerufen werden.

3.5 Turbulenzgrad ist ein Maß für die Schwankung der Luftgeschwindigkeit. Er ist das Verhältnis der Standardabweichung der Luftgeschwindigkeit zur mittleren Luftgeschwindigkeit.

---

[824] Schadstoffe können auch ohne gezielten Umgang z. B. aus dem Bau oder aus Einrichtungsgegenständen in die Raumluft gelangen. Das wird in ASR A3.6 Lüftung behandelt. In diesem Fall sind die für den Umgang mit Stoffen vorgesehenen Arbeitsplatzgrenzwerte zu hoch. Außerdem können und sollen nicht an allen Arbeitsplätzen die zusätzlich zu den Arbeitsplatzgrenzwerten in der Gefahrstoffverordnung geforderten Maßnahmen durchgeführt werden (s. FN 164).

[825] Für RLT-Anlagen ist ein Zahlenwert für die Konzentrationen erforderlich, bei der die Lüftung eingeschaltet werden muss (Handlungsrichtwert) und ein anderer, bei dessen Erreichen die Lüftung wieder ausgeschaltet werden kann (Vorsorgerichtwert, Zielwert) (s. Anh. Nr. 3.6 Abs. 1 FN 164).
Das Umweltbundesamt veröffentlicht laufend aktuelle Werte der Innenraum-Richtwerte für ausgewählte Stoffe im Internet unter: http://www.umweltbundesamt.de/uba-info-daten/daten/gesundheit/irk.htm.

4 Luftqualität

4.1 Grundsätze[826]

(1) In umschlossenen Arbeitsräumen muss gesundheitlich zuträgliche Atemluft in ausreichender Menge vorhanden sein. In der Regel entspricht dies der Außenluftqualität. Sollte die Außenluft im Sinne des Immissionsschutzrechts unzulässig belastet oder erkennbar beeinträchtigt sein, z. B. durch Fortluft aus Absaug- oder RLT-Anlagen, starken Verkehr, schlecht durchlüftete Lagen, sind im Rahmen der Gefährdungsbeurteilung gesonderte Maßnahmen (z. B. Beseitigung der Quellen, Verlegen der Ansaugöffnung bei RLT-Anlagen) zu ergreifen.

(2) Die Innenraumluftqualität in Arbeitsräumen kann durch folgende Lasten beeinträchtigt werden:
- Stofflasten,
- Feuchtelasten oder
- Wärmelasten.

(3) Für Maßnahmen zur Beseitigung von Lasten gilt folgende Rangfolge:
1. Last vermeiden
2. Last minimieren
3. Quelle kapseln
4. Last quellennah abführen

(4) Das Eindringen von Lasten in unbelastete Arbeitsräume ist zu vermeiden (z. B. durch Luftführung, Schleusen oder Abtrennungen).

(5) Treten trotz bestimmungsgemäßer Nutzung des Arbeitsraumes und der Lüftung gemäß den Vorgaben dieser ASR Beschwerden bei Beschäftigten[827] über die Luftqualität auf, ist zu prüfen, ob und ggf. welche weiteren Maßnahmen durchzuführen sind. Geeignete Maßnahmen sind z. B. zeitweise verstärkte Lüftung, Änderung der Raumnutzung, Umsetzen der Beschäftigten in andere Räume, Einbau oder Anpassung einer RLT-Anlage.

4.2 Stofflasten

(1) Ursachen für Stofflasten können beispielsweise sein:
- die Anwesenheit von Beschäftigten und sonstigen Personen (Emission von CO_2 und Geruchsstoffen),
- die Emissionen aus Bauprodukten oder Einrichtungsgegenständen (z. B. flüchtige organische Stoffe (VOC), Formaldehyd, Fasern),

---

[826] Siehe auch DGUV Regel 109-002 Arbeitsplatzlüftung – Lufttechnische Maßnahmen, Ausg. 2004-01, DGUV Information 209-073 Arbeitsplatzlüftung – Entscheidungshilfen für die betriebliche Praxis, Ausg. 2007-04 (inzwischen zurückgezogen) und Technische Regeln für Gefahrstoffe TRGS 560 „Luftrückführung beim Umgang mit krebserzeugenden Gefahrstoffen".
[827] Beschwerden der Beschäftigten in büroartigen Räumen, die unter dem Sammelbegriff Sick-Building-Syndrom zusammengefasst werden, hängen nicht allein von der Qualität der Atemluft ab. Das Sick-Building-Syndrom kann mit den Vorgaben der ASR A3.6 allein nicht in allen Fällen gelöst werden.

Lüftung ASR A3.6

- das Eindringen von belasteter Luft aus anderen Räumen oder Bereichen (z. B. aus Tätigkeiten mit Gefahrstoffen oder biologischen Arbeitsstoffen) oder von außen,
- eine schlecht gewartete RLT-Anlage,
- das Auftreten von Schimmel oder
- Radon, das in einigen Gebieten Deutschlands (siehe Radonkartierung der Länder) aus dem Untergrund in Gebäude eindringen kann.

(2) Sind die Beschäftigten und sonstigen anwesenden Personen die bestimmende Ursache für Stofflasten im Raum, ist die CO_2-Konzentration ein anerkanntes Maß für die Bewertung der Luftqualität. Erfahrungsgemäß hat eine erhöhte CO_2-Konzentration einen negativen Einfluss auf die Aufmerksamkeitsleistung. Die in der Tabelle 1 aufgeführten Werte dienen der Beurteilung der CO_2-Konzentration in der Raumluft und der Ableitung geeigneter, beispielhaft genannter Maßnahmen. Die Maßnahmen, die zur Verbesserung der Luftqualität innerhalb des Luftgütebereiches zwischen 1 000 und 2 000 ppm gemäß Tabelle 1 durchgeführt wurden, sind in der Gefährdungsbeurteilung zu dokumentieren. Dies gilt auch, wenn mit den Maßnahmen 1 000 ppm CO_2 in der Raumluft unterschritten werden.

Tabelle 1: CO_2-Konzentration in der Raumluft

CO_2-Konzentration [ml/m^3] bzw. [ppm]	Maßnahmen
<1 000	– Keine weiteren Maßnahmen (sofern durch die Raumnutzung kein Konzentrationsanstieg über 1 000 ppm zu erwarten ist)
1 000–2 000	– Lüftungsverhalten überprüfen und verbessern – Lüftungsplan aufstellen (z. B. Verantwortlichkeiten festlegen) – Lüftungsmaßnahme (z. B. Außenluftvolumenstrom oder Luftwechsel erhöhen)
>2 000	– weitergehende Maßnahmen erforderlich (z. B. verstärkte Lüftung, Reduzierung der Personenzahl im Raum)

(3) Im Regelfall sind keine Messungen erforderlich.[828] Nur wenn ein begründeter Verdacht auf zu hohe CO_2-Konzentrationen vorliegt, sind Messungen unter üblichen Nutzungsbedingungen und mit der üblichen Personenbelegung durchzuführen, z. B. über den Zeitraum der arbeitstäglichen Nutzung. Bewertet wird der Momentanwert. Vor der Messung muss der Raum arbeitsüblich gelüftet werden. Bei Räumen bis zu 50 m^2 Grundfläche ist in

---

828) Bei Anwesenheit von Personen in Räumen mit geringem Luftwechsel steigt die CO_2-Konzentration an, was z. B. in Versammlungs-, Sitzungs- oder Schulräumen besonders ausgeprägt ist. Der Anstieg der CO_2-Konzentration in Innenräumen korreliert mit dem Anstieg der Geruchsintensität menschlicher Ausdünstungen u. a. aus dem Schweiß oder von Kosmetika, sowie Mikroorganismen. CO_2 gilt deshalb als Leitparameter für vom Menschen verursachte Luftverunreinigungen.

der Regel eine Messstelle in ca. 1,50 m Höhe und in einem Abstand von 1 bis 2 m von den Wänden ausreichend. In größeren Räumen sind ggf. mehrere Messstellen einzurichten. Die Messstelle soll sich in der Aufenthaltszone der Personen – dabei aber in ausreichendem Abstand zu Personen – befinden, um eine direkte Beeinflussung des Messergebnisses durch die Atemluft von Personen zu vermeiden.

(4) Wird in einem Raum nach Absatz 2 entsprechend Tabelle 1 verfahren, ist erfahrungsgemäß der Luftwechsel auch für die Abführung von Stofflasten nach Absatz 1 Anstriche 1 und 2 ausreichend, wenn das Bauwerk und die Einrichtungsgegenstände hinsichtlich der Schadstoffemission dem Stand der Technik entsprechen und nicht geraucht wird.

(5) Stofflasten aus Bauprodukten und Einrichtungsgegenständen können vermieden oder minimiert werden, wenn z. B.:

– emissionsfreie oder emissionsarme,
– überprüfte,
– aufeinander abgestimmte und
– richtig verarbeitete

Produkte eingesetzt werden.

(6) Der Nichtraucherschutz nach § 5 Abs. 1 ArbStättV kann u. a. durch ein Rauchverbot in Gebäuden oder durch baulich abgetrennte Raucherräume oder -bereiche oder Rauchen im Freien umgesetzt werden. Von diesen Bereichen dürfen keine Gesundheitsgefahren durch Tabakrauch für die nicht rauchenden Beschäftigten ausgehen.

(7) In Räumen, in denen nach § 5 Abs. 2 ArbStättV Rauchen unter bestimmten Voraussetzungen zulässig sein kann (z. B. Gaststätten, Spielcasinos), muss der Arbeitgeber Schutzmaßnahmen treffen, um Gefährdungen für Beschäftigte zu minimieren, dies können insbesondere Lüftungsmaßnahmen sein.

4.3 Feuchtelast

(1) Feuchtelasten können beispielsweise durch die Wasserdampfabgabe aus Prozessen oder der anwesenden Personen entstehen.

(2) Üblicherweise braucht die Raumluft nicht befeuchtet zu werden. Für den Fall, dass Beschwerden auftreten, ist im Rahmen der Gefährdungsbeurteilung zu prüfen, ob und ggf. welche Maßnahmen zu ergreifen sind.

(3) Fallen betriebstechnisch oder arbeitsbedingt Feuchtelasten im Arbeitsraum an, dürfen aus physiologischen Gründen die Werte nach Tabelle 2 nicht überschritten werden. Dies gilt nicht, soweit die Natur des Betriebes höhere Luftfeuchten erfordert (z. B. Lebensmittelherstellung, Gewächshaus oder Schwimmbad).

Lüftung ASR A3.6

Tabelle 2: Maximale relative Luftfeuchtigkeit

Lufttemperatur	relative Luftfeuchtigkeit
+20 °C	80 %
+22 °C	70 %
+24 °C	62 %
+26 °C	55 %

(4) Witterungsbedingte Feuchteschwankungen bleiben unberücksichtigt.

(5) Hohe Luftfeuchten an Raumbegrenzungsflächen[829] können zur Befeuchtung von Bauteilen und zur Schimmelbildung führen. Sie sind zu vermeiden. Die Raumbegrenzungsflächen sind so auszuführen, dass Schimmelbildung vermieden wird.

4.4 Wärmelast

(1) Ursachen für Wärmelasten können beispielsweise sein:
- Geräte und Maschinen,
- Sonneneinstrahlung,
- Künstliche Beleuchtung oder
- Personen.

(2) Die Wärmelasten sind zu minimieren. Die Raumtemperatur muss den Anforderungen der ASR A3.5 „Raumtemperatur" entsprechen.

5 Freie Lüftung

5.1 Allgemeines

(1) Die einfachste Form der freien Lüftung ist die Fensterlüftung. Sie hat eine hohe Akzeptanz, falls die Öffnung der Fenster von den Beschäftigten selbst bestimmt werden kann. Andere Formen der freien Lüftung sind z. B. Schacht-, Dachaufsatz- oder Kaminlüftung.

(2) Die freie Lüftung von Räumen kann als Stoßlüftung[830] oder kontinuierliche Lüftung erfolgen.[831]

(3) In Arbeitsräumen ist eine ausreichende freie Lüftung nur dann gewährleistet, wenn die erforderlichen Lüftungsquerschnitte und die maximal zulässigen Raumtiefen eingehalten werden (Tabelle 3). Von den in Tabelle 3 genannten erforderlichen Lüftungsquerschnitten

---

[829] Abs. 5 geht auf baukonstruktive Mängel am Gebäude ein. Hier sind insbesondere die Energieeinsparverordnung EnEV und der Mindestwärmeschutz von Bauteilen maßgeblich.
[830] Zur Stoßlüftung werden die Fenster in bestimmten Zeitabschnitten kurzzeitig weit geöffnet und danach wieder geschlossen.
[831] Bei kontinuierlicher Lüftung, auch als Spaltlüftung oder Dauerlüftung bezeichnet, werden die Fenster ständig einen Spalt geöffnet.

kann abgewichen werden, wenn die Anforderungen aus Tabelle 1 auch bei geringeren Lüftungsquerschnitten erfüllt werden und dies in der Gefährdungsbeurteilung dokumentiert wird.

5.2 Anforderungen an die freie Lüftung

(1) Für die Fensterlüftung sind mindestens Lüftungsquerschnitte nach Tabelle 3[832)] erforderlich, um die Anforderungen nach Tabelle 1, Zeile 1 zu erreichen (Berechnungsbeispiel siehe Anhang). Tür- und Torflächen bleiben unberücksichtigt.

(2) Die Fensteröffnungen sind so anzuordnen, dass eine ausreichend gleichmäßige Durchlüftung der Arbeitsräume gewährleistet ist.

(3) Andere Formen der freien Lüftung sind so auszulegen, dass die Anforderungen nach Punkt 4 erfüllt werden (zeitliche/jahreszeitliche Einschränkungen in der Funktion sind zu beachten).

(4) Dauer und Intensität des Luftaustausches bei freier Lüftung sind so zu gestalten, dass Zugluft möglichst vermieden wird.[833)]

5.3 Systeme der freien Lüftung

(1) Es werden folgende Systeme der freien Lüftung unterschieden:
System I
einseitige Lüftung mit Zu- und Ablufttöffnungen in einer Außenwand; gemeinsame Öffnungen sind zulässig[834)]

System II

Querlüftung mit Öffnungen in gegenüberliegenden Außenwänden oder in einer Außenwand und der Dachfläche

Ein Beispiel für die Berechnung der erforderlichen Lüftungsquerschnitte befindet sich im Anhang.

---

832) Die Lüftungsquerschnitte werden
  – für kontinuierliche Lüftung in [m²/anwesende Person] angegeben, da ständig die von der Anzahl der Personen abhängige Stofflast abgeführt werden soll,
  – für Stoßlüftung in [m²/10 m² Grundfläche] angegeben, da in diesem Fall die Raumluft gegen Außenluft ausgetauscht werden soll. Die Menge der auszutauschenden Luft hängt von der Raumgröße ab. Die Anzahl der Personen im Raum wird durch die Häufigkeit der Stoßlüftungen berücksichtigt.
833) Zugluft ist eine subjektiv empfundene Belästigung durch zu hohe Luftgeschwindigkeiten. Bei freier Lüftung ist es nicht möglich, die Luftgeschwindigkeit im Raum wegen der stark veränderlichen Witterungsbedingungen (Verhältnis Außentemperatur zu Innentemperatur, Wind) konstant zu halten. Deshalb fordert Abs. 4, dass Zugluft möglichst vermieden wird.
834) Die Fenster dürfen gleichzeitig als Zu- und Abluftflächen angesehen werden. Die kühlere (schwerere) Außenluft wird im unteren Fensterbereich in den Raum eintreten und zum Boden hin strömen während die warme Innenluft im oberen Teil des Fensters nach außen entweicht.

Lüftung ASR A3.6

Tabelle 3: Mindestöffnungsfläche für kontinuierliche Lüftung und für Stoßlüftung

System	Maximal zulässige Raumtiefe bezogen auf die lichte Raumhöhe (h) [m]	Öffnungsfläche zur Sicherung des Mindestluftwechsels	
		für kontinuierliche Lüftung [m²/anwesende Person]	für Stoßlüftung [m²/10 m² Grundfläche]
I einseitige Lüftung	Raumtiefe = 2,5 × h (bei h > 4 m: max. Raumtiefe = 10 m) (angenommene Luftgeschwindigkeit im Querschnitt = 0,08 m/s)	0,35	1,05
II Querlüftung	Raumtiefe = 5,0 × h (bei h > 4 m: max. Raumtiefe = 20 m) (angenommene Luftgeschwindigkeit im Querschnitt = 0,14 m/s)	0,20	0,60

Die angegebenen Öffnungsflächen sind die Summe aus Zuluft- und Abluftflächen.

(2) Eine Verringerung der Lüftungsquerschnitte bei kontinuierlicher Lüftung zur Anpassung an Witterungsbedingungen (z. B. niedrige Außenlufttemperaturen, starker Wind) muss durch Verstellbarkeit möglich sein (z. B. Kippstellung der Fenster). Ist die Verstellbarkeit der Öffnungsfläche fein justierbar, ist auch bei Außenlufttemperaturen unter +5 °C eine kontinuierliche Lüftung erreichbar.[835]

(3) Sofern die Personenbelegung oder Nutzung des Bereiches nicht bekannt sind, ist für die Berechnung der Mindestöffnungsfläche von einer Grundfläche von 10 m² pro Person auszugehen.

(4) Bei sehr geringer Personenbelegung ist für die Berechnung der Mindestöffnungsfläche von 1 Person je 100 m² auszugehen (z. B. Lagerhalle).

5.4 Stoßlüftung

(1) Unter Stoßlüftung wird der kurzzeitige (ca. 3 bis 10 Minuten), intensive Luftaustausch zur Beseitigung von Lasten aus Arbeitsräumen verstanden.

---

835) Zur Regelung der Luftgeschwindigkeit und um eine zu starke Auskühlung des Raumes zu verhindern, sind Kippweiten zwischen 0,5 cm und 20 cm erforderlich, die in der gewählten Stellung festgestellt werden können.

(2) Eine Stoßlüftung ist in regelmäßigen Abständen nach Bedarf durchzuführen. Als Anhaltswerte werden empfohlen:
- Büroraum nach 60 min
- Besprechungsraum nach 20 min[836]

(3) Die Mindestdauer der Stoßlüftung ist von der Temperaturdifferenz zwischen innen und außen und dem Wind abhängig. Es kann von folgenden Orientierungswerten ausgegangen werden:
- Sommer: bis zu 10 min (unter Berücksichtigung der Außenlufttemperatur)
- Frühling/Herbst: 5 min
- Winter: 3 min

6 Raumlufttechnische Anlagen

6.1 Erfordernis

Raumlufttechnische Anlagen (RLT-Anlagen) zur Lüftung sind erforderlich, wenn eine freie Lüftung entsprechend Punkt 5 nicht ausreicht.[837] Gründe dafür können sein:
- die Abmessungen der Räume (Punkt 5.3),
- die Lage der Räume, z. B. Tieflage (Fußboden tiefer als 1 m unter der umgebenden Geländeoberfläche),
- die umliegende Bebauung,
- eine besondere Nutzung (z. B. Arbeitsräume ohne öffenbare Fenster oder Oberlichter),
- innere oder äußere Lasten, die mit der freien Lüftung nicht beherrscht werden können oder
- Fenster dürfen nicht ausreichend lange geöffnet werden (z. B. Lärm von außen, Sicherheit).[838]

6.2 Anforderungen

(1) RLT-Anlagen müssen dem Stand der Technik entsprechen und sind bestimmungsgemäß zu betreiben.

---

836) Stoßlüftung im Abstand von 60 Minuten ist für die Mehrzahl der büroartigen Räume ein guter Richtwert. 20 Minuten Abstand zwischen zwei Stoßlüftungen würden zwar in eng belegten Besprechungsräumen zu akzeptablen CO_2-Konzentrationen führen, jedoch die Durchführung einer Besprechung praktisch unmöglich machen. Wenn sich so kurze Abstände zwischen zwei Lüftungen ergeben, sollte auf Lüftung mit RLT-Anlagen umgestellt werden.
837) Zu dem Fall, dass eine RLT-Anlage nach der Einhaltung oder Überschreitung von Innenraum-Richtwerten gesteuert werden muss, siehe Anh. Nr. 3.6 Abs. 1 FN 164.
838) Für RLT-Anlagen spricht auch, dass sich mit RLT-Anlagen in einigen Fällen bei konsequenter Wärmerückgewinnung auch Energie einsparen lässt, da bei freier Lüftung auf Heizung nicht verzichtet werden kann und um behagliche Temperaturen auch in der kalten Jahreszeit zu gewährleisten, die Raumtemperatur sogar angehoben werden muss.

Lüftung ASR A3.6

(2) Bei RLT-Anlagen ist die Zuluft (Außenluft/Umluft) vor der Zuführung in die zu lüftenden Räume entsprechend den Anforderungen hinsichtlich der Nutzung der Arbeitsstätte durch Luftfilter nach dem Stand der Technik zu reinigen.

(3) Die RLT-Anlage darf nicht selbst zur Gefahrenquelle (z. B. durch Gefahrstoffe, Bakterien, Schimmelpilze oder Lärm) werden.

6.3 Außenluftvolumenstrom

Der Außenluftvolumenstrom ist nach dem Stand der Technik so auszulegen, dass Lasten (Stoff-, Feuchte-, Wärmelasten) zuverlässig abgeführt werden und die CO_2-Konzentration von 1000 ppm (siehe Tabelle 1) eingehalten wird.

6.4 Luftführung

(1) Die Zuluft muss so verteilt werden, dass sie frei von unzumutbarer Zugluft und in ausreichendem Maße in den Aufenthaltsbereich gelangt.[839]

(2) Lasten (Stoff-, Feuchte-, Wärmelasten) sind möglichst quellennah zu erfassen. Natürliche Luftbewegungen (z. B. Thermik an warmen/heißen Oberflächen) sind zu ermöglichen und sinnvoll auszunutzen.

(3) Abluft aus Räumen mit Lasten (Stoff-, Feuchte-, Wärmelasten) darf als Umluft nur dann genutzt werden, wenn Gesundheitsgefahren und Belästigungen ausgeschlossen werden können.

(4) Abluft aus Sanitärräumen, Raucherräumen und Küchen darf nicht als Zuluft genutzt werden.

6.5 Raumluftgeschwindigkeit

(1) In den Aufenthaltsbereichen darf keine unzumutbare Zugluft auftreten.

(2) Zugluft ist vorwiegend von der Lufttemperatur, der Luftgeschwindigkeit, dem Turbulenzgrad und der Art der Tätigkeit (d. h. Wärmeerzeugung durch körperliche Arbeit) abhängig. Bei einer Lufttemperatur von +20 °C, einem Turbulenzgrad von 40 % und einer mittleren Luftgeschwindigkeit unter 0,15 m/s tritt bei leichter Arbeitsschwere üblicherweise keine unzumutbare Zugluft auf. Bei größerer körperlicher Aktivität, anderen Lufttemperaturen oder anderen Turbulenzgraden kann der Wert für die mittlere Luftgeschwindigkeit abweichen und ist im Rahmen der Gefährdungsbeurteilung zu bewerten.

---

[839] Die Berechnung und der Bau von RLT-Anlagen ist ingenieurtechnische Routine, wobei im Allgemeinen keine Fehler zu erwarten sind. Die richtige Anpassung an einen eingerichteten Arbeitsraum ist jedoch in jedem Einzelfall anders. Die Luftverteilung und die dadurch erreichte CO_2-Konzentration sollten bei laufendem Betrieb kontrolliert werden.

6.6 Inbetriebnahme, Wartung und Prüfung

(1) Der Arbeitgeber hat bereits vor dem Errichten oder Anmieten der Arbeitsstätte zu überprüfen, ob die Forderungen nach Punkt 4 sowie den Punkten 6.3 bis 6.5 eingehalten werden können. Im Rahmen der Gefährdungsbeurteilung nach § 3 ArbStättV ist zu überprüfen, ob die RLT-Anlage wirksam ist und die obigen Anforderungen erfüllt sind. Dabei sind Prüf- und Wartungsintervalle festzulegen, die Herstellerangaben sind zu berücksichtigen.

(2) Entsprechend § 4 Abs. 3 ArbStättV sind RLT-Anlagen nach den in Absatz 1 festgelegten Intervallen sachgerecht zu warten. Die Wartungsintervalle sind so festzulegen, dass die
- technischen,
- hygienischen und
- raumlufttechnischen (z. B. Einstellung und Zustand der Luftdurchlässe)

Eigenschaften und der sichere Betrieb der Anlage während der gesamten Betriebszeit gewährleistet werden.

(3) Die Funktionsfähigkeit der RLT-Anlage kann durch Messung, z. B. folgender Größen, überprüft werden:
- Kohlendioxidgehalt unter Nutzungsbedingungen,
- Außenluftvolumenstrom,
- zulässiger Differenzdruck an Filtern,
- Luftgeschwindigkeit im Aufenthaltsbereich,
- Schalldruckpegel oder
- Temperatur der Zuluft.

In speziellen Fällen können:
- Druckgefälle zu benachbarten Räumen oder
- Keimzahl der Zuluft

gemessen werden.

(4) Der Arbeitgeber muss über die aktuellen Unterlagen der RLT-Anlagen verfügen oder dazu Zugang haben, aus denen die Ergebnisse der Prüfung bei Inbetriebnahme und insbesondere von Wartung und regelmäßigen Prüfungen hervorgehen.[840]

6.7 Maßnahmen bei Störungen von Raumlufttechnischen Anlagen

Wenn Gesundheitsgefahren bei Ausfall oder Störung der RLT-Anlage auftreten können, sind die sich aus der Gefährdungsbeurteilung ergebenden nötigen Maßnahmen festzulegen. Der Ausfall oder die Störung müssen durch eine selbsttätige Warneinrichtung angezeigt werden. Maßnahmen, die die Beschäftigten und sonstigen anwesenden Personen betreffen, sind diesen in geeigneter Weise zur Kenntnis zu geben.

---

840) Die Prüf- und Wartungsintervalle sollen die Herstellerangaben berücksichtigen, jedoch zwei Jahre nicht überschreiten. Der Betreiber selbst sollte stichprobenartige Hygienekontrollen und regelmäßige Sichtkontrollen durchführen.

Lüftung ASR A3.6

7 Abweichende/ergänzende Anforderungen für Baustellen

(1) Alle im Folgenden angeführten Abweichungen oder Ergänzungen sind im Rahmen einer Gefährdungsbeurteilung daraufhin zu beurteilen, ob und gegebenenfalls welche technischen, organisatorischen oder personenbezogenen Maßnahmen zum Schutz der Gesundheit der Beschäftigten zu ergreifen sind.

(2) Bei Bauarbeiten
- in abwassertechnischen Anlagen,
- unter Tage oder
- in engen Räumen, z. B. Silos oder Behältern,

die nicht durch Punkt 2 Abs. 3 erfasst sind, ist messtechnisch zu prüfen, ob ausreichend gesundheitlich zuträgliche Atemluft vorhanden ist und keine Stoffe in der Atemluft in gesundheitsschädlicher Konzentration vorhanden sind (z. B. CO_2, Radon). Ist eine Sauerstoffversorgung von mindestens 19 Vol% mit natürlicher Belüftung nicht zu erreichen, muss maschinell belüftet werden. Punkt 4.2 Abs. 3 Satz 1 ist für die genannten Bauarbeiten aufgehoben.

(3) Abweichend von Punkt 4.3 Abs. 3 Tabelle 2 können in umschlossenen Arbeitsräumen auf Baustellen durch Bauprozesse (z. B. Verarbeiten von Spritzbeton) höhere relative Luftfeuchten entstehen.

(4) Ergänzend zu Punkt 4.4 Abs. 1 können Wärmelasten sowohl durch Bauprozesse (z. B. Aushärten von Beton) als auch bei Bauarbeiten unter Tage geogen aus dem Baugrund auftreten.

(5) Ergänzend zu Punkt 6.5 Abs. 2 können in umschlossenen Arbeitsräumen auf Baustellen (z. B. in Tunneln, Kanälen) prozessbedingt hohe Luftgeschwindigkeiten auftreten.

Ausgewählte Literaturhinweise

- LV 16 Kenngrößen zur Beurteilung raumklimatischer Grundparameter, September 2011
- DGUV Vorschrift 38 Bauarbeiten 01/1997
- DGUV Regel 101-007 Sicherheitsregeln für Bauarbeiten unter Tage 10/1994
- DGUV Regel 103-003 Arbeiten in umschlossenen Räumen von abwassertechnischen Anlagen 09/2008
- DGUV Regel 113-004 Behälter, Silos und enge Räume Teil 1: Arbeiten in Behältern, Silos und engen Räumen 09/2008 aktualisiert 07/2013

ASR A3.6 — Lüftung

Anhang

Beispiel zur Berechnung der Öffnungsfläche für Dreh-Kipp-Fenster (2-Personen-Büro)
- Raumabmessungen:
- Raumtiefe (t) = 5 m
- Raumbreite (b) = 4 m
- Raumhöhe (h) = 2,50 m
- Grundfläche (t × b) = 20 m^2
- Raumvolumen (t × b × h) = 50 m^3

Der Nachweis der Einhaltung der maximal zulässigen Raumtiefe erfolgt nach Tabelle 3. Bei der Raumhöhe von 2,50 m wird die maximal zulässige Raumtiefe von 6,25 m (2,5 × h = 6,25 m) für System I und 12,50 m (5 × h = 12,50 m) für System II unterschritten. System I und II sind geeignet, den Raum zu belüften.

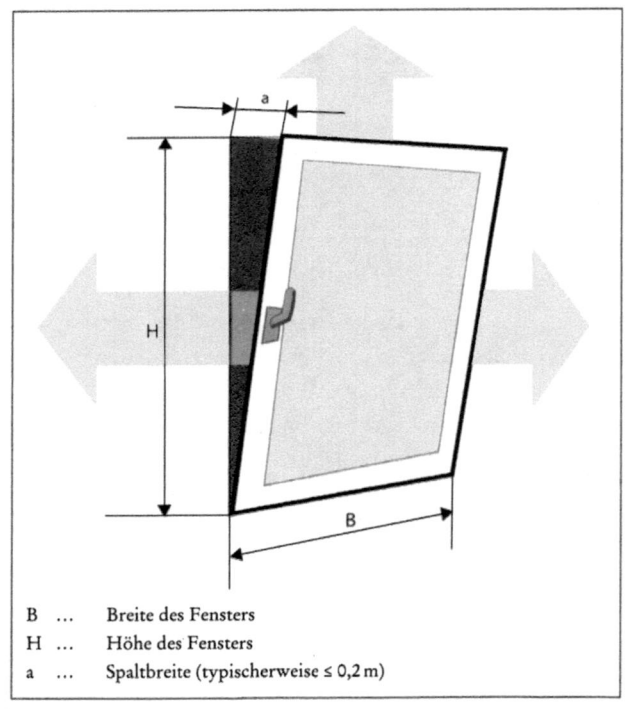

B ...	Breite des Fensters
H ...	Höhe des Fensters
a ...	Spaltbreite (typischerweise ≤ 0,2 m)

Abb. 1: Gekipptes Fenster

Lüftung ASR A3.6

Kontinuierliche Lüftung

Die Berechnung der Öffnungsflächen bei kontinuierlicher Lüftung bezieht sich auf die Personenbelegung des Raumes.

Die Öffnungsfläche für ein gekipptes Fenster ergibt sich aus:

$A_{Kipp} = B \times a + 2 \times (H \times a)/2 = a \times (B + H)$

Für ein Kippfenster mit den Maßen B = 1,00 m, H = 1,20 m und a = 0,11 m ergibt sich:

$A_{Kipp} = 0{,}242 \text{ m}^2$

Nach Tabelle 3 sind für die kontinuierliche Lüftung folgende Flächen erforderlich. Sie sind die Summe aus Zuluft- und Abluftflächen (Türen und Tore bleiben unberücksichtigt).

Tabelle 4: Zuluft- und Abluftflächen für Fenster bei kontinuierlicher Lüftung

System	erforderliche Fensterfläche [m^2/ anwesende Person]	erforderliche Fensterfläche bei 2 Personen [m^2]	erforderliche Anzahl Fenster
I Einseitige Lüftung	0,35	0,70	3
II Querlüftung	0,20	0,40	2

Stoßlüftung

Die Berechnung der Öffnungsflächen bei Stoßlüftung bezieht sich auf die Grundfläche des Raumes.

Die Öffnungsfläche für ein gedreht geöffnetes Fenster ergibt sich aus:

$A_{Dreh} = B \times H = 1{,}20 \text{ m}^2$

Bei einseitiger Lüftung (System I) ergibt sich nach Tabelle 3 für die Stoßlüftung eines 20 m²-Raumes eine erforderliche Öffnungsfläche von $A_{Dreh} = 2{,}1 \text{ m}^2$, d. h. 2 Fenster (2,40 m²) reichen für die Stoßlüftung aus.

Bei Querlüftung (System II) ist eine Öffnungsfläche von insgesamt (Summe aus Zuluft- und Abluftflächen) $A_{Dreh} = 1{,}2 \text{ m}^2$ nötig, d. h. es sind je $A_{Dreh} = 0{,}6 \text{ m}^2$ in gegenüberliegenden Wänden erforderlich. Die zur Verfügung stehende Fläche von 1,2 m² je Fenster reicht demnach für die Stoßlüftung aus.

ASR A3.7 — Lärm

zu Anh. Nr. 3.7 ArbStättV

Technische Regeln für Arbeitsstätten	Lärm[841]	ASR A3.7

GMBl. Nr. 24 vom 18.5.2018 S. 456

...

Diese ASR A3.7 konkretisiert im Rahmen des Anwendungsbereiches die Anforderungen der Verordnung über Arbeitsstätten. Bei Einhaltung der Technischen Regeln kann der Arbeitgeber insoweit davon ausgehen, dass die entsprechenden Anforderungen der Verordnung erfüllt sind. Wählt der Arbeitgeber eine andere Lösung, muss er damit mindestens die gleiche Sicherheit und den gleichen Gesundheitsschutz für die Beschäftigten erreichen.

Inhalt

1 Zielstellung
2 Anwendungsbereich
3 Begriffsbestimmungen
4 Extra-aurale und reversible aurale Lärmwirkungen
5 Pegelwerte für Tätigkeiten an Arbeitsplätzen in Arbeitsräumen sowie raumakustische Anforderungen an Arbeitsräume
6 Beurteilung von Gefährdungen durch Lärm beim Einrichten von Arbeitsstätten
7 Beurteilung von Gefährdungen durch Lärm beim Betreiben von Arbeitsstätten
8 Maßnahmen zum Lärmschutz
Anhang 1 Erläuterungen zu Punkt 4 – Extra-aurale und reversible aurale Lärmwirkungen
Anhang 2 Abschätzung der raumakustischen Kennwerte in Ergänzung zu Punkt 7.2

---

[841] Mit der Bekanntgabe der Technischen Regel ASR A3.7 Lärm sind 2018 im Bereich des staatlichen Arbeitsschutzrechts erstmals untersetzende und konkrete Vorgaben zur Beurteilung der Gefährdung durch Lärm im extra-auralen, also nicht das Hörorgan betreffenden Bereich unterhalb eines A-bewerteten äquivalenten Dauerschallpegels von 80 dB(A) festgelegt worden. Ebenso wird erstmalig die erforderliche Ausgestaltung der Raumakustik von Arbeitsstätten beschrieben. Damit ist vom Ausschuss für Arbeitsstätten eine lange bestehende Lücke im Regelwerk geschlossen worden. Die Inhalte der ASR A3.7 sind insbesondere für die Bewertung der Gefährdung durch psychische Belastung von hoher Bedeutung.

Lärm　　　　　　　　　　　　　　　　　　　　　　　　　　　　　ASR A3.7

1 Zielstellung

Diese ASR konkretisiert die in § 3a Absatz 1 und Punkt 3.7 des Anhangs der Arbeitsstättenverordnung genannten Anforderungen an die Reduzierung der Schalldruckpegel[842] in Arbeitsstätten und an Arbeitsplätzen in Arbeitsräumen.[843]

2 Anwendungsbereich

(1) Diese ASR gilt[844] für das Einrichten und Betreiben von Arbeitsstätten und Arbeitsplätzen in Arbeitsräumen,[845] um Gefährdungen und Beeinträchtigungen für Sicherheit und Gesundheit von Beschäftigten durch Lärmeinwirkungen zu vermeiden.[846] [847]

---

[842] Lärm wirkt auf sehr unterschiedliche Weise auf die Gesundheit des Menschen. Zu unterscheiden sind die auralen, auf das Gehör schädigend einwirkenden, und die extra-auralen Lärmwirkungen. Diese zeigen sich u. a. in verschiedenen physiologischen und psychischen Reaktionen, die über das zentrale und das vegetative Nervensystem des Menschen vermittelt werden. Diese Wirkungen entsprechen einer Stressreaktion. Stresseffekte haben sowohl psychische (Belästigung, Ärger, Anspannung) als auch physiologische (endokrinologische, vegetative) Komponenten, die Einfluss auf bestimmte Funktionssysteme, wie das Herz-Kreislauf-System oder den Stoffwechsel nehmen. Die psychischen und physiologischen Aspekte der Stressreaktion bilden eine Einheit, bedingen sich gegenseitig und können sich in ihrer Wirkung verstärken (psycho-physiologische Reaktionen).
  – Die auralen Wirkungen behandelt die Lärm- und Vibrations-Arbeitsschutzverordnung.
  – Der Schutz vor möglichen Beeinträchtigungen der Sicherheit und Gesundheit der Beschäftigten durch extra-auralen Lärm wird durch das allgemeine Minimierungsgebot für Lärm in Anh. Nr. 3.7 ArbStättV geregelt.
[843] Mit den Regelungen in der ASR A3.7 wird die Forderung im Anh. Nr. 3.7 konkretisiert, wonach der Schalldruckpegel am Arbeitsplatz in Arbeitsräumen so weit zu reduzieren ist, dass keine Beeinträchtigungen der Sicherheit und Gesundheit der Beschäftigten entstehen können. Hierzu werden maximale Beurteilungspegel eingeführt und raumakustische Anforderungen (Nachhallzeiten, Schallabsorptionsgrade) so gestellt, dass Tätigkeiten, die hohe Konzentration und/oder hohe Sprachverständlichkeit erfordern, ohne diese Beeinträchtigungen ausgeführt werden können.
[844] Die ASR A3.7 gilt für geplante sowie für existierende Arbeitsplätze in Arbeitsräumen. Für Arbeitsplätze mit Ultraschallbelastungen sollen zu einem späteren Zeitpunkt ergänzende Regelungen folgen. Eine Ausnahmeregelung oder einen generellen Bestandsschutz für existierende Arbeitsplätze gibt es nicht.
[845] Nr. 8 Abs. 7 gestattet als Übergangsregelung für den Fall, dass in bestehenden Arbeitsstätten die Verbesserung des Schallschutzes mit offensichtlich unverhältnismäßigen Aufwendungen verbunden ist, die Sicherung der Gesundheit der Beschäftigten durch andere Maßnahmen in vergleichbarer Weise vorübergehend, bis die bestehenden Arbeitsstätten wesentlich umgebaut werden. Allerdings kann der Arbeitgeber weiterhin in begründeten Einzelfällen eine Ausnahmegenehmigung nach § 3a Abs. 3 ArbStättV bei der zuständigen Behörde beantragen.
[846] Gefordert wird in ArbStättV Anh. Nr. 3.7 Satz 1, dass der Schalldruckpegel dem erreichten Stand in vergleichbaren Betrieben (Art des Betriebes) unter Beachtung des Standes der Technik und der Arbeitsmedizin sowie der gesicherten arbeitswissenschaftlichen Erkenntnisse (§ 4 Nr. 3 ArbSchG) entsprechen muss. Dabei sind bei der Auswahl von Maschinen die vom Hersteller nach der Neunten Verordnung zum Produktsicherheitsgesetz (9. ProdSV) in der Betriebsanleitung anzugebenden Geräuschemissionswerte zu berücksichtigen.
[847] Die Beurteilungspegel und die raumakustischen Anforderungen der ASR A3.7 gelten für den ganzen Raum, in dem Tätigkeiten ausgeübt werden müssen, die erhöhte Aufmerksamkeit oder Sprachverständlichkeit erfordern, nicht nur am betreffenden Arbeitsplatz. Sie gelten unabhängig von der Aufenthaltsdauer der Beschäftigten in diesen Räumen.
Die LärmVibrationsArbSchV gibt dagegen Auslösewerte als Tages-Lärmexpositionspegel, also personenbezogene Dosiswerte vor, die die Aufenthaltsdauer der Beschäftigten an verschiedenen Arbeitsorten berücksichtigen.

ASR A3.7 — Lärm

(2) Nicht Gegenstand dieser ASR sind Gefährdungen von Gesundheit und Sicherheit der Beschäftigten durch Lärmeinwirkungen einschließlich extra-auraler Wirkungen im Hörschallbereich mit Frequenzen zwischen 16 Hz und 16 kHz ab einem A-bewerteten äquivalenten Dauerschallpegel von 80 dB(A). Hierfür ist die Verordnung zum Schutz der Beschäftigten vor Gefährdungen durch Lärm und Vibrationen (Lärm- und Vibrations-Arbeitsschutzverordnung – LärmVibrationsArbSchV) einschließlich der sie konkretisierenden Technischen Regel (TRLV Lärm) anzuwenden.

Erforderliche Schallereignisse, die der gezielten akustischen Information der Beschäftigten dienen, werden von dieser ASR nicht erfasst.

Hinweis:

Schall dient der gezielten akustischen Information, wenn über das Gehör der Beschäftigten Schallereignisse erkannt oder überprüft werden müssen (z. B. Feueralarm, Statusmeldungen von Produktionsanlagen, Strömungsgeräusche an Ventilen, musikalische Übungen).

(3) Regelungen zu Ultraschall werden zu einem späteren Zeitpunkt eingefügt.

(4) Für Schalldruckpegel in Pausenräumen und Bereitschaftsräumen gilt die ASR A4.2 „Pausen- und Bereitschaftsräume".

Für Lärm in Erste-Hilfe-Räumen gelten die baulichen Anforderungen gemäß ASR A4.3 „Erste-Hilfe-Räume, Mittel und Einrichtungen zur Ersten Hilfe".

Für Unterkünfte gilt die ASR A4.4 „Unterkünfte".

Hinweise:

1. *Zusätzliche Anforderungen an die barrierefreie Gestaltung werden zu einem späteren Zeitpunkt als Anhang in die ASR V3a.2 „Barrierefreie Gestaltung von Arbeitsstätten" eingefügt.*

2. *Abweichende/ergänzende Anforderungen für Baustellen werden zu einem späteren Zeitpunkt in diese Regel eingefügt.*

Lärm ASR A3.7

3 Begriffsbestimmungen[848]

3.1 Der **A-bewertete äquivalente Dauerschallpegel** L_{pAeq} ist der zeitlich energetisch gemittelte, mit der Frequenzbewertung A aufgenommene Schalldruckpegel L_{pA}.

3.2 Ein **akustisches Gefahrensignal** signalisiert eine Gefahrensituation. Man unterscheidet entsprechend dem Dringlichkeitsgrad und den möglichen Auswirkungen der Gefahr auf Personen zwischen 3 Arten von Gefahrensignalen: dringliche Rettungs- und Schutzmaßnahmen (Notsignal), sofortiges Verlassen des Gefahrbereiches (Evakuierungssignal) und vorbeugende Handlungen (Warnsignal).

3.3 Der **Beurteilungspegel** L_r im Sinne dieser ASR ist eine Größe zur Kennzeichnung der typischen Schallimmission für eine Tätigkeit, bestimmt aus dem A-bewerteten äquivalenten Dauerschallpegel L_{pAeq} während der Tätigkeit unter Berücksichtigung von Zuschlägen für die Impulshaltigkeit (K_I = Impulszuschlag) sowie Ton- und Informationshaltigkeit (K_T = Zuschlag für Ton- und Informationshaltigkeit):

$$L_r = L_{pAeq} + K_I + K_T$$

Durch den **Impulszuschlag** K_I[849] wird der erhöhten Störwirkung impulshaltiger Geräusche Rechnung getragen.

Der **Zuschlag für Ton- und Informationshaltigkeit** K_T[850] berücksichtigt, dass Geräusche eine erhöhte Störwirkung haben, wenn sie einen Ton oder mehrere Töne enthalten oder

---

848) Lautstärke wird auf einer logarithmischen Skala in Dezibel (dB) gemessen, die in der Praxis von 0 dB bis 120–130 dB reicht.
Der äquivalente Dauerschallpegel ist ein Maß für die durchschnittliche Schallbelastung, bei der Dauer, Häufigkeit und Intensität der einzelnen Schallereignisse berücksichtigt werden. Beim äquivalenten Dauerschallpegel wird der über bestimmte Zeit an einem bestimmten Ort gemessene Schalldruckpegel auf ein vergleichbares Dauergeräusch umgerechnet. Verdoppelt sich beispielsweise die Dauer eines Geräusches mit gegebenem Pegel, kommt es zu einer Zunahme des gemittelten Pegels um 3 dB. Ist ein Geräusch im Vergleich zu einem anderen um 3 dB leiser, muss es umgekehrt doppelt so lange wirken, um denselben Wert für den Dauerschallpegel zu erreichen.
Durch Anlegen eines A-Filters, der die Frequenz berücksichtigt, kann die Lautstärke auch in dB(A) angegeben werden, die besser ausdrückt, wie das menschliche Ohr den Schall wahrnimmt.
Die Durchführung der Schallpegelmessungen erfolgt nach DIN 45645-2:2012-09 „Ermittlung von Beurteilungspegeln aus Messungen – T. 2: Ermittlung des Beurteilungspegels am Arbeitsplatz bei Tätigkeiten unterhalb des Pegelbereiches der Gehörgefährdung".
849) Durch den Impulszuschlag wird die erfahrungsgemäß größere Beeinträchtigung durch impulshaltige Geräusche berücksichtigt. Ein **Impulszuschlag** sollte vergeben werden, wenn das Geräusch als impulshaltig empfunden wird. Wenn die Differenz ($L_{pAIeq} - L_{pAeq}$) zwischen dem impulsbewerteten Dauerschallpegel und dem nicht impulsbewerteten Dauerschallpegel nicht gemessen werden kann, ist eine subjektive Abschätzung zulässig. Bei der subjektiven Abschätzung werden zum Dauerschallpegel + 3 dB bei geringfügiger und + 6 dB bei stärkerer Impulshaltigkeit hinzugefügt. Die Abschätzung ist als solche im Messprotokoll zu vermerken.
850) Durch den Tonzuschlag wird die erfahrungsgemäß größere Beeinträchtigung durch tonale oder informationshaltige Geräusche berücksichtigt. Ein **Tonzuschlag** sollte vergeben werden, wenn sich aus dem Geräusch mindestens ein Einzelton deutlich hörbar heraushebt. Je nach Auffälligkeit des Tones ist ein Tonzuschlag KT von 3 dB oder 6 dB anzuwenden.

informationshaltig sind und dadurch eine Person zum von ihr nicht gewünschten Mithören (z. B. von Gesprächen) anregen.

3.4 Extra-aurale Lärmwirkungen[851] im Sinne dieser ASR sind physiologische, psychische und soziale Wirkungen von Schall auf den Menschen, mit Ausnahme der Wirkungen, die das Hörorgan betreffen.

3.5 Eigengeräusche sind Geräusche, die an dem betreffenden Arbeitsplatz durch eigene Gespräche mit anderen Personen sowie dem Arbeitsplatz zugeordnete Kommunikationssignale (z. B. Telefon, Rufanlage, Rückmeldung von Rechnertastatur oder Computer) entstehen.

3.6 Ein **Geräusch** charakterisiert ein Schallereignis, das nicht ausschließlich als Ton oder Klang bezeichnet werden kann (aperiodisches Schallereignis). Meistens sind Geräusche nicht zweckgebunden (z. B. Straßenverkehrslärm).

3.7 Hintergrundgeräusche sind von außen einwirkende Geräusche (z. B. durch Verkehr oder Produktion) und Geräusche, die durch fest eingebaute technische Anlagen verursacht werden (z. B. Lüftungstechnik).

3.8 Lärm im Sinne dieser ASR ist jeder Schall, der zu einer Beeinträchtigung des Hörvermögens oder zu einer sonstigen mittelbaren oder unmittelbaren Gefährdung von Sicherheit und Gesundheit der Beschäftigten führen kann.[852]

3.9 Der **mittlere Schallabsorptionsgrad** $\bar{\alpha}$ ist ein Maß für das durchschnittliche Schallabsorptionsvermögen aller Oberflächen in einem Raum. Mit seiner Hilfe kann die Schallabsorption eines Raumes beschrieben werden.

3.10 Die **Nachhallzeit T** ist die Zeitspanne, während der der Schalldruckpegel in einem Raum nach Beenden der Schallfeldanregung um 60 dB abfällt.

3.11 Reversible aurale Lärmwirkungen sind Wirkungen von Schall auf das Hörorgan, die zu zeitlich begrenzten Beeinträchtigungen des Hörvermögens führen.

---

851) Extra-aurale Lärmwirkungen zeigen sich in verschiedenen physiologischen und psychischen Reaktionen, die über das zentrale und das vegetative Nervensystem des Menschen vermittelt werden. Diese Wirkungen entsprechen einer Stressreaktion. Sie haben keinen strengen Pegelbezug, entstehen in unmittelbarem zeitlichem Zusammenhang zur Schallexposition und klingen nach der Einwirkung schnell wieder ab (akute Wirkung). Andauernde Stressreaktionen können negative gesundheitliche Auswirkungen haben (chronische Wirkung). Zu extra-auralen Lärmwirkungen siehe Nr. 4 Extra-aurale und reversible aurale Lärmwirkungen und Anhang 1 „Erläuterungen zu Punkt 4 – Extra-aurale und reversible aurale Lärmwirkungen".

852) Lärm im Sinne dieser ASR sind auch Pegel unterhalb der Auslösewerte (80 dB(A) als unterer und 85 dB(A) als oberer Auslösewert) nach LärmVibrationsArbSchV und auch Pegel außerhalb des durch die A-Frequenzbewertung eingeengten Bereiches, insbesondere Ultraschall und tieffrequenter Schall (Infraschall).

Lärm ASR A3.7

3.12 Der **Schallabsorptionsgrad** α ist ein Maß für die absorbierende Wirkung einer Fläche α entspricht dem nicht reflektierten Anteil der auf die Fläche einfallenden Schallenergie. Der Wert von α liegt zwischen 0 (vollständige Reflexion) und 1 (vollständige Absorption).

3.13 Die **Sprachverständlichkeit** drückt aus, wie gut Sprache verstanden werden kann. Die Sprachverständlichkeit ist physikalisch unter anderem abhängig vom Schalldruckpegel der Sprache und der Hintergrundgeräusche, von der Nachhallzeit, der Raumform, den reflektierenden Flächen im Raum und der Raumgröße.[853]

3.14 Ein **Störgeräusch** ist ein Geräusch, das die Wahrnehmbarkeit eines Nutzsignals beeinträchtigt.

3.15 **Tätigkeit** im Sinne dieser ASR ist eine zielgerichtet mit einer Aufgabenerfüllung verbundene Arbeit, die ein bestimmtes Maß an Konzentration oder eine bestimmte Qualität der Sprachverständlichkeit erfordert. An einem Arbeitsplatz können eine oder mehrere Tätigkeiten zu betrachten sein. Die Notwendigkeit für eine Differenzierung ergibt sich, wenn an dem Arbeitsplatz verschiedene Tätigkeiten ausgeübt werden, die unterschiedlich hohe Anforderungen an die Konzentration oder Sprachverständlichkeit stellen (unterschiedliche Tätigkeitskategorien nach Punkt 3.16). Für eine Einbeziehung in die Bewertung muss die Tätigkeit in einer Tätigkeitskategorie arbeitstäglich zusammenhängend oder summiert aus Teilabschnitten eine Zeitdauer von mindestens einer Stunde umfassen.[854]

3.16 **Tätigkeitskategorie** ist die Einteilung der Tätigkeiten nach dem Maß der für die Erfüllung der Arbeitsaufgabe erforderlichen Konzentration oder Sprachverständlichkeit:[855]

---

853) Die Sprachverständlichkeit ist abhängig von der Nachhallzeit T. Die Nachhallzeit ist abhängig vom Schallabsorptionsgrad $\bar{\alpha}$ der Raumbegrenzungsflächen. Deshalb werden in Anh. 2 erforderliche mittlere Schallabsorptionsgrade angegeben, um Nachhallzeiten für verschiedene Büroraumtypen und Raumgrößen zu erfüllen. Zur Beeinträchtigung der Sprachverständlichkeit s. Anh. 1 Nr. 2.
854) Für die Festlegung von nach Art der Nutzung und der verrichteten Tätigkeit zulässigen Beurteilungspegeln ist eine Definition der von der ASR umfassten Tätigkeiten zwingend erforderlich. Die ASR gilt danach für Tätigkeiten, die zielgerichtet mit einer Aufgabenerfüllung verbunden sind und die ein bestimmtes Maß an Konzentration und/oder eine bestimmte Qualität der Sprachverständlichkeit erfordern. Entsprechend der Art der Tätigkeit ergeben sich bestimmte Anforderungen z. B. an die Wahrnehmungsfähigkeit, an das Gedächtnis, die Lernfähigkeit, die Ausdauer, die Kreativität oder die Sprachkommunikation.
Umfasst eine Arbeit Tätigkeiten, die sich in den Anforderungen an die Konzentration und/oder Sprachverständlichkeit unterscheiden, sind zur Bewertung der extra-auralen Lärmbelastung Teiltätigkeiten zu bilden und diese zu bewerten. Aus Gründen der Praktikabilität können die im Verlauf eines Arbeitstages nur kurzzeitig, also einzeln oder in Summe weniger als eine Stunde umfassenden Teiltätigkeiten vernachlässigt werden.
855) ASR A3.7 gilt für alle Arbeitsplätze. Für die Ausübung verschiedener Tätigkeiten sind jedoch unterschiedliche Anforderungen an die Konzentration und die Sprachverständlichkeit erforderlich. Die Tätigkeitskategorien teilen die Tätigkeiten nach der erforderlichen Konzentration und Sprachverständlichkeit in Gruppen, für die in Nr. 5 die speziellen Anforderungen für maximal zulässige Beurteilungspegel und für die raumakustische Gestaltung vorgegeben werden.
Die Einteilung der Tätigkeiten in drei Kategorien ist unter Berücksichtigung der diesbezüglichen VDI-Richtlinie 2058 Blatt 3 Beurteilung von Lärm am Arbeitsplatz unter Berücksichtigung unterschiedlicher Tätigkeiten, August 2014, vorgenommen worden.

Tätigkeitskategorie I – hohe Konzentration oder hohe Sprachverständlichkeit:

Tätigkeiten, die eine andauernd hohe Konzentration erfordern, weil für die Erbringung der Arbeitsleistung z. B. schöpferisches Denken, eine kreative Entfaltung von Gedankenabläufen, exaktes sprachliches Formulieren, das Verstehen von komplexen Texten mit komplizierten Satzkonstruktionen, eine starke Zuwendung zu einem Arbeitsgegenstand oder -ablauf verbunden mit hohem Entscheidungsdruck, das Treffen von Entscheidungen mit großer Tragweite oder eine hohe Sprachverständlichkeit kennzeichnend sind.

(Beispiele für Tätigkeiten und Handlungen – allgemein überwiegend geistige Tätigkeiten, die eine hohe Konzentration verlangen: Besprechungen und Verhandlungen in Konferenzräumen; Arbeiten in Bibliothekslesesälen; Wissensvermittlung durch Vorlesung oder Seminare sowie Prüfungen im akademischen oder schulischen Bereich; wissenschaftliches und kreatives Arbeiten; Entwickeln von Software; Treffen von Entscheidungen mit hoher Tragweite gegebenenfalls unter Zeitdruck; ärztliche Untersuchungen, Behandlungen und Operationen; Entwerfen, Übersetzen, Diktieren, Aufnehmen und Korrigieren von schwierigen Texten, Optimieren von Software und Prozessschritten komplexer Transferstraßen, Teachen von Robotern in verketteten Roboter-Linien)

Tätigkeitskategorie II – mittlere Konzentration oder mittlere Sprachverständlichkeit:

Tätigkeiten, die eine mittlere bzw. nicht andauernd hohe Konzentration oder gutes Verstehen gesprochener Sprache bedingen, weil für die Erbringung der Arbeitsleistung z. B. üblicherweise Routineanteile, das heißt wiederkehrende ähnliche und leicht zu bearbeitende Aufgaben, das Treffen von Entscheidungen geringerer Tragweite (in der Regel ohne Zeitdruck) oder eine für Kommunikationszwecke erforderliche Sprachverständlichkeit kennzeichnend sind.

(Beispiele für Tätigkeiten und Handlungen – allgemeine Bürotätigkeiten und vergleichbare Tätigkeiten in der Produktion und Überwachung: informations- und kommunikationsgeprägte Tätigkeiten, wie Disponieren; Daten erfassen; Texte verarbeiten; Sachbearbeitung im Büro; psychomotorisch geprägte (feinmotorische) Tätigkeiten (Auge-Hand-Koordination); Arbeiten in Betriebsbüros und Laboratorien; Bedienen von Beobachtungs-, Steuerungs- und Überwachungsanlagen in geschlossenen Messwarten und Prozessleitwarten; Verkaufen, Bedienen von Kunden; Tätigkeiten mit Publikumsverkehr.)

Tätigkeitskategorie III – geringere Konzentration oder geringere Sprachverständlichkeit:

Tätigkeiten, die eine geringere Konzentration infolge überwiegend vorgegebener Arbeitsabläufe mit hohen Routineanteilen erfordern sowie geringere Anforderungen an die Sprachverständlichkeit stellen.

(Beispiele für Tätigkeiten und Handlungen – allgemein industrielle und gewerbliche Tätigkeiten: einfache Montagearbeiten; handwerkliche Tätigkeiten (Fertigung, Installation); Tätigkeiten an Fertigungsmaschinen, Vorrichtungen, Geräten; Warten, Instandsetzen und Reinigen technischer Einrichtungen und deren unmittelbare Beaufsichtigung; Bedienen von Bearbeitungsmaschinen für Metall, Holz und dergleichen; Reinigungsarbeiten; Lagerarbeiten; Einräumen von Ware.)

Lärm ASR A3.7

3.17 Tieffrequenter Schall ist Schall mit dominierenden Energieanteilen im Frequenzbereich unter 100 Hz.[856]

4 Extra-aurale und reversible aurale Lärmwirkungen

(1) Hinsichtlich der Gesundheitsgefährdung durch Lärm wird zwischen auralen (auf das Gehör bezogenen) und extra-auralen Lärmwirkungen unterschieden.

(2) Ab einem A-bewerteten äquivalenten Dauerschallpegel von 70 dB(A) kann als aurale Lärmwirkung eine reversible Hörminderung (Vertäubung) auftreten.

(3) Extra-aurale Lärmwirkungen zeigen sich unter anderem in verschiedenen physiologischen und psychischen Reaktionen, die über das zentrale und das vegetative Nervensystem des Menschen vermittelt werden. Diese Wirkungen entsprechen einer Stressreaktion. Sie haben keinen strengen Pegelbezug, entstehen in unmittelbarem zeitlichem Zusammenhang zur Schallexposition und klingen nach der Exposition schnell wieder ab (akute Wirkung). Andauernde Stressreaktionen können negative gesundheitliche Auswirkungen haben (chronische Wirkung).

(4) Extra-aurale Lärmwirkungen können je nach betrieblicher Situation und Arbeitsaufgabe folgende Bereiche betreffen (siehe Abbildung 1):
- Beeinträchtigung der Sprachverständlichkeit und der akustischen Orientierung,[857]
- Störung der Arbeitsleistung (kognitive Leistung),[858]
- psychische Wirkung oder
- physiologische Wirkung (Aktivierung des zentralen und vegetativen Nervensystems).

---

856) Tieffrequenter Schall wird auch Infraschall genannt. Zu tieffrequentem Schall s. Nr. 7.6 Bewertung von tieffrequentem Lärm, Anh. 1 Nr. 3 Störung der Arbeitsleistung (kognitive Leistung) und Anh. 1 Nr. 4 Psychische Wirkung, Abs. 4 Tieffrequenter Lärm. In der Technischen Regel zur Lärm- und Vibrations-Arbeitsschutzverordnung TRLV Lärm sind der Lärm sowie die Anwendungsbereiche der jeweiligen Vorschriften definiert für den Hörschallbereich und damit für Frequenzen über 16 Hz, also unter Ausschluss des tieffrequenten Bereiches.
857) Das Ausmaß der Beeinträchtigung der **Sprachverständlichkeit** (s. Anh. 1 Nr. 2) hängt vor allem ab von
  - der Pegeldifferenz zwischen Nutzsignal und Störgeräusch,
  - den raumakustischen Parametern, an die diese ASR Anforderungen stellt, also der Nachhallzeit (Nr. 5.2.1 und 5.2.2) und dem mittleren Schallabsorptionsgrad (Nr. 5.2.3) aber auch von
  - der Frequenzzusammensetzung des Störgeräusches und
  - der Verteilung reflektierender Flächen im Raum.
  Hierbei sind sowohl betriebliche als auch bauliche Aspekte sowie deren Zusammenwirken zu beachten. Es gibt Bereiche, die nur von einem Fachmann angemessen beurteilt werden können.
858) Kognitive Leistungen erfordern die Verarbeitung von Informationen, wobei Neues gelernt und Wissen verarbeitet wird. Zu kognitiven Fähigkeiten gehören z. B. Konzentrations-, Lern- und Schlussfolgerungsfähigkeiten sowie Erinnerungsvermögen.

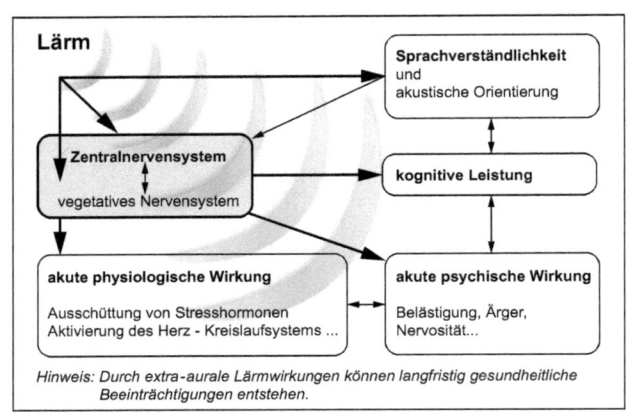

Abb. 1: Vereinfachte Darstellung akuter extra-auraler Lärmwirkungen

(5) Unfälle und arbeitsbedingte Gesundheitsgefährdungen können entstehen, wenn Fehlentscheidungen oder -leistungen zu einer Gefährdung des Beschäftigten oder anderer Personen führen. Lärm kann z. B.:
- die Wahrnehmung von akustischen Gefahrensignalen beeinträchtigen,
- die Aufmerksamkeit und Konzentration herabsetzen,
- die Sprachkommunikation beeinträchtigen,
- die Fehlerquote erhöhen,
- die Reaktionsfähigkeit verringern,
- die Risikobereitschaft erhöhen oder
- die Sicherheit bei manuellen Tätigkeiten vermindern.

Weitere Erläuterungen enthält der Anhang 1.

Lärm ASR A3.7

5 Pegelwerte für Tätigkeiten an Arbeitsplätzen in Arbeitsräumen sowie raumakustische Anforderungen an Arbeitsräume

In Arbeitsstätten ist der Schalldruckpegel so niedrig zu halten, wie es nach der Art des Betriebes möglich ist.

5.1 Maximal zulässige Beurteilungspegel[859) 860)]

(1) Während der Ausübung von Tätigkeiten der Tätigkeitskategorie I darf ein Beurteilungspegel von 55 dB(A) nicht überschritten werden.

(2) Während der Ausübung von Tätigkeiten der Tätigkeitskategorie II darf ein Beurteilungspegel von 70 dB(A) nicht überschritten werden.

(3) Während der Ausübung von Tätigkeiten der Tätigkeitskategorie III ist der Beurteilungspegel unter Berücksichtigung betrieblicher Lärmminderungsmaßnahmen soweit wie möglich zu reduzieren.[861)]

(4) Für Tätigkeiten, bei denen überwiegend sprachabhängige kognitive Aufgabenstellungen zu lösen sind (z. B. Korrektur und Bewertung von Prüfungsergebnissen, Übersetzungen, Verfassen und Redigieren von Texten und Dokumenten, Beratung zu komplexen Produkten und Dienstleistungen im Callcenter oder Beratungsbüro), sollen Arbeitsplätze ohne Belastung durch Hintergrundsprache zur Verfügung gestellt werden. Das Einspielen

---

859) Die allgemeine Anforderung, wonach in Arbeitsstätten der Schalldruckpegel so niedrig zu halten ist, wie es nach der Art des Betriebes möglich ist, wird in Nr. 5.1 der ASR A 3.7 durch die Angabe von maximal zulässigen Beurteilungspegeln für unterschiedliche, sich aus der auszuübenden Tätigkeit ergebenden Anforderungen an die Konzentration und Sprachverständlichkeit konkretisiert. Hält der Arbeitgeber die maximal zulässigen Beurteilungspegel ein, ist davon auszugehen, dass die verbindlichen Forderungen der ArbStättV eingehalten sind (Vermutungswirkung).

860) Die Bezeichnung „maximal zulässig" für den Beurteilungspegel bringt zum Ausdruck, dass das Minimierungsgebot auch hier gilt.
Wo immer möglich sollten die maximal zulässigen Beurteilungspegel daher unterschritten werden. So wird z. B. in den arbeitswissenschaftlichen Erkenntnissen Nr. 124: Bildschirmarbeit – Lärmminderung in Mehrpersonenbüros, 2003 (herausgegeben von der BAuA) eine schalltechnische Qualifizierung von Bildschirmarbeitsplätzen wie folgt vorgenommen: Beurteilungspegel am Arbeitsplatz bis 30 dB (A) – optimal, über 30 dB (A) bis 40 dB (A) – sehr gut, über 40 dB (A) bis 45 dB (A) – gut, über 45 dB (A) bis 50 dB (A) – im gewerblichen Umfeld akzeptabel, über 50 dB (A) bis 55 dB (A) – ungünstig, aber noch zulässig und über 55 db (A) – Geräuschbelastung zu hoch.

861) Bei der Beurteilung von Arbeitsplätzen mit ausgeübten Tätigkeiten in der Tätigkeitskategorie I sollten neben der Messung auch die Einschätzungen der Beschäftigten berücksichtigt werden. Denn auch Werte unterhalb der genannten Beurteilungspegel können bei Beschäftigten bereits als störend/belästigend empfunden werden. Auch wenn für Tätigkeitskategorie III keine Pegel genannt werden, gelten die Auslösewerte für Lärm gem. § 6 LärmVibrationsArbSchV.

von Hintergrundrauschen als Maskierer für die Hintergrundsprache soll vermieden werden.[862) 863) 864)]

(5) Müssen zeitweilig Tätigkeiten der Tätigkeitskategorien I oder II (z. B. Arbeiten an einem Prüfstand in der Produktionshalle, Vor-Ort-Roboterprogrammierung, Optimieren von Software und Prozessschritten komplexer Transferstraßen, Teachen von Robotern in komplexen Roboterlinien) in einer Arbeitsumgebung verrichtet werden, in der die zulässigen Beurteilungspegel gemäß Punkt 5.1 Absätze 1 und 2 aus betriebstechnischen Gründen (z. B. keine Möglichkeit der Abschaltung von Maschinen oder der Nutzung von Produktionspausen) nicht eingehalten werden, sind die entsprechenden Arbeitsplätze – soweit möglich – durch Kapselung (Schallschutzkabinen) oder veränderte Arbeitsverfahren oder Arbeitsabläufe (z. B. Fernwartung und -programmierung, Einsatz mobiler Schallschutzkabinen) so zu gestalten, dass die Anforderungen eingehalten werden. Im Ausnahmefall ist das Tragen persönlicher Schutzausrüstung gegen Lärm eine ergänzende Maßnahme. Die Anwendung von persönlicher Schutzausrüstung darf keine dauerhafte Maßnahme sein.

(6) Ist in bestehenden Arbeitsstätten die Einhaltung der maximal zulässigen Beurteilungspegel für Tätigkeiten nach Punkt 5.1 Absätze 1 bis 4 mit Aufwendungen verbunden, die offensichtlich unverhältnismäßig sind, so hat der Arbeitgeber zu prüfen, wie durch andere oder ergänzende Maßnahmen die Sicherheit und der Gesundheitsschutz der Beschäftigten in vergleichbarer Weise gesichert werden kann; die erforderlichen Maßnahmen hat er durchzuführen. Eine mögliche Maßnahme kann z. B. die Gestaltung der Arbeitsorganisation sein. Diese Maßnahmen können solange herangezogen werden, bis die bestehenden Arbeitsstätten wesentlich umgebaut oder die Arbeitsverfahren oder Arbeitsabläufe wesentlich umgestaltet werden. Wird persönliche Schutzausrüstung gegen Lärm zur Verfügung gestellt, darf dies keine dauerhafte Maßnahme sein.

[862)] Bei gegebenem Schallpegel ist ein gleichförmiges, keiner identifizierbaren Quelle zuordenbares Geräusch weniger störend als ein aufgrund der zeitlichen Struktur, des Frequenzspektrums oder des Signalabstandes zum Hintergrundgeräusch einer Quelle zuordenbares Geräusch. Die Identifizierbarkeit und damit der Störgrad ist besonders groß, wenn es sich um Sprachgeräusche handelt und diese – auch nur teilweise – verstanden werden können.

[863)] Aus der Auswertung von Beschwerden sind von der BAuA in den arbeitswissenschaftlichen Erkenntnissen 2003 pragmatisch folgende Kriterien für die Gestaltung von Bildschirmarbeitsplätzen im Bürobereich abgeleitet worden: Kriterium 1: Eine einzelne Schallquelle soll den von allen übrigen Schallquellen verursachten Schallpegel um nicht mehr als 4 dB(A) übersteigen. Kriterium 2: Die Sprache anderer Personen, die nicht zur Arbeitsaufgabe gehört und nicht stören soll, sollte mindestens 3 dB(A) unter dem von allen übrigen Schallquellen verursachten Schallpegel liegen. Kriterium 3: Der von allen Quellen verursachte Schallpegel soll ohne die eigenen Geräusche so niedrig wie möglich sein.

[864)] Die Norm DIN EN ISO 9241-6:2001-03 Ergonomische Anforderungen für Bürotätigkeiten mit Bildschirmgeräten, T. 6: Leitsätze für die Arbeitsumgebung, enthält Empfehlungen für die Schalldämmung von Bauteilen für verschiedene Bürotätigkeiten und für Hintergrundgeräuschpegel (ohne Aktivitäten und Geräte), die nicht überschritten werden sollten. Der Hintergrundgeräuschpegel im Raum sollte danach für Mehrpersonenbüros mit üblichen Benutzeranforderungen (Tätigkeiten mit zeitweiliger Konzentration, gelegentlich mechanisiert) 35 bis 45 dB(A) betragen. Dieser Höchstwert wurde auch in der Tabelle unter Nr. 6 der ASR A3.7 zu den Hintergrundgeräuschen berücksichtigt.

Lärm ASR A3.7

5.2 Raumakustische Anforderungen[865]

5.2.1 Raumakustische Anforderungen an Büroräume[866]

In Büroräumen sollen in Abhängigkeit der Nutzungsart im unbesetzten Raum folgende Nachhallzeiten T in den Oktavbändern von 250 Hz bis 2000 Hz nicht überschritten werden:

Callcenter (Büro für kommunikationsbasierte Dienstleistungen): T = 0,5 s,

Mehrpersonen- und Großraumbüro: T = 0,6 s,

Ein- und Zweipersonenbüro: T = 0,8 s.

Hinweis:

In der Regel besteht in Büroräumen der Bedarf einer guten Sprachverständlichkeit über geringe Entfernungen, bei der andere, nicht beteiligte Personen nicht gestört werden.[867]

5.2.2 Akustische Anforderungen an Räume in Bildungsstätten

In Bildungsstätten, z. B. Kindertageseinrichtungen, Schulen, Hochschulen, darf in besetztem Zustand des Raumes für die Anforderung „Unterricht mit Personen ohne Bedürfnis nach erhöhter Sprachverständlichkeit" die Nachhallzeit T_{soll} die mit nachfolgender Formel errechneten Werte in den Oktavbändern von 250 Hz bis 2000 Hz nicht überschreiten. Dabei ist in den Oktavbändern von 250 Hz bis 2000 Hz jeweils eine Toleranz von +/-20 % zulässig.

$T_{soll} = (0{,}32 \cdot \lg V/m^3 - 0{,}17)$ s

mit V = Raumvolumen in m^3

Beispiel: Für einen Unterrichtsraum mit einem Raumvolumen von 210 m^3 errechnet sich demnach für den besetzten Zustand ein Sollwert für die Nachhallzeit von etwa 0,6 s.

Hinweis:

Gemäß Bundesgleichstellungsgesetz und vergleichbarer Landesregelungen sind öffentlich zugängliche Neubauten inklusiv zu errichten. Bei erhöhten Anforderungen an die Sprachverständlichkeit, z. B. bei Personen mit Hörminderung oder Fremdsprachenunterricht, kann es erforderlich sein, die Nachhallzeit weiter zu verringern.

---

[865] Die raumakustischen Anforderungen sollen im Wesentlichen eine gute Sprachverständlichkeit gewährleisten.
[866] Geringe Nachhallzeiten verbessern die Sprachverständlichkeit. Ziel der raumakustischen Gestaltung der Räume ist, möglichst viel Direktschall zum Zuhörer zu bringen und durch ausreichende Schallabsorptionsgrade an den Oberflächen im Raum möglichst wenig Nachhall zu erzeugen.
[867] In Teambüros, bei teamorientiertem Arbeiten in verschiedenen Raumzonen („acitivity based design"), ist die gute Sprachverständlichkeit zur Erleichterung der Kommunikation dagegen auch über größere Distanzen notwendig. Eine notwendige Abweichung von der Regel sollte in einer Gefährdungsbeurteilung begründet werden.

5.2.3 Akustische Anforderungen an sonstige Räume mit Sprachkommunikation

(1) Alle sonstigen Arbeitsräume, in denen Sprachkommunikation erforderlich ist und die nicht in den Punkten 5.2.1 und 5.2.2 geregelt sind, sollen durch raumakustische Maßnahmen so gestaltet werden, dass ein mittlerer Schallabsorptionsgrad von mindestens $\bar{\alpha} = 0{,}3$ beim eingerichteten Raum erreicht wird.

(2) Als anzusetzender Schallabsorptionsgrad α des jeweiligen Oberflächenmaterials ist der arithmetische Mittelwert der Absorptionsgrade in den Oktavbändern mit den Mittenfrequenzen von 250 Hz, 500 Hz, 1000 Hz und 2000 Hz zu nehmen. Alternativ ist in größeren Räumen (>1000 m^3) im Abstandsbereich von 0,75 m bis 6 m eine mittlere Schalldruckpegelabnahme in den Oktavbändern mit den Mittenfrequenzen von 500 Hz bis 4000 Hz je Abstandsverdopplung von mindestens 4 dB ausreichend.

6 Beurteilung von Gefährdungen durch Lärm beim Einrichten von Arbeitsstätten

Wenn Arbeitsstätten eingerichtet oder wesentlich erweitert oder umgebaut oder die Arbeitsverfahren oder Arbeitsabläufe wesentlich umgestaltet werden, ist bereits bei der Planung zu berücksichtigen, dass die Beurteilungspegel für Tätigkeiten an Arbeitsplätzen in Arbeitsräumen sowie die raumakustischen Anforderungen an Arbeitsräume gemäß Punkt 5 eingehalten werden.

Hierbei sind insbesondere zu beachten:
- die Bauakustik, Raumakustik sowie Maßnahmen zum Lärmschutz,
- die Grundflächen für Arbeitsplätze und Arbeitsräume gemäß ASR A1.2 „Raumabmessungen und Bewegungsflächen",
- die Arbeitsaufgaben/Tätigkeit der Beschäftigten für die zu planenden Arbeitsräume,
- die Arbeitsorganisation,
- die Anforderungen an Arbeitsmittel gemäß BetrSichV,
- die Belüftung der Arbeitsräume.

Hinweis:

Niedrige Schalldruckpegel der Hintergrundgeräusche in Arbeitsräumen erleichtern in der Regel das Einhalten von Beurteilungspegeln und ermöglichen in Räumen in Bildungsstätten in der Regel eine gute Kommunikation zwischen Sprecher und Hörer.[868]

Die nachfolgende tabellarische Aufstellung enthält für verschiedene Raumarten die empfohlenen Höchstwerte für Hintergrundgeräusche, beschrieben durch den A-bewerteten äquivalenten Dauerschallpegel L_{pAeq}.

---

[868] Obwohl die Innenraumpegel bei geschlossenem Fenster gelten, sind nach der ASR A3.6 Lüftung erforderliche (regelmäßige) Lüftungszeiten beim Messen und Beurteilen zu berücksichtigen (s. Anh. zu ASR A3.6). Bei zeitweiligen, vorübergehenden Schalleinwirkungen bei geöffnetem Fenster (z. B. für eine gelegentliche nicht nach ASR A3.6 geforderte freie Lüftung) kann es zu Überschreitungen kommen, die nicht bemängelt werden können (s. Nr. 7 Abs. 2).

Lärm ASR A3.7

Raumart	empfohlene Höchstwerte für A-bewertete äquivalente Dauerschallpegel L_{pAeq} durch Hintergrundgeräusche L_{pAeq} in dB(A)
Konferenzraum, Klassenraum,[869] Schulungsraum, Gruppenraum, Kindertagesstätte, Hörsaal, Seminarraum	35*)
Zweipersonenbüros	40*)
Großraumbüros	45*)
industrielle Laboratorien	35*)/52**)
Kontroll-/Steuerräume in der Industrie	35*)/55**)
industrielle Arbeitsstätten	65**)/70***)

*) *für maximalen Beurteilungspegel von 55 dB(A) nach Punkt 5.1*
**) *für maximalen Beurteilungspegel von 70 dB(A) nach Punkt 5.1*
***) *kein Beurteilungspegel*

7 Beurteilung von Gefährdungen durch Lärm beim Betreiben von Arbeitsstätten

(1) Beim Betreiben einer Arbeitsstätte können Halligkeit,[870] schlechte Sprachverständlichkeit, störende Sprachgeräusche, tonhaltige Geräusche, deutlich wahrnehmbare Hintergrundgeräusche sowie Beschwerden von Beschäftigten über Lärm am Arbeitsplatz Hinweise auf unzureichende raumakustische Bedingungen, zu hohe Beurteilungspegel für Tätigkeiten an Arbeitsplätzen in Arbeitsräumen oder tieffrequente Schallbelastungen sein, die zu einer Gefährdung der Gesundheit der Beschäftigten führen können und im Rahmen der Gefährdungsbeurteilung weitere Ermittlungen und eine Beurteilung der akustischen Situation erfordern.[871]

(2) Für die Beurteilung der Gefährdung durch Lärm sind typische und längerfristig stabile Betriebsabläufe in einer Arbeitsstätte oder an einem Arbeitsplatz zu betrachten. Einzelne, zufällige oder zeitweilige, vorübergehende Schalleinwirkungen durch Dritte, z. B. Lärm durch Einsatz- oder Abfallsammelfahrzeuge, Gartengeräte oder benachbarte Baustellen, sind nicht zu berücksichtigen.

---

869) Die empfohlenen Höchstwerte für A-bewertete äquivalente Dauerschallpegel L_{pAeq} durch Hintergrundgeräusche in der Tabelle gelten für Klassenräume, aber nicht für Turnhallen und Musikräume.
870) Halligkeit wird in (meistens relativ großen) Räumen durch reflektierten Schall hervorgerufen, der etwas später am Ohr eintrifft, als der direkte Schall von der Quelle. Halligkeit verringert die Sprachverständlichkeit.
871) Abs. 1 nennt die Faktoren, die bei einer Gefährdungsbeurteilung zu berücksichtigen sind und empfiehlt weiterreichende Ermittlungen erst, wenn störende Einflüsse wie Halligkeit, schlechte Sprachverständlichkeit usw. deutlich wahrnehmbar sind.

(3) Die Beurteilung der akustischen Situation während des Betreibens der Arbeitsstätte kann mit einem vereinfachten Verfahren durch lärmbezogene Arbeitsplatzbegehung erfolgen (Punkt 7.1).

(4) Alternativ können auch weitergehende Ermittlungsverfahren zur differenzierten Beurteilung von Raumakustik, Lärmpegeln und tieffrequentem Schall angewendet werden (Punkte 7.2 bis 7.6):
- Ermittlung der raumakustischen Kennwerte durch Abschätzung (Punkt 7.2),
- Ermittlung der raumakustischen Kennwerte durch Messung (Punkt 7.3),
- Ermittlung von Lärmpegeln für Tätigkeiten durch orientierende Messung (Punkt 7.4),
- Ermittlung von Beurteilungspegeln für Tätigkeiten an Arbeitsplätzen in Arbeitsräumen (Punkt 7.5),
- Bewertung von tieffrequentem Lärm (Punkt 7.6).

Hinweis zu Absatz 2

Um die Belastung der Beschäftigten in Arbeitsstätten bei von Dritten verursachtem Baulärm zu reduzieren, ist mittels lärmbezogener Arbeitsplatzbegehung nach Absatz 3 oder orientierender Messung nach Punkt 7.4 Absatz 4 zu prüfen, ob organisatorische Regelungen (z. B. zeitweilige Verlagerung von Arbeitsplätzen in lärmärmere Bereiche, Anpassung der Arbeitsabläufe, der Pausen- oder Arbeitszeiten) oder im Ausnahmefall das Bereitstellen von persönlicher Schutzausrüstung (Gehörschutz) je nach Baufortschritt der Baustelle möglich und sinnvoll sind. Der Arbeitgeber kann außerdem bei der dafür zuständigen Stelle gegebenenfalls darauf hinwirken, dass Baustellen nach dem Stand der Lärmminderungstechnik betrieben werden.

Hinweis zu Absätzen 3 und 4:

Sind nach der ASR A3.6 „Lüftung" Lüftungszeiten erforderlich, sind diese beim Messen und Beurteilen zu berücksichtigen.

7.1 Vereinfachtes Verfahren durch lärmbezogene Arbeitsplatzbegehung

(1) Die lärmbezogene Arbeitsplatzbegehung dient zur Feststellung, ob am Arbeitsplatz unter Betriebsbedingungen störender oder belästigender Schall (Lärm) auftritt. Sie ist von mindestens 2 Personen unabhängig voneinander zu Zeiten des längerfristig typischen Betriebsablaufs am zu beurteilenden Arbeitsplatz vorzunehmen.[872]

---

872) Die lärmbezogene Arbeitsplatzbegehung ist eine subjektive Einschätzung, ob weitere Untersuchungen erforderlich sind. Dabei werden sowohl die Beurteilungspegel (Lautstärke im Raum) als auch die raumakustischen Bedingungen (Sprachverständlichkeit) erfasst. Die Beschäftigten sollten einbezogen werden.

Lärm ASR A3.7

(2) Bei der lärmbezogenen Arbeitsplatzbegehung ist insbesondere auf Folgendes zu achten:[873]
1. Arbeitsplatz-/Raumgestaltung/Arbeitsorganisation:
   a) Wirkt der Raum hallig? Gibt es schallharte und glatte Materialien an Wänden, Decken, Fußböden sowie bei Einrichtungen, Einbauten usw. oder große Fensterflächen?
   b) Wie wird der Raum genutzt? Welche akustischen Anforderungen bestehen? Treten informationshaltige Geräusche, Sprachgeräusche oder andere störende Geräusche auf?
   c) Gibt es Besonderheiten in der Raumnutzung? Werden Tätigkeiten mit unterschiedlichen akustischen Anforderungen an Arbeitsplätze zur gleichen Zeit im gleichen Raum durchgeführt? Gibt es akustisch dominante Schallquellen am oder in der Nähe des Arbeitsplatzes?
2. Entsteht Lärm im Raum? Sind schallemittierende Geräte/Arbeitsmittel am Arbeitsplatz oder im Umfeld des Arbeitsplatzes angeordnet (Büro: z. B. Drucker; Produktion: z. B. Fördertechnik)?
3. Wird Lärm von außen eingetragen? Wirken Schallquellen außerhalb des Raumes (z. B. Maschinen, Verkehrslärm, Aufzugsanlagen) auf den Arbeitsplatz ein?

(3) Nur wenn sich durch die lärmbezogene Arbeitsplatzbegehung störender oder belästigender Schall (Lärm) eindeutig ausschließen lässt, sind keine weiteren Ermittlungen oder Maßnahmen erforderlich.

(4) Wird bei der lärmbezogenen Arbeitsplatzbegehung störender oder belästigender Schall (Lärm) festgestellt, hat der Arbeitgeber entweder Maßnahmen festzulegen, umzusetzen und eine Wirksamkeitskontrolle durchzuführen oder er hat geeignete weitergehende Ermittlungsverfahren gemäß Punkt 7 Absatz 4 auszuwählen und anzuwenden. Liegt nach einer Wirksamkeitskontrolle kein störender oder belästigender Schall (Lärm) mehr vor, sind keine weiteren Ermittlungen oder Maßnahmen erforderlich.

Den Ablauf des vereinfachten Verfahrens durch lärmbezogene Arbeitsplatzbegehung stellt Abbildung 2 dar.

---

[873] Dieser Absatz kann als Checkliste verwendet werden.

ASR A3.7 — Lärm

```
┌─────────────────────────────────┐      ┌─────────────────────────────┐
│       lärmbezogene              │      │  geeignete weitergehende    │
│     Arbeitsplatzbegehung        │      │       Verfahren gemäß       │
│ (vereinfachtes Verfahren gemäß 7.1) │  │   7.2 bis 7.6 auswählen und │
│                                 │      │           anwenden          │
└─────────────────┬───────────────┘      └──────────────▲──────────────┘
                  ▼                                      │
              ┌───────┐                                  │
              │ Ziel  │                                  │
              └───┬───┘                                  │
                  ▼                                      │
        ┌───────────────────┐                            │
        │   Durchführung:   │                            │
        │   Voraussetzung;  │                            │
        │ Verfahrenshinweise│                            │
        └─────────┬─────────┘                            │
                  ▼                                      │
  ┌──────────────┐     ┌─────────────────┐               │
  │  kein Lärm:  │◄────│    ERGEBNIS     │               │
  │keine weiteren│     │Arbeitsplatzbegehung│            │
  │ Ermittlungen/│     └────────┬────────┘               │
  │  Maßnahmen   │              ▼                        │
  └──────┬───────┘     ┌─────────────────┐               │
         ▼             │ Lärm festgestellt├───────────────┤
  ┌──────────────┐     └────────┬────────┘               │
  │ Arbeitsplatz │              ▼                        │
  │      OK      │     ┌─────────────────┐               │
  └──────────────┘     │    Maßnahmen    │               │
                       │festlegen, umsetzen,◄─────────┐  │
                       │Wirksamkeitskontrolle│         │  │
                       │   durchführen   │             │  │
                       └────────┬────────┘             │  │
                                ▼                      │  │
                       ┌─────────────────┐   ┌─────────┴──┐
                       │    ERGEBNIS     ├──►│weiterhin Lärm│
                       │Wirksamkeitskontrolle│ │festgestellt│
                       └────────┬────────┘   └────────────┘
                                ▼
                       ┌─────────────────┐
                       │  kein Lärm, keine│
                       │weiteren Ermittlungen/│
                       │    Maßnahmen    │
                       └────────┬────────┘
                                ▼
                        ┌──────────────┐
                        │ Arbeitsplatz │
                        │      OK      │
                        └──────────────┘
```

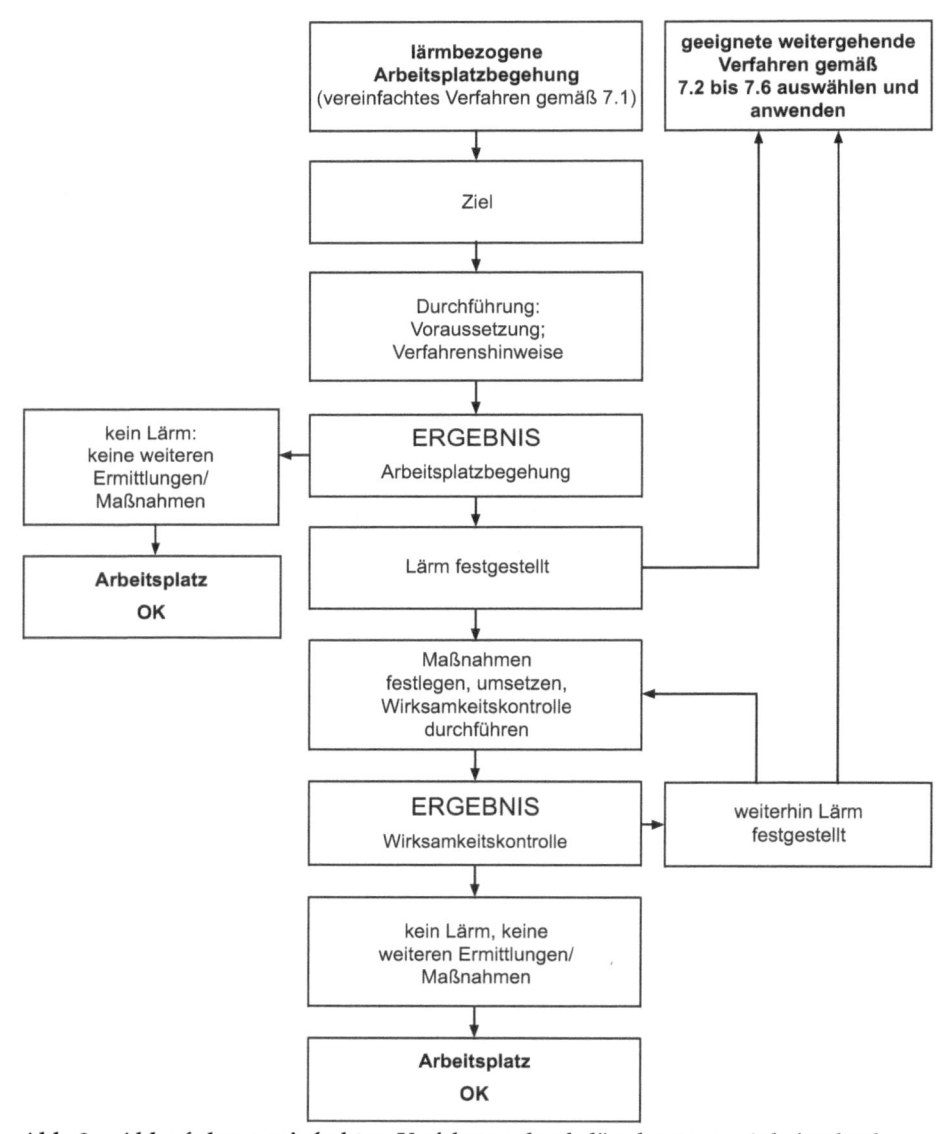

Abb. 2: Ablauf des vereinfachten Verfahrens durch lärmbezogene Arbeitsplatzbegehung

7.2 Ermittlung der raumakustischen Kennwerte durch Abschätzung

(1) Die Abschätzung der raumakustischen Kennwerte (Nachhallzeit, mittlerer Schallabsorptionsgrad) von Räumen in bestehenden Arbeitsstätten kann mit Kenntnis der Raumabmessungen und der Schallabsorptionsgrade der raumbegrenzenden Oberflächen und der weiteren Oberflächen (z. B. Einrichtung, Trennwände) entsprechend des Anhangs 2 erfolgen.

(2) Lässt sich durch die Abschätzung der raumakustischen Kennwerte feststellen, dass die Anforderungen entsprechend Punkt 5.2 eingehalten werden, sind keine weiteren Ermittlungen oder raumakustische Maßnahmen erforderlich.

(3) Wird durch die Abschätzung der raumakustischen Kennwerte festgestellt, dass diese nicht eingehalten werden, hat der Arbeitgeber Maßnahmen festzulegen, umzusetzen und eine Wirksamkeitskontrolle durchzuführen. Werden danach die Anforderungen entsprechend Punkt 5.2 eingehalten, sind keine weiteren Ermittlungen oder raumakustische Maßnahmen erforderlich.

7.3 Ermittlung der raumakustischen Kennwerte durch Messung

(1) Alternativ zu Punkt 7.2 lassen sich die raumakustischen Kennwerte unter bestimmten Bedingungen (Raumdimensionen, Diffusität[874]) usw.) durch Messung der Nachhallzeit oder der mittleren Schalldruckpegelabnahme je Abstandsverdopplung ermitteln.

(2) Personen, die raumakustische Kennwerte ermitteln, müssen aufgrund ihrer fachlichen Ausbildung oder ihrer Erfahrungen entsprechende Kenntnisse über die Beurteilung der Raumakustik haben, z. B. unter der Anwendung der DIN EN ISO 3382-2:2008-09 oder der Anwendung des Verfahrens zur Ermittlung der mittleren Schalldruckpegelabnahme je Abstandsverdopplung gemäß TRLV Lärm Teil 3, Ausgabe Januar 2010, Punkt 4.3.2.

Hinweis:

Eine frequenzabhängige Ermittlung der Nachhallzeit ist notwendig für die Planung geeigneter Maßnahmen, z. B. den gezielten Einsatz frequenzadaptierter Absorber.

(3) Wenn für Räume entsprechend Punkt 5.2.1 und Punkt 5.2.2 die vorgegebenen Nachhallzeiten eingehalten werden, sind keine weiteren Ermittlungen oder raumakustische Maßnahmen erforderlich. Gleiches gilt für einen sonstigen Arbeitsraum mit Sprachkommunikation, wenn der aus der Nachhallzeit ermittelte mittlere Schallabsorptionsgrad oder die gemessene Schalldruckpegelabnahme je Abstandsverdopplung entsprechend Punkt 5.2.3 eingehalten wird.

(4) Wird durch die messtechnische Ermittlung der raumakustischen Kennwerte festgestellt, dass die Anforderungen entsprechend Punkt 5.2 nicht eingehalten werden, hat der Arbeitgeber Maßnahmen festzulegen, umzusetzen und eine Wirksamkeitskontrolle durch-

---

874) Diffusität ist ein Maß dafür, wie gleichmäßig (homogen) Schall im Raum verteilt ist. Diffuse Schallfelder entstehen in Räumen, in denen der Schall wiederholt reflektiert wird.

zuführen. Werden die Anforderungen danach eingehalten, sind keine weiteren Ermittlungen oder raumakustische Maßnahmen erforderlich.

7.4 Ermittlung von Lärmpegeln für Tätigkeiten durch orientierende Messung[875]

(1) Bei der orientierenden Messung ist der A-bewertete äquivalente Dauerschallpegel während der Tätigkeit zu ermitteln. Die Messung hat die während der Tätigkeit längerfristig typisch auftretenden Geräusche zu erfassen. Eigengeräusche sind bei der Messung nicht mit zu erfassen.

Hinweis:

Die orientierende Messung ist ein verkürztes und vereinfachtes Verfahren, das auf den Grundzügen des in der DIN 45645-2:2012-09 genormten Mess- und Beurteilungsverfahrens zur Ermittlung des Beurteilungspegels am Arbeitsplatz basiert.

(2) Für orientierende Messungen zur Ermittlung des Lärmpegels bei Tätigkeiten am Arbeitsplatz sind integrierende Schallpegelmesser der Klasse 1 oder 2 (Genauigkeit des Messgerätes) einzusetzen.

Hinweis:

Die Anforderungen an die Schallpegelmesser sind in DIN EN 61672-1:2014-07 genormt.

(3) Die Schallimmission wird mit dem Schallpegelmesser an dem Ort erfasst, an dem die Tätigkeit ausgeübt wird. Grundsätzlich wird diese Messung aus technischen Gründen so durchgeführt, dass die beschäftigte Person ihren Arbeitsplatz nicht einnimmt (Schallreflexionen, Abschattungseffekte). Das Mikrofon wird dabei an der üblichen Position des Kopfes in Höhe der Augen gehalten. Sollte die Anwesenheit der beschäftigten Person am Arbeitsplatz während der Messung erforderlich sein, ist das Mikrofon in Ohrnähe der beschäftigten Person so zu positionieren, dass die Geräuscheinwirkung auf das Mikrofon nicht durch den Körper der beschäftigten Person behindert wird.

(4) Die Messzeit muss nach Art, Ausmaß und Dauer (Abbildung 3) jeweils lang genug sein, um den mittleren Schalldruckpegel der betrachteten Schalleinwirkung zu erfassen, das heißt die Messung muss sich nicht über die gesamte Zeitdauer der betrachteten Schalleinwirkung erstrecken:
– Bei konstanter Schalleinwirkung ist erfahrungsgemäß eine Messzeit von circa 20 s je Messung ausreichend.
– Bei periodisch schwankenden Schalleinwirkungen ist mindestens ein vollständiger Zyklus je Messung zu erfassen.
– Bei zeitlich zufällig schwankenden Schalleinwirkungen ist je Messung eine längere Messzeit erforderlich, die sich gegebenenfalls über den gesamten Geräuschabschnitt erstrecken muss.

---

875) Kann durch die Arbeitsplatzbegehung störender oder belästigender Schall (Lärm) nicht ausgeschlossen werden und gelingt eine ausreichende Besserung der Situation durch Maßnahmen nicht, ist eine orientierende Messung der mittleren Schallpegel erforderlich.

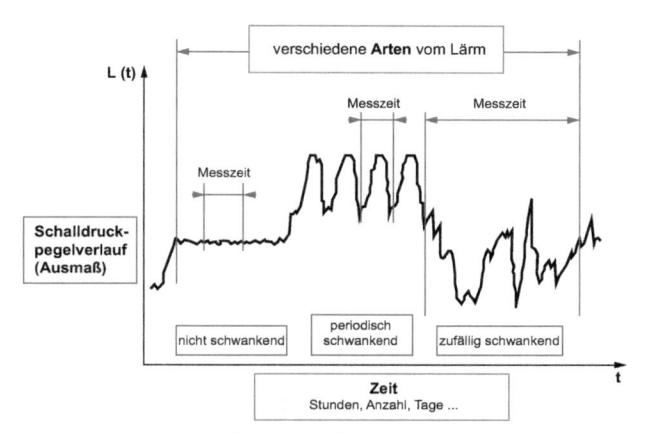

Abb. 3: Art, Ausmaß und Dauer der Lärmeinwirkung, nach TRLV Lärm Teil 2 „Messung von Lärm". Technische Regel zur Lärm- und Vibrations-Arbeitsschutzverordnung, August 2017

(5) Die Messung kann jeweils beendet werden, wenn erkennbar ist, dass sich der angezeigte A-bewertete äquivalente Dauerschallpegel L_{pAeq} durch alle zu erwartenden weiteren Geräuschbeiträge nicht mehr nennenswert ändert.

(6) Weitere Ermittlungen oder Maßnahmen sind nicht erforderlich, wenn
a) bei Tätigkeiten der Tätigkeitskategorie I durch orientierende Messung festgestellt wird, dass der A-bewertete äquivalente Dauerschallpegel während der Tätigkeit weniger als 46 dB(A) beträgt,
b) bei Tätigkeiten der Tätigkeitskategorie II durch orientierende Messung festgestellt wird, dass der A-bewertete äquivalente Dauerschallpegel während der Tätigkeit weniger als 61 dB(A) beträgt.

(7) Wird durch die orientierende Messung festgestellt, dass die Werte nach Absatz 6 a) oder b) überschritten werden, kann der Arbeitgeber Maßnahmen festlegen, umsetzen und eine Wirksamkeitskontrolle durchführen. Werden danach die Werte nach Absatz 6 a) oder b) eingehalten, sind keine weiteren Ermittlungen zu Pegelwerten bei Tätigkeiten in Arbeitsräumen erforderlich.
Alternativ kann er auch durch das Verfahren zur Ermittlung von Beurteilungspegeln für Tätigkeiten an Arbeitsplätzen in Arbeitsräumen überprüfen, ob die Anforderungen nach Punkt 5.1 eingehalten werden.

ASR A3.7 — Lärm

7.5 Ermittlung von Beurteilungspegeln für Tätigkeiten an Arbeitsplätzen in Arbeitsräumen[876]

(1) Die Ermittlung des Beurteilungspegels am Arbeitsplatz umfasst mindestens folgende Arbeitsschritte:
- Arbeitsplatzanalyse,
- Durchführung der Messung,
- Bestimmung der Zuschläge,
- Umgang mit Messunsicherheiten.

Hinweis:
Ein geeignetes Verfahren ist das in DIN 45645-2:2012-09 dargestellte Mess- und Beurteilungsverfahren.

(2) Die Ermittlung des Beurteilungspegels verlangt von der durchführenden Person mindestens Kenntnisse:
- über die Inhalte der ASR A3.7 „Lärm",
- über das Beurteilungsverfahren z. B. nach DIN 45645-2:2012-09,
- über die zu bestimmenden Messgrößen, Zuschläge und Messunsicherheiten.

(3) Zur Ermittlung des Beurteilungspegels ist es gegebenenfalls erforderlich, dass die für den Arbeitgeber tätig werdenden Personen Einsicht in alle für die Ermittlung erforderlichen Unterlagen nehmen können und alle notwendigen Informationen über Arbeitsprozesse und Organisation der Arbeiten erhalten, z. B. die Art der Tätigkeit der Beschäftigten, die Dauer der Lärmeinwirkung.

(4) Am zu beurteilenden Arbeitsplatz ist durch eine Arbeitsplatzanalyse zu ermitteln, welche Schallimmissionen auf die beschäftigte Person über welche Zeiträume einwirken, ob impuls- oder ton- und informationshaltige Geräusche vorliegen und ob die angetroffenen Schallsituationen für eine festzulegende Nutzungsphase repräsentativ sind. Jede charakteristische Schallsituation ist eigenständig zu betrachten, wenn sie eine Stunde oder länger anhält. Für diese Zeiträume sind die Beurteilungspegel jeweils separat zu ermitteln.

(5) Für die Messung gelten die Ausführungen unter Punkt 7.4 Absätze 2 bis 5. Es sind jedoch geprüfte Messgeräte zu verwenden. Zusätzlich wird die Impulshaltigkeit der Schallimmission ermittelt.

(6) Zur Bestimmung der Zuschläge K_I und K_T gelten folgende Regeln:
a) Kein Zuschlag K_I für impulshaltigen Schall, wenn die Differenz aus L_{pAIeq} und L_{pAeq} kleiner als 3 dB(A) ist. Bei einer Differenz von mindestens 3 dB entspricht der Impulszuschlag K_I der gemessenen Differenz, jedoch maximal einem Wert von 6 dB(A).
b) Der Zuschlag K_T für ton- und informationshaltigen Schall ist je nach Auffälligkeit und Störwirkung mit 0 dB(A), 3 dB(A) oder 6 dB(A) anzusetzen.
c) Die Summe beider Zuschläge ist auf 6 dB(A) begrenzt.

---

[876] Wenn weder in einer Arbeitsplatzbegehung noch mithilfe einer orientierenden Messung entschieden werden konnte, ob die Anforderungen nach Punkt 5.1 eingehalten werden, ist der Beurteilungspegel zu ermitteln.

Lärm ASR A3.7

(7) Der Beurteilungspegel L_r für die zu beurteilende Tätigkeit ergibt sich als Summe aus dem A-bewerteten äquivalenten Dauerschallpegel L_{pAeq} während der Tätigkeit und den bestimmten Zuschlägen für Impulshaltigkeit (K_I) sowie Ton- und Informationshaltigkeit (K_T):[877]

$$L_r = L_{pAeq} + K_I + K_T$$

(8) Liegen die ermittelten Beurteilungspegel für die Tätigkeit am zu beurteilenden Arbeitsplatz oberhalb der in Punkt 5.1 vorgegebenen Werte, hat der Arbeitgeber Maßnahmen festzulegen, umzusetzen und eine Wirksamkeitskontrolle durchzuführen.

(9) Liegen die ermittelten Beurteilungspegel für die Tätigkeit am zu beurteilenden Arbeitsplatz unterhalb der in Punkt 5.1 vorgegebenen Werte, sind keine weiteren Maßnahmen zur Pegelminderung erforderlich.

7.6 Bewertung von tieffrequentem Lärm

(1) Zur Bewertung tieffrequenter Geräusche können ergänzende Messungen erforderlich sein. Besteht eine begründete Möglichkeit der Einwirkung tieffrequenter Lärmanteile, sind gesonderte messtechnische Überprüfungen erforderlich.[878] Weitere Erkenntnisse kann dazu eine Terzanalyse z. B. entsprechend DIN 45680:1997-03 ergeben.

(2) Eine begründete Möglichkeit ergibt sich z. B. daraus, dass die Wahrnehmungsschwelle für tieffrequenten Schall überschritten wird und sich Symptome der Beschäftigten (siehe Anhang 1) beim Verlassen des Arbeitsplatzes verringern.

(3) Wird die Einwirkung tieffrequenter Lärmanteile festgestellt, die die Sicherheit und Gesundheit der Beschäftigten beeinträchtigen, hat der Arbeitgeber Maßnahmen festzulegen, umzusetzen und eine Wirksamkeitskontrolle durchzuführen.

8 Maßnahmen zum Lärmschutz

(1) Bei Maßnahmen zum Lärmschutz ist folgende Rangfolge zu beachten: technische Maßnahmen stehen vor organisatorischen und persönlichen.

(2) Die Gestaltung lärmarmer Arbeitsstätten ist schon bei der Planung zu berücksichtigen.

(3) Beim Einrichten und Betreiben der Arbeitsstätte ist auf die Auswahl lärmarmer Arbeitsmittel zu achten. Dabei sind bei Maschinen die vom Hersteller nach der Neunten Verordnung zum Produktsicherheitsgesetz (9. ProdSV) in der Betriebsanleitung anzugebenden Geräuschemissionswerte zu berücksichtigen.[879]

---

[877] Beispiel: Zuschlag für Impulshaltigkeit und Zuschlag für Ton- und Informationshaltigkeit max. 6 dB(A), Zuschlag für Messunsicherheit Klasse 2 Gerät 3 dB(A); Gesamtzuschlag 9 dB(A). Bei Messung unter 46 dB(A) ist die Einhaltung des Wertes von 55 dB(A) aus Abschnitt 5.1 gewährleistet.
[878] Als erstes Prüfkriterium dafür, ob eine tieffrequente Schallsituation bestehen könnte, kann geprüft werden, ob die Differenz zwischen dem C-bewerteten Pegel und dem A-bewerteten Pegel über 20 dB liegt.
[879] Die Geräuschemissionswerte sind zum Vergleich der Maschinen untereinander geeignet. Sie dürfen nicht mit den Beurteilungspegeln im Raum verwechselt werden. Auf der Basis der Geräuschemissionswerte müssen die Pegel an den Arbeitsplätzen erst abgeschätzt werden.

(4) Die raumakustischen Maßnahmen sind auf den Arbeitsplatz und die jeweilige Tätigkeit abzustimmen.

(5) Maßnahmen zum Lärmschutz sind erforderlich, wenn dies als Ergebnis von Punkt 6 oder Punkt 7 festgestellt wurde.

(6) Zusätzlich können im Rahmen der Gefährdungsbeurteilung weitere Maßnahmen zum Lärmschutz erforderlich werden, die sich aufgrund identifizierbarer und vermeidbarer akustischer Störquellen ergeben (z. B. pfeifende oder schleifende Lüfter, akustische Rückkopplungen in Telefonanlagen, tieffrequente Geräusche).

(7) Ist in bestehenden Arbeitsstätten die Verbesserung des Schallschutzes baulicher Anlagen, die zum Zeitpunkt ihrer Errichtung oder der Änderung oder des Austausches wesentlicher Bauteile den gültigen bauordnungsrechtlichen Vorgaben zum Schallschutz entsprachen, mit Aufwendungen verbunden, die offensichtlich unverhältnismäßig sind, hat der Arbeitgeber zu prüfen, wie durch andere oder ergänzende Maßnahmen die Sicherheit und der Gesundheitsschutz der Beschäftigten in vergleichbarer Weise gesichert werden kann. Die erforderlichen Maßnahmen hat er durchzuführen. Eine solche Maßnahme kann z. B. das Einbringen weiterer raumakustisch wirksamer Elemente in Arbeitsräumen sein. Die ergänzenden Maßnahmen können solange herangezogen werden, bis die bestehenden Arbeitsstätten wesentlich umgebaut oder die baulichen Anlagen erheblich umgestaltet werden.

8.1 Technische Schutzmaßnahmen

Bei den technischen Maßnahmen hat die Lärmminderung an der Quelle (primäre Schutzmaßnahme) Vorrang vor der Lärmminderung auf dem Ausbreitungsweg und raumakustischen Maßnahmen (sekundäre Schutzmaßnahme).

8.1.1 Lärmminderung an der Quelle (primäre Schutzmaßnahme)

(1) Quellen für Lärm können sich sowohl in der Arbeitsstätte befinden als auch außerhalb liegen.

(2) Möglichkeiten zur Lärmminderung an der Quelle innerhalb der Arbeitsstätte bestehen z. B. an folgenden Schallquellen:
a) Gebäudeeinrichtungen und -ausstattungen
   - Lüftungs-/Klimaanlagen
   - Transformatoren
   - Heizungs- und Sanitäranlagen
   - schallharte Fußböden (Trittschall)
   - Türen
   - Motoren
   - Kompressoren
   - Druckluftentnahmestellen
b) Arbeitsmittel und Einrichtungen
   - Werkzeuge
   - Fertigungsmaschinen

- Bürogeräte
- Küchengeräte
- Medizingeräte
- Kommunikationsgeräte
- Transportwagen
- Tische und Stühle.

Hinweis:

Lärmarme Arbeitsmittel sind nach Beschaffung durch Instandhaltung möglichst im ursprünglichen Emissionszustand zu erhalten, z. B. ausgeschlagene Rechnerlüfter austauschen. In Kindertagesstätten z. B. Geschirrwagen und Spielzeuge mit Gummibereifung ausstatten, häufig bewegte Tische und Stühle mit Gleitern versehen und lärmarmes Geschirr sowie schalldämpfende Geschirrunterlagen verwenden.

8.1.2 Lärmminderung auf dem Übertragungsweg und raumakustische Maßnahmen (sekundäre Schutzmaßnahme)

(1) Von außerhalb des Raumes kommende Geräusche, z. B. Schallübertragungen von Raum zu Raum und lärmerzeugende Vibrationen in Arbeitsstätten können durch Dämpfung, Entkopplung oder Dämmung verringert werden. Zur Minderung von Lärm, der außerhalb der Arbeitsstätte entsteht (z. B. Verkehrslärm, Nachbarschaftslärm) können Wände, Fenster, Türen und Dächer akustisch wirksam gestaltet werden.

(2) Innerhalb des Raumes entstehende Geräusche können durch raumakustische Maßnahmen z. B. mit Stellwänden, Abschirmungen und Möbeln bereichsweise abgeschirmt werden.[880] Zur Verringerung der Schallreflexionen können raumakustisch wirksame Absorptionsflächen vorgesehen werden. Auch Möbel, Dekorationen, Warenregale auf Verkaufsflächen des Einzelhandels, Raumtextilien und Bodenbeläge können raumakustisch wirksam sein.

8.1.3 Lärmminderung durch Raum-in-Raum-Lösungen

Lärm, der in einem Arbeitsraum entsteht und der nicht in einen weiteren Arbeitsbereich in diesem Arbeitsraum übertragen werden soll, kann wirksam durch eine Raum-in-Raum-Lösung (z. B. stationäre oder mobile Schallschutzkabinen, Meisterräume, Wartungs- und Steuerungsräume) verringert werden.

8.1.4 Schutzmaßnahmen gegen tieffrequenten Lärm

(1) Die Entkopplung tieffrequenter Schallquellen (z. B. haustechnische Anlagen und Geräte) vom Gebäude kann die Weiterleitung tieffrequenten Schalls vermindern.

(2) Zur Schalldämmung von tieffrequentem Lärm sind in der Regel massive Wände und spezielle Schallschutzfenster erforderlich. Freistehende Mauern oder Wände zur Raumtei-

---

880) Auch durch Raumgeometrie und Grundrisskonzeption kann Einfluss auf die akustischen Rahmenbedingungen genommen werden.

lung sind zur Schalldämmung gegen tieffrequenten Lärm in der Regel nicht wirksam. Besser ist die Einbindung in weitere Bauelemente (Decke, Boden, Seitenwände).

(3) Liegt der tieffrequente Lärm nur mit einer bestimmten Frequenz vor, sind Resonanzabsorber geeignet.

(4) In Einzelfällen kann durch die Technik der aktiven Lärmunterdrückung (Gegenschall oder Active Noise Control = ANC) eine Verbesserung der Lärmsituation herbeigeführt werden.

Hinweis:

Persönlicher Gehörschutz ist bei tieffrequentem Schall geringer wirksam als im Hörfrequenzbereich und als Maßnahme zum Schutz gegen tieffrequenten Lärm nur beschränkt geeignet.

8.2 Organisatorische Maßnahmen

(1) Unter organisatorischen Lärmminderungsmaßnahmen sind Änderungen zu verstehen, die zu einer räumlichen oder zeitlichen Trennung von der Lärmquelle und damit geringeren Lärmexposition der Beschäftigten führen.

(2) Sprache oder andere Arbeitsgeräusche können eine Lärmquelle darstellen, wenn sie mit der eigenen Tätigkeit nicht im Zusammenhang stehen. Zur Lärmminderung kann eine räumliche oder zeitliche Trennung von Beschäftigten mit unterschiedlichen Tätigkeiten oder wenig Interaktionsbedarf untereinander beitragen.

(3) Beispiele für mögliche organisatorische Maßnahmen sind:
a) generell:
   – Kommunikationsregeln erstellen und beachten
b) Büro:
   – Ausweichräume für konzentriertes Arbeiten oder Besprechungen/Telefonate vorsehen
   – Festlegen von Zeitfenstern oder Räumlichkeiten
   – Server, Drucker und Kopierer in separaten Räumen unterbringen
   – Größere Druckaufträge in Zeiten mit Personalabwesenheit verlagern
c) Bildungsbereich:
   – Bewegungs- und Ruheräume räumlich voneinander trennen
   – Laute Spielphasen in separate Räume oder in den Außenbereich verlagern
   – Bewegungs- und Ruhephasen zeitlich voneinander trennen
   – Ruhezeichen einführen, z. B. Handzeichen, Lärmampeln oder andere Hilfsmittel
   – Mehrzweck- oder Werkräume nicht in unmittelbarer Nähe von Klassen- oder Gruppenräumen anordnen
d) Produktionsbereich:
   – Räume für Tätigkeiten der Tätigkeitskategorien I oder II nicht in unmittelbarer Nähe zu lauten Räumen, z. B. Produktionsstätten, anordnen
   – Durchführung von Bildschirmarbeiten, Steuerungseinstellungen für Maschinen und Anlagen in lärmarmen Bereichen.

8.3 Verhaltenspräventive und persönliche Maßnahmen

(1) Verhaltenspräventive Maßnahmen können durch Unterweisung oder Information z. B. zu lärmarmen Arbeiten, Vermeiden unnötiger Lärmerzeugung und tätigkeitsfremder Geräuschquellen (Radio usw.) vermittelt werden.

Hinweis:

Die Beschäftigten haben entsprechend § 15 ArbSchG die Verpflichtung, durch eigenes Handeln zur Lärmminderung beizutragen.

(2) Zum persönlichen Lärmschutz kann der Arbeitgeber Hilfsmittel, z. B. Gehörschutz, zur Verfügung stellen, die die Beschäftigten anwenden können. Dabei ist zu beachten, dass Sprachverständlichkeit und akustische Orientierung beeinträchtigt werden können.

Ausgewählte Literaturhinweise

- Verordnung zum Schutz der Beschäftigten vor Gefährdungen durch Lärm und Vibrationen – LärmVibrationsArbSchV
- Technische Regel zur Lärm- und Vibrations-Arbeitsschutzverordnung, Teil Allgemeines (TRLV Lärm Teil Allgemeines)
- Technische Regel zur Lärm- und Vibrations-Arbeitsschutzverordnung, Teil 1 (TRLV Lärm Teil 1): Beurteilung der Gefährdung durch Lärm. Anhang 2: Hinweise zu tatsächlichen oder möglichen Gefährdungen von Gesundheit und Sicherheit der Beschäftigten durch Lärmeinwirkungen
- Technische Regel zur Lärm- und Vibrations-Arbeitsschutzverordnung, Teil 2 (TRLV Lärm Teil 2): Messung von Lärm
- Technische Regel zur Lärm- und Vibrations-Arbeitsschutzverordnung, Teil 3 (TRLV Lärm Teil 3): Lärmschutzmaßnahmen
- DGUV Regel 102-002 Kindertageseinrichtungen 04/2009
- DGUV Regel 115-402 Branche Call Center 01/2017
- DGUV Information 215-443 Akustik im Büro, Version 1.0 06/2011, Version 1.1 aktualisiert 09/2012
- DGUV-Information FB HM-018 Lärmstress am Arbeitsplatz 10/2013
- DIN 4109-1:2016-07 Schallschutz im Hochbau, Teil 1: Mindestanforderungen
- DIN 45645-2:2012-09 Ermittlung von Beurteilungspegeln aus Messungen, Teil 2: Ermittlung des Beurteilungspegels am Arbeitsplatz bei Tätigkeiten unterhalb des Pegelbereiches der Gehörgefährdung
- DIN 45641:1990-06 Mitteilung von Schallpegeln
- DIN 18041:2016-03 Hörsamkeit in Räumen – Anforderungen, Empfehlungen und Hinweise für die Planung
- DIN EN ISO 3382-2:2008-09 Akustik – Messung von Parametern der Raumakustik, Teil 2: Nachhallzeit in gewöhnlichen Räumen

- DIN 33404-3:2016-04 Gefahrensignale – Akustische Gefahrensignale, Teil 3: Einheitliches Notfallsignal
- DIN EN ISO 7731:2008-12 Ergonomie – Gefahrensignale für öffentliche Bereiche und Arbeitsstätten – Akustische Gefahrensignale
- DIN 45680:1997-03 Messung und Bewertung tieffrequenter Geräusche in der Nachbarschaft
- DIN EN ISO 11690-1:1997-02 Akustik – Richtlinien für die Gestaltung lärmarmer maschinenbestückter Arbeitsstätten, Teil 1: Allgemeine Grundlagen
- DIN EN ISO 9612:2009-09 Akustik – Bestimmung der Lärmexposition am Arbeitsplatz – Verfahren der Genauigkeitsklasse 2 (Ingenieurverfahren)
- DIN EN 61672-1:2014-07 Elektroakustik – Schallpegelmesser, Teil 1: Anforderungen
- Akustische Gestaltung von Bildschirmarbeitsplätzen in Büros (Probst, W.). Quartbroschüre: Technik, T26. 4. Auflage, BAuA, Dortmund: 2006
- Akustische Gestaltung von Bildschirmarbeitsplätzen in der Produktion (Probst, W.). Quartbroschüre: Technik, T27. 2. Auflage, BAuA, Dortmund: 2004
- Lärm in Bildungsstätten (INQA, BAuA), Quartbroschüre, 2. Auflage, Dortmund: 2010
- Lärmprävention in Kindertageseinrichtungen (Unfallkasse NRW, Berufsgenossenschaft für Gesundheitsdienst und Wohlfahrtspflege – BGW), 6. aktualisierte Auflage 06/2017

Lärm ASR A3.7

Anhang 1

Erläuterungen zu Punkt 4 – Extra-aurale und reversible aurale Lärmwirkungen

1 Vertäubung

Länger anhaltende höhere Schalldruckpegel können bereits zu einer leichten, reversiblen Hörminderung (Vertäubung) führen, die auch nach der akustischen Belastung die Sprachverständlichkeit und die akustische Signalerkennung beeinträchtigt.

Höhere Expositionen im Minutenbereich führen weniger zur Vertäubung als energieäquivalente niedrigere, aber längerdauernde Expositionen.

2 Beeinträchtigung der Sprachverständlichkeit und der akustischen Orientierung

(1) Das Verstehen von Sprache oder das Wahrnehmen akustischer Informationen kann durch Lärm erschwert oder gänzlich verhindert werden.

(2) Bei einer Pegeldifferenz des Schalldruckpegels der Sprache von weniger als 10 dB(A) über dem des Störgeräusches ist sprachliche Kommunikation nur eingeschränkt möglich.

Hinweis:

In 1 m Abstand vom Sprecher erzeugt Umgangssprache einen Schalldruckpegel von 55 dB(A) bis 65 dB(A), Vortragssprache von etwa 70 dB(A).

(3) Akustische Nutzsignale sollen nicht, akustische Gefahrensignale dürfen nicht durch Störgeräusche verdeckt werden.

Hinweis:

Die Pegeldifferenz zwischen Gefahrensignal und Störgeräusch sollte A-bewertet mindestens 15 dB(A) betragen, um die Hörbarkeit zu gewährleisten.

3 Störung der Arbeitsleistung (kognitive Leistung)

(1) Geistige Leistungen, die eine hohe Konzentration oder Aufmerksamkeit erfordern, können durch Lärm gestört werden, insbesondere durch sprach- und informationshaltigen Lärm oder hohe Schalldruckpegel. Gleiches gilt auch für tieffrequenten Lärm schon bei Schalldruckpegeln ab 20 dB(A).

(2) Die Störung der Arbeitsleistung durch Lärm kann dadurch verursacht sein, dass betriebliche Rahmenbedingungen für ein konzentriertes, fehlerfreies und zügiges Arbeiten nicht im für die jeweilige Tätigkeit erforderlichen Maß gegeben sind.

4 Psychische Wirkung

(1) Lärm kann psychische Reaktionen auslösen, z. B.:
– Verärgerung,
– Anspannung,

- Resignation,
- Angst oder
- Nervosität.

(2) Die psychische Wirkung, die ein Geräusch verursacht, ist nicht direkt aus der physikalischen Beschaffenheit, dem Schalldruckpegel, dem zeitlichen Verlauf oder der Dauer des Geräusches ableitbar. Impulshaltige, tonhaltige oder informationshaltige Geräuschanteile erhöhen das Belästigungspotential.

(3) Das Ausmaß der Belästigung durch Schallereignisse ist von individuellen Faktoren abhängig. Wenn fremdverursachte Geräusche aus der Sicht der Beschäftigten als vermeidbar und für eigene Zwecke nicht erforderlich angesehen werden, werden diese in der Regel als belästigend empfunden.

(4) Tieffrequenter Lärm kann bei Beschäftigten z. B. zu Gefühlen der Angst und Niedergeschlagenheit oder zu Kopfschmerzen führen. Auch das Erinnerungsvermögen und die Konzentrationsfähigkeit können gemindert werden. Beschwerden, die auf eine mögliche Belastung durch tieffrequenten Schall hinweisen, sind durch Dröhngeräusche oder Schwingungen verursachter Ohrendruck oder Druckgefühle im Kopf, die auf Dauer unerträglich werden können.

5 Physiologische Wirkung (Aktivierung des zentralen und vegetativen Nervensystems)

(1) Schall führt, ob bewusst wahrgenommen oder unbewusst, zu einer Aktivierung des zentralen und vegetativen Nervensystems.

(2) Die mit der Aktivierung des zentralen und vegetativen Nervensystems verbundenen physiologischen Reaktionen können, je nach Intensität, zeitlichem Verlauf und Frequenzzusammensetzung der Lärmexposition sowie individueller Disposition, zu Lärm-Stress-Reaktionen führen, z. B. zur:
- Verengung von Blutgefäßen,
- Erhöhung des Blutdrucks,
- Erhöhung der Herzfrequenz,
- Verringerung des elektrischen Hautwiderstandes,
- Erhöhung des Muskeltonus,
- vermehrten Ausschüttung von Stresshormonen oder
- Verringerung der Magen- und Darmaktivität.

(3) Eine dauerhafte Aktivierung des Nervensystems durch Lärm kann langfristig negative Auswirkungen auf die Gesundheit und die Erholungsfähigkeit haben, in deren Folge insbesondere Herz-Kreislauf- und Blutgefäßerkrankungen häufiger in Erscheinung treten können (chronische Wirkung).

Lärm ASR A3.7

Anhang 2

Abschätzung der raumakustischen Kennwerte in Ergänzung zu Punkt 7.2

1 Ermittlung des mittleren Schallabsorptionsgrades

(1) Der mittlere Schallabsorptionsgrad $\bar{\alpha}$ eines Raumes kann bei Kenntnis der Schallabsorptionsgrade α aller Raumbegrenzungsflächen (Wände, Decke, Boden) und weiterer Oberflächen (Einrichtungen, Trennwände, …) abgeschätzt werden. Dazu müssen die Schallabsorptionsgrade der vorhandenen Einzelflächen bekannt sein bzw. vorgegeben werden. Schallabsorptionsgrade α typischer Baustoffe und raumakustisch wirksamer Einbauten sind in der Tabelle 1 aufgeführt. Die Schallabsorptionsgrade α sind hier für die Oktavbänder von 250 Hz bis 2000 Hz als arithmetischer Mittelwert angegeben.

Tabelle 1: Schallabsorptionsgrade α von Baumaterialien und raumakustisch wirksamen Einbauten für die Oktavbänder von 250 Hz bis 2000 Hz als arithmetischer Mittelwert (Quelle: Industrieverband Büro und Arbeitswelt e. V. (IBA)/Akustikbüro Oldenburg)

Lfd. Nr.	Absorbertyp	Schallabsorptionsgrade für Mittelwert 250 – 2000 Hz
1	Mauerziegelwand, unverputzt, Fugen ausgestrichen	0,04
2	Mauerwerk, Hohllochziegel, Löcher sichtbar, 6 cm vor Massivwand	0,36
3	Glattputz	0,03
4	Tapete auf Kalkzementputz	0,05
5	Spiegel, vor der Wand	0,05
6	Tür, Holz, lackiert	0,06
7	Stuckgips, unverputzter Beton	0,04
8	Marmor, Fliesen, Klinker	0,02
9	Fenster (Isolierverglasung)	0,10
10	Glastrennwand, 10 mm dick, 2-Scheiben-Verbundglas	Hersteller anfragen
11	Parkettfußboden, aufgeklebt	0,05
12	Parkettfußboden, auf Blindboden	0,10
13	Parkettfußboden, hohlliegend	0,07
14	Teppichboden, bis 6 mm Florhöhe	0,15

Lfd. Nr.	Absorbertyp	Schallabsorptionsgrade für Mittelwert 250 – 2000 Hz
15	Teppichboden, 7 mm bis 10 mm Florhöhe	0,26
16	PVC-Fußbodenbelag (2,5 mm) auf Betonboden	0,03
17	Linoleum auf Beton	0,03
18	Kork	0,03
19	Gipskartonplatten 9,5 mm, 60 mm Wandabstand, Hohlraum kassettiert	0,08
20	Furnierte Holz- oder Spanplatte dicht vor festem Untergrund	0,05
21	4 mm Hartfaserplatte, kassettiert ohne Dämmstoff, Wandabstand 60 mm	0,11
22	4 mm Hartfaserplatte, kassettiert mit 40 mm Mineralwollplatte, Wandabstand 60 mm	0,13
23	4 mm Hartfaserplatte, kassettiert ohne Dämmstoff, Wandabstand 120 mm	0,08
24	Gipskartonplatte, 9,5 mm, 25 mm Wandabstand	0,12
25	Bücherregal in Bibliotheken	0,35
26	Vollziegel Mauerwerk	0,12
27	Lochsteine – vorsichtige Annahme	0,41
28	3,5 mm Hartfaserplatte, 40 mm Mineralwolle, 30 mm Holzleisten 750 mm x 500 mm	0,15
29	4 mm Sperrholzplatte, 40 mm Mineralwolle, 120 mm Wandabstand	0,16
30	Nadelfilz 7 mm	0,18
31	5 mm Teppich mit 5 mm Filzunterlage	0,57
32	PVC-Belag, Linoleum	0,04
33	Holzfußboden auf Leisten	0,09
34	Spanndecke mikroperforiert, 100 mm, kein Vlies	0,58
35	Spanndecke mikroperforiert, 100 mm, 40 mm Akustikvlies	0,84
36	Rasterdecke 8/18 Rundloch 15,5 %, 200 mm, Akustikvlies, ohne Mineralwolle	0,61

Lfd. Nr.	Absorbertyp	Schallabsorptionsgrade für Mittelwert 250 – 2000 Hz
37	Rasterdecke 8/18 Rundloch 15,5 %, 200 mm, Akustikvlies, 20 mm Mineralwolle	0,65
38	Rasterdecke 12/25 Quadratloch 7,8 %, 200 mm, Akustikvlies, 20 mm Mineralwolle	0,44
39	Rasterdecke 12/25 Quadratloch 7,8 %, 65 mm, Akustikvlies, 20 mm Mineralwolle	0,45
40	Holzwolle-Leichtbauplatten 35 mm, direkt auf Wand	0,56
41	Holzwolle-Leichtbauplatten 25 mm, Hohlraum leer, Wandabstand 50 mm	0,53
42	Melaminharz-Schaumstoff, Rohdichte 8 kg/m^3 bis 10 kg/m^3, 30 mm	0,68
43	Melaminharz-Schaumstoff, Rohdichte 8 kg/m^3 bis 10 kg/m^3, 50 mm	0,84
44	40 mm Mineralwollmatte (20 kg/m^3), ohne Lochblechabdeckung	0,70
45	40 mm Mineralwollmatte (20 kg/m^3), mit Lochblechabdeckung (18 %)	0,70
46	gelochter Gipskarton 9,5 mm, 8/18, 15 %, mit Faservlies hinterlegt, Wandabstand 100 mm	0,48
47	Gipskarton-Schlitzplatte, 8,8 % mit Faservlies, Wandabstand 100 mm	0,40
48	gelochte Langfeld-Metallkassette, 20 %, 3 mm Loch, Akustikfilz, 300 mm	0,69
49	senkrecht stehende Lamellen, gelochtes Stahlblech, Mineralfaserplatte, Glasfaservlies	0,62
50	20 mm grobkörniger Spritzputz auf Stegzementdiele	0,53
51	Spritzputz auf 12,5 mm Gipskartonplatte, Spritzstruktur	0,41
52	20 mm Mineralwollplatte mit 200 mm Deckenhohlraum, Schallabsorberklasse A	0,90 – 1,0

Lfd. Nr.	Absorbertyp	Schallabsorptionsgrade für Mittelwert 250 – 2000 Hz
53	20 mm Mineralwollplatte mit 200 mm Deckenhohlraum, Schallabsorberklasse C	0,60 – 0,75
54	15 mm Mineralwollplatte mit 200 mm Deckenhohlraum, Schallabsorberklasse A	0,90 – 1,0

(2) Der mittlere Schallabsorptionsgrad $\bar{\alpha}$ eines Raumes lässt sich nach der Formel

$$\bar{\alpha} = \frac{1}{S}\sum_i \alpha_i \cdot S_i$$

berechnen mit
S = Summe aller Raumbegrenzungsflächen in m²
α_i = Schallabsorptionsgrade der Einzelflächen
S_i = Einzelflächen in m²

(3) Näherungsweise*) kann für bestehende Räume der mittlere Schallabsorptionsgrad $\bar{\alpha}$ nach der Tabelle 2 abgeschätzt werden.

Tabelle 2: Beispiele des mittleren Schallabsorptionsgrades $\bar{\alpha}$ verschiedener Räume*)

$\bar{\alpha}$	Beschreibung des Raums
0,1	Raum ohne schallschluckende Einbauten mit wenigen Einrichtungen (Maschinen, Möbel, Regale, …)
0,15	Raum ohne schallschluckende Einbauten mit vielen Einrichtungen
0,2	Raum ohne schallschluckende Einbauten mit vielen Einrichtungen und besonders leichten Begrenzungsflächen oder zahlreichen Öffnungen oder hoher Raum (h ≥ 10 m) mit mäßiger Akustikdecke ($\alpha \geq 0,5$)
0,25	Raum (h = 3 m bis 5 m) mit mäßiger Akustikdecke ($\alpha \geq 0,5$) oder hoher Raum (h ≥ 10 m) mit guter Akustikdecke ($\alpha \geq 0,9$)
0,3	Raum wie für $\bar{\alpha}$ = 0,25 beschrieben, jedoch mit zusätzlicher absorbierender Wand- oder Stellwandfläche ≥ ½ Deckenfläche
0,4	Niedriger Raum (h = 3 m bis 5 m) mit guter Akustikdecke ($\alpha \geq 0,9$)

*) *Quelle: TRLV Lärm, Teil 3: Lärmschutzmaßnahmen, Anhang 5: Nachhallzeit und mittlerer Schallabsorptionsgrad. Der mittlere Schallabsorptionsgrad $\bar{\alpha}$ gilt hier in den Oktavbändern mit den Mittenfrequenzen von 500 Hz bis 4000 Hz. Er ist somit leicht erhöht gegenüber den mit Tabelle 1 ermittelten Werten.*

Lärm   ASR A3.7

2 Ermittlung der Nachhallzeit für den unbesetzten Raum mit Hilfe des mittleren Schallabsorptionsgrades

(1) Die Nachhallzeit T ist abhängig vom Raumvolumen und vom Schallabsorptionsvermögen des Raumes. So ergibt sich die Nachhallzeit T zu
$T \approx 0{,}163 \cdot V/(\bar{\alpha} \cdot S)$ in s
mit
T = Nachhallzeit in s
V = Raumvolumen in m^3
S = Summe aller Raumbegrenzungsflächen in m^2
$\bar{\alpha}$ = mittlerer Schallabsorptionsgrad

Hinweis:

Die Anwendung der Formel ist beschränkt auf Räume, deren längste Seite maximal das Fünffache der kürzesten Seite beträgt. Bei anderen Räumen können die Nachhallzeiten länger als rechnerisch ermittelt sein.

(2) Die in Punkt 5.2.1 Absatz 2 geforderten Nachhallzeiten T für Büroräume und Callcenter werden in Abhängigkeit von den Raumgrundflächen und zugehörigen Mindestraumhöhen gemäß ASR A1.2 „Raumabmessungen und Bewegungsflächen" eingehalten, wenn die in Tabelle 3 aufgeführten mittleren Schallabsorptionsgrade $\bar{\alpha}$ ermittelt wurden.

Tabelle 3: Erforderliche mittlere Schallabsorptionsgrade $\bar{\alpha}$, um Nachhallzeiten T für verschiedene Büroraumtypen und Raumgrößen zu erfüllen

Grundfläche	1-2 Personenbüro	Mehrpersonen-/ Großraumbüro	Callcenter
bis 20 m^2	$\bar{\alpha} = 0{,}15$	–	$\bar{\alpha} = 0{,}2$
20 m^2 bis 50 m^2	–	$\bar{\alpha} = 0{,}2$	$\bar{\alpha} = 0{,}25$
50 m^2 bis 200 m^2	–	$\bar{\alpha} = 0{,}3$	$\bar{\alpha} = 0{,}35$
200 m^2 bis 1000 m^2	–	$\bar{\alpha} = 0{,}35$	$\bar{\alpha} = 0{,}4$

(3) Die in Punkt 5.2.2 geforderte Nachhallzeit T für einen besetzten Klassenraum von 210 m^3 wird eingehalten, wenn für den unbesetzten Raum ein mittlerer Schallabsorptionsgrad $\bar{\alpha}$ von 0,25 ermittelt wurde.

ASR A4.1 — Sanitärräume

zu Anh. Nr. 4.1 ArbStättV

Technische Regeln für Arbeitsstätten	Sanitärräume	ASR A4.1

GMBl. Nr. 46 vom 5.9.2013 S. 919,
geändert durch GMBl. Nr. 22 vom 5.7.2017 S. 401[881]

...

Diese ASR A4.1 konkretisiert im Rahmen des Anwendungsbereichs die Anforderungen der Verordnung über Arbeitsstätten. Bei Einhaltung der Technischen Regeln kann der Arbeitgeber insoweit davon ausgehen, dass die entsprechenden Anforderungen der Verordnung erfüllt sind. Wählt der Arbeitgeber eine andere Lösung, muss er damit mindestens die gleiche Sicherheit und den gleichen Gesundheitsschutz für die Beschäftigten erreichen.

Inhaltsübersicht

1 Zielstellung
2 Anwendungsbereich
3 Begriffsbestimmungen
4 Allgemeines
5 Toilettenräume
6 Waschräume
7 Umkleideräume
8 Abweichende/ergänzende Anforderungen für Baustellen

1 Zielstellung

Diese ASR konkretisiert die in § 3a Absatz 1 und § 4 Absatz 2 der Arbeitsstättenverordnung sowie die insbesondere in den Punkten 4.1 und 5.2 Absatz 1 a), d) und f) des Anhanges genannten Anforderungen für das Einrichten und Betreiben von Sanitärräumen und Waschgelegenheiten[882] für Arbeitsstätten.

2 Anwendungsbereich

Diese ASR gilt für das Einrichten und Betreiben von Sanitärräumen sowie von Waschgelegenheiten in Arbeitsstätten, die den Beschäftigten zur Verfügung stehen.

---

881) Diese ASR wurde seit ihrer Erstausgabe im September 2013 einer ersten Änderung im Juli 2017 unterzogen. Es wurden Rechtsbezüge geändert. Der substantielle Fachinhalt blieb von den Änderungen unberührt.
882) Neu an dieser ASR ist, dass zur Bestimmung der Anzahl der erforderlichen Sanitärobjekte neben der Anzahl der Beschäftigten auch die Gleichzeitigkeit der Nutzung als Einflussgröße aufgenommen und die Rahmenbedingungen für das Betreiben (Reinigung, ggf. Desinfektion) deutlicher bestimmt wurden.

Sanitärräume ASR A4.1

Hinweis:

Zusätzliche Anforderungen an die barrierefreie Gestaltung werden zu einem späteren Zeitpunkt als Anhang in die ASR V3a.2 „Barrierefreie Gestaltung von Arbeitsstätten" eingefügt.

3 Begriffsbestimmungen

3.1 Sanitärräume sind Umkleide-, Wasch- und Toilettenräume.

3.2 Sanitäreinrichtungen sind Einrichtungen, die es den Beschäftigten ermöglichen, sich zu waschen, sich umzukleiden oder die Toilette bzw. das Urinal zu benutzen.[883]

3.3 Toilettenräume beinhalten mindestens eine Toilette und eine Handwaschgelegenheit sowie gegebenenfalls Urinal und Toilettenzelle.[884]

3.4 Toilettenzellen sind von innen absperrbare, durch Trennwände vom Toilettenraum getrennte Bereiche mit einer Toilette.

3.5 Ein **Vorraum** ist ein vollständig abgetrennter Bereich in einem Toilettenraum, um z. B. das Überströmen von geruchsbelasteter Luft zu vermeiden und ggf. die Handwaschgelegenheiten aufzunehmen.

3.6 Eine **mobile, anschlussfreie Toilettenkabine** ist eine transportable, geschlossene, absperrbare Einheit mit einer Toilette und einem Fäkalientank für den anschlussfreien Einsatz zur Einpersonennutzung, vorzugsweise ausgestattet mit einer integrierten Handwaschgelegenheit.

3.7 Toiletten sind Toilettenbecken oder Hocktoiletten. Hinweis: Dies entspricht den Begriffen Klosettbecken bzw. Hockklosetts.

3.8 Urinale sind Bedürfnisstände ausgeführt als Becken oder Rinnen.

3.9 Waschräume sind Räume mit Einrichtungen (z. B. Waschplätze, Duschen), die es den Beschäftigten ermöglichen, sich den hygienischen Erfordernissen entsprechend zu reinigen.

3.10 Waschplätze in Waschräumen sind Zapfstellen an Einzelwaschtischen, Reihenwaschanlagen, Rundwaschanlagen oder gleichwertigen Anlagen.

---

[883] Zu den Sanitäreinrichtungen auf Baustellen zählen auch mobile, anschlussfreie Toilettenkabinen (s. Nr. 8.2: Toilettenräume und mobile, anschlussfreie Toilettenkabinen; Definition Nr. 3.6).

[884] Toilettenräume bestehen aus einem Raum mit mindestens einer vollständig abgetrennten Toilettenzelle und einer Waschgelegenheit oder aus einem Raum mit mindestens einer nicht vollständig abgetrennten Toilettenzelle und einem von diesem Raum vollständig abgetrennten Vorraum mit Waschgelegenheit. Bei Toilettenzellen ist ein Abstand von 10 bis 15 cm zwischen Fußboden und Unterkante der Zellwände bzw. Zelltüren zulässig. Das erleichtert die Reinigung. Die Trennwand- und Türhöhe von Toilettenzellen sollte mehr als 1,90 m betragen (siehe Ziff. 5.3 Abs. 2). Toiletten für Männer enthalten in der Regel zusätzlich Bedürfnisstände/Urinale.

3.11 Waschgelegenheiten sind Einrichtungen mit fließendem Wasser und einem geschlossenen Wasserabflusssystem, die es den Beschäftigten ermöglichen, sich den hygienischen Erfordernissen entsprechend zu reinigen.

3.12 Art der Tätigkeit im Sinne des Anhangs 4.1 Absatz 2 Satz 1 ArbStättV bezieht sich z. B. auf schmutzende Arbeit, Hitze- oder Kältearbeit oder Arbeit in Nässe.

3.13 Gesundheitliche Gründe im Sinne des Anhangs 4.1 Absatz 2 Satz 1 ArbStättV liegen vor, wenn Beschäftigte insbesondere infektiösen, sensibilisierenden oder gefährlichen Stoffen bzw. Gemischen ausgesetzt sind.

3.14 Bewegungsfläche im Sinne dieser ASR ist die zusammenhängende unverstellte Bodenfläche in Sanitärräumen, die zur uneingeschränkten Nutzung durch den Beschäftigten zur Verfügung steht.

4 Allgemeines

(1) In Sanitärräumen dürfen keine Gegenstände oder Arbeitsstoffe (insbesondere keine Gefahrstoffe) aufbewahrt werden, die nicht zur zweckentsprechenden Einrichtung dieser Räume gehören.[885]

(2) In Sanitärräumen darf eine lichte Höhe von 2,50 m nicht unterschritten werden. In bestehenden Arbeitsstätten ist bis zu einem wesentlichen Umbau eine geringere lichte Höhe zulässig, soweit sie dem Bauordnungsrecht der Länder entspricht. Anforderungen zur Bewegungsfläche in Sanitärräumen sind den Punkten 5.3, 6.3 und 7.3 zu entnehmen.

(3) Trennwände, Türen und Fenster von Sanitärräumen müssen so angeordnet oder beschaffen sein, dass eine Einsicht von außen nicht möglich ist.[886]

(4) Die Beleuchtung in Sanitärräumen richtet sich nach den Anforderungen der ASR A3.4 „Beleuchtung". Wird eine Spiegelbeleuchtung eingesetzt, soll die vertikale Mindestbeleuchtungsstärke 500 lx betragen.

(5) Die Lufttemperatur in Sanitärräumen ist in der ASR A3.5 „Raumtemperatur" geregelt.

(6) Für weibliche und männliche Beschäftigte sind getrennte Sanitärräume einzurichten. In Betrieben mit bis zu neun Beschäftigten kann auf getrennt eingerichtete Toiletten-, Wasch- und Umkleideräume für weibliche und männliche Beschäftigte verzichtet werden, wenn eine zeitlich getrennte Nutzung sichergestellt ist. Dabei ist ein unmittelbarer Zugang zwischen Wasch- und Umkleideräumen erforderlich.

(7) In Betrieben mit bis zu fünf Beschäftigten ist eine Kombination von Toiletten-, Wasch- und Umkleideräumen bei einer zeitlich nach Geschlecht getrennten Nutzung durch weibliche und männliche Beschäftigte möglich, sofern eine wirksame Lüftung gewährleistet ist.

---

885) Die Lagerung der zur Benutzung notwendigen Utensilien (z. B. Toilettenpapier) und der erforderlichen Reinigungsmittel an geeigneter Stelle im Sanitärraum ist erlaubt.
886) Diese Forderung kann durch Hochlage der Fenster oder durch Verwendung von Milch-, Riffelglas oder anderem undurchsichtigen Glas erfüllt werden.

Hierfür ist eine Lüftung nach Punkt 6.1 Absatz 3 ausreichend. Falls ein Waschraum nach Kategorie B oder C (siehe Punkt 6.1 Absatz 1 Anstrich 2 oder 3) erforderlich ist, muss über die räumliche Kombination anhand der Gefährdungsbeurteilung entschieden werden.

(8) Auf Sanitärräume ist deutlich erkennbar hinzuweisen.

(9) Vorhandene Bodeneinläufe müssen mit einem Geruchsverschluss ausgestattet sein. Die Erneuerung des Sperrwassers ist sicherzustellen. Falls dies nicht gegeben ist, muss zusätzlich in der Nähe ein Auslaufventil (Wasserzapfstelle) vorhanden sein.

(10) Durch Einrichtungsgegenstände oder bauliche Einrichtungen in Sanitärräumen dürfen Sicherheit und Gesundheit der Beschäftigten (z. B. durch Schnitt- oder Stoßkanten oder durch die Möglichkeit zur Ansammlung von Krankheitserregern) nicht gefährdet werden.

(11) Die Heizeinrichtungen müssen so angeordnet, beschaffen oder abgeschirmt sein, dass die Beschäftigten vor der Berührung von zu heißen Oberflächen geschützt sind.

(12) Vor den Sanitärräumen – insbesondere vor den Umkleideräumen – muss erforderlichenfalls (z. B. bei stark schmutzender Tätigkeit) eine geeignete Einrichtung zur Reinigung des Schuhwerkes (z. B. Gitterroste, Fußmatten, Schuhreinigungsanlagen) vorhanden sein.

(13) Die Be- und Entlüftung der Sanitärräume ist so einzurichten, dass während ihrer Nutzung keine Zugluft auftritt (siehe Punkt 6.5 der ASR A3.6 „Lüftung").[887]

5 Toilettenräume

5.1 Allgemeines

(1) In Toilettenräumen ist eine wirksame Lüftung zu gewährleisten. Bei freier Lüftung (Fensterlüftung) sind die Mindestquerschnitte für Lüftungsöffnungen nach Tabelle 1 einzuhalten (weitere Informationen siehe ASR A3.6 „Lüftung").[888] Lüftungstechnische Anlagen sind so auszulegen, dass ein Abluftvolumenstrom von 11 $m^3/(h\ m^2)$ erreicht wird. Die Abluft aus Toilettenräumen darf nicht in andere Räume gelangen.

Tabelle 1: Mindestquerschnitte für freie Lüftung von Toilettenräumen

System	Freier Querschnitt der Lüftungsöffnung/en je Sanitäreinrichtung*	
	[m^2/Toilette]	[m^2/Urinal]
einseitige Lüftung	0,17	0,10
Querlüftung**	0,10	0,06

*   Die angegebenen Flächen sind die Summe aus Zuluft- und Abluftfläche.
** Lüftungsöffnungen in gegenüberliegenden Außenwänden oder in einer Außenwand und der Deckenfläche

---

887) Siehe ASR A3.6 Lüftung unter Nr. 6.5 (S. 399).
888) Bei getrennten Räumen mit Toilettenzellen und Vorraum gelten die erforderlichen Lüftungsquerschnitte nur für den Raum mit den Toilettenzellen.

(2) Fußböden und Wände müssen leicht zu reinigen sein (weitere Informationen siehe ASR A1.5/1,2 „Fußböden").

(3) Toilettenräume und ihre Einrichtungen sind in Abhängigkeit von der Häufigkeit der Nutzung zu reinigen und bei Bedarf zu desinfizieren. Bei täglicher Nutzung müssen sie mindestens täglich gereinigt werden.

Hinweise:
1. *Zur Einhaltung und Kontrolle der regelmäßigen und gründlichen Reinigung empfiehlt sich das Anbringen eines Reinigungsplanes im Toilettenraum mit kontinuierlicher Abzeichnungspflicht durch das verantwortliche Reinigungspersonal.*
2. *Bei der Verwendung von Reinigungs- und Desinfektionsmitteln sind die hierfür bekannt gegebenen TRGS bzw. TRBA zu berücksichtigen.*

5.2 Bereitstellung

(1) Die Toilettenräume müssen sich in der Nähe der Arbeitsplätze, der Pausen-, Bereitschafts-, Wasch- oder Umkleideräume befinden. Die Weglänge zu Toilettenräumen sollte nicht länger als 50 m sein und darf 100 m nicht überschreiten. Die Toilettenräume müssen sich im gleichen Gebäude befinden und dürfen nicht weiter als eine Etage von ständigen Arbeitsplätzen entfernt sein. Der Weg von ständigen Arbeitsplätzen in Gebäuden zu Toiletten soll nicht durchs Freie führen.

(2) Hat der Toilettenraum mehr als eine Toilettenzelle oder ist ein unmittelbarer Zugang zum Toilettenraum aus einem Arbeits-, Pausen-, Bereitschafts-, Wasch-, Umkleide- oder Erste-Hilfe-Raum möglich, so ist ein Vorraum erforderlich. Im Vorraum darf sich kein Urinal befinden.

(3) Arbeitsstätten sind mit Toiletten für die Beschäftigten auszustatten. Dazu ist die in Tabelle 2 für niedrige Gleichzeitigkeit aufgeführte Mindestanzahl an Toiletten bereitzustellen. In Abhängigkeit von der Gleichzeitigkeit der Nutzung kann eine höhere Anzahl von Toiletten erforderlich sein (vgl. Abb. 1 mit Ablesebeispiel).
Bei mehr als 50 Beschäftigten kann die Mindestanzahl der Toiletten und Urinale in bestehenden Arbeitsstätten gegenüber den Angaben in Tabelle 2 um eins verringert werden, wenn ein Ausgleich geschaffen wird, z. B. durch organisatorische Maßnahmen. Diese Maßnahmen können so lange herangezogen werden, bis bestehende Arbeitsstätten wesentlich umgebaut werden.

Hinweis:

Es wird in zwei Kategorien der Gleichzeitigkeit der Nutzung unterschieden. Dabei bedeutet niedrige Gleichzeitigkeit, dass die Beschäftigten zu jeder Zeit die Toilettenräume aufsuchen können (z. B. Büro). Hohe Gleichzeitigkeit bedeutet, dass die Beschäftigten in der Regel die Toilettenräume nur in den Pausen aufsuchen können (z. B. Bandarbeit, Lehrer im Unterrichtsdienst). Für Mischformen zwischen den Kategorien niedrige und hohe Gleichzeitigkeit besteht ein Handlungsspielraum (siehe Abb. 1).

Sanitärräume ASR A4.1

(4) Für männliche Beschäftigte ist bei der Bereitstellung von Toiletten und Urinalen mindestens ein Drittel als Toiletten, der Rest als Urinale auszuführen. Die Urinale müssen so angeordnet oder gestaltet sein, dass eine Einsicht von außen nicht möglich ist. Es wird empfohlen, zwischen Urinalen eine Schamwand anzubringen. Aus hygienischen Gründen wird bei der Beschäftigung von männlichen Beschäftigten und der Notwendigkeit von nur einer Toilette empfohlen, trotzdem ein Urinal bereitzustellen.

(5) Ein Toilettenraum soll nicht mit mehr als zehn Toilettenzellen und zehn Urinalen ausgestattet sein.

Tabelle 2: **Mindestanzahl von Toiletten einschließlich Urinale, Handwaschgelegenheiten**

weibliche oder männliche Beschäftigte	Mindestanzahl bei niedriger Gleichzeitigkeit der Nutzung		Mindestanzahl bei hoher Gleichzeitigkeit der Nutzung	
	Toiletten/ Urinale	Handwaschgelegenheiten	Toiletten/ Urinale	Handwaschgelegenheiten
bis 5	1*⁾	1	2	1
6 bis 10	1*⁾	1	3	1
11 bis 25	2	1	4	2
26 bis 50	3	1	6	2
51 bis 75	5	2	7	3
76 bis 100	6	2	9	3
101 bis 130	7	3	11	4
131 bis 160	8	3	13	4
161 bis 190	9	3	15	5
191 bis 220	10	4	17	6
221 bis 250	11	4	19	7
	je weitere 30 Beschäftigte + 1	je weitere 90 Beschäftigte + 1	je weitere 30 Beschäftigte + 2	je weitere 90 Beschäftigte + 2

*⁾ für männliche Beschäftigte wird zuzüglich 1 Urinal empfohlen

ASR A4.1 — Sanitärräume

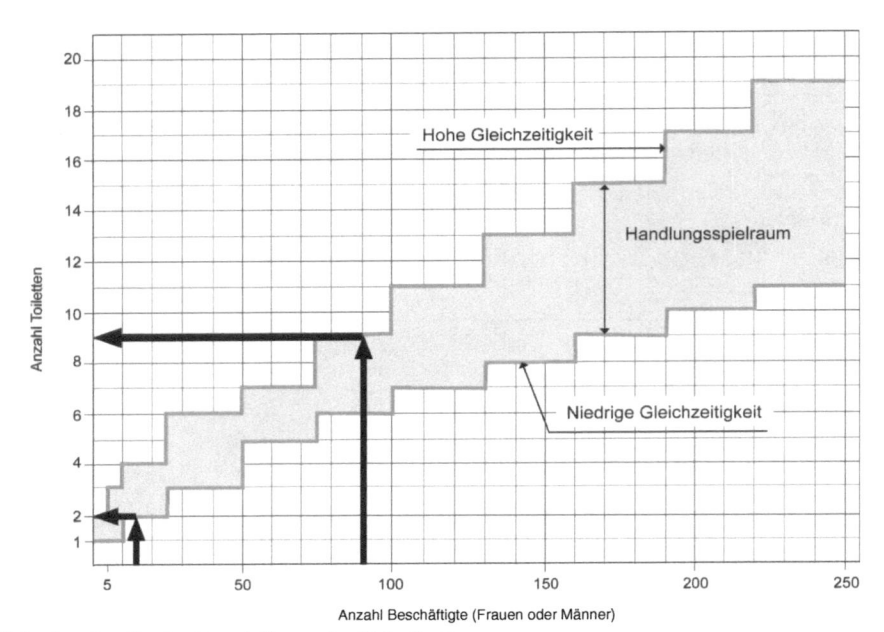

Abb. 1: Grafische Darstellung der Tabelle 2

Ablesebeispiel: Werden 90 männliche Beschäftigte an einem Montageband (hohe Gleichzeitigkeit) beschäftigt, sollen neun Toiletten (drei Toiletten und sechs Urinale) eingerichtet werden. Für ein dazugehöriges Büro (niedrige Gleichzeitigkeit) mit 15 weiblichen Beschäftigten sind zusätzlich zwei Toiletten vorzusehen.

5.3 Abmessung

(1) Bei Toilettenräumen oder Toilettenzellen ist eine Bewegungsfläche vor den Toiletten oder Urinalen erforderlich. Die Bewegungsfläche soll symmetrisch vor den Toiletten und Urinalen angeordnet sein. Für Toilettenräume sind die Mindestmaße nach Abb. 2.1, 2.2, 3.1, 3.2, 4.1 und 4.2 einzuhalten. Die Öffnungsrichtung der Tür (Türanschlag nach innen oder nach außen) ist zu berücksichtigen.
In bestehenden Toilettenzellen mit Türanschlag nach außen ist bis zu einem wesentlichen Umbau eine Reduzierung der Tiefe der Bewegungsfläche (600 mm) um 50 mm zulässig. In bestehenden Toilettenzellen mit Türanschlag nach innen ist bis zu einem wesentlichen Umbau eine Reduzierung des Abstandes Vorderkante Toilette bis Schwenkradius der Toilettentür um 100 mm zulässig.

Hinweis:

Der Türanschlag sollte möglichst nach außen erfolgen, um z. B. Personen im Notfall leichter bergen zu können.

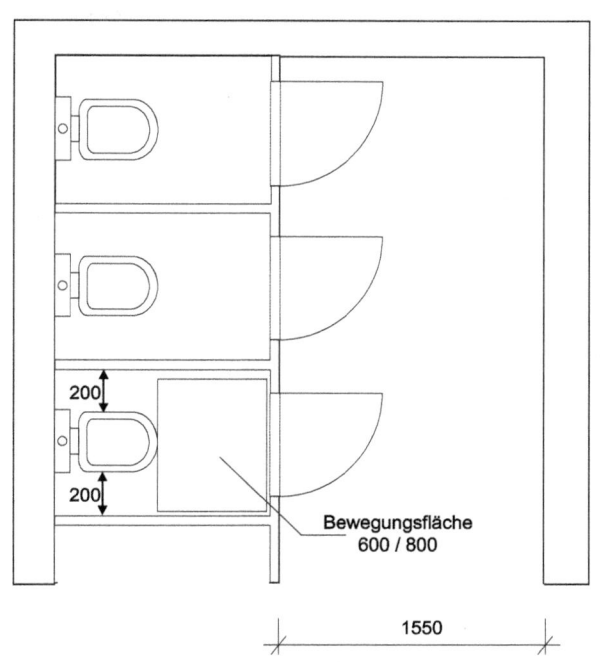

Abb. 2.1: Einbündige Toilettenanlage, Türanschlag nach außen (Maße in mm)

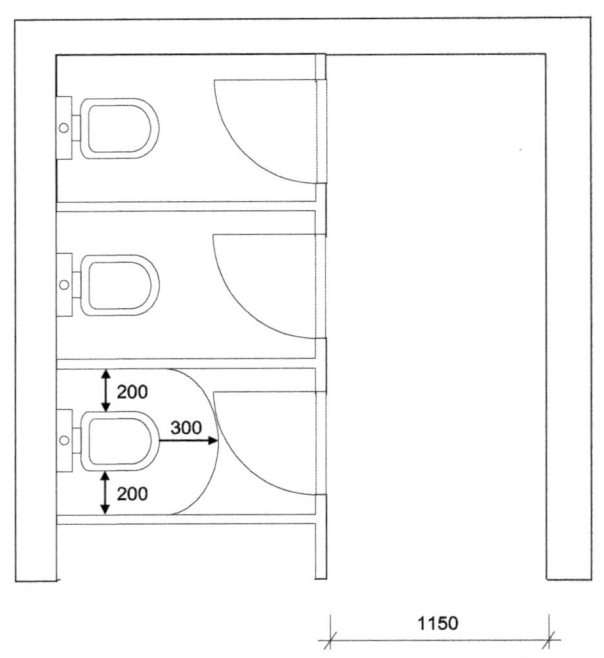

Abb. 2.2: Einbündige Toilettenanlage, Türanschlag nach innen (Maße in mm)

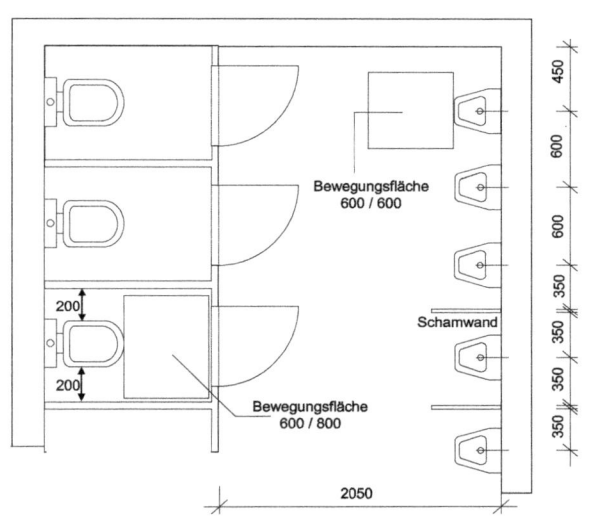

Abb. 3.1: Einbündige Toilettenanlage mit Urinalen, Türanschlag nach außen (Maße in mm)

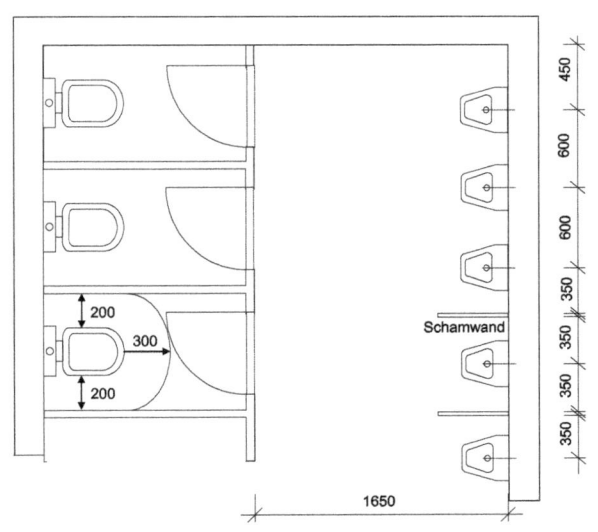

Abb. 3.2: Einbündige Toilettenanlage mit Urinalen, Türanschlag nach innen (Maße in mm)

ASR A4.1 — Sanitärräume

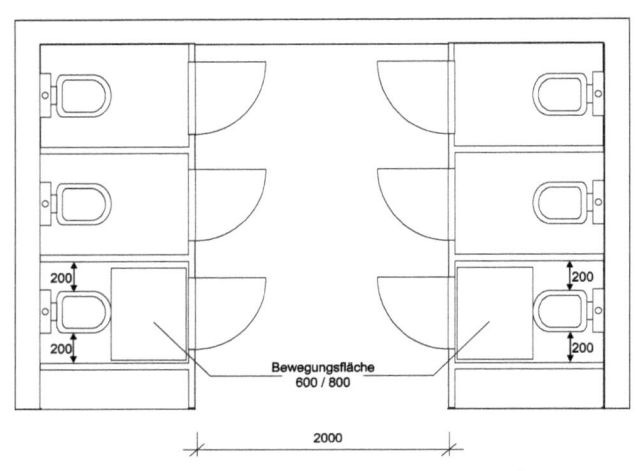

Abb. 4.1: Zweibündige Toilettenanlage, Türanschlag nach außen (Maße in mm)

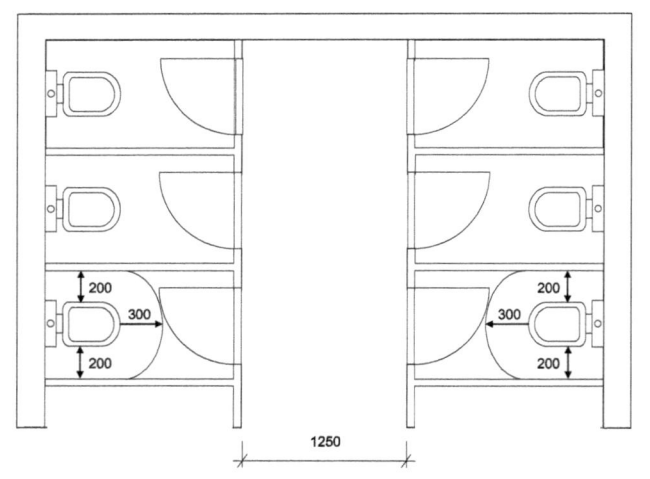

Abb. 4.2: Zweibündige Toilettenanlage, Türanschlag nach innen (Maße in mm)

(2) Trennwände und Türen von Toilettenzellen, die nicht raumhoch ausgeführt sind, müssen mindestens 1,90 m hoch sein. Sofern die Trennwand oder die Zellentür nicht mit dem Fußboden abschließt, muss der Abstand zwischen Fußboden und Unterkante zwischen 0,10 bis 0,15 m betragen.

Sanitärräume   ASR A4.1

5.4 Ausstattung

(1) Jede Toilettenzelle und jeder Toilettenraum mit nur einer Toilette muss von innen abschließbar sein. Zusätzlich müssen sich darin Kleiderhaken, Papierhalter und Toilettenbürste befinden. An jeder von Frauen genutzten Toilette ist ein Hygienebehälter mit Deckel zur Verfügung zu stellen. In von Männern genutzten Toilettenräumen ist mindestens ein Hygienebehälter mit Deckel in einer gekennzeichneten Toilettenzelle bereitzustellen. Toilettenpapier muss stets bereitgehalten werden.

(2) Toilettenräume müssen mit Handwaschgelegenheiten (Handwaschbecken mit fließendem Wasser und geschlossenem Wasserabflusssystem) gemäß Tabelle 2 und Abfallbehältern ausgestattet sein. In Toilettenräumen müssen Mittel zum Reinigen (z. B. Seife in Seifenspendern)[889] und Trocknen der Hände (z. B. Einmalhandtücher, Textilhandtuchautomaten oder Warmlufttrockner)[890] bereitgestellt werden.[891] Darüber hinaus sind bei Bedarf Warmwasser und Kleiderhaken bereitzustellen.

Ist in bestehenden Arbeitsstätten die Bereitstellung der geforderten Anzahl von Handwaschgelegenheiten mit Aufwendungen verbunden, die offensichtlich unverhältnismäßig sind, so hat der Arbeitgeber zu prüfen, wie durch andere oder ergänzende Maßnahmen die Sicherheit und der Gesundheitsschutz der Beschäftigten in vergleichbarer Weise gesichert werden kann; die erforderlichen Maßnahmen hat er durchzuführen. Eine solche Maßnahme kann z. B. die Verkürzung der Reinigungsintervalle sein. Diese ergänzenden Maßnahmen können so lange herangezogen werden, bis die bestehenden Toilettenanlagen wesentlich umgebaut werden.

Hinweis:

Bei Bedarf (z. B. bei Tätigkeiten mit Einsatz von Desinfektionsmitteln) sind Hautpflege- und Hautschutzmittel bereitzustellen (Hautschutzplan).

6 Waschräume

6.1 Allgemeines

(1) Waschräume sind nach Art der Tätigkeit oder gesundheitlichen Gründen gemäß Kategorie A, B oder C vorzusehen:
- **Kategorie A** bei mäßig schmutzenden Tätigkeiten
- **Kategorie B** bei stark schmutzenden Tätigkeiten[892]

---

889) Handwaschpaste muss vom Arbeitgeber bereitgestellt werden, wenn Seife zur Reinigung der Hände nicht ausreicht.
890) Handtücher, die von mehreren Personen gemeinsam benutzt werden, sind nicht zulässig (s. Nr. 6.4 Abs. 4).
891) Die Reinigungsmittel müssen vom Arbeitgeber zur Verfügung gestellt werden und hautverträglich sein.
892) Stark schmutzende Tätigkeiten sind z. B. die Arbeit in Schlachthöfen, Maler- und Lackierarbeiten, Arbeiten in Kfz-Werkstätten.

ASR A4.1 Sanitärräume

– Kategorie C bei sehr stark schmutzenden Tätigkeiten, bei Vorliegen gesundheitlicher Gründe[893], bei Tätigkeiten mit stark geruchsbelästigenden Stoffen, beim Tragen von körpergroßflächiger persönlicher Schutzausrüstung, bei Tätigkeiten unter besonderen klimatischen Bedingungen (Hitze, Kälte) oder bei Nässe sowie bei schwerer körperlicher Arbeit.

(2) Werden keine Waschräume nach Absatz 1 benötigt[894], müssen in der Nähe der Arbeitsplätze und der Umkleideräume Waschgelegenheiten mit fließendem Wasser und geschlossenem Wasserabflusssystem zur Verfügung gestellt werden (Weglängen gemäß Punkt 5.2 Absatz 1). Sie müssen mit Mitteln zum Reinigen (z. B. Seife in Seifenspendern) und Trocknen der Hände (z. B. Einmalhandtücher, Textilhandtuchautomaten[895] oder Warmlufttrockner) ausgestattet sein.

(3) In Waschräumen ist in Abhängigkeit der Nutzung eine wirksame Lüftung zu gewährleisten. Bei freier Lüftung (Fensterlüftung) sind die Mindestquerschnitte nach Tabelle 3 einzuhalten (weitere Informationen siehe ASR A3.6 „Lüftung"). Lüftungstechnische Anlagen sind so auszulegen, dass ein Abluftvolumenstrom von 11 m³/(h m²) erreicht wird.

Tabelle 3: Mindestquerschnitte für freie Lüftung von Waschräumen

System	Freier Querschnitt der Lüftungsöffnung/en [m²/m² Grundfläche]*
einseitige Lüftung	0,04
Querlüftung**	0,024

*   Die angegebenen Flächen sind die Summe aus Zuluft- und Abluftfläche.

** Lüftungsöffnungen in gegenüberliegenden Außenwänden oder in einer Außenwand und der Deckenfläche

(4) Um Feuchtigkeit wirksam abführen zu können, wird eine mechanische Entlüftung empfohlen, insbesondere bei Waschräumen mit Duschen. Dabei ist eine darauf abgestimmte Zuluftmenge zu gewährleisten.

(5) Wasch- und Umkleideräume sollen einen unmittelbaren Zugang zueinander haben. Sind Wasch- und Umkleideräume räumlich voneinander getrennt, darf der Weg zwischen diesen Sanitärräumen nicht durchs Freie oder durch Arbeitsräume führen. Eine leichte Er-

---

893) Gesundheitliche Gründe können beim Umgang mit Gefahrstoffen, infektiösen, giftigen, gesundheitsschädlichen, ätzenden, reizenden Stoffen vorliegen.
894) Üblicherweise muss ein Waschraum vorhanden sein, wenn auch ein Umkleideraum erforderlich ist. Eine Ausnahme liegt nur dann vor, d. h., ein Waschraum muss nicht zur Verfügung stehen, wenn die Beschäftigten zwar besondere Arbeitskleidung bei ihrer Tätigkeit tragen (z. B. Arbeitskittel oder Firmenuniformen), sich dabei aber nicht so verschmutzen, dass ein abgetrennter Waschraum vorhanden sein muss.
895) Die Handtuchlänge von 20 cm bei Automaten ist ein Mindestwert. Die Einstellung der Dosiereinrichtung der Automaten auf eine größere Handtuchlänge ist aus hygienischen Gründen angebracht.

Sanitärräume ASR A4.1

reichbarkeit zwischen Wasch- und Umkleideraum ist bei einer Entfernung von maximal 10 m auf gleicher Etage gegeben. Die Lufttemperatur dieses Weges muss mindestens der des Umkleideraumes entsprechen (weitere Informationen siehe ASR A3.5 „Raumtemperatur").

(6) In Waschräumen mit mehreren Duschen sollen Duschen mit Sichtschutz solchen einer halboffenen bzw. offenen Ausführung des Duschbereiches vorgezogen werden.

(7) Fußböden und Wände müssen leicht zu reinigen und zu desinfizieren sein. Fußböden müssen auch im feuchten Zustand rutschhemmend sein (weitere Informationen siehe ASR A1.5/1,2 „Fußböden").

(8) Waschräume und ihre Einrichtungen sind in Abhängigkeit von der Häufigkeit der Nutzung zu reinigen und bei Bedarf zu desinfizieren. Werden diese täglich genutzt, sollen sie täglich gereinigt werden.

Hinweise:

1. *Fußböden im Nass- und Barfußbereich von Waschräumen sollen zur Fußpilz- und Warzenprophylaxe desinfizierend gereinigt werden. Es dürfen nur zugelassene und geprüfte Desinfektionsmittel bzw. desinfizierende Reinigungsmittel eingesetzt werden (z. B. Desinfektionsmittel-Liste des Verbundes für Angewandte Hygiene (VAH), Präparate mit Wirksamkeit gegen Papovaviren laut Herstellerangaben). Dabei sind die Herstellerangaben bzw. die Vorschriften aus dem Gefahrstoffrecht zu berücksichtigen. Insbesondere ist bei der Verwendung von Konzentraten die korrekte Anwendungskonzentration und Einwirkzeit des Desinfektionsmittels zu beachten.*

2. *Zur Einhaltung und Kontrolle der regelmäßigen und gründlichen Reinigung empfiehlt sich das Anbringen eines Reinigungsplanes im Waschraum mit kontinuierlicher Abzeichnungspflicht durch das verantwortliche Reinigungspersonal.*

3. *Nach dem Ergebnis der Gefährdungsbeurteilung können in Verbindung mit anderen öffentlich-rechtlichen Vorschriften (z. B. Gefahrstoff-, Biostoff-, Infektionsschutz- oder Lebensmittelrecht) zusätzliche Anforderungen notwendig werden.*

4. *Bei der Verwendung von Reinigungs- und Desinfektionsmitteln sind die hierfür bekannt gegebenen TRGS bzw. TRBA zu berücksichtigen.*

6.2 Bereitstellung

(1) Waschräume müssen sich in der Nähe der Arbeitsplätze befinden. Der Weg von den Arbeitsplätzen in Gebäuden zu den Waschräumen darf 300 m nicht überschreiten und soll nicht durchs Freie führen. Waschräume dürfen auch in einer anderen Etage eingerichtet sein.[896]

---

[896] Wasch- und Umkleideräume sollen einen unmittelbaren Zugang zueinander haben, aber räumlich voneinander getrennt sein (s. Nr. 4 Abs. 6 und Nr. 6 Abs. 5). Waschräume sollten sich auch in der Nähe von Toiletten befinden.

ASR A4.1 — Sanitärräume

(2) Waschräume sind mit einer ausreichenden Anzahl von Wasch- und Duschplätzen gemäß Tabellen 4, 5.1 und 5.2 zur Verfügung zu stellen. Die in den Tabellen 4, 5.1 und 5.2 jeweils angegebene Mindestanzahl darf nicht unterschritten werden.

Ist in bestehenden Arbeitsstätten die Bereitstellung der geforderten Anzahl von Wasch- und Duschplätzen mit Aufwendungen verbunden, die offensichtlich unverhältnismäßig sind, so hat der Arbeitgeber zu prüfen, wie durch andere oder ergänzende Maßnahmen die Sicherheit und der Gesundheitsschutz der Beschäftigten in vergleichbarer Weise gesichert werden kann; die erforderlichen Maßnahmen hat er durchzuführen. Eine solche Maßnahme kann z. B. die Verminderung der Gleichzeitigkeit der Nutzung sein. Diese ergänzenden Maßnahmen können so lange herangezogen werden, bis die bestehenden Waschräume wesentlich umgebaut werden. Dabei darf die geforderte Mindestanzahl bei niedriger Gleichzeitigkeit der Nutzung nicht unterschritten werden.

Hinweis:

Es wird in zwei Gruppen der Gleichzeitigkeit der Nutzung unterschieden. Bei niedriger Gleichzeitigkeit nutzen die Beschäftigten die Waschräume zu unterschiedlichen Zeiten. Bei hoher Gleichzeitigkeit suchen die Beschäftigten prinzipiell Waschräume gemeinsam auf, z. B. an den Schichtenden.

Tabelle 4: Mindestanzahl von Waschplätzen bei Kategorie A

Höchste Anzahl Beschäftigter, die in der Regel den Waschraum nutzen	Mindestanzahl Waschplätze bei Gleichzeitigkeit der Nutzung	
	niedrig	hoch
bis 5	1	2
6 bis 10	2	3
11 bis 15	3	4
16 bis 20	3	5
21 bis 25	4	6
26 bis 30	4	6
31 bis 35	5	7
36 bis 40	5	8
41 bis 45	6	9
46 bis 50	6	10
51 bis 55	7	11
56 bis 60	8	12

Sanitärräume ASR A4.1

Höchste Anzahl Beschäftigter, die in der Regel den Waschraum nutzen	Mindestanzahl Waschplätze bei Gleichzeitigkeit der Nutzung	
	niedrig	hoch
61 bis 65	8	12
66 bis 70	8	12
71 bis 75	9	13
76 bis 80	10	14
81 bis 85	10	14
86 bis 90	10	14
91 bis 95	10	14
96 bis 100	11	15
je weitere 30	+ 2	+ 3

Tabelle 5.1: Mindestanzahl von Wasch- und Duschplätzen bei Kategorie B

Höchste Anzahl Beschäftigter, die in der Regel den Waschraum nutzen	Mindestanzahl der Waschplätze bei Gleichzeitigkeit der Nutzung		Mindestanzahl der Duschplätze bei Gleichzeitigkeit der Nutzung	
	niedrig	hoch	niedrig	hoch
bis 5	1	2	1	1
6 bis 10	1	2	1	2
11 bis 15	2	3	1	2
16 bis 20	2	4	2	3
21 bis 25	3	5	2	3
26 bis 30	3	5	2	3
31 bis 35	3	6	2	3
36 bis 40	4	7	2	4
41 bis 45	4	8	2	4
46 bis 50	4	9	2	4
51 bis 55	4	9	3	5

ASR A4.1 — Sanitärräume

Höchste Anzahl Beschäftigter, die in der Regel den Waschraum nutzen	Mindestanzahl der Waschplätze bei Gleichzeitigkeit der Nutzung		Mindestanzahl der Duschplätze bei Gleichzeitigkeit der Nutzung	
	niedrig	hoch	niedrig	hoch
56 bis 60	5	11	3	5
61 bis 65	5	11	3	5
66 bis 70	5	11	3	5
71 bis 75	5	12	3	5
76 bis 80	6	12	4	6
81 bis 85	6	12	4	6
86 bis 90	6	13	4	6
91 bis 95	6	13	4	7
96 bis 100	6	14	4	7
je weitere 30	+ 1	+ 3	+ 1	+ 2

Tabelle 5.2: Mindestanzahl von Wasch- und Duschplätzen bei Kategorie C

Höchste Anzahl Beschäftigter, die in der Regel den Waschraum nutzen	Mindestanzahl der Waschplätze bei Gleichzeitigkeit der Nutzung		Mindestanzahl der Duschplätze bei Gleichzeitigkeit der Nutzung	
	niedrig	hoch	niedrig	hoch
bis 5	1	2	1	2
6 bis 10	2	3	1	3
11 bis 15	3	4	2	4
16 bis 20	3	5	2	5
21 bis 25	4	6	3	6
26 bis 30	4	7	3	7
31 bis 35	5	9	4	9
36 bis 40	5	10	4	10
41 bis 45	5	12	4	12

Sanitärräume ASR A4.1

Höchste Anzahl Beschäftigter, die in der Regel den Waschraum nutzen	Mindestanzahl der Waschplätze bei Gleichzeitigkeit der Nutzung		Mindestanzahl der Duschplätze bei Gleichzeitigkeit der Nutzung	
	niedrig	hoch	niedrig	hoch
46 bis 50	6	13	5	13
51 bis 55	6	14	5	14
56 bis 60	6	15	5	15
61 bis 65	7	16	6	16
66 bis 70	7	16	6	16
71 bis 75	8	17	7	17
76 bis 80	8	18	7	18
81 bis 85	9	18	8	18
86 bis 90	10	19	9	19
91 bis 95	11	20	10	20
96 bis 100	11	20	10	20
je weitere 30	+ 2	+ 3	+ 2	+ 3

6.3 Abmessung

(1) In Waschräumen müssen die Mindestmaße nach Abb. 5 eingehalten werden. Dabei sind Bewegungsflächen und Verkehrswege zu berücksichtigen. Bewegungsflächen müssen vor Wasch- und Duschplätzen zur Verfügung stehen. Bewegungsflächen dürfen sich bei gleichzeitiger Nutzung des Waschraumes durch mehrere Beschäftigte nicht überschneiden. In Waschräumen mit mehreren Wasch- und Duschplätzen, die gleichzeitig genutzt werden können, sind Verkehrswege vorzusehen. Verkehrswege und Bewegungsflächen dürfen sich nicht überschneiden.

Ist in bestehenden Arbeitsstätten die Bereitstellung der geforderten Bewegungsfläche mit Aufwendungen verbunden, die offensichtlich unverhältnismäßig sind, so hat der Arbeitgeber zu prüfen, wie durch andere oder ergänzende Maßnahmen die Sicherheit und der Gesundheitsschutz der Beschäftigten in vergleichbarer Weise gesichert werden kann; die erforderlichen Maßnahmen hat er durchzuführen. Eine solche Maßnahme kann z. B. die Verringerung der Gleichzeitigkeit der Nutzung sein. Diese ergänzenden Maßnahmen können so lange herangezogen werden, bis die bestehenden Waschräume wesentlich umgebaut werden. Dabei darf eine Bewegungsfläche von 350 x 600 mm pro Waschplatz nicht unterschritten werden.

ASR A4.1 — Sanitärräume

(2) Die in Abb. 5 angegebenen Maße für Einzelwaschtische gelten analog für Reihenwasch-, Rundwaschanlagen oder gleichwertige Anlagen.

(3) Duschplätze müssen eine Mindestgrundfläche von 1 m² haben, wobei das Mindestmaß einer Seite 900 mm nicht unterschreiten darf.

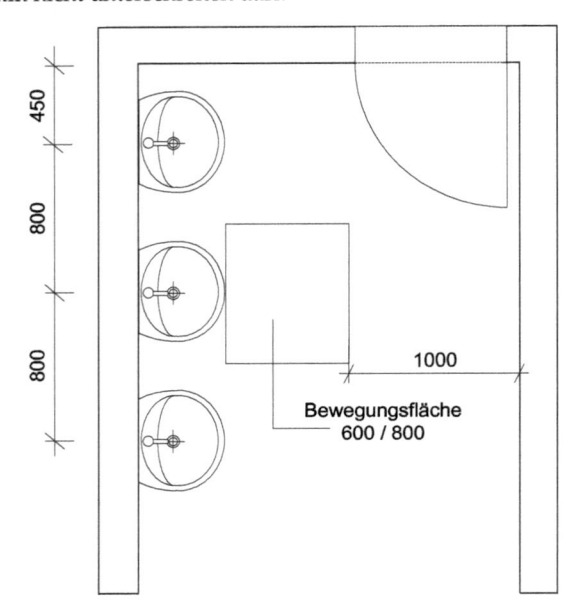

Abb. 5: Waschraum (Maße in mm)

6.4 Ausstattung

(1) An Wasch- und Duschplätzen müssen fließendes warmes und kaltes Wasser in Trinkwasserqualität im Sinne der Trinkwasserverordnung, Seifenablage und Handtuchhalter zur Verfügung stehen. Zusätzlich soll an Duschplätzen ein Haltegriff angebracht sein. Die Temperatur von vorgemischtem Wasser soll während der Nutzungszeit +43 °C nicht überschreiten.

(2) Das Schmutzwasser muss schnell und auf dem kürzesten Weg abfließen können, ohne dabei über einen weiteren Wasch- oder Duschplatz zu laufen.

(3) Wenn notwendig sind Einrichtungen zum Trocknen der Handtücher sowie Vorrichtungen zur Haartrocknung vorzusehen.

(4) In der Nähe der Waschplätze sind zum Trocknen der Hände z. B. Einmalhandtücher, Textilhandtuchautomaten oder Warmlufttrockner zur Verfügung zu stellen.

Sanitärräume   ASR A4.1

(5) Zusätzlich sollen sich in Waschräumen Abfallbehälter und Kleiderhaken befinden. In Duschanlagen ohne direkten Zugang zum Umkleideraum sind Kleiderablagen im Trockenbereich vorzusehen.

Hinweis:

Bei Bedarf sind die hygienisch erforderlichen Mittel zum Reinigen und wenn notwendig zum Desinfizieren der Hände sowie zur Hautpflege und zum Hautschutz zur Verfügung zu stellen (Hautschutzplan).

7 Umkleideräume

7.1 Allgemeines

(1) In Umkleideräumen ist in Abhängigkeit der Nutzung eine wirksame Lüftung zu gewährleisten. Bei freier Lüftung (Fensterlüftung) sind die Mindestquerschnitte nach Tabelle 6 einzuhalten (weitere Informationen siehe ASR A3.6 „Lüftung"). Lüftungstechnische Anlagen sind so auszulegen, dass ein Abluftvolumenstrom von 11 m³/(h m²) erreicht wird.

Tabelle 6: Mindestquerschnitte für freie Lüftung von Umkleideräumen

System	Freier Querschnitt der Lüftungsöffnung/en [m²/m² Grundfläche]*
einseitige Lüftung	0,02
Querlüftung**	0,012

* Die angegebenen Flächen sind die Summe aus Zuluft- und Abluftfläche.

** Lüftungsöffnungen in gegenüberliegenden Außenwänden oder in einer Außenwand und der Deckenfläche

(2) Umkleideräume sind in Abhängigkeit von der Häufigkeit der Nutzung zu reinigen und bei Bedarf zu desinfizieren.

Hinweise:
1. *Zur Einhaltung und Kontrolle der regelmäßigen und gründlichen Reinigung empfiehlt sich das Anbringen eines Reinigungsplanes im Umkleideraum mit kontinuierlicher Abzeichnungspflicht durch das verantwortliche Reinigungspersonal.*
2. *Bei der Verwendung von Reinigungs- und Desinfektionsmitteln sind die hierfür bekannt gegebenen TRGS bzw. TRBA zu berücksichtigen.*

7.2 Bereitstellung

(1) Umkleideräume sind zur Verfügung zu stellen, wenn das Tragen besonderer Arbeitskleidung erforderlich ist und es den Beschäftigten nicht zuzumuten ist, sich in einem anderen Raum umzukleiden.

(2) Das Erfordernis besonderer Arbeitskleidung im Sinne des Anhangs 4.1 Absatz 3 Satz 1 ArbStättV ist dann anzunehmen, wenn die Arbeitskleidung betriebsbedingt getragen werden muss. Dies kann z. B. aus gesundheitlichen Gründen oder aufgrund der Art der Tätigkeit (siehe Punkt 6.1 Absatz 1) erforderlich sein oder auch auf Weisung des Arbeitgebers, z. B. zur einheitlichen Darstellung des Betriebes, notwendig sein.[897]

(3) Eine Unzumutbarkeit im Sinne des Anhangs 4.1 Absatz 3 Satz 1 ArbStättV ist u. a. gegeben, wenn z. B. der Raum nicht gegen Einsichtnahme von außen geschützt, gleichzeitig von weiteren Personen anderweitig genutzt oder nicht abgeschlossen werden kann.[898]

(4) Bei der räumlichen Anordnung von Umkleide- und Waschräumen ist Punkt 6.1 Absatz 5 zu beachten.

(5) Umkleideräume für Beschäftigte, die an Hitzearbeitsplätzen beschäftigt sind, müssen an die Arbeitsräume angrenzen, soweit nicht auf andere Weise (z. B. beheizte Verkehrswege) sichergestellt ist, dass die Beschäftigten keiner Erkältungsgefahr ausgesetzt sind. Die Entfernung zwischen einem Umkleideraum und den Hitzearbeitsplätzen soll nach Möglichkeit 100 m nicht überschreiten. Der Umkleideraum darf dabei nicht weiter als eine Etage entfernt sein.

7.3 Abmessung

Nutzen mehrere Beschäftigte die Umkleideräume gleichzeitig, muss für jeden Beschäftigten eine Bewegungsfläche von 0,5 m² im Raum vorhanden sein. Zusätzlich sind Verkehrswege zu berücksichtigen (weitere Informationen siehe ASR A1.8 „Verkehrswege").

7.4 Ausstattung

(1) Für je vier Beschäftigte, die den Umkleideraum gleichzeitig nutzen, muss mindestens eine Sitzgelegenheit zur Verfügung stehen.

(2) Zur Aufbewahrung der Kleidung muss für jeden Beschäftigten eine ausreichend große, belüftete und abschließbare Einrichtung mit Ablagefach vorhanden sein. Werden Schränke bereitgestellt, ist ein Mindestmaß von 0,30 m x 0,50 m x 1,80 m (B x T x H) einzuhalten. Ist für persönliche Kleidung sowie für Arbeits- und Schutzkleidung eine getrennte Aufbewahrung erforderlich, sind zwei derartige Schrankteile oder ein geteilter Schrank in doppelter Breite notwendig.

(3) Sind die Beschäftigten bei ihrer Tätigkeit stark geruchsbelästigenden Stoffen oder einer sehr starken Verschmutzung ausgesetzt, muss eine räumliche Trennung der Arbeits-, Schutzkleidung und persönlichen Kleidung vorhanden sein (Schwarz-Weiß-Trennung).

---

[897] Auf Umkleideräume kann auch dann nicht verzichtet werden, wenn die Bekleidung zur einheitlichen Darstellung des Betriebes aus frei verkäuflichen Bekleidungsteilen besteht und daher auch privat getragen werden kann. Zu berücksichtigen ist, dass viele Beschäftigte mit spezieller Kleidung in der Öffentlichkeit als Mitarbeiter einer spezifischen Firma nicht erkannt werden möchten und sich deshalb in einem firmeneigenen Umkleideraum umziehen möchten. Für dessen Bereitstellung ist zu sorgen.
[898] Die Nutzung des eigenen Arbeitsplatzes zum Umkleiden ist zumutbar, wenn dieser gegen Einsichtnahme geschützt und während des Umkleidens für andere nicht zugänglich ist.

Sanitärräume ASR A4.1

Eine räumliche Schwarz-Weiß-Trennung kann in Abhängigkeit der Gefährdung durch zwei mit einem Waschraum verbundene Umkleideräume oder durch ein mit dem Arbeitsbereich verbundenen Schleusensystem zum An- und Ablegen der Arbeits- und Schutzkleidung erfolgen. Auf die Sonderregelungen in der GefStoffV und der BioStoffV wird hingewiesen.[899]

(4) Bei Umkleideräumen mit mehreren Zugängen sollen Ein- und Ausgänge getrennt sein. Wenn die Umkleideräume für eine gleichzeitige Benutzung durch mehr als 100 Beschäftigte bestimmt sind, müssen die Ein- und Ausgänge getrennt sein.

(5) Für Arbeits- und Schutzkleidung, die bei der Tätigkeit feucht geworden ist, muss eine Trocknung bis zur nächsten Verwendung möglich sein, gegebenenfalls auch außerhalb des Umkleideraumes, z. B. in einem ausreichend belüfteten Trockenraum oder mit elektrisch betriebenen Trockenschränken.

(6) In Umkleideräumen sind Abfallbehälter, Spiegel und Kleiderablagen bereitzustellen.

8 Abweichende/ergänzende Anforderungen für Baustellen

8.1 Allgemeines

(1) Auf Baustellen können Baustellenwagen, absetzbare Baustellenwagen, Container oder andere Raumzellen für Sanitäreinrichtungen genutzt werden. Bei vorhandenen Sanitäreinrichtungen ist eine geringere lichte Höhe von 2,30 m bis zu einem wesentlichen Umbau zulässig. Der Arbeitgeber kann die Sanitäreinrichtungen von Dritten nutzen, wenn diese die Sanitäreinrichtungen in ausreichender Anzahl bereitstellen und instand halten.[900]

Hinweis:

Die Koordinierung gemeinsam genutzter Sanitäreinrichtungen kann in den Aufgabenbereich des Bauherren bzw. Koordinators nach Baustellenverordnung (BaustellV) fallen.

---

899) Falls die Beschäftigten bei ihrer Arbeit mit infektiösen oder in sonstiger Weise gesundheitsgefährdenden Stoffen in Berührung kommen, sind Schwarz-Weiß-Umkleideräume mit zwischengeschaltetem Waschraum zwingend erforderlich. Dies gilt insbesondere im Hinblick auf den Umgang mit krebserzeugenden, erbgutverändernden und fruchtschädigenden Stoffen. Eine getrennte Aufbewahrung der Arbeits- und Straßenkleidung wird für die Fälle verlangt, in denen angenommen werden muss, dass Gefahrstoffe oder durch andere Arbeitsstoffe hervorgerufene unangenehme Gerüche von der Arbeitskleidung bei Aufbewahrung am selben Ort auf die Straßenkleidung übertragen werden können. Eine getrennte Aufbewahrung ist zwingend beim Umgang mit infektiösen giftigen, gesundheitsschädlichen, ätzenden, reizenden Stoffen gefordert.
900) Grundsätzlich ist der Arbeitgeber zur Bereitstellung der Sanitäreinrichtungen verpflichtet. Bei Baustellen mit mehreren Arbeitgebern ist durch den Bauherrn bzw. den verantwortlichen Dritten (z. B. Koordinator, Bauträger, Architekt) die Bereitstellung einer ausreichenden Anzahl von Sanitäreinrichtungen und die gemeinsame Nutzung zu koordinieren.

ASR A4.1 — Sanitärräume

(2) Abweichend von Punkt 5.1 Absatz 3 Satz 2 müssen bei täglicher Nutzung Toilettenräume mindestens zweimal wöchentlich gereinigt werden. Die Toiletten in den Toilettenräumen wie auch mobile, anschlussfreie Toilettenkabinen sollen bei täglicher Nutzung täglich gereinigt werden.[901]

(3) Abweichend von Punkt 4 Absatz 6 kann auf Baustellen bis 21 Beschäftigte auf getrennt eingerichtete Toiletten-, Wasch- und Umkleideräume für weibliche und männliche Beschäftigte verzichtet werden, wenn eine zeitlich getrennte Nutzung sichergestellt ist. Bei mehr als sechs Beschäftigten je Beschäftigtengruppe (männlich und weiblich) sind getrennte Sanitärräume erforderlich.

8.2 Toilettenräume und mobile, anschlussfreie Toilettenkabinen

(1) Werden von einem Arbeitgeber auf einer Baustelle mehr als zehn Beschäftigte länger als zwei zusammenhängende Wochen gleichzeitig beschäftigt, sind Toilettenräume bereitzustellen. Abweichend von Punkt 5 können auf Baustellen mit bis zu zehn Beschäftigten mobile anschlussfreie Toilettenkabinen, vorzugsweise mit integrierter Handwaschgelegenheit, bereitgestellt werden. Hat die mobile, anschlussfreie Toilettenkabine keine Handwaschgelegenheit, ist sicherzustellen, dass sich diese in unmittelbarer Nähe des Aufstellortes der Toilettenkabine befindet.

(2) Mobile anschlussfreie Toilettenkabinen sollen in der Zeit vom 15.10. bis 30.4. beheizbar sein.

(3) Abweichend von Punkt 5.2 Absatz 1 sollen Toilettenräume und mobile, anschlussfreie Toilettenkabinen nicht mehr als 100 m Wegstrecke vom Arbeitsort entfernt eingerichtet sein. Ist dies aufgrund der Gegebenheiten auf der Baustelle nicht möglich (z. B. Fassadenarbeiten an Hochhäusern, Bauarbeiten im Tunnel, Kanalbauarbeiten, Streckenbaustellen), darf die Wegstrecke fünf Minuten nicht überschreiten (zu Fuß oder mit betrieblich zur Verfügung gestellten Verkehrsmitteln).

(4) Zusätzliche mobile, anschlussfreie Toilettenkabinen können erforderlich werden, sofern es sich um ständig wechselnde Arbeitsplätze handelt oder die Arbeitsplätze sich in Ebenen/Geschossen ober- oder unterhalb der Aufstellebene der Toilettenräume oder -kabinen befinden.

(5) Toilettenräume oder mobile, anschlussfreie Toilettenkabinen auf Baustellen sind nicht erforderlich, wenn außerhalb der Baustelle gleichwertige Einrichtungen zur Verfügung stehen und nutzbar sind sowie Absatz 3 eingehalten wird.

(6) Abweichend von Punkt 5.2 Absatz 2 kann auf Baustellen der abgeschlossene Vorraum durch einen Sichtschutz ersetzt werden.

---

901) Die Möglichkeit, eine Grobreinigung des Schuhwerks vorzunehmen, sollte vor sämtlichen Sanitäreinrichtungen eingerichtet sein. Selbstverständlich müssen nicht nur Toiletten in den Toilettenräumen sowie auch mobile, anschlussfreie Toilettenkabinen, sondern sämtliche Sanitäreinrichtungen auf Baustellen regelmäßig gereinigt werden.

Sanitärräume ASR A4.1

(7) Außerhalb der Toilettenzelle sind an geeigneter Stelle Möglichkeiten zur Ablage von persönlicher Schutzausrüstung (z. B. Wetterschutzkleidung oder Auffanggurt) vorzusehen.

8.3 Waschräume

(1) Werden von einem Arbeitgeber auf einer Baustelle mehr als zehn Beschäftigte länger als zwei zusammenhängende Wochen gleichzeitig beschäftigt, sind Waschräume bereitzustellen. Dies ist nicht erforderlich, wenn die Beschäftigten von der Baustelle täglich in Betriebsgebäude mit Sanitärräumen oder in Verbindung mit der Baustelle stehende Unterkünfte zurückkehren.

(2) Waschräume auf Baustellen sollen sich in unmittelbarer Nähe der Pausen- und Bereitschaftsräume befinden.

(3) Abweichend von Punkt 6.1 Absatz 5 kann der Weg vom Waschraum zum Umkleide- und Pausenraum durch das Freie führen, sofern er gegen Sicht und Witterungseinflüsse geschützt ausgebildet wird.

(4) Abweichend von Punkt 6.3 Absätze 1 und 2 ist in Waschräumen auf Baustellen eine Bewegungsfläche von 0,50 m^2 vor der Dusche oder dem Waschplatz ausreichend.

(5) Abweichend von Punkt 6.3 Absatz 3 ist für Duschplätze eine Mindestgrundfläche von 800 x 800 mm ausreichend.

(6) Außerhalb der Waschräume sind an geeigneter Stelle Möglichkeiten zur Ablage von persönlicher Schutzausrüstung (z. B. Wetterschutzkleidung oder Auffanggurt) vorzusehen.

8.4 Anzahl von Toiletten, Urinalen, Wasch- und Duschplätzen

Abweichend von den Tabellen 2, 4, 5.1 und 5.2 gilt auf Baustellen Tabelle 7.[902]

Tabelle 7: **Mindestanzahl von Toiletten, Urinalen, Wasch- und Duschplätzen**

Höchste Anzahl Beschäftigter, die in der Regel die Sanitäreinrichtungen nutzen	Mindestanzahl		
	Waschplätze	Duschplätze	Toiletten/ Urinale
bis 5	1	0	1*)
6 bis 10	2	0	1*)

---

[902] Die Zahl der Beschäftigten, ab der Waschräume zur Verfügung zu stellen sind, ergibt sich aus der in zwei zusammenhängenden Wochen durchschnittlich auf der Baustelle anwesenden Beschäftigten. Bei Mehrschichtbetrieb bezieht sich die Zahl auf den Durchschnitt der stärksten Schicht. Im Falle einer Baustelle mit mehreren Firmen, von denen zwar keine mehr als 10 Beschäftigte dort arbeiten lässt, die Gesamtzahl aller Beschäftigter auf der Baustelle aber die Zahl 10 überschreitet, haben sich die Arbeitgeber miteinander über die Bereitstellung von Waschräumen ins Benehmen zu setzen.

Höchste Anzahl Beschäftigter, die in der Regel die Sanitäreinrichtungen nutzen	Mindestanzahl		
	Waschplätze	Duschplätze	Toiletten/ Urinale
11 bis 20	3	1	2
21 bis 30	5	1	3
31 bis 40	7	2	4
41 bis 50	9	2	5
51 bis 75	12	3	6
76 bis 100	14	4	7
je weitere 30	+ 3	+ 1	+ 1

*) für männliche Beschäftigte wird zuzüglich 1 Urinal empfohlen

Bei der Bereitstellung von Toiletten und Urinalen ist Punkt 5.2 Absatz 4 zu berücksichtigen.

8.5 Umkleideräume

Gesonderte Umkleideräume sind auf Baustellen nicht erforderlich, sofern in den Pausenräumen Möglichkeiten zum Wechseln der Kleidung und der getrennten Aufbewahrung von Arbeitskleidung und persönlicher Kleidung in geeigneten Schränken bestehen.[903]

Ausgewählte Literaturhinweise

TRBA 500 Grundlegende Maßnahmen bei Tätigkeiten mit biologischen Arbeitsstoffen

---

903) Grundsätzlich gelten auch auf Baustellen die Maßgaben für Umkleideräume entsprechend Nr. 7. Sollen Pausenräume als Umkleideräume genutzt werden, muss neben der Möglichkeit zur sicheren und getrennten Aufbewahrung von Arbeits- und Schutzkleidung sowie Straßenkleidung auch gewährleistet sein, dass Arbeits- und Schutzkleidung von baustellentypischen Verunreinigungen grob gesäubert und, soweit erforderlich, natürlich getrocknet werden kann.

Pausen- und Bereitschaftsräume   **ASR A4.2**

zu Anh. Nr. 4.2 ArbStättV

Technische Regeln für Arbeitsstätten	Pausen- und Bereitschaftsräume	ASR A4.2

GMBl. Nr. 37 vom 31.8.2012 S. 660, zuletzt geändert durch GMBl. Nr. 24 vom 18.5.2018 S. 474[904]

...

Diese ASR A4.2 konkretisiert im Rahmen des Anwendungsbereichs die Anforderungen der Verordnung über Arbeitsstätten. Bei Einhaltung der Technischen Regeln kann der Arbeitgeber insoweit davon ausgehen, dass die entsprechenden Anforderungen der Verordnung erfüllt sind. Wählt der Arbeitgeber eine andere Lösung, muss er damit mindestens die gleiche Sicherheit und den gleichen Gesundheitsschutz für die Beschäftigten erreichen.

Inhalt

1 Zielstellung
2 Anwendungsbereich
3 Begriffsbestimmungen
4 Pausenräume und Pausenbereiche
5 Bereitschaftsräume
6 Einrichtungen für schwangere Frauen und stillende Mütter
7 Abweichende/ergänzende Anforderungen für Baustellen

1 Zielstellung

Diese ASR konkretisiert die Anforderungen an Pausenräume und Pausenbereiche, Bereitschaftsräume sowie an Einrichtungen zum Hinlegen und Ausruhen für schwangere Frauen und stillende Mütter nach Anhang 4.2 und 5.2 Abs. 1 b) und c) der Arbeitsstättenverordnung.[905]

---

904) Diese ASR erfuhr drei Änderungen, zuerst im April 2014, die zweite im Juli 2017 und die dritte im Mai 2018. Die Änderungen betrafen Anpassungen der Rechtsbezüge, auch Hinweise auf neu bekannt gemachte ASR, sowie die Korrektur einer Literaturangabe.
905) Soweit keine gesonderten Pausenräume oder Pausenbereiche erforderlich sind, weil bereits die Gestaltung des Arbeitsraumes selbst eine hinreichende Erholung in der Pausenzeit, z. B. in einem Büroraum, gewährleistet, muss der Arbeitgeber nach der ArbStättV keine weiteren Maßnahmen treffen. Gleiches gilt für die Einrichtung von Bereitschaftsräumen, die nur dann notwendig sind, wenn in die Arbeitszeit regelmäßig und häufig Arbeitsbereitschaftszeiten oder Arbeitsunterbrechungen fallen und kein gesonderter Pausenraum vorhanden ist. Einrichtungen zum Hinlegen und Ausruhen für schwangere Frauen oder stillende Mütter sind vom Arbeitgeber nur für den Bedarfsfall zur Verfügung zu stellen.

ASR A4.2 — Pausen- und Bereitschaftsräume

2 Anwendungsbereich

Diese ASR gilt für das Einrichten und Betreiben von Pausenräumen und Pausenbereichen sowie von Bereitschaftsräumen für Beschäftigte in Arbeitsstätten, in Gebäuden oder im Freien. Sie gilt auch für Einrichtungen zum Hinlegen und Ausruhen für schwangere Frauen und stillende Mütter.

Hinweis:

Zusätzliche Anforderungen an die barrierefreie Gestaltung werden zu einem späteren Zeitpunkt als Anhang in die ASR V3a.2 „Barrierefreie Gestaltung von Arbeitsstätten" eingefügt.

3 Begriffsbestimmungen

3.1 Pausenräume sind allseits umschlossene Räume, die der Erholung oder dem Aufenthalt der Beschäftigten während der Pause oder bei Arbeitsunterbrechung dienen. Insbesondere für Arbeitsstätten im Freien oder auf Baustellen können dies z. B. auch Räume in vorhandenen Gebäuden sowie in Baustellenwagen, absetzbaren Baustellenwagen oder in Containern sein.[906]

3.2 Pausenbereiche sind abgetrennte Bereiche innerhalb von Räumen der Arbeitsstätte, die der Erholung oder dem Aufenthalt der Beschäftigten während der Pause oder bei Arbeitsunterbrechung dienen.

3.3 Bereitschaftsräume sind allseits umschlossene Räume, die dem Aufenthalt der Beschäftigten während der Arbeitsbereitschaft oder bei Arbeitsunterbrechungen dienen. Insbesondere für Arbeitsstätten im Freien oder auf Baustellen können dies z. B. auch Räume in vorhandenen Gebäuden sowie in Baustellenwagen, absetzbaren Baustellenwagen oder in Containern sein.[907]

3.4 Einrichtungen für schwangere Frauen und stillende Mütter bieten schwangeren Frauen und stillenden Müttern die Gelegenheit, sich während der Pausen oder der Arbeitszeit zu setzen, hinzulegen und auszuruhen.

---

906) Mit den Begriffsbestimmungen wird der Bestimmungszweck des Pausenraumes festgelegt. Es wird bestimmt, dass Beschäftigte die Pausenräume nicht nur während der Pausen zur Erholung, sondern auch bei betriebsbedingten Arbeitsunterbrechungen (z. B. bei Ausfall einer Anlage, witterungsbedingter Einstellung der Arbeiten im Freien oder auf einer Baustelle) zum geschützten Aufenthalt nutzen können und sollen.
907) Arbeitsbereitschaft ist ein Begriff des Arbeitszeitrechts. Man versteht darunter die Zeit wacher Aufmerksamkeit im Zustand der Entspannung, in welcher der Beschäftigte am Arbeitsplatz anwesend sein und sich bereithalten muss, um die Arbeit sofort aufzunehmen. Diese Zeit zählt vollständig als Arbeitszeit.

**Pausen- und
Bereitschaftsräume** ASR A4.2

4 Pausenräume und Pausenbereiche

4.1 Allgemeine Anforderungen

(1) Pausenräume und Pausenbereiche müssen in einer der Sicherheit und der Gesundheit zuträglichen Umgebung eingerichtet und betrieben werden.[908] Pausenbereiche sind Pausenräumen gleichgestellt, wenn sie gleichwertige Bedingungen für die Pause gewährleisten.

(2) Ein Pausenraum oder Pausenbereich ist zur Verfügung zu stellen, wenn mehr als zehn Beschäftigte einschließlich Zeitarbeitnehmern gleichzeitig in der Arbeitsstätte tätig sind. Nicht zu berücksichtigen sind Beschäftigte, die
- aufgrund des Arbeitszeitgesetzes keinen Anspruch auf Ruhepausen haben (z. B. Teilzeitkräfte mit bis zu sechs Stunden täglicher Arbeitszeit) oder
- überwiegend außerhalb der Arbeitsstätte tätig sind (z. B. Außendienstmitarbeiter, Kundendienstmonteure).[909]

(3) Unabhängig von der Anzahl der Beschäftigten ist ein Pausenraum oder Pausenbereich zur Verfügung zu stellen, wenn Sicherheits- oder Gesundheitsgründe dies erfordern. Das können z. B. sein:
- Arbeiten mit erhöhter Gesundheitsgefährdung in Hitze, Kälte, Nässe oder Staub,
- Überschreitung der Auslösewerte für Lärm oder Vibrationen (siehe LärmVibrationsArbSchV),
- Gefährdungen beim Umgang mit biologischen Arbeitsstoffen oder Gefahrstoffen,
- unzuträgliche Gerüche,
- überwiegende Arbeiten im Freien,
- andauernde, einseitig belastende Körperhaltung mit eingeschränktem Bewegungsraum, z. B. Steharbeit,
- schwere körperliche Arbeit,
- stark schmutzende Tätigkeit,
- Arbeitsräume/Bereiche ohne Tageslicht oder

---

908) Diese Forderung beinhaltet insbesondere, dass mögliche Belastungen aus der Arbeitsumgebung, denen Beschäftigte während der Arbeitszeit ausgesetzt sind, in den Pausen nicht auftreten dürfen. Sie müssen von den Arbeitsplätzen getrennt sein und äußerlich erkennbare Zonen der Erholung darstellen. D. h. insbesondere, dass in diesen Bereichen kein Lärm, kein Staub und Schmutz, keine Gerüche auftreten dürfen und diese auch frei von Publikumsverkehr sind.
909) Unberücksichtigt bleiben demnach Beschäftigte, die überwiegend außerhalb der Arbeitsstätte ihrer Tätigkeit nachgehen, wie z. B. Außendienstler, Kraftfahrer einer Spedition, Beschäftigte eines Baubetriebes oder eines ambulanten Pflegedienstes, soweit diese ihre gesetzlichen Pausen in der Pflegedienstzentrale verbringen. In ambulant betreuten Wohnbereichen, in denen Pflegedienstmitarbeiter länger als 6 Stunden tätig sind, ist ein gesonderter Pausenraum zur Verfügung zu stellen.

ASR A4.2 — Pausen- und Bereitschaftsräume

- Arbeitsräume/Bereiche, zu denen üblicherweise Dritte (z. B. Kunden, Publikum, Mitarbeiter von Fremdfirmen) Zutritt haben.[910]

(4) Auf einen Pausenraum oder Pausenbereich kann bei Tätigkeiten in Büroräumen oder in vergleichbaren Arbeitsräumen verzichtet werden, sofern diese während der Pause frei von arbeitsbedingten Störungen (z. B. durch Publikumsverkehr, Telefonate) sind. Damit wird eine gleichwertige Erholung im Arbeitsraum gewährleistet. Vergleichbare Arbeitsräume können z. B. Registraturen oder Bibliotheken sein.

```
                  Beschäftigte mit
                  Pausenanspruch
                       nach
                  Arbeitszeitgesetz
                          |
                          v
         nein     > 10 Beschäftigte in     ja
       +----------  einer Arbeitsstätte  ----------+
       |          (nach Punkt 4.1 Abs. 2)          |
       v                                           v
  Liegen Sicherheits-                    Sind Büroräume oder
  oder Gesundheits-                      vergleichbare Arbeits-
  gründe nach Punkt 4.1                  räume nach Punkt 4.1
  Abs. 3 vor?                            Abs. 4 vorhanden?
   ja |       | nein    ja                  |              | nein
      |       +----------+------------------+              |
      |                  v                                 |
      |              kein                                  |
      |           Pausenraum/                              |
      |           Pausenbereich                            |
      |           erforderlich                             |
      |                                                    |
      v                                                    v
                    Pausenraum/
                    Pausenbereich
                    erforderlich
```

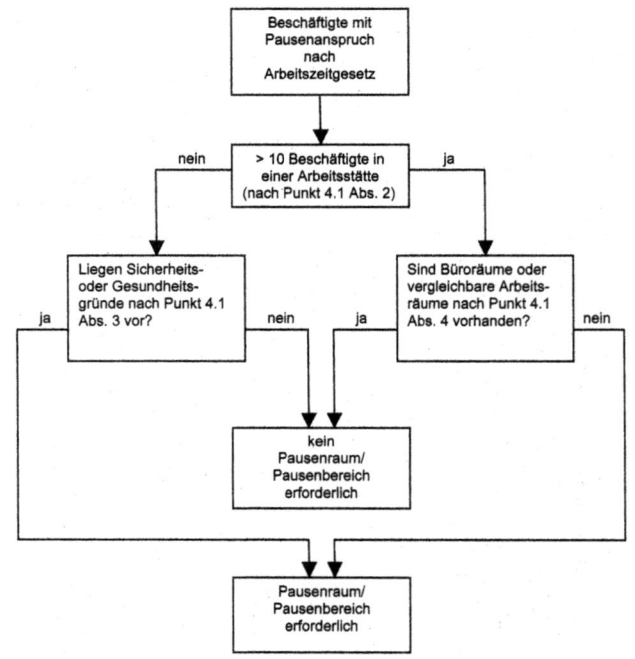

Abb. 1: Ermittlung der Notwendigkeit von Pausenräumen oder Pausenbereichen

(5) Pausenräume und Pausenbereiche müssen leicht und sicher über Verkehrswege erreichbar sein. Der Zeitbedarf zum Erreichen der Pausenräume soll fünf Minuten je Wegstrecke (zu Fuß oder mit betrieblich zur Verfügung gestellten Verkehrsmitteln) nicht überschreiten. Die Wegstrecke zu Pausenbereichen darf 100 m in nicht überschreiten.

---

910) Arbeitsräume mit Kundenbetrieb (z. B. Verkaufsräume, Banken, Büro- und Kassenräume, Behörden, Krankenhäuser, Arztpraxen, Ausstellungsräume von Möbel- oder Textilbetrieben, öffentlich zugängliche Bibliotheken) bieten den dort Beschäftigten während der Pausen keine ausreichende Erholung, da die Kunden auch während der Pausenzeit Bedienung oder Auskünfte erwarten. Aus diesem Grund müssen Pausenräume bzw. abgetrennte Pausenbereiche vorhanden sein, wenn mit Kunden regelmäßig zu rechnen ist.

Pausen- und Bereitschaftsräume   **ASR A4.2**

(6) Pausenräume und Pausenbereiche dürfen nicht unterhalb schwebender Lasten oder in Bereichen mit Gefährdung durch herabfallende Gegenstände eingerichtet werden.

(7) Im Pausenraum und Pausenbereich sind Beeinträchtigungen, z. B. durch Vibrationen, Stäube, Dämpfe oder Gerüche, soweit wie möglich auszuschließen. Während der Pause darf der durchschnittliche Schalldruckpegel in Pausenräumen aus den Betriebseinrichtungen und dem von außen einwirkenden Umgebungslärm höchstens 55 dB(A) betragen. In Pausenbereichen soll dieser Wert nicht überschritten werden.

(8) Pausenräume und Pausenbereiche müssen frei von arbeitsbedingten Störungen (z. B. durch Produktionsabläufe, Publikumsverkehr, Telefonate) sein.

(9) In Pausenräumen und Pausenbereichen muss für Beschäftigte, die den Raum oder Bereich gleichzeitig benutzen sollen, eine Grundfläche von jeweils mindestens 1,00 m² einschließlich Sitzgelegenheit und Tisch vorhanden sein. Flächen für weitere Einrichtungsgegenstände, Zugänge und Verkehrswege sind hinzuzurechnen (siehe ASR A1.2 „Raumabmessungen und Bewegungsflächen").

Die Grundfläche eines Pausenraumes muss mindestens 6,00 m² betragen.

Die lichte Höhe von Pausenräumen muss den Anforderungen der ASR A1.2 „Raumabmessungen und Bewegungsflächen" entsprechen.[911]

(10) Pausenräume sollen eine Sichtverbindung nach außen aufweisen. Für Pausenbereiche wird eine solche empfohlen.

(11) Pausenräume und Pausenbereiche müssen
- über möglichst ausreichend Tageslicht verfügen und ausreichend beleuchtet sein (siehe ASR A3.4 „Beleuchtung"),
- ausreichend temperiert sein (siehe ASR A3.5 „Raumtemperatur") und
- gesundheitlich zuträgliche Atemluft in ausreichender Menge aufweisen (siehe ASR A3.6 „Lüftung").

(12) Der Umfang der Ausstattung von Pausenräumen und Pausenbereichen richtet sich nach der Anzahl der gleichzeitig anwesenden Benutzer. Für diese sind Sitzgelegenheiten mit Rückenlehne und Tische vorzusehen.[912] Das Inventar muss leicht zu reinigen sein. Ein Abfallbehälter mit Deckel ist bereitzustellen.

Ein Bedarf für Einrichtungen für das Wärmen und Kühlen von Lebensmitteln liegt vor, wenn keine Kantine zur Verfügung steht oder bei Beschäftigten, die durch ärztliches Attest

---

911) In größeren Räumen sollte die für Pausenbereiche geplante Raumfläche mit den Pauseneinrichtungen von dem übrigen Raum optisch und akustisch abgetrennt sein. Eine optische Abtrennung kann durch Pflanzenkästen, Mobiliar (z. B. Regale), bewegliche Wände usw. erfolgen. So sollen z. B. in Großraumbüros abgetrennte Bereiche vorhanden sein, die den Beschäftigten eine Rückzugsmöglichkeit in den Pausen gestatten. Solche Bereiche sind insbesondere auch akustisch von den Arbeitsbereichen abzutrennen (Schalldruckpegel soll in Pausenbereichen den Wert von 55 dB(A) nicht überschreiten, um die gewünschte Erholungswirkung in den Pausen zu erzielen).
912) Geeignete Sitzgelegenheiten sind Stühle oder Bänke. Die Rückenlehnen dieser Sitzgelegenheiten müssen dem Rücken einen festen Halt geben.

nachweisen, dass sie eine bestimmte Diät einhalten müssen. Bei Bedarf sind Kleiderablagen und der Zugang zu Trinkwasser zur Verfügung zu stellen.[913)] Eine Waschgelegenheit im Pausenraum kann zweckmäßig sein (siehe ASR A4.1 „Sanitärräume").

(13) Eine Kantine oder ein Restaurant kann als Pausenraum genutzt werden, wenn sich die Beschäftigten ohne Verzehrzwang aufhalten dürfen und die Anforderungen von Punkt 4.1 Abs. 5, 7 und 9 bis 12 erfüllt werden.

4.2 Zusätzliche Anforderungen an Pausenräume

(1) Pausenräume können außerhalb der festgelegten Pausenzeiten für andere Zwecke, z. B. Besprechungen, Schulungen, genutzt werden. Die Räume müssen vor der Nutzung als Pausenraum gelüftet und gereinigt sein, wenn diese die in der ASR A1.2 „Raumabmessungen und Bewegungsflächen" enthaltenen Raumabmessungen erfüllen.

(2) Führt die Tür eines Pausenraumes unmittelbar ins Freie, so sind die Beschäftigten vor Zugluft zu schützen. Dies kann durch einen Windfang oder Windfangraum mit Vorhang aus einem schwer entflammbaren Material erreicht werden.

4.3 Zusätzliche Anforderungen an Pausenbereiche

(1) Pausenbereiche sind an ungefährdeter Stelle anzuordnen. Sie dürfen z. B. nicht in der Nähe heißer Oberflächen eingerichtet werden.

(2) Pausenbereiche müssen optisch abgetrennt sein, z. B. durch mobile Trennwände, Möbel oder geeignete Pflanzen.

5 Bereitschaftsräume

(1) Ein Bereitschaftsraum muss immer dann zur Verfügung. stehen, wenn während der Arbeitszeit regelmäßig und in erheblichem Umfang (in der Regel mehr als 25 Prozent der Arbeitszeit) Arbeitsbereitschaft oder Arbeitsunterbrechungen auftreten. Das ist u. a. der Fall, wenn nicht vorhergesehen werden kann, wann eine Arbeitsaufnahme erfolgt, z. B. in Krankenhäusern, bei Berufsfeuerwehren, Rettungsdiensten oder Fahrbereitschaften.

(2) Als Bereitschaftsraum kann unter Berücksichtigung von Absatz 4 auch ein Pausenraum genutzt werden.

(3) Der Bereitschaftsraum muss mindestens den Anforderungen an einen Pausenraum entsprechen.[914)]

---

913) Ein Bedarf für eine Kleiderablage ist dann gegeben, wenn es in der Arbeitsstätte keine Umkleideräume gibt und auch eine Aufbewahrung der Kleidungsstücke am Arbeitsplatz nicht zumutbar ist. Die Kleiderablage sollte ein abschließbares Wertfach enthalten. Trinkwasser ist in den Pausenräumen zur Verfügung zu stellen, wenn besondere Arbeitsbedingungen, z. B. das Arbeiten in technologisch wärmebelasteten oder staubigen Arbeitsräumen, dies erfordern.
914) Gesonderte Räume für Zeiten der Arbeitsbereitschaft sind zwingend erforderlich, wenn in der Arbeitsstätte keine Pausenräume vorhanden sind. Gibt es aber Pausenräume, so können diese auch für die Bereitschaftszeit genutzt werden – allerdings ist in dieser Zeit eine andere Nutzung (auch die als Pausenraum) auszuschließen. Sofern ein Erfordernis für die Bereitstellung von Liegen für die Zeit der Arbeitsbereitschaft besteht, ist deren Platzbedarf bei der Berechnung der erforderlichen Raumgröße zu berücksichtigen.

Pausen- und Bereitschaftsräume ASR A4.2

(4) Liegt die Arbeitsbereitschaft oder die Arbeitsunterbrechung in den Nachtstunden oder ist die Arbeitszeit einschließlich der Bereitschaftszeit größer als zwölf Stunden, muss der als Bereitschaftsraum genutzte Raum zusätzlich mit Liegen ausgestattet sein. Zusätzliche Anforderungen an die zweckentsprechende Ausstattung von Bereitschaftsräumen sind im Rahmen der vorgesehenen Nutzung zu ermitteln.

(5) Müssen Liegen zur Verfügung gestellt werden, ergeben sich folgende Anforderungen:
- Die Mindestgrundfläche des Bereitschaftsraumes ergibt sich aus den Stellflächen der Ausstattung, Bewegungsflächen und den Verkehrsflächen.
- Die Nutzung der Bereitschaftsräume getrennt nach Frauen und Männern ist räumlich oder organisatorisch sicherzustellen.
- Für die Zeit der Nutzung der Liegen ist eine anderweitige Nutzung des Raumes durch andere Personen (z. B. als Pausenraum, Büro, Arztzimmer) nicht zulässig.
- Der Raum muss verschließbar, nicht einsehbar und verdunkelbar sein.
- Es soll eine Waschgelegenheit zur Verfügung stehen.
- Liegen müssen gepolstert und mit einem wasch- oder wegwerfbaren Belag ausgestattet sein.
- Die Erreichbarkeit der Beschäftigten ist unter Wahrung ihrer Privatsphäre zu gewährleisten (z. B. durch Rufeinrichtung).
- Zur Sicherstellung der Alarmierung im Brandfall und zum sicheren Verlassen des Bereitschaftsraumes siehe ASR A2.2 „Maßnahmen gegen Brände" und ASR A2.3 „Fluchtwege und Notausgänge, Flucht und Rettungsplan".

6 Einrichtungen für schwangere Frauen und stillende Mütter

(1) Werden schwangere Frauen oder stillende Mütter beschäftigt, müssen Einrichtungen zum Hinlegen, Ausruhen und Stillen am Arbeitsplatz oder in unmittelbarer Nähe in einer Anzahl vorhanden sein, die eine jederzeitige Nutzbarkeit sicherstellen. Die Privatsphäre ist bei der Nutzung zu gewährleisten.

(2) Die Einrichtungen zum Hinlegen, Ausruhen und Stillen müssen gepolstert und mit einem wasch- oder wegwerfbaren Belag ausgestattet sein.

(3) Für die Räume, in denen die Einrichtungen genutzt werden, gelten die Anforderungen aus Punkt 4.1 Abs. 5 bis 11.

7 Abweichende/ergänzende Anforderungen für Baustellen

(1) Für Beschäftigte auf Baustellen ist ein Pausenraum oder ein Pausenbereich vorzusehen, da die Voraussetzungen nach Punkt 4.1 Abs. 3 in der Regel gegeben sind.

(2) Abweichend von Punkt 7 Abs. 1 ist auf Baustellen ein Pausenraum oder Pausenbereich nicht erforderlich, wenn bis zu vier Beschäftigte eines Arbeitgebers gleichzeitig längstens eine Woche oder höchstens 20 Personentage tätig sind. Voraussetzung ist, dass die Möglichkeit besteht, sich an einer gleichwertigen Stelle gegen Witterungseinflüsse geschützt zu

waschen (siehe ASR A4.1 „Sanitärräume", Punkt 6.1 Abs. 2), zu wärmen, umzukleiden und eine Mahlzeit einzunehmen und ggf. zuzubereiten.

(3) Abweichend von den Anforderungen des Punktes 4.1 Abs. 7 Satz 2 ist für die Pausenzeit ein durchschnittlicher Schalldruckpegel von 55 dB(A) anzustreben.

(4) Die lichte Höhe von Pausenräumen oder Pausenbereichen muss mindestens 2,30 m betragen.

(5) Werden auf Baustellen Unterkünfte zur Verfügung gestellt, kann auf Pausenräume verzichtet werden, sofern die Unterkünfte geeignet sind, von den jeweiligen Bewohnern auch zum Aufenthalt bei Pausen genutzt werden zu können und die Anforderungen nach Punkt 4.1 Abs. 12 und die entsprechenden Anforderungen der ASR A4.1 „Sanitärräume" erfüllt sind.

(6) Ergänzend zu Punkt 4.1 Abs. 12 und die entsprechenden Anforderungen der ASR A4.1 „Sanitärräume" muss für Pausenräume oder Pausenbereiche, in denen Beschäftigte sich umziehen, eine Möglichkeit zur getrennten Aufbewahrung für Arbeits- und Schutzkleidung sowie Straßenkleidung vorhanden sein (siehe entsprechende Anforderung der ASR A4.1 „Sanitärräume" Punkt 8.5).

Ausgewählte Literaturhinweise

LASI LV 50 „Bewegungsergonomische Gestaltung von andauernder Steharbeit", März 2009

Erste-Hilfe-Räume, Mittel und Einrichtungen zur Ersten Hilfe ASR A4.3

zu § 4 Abs. 5, Anh. Nr. 4.3 ArbStättV

Technische Regeln für Arbeitsstätten	Erste-Hilfe-Räume, Mittel und Einrichtungen zur Ersten Hilfe	ASR A4.3

GMBl. Nr. 85–86 vom 27.12.2010 S. 1764, zuletzt geändert durch GMBl. Nr. 4 vom 27.2.2019 S. 71[915)]

...

Diese ASR A4.3 konkretisiert im Rahmen des Anwendungsbereichs Anforderungen der Verordnung über Arbeitsstätten. Bei Einhaltung der Technischen Regeln kann der Arbeitgeber insoweit davon ausgehen, dass die entsprechenden Anforderungen der Verordnung erfüllt sind. Wählt der Arbeitgeber eine andere Lösung, muss er damit mindestens die gleiche Sicherheit und den gleichen Gesundheitsschutz für die Beschäftigten erreichen.

Inhaltsübersicht

1 Zielstellung
2 Anwendungsbereich
3 Begriffsbestimmungen
4 Mittel zur Ersten Hilfe
5 Einrichtungen zur Ersten Hilfe
6 Erste-Hilfe-Räume und vergleichbare Einrichtungen
7 Kennzeichnung
8 Abweichende/ergänzende Anforderungen für Baustellen

1 Zielstellung

Diese Arbeitsstättenregel konkretisiert die Anforderungen an Mittel und Einrichtungen zur Ersten Hilfe sowie an Erste-Hilfe-Räume beim Einrichten und Betreiben von Arbeitsstätten in § 3a Abs. 1 und § 4 Abs. 5 sowie Punkt 4.3 des Anhanges der Arbeitsstättenverordnung.

2 Anwendungsbereich

(1) Diese ASR gilt für Anforderungen an Mittel und Einrichtungen zur Ersten Hilfe sowie Erste-Hilfe-Räume oder vergleichbare Einrichtungen und deren Bereitstellung.

---

915) Mit fünf Änderungen seit ihrer Erstausgabe im Dezember 2010 wurde die ASR aktualisiert: Im Dezember 2011 wurden „Ergänzende Anforderungen für Baustellen" eingefügt, im April 2014 bei den baulichen Anforderungen Rechtsbezüge zu den ASR A1.2 Raumabmessungen und Bewegungsflächen, ASR A1.5/1.2 Fußböden sowie zu ASR A3.4 Beleuchtung und ASR A3.6 Lüftung vorgenommen. Die weiteren Änderungen betrafen Aktualisierungen von Rechtsbezügen, z. B. auf ASR V3a.2 Barrierefreie Gestaltung von Arbeitsstätten, redaktionelle Korrekturen und Aktualisierungen ausgewählter, weiterführender Literaturhinweise. Der fachliche Regelungsgestand, Erste-Hilfe-Räume, Mittel und Einrichtungen zur Ersten Hilfe, blieb von den Änderungen unberührt bzw. wurde anwendungserleichternd präzisiert.

(2) *(entfallen)*

Hinweis:

Für die barrierefreie Gestaltung der Erste-Hilfe-Räume sowie Mittel und Einrichtungen zur Ersten Hilfe gilt die ASR V3a.2 „Barrierefreie Gestaltung von Arbeitsstätten", Anhang A4.3: Ergänzende Anforderungen zur ASR A4.3 „Erste-Hilfe-Räume, Mittel und Einrichtungen zur Ersten Hilfe".

3 Begriffsbestimmungen

3.1

Erste Hilfe umfasst medizinische, organisatorische und betreuende Maßnahmen an Verletzten oder Erkrankten.[916]

3.2 **Notfall** ist ein Ereignis, das unverzüglich Rettungsmaßnahmen erfordert und Maßnahmen der Ersten-Hilfe, des Rettungsdienstes und der ärztlichen Behandlung umfasst.

3.3 **Notruf** ist die Meldung eines Notfalls über Meldeeinrichtungen zur Alarmierung des Rettungsdienstes, der Feuerwehr oder der Polizei.

3.4 **Mittel zur Ersten Hilfe** sind Erste-Hilfe-Material (z. B. Verbandmaterial, Hilfsmittel, Rettungsdecke) sowie gemäß Gefährdungsbeurteilung erforderliche medizinische Geräte (z. B. Automatisierter Externer Defibrillator, Beatmungsgerät) und Arzneimittel (z. B. Antidot[917]), die zur Ersten Hilfe benötigt werden.

3.5 **Einrichtungen zur Ersten Hilfe** sind technische Hilfsmittel zur Rettung aus Gefahr für Leben und Gesundheit, z. B. Meldeeinrichtungen, Rettungstransportmittel und Rettungsgeräte.

3.6 **Meldeeinrichtungen** sind Kommunikationsmittel, um im Notfall unverzüglich einen Notruf absetzen zu können.

3.7 **Rettungstransportmittel** dienen dem fachgerechten, schonenden Transport Verletzter oder Erkrankter zur weiteren Versorgung im Erste-Hilfe-Raum, zum Arzt oder ins Krankenhaus.

---

916) Erste Hilfe hat i. d. R vorläufigen Charakter und dauert so lange an, bis eine Heilbehandlung einsetzt. Unter der Ersten Hilfe sind dementsprechend Leistungen zu verstehen, durch die Verletzte, Vergiftete und Erkrankte zur Abwendung akuter Gesundheitsgefahren durch dazu ausgebildete Ersthelfer vorläufig medizinisch versorgt und einer Heilbehandlung zugeleitet werden.
917) Antidote sind Mittel, die einer gesundheitsgefährdenden Aufnahme eines chemischen Stoffes, z. B. einer Vergiftung, entgegenwirken. So können z. B. Flusssäureverätzungen oder Cyanwasserstoffvergiftungen nur erfolgreich behandelt werden, wenn ein entsprechendes Antidot sofort angewendet wird.

Erste-Hilfe-Räume, Mittel und Einrichtungen zur Ersten Hilfe ASR A4.3

3.8 Rettungsgeräte sind technische Hilfsmittel zur Personenrettung aus Gefahrensituationen.[918]

3.9 Erste-Hilfe-Räume und vergleichbare Einrichtungen sind speziell vorgesehene Räume, in denen bei einem Unfall oder bei einer Erkrankung im Betrieb Erste Hilfe geleistet oder die ärztliche Erstversorgung durchgeführt werden kann.

Den Erste-Hilfe-Räumen vergleichbare Einrichtungen sind z. B. Rettungsfahrzeuge, transportable Raumzellen (Erste-Hilfe-Container)[919] oder Arztpraxisräume. Als vergleichbare Einrichtungen gelten auch besonders eingerichtete, vom übrigen Raum abgetrennte Erste-Hilfe-Bereiche.

4 Mittel zur Ersten Hilfe

(1) Erste-Hilfe-Material ist in Verbandkästen oder anderen geeigneten Behältnissen (z. B. Rucksäcke, Taschen, Schränke), im Folgenden Verbandkasten genannt, vorzuhalten. Die Mindestanzahl der bereitzuhaltenden Verbandkästen ergibt sich aus Tabelle 1.

Tabelle 1: Mindestanzahl der bereitzuhaltenden Verbandkästen

Betriebsart	Zahl der Beschäftigten	Kleiner Verbandkasten	Großer Verbandkasten
Verwaltungs- und Handelsbetriebe	1–50	1	–
	51–300	–	1
	301–600	–	2
	für je 300 weitere Beschäftigte	–	+1
Herstellungs-, Verarbeitungsbetriebe und vergleichbare Betriebe	1–20	1	–
	21–100	–	1
	101–200	–	2
	für je 100 weitere Beschäftigte	–	+1

---

918) Rettungsgeräte kommen zum Einsatz, wenn bei besonderen Unfallgefahren technische Hilfsmittel benötigt werden, z. B. bei Gefahrstoffunfällen, der Höhenrettung oder der Rettung aus tiefen Schächten. Dazu gehören z. B. Notduschen, Löschdecken, Rettungsgurte, Sprungtücher oder Atemschutzgeräte.
919) Der Erste-Hilfe-Container – eine transportable Raumzelle – hat sich insbesondere auf Baustellen bewährt und durchgesetzt. Die Abmessungen entsprechen üblicherweise den internationalen Normen für Transport-Container. Dies ist von Bedeutung für den Transport mit den entsprechenden Anschlagmitteln und Geräten und für die Aufstellung zusammen mit anderen Containern, z. B. für Wohn- und Sanitärzwecke.

(2) Statt eines großen Verbandkastens können zwei kleine Verbandkästen verwendet werden. Für Tätigkeiten im Außendienst, insbesondere für die Mitführung von Erste-Hilfe-Material in Werkstattwagen und Einsatzfahrzeugen, kann auch der Kraftwagen-Verbandkasten als kleiner Verbandkasten verwendet werden.

(3) Verbandkästen sind überall dort bereitzuhalten, wo die Arbeitsbedingungen dies erforderlich machen. Sie sind so zu verteilen, dass sie höchstens in 100 m Wegstrecke oder einer Geschosshöhe erreichbar sind.

(4) Erste-Hilfe-Material ist so aufzubewahren, dass es vor schädigenden Einflüssen (z. B. Verunreinigungen, Nässe, hohe Temperaturen) geschützt, aber jederzeit leicht zugänglich ist. Das Erste-Hilfe-Material ist nach Verbrauch, bei Unbrauchbarkeit oder nach Ablauf des Verfallsdatums zu ergänzen bzw. zu ersetzen.[920]

(5) In Arbeitsstätten ist mindestens das Erste-Hilfe-Material entsprechend Tabelle 2 bereitzuhalten.

Tabelle 2: Inhalt der Verbandkästen

Nr.	Stückzahl		Benennung oder Bezeichnung	Ausführung und Bemerkung
	Kleiner Verbandkasten	Großer Verbandkasten		
1	1	2	Heftpflaster	500 cm × 2,5 cm, Spule mit Außenschutz, thermoresistenter Kleber
2	8	16	Wundschnellverband	10 cm × 6 cm, staubgeschützt verpackt
3	4	8	Fingerkuppenverband	staubgeschützt verpackt
4	4	8	Fingerverband	12 cm × 2 cm, staubgeschützt verpackt
5	4	8	Pflasterstrips	1,9 cm × 7,2 cm, staubgeschützt verpackt
6	8	16	Pflasterstrips	2,5 cm × 7,2 cm, staubgeschützt verpackt

---

[920] Eine regelmäßige Überprüfung der Verbandkästen sollte durch Ersthelfer oder Sicherheitsbeauftragte ggf. unter Einbeziehung des Betriebsarztes erfolgen. Wird Verbandmaterial oder vergleichbares Erste-Hilfe-Material entnommen, sollte dies dem Verantwortlichen mitgeteilt werden, damit die verbrauchten Materialien unverzüglich ersetzt werden können.

Erste-Hilfe-Räume, Mittel und Einrichtungen zur Ersten Hilfe — ASR A4.3

Nr.	Stückzahl Kleiner Verbandkasten	Stückzahl Großer Verbandkasten	Benennung oder Bezeichnung	Ausführung und Bemerkung
7	1	2	Verbandpäckchen	starre oder elastische Fixierbinde mit festen Kanten; 300 cm × 6 cm mit Kompresse 6 cm × 8 cm; Saugkapazität: mind. 800 g/m², steril verpackt
8	3	6	Verbandpäckchen	starre oder elastische Fixierbinde mit festen Kanten; 400 cm × 8 cm mit Kompresse 12 cm × 8 cm; Saugkapazität: mind. 800 g/m², steril verpackt
9	1	2	Verbandpäckchen	starre oder elastische Fixierbinde mit festen Kanten, 400 cm × 10 cm mit Kompresse 12 cm × 10 cm; Saugkapazität: mind. 800 g/m², steril verpackt
10	1	2	Verbandtuch	80 cm × 60 cm, Saugkapazität mind. 125 g/m² Flächengewicht: mind. 90 g/m²
11	6	12	Kompresse	10 cm × 10 cm, Saugkapazität mind. 800 g/m², maximal paarweise steril verpackt
12	2	4	Augenkompresse	5 cm × 7 cm, Gewicht: mind. 1,5 g/Stück, einzeln steril verpackt
13	1	2	Kälte-Sofortkompresse	mindestens 200 cm², ohne Vorkühlung, vorgegebene Lagerbedingungen beachten
14	1	2	Rettungsdecke	mindestens 210 cm × 160 cm, Mindestfoliendicke 12 µm, dauerhaft metallisierte Polyesterfolie oder Material mit mindestens gleichwertigen Eigenschaften in Bezug auf Reflexionsvermögen, Temperaturbeständigkeit, nahtlos, mit Aluminium bedampft, Rückseite farbig, staubgeschützt verpackt

Nr.	Stückzahl Kleiner Verbandkasten	Stückzahl Großer Verbandkasten	Benennung oder Bezeichnung	Ausführung und Bemerkung
15	2	4	Fixierbinde	400 cm × 6 cm, einzeln staubgeschützt verpackt
16	2	4	Fixierbinde	400 cm × 8 cm, einzeln staubgeschützt verpackt
17	2	4	Dreiecktuch	96 cm × 96 cm × 136 cm, staubgeschützt verpackt
18	1	1	Schere	mindestens 18 cm lang, kniegebogen, nicht rostend
19	2	4	Folienbeutel	Mindestgröße 30 cm × 40 cm, Mindestfoliendicke 45 µm, verschließbar, aus Polyethylen
20	5	10	Vliesstoff-Tuch	mindestens 20 cm × 30 cm, flächenbezogene Masse mind. 15 g/m^2
21	4	8	Medizinische Einmalhandschuhe	nahtlos, groß, staubgeschützt verpackt
22	1	1	Erste-Hilfe-Broschüre	Der Informationsgehalt der Broschüre muss mindestens eine „Anleitung zu Ersten Hilfe" beinhalten.
23	1	1	Inhaltsverzeichnis	–

(6) Ausgehend von der Gefährdungsbeurteilung können neben der Grundausstattung mit Erste-Hilfe-Material nach Abs. 5 auch ergänzende Mittel zur Ersten Hilfe (siehe Punkt 3.4) notwendig werden.[921]

5 Einrichtungen zur Ersten Hilfe

5.1 Meldeeinrichtungen

(1) Der Arbeitgeber hat in Arbeitsstätten ständig zugängliche Meldeeinrichtungen (z. B. Telefon mit Angabe der Notrufnummern) zum unverzüglichen Absetzen eines Notrufes vorzuhalten.

---

921) Bei der Auswahl des geeigneten Erste-Hilfe-Materials ist der Betriebsarzt einzubeziehen (s. § 3 Abs. 1 Nr. 1e ASiG).

Erste-Hilfe-Räume, Mittel und Einrichtungen zur Ersten Hilfe — ASR A4.3

(2) In Abhängigkeit von der Gefährdungsbeurteilung können besondere Meldeeinrichtungen (z. B. Notrufmelder) erforderlich sein. Sofern es nicht möglich ist, stationäre Meldeeinrichtungen vorzusehen, können auch funktechnische Einrichtungen, z. B. Betriebsfunkanlagen, als Meldeeinrichtung eingesetzt werden. Bei Alleinarbeit können – ggf. auch willensunabhängig wirkende – Personen-Notsignal-Anlagen verwendet werden.

5.2 Rettungstransportmittel

(1) Der Arbeitgeber hat zu prüfen, ob er den Rettungstransport auf Grund der innerbetrieblichen Entfernungen und Verhältnisse und der damit verbundenen Eintreffzeiten dem öffentlichen Rettungsdienst überlässt oder ob eigene Rettungstransportkapazitäten erforderlich sind.

(2) In Betrieben, in denen der öffentliche Rettungsdienst seine Aufgabe am Ort des Geschehens durchführen kann, sind keine weiteren Transportmittel bereit zu stellen. Sofern dieser Ort mit Krankentragen nicht zugänglich ist, müssen entsprechend der Gefährdungsbeurteilung geeignete Transportmittel, z. B. Rettungstücher, Krankentransport-Hängematten oder Schleifkörbe, vorgehalten werden.[922]

5.3 Rettungsgeräte

Rettungsgeräte sind gemäß der Gefährdungsbeurteilung vorzuhalten, wenn in Arbeitsstätten im Falle von Rettungsmaßnahmen besondere Anforderungen bestehen, z. B. bei der Rettung von hochgelegenen Arbeitsplätzen, aus tiefen Schächten oder bei sonstigen schwer zugänglichen Arbeitsplätzen. Geeignete Rettungsgeräte sind z. B. Rettungshubgeräte, Spreizer, Schneidgeräte, Abseilgeräte.[923]

6 Erste-Hilfe-Räume und vergleichbare Einrichtungen

(1) Ein Erste-Hilfe-Raum oder eine vergleichbare Einrichtung ist erforderlich
- in Betrieben mit mehr als 1 000 Beschäftigten und
- in Betrieben mit mehr als 100 Beschäftigten, wenn besondere Unfall- oder Gesundheitsgefahren bestehen.

(2) Bei besonderen Unfall- oder Gesundheitsgefahren können zusätzliche Maßnahmen erforderlich sein (z. B. weitere Räumlichkeiten, ergänzende Ausstattungen).

(3) Für vorübergehend eingerichtete Arbeitsstätten können vergleichbare Einrichtungen (z. B. Erste-Hilfe-Container) genutzt werden.

---

[922] Das könnte z. B. in begehbaren Kanälen, an langen hochgelegenen Bandstraßen oder auf einem Kesselgerüst der Fall sein. Es muss im Einzelfall geprüft werden, welches andere Transportmittel gewählt wird. In einer Krankentransport-Hängematte kann z. B. ein Verletzter auch abgeseilt werden. Der im Bergbau verwendete Schleifkorb besteht i. A. aus einer Leichtmetall-Wanne zur Aufnahme der verletzten Person, die mit Gurten angeschnallt werden kann. Daraus abgeleitet wurde die Schleifkorbtrage entwickelt, die im Rahmen der Personenrettung z. B. in unwegsamem Gelände oder aus unzugänglichen Gebäuden zum Einsatz gelangt.

[923] Auch Körperduschen, Augenduschen, Sprungtücher, Löschdecken, Schneidgeräte, Brechwerkzeuge, Rettungsgurte, Auffanggurte oder Atemschutzgeräte u. a. zählen als Rettungsgeräte. Über deren Auswahl und vorsorgliche Bereitstellung ist im Rahmen der Gefährdungsbeurteilung zu entscheiden.

6.1 Bauliche Anforderungen

(1) Erste-Hilfe-Räume und vergleichbare Einrichtungen sollen im Erdgeschoss liegen und müssen mit einer Krankentrage leicht zu erreichen sein. Erste-Hilfe-Container sind ebenerdig aufzustellen.

(2) Die Lage von Erste-Hilfe-Räumen bzw. des Aufstellungsortes vergleichbarer Einrichtungen sind so zu wählen, dass Gefährdungen oder Beeinträchtigungen, z. B. durch Lärm, Vibrationen, Stäube, Gase, Dämpfe, soweit wie möglich ausgeschlossen sind.

(3) In unmittelbarer Nähe von Erste-Hilfe-Räumen bzw. vergleichbaren Einrichtungen muss sich eine Toilette befinden.

(4) Erste-Hilfe-Räume und vergleichbare Einrichtungen müssen zur Aufnahme der erforderlichen Einrichtungen und Ausstattungen eine ausreichende Größe aufweisen:
– Erste-Hilfe-Räume mit mindestens 20 m² Grundfläche[924)]
– Erste-Hilfe-Container mit mindestens 12,5 m² Grundfläche[925)]

Zur Raumhöhe siehe ASR A1.2 „Raumabmessungen und Bewegungsflächen".

(5) Im Zugangsbereich von Erste-Hilfe-Räumen und vergleichbaren Einrichtungen sind Stufen zu vermeiden. Höhenunterschiede sollen durch eine Rampe ausgeglichen werden. Der Zugang zu Erste-Hilfe-Räumen muss eine lichte Breite gemäß Punkt 5 der ASR A2.3 „Fluchtwege und Notausgänge, Flucht- und Rettungsplan" aufweisen. Es muss sichergestellt sein, dass ein Zugang mit Krankentragen ungehindert möglich ist.

(6) Fußböden und Wände müssen leicht zu reinigen und erforderlichenfalls zu desinfizieren sein (hinsichtlich Fußböden siehe ASR A1.5/1,2 „Fußböden").

(7) Erste-Hilfe-Räume und vergleichbare Einrichtungen müssen ausreichend beleuchtet (siehe ASR A3.4 „Beleuchtung") und ausreichend belüftet sein (siehe ASR A3.6 „Lüftung").[926)]

(8) Die Raumtemperatur muss den Anforderungen der ASR A3.5 „Raumtemperatur" entsprechen. Erste-Hilfe-Container müssen ausreichend isoliert sein und über einen Vorraum – mindestens aber über einen Windfang – verfügen.

---

924) Eine Raumbreite von 2,50 m sollte nicht unterschritten werden, damit die geforderte Untersuchungsliege möglichst von allen Seiten zugänglich ist.
925) Werden Erste-Hilfe-Räume und -Container verschlossen, um z. B. eine zweckfremde Nutzung sicher auszuschließen, muss im Bedarfsfall unverzüglich die Benutzung ermöglicht werden können. Dies muss durch organisatorische Maßnahmen sichergestellt sein. So können z. B. Ersthelfer oder Betriebsarzt ständig einen Schlüssel mit sich führen, oder ein Schlüssel befindet sich an einem ortsnah zentral gelegenen, bewachten Ort, wie Pförtnerhaus oder Betriebswache, und ist dort jederzeit zugänglich.
926) Für Erste-Hilfe-Räume wird 500 lx (Mindestwert der Beleuchtungsstärke) gefordert, um eine ausreichende Beleuchtungsstärke sicherzustellen (s. ASR A3.4 Beleuchtung Anh. Nr. 3.5 auf S. 361). Um eine ausreichende Belüftung sicherzustellen, sind die Anforderungen der ASR A3.6 Lüftung (s. S. 390) zu verwenden.

Erste-Hilfe-Räume, Mittel und Einrichtungen zur Ersten Hilfe   ASR A4.3

(9) Erste-Hilfe-Räume und vergleichbare Einrichtungen sind mindestens mit einem Waschbecken mit fließend Kalt- und Warmwasser sowie mit Telefon oder einem vergleichbaren Kommunikationsmittel fest auszustatten.

(10) Der Sichtschutz gegen Einblick von außen ist zu gewährleisten.

6.2 Ausstattung von Erste-Hilfe-Räumen und vergleichbaren Einrichtungen[927]

Für Erste-Hilfe-Räume und vergleichbare Einrichtungen sind in Abhängigkeit von der Gefährdungsbeurteilung geeignetes Inventar und Mittel zur Ersten Hilfe und Pflegematerial sowie geeignete Rettungsgeräte und Rettungstransportmittel bereitzuhalten.

Geeignetes Inventar ist z. B.:
- Behältnisse (z. B. Schränke, Koffer) zur getrennten, übersichtlichen und hygienischen Aufbewahrung von Mitteln zur Ersten Hilfe und Pflegematerial,
- Spender für Seife, Desinfektionsmittel, Hautschutzmittel und Einmalhandtücher,
- Untersuchungsliege mit verstellbarem Kopf- und Fußteil,
- Instrumententisch mit Schublade,
- Infusionsständer (höhenverstellbar),
- Schreibtisch oder vergleichbare Schreibgelegenheit,
- Sitzgelegenheit,
- Sicherheitsbehälter für spitze und scharfe Gegenstände (z. B. Kanülen) oder
- geeignete, getrennte Behältnisse für infektiösen und nichtinfektiösen Abfall.

Geeignete Mittel zur Ersten Hilfe sind z. B.:
- Inhalt des großen Verbandkastens (siehe Tabelle 2),
- Mittel für Absaugung und Beatmung (z. B. Absauggerät, Absaugkatheter, Beatmungsbeutel und -maske, Guedeltubus, Sauerstoffgerät, Sauerstoffreservoirbeutel),
- Mittel für Diagnostik (z. B. Blutdruckmessgerät, Bügelstethoskop, Diagnostikleuchte),
- Automatisierter Externer Defibrillator (AED),
- Schienen zum Ruhigstellen von Extremitäten,
- HWS-Immobilisationskragen,
- nach betriebsärztlicher Festlegung: Medikamente, Infusionslösungen, Infusionsbestecke, Venenverweilkanülen,
- Desinfektionsmaterial oder
- Augenspülflasche.

Geeignetes Pflegematerial und sonstige Hilfsmittel sind z. B.:
- Decken,
- Einmalauflagen für Liegen,

---

[927] Bei der Entscheidung über die Ausstattung sollte der Betriebsarzt eingeschaltet werden.

- Einweg-Nierenschale und Vliesstoff-Tuch oder
- Einweg-Schutzkleidung.

7 Kennzeichnung

(1) Die Kennzeichnung der Erste-Hilfe-Räume und vergleichbaren Einrichtungen sowie der Aufbewahrungsorte der Mittel zur Ersten Hilfe erfolgt nach Anlage 1 Punkt 4 der ASR A1.3 „Sicherheits- und Gesundheitsschutzkennzeichnung". Erste-Hilfe-Räume sind mit dem Rettungszeichen E003 „Erste Hilfe" zu kennzeichnen.[928]

(2) Die Lage der Erste-Hilfe-Räume und vergleichbaren Einrichtungen können dem Flucht- und Rettungsplan gemäß Punkt 9 Abs. 3 der ASR A2.3 „Fluchtwege und Notausgänge, Flucht- und Rettungsplan" entnommen werden.

8 Abweichende/ergänzende Anforderungen für Baustellen

(1) Die Mindestanzahl der für Baustellen bereitzuhaltenden Verbandkästen[929] ergibt sich abweichend von Tabelle 1 aus Tabelle 3.

Tabelle 3: Mindestanzahl der auf Baustellen bereitzuhaltenden Verbandkästen

Betriebsart	Zahl der Beschäftigten	Kleiner	Großer
		Verbandkasten	
Baustellen	1–10	1	–
	11–50	–	1
	51–100	–	2
	für je weitere 50 Beschäftigte	–	+1

(2) Abweichend von Punkt 4 Abs. 3 hat der Arbeitgeber im Rahmen der Gefährdungsbeurteilung zu ermitteln, ob einzelne Arbeitsplätze, z. B. auf Linienbaustellen, mit zusätzlichen Verbandkästen zu Tabelle 3 auszustatten und wie diese zu verteilen sind.

(3) Abweichend von Punkt 6 Abs. 1 ist auf Baustellen mit mehr als 50 Beschäftigten ein Erste-Hilfe-Raum oder eine vergleichbare Einrichtung erforderlich.

---

928) Für jeden Beschäftigten muss klar ersichtlich sein, wo sich der Verbandkasten oder ggf. die Krankentrage im Betrieb befinden. Wenn sie, wie es oft der Fall ist, in einem besonderen Raum aufbewahrt werden, z. B. im Meisterbüro oder Pförtnerraum, muss außen durch eine entsprechende Kennzeichnung darauf hingewiesen werden.
929) Wird für Tätigkeiten auf Baustellen auf Kraftwagen-Verbandkästen zurückgegriffen, dann ist im Rahmen der Gefährdungsbeurteilung zu prüfen, ob ein zusätzlicher Verbandkasten erforderlich ist, wenn sich das Fahrzeug (z. B. Werkstattwagen oder Einsatzfahrzeug) entfernt, während Beschäftigte an der Arbeitsstelle noch weiter tätig sind.

Erste-Hilfe-Räume, Mittel und Einrichtungen zur Ersten Hilfe — ASR A4.3

(4) Abweichend von Punkt 6.1 Abs. 1 Satz 2 sind Erste-Hilfe-Container so aufzustellen, dass die Erreichbarkeit für die Erstversorgung von verletzten oder erkrankten Beschäftigten durch geeignete Rettungstransportmittel jederzeit sichergestellt und der Weitertransport gewährleistet ist.

Ausgewählte Literaturhinweise

DGUV Information 204-006 Anleitung zur Ersten Hilfe 05/2011

DGUV Information 204-001 Erste Hilfe Plakat 08/2017 (engl. 204-005 Ausgabe 08/2017)

DGUV Information 204-007 Handbuch zur Ersten Hilfe 01/2017

DGUV Information 204-010 Automatisierte Defibrillation im Rahmen der betrieblichen Ersten Hilfe 11/2014

ASR A4.4 — Unterkünfte

zu Anh. Nr. 4.4 ArbStättV

Technische Regeln für Arbeitsstätten	Unterkünfte	ASR A4.4

GMBl. Nr. 35 vom 23.6.2010 S. 753,
zuletzt geändert durch GMBl. Nr. 22 vom 5.7.2017 S. 402[930]

...

Diese ASR A4.4 konkretisiert im Rahmen des Anwendungsbereichs die Anforderungen der Verordnung über Arbeitsstätten. Diese ASR A4.4 konkretisiert im Rahmen ihres Anwendungsbereichs Anforderungen der Verordnung über Arbeitsstätten. Bei Einhaltung der Technischen Regeln kann der Arbeitgeber insoweit davon ausgehen, dass die entsprechenden Anforderungen der Verordnung erfüllt sind. Wählt der Arbeitgeber eine andere Lösung, muss er damit mindestens die gleiche Sicherheit und den gleichen Gesundheitsschutz für die Beschäftigten erreichen.

Inhalt

1 Zielstellung
2 Anwendungsbereich
3 Begriffsbestimmungen
4 Allgemeines
5 Unterkünfte
6 Abweichende/ergänzende Anforderungen für Baustellen

1 Zielstellung

Diese Arbeitsstättenregel konkretisiert die Anforderungen an das Einrichten und Betreiben von Unterkünften für Arbeitsstätten nach § 3 Abs. 1 und Punkt 4.4 des Anhanges der Arbeitsstättenverordnung.[931]

2 Anwendungsbereich

Diese Arbeitsstättenregel gilt für das Einrichten und Betreiben von Unterkünften im Bereich von Arbeitsstätten. Sie gilt nicht für Pausen- und Bereitschaftsräume, die in ASR A4.2 „Pausen- und Bereitschaftsräume" geregelt sind.

---

930) Die zwei Änderungen dieser ASR seit ihrer Erstausgabe im Juni 2010 erfolgten im April 2014 und im Juli 2017 und betrafen formale Änderungen, das Aktualisieren von Rechtsbezügen und Präzisierungen der Anwendungsbereiche, jedoch keine inhaltlichen Korrekturen der Regelungsinhalte.
931) Mit ASR A4.4 werden erstmals im Arbeitsstättenrecht konkretisierende Regelungen zur Ausführung und Ausstattung der vom Arbeitgeber unter bestimmten Voraussetzungen für die Beschäftigten bereit zu stellenden Wohnunterkünfte festgelegt.

Unterkünfte ASR A4.4

Hinweis:
Für die barrierefreie Gestaltung der Unterkünfte gilt die ASR V3a.2 „Barrierefreie Gestaltung von Arbeitsstätten", Anhang A4.4: Ergänzende Anforderungen zur ASR A4.4 „Unterkünfte".

3 Begriffsbestimmungen[932]

3.1 Unterkünfte sind Räume, die den Beschäftigten zu Wohnzwecken in der Freizeit dienen. Hierzu zählen auch Baracken, Wohncontainer, Wohnwagen und andere Raumzellen.

3.2 Schlafbereich ist eine Ruhezone, die zur körperlichen und geistigen Erholung zur Verfügung gestellt wird.[933]

3.3 Wohnbereich ist ein Aufenthaltsraum bzw. Aufenthaltsbereich, der zum nicht nur vorübergehenden Aufenthalt von Menschen bestimmt und geeignet ist und zur Freizeitgestaltung zur Verfügung gestellt wird.

4 Allgemeines

(1) Landesrechtliche Vorschriften, insbesondere die bauordnungsrechtlichen Vorschriften der Länder zur Abwehr von Gefahren für die öffentliche Sicherheit und Ordnung sowie zur Vermeidung von Missständen bleiben unberührt.

(2) Unterkünfte sind an ungefährdeter Stelle bereitzustellen. Sie dürfen sich somit nicht z. B. im Gefahrenbereich von Baukranen, Aufzügen, Gerüsten, im Bereich von Hochspannungsleitungen, von Lagerstätten für Gefahrstoffe oder Gase oder von kontaminierten Böden befinden.[934]

---

932) In den Begriffsbestimmungen wird zwischen Räumen und Bereichen unterschieden. Dies ergibt sich aus Anh. Nr. 4.4 Abs. 1 ArbStättV, wonach Unterkünfte mindestens mit einem Wohn- und Schlafbereich, einem Essbereich und Sanitäreinrichtungen auszustatten sind.
933) Nr. 3.2 dieser ASR definiert den Schlafbereich als Ruhezone. Deshalb sollte der Schlafbereich nur zum Schlafen genutzt werden, also nicht in einem Raum eingerichtet sein, der gleichzeitig auch einen Wohnbereich enthält. Da die Begriffsbestimmung des Schlafbereichs in Nr. 3.2 aber bewusst auf den Raumbezug verzichtet, ist ein gemeinsamer Wohn- und Schlafbereich in einem Raum im begründbaren Einzelfall nicht von vornherein ausgeschlossen, sollte aber unbedingt optisch und weitestgehend auch akustisch (z. B. durch geeignete Raumteiler) voneinander getrennt sein. Bei einer größeren Zahl von Beschäftigten (mehr als vier) und bei einem längeren Aufenthalt (mehr als eine Woche) ist ein gemeinsamer Schlaf- und Wohnbereich nicht zumutbar (s. ASR A4.4 Nr. 5.2 Abs. 6).
934) Die Unterkunft darf sich nicht an solchen Stellen befinden, auf die Gegenstände herabstürzen oder in unmittelbarer Nähe betriebene Arbeitsmittel, z. B. Krananlagen, oder dort errichtete Gerüste umstürzen können. Auch unter Hochspannungsleitungen, in der Nähe eines Gefahrstoff- oder Gaslagers oder auf Bodenflächen, die durch Altlasten kontaminiert sind, ist die Errichtung oder Aufstellung einer Unterkunft unzulässig.

(3) Bestehende Einrichtungen, wie Küchen, Vorratsräume, sanitäre Einrichtungen und Mittel zur Ersten Hilfe, können je nach örtlicher Lage und zumutbarer Erreichbarkeit auch für die Unterkünfte genutzt werden.[935]

(4) Bei Anwesenheit von männlichen und weiblichen Bewohnern ist dies bei der Zuteilung der Räume zu berücksichtigen. In Unterkünften müssen die Voraussetzungen für deren getrennte Unterbringung gegeben sein.[936]

(5) Bei Schichtbetrieb müssen für die Unterbringung der Beschäftigten verschiedener Schichten getrennte Schlafbereiche zur Verfügung stehen.

(6) Der Arbeitgeber hat
- Bestimmungen für die Benutzung von Unterkünften, z. B. für die Reinigung, das Verhalten im Brandfall oder bei Alarm aufzustellen,
- eine Brandschutzordnung sowie einen Alarmplan an gut sichtbarer Stelle in der Unterkunft auszuhängen,
- Informationen zum Aufbewahrungsort von Mitteln und zu Einrichtungen zur Ersten Hilfe zu geben,
- dafür zu sorgen, dass die Bewohner diese Bestimmungen und Informationen verstehen können sowie
- eine Unterweisung der Bewohner vorzunehmen und zu dokumentieren.[937] [938]

(7) Der Arbeitgeber kann auch örtliche Unterbringungsmöglichkeiten (z. B. Hotels, Pensionen) nutzen oder andere geeignete Räume in vorhandenen Gebäuden für die Unterbringung den Beschäftigten zur Verfügung stellen.

---

935) Die hier beispielhaft genannten, auf einem Betriebsgelände befindlichen Einrichtungen sollten nicht mehr als 100 m von den Unterkünften entfernt und auf gut begehbaren, in der Dunkelheit beleuchteten Wegen erreichbar sein.
936) Dies betrifft ebenso die Einrichtung getrennter Wasch- und Toilettenräume.
937) Die Pflichten des Arbeitgebers betreffen auch das sichere und hygienische Betreiben der Unterkünfte. Da die Unterkünfte gem. § 2 Abs. 4 Nr. 6 ArbStättV zur Arbeitsstätte gehören, müssen auch die in § 4 ArbStättV benannten „Besonderen Anforderungen an das Betreiben von Arbeitsstätten" für die Unterkünfte eingehalten werden. Dies betrifft die Instandhaltung (Wartung, Inspektion und Instandsetzung) aller technischen Anlagen und Geräte, insbesondere der Sicherheitseinrichtungen in der Unterkunft ebenso wie die regelmäßige, den hygienischen Erfordernissen entsprechende gründliche Reinigung und erforderlichenfalls auch Desinfektion.
938) Zur Bereitstellung der hierfür erforderlichen Mittel (z. B. Staubsauger, Putzmittel und Zubehör) und Einrichtungen ist der Arbeitgeber verpflichtet. Für jede Unterkunft ist jederzeit einsehbar ein Reinigungsplan, eine Brandschutzordnung und ein Alarmplan aufzustellen. Insbesondere bei der Unterbringung ausländischer Beschäftigter muss sich der Arbeitgeber in regelmäßigen Abständen davon überzeugen, dass die von ihm aufgestellten Pläne von den Bewohnern auch verstanden werden. Zu diesem Zweck müssen die Bewohner der Unterkunft von ihm oder einer damit von ihm betrauten Person regelmäßig und umfassend unterwiesen werden. Hierzu muss ggf. auf Dolmetscher zurückgegriffen werden. Die Unterweisungen sind vom Arbeitgeber zu dokumentieren.

Unterkünfte ASR A4.4

5 Unterkünfte

5.1 Anforderungen

(1) Von den Unterkünften soll ein direkter Zugang zum öffentlichen Verkehrsraum vorhanden sein.[939]

(2) Unterkünfte müssen für Fahrzeuge der Feuerwehr und des Rettungsdienstes leicht erreichbar sein.[940]

(3) Unterkünfte müssen während der Nutzungsdauer auf mindestens +21 °C geheizt werden können.

(4) Unterkünfte müssen ausreichend Tageslicht erhalten[941] und mit einer angemessenen künstlichen Beleuchtung ausgestattet sein. Für die Beleuchtung sowie die Sicherheitsbeleuchtung in Unterkünften sind die Regelungen der ASR A3.4 „Beleuchtung" sowie ASR A3.4/3 „Sicherheitsbeleuchtung, optische Sicherheitsleitsysteme" anzuwenden.

(5) In Unterkünften dürfen keine Gegenstände und Arbeitsstoffe, insbesondere keine Gefahrstoffe, aufbewahrt werden, die nicht zur zweckentsprechenden Einrichtung dieser Räume gehören.[942]

5.2 Bereitstellung

(1) Unterkünfte sind so zu bemessen, dass für jeden Bewohner mindestens 8 m² Nutzfläche vorhanden sind.[943] Darin enthalten sind anteilig die Nutzflächen aller den Bewoh-

---

939) Diese Forderung ergibt sich grundsätzlich bereits aus dem Bauordnungsrecht der Länder. Die Sicherung der verkehrsmäßigen Erschließung eines Grundstücks in der Form, dass dieses in angemessener Breite an einer befahrbaren öffentlichen Verkehrsfläche liegt oder das Grundstück eine befahrbare, öffentlich-rechtlich gesicherte Zufahrt zu einer befahrbaren öffentlichen Verkehrsfläche hat, ist Voraussetzung dafür, dass dieses Grundstück mit einem Gebäude oder einem Behelfsbau bebaut werden kann. Besondere Bedingungen erfordern ein Abweichen von dieser grundsätzlichen Forderung, wenn z. B. Unterkünfte fernab von öffentlichen Verkehrsräumen entlang der Trassenführungen für Erdölpipelines oder Erdgasleitungen, für die Errichtung von Offshore-Windkraftanlagen oder auf Bohrinseln eingerichtet werden.
940) Die mit einer Unterkunft bebauten Grundstücke müssen über eine mindestens 3 m breite Zufahrt für die Feuerwehrfahrzeuge bzw. Rettungswagen verfügen und ausreichend befestigt und tragfähig sein. Ist dies wegen besonderer Umstände, z. B. bei Bohrinseln oder Offshore-Windparks, nicht realisierbar, müssen auf diesen Plattformen anderweitig Bedingungen für eine Rettung und schnelle Hilfe, z. B. durch Wasserfahrzeuge oder Hubschrauber, geschaffen werden.
941) Nach Anh. 3.4 Abs. 2 müssen Unterkünfte eine Sichtverbindung nach außen haben. Dies ist durch unmittelbar ins Freie führende Fenster zu realisieren. Auch hierzu gibt ASR A3.4 entsprechende Maßgaben.
942) Damit wird auch klargestellt, dass in Unterkünften zum Wohnen und für die Freizeit kein Arbeitsgerät, keine sonstigen für die Arbeit benötigten Gegenstände oder Arbeitsstoffe abgestellt oder aufbewahrt werden dürfen. Ist dies dennoch aus betrieblichen Gründen erforderlich, muss eine klare bauliche und, soweit notwendig brandschutztechnische Abtrennung von den Wohn-, Schlaf- und Sanitärbereichen der Unterkunft sichergestellt werden.
943) Die Nutzfläche ergibt sich als Summe der für einen Bewohner in der Unterkunft zur Verfügung stehenden Flächenanteile. Die Nutzfläche umfasst sowohl individuell zugeordnete Flächen, wie den Schlafbereich, als auch anteilig die von allen Bewohnern gemeinsam genutzten Flächen in Aufenthalts- und Sanitärräumen.

nern zur Verfügung stehenden Bereiche und Räume der Unterkunft, z. B. Wohnbereich, Sanitäreinrichtungen. Je nach Ausstattungsvariante müssen auf den Schlafbereich bzw. den Schlafbereich und Vorflur bei Unterbringung bis sechs Bewohnern mindestens 6 m² pro Bewohner entfallen. Bei Unterbringung von mehr als sechs bis maximal acht Bewohner müssen auf den Schlafbereich mindestens 6,75 m² pro Bewohner bei einer anteiligen Nutzfläche von 8,75 m² pro Bewohner entfallen (siehe Tabelle).

Tabelle: **Mindestnutzflächen pro Bewohner**

Anzahl der Bewohner pro Schlafbereich	Nutzfläche der Unterkunft pro Bewohner	Davon für den Schlafbereich bzw. Schlafbereich mit Vorflur zur Verfügung stehende Fläche pro Bewohner
bis 6	mindestens 8 m²	mindestens 6 m²
mehr als 6 bis maximal 8	mindestens 8,75 m²	mindestens 6,75 m²

(2) Unterkünfte für mehr als 50 Beschäftigte müssen über einen separaten Raum für erkrankte Beschäftigte mit mindestens zwei Betten verfügen. Der Zugang muss gekennzeichnet sein. Dieser Raum muss mit einer Krankentrage leicht erreicht werden können. In diesem Raum ist Trinkwasser oder ein alkoholfreies Getränk zur Verfügung zu stellen.[944]

(3) Unterkünfte müssen entsprechend der Belegungszahl mit Sanitäreinrichtungen ausgestattet sein. Dafür sind die Regelungen der ASR A4.1 „Sanitärräume" anzuwenden.

(4) Für das Einrichten und Betreiben der Verkehrswege sind die Regelungen der ASR A1.8 „Verkehrswege" anzuwenden. Verkehrswege zwischen den Schlafbereichen und Sanitäreinrichtungen müssen, sofern sie nicht innen liegend ausgeführt sind, vor Witterungseinflüssen geschützt begangen werden können. Dies kann in Abhängigkeit von jahreszeitlichen Einflüssen, z. B. durch Einhausung oder Überdachung der Verkehrswege, erreicht werden.

5.3 Ausführung

(1) Fußböden, Wände und Decken müssen gegen Feuchtigkeit geschützt und gegen Wärme und Kälte gedämmt ausgeführt werden.

(2) Die lichte Raumhöhe muss mindestens 2,50 m betragen, soweit nicht nach dem Bauordnungsrecht der Länder eine andere lichte Raumhöhe zulässig ist. Unterkünfte müssen frei belüftet werden können (z. B. Fenster, Oberlichter).

---

944) Die für erkrankte Beschäftigte vorzuhaltenden gesonderten Räume sollten ihrem Zweck entsprechend auch mit einer Waschgelegenheit mit fließendem warmem und kaltem Wasser ausgestattet sein.

Unterkünfte ASR A4.4

(3) Außentüren von Unterkünften müssen dicht und verschließbar sein. Der Eingangsbereich soll mit einem Windfang ausgerüstet sein.[945]

(4) Durchsichtige Trennwände, Türen und Fenster in Unterkünften müssen gegen Einsichtnahme mit ausreichendem Sichtschutz, z. B. Vorhängen oder Jalousien, geschützt sein.

5.4 Ausstattung

(1) Unterkünfte müssen über technische Einrichtungen, z. B. ein Telefon, verfügen, die eine schnellstmögliche Alarmierung der zuständigen Polizeidienststelle, der Feuerwehr oder des Notarztes ermöglichen.

(2) Die Anzahl der Steckdosen in den Wohn- und Schlafbereichen muss an die Ausstattung und Belegung angepasst sein.

(3) Unterkünfte sind mit den erforderlichen Feuerlöscheinrichtungen und, soweit notwendig, Brandmeldern auszustatten; dafür ist die ASR A2.2 „Maßnahmen gegen Brände" anzuwenden. Die Feuerlöscher sind an gut sichtbaren und leicht zugänglichen Stellen anzubringen.

(4) Unterkünfte sind mit den erforderlichen Mitteln für die Erste Hilfe auszustatten, dafür ist die ASR A4.3 „Erste-Hilfe-Räume, Mittel und Einrichtungen zur Ersten Hilfe" anzuwenden. Die Mittel für die Erste Hilfe sind an geeigneter Stelle der Unterkünfte gut sichtbar und gekennzeichnet vorzuhalten.

(5) Es dürfen nicht mehr als vier Betten in einem Schlafbereich aus Raumzellen aufgestellt werden. In Gebäuden dürfen maximal acht Betten in einem Raum aufgestellt werden. Bei Etagenbetten dürfen nicht mehr als zwei Betten übereinander stehen. In den Schlafbereichen müssen für jeden Bewohner ein eigenes Bett mit Matratze und Kopfkissen, mindestens eine Sitzgelegenheit und in angemessener Größe eine Tischfläche[946] sowie ein verschließbarer Schrank für Wäsche, Bekleidung oder persönliche Gegenstände vorhanden sein. Die elektrische Beleuchtung ist zweckmäßig zu installieren (z. B. Orientierungshilfen, Nachtleuchten, Leselampen). Türen zu Schlafbereichen müssen von innen verschließbar sein.

(6) Sofern mehr als vier Bewohner länger als eine Woche gemeinsam untergebracht werden, soll mindestens ein Aufenthaltsraum oder entsprechender Aufenthaltsbereich zur Verfügung stehen (Wohnbereich). Hier muss mindestens ein angemessen großer Tisch und je Bewohner eine Sitzgelegenheit vorhanden sein. Dabei ist für jeden Beschäftigten eine freie Bewegungsfläche von mindestens 1 m² vorzusehen.

---

945) Der Windfang muss zum Inneren der Unterkunft vollständig abgetrennt sein. Befindet sich die Unterkunft in einem vorhandenen Gebäude, ist ein Windfang dann erforderlich, wenn der Ausgang unmittelbar aus der Unterkunft ins Freie führt. Ein Windfang ist nicht erforderlich, wenn die Unterkunft nur durch einen anderen Raum – z. B. Trockenraum – betretbar ist, der vollständig von der Unterkunft abgetrennt ist.
946) Eine Tischfläche von 0,4 m² sowie ein Stuhl mit Rückenlehne (keinesfalls nur ein Hocker) für jeden Benutzer dürften als Minimalanforderung gelten.

ASR A4.4 — Unterkünfte

(7) Sofern Beschäftigte länger als eine Woche untergebracht werden und keine alternativen Möglichkeiten vorhanden sind oder geschaffen werden, z. B. das Anbieten einer Waschdienstleistung[947], ist eine Möglichkeit zum Waschen, Trocknen und Bügeln von Kleidung außerhalb der Schlaf- und Wohnbereiche vorzusehen. Hierfür sind Waschmaschinen und Trockengeräte zur gemeinschaftlichen Nutzung geeignet.[948]

(8) Wenn keine anderweitige Verpflegungsmöglichkeit vorhanden ist, z. B. Kantine oder Lieferung von Fertigessen, sind in einem besonderen Raum mit Trinkwasserzapfstelle ausreichend Zubereitungs-, Aufbewahrungs-, Kühl- und Spülgelegenheiten zu schaffen. Die Wände müssen bis zur Höhe von 2 m einen glatten, waschfesten und hellen Belag oder einen entsprechenden Anstrich haben. Für Fußböden ist die ASR A1.5/1,2 „Fußböden" anzuwenden. Für jeden Beschäftigten sind hygienisch einwandfreie und verschließbare Fächer vorzuhalten.[949]

(9) In jedem Raum, ausgenommen Windfang und Vorratsraum, sind Abfallbehälter mit Deckel bereitzustellen. Diese müssen aus schwer entflammbarem Material bestehen.

6 Abweichende/ergänzende Anforderungen für Baustellen

(1) Die Bereitstellung von Unterkünften auf Baustellen ist nach Anhang 4.4 Abs. 1 Arbeitsstättenverordnung z. B. erforderlich wenn:
- Arbeiten unter erschwerten Bedingungen wie Druckluft- und Taucherarbeiten ausgeführt werden, um beim Auftreten von Drucklufterkrankungen nach der Dekompressionsphase und auch nach Schichtende technische und medizinische Hilfsmaßnahmen unverzüglich einleiten zu können,
- eine Sicherstellung des Betriebes von Versorgungseinrichtungen für z. B. Druckluftbaustellen durch Möglichkeiten der Unterbringung für Bereitschaftsdienste nötig ist,
- technologisch bedingte verkürzte oder lange Arbeitszeiten oder kurze Schichtwechsel nötig sind, z. B. Arbeiten abhängig von Ebbe und Flut oder Zwangspausen infolge von Arbeitszeitbegrenzungen,
- Kontroll- und Notdienste ausgeführt werden, die nicht vorhersehbaren Einflüssen unterliegen, z. B. Betreiben von Spülfeldern oder Grundwasserabsenkungsanlagen,
- ein unzumutbarer Zeitbedarf für eine tägliche Heimfahrt oder nicht mehr ausreichende Ruhezeit erforderlich ist, z. B. häufig wechselnde Arbeitsstätten infolge kurzer Bauzeiten, z. B. für Spezialisten des Spezialtiefbaus, Zwei- oder Dreischichtbetrieb bei Gleitschalungsarbeiten oder Schubbrückenbau,

---

947) Dies ist als Hinweis an den Arbeitgeber zu verstehen, nach Möglichkeit das Waschen und Trocknen der Kleidung als Dienstleistung zu vergeben.
948) Bietet der Arbeitgeber keine Waschdienstleistungen an, hat er entsprechende Geräte, wie Waschmaschinen und, falls keine andere Möglichkeit zum Trocknen der Wäsche gegeben ist, Trockengeräte, für eine gemeinschaftliche Nutzung durch die Bewohner der Unterkunft zur Verfügung zu stellen.
949) In der Regel nehmen Beschäftigte drei Mahlzeiten am Tag ein. Das Vorhandensein einer Kantine oder die Lieferung von Fertigessen tagsüber sind nicht hinreichend, um die Morgen- und Abendversorgung der Beschäftigten zu gewährleisten. Insoweit sind die Ausstattungsanforderungen von Nr. 5.4 Abs. 8 dieser ASR, auch die nach hygienisch einwandfreien und verschließbaren Fächern, dennoch zu realisieren. Für eine hygienisch einwandfreie Aufbewahrung sollte i. d. R. ein Kühlschrank zur Verfügung stehen. Für je zwei Bewohner sollte eine Kochstelle vorhanden sein.

Unterkünfte ASR A4.4

- die Baustelle nicht mit gewöhnlichen öffentlichen Verkehrsmitteln erreichbar bzw. keine Anfahrmöglichkeit mit persönlicher Fahrgelegenheit vorhanden ist, z. B. Arbeiten auf Hubinseln oder Schwimmenden Geräten (z. B. Schwimmrammen) oder
- sie mit Pkw über das öffentliche Straßennetz nicht erreichbar ist (z. B. Geländewagen für die Anfahrt erforderlich).

(2) Sofern den Beschäftigten seitens des Arbeitgebers der mit der Beschaffung der Unterkunft verbundene Mehraufwand ausgeglichen wird und die Beschäftigten ihre Unterkunft selbst beschaffen, besteht kein Erfordernis zur Bereitstellung von Unterkünften.[950]

---

950) Diese Maßgabe bezieht sich auf Anh. Nr. 4.4 Abs. 1 Satz 3 ArbStättV, wonach der Arbeitgeber für eine andere angemessene Unterbringung der Beschäftigten zu sorgen hat, wenn erforderliche Unterkünfte vom Arbeitgeber nicht zur Verfügung gestellt werden können. Diese andere angemessene Unterbringung kann dann auf Kosten des Arbeitgebers in Hotels, Gasthöfen, Pensionen oder bei Privatvermietern erfolgen.

		zu Anh. Nr. 5.2 ArbStättV
Technische Regeln für Arbeitsstätten	Anforderungen an Arbeitsplätze und Verkehrswege auf Baustellen im Grenzbereich zum Straßenverkehr – Straßenbaustellen	**ASR A5.2**

GMBl. Nr. 58–59 vom 21.12.2018 S. 1160

...

Diese ASR A5.2 konkretisiert im Rahmen des Anwendungsbereichs die Anforderungen der Verordnung über Arbeitsstätten. Bei Einhaltung der Technischen Regeln kann der Arbeitgeber insoweit davon ausgehen, dass die entsprechenden Anforderungen der Verordnung erfüllt sind. Wählt der Arbeitgeber eine andere Lösung, muss er damit mindestens die gleiche Sicherheit und den gleichen Gesundheitsschutz für die Beschäftigten erreichen.

Inhalt

1 Zielstellung
2 Anwendungsbereich
3 Begriffsbestimmungen
4 Einrichten von Arbeitsplätzen und Verkehrswegen auf Straßenbaustellen
5 Betreiben von Arbeitsplätzen und Verkehrswegen auf Straßenbaustellen

1 Zielstellung

Diese ASR dient dem Schutz von Beschäftigten auf Baustellen vor Gefährdungen durch den fließenden Verkehr im Grenzbereich zum Straßenverkehr. Sie konkretisiert die Anforderungen an das Einrichten und Betreiben von Arbeitsplätzen und Verkehrswegen auf diesen Baustellen in § 3a Absatz 1 Arbeitsstättenverordnung sowie insbesondere in Punkt 5.2 Absätze 2, 3 und 4 des Anhangs der Arbeitsstättenverordnung.[951)][952)][953)][954)]

---

951) Das Anliegen zur Erstellung der ASR A5.2 wurde bereits 2011 von verschiedenen Kreisen an den Ausschuss für Arbeitsstätten gerichtet. Hintergrund waren zahlreiche Arbeitsunfälle von Beschäftigten bei der Arbeit, die ursächlich auf zu geringe Sicherheitsabstände zwischen dem fließenden Verkehr und den auf daneben liegenden Flächen durchgeführten Bau- oder Instandhaltungsarbeiten zurückzuführen waren. Während die verkehrsrechtlichen Aspekte des Grenzbereichs in den Richtlinien zur Sicherung von Arbeitsstellen an Straßen (RSA), Ausg. 1995-02, als gültiges technisches Regelwerk verankert sind, fehlte es hinsichtlich der arbeitsschutzrechtlichen Aspekte bis dato an einer zusammenfassenden Darstellung der sich insbesondere aus dem Arbeitsschutzgesetz, der Baustellenverordnung und der Arbeitsstättenverordnung ergebenden Anforderungen und Pflichten als Hilfestellung für Planungs-, Ausschreibungs-, Umsetzungs- und Überwachungsprozesse und die daran beteiligten Entwurfsverfasser, Verkehrsbehörden, ausführende Arbeitgeber sowie staatliche Arbeitsschutzbehörden und Unfallversicherungsträger.

952) Das Vorhaben, die Belange des Arbeitsschutzes durch eine Überarbeitung der Richtlinien zur Sicherung von Arbeitsstellen an Straßen (RSA) in diesen stärker zu berücksichtigen, wurde von der Verkehrsseite nicht befürwortet, da die RSA primär die Sicherheit der Verkehrsteilnehmer und die darauf ausgerichtete Lenkung des Straßenverkehrs in den Baustellenbereichen als Regelungsgegenstand umfasst. Vor diesem Hintergrund wurden die Thematik 2011 im ASTA aufgegriffen, eine Projektbeschreibung erstellt und eine Arbeitsgruppe Straßenbaustellen mit der Erarbeitung beauftragt. Die Zielstellung bestand in der Erstellung einer Regel für Arbeitsstätten, die die An-

Straßenbaustellen ASR A5.2

2 Anwendungsbereich

(1) Diese ASR gilt für das Einrichten, Betreiben und den Abbau von Arbeitsplätzen und Verkehrswegen auf Baustellen im Grenzbereich zum Straßenverkehr, bei denen durch den fließenden Verkehr Gefährdungen für die Beschäftigten entstehen können. Sie findet auch Anwendung für die dazugehörenden Verkehrssicherungsarbeiten. Sie unterstützt bei der Ermittlung und Beurteilung dieser Gefährdungen sowie bei der Planung und Umsetzung von Schutzmaßnahmen zur Gestaltung sicherer Arbeitsplätze und Verkehrswege auf Baustellen im Grenzbereich zum Straßenverkehr.[955]

(2) Diese ASR soll in allen Planungsphasen berücksichtigt werden.[956]

---

forderungen an Arbeitsplätze und Verkehrswege im Grenzbereich von Straßenverkehr und Baustelle nach Anh. 5.2 konkretisiert und beispielhafte Lösungen zu deren Umsetzung beschreibt. Ebenso wurde im Auftrag die über die Einbeziehung der im ASTA vertretenen Bänke hinaus als erforderlich angesehene Abstimmung mit den für Verkehr und Arbeit zuständigen Bundesministerien, mit der Bundesanstalt für Arbeitsschutz und Arbeitsmedizin (BAuA), mit der Bundesanstalt für Straßenwesen (BASt) und der Forschungsgesellschaft für Straßen- und Verkehrswesen (FGSV e. V.), Arbeitskreis RSA verankert.

953) Die AG Straßenbaustellen des ASTA hat in den Jahren 2012/2013 auftragsgemäß den Stand der Technik bezüglich der Anforderungen des Arbeitsschutzes ermittelt und in einem Entwurf zur ASR A5.2 zusammengefasst. Dieser Entwurf wurde im Dezember 2013 vom ASTA beschlossen und sollte als neue Regel für Arbeitsstätten im April 2014 vom dafür zuständigen Bundesministerium für Arbeit und Soziales (BMAS) bekannt gemacht werden und in Kraft treten. Dem Anliegen wurde durch eine Intervention des Bundesverkehrsministeriums – auch vor dem Hintergrund einer ablehnenden Haltung der Konferenz der Verkehrsminister der Länder (VMK) – nicht zugestimmt. Daraufhin entschied sich der ASTA in seiner Sitzung im April 2014 dafür, den Entwurf der ASR A5.2 der Fachöffentlichkeit vorab auf den Internetseiten der BAuA als Information zur Verfügung zu stellen.

954) Nach einer Abstimmung zwischen den für Arbeit (ASMK) und Verkehr (VMK) zuständigen Konferenzen der jeweiligen Ministerinnen und Minister der Länder sind als weitere Voraussetzung für das Inkrafttreten der ASR A5.2 die Erstellung einer Handlungshilfe und aus Sicht der Verkehrsseite erforderliche Anpassungen – insbesondere zu den in der ASR A5.2 verankerten Sicherheitsabständen in Quer- und Längsrichtung sowie den Anwendungskriterien zu transportablen Schutzeinrichtungen – durch eine aus sachkundigen Vertretungen der Arbeitsschutz- und der Verkehrsseite bestehende Arbeitsgruppe erfolgt. Den im Ergebnis der Beratungen vorgelegten teilweisen Neufassungen der Nr. 4.2.1 und der Tabelle 3 der ASR A5.2 stimmte der ASTA im Jahr 2017 zu. Unter Berücksichtigung einer auf Wunsch der Verkehrsministerkonferenz zusätzlich eingebrachten Klausel in Nr. 4.3 Abs. 4, der ASTA 2018 zustimmte, konnte die ASR A5.2 schließlich im Dezember 2018 veröffentlicht werden, ist damit in Kraft getreten und entfaltet bei Berücksichtigung der darin enthaltenen Maßgaben die Vermutungswirkung.

955) Die in der ASR A5.2 enthaltenen Anforderungen sind nicht neu. Sie stellen lediglich eine Zusammenfassung der sich gem. dem Arbeitsschutzgesetz, der Baustellenverordnung und der Arbeitsstättenverordnung bereits seit längerem an die jeweils Verantwortlichen gerichteten arbeitsschutzrechtlichen Maßgaben dar. Im Besonderen sind dies die Verpflichtungen des Bauherren bzw. Auftraggebers zur Berücksichtigung des Arbeitsschutzes bereits in der Planungs- und Ausschreibungsphase nach der Baustellenverordnung sowie des ausführenden Betriebs bzw. Auftragnehmers zur Durchführung einer Gefährdungsbeurteilung nach § 5 ArbSchG bzw. § 3 ArbStättV und zur Berücksichtigung der Baustellenverordnung bei der Umsetzung des Bauvorhabens.

956) Mit dem Hinweis im Anwendungsbereich wird klargestellt, dass die in der ASR A5.2 gestellten Anforderungen in allen Phasen der Umsetzung eines Straßenbauvorhabens berücksichtigt werden müssen. Dies betrifft die Planung, die Ausschreibung, die Ausführungsplanung, die Ausführung und Überwachung.

ASR A5.2   Straßenbaustellen

(3) Diese ASR regelt nicht die verkehrsrechtlichen Anforderungen im Geltungsbereich der Straßenverkehrsordnung (StVO).[957]

(4) Diese ASR gilt nicht für die Pannen- und Unfallhilfe sowie für Bergungs- und Abschlepparbeiten.

Hinweis:

Sofern entsprechende Gefährdungen vorliegen, ist diese Arbeitsstättenregel insbesondere in Verbindung mit folgenden ASR anzuwenden:
- *Sicherheitszeichen: ASR A1.3 „Sicherheits- und Gesundheitsschutzkennzeichnung",*
- *Verkehrswege auf Straßenbaustellen: ASR A1.8 „Verkehrswege",*
- *Schutz vor Absturz und herabfallenden Gegenständen: ASR A2.1 „Schutz vor Absturz und herabfallenden Gegenständen, Betreten von Gefahrenbereichen",*
- *Maßnahmen gegen Brände: ASR A2.2 „Maßnahmen gegen Brände",*
- *Fluchtwege: ASR A2.3 „Fluchtwege und Notausgänge, Flucht- und Rettungsplan",*
- *Beleuchtung: ASR A3.4 „Beleuchtung" oder*
- *Sicherheitsbeleuchtung: ASR A3.4/7 „Sicherheitsbeleuchtung, optische Sicherheitsleitsysteme".*

3 Begriffsbestimmungen

3.1 Ankommender Verkehr ist der Straßenverkehr, der sich aus der vorgegebenen Fahrtrichtung einer Straßenbaustelle nähert.

3.2 Fahrbahn ist der aus Fahrstreifen für alle Arten von Fahrzeugen sowie eventuell vorhandenen Randstreifen bestehende zusammenhängende befestigte Teil einer Straße.[958] [959]

---

[957] Die verkehrliche Sicherung der Arbeitsstellen und entsprechende verkehrsrechtliche Maßnahmen auf der Grundlage der Straßenverkehrsordnung (StVO) bleiben von der ASR A5.2 unberührt. Hierfür gelten vielmehr die „Richtlinien für die Sicherung von Arbeitsstellen an Straßen" (RSA), Ausg. 1995-02. Diese bestehen aus einem Teil A – Allgemeines, einem Teil B – Innerörtliche Straßen, einem Teil C – Landstraßen und einem Teil D – Autobahnen. Der in der ASR A5.2 durchgängig verwendete Begriff der „Straßenbaustelle" ist dabei nach der Begriffsbestimmung unter Nr. 3.10 begriffsgleich zum in den RSA verwendeten Begriff „Arbeitsstelle" benannt.

[958] Für die Anlage von Straßen bestehen in Deutschland technische Regelwerke. Die Richtlinien für die Anlage von Stadtstraßen (kurz RASt 06) sind ein in Deutschland gültiges technisches Regelwerk und wurden 2007 von der Forschungsgesellschaft für Straßen- und Verkehrswesen herausgegeben. Die RASt 06 wird in fast allen Ländern zur Anwendung empfohlen. Für alle Arten von Außerortsstraßen galten bis 2013 die Richtlinien für die Anlage von Straßen – Teil: Querschnitt (kurz RAS-Q) aus dem Jahr 2006. In der Richtlinie wurden Breitenabmessungen unterschiedlicher Straßen oder deren Bestandteile genormt, wie etwa die der Fahrbahn sowie der Mittel- und Randstreifen und der Bankette. Dazu wurden feste Regelquerschnitte definiert. Die Regelquerschnitte gliedern sich in einbahnige und zweibahnige. Beispiele für mögliche Regelquerschnitte sind z. B. RQ 7,5 mit einer Breite der befestigten Fläche von 5,5 m. Dies ist ein häufiger Querschnitt bei Ortsverbindungsstraßen oder Erschließungsstraßen in dünn besiedelten Gebieten. RQ 9,5 (Breite der befestigten Fläche beträgt 6,5 Meter) ist ein Standardquerschnitt für Landesstraßen mit einer Leistungsfähigkeit von bis zu 15.000 Fahrzeugen, davon 300 Lkw pro Tag. Ein zweibahniger Standardquerschnitt ist RQ 29,5 (Breite der befestigten Fläche beträgt 2 × 11,5 Meter)

Straßenbaustellen ASR A5.2

3.3 Fahrstreifen ist der Teil einer Fahrbahn, den ein Fahrzeug zum ungehinderten Fahren im Verlauf der Fahrbahn, einschließlich anzurechnender Markierungen oder baulicher Leitelemente, benötigt.[960]

3.4 Fahrzeug-Rückhaltesysteme sind Schutzeinrichtungen, die von der Fahrbahn abkommende Fahrzeuge aufhalten oder umlenken sollen. Sie können als dauerhafte oder transportable Schutzeinrichtungen ausgeführt sein.[961]

3.5 Fließender Verkehr ist der an der Straßenbaustelle ankommende oder vorbeifahrende Straßenverkehr.

---

für Autobahnen mit vier Fahrstreifen. Deren Kapazität beträgt bis zu 70.000 Fahrzeuge pro Tag. Eine zweibahnige, sechsstreifige Autobahn für höchstbelastete Autobahnstrecken verwendet den RQ 35,5 mit einer Breite der befestigten Fläche von 2 × 14,5 Meter. Diese ist geeignet für den Bereich zwischen 50.000 und 100.000 Fahrzeuge pro Tag und hohem Lkw-Anteil.

959) Der Inhalt der Richtlinien für die Anlage von Straßen – Teil: Querschnitt RAS-Q gliedert sich in drei Abschnitte. Der erste Abschnitt dient als Einführung und zeigt den Geltungsbereich der Richtlinie auf. Im zweiten Abschnitt werden die Grundlagen für die Abmessungen der Bestandteile des Straßenquerschnitts definiert. Die Querschnittsgestaltung wird anschließend in Abschnitt drei behandelt. Mit der Einführung der Richtlinien für die Anlage von Autobahnen (kurz RAA) im Jahr 2008 wurden zuerst die Autobahnquerschnitte neu geregelt. Im Jahr 2013 sind für die Landstraßenquerschnitte die Richtlinien für die Anlage von Landstraßen (kurz RAL) in Kraft getreten, sodass die RAS-Q komplett außer Kraft gesetzt sind.

960) Der Fahrstreifen (auch Fahrspur genannt) kennzeichnet die Fläche, die einem Fahrzeug für die Fahrt in eine Richtung zur Verfügung steht. Die Breite ermittelt sich aus der Fahrstreifengrundbreite und einem eventuell anzusetzenden Gegenverkehrszuschlag. Er stellt die Fläche zur Verfügung, die ein ein- oder mehrspuriges Fahrzeug zum ungehinderten Befahren benötigt. Die Breite der Fahrstreifen variiert in den Regelquerschnitten zwischen 2,75 m und 3,75 m. In Bereichen von Baustellen oder in verkehrsberuhigten Bereichen sind geringere Breiten möglich.

961) Die Anforderungen an Fahrzeugrückhaltesysteme sind in der DIN EN 1317:2011-01 Straßenrückhaltesysteme festgelegt und beschrieben. DIN EN 1317 T. 1: Terminologie und allgemeine Kriterien für Prüfverfahren, T. 2: Leistungsklassen, Abnahmekriterien für Anprallprüfungen und Prüfverfahren für Schutzeinrichtungen und Fahrzeugbrüstungen, T. 3: Leistungsklassen, Abnahmekriterien für Anprallprüfungen und Prüfverfahren für Anpralldämpfer sowie T. 4: Leistungsklassen, Abnahmekriterien für Anprallprüfungen und Prüfverfahren für Anfangs-, End- und Übergangskonstruktionen von Schutzeinrichtungen bilden die Grundlage für Prüfungen von Rückhaltesystemen, die an Straßen eingesetzt werden können. In diesem Prüfverfahren werden nicht nur die Durchbruchsicherheit der in der Regel aus Beton oder Stahl gefertigten Systeme in verschiedenen Stufen nachgewiesen, sondern auch die Sicherheit der Insassen überprüft. Diese wird dann in drei Stufen eingeteilt: ASI A, ASI B und ASI C. ASI steht dabei für Acceleration Severity Index (deutsch etwa: „Schweregrad der Beschleunigung im Fahrzeuginnern"). Der Wert ASI A stellt dabei die beste Insassensicherheit dar. Rückhaltesysteme, die ASI B erreicht haben, verursachen höhere Belastungen und ASI C verursacht die höchsten Belastungen. Ein System mit ASI A sollte bei gleicher Aufhaltestufe somit immer einem ASI B System vorgezogen werden. ASI C sollte nur in Ausnahmefällen und als Sonderlösung in Betracht gezogen werden. Entsprechend den bestandenen Versuchsanordnungen und Prüfungen erfolgt eine Einstufung in Aufhalteklassen.

3.6 Grenzbereich zum Straßenverkehr ist der Teil der Straßenbaustelle, in dem durch den fließenden Straßenverkehr Gefährdungen für die Beschäftigten entstehen können.[962]

3.7 Öffentlicher Straßenverkehr kennzeichnet jenen Teil des Straßenverkehrs, der auf den der Allgemeinheit zur Verfügung gestellten Verkehrsflächen erfolgt.

3.8 Sicherheitsabstand im Sinne dieser ASR ist der Abstand zwischen Verkehrseinrichtungen und den dem fließenden Verkehr zugewandten Außenbegrenzungen von Arbeitsplätzen oder Verkehrswegen auf Straßenbaustellen (siehe Abbildung 1).[963]

3.9 Sicherungsfahrzeuge im Sinne dieser ASR sind Fahrzeuge, die zur Sicherung von Straßenbaustellen eingesetzt werden. Sie sind besonders gekennzeichnet und mit Sonderrechten ausgestattet (siehe § 35 Absatz 6 StVO und Richtlinien zur Sicherung von Straßenbaustellen (RSA)).

3.10 Straßenbaustellen im Sinne dieser ASR sind Baustellen, auf denen im Grenzbereich zum Straßenverkehr Arbeiten auf, neben, unter, über oder im Straßenkörper[964] sowie an

---

962) Die Definition des Grenzbereichs zum Straßenverkehr ist nicht eindeutig. Im Sinne des Gewollten ist der Grenzbereich zum Straßenverkehr die Summe des unter Nr. 4.3 der ASR A5.2 beschriebenen seitlichen Sicherheitsabstands S_q und der unter Nr. 4.4 beschriebenen Mindestbreite für Arbeitsplätze und Verkehrswege auf Straßenbaustellen B_m. Die Anforderungen der ASR A5.2 gelten somit nur dann, wenn Beschäftigte in diesem definierten Bereich Arbeiten ausführen müssen.

963) Gem. Nr. 4.3 ist zwischen dem seitlichen Sicherheitsabstand S_q zum vorbeikommenden Verkehr und dem Sicherheitsabstand in Längsrichtung S_L für den ankommenden Verkehr zu unterscheiden. Zudem bestehen in Abhängigkeit von den zur Trennung von Verkehrs- und Baustellenseite eingesetzten Elementen unterschiedliche Bezugslinien (s. Nr. 4.3 Abb. 1). Bei Fahrzeug-Rückhaltesystemen ist die dem Verkehr zugewandte äußere Begrenzung als Bezugslinie anzusetzen, bei der Verwendung von Leitbaken, Leitkegeln, Leitwänden, Leitschwellen oder Leitborden hingegen die Mittelachse.

964) Der Begriff der öffentlichen Straße wird in den Straßengesetzen der Länder definiert. Öffentliche Straßen sind danach diejenigen Straßen, Wege und Plätze, die dem öffentlichen Verkehr gewidmet sind. Zur öffentlichen Straße gehören:
1. der Straßenkörper; das sind insbesondere
   a) der Straßenuntergrund, die Erdbauwerke einschließlich der Böschungen, der Straßenunterbau, der Straßenoberbau, der Brücken, Tunnel, Dämme, Durchlässe, Gräben, Entwässerungsanlagen, Stützwände und Lärmschutzanlagen;
   b) die Fahrbahn, die Trennstreifen, die befestigten Seitenstreifen (Stand-, Park- und Mehrzweckstreifen), die Bankette und die Bushaltestellenbuchten sowie die Rad- und Gehwege, auch wenn sie ohne unmittelbaren räumlichen Zusammenhang im Wesentlichen mit der für den Kraftfahrzeugverkehr bestimmten Fahrbahn gleichlaufen (unselbstständige Rad- und Gehwege), sowie Parkplätze, Parkbuchten und Rastplätze, soweit sie mit einer Fahrbahn in Zusammenhang stehen (unselbstständige Parkflächen, unselbstständige Rastplätze) und die Flächen verkehrsberuhigter Bereiche;
2. der Luftraum über dem Straßenkörper;
3. das Zubehör: das sind insbesondere die amtlichen Verkehrszeichen, die Verkehrseinrichtungen und sonstigen Anlagen aller Art, die der Sicherheit, Ordnung oder Leichtigkeit des Verkehrs oder dem Schutz der Anlieger dienen, und die Bepflanzung;
4. die Nebenanlagen: das sind Anlagen, die überwiegend den Aufgaben der Straßenbauverwaltung dienen, insbesondere Straßenmeistereien, Gerätehöfe, Lager, Lagerplätze, Ablagerungs- und Entnahmestellen, Hilfsbetriebe und -einrichtungen.

Straßenbaustellen ASR A5.2

baulichen Anlagen im Zuge von Straßen[965] durchgeführt und dazu öffentliche oder nicht öffentliche Verkehrsflächen vorübergehend ganz oder teilweise abgesperrt werden. Zu diesen Arbeiten zählen z. B. auch Reinigen von Verkehrseinrichtungen, Grünpflege, Arbeiten an Versorgungsleitungen, Vermessungsarbeiten, Bauwerksprüfungen, Sanierungsarbeiten.

Hinweis:
Der in dieser ASR verwendete Begriff „Straßenbaustelle" entspricht dem in den RSA verwendeten Begriff „Arbeitsstelle".

3.11 Straßenbaustellen längerer Dauer sind Straßenbaustellen, die mindestens einen Kalendertag durchgehend und ortsfest aufrechterhalten werden.

3.12 Straßenbaustellen kürzerer Dauer sind Straßenbaustellen, die nur über eine begrenzte Stundenzahl bei Tageshelligkeit (Tagesbaustellen) oder während der Dunkelheit (Nachtbaustellen) betrieben werden, auch wenn die Arbeiten an den folgenden Tagen fortgesetzt werden.

3.13 Verkehrseinrichtungen sind z. B. Schranken, Sperrpfosten, Absperrgeräte sowie Leiteinrichtungen gemäß StVO. Zu den Verkehrseinrichtungen gehören auch Blinklicht- und Lichtzeichenanlagen.

3.14 Verkehrssicherungsarbeiten sind Arbeiten zum Auf-, Um- und Abbau sowie zur Unterhaltung der Verkehrssicherung.

3.15 Verkehrssicherungsmaßnahmen sind die von der zuständigen Behörde in einer verkehrsrechtlichen Anordnung[966] vorgeschriebenen Maßnahmen zur Lenkung und Leitung des öffentlichen Straßenverkehrs.

3.16 Verkehrswege auf Straßenbaustellen sind Verkehrswege entsprechend der ASR A1.8 „Verkehrswege", die dem öffentlichen Straßenverkehr nicht zur Verfügung stehen.

---

965) Hierbei handelt es sich um Brücken, Tunnel, Unterführungen etc.
966) Eine verkehrsrechtliche Anordnung wird von der zuständigen Straßenverkehrsbehörde erteilt und beinhaltet Anweisungen und Auflagen zur Verkehrssicherung für Arbeiten an oder neben einer Straße. Sie muss in jedem Fall beantragt werden, wenn sich die Arbeiten auf den öffentlichen Straßenverkehr auswirken (§ 45 Abs. 6 StVO). Die verkehrsrechtliche Anordnung beinhaltet neben der Beschreibung der Arbeitsstelle und der geplanten Arbeiten auch Angaben zur Dauer, der erforderlichen Beschilderung und Markierung sowie die Benennung einer verantwortlichen Person. Die verkehrsrechtliche Anordnung ist rechtzeitig unter Verwendung eines entsprechenden Formulars mit beigelegtem Verkehrszeichenplan zu beantragen und muss 1:1 umgesetzt werden. Abweichungen, beispielsweise bei der Beschilderung, sind nicht zulässig. Des Weiteren ist der genehmigte Zeitraum einzuhalten. Ist dieser abgelaufen, muss eine Verlängerung beantragt werden. Näheres ist in den Richtlinien für die Sicherung von Arbeitsstellen an Straßen (RSA) geregelt.

3.17 **Verschwenkungsbereich** ist der Streckenabschnitt, in dem ein oder mehrere Fahrstreifen quer zur Fahrbahnachse versetzt oder eingeengt werden.

4 Einrichten von Arbeitsplätzen und Verkehrswegen auf Straßenbaustellen

4.1 Allgemeines

(1) Straßenbaustellen sind so zu planen und einzurichten[967], dass Gefährdungen durch den fließenden Verkehr für Beschäftigte möglichst vermieden und verbleibende Gefährdungen möglichst gering gehalten werden.

Gefährdungen durch den fließenden Verkehr können z. B. durch eine vollständige Umleitung des Verkehrs bei einbahnigen Straßen oder eine Überleitung des Verkehrs auf die Gegenfahrbahn bei zweibahnigen Straßen vermieden werden.

(2) Sofern Gefährdungen für Beschäftigte durch den fließenden Verkehr nicht vermieden werden können, sind diese so weit wie möglich zu minimieren. Zur Minimierung dieser Gefährdungen sind für Arbeitsplätze und Verkehrswege auf Straßenbaustellen bereits in der Planung der Ausführung der Arbeiten unter Berücksichtigung der zum Einsatz kommenden Arbeitsverfahren und Arbeitsmittel geeignete Schutzmaßnahmen (siehe Punkte 4.2 bis 4.6) vorzusehen.

Hinweis:

Bei der Auswahl der Schutzmaßnahmen sind auch die Hinweise des Koordinators sowie des Sicherheits- und Gesundheitsschutzplans (SiGePlan) nach Baustellenverordnung (BaustellV) zu berücksichtigen.

(3) Bei Straßenbaustellen sind die erforderlichen Platzbedarfe für Arbeitsplätze, Verkehrswege, Sicherheitsabstände und technische Schutzmaßnahmen zu ermitteln und bereitzustellen. Diese Platzbedarfe sind abhängig von den auszuführenden Tätigkeiten und von den eingesetzten Arbeitsmitteln.

Dabei sind Platzbedarfe z. B. für

– freie Bewegungsflächen für Beschäftigte unter Berücksichtigung der Körpermaße und der auszuführenden Bewegungsabläufe,

---

967) Nach § 2 Abs. 1 BaustellV sind bei der Planung der Ausführung eines Bauvorhabens, insbesondere bei der Einteilung der Arbeiten, die gleichzeitig oder nacheinander durchgeführt werden, und bei der Bemessung der Ausführungszeiten für diese Arbeiten, die allgemeinen Grundsätze nach § 4 ArbSchG zu berücksichtigen. Nach § 3 Abs. 1 Satz 1 BaustellV sind für Baustellen, auf denen Beschäftigte mehrerer Arbeitgeber tätig werden, ein oder mehrere geeignete Koordinatoren zu bestellen. Während der Planung der Ausführung der Bauarbeiten hat der Koordinator insbesondere den Sicherheits- und Gesundheitsschutzplan auszuarbeiten oder ausarbeiten zu lassen und eine Unterlage mit den erforderlichen, bei möglichen späteren Arbeiten an der baulichen Anlage zu berücksichtigenden Angaben zur Sicherheit und Gesundheitsschutz zusammenzustellen. Der Bauherr oder der von ihm beauftragte Dritte kann die Aufgaben des Koordinators selbst wahrnehmen. Diese Maßnahmen nach § 2 und § 3 Abs. 1 Satz 1 BaustellV hat der Bauherr zu treffen, es sei denn, er beauftragt einen Dritten, diese Maßnahmen in eigener Verantwortung zu treffen.

Straßenbaustellen ASR A5.2

- ein durch Arbeitsverfahren bedingtes Hinauslehnen aus Führer- und Bedienständen von Fahrzeugen und Maschinen zur Einsichtnahme in den Fahr- und Arbeitsbereich,
- das Steuern oder Bedienen von Maschinen im Mitgängerbetrieb,
- Arbeits- und Schwenkbereiche von Arbeitsmitteln,
- Aufstell- und Lagerflächen für die eingesetzten Arbeitsmittel und Materialien,
- Baustellenein- und -ausfahrten,
- Zufahrten für Rettungsdienste,
- Fahrzeug-Rückhaltesysteme oder
- Sicherheitsabstände für die Standsicherheit von Baugruben und Gräben

zu berücksichtigen.

(4) Für Verkehrssicherungsarbeiten, z. B. das Aufstellen und Abbauen von Verkehrseinrichtungen, das Aufstellen und Abbauen von Fahrzeug-Rückhaltesystemen oder die Durchführung von Markierungsarbeiten, sind die Absätze 1 bis 3 anzuwenden.

(5) Arbeitsplätze und Verkehrswege auf Straßenbaustellen dürfen nur eingerichtet und betrieben werden, wenn eine sichere Führung des fließenden Verkehrs gewährleistet ist.

Hinweis:

Vor dem Beginn von Arbeiten, die sich auf den öffentlichen Straßenverkehr auswirken, ist eine verkehrsrechtliche Anordnung gemäß StVO einzuholen.

4.2 Technische Schutzmaßnahmen

4.2.1 Straßenbaustellen längerer Dauer

(1) Sind Arbeitsplätze einschließlich Verkehrswege nicht bereits durch baulich vorhandene Fahrzeugrückhaltesysteme (z. B. im Mittelstreifen) vom fließenden Verkehr getrennt, sind zur Minimierung der Gefährdungen durch ein Abkommen von Fahrzeugen bei einer zulässigen Höchstgeschwindigkeit größer 50 km/h zur räumlichen Trennung von Arbeitsplätzen und Verkehrswegen auf Straßenbaustellen vom vorbeifließenden Verkehr grundsätzlich transportable Schutzeinrichtungen[968] einzusetzen.

Bei zulässigen Höchstgeschwindigkeiten von 50 km/h und weniger sollen transportable Schutzeinrichtungen eingesetzt werden:

---

968) Hinsichtlich der technischen Anforderungen an transportable Schutzeinrichtungen und ihrer Anwendung finden sich in den ZTV-SA 97 (Zusätzliche Technische Vertragsbedingungen und Richtlinien für Sicherungsarbeiten an Arbeitsstellen an Straßen) Vorgaben, Abs. 5.10.2 Transportable Schutzeinrichtungen:
(1) Transportable Stahlschutzeinrichtungen müssen den „Technischen Lieferbedingungen für transportable Schutzeinrichtungen" entsprechen.
(2) Betonschutzwände aus transportablen Betonfertigteilen müssen den „Technischen Lieferbedingungen für Betonschutzwand-Fertigteile (TL-BSWF)" und den „Technischen Lieferbedingungen für transportable Schutzeinrichtungen" entsprechen.

- entlang von Baugruben oder Gräben, wenn eine Absturz- bzw. Einsturzgefahr besteht (z. B. bei dicht an Aufgrabungskanten vorbeigeführten Fahrstreifen) oder
- wenn aufgrund der Verkehrsführung (z. B. starke Verschwenkungen, enge Fahrstreifen) eine erhöhte Abkommenswahrscheinlichkeit für den fließenden Verkehr besteht, hierdurch Beschäftigte gefährdet werden können und die erhöhte Abkommenswahrscheinlichkeit nicht durch eine Geschwindigkeitsreduzierung minimiert werden kann.

Andere Maßnahmen, z. B. ein Baugrubenverbau, können angewendet werden, wenn sie für das beabsichtigte Aufhalten oder Umlenken von Fahrzeugen dimensioniert und ausgebildet sind.

(2) Bei der Auswahl der transportablen Schutzeinrichtungen nach Absatz 1 sind Geschwindigkeit, Gewicht sowie Anfahrwinkel der Fahrzeuge zu berücksichtigen (siehe dazu: Aufhaltestufen entsprechend Liste nach TL-Transportable Schutzeinrichtungen (TSE) der Bundesanstalt für Straßenwesen (BASt))[969] und die in den Tabellen 1 und 3 genannten Sicherheitsabstände anzuwenden.

(3) Können transportable Schutzeinrichtungen nicht eingesetzt werden, z. B.

- aufgrund fehlender Aufstellflächen oder Unterschreitung der Mindestaufbaulänge,
- wegen Behinderung des Baustellenverkehrs (z. B. Anlieferung von Material, Baumaschinen),

oder ist der Einsatz transportabler Schutzeinrichtungen nicht verhältnismäßig, z. B.

- wenn die Gefährdung der Beschäftigten beim Auf- und Abbau der Schutzeinrichtung größer ist als ihre Gefährdung bei der eigentlichen Arbeit im Grenzbereich zum Straßenverkehr,
- weil einzelne zeitlich begrenzte Bauphasen größere Arbeitsbreiten erfordern,

sind Verkehrseinrichtungen (z. B. Leitbaken, Leitkegel), Leitschwellen, Leitborde oder Leitwände zur Führung des Straßenverkehrs zu verwenden. Dabei sind die in den Tabellen 1 und 3 genannten Sicherheitsabstände anzuwenden.

4.2.2 Straßenbaustellen kürzerer Dauer

(1) Bei Straßenbaustellen kürzerer Dauer müssen zur Abgrenzung von Arbeitsplätzen und Verkehrswegen zum fließenden Verkehr geeignete Verkehrseinrichtungen eingesetzt werden. Dies können z. B. Leitbaken, Leitkegel, fahrbare Absperrtafeln, Warneinrichtungen und Lichtzeichenanlagen sein. Dabei sind die in den Tabellen 2 und 3 genannten Sicherheitsabstände anzuwenden.

(2) Werden Fahrzeuge und Maschinen als Sicherungsfahrzeuge eingesetzt, müssen diese die verkehrsrechtlichen Anforderungen erfüllen (siehe § 35 Absatz 6 StVO und Richtlinien für die Sicherung von Arbeitsstellen an Straßen (RSA)).

---

969) Die Bundesanstalt für Straßenwesen (BAST) gibt Listen mit transportablen Schutzeinrichtungen, getrennt nach Aufhaltestufen, heraus, die geprüft den Anforderungen der TL-Transportabler Schutzeinrichtungen genügen.

Straßenbaustellen ASR A5.2

4.3 Seitlicher Sicherheitsabstand (S_Q) von Arbeitsplätzen und Verkehrswegen auf Straßenbaustellen zum fließenden Verkehr

(1) Zum Schutz der Beschäftigten ist für Arbeitsplätze und Verkehrswege auf Straßenbaustellen ein seitlicher Sicherheitsabstand (S_Q) zum fließenden Verkehr vorzusehen. Damit werden z. B. unbeabsichtigte Bewegungen von Beschäftigten aus dem Bereich von diesen Arbeitsplätzen und Verkehrswegen heraus oder unbeabsichtigte Fahrbewegungen des fließenden Verkehrs berücksichtigt. Im seitlichen Sicherheitsabstand (S_Q) dürfen sich außer zum Auf- und Abbau der Verkehrseinrichtungen keine Arbeitsplätze oder Verkehrswege befinden.

(2) Seitliche Sicherheitsabstände (S_Q) werden bei Fahrzeug-Rückhaltesystemen auf die dem Verkehr zugewandte äußere Begrenzung des Fahrzeug-Rückhaltesystems bezogen (siehe Abbildung 1a)). Seitliche Sicherheitsabstände (S_Q) werden bei Leitbaken,[970] Leitkegeln,[971] Leitwänden, Leitschwellen[972] und Leitborden[973] jeweils auf deren Mittelachse bezogen (siehe Abbildung 1b)). Aufgrund ihrer unterschiedlichen Abmessungen werden diesen Elementen spezifische Sicherheitsabstände zugeordnet.

---

970) Die Leitbake (auch Warnbake oder Absperrbake genannt) ist ein Verkehrszeichen und Absperrgerät, das dazu dient, den Verkehrsteilnehmer auf ein Hindernis in der Fahrbahn oder am Fahrbahnrand hinzuweisen und entsprechend daran vorbeizuleiten. Leitbaken werden sowohl zur Arbeitsstellensicherung an Straßen als auch zur Kennzeichnung von dauerhaften Hindernissen oder sonstigen Gefahrstellen eingesetzt. Die Leitbake gehört als Zeichen 605 gem. Anlage 4 zu § 43 Abs. 3 StVO zu den Verkehrseinrichtungen. Ein technischer Standard ist durch die Technischen Lieferbedingungen für Leit- und Warnbaken (TL-Leitbaken 97) gegeben. Die Bundesanstalt für Straßenwesen stellt eine Liste der danach positiv geprüften Leit- und Warnbaken zur Verfügung.
971) Leitkegel sind vornehmlich für den vorübergehenden Einsatz vorgesehen, daher z. B. für die Absicherung von Einsatz- und Unfallstellen durch Polizei und Feuerwehr, der professionellen Pannenhilfe, sowie im Rahmen von Schwertransporten. Im Anwendungsbereich der RSA ist der Einsatz auf Arbeitsstellen von kürzerer Dauer beschränkt. Leitkegel sind demzufolge nicht als dauerhafte Verkehrseinrichtung vorgesehen. Der durchgehende Einsatz über mehrere Tage bzw. Wochen ist daher unzulässig. Leitkegel zählen zu den Verkehrseinrichtungen nach Anlage 4 zu § 43 Abs. 3 StVO, Zeichen 610.
972) Leitschwellen führen Fahrzeuge in bestimmte Spurbereiche und lassen sich somit als Sichtzeichen für die Sicherung von Arbeitsstellen an und auf Straßen als Straßenführung nutzen. Leitschwellen zählen in Verbindung mit Leitbaken zu den Verkehrseinrichtungen nach Anlage 4 zu § 43 Abs. 3 StVO, Zeichen 628. Leitschwellen haben die Funktion einer vorübergehend gültigen Markierung und sind gelb.
973) Leitborde sind auf der Fahrbahn eingerichtete durchgehende bauliche Leiteinrichtungen. Leitborde zählen in Verbindung mit Leitbaken zu den Verkehrseinrichtungen nach Anlage 4 zu § 43 Abs. 3 StVO, Zeichen 629. Leitborde haben die Funktion einer vorübergehend gültigen Markierung und sind gelb.

ASR A5.2 — Straßenbaustellen

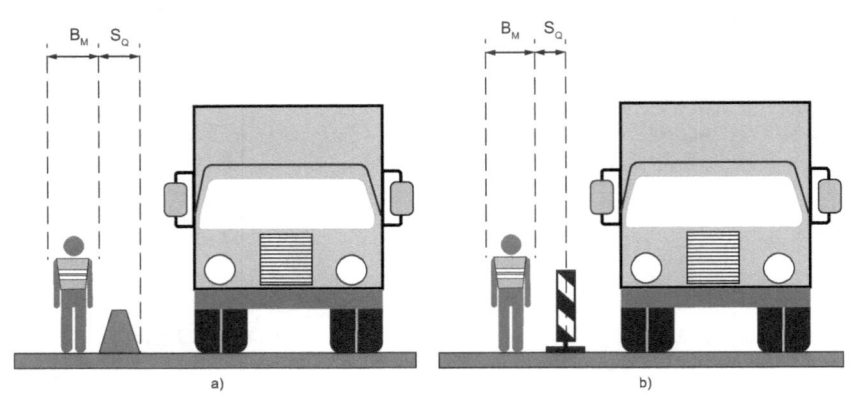

Abb. 1: Bezugslinie für seitliche Sicherheitsabstände (S_Q) zum fließenden Verkehr:
a) dem Verkehr zugewandte äußere Begrenzung bei Fahrzeug-Rückhaltesystemen
b) Mittelachse bei Leitbaken, Leitkegeln, Leitwänden, Leitschwellen, Leitborden

Tabelle 1: Mindestmaße für seitliche Sicherheitsabstände (S_Q) zum fließenden Verkehr bei Straßenbaustellen längerer Dauer

Element	Zulässige Höchstgeschwindigkeit					
	30 km/h	40 km/h	50 km/h	60 km/h	80 km/h	100 km/h
Fahrzeug-Rückhaltesysteme	30 cm	40 cm	50 cm	60 cm	80 cm	100 cm
Leitbake (1000 mm x 250 mm, 750 mm x 187,5 mm), Leitkegel, Leitwand	30 cm	40 cm	50 cm	70 cm	90 cm	*
Leitbake (500 mm x 125 mm), Leitschwelle, Leitbord	50 cm	60 cm	70 cm	90 cm	110 cm	*

Hinweise zu Tabelle 1:
1. Bei zulässigen Höchstgeschwindigkeiten ab 100 km/h müssen Fahrzeug-Rückhaltesysteme eingesetzt werden.
2. Die Sicherheitsabstände für Fahrzeug-Rückhaltesysteme berücksichtigen ausschließlich die verkehrsleitende Funktion dieser Systeme.

Tabelle 2: Mindestmaße für seitliche Sicherheitsabstände (S_Q) zum fließenden Verkehr bei Straßenbaustellen kürzerer Dauer

Element	Zulässige Höchstgeschwindigkeit						
	30 km/h	40 km/h	50 km/h	60 km/h	80 km/h	100 km/h	120 km/h
Leitbake (1000 mm x 250 mm, 750 mm x 187,5 mm), Leitkegel, Leitwand	30 cm	40 cm	50 cm	70 cm	90 cm	110 cm	130 cm
Leitbake (500 mm x 125 mm), Leitschwelle, Leitbord	50 cm	60 cm	70 cm	90 cm	110 cm	130 cm	150 cm

(3) Können die Mindestmaße aus den Tabellen 1 und 2 nicht eingehalten werden, sind als Ergebnis einer Gefährdungsbeurteilung Schutzmaßnahmen festzulegen, die mindestens die gleiche Sicherheit und den gleichen Gesundheitsschutz für die Beschäftigten erreichen.[974] Dabei sind z. B. folgende Kriterien zu berücksichtigen:
– zulässige Höchstgeschwindigkeit des fließenden Verkehrs,
– Kurvigkeit der Straßenführung,

---

[974] Zur ASR A5.2 wurde unter Einbeziehung der kommunalen Spitzenverbände gemeinsam von Vertretungen der Straßenbau- und Verkehrsbehörden, der staatlichen Arbeitsschutzbehörden, der Unfallversicherungsträger (Berufsgenossenschaften), der Bauwirtschaft und der Gewerkschaften eine Handlungshilfe (https://www.list.sachsen.de/download/180627_170830_HandlungshilfeASR.pdf) erarbeitet. In dieser erfolgt in Teil 3 die Beschreibung von Maßnahmen zur Unterstützung der geforderten Gefährdungsbeurteilung nach Nr. 4.3 Abs. 3 ASR A5.2 für ausgewählte Fallkonstruktionen, bei denen die erforderlichen seitlichen Sicherheitsabstände von Arbeitsplätzen und Verkehrswegen auf Straßenbaustellen zum fließenden Verkehr gem. Tabellen 1 und 2 der ASR A5.2 nicht eingehalten werden können. Diese konkreten Anwendungsbeispiele zeigen – zusammen mit den Hinweisen in Teil 2 – auf, wie ein gleichwertiges Sicherheits- und Gesundheitsschutzniveau i. S. v. § 3a Abs. 1 Satz 4 ArbStättV erreicht werden kann. Sie sollen für Planer, Ausschreiber und Ausführer eine Unterstützung und Hilfe bieten. Es sind Beispiele, keine Regellösungen für bestimmte Ausnahmefälle, die in Zukunft für praxisrelevante Konstellationen weiter ergänzt werden können und sollen. Die Handlungshilfe ersetzt nicht die Abstimmungen mit Behörden und deren erforderliche Genehmigungen.
Auf der Grundlage dieser Handlungshilfe, der die für den Arbeitsschutz zuständige Arbeitsministerkonferenz, nicht aber die für Verkehr zuständige Verkehrsministerkonferenz der Länder zugestimmt hatte, wurde 2019 (Stand: Juni) eine weitere „Handlungshilfe für das Zusammenwirken von ASR A5.2 und RSA bei der Planung von Straßenbaustellen im Grenzbereich zum Straßenverkehr" im Entwurf fertig gestellt (http://www.rsa-95.de/19/Handlungshilfe_ASR-52/Handlungshilfe-ASR-RSA_2019.pdf). Dieser Entwurf ist im Rahmen eines Forschungsvorhabens im Auftrag des Bundesministeriums für Verkehr und digitale Infrastruktur (BMVI) durch das Karlsruher Institut für Technologie, Institut für Straßen- und Eisenbahnwesen erstellt und am 7. Juni 2019 vom begleitenden Betreuerkreis einvernehmlich verabschiedet worden. Er soll nach den Aussagen in der Einführung eine Weiterentwicklung der Handlungshilfe zur ASR A5.2 darstellen und wurde für eine fachliche Diskussion vorveröffentlicht.

- fehlende Ausweichmöglichkeiten, z. B. durch Bordsteine, seitlichen Bewuchs oder Gegenverkehr,
- Fahrstreifenbreiten,
- Fahrzeugarten und
- Verkehrsdichte, Sichtverhältnisse.

Geeignete Schutzmaßnahmen sind z. B.
- temporäre Fahrbahnverbreiterung für den vorbeifließenden Straßenverkehr,
- Überwachung der tatsächlich gefahrenen Geschwindigkeit, z. B. durch polizeiliche Maßnahmen,
- Anzeige der tatsächlich gefahrenen Geschwindigkeit durch elektronische Messverfahren,
- in lokal begrenzten Abschnitten weitere Reduzierung der zulässigen Höchstgeschwindigkeit,
- Herausfiltern und Umleiten des Lkw-Verkehrs,
- Durchführung der Arbeiten in verkehrsarmen Zeiten oder
- temporäre Lichtzeichenanlage zur zeitweiligen Sperrung des fließenden Verkehrs (Nutzen von Zeitfenstern).

(4) Wären bei Festlegung von Schutzmaßnahmen nach Absatz 3 besondere Gefährdungen für die Verkehrsteilnehmer infolge erheblicher Behinderungen bzw. erheblicher Verkehrsbelastungen zu erwarten, sind in Abstimmung mit den für den Arbeitsschutz und den für den Straßenverkehr zuständigen Behörden stattdessen die Schutzmaßnahmen festzulegen, die für Beschäftigte auf Straßenbaustellen und für Verkehrsteilnehmer gleichermaßen die größtmögliche Sicherheit gewährleisten.[975]

Hinweis:

Vor dem Beginn von Arbeiten, die sich auf den öffentlichen Straßenverkehr auswirken, ist eine verkehrsrechtliche Anordnung gemäß StVO einzuholen.

4.4 Mindestbreiten (B_M) für Arbeitsplätze und Verkehrswege auf Straßenbaustellen

Als Mindestbreiten (B_M) für Arbeitsplätze und Verkehrswege auf Straßenbaustellen sind erforderlich:
- abweichend von Punkt 7 Absatz 4 der ASR A1.8 für Verkehrswege: B_M 80 cm,

---

[975] Die Aufnahme dieser Klausel ist auf Intervention der Verkehrsseite erfolgt. Damit sollen im besonderen Einzelfall in Abstimmung zwischen den für den Arbeitsschutz und für den Straßenverkehr zuständigen Behörden auf der Landesebene Lösungen in den Fällen abgestimmt werden, in denen z. B. Umleitungstrecken zu zusätzlichen und erhöhten Gefährdungen der Verkehrsteilnehmer führen würden. Dann sollen sich die genannten Behörden gemeinsam über die Festlegung spezifischer Schutzmaßnahmen beraten und Lösungen entwickeln, die den Schutzinteressen der Beschäftigten und der Verkehrsteilnehmer gleichermaßen gerecht werden.

Straßenbaustellen ASR A5.2

- abweichend von Punkt 7 Absatz 2 der ASR A1.8 für „Verkehrswege" für Laufstege: B_M 80 cm,
- für reine Kontroll-, Steuer- und Bedientätigkeiten, z. B. im Mitgängerbetrieb: B_M 80 cm und
- für ein durch Arbeitsverfahren bedingtes Hinauslehnen aus Führer- und Bedienständen von Fahrzeugen und Maschinen zur Einsichtnahme in den Fahr- und Arbeitsbereich: B_M 40 cm.

Für manuelle Tätigkeiten sind die erforderlichen Mindestbreiten (B_M) zu ermitteln. Dabei darf die Mindestbreite B_M 80 cm nicht unterschritten werden.[976)]

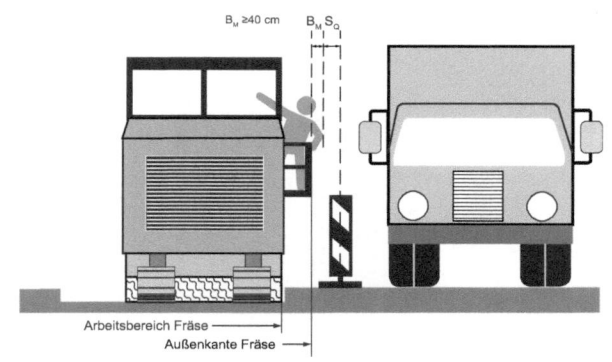

Abb. 2a: Seitlicher Sicherheitsabstand (S_Q) und Mindestbreite (B_M) für Arbeitsplätze und Verkehrswege auf Straßenbaustellen, Beispiel Fräse mit herauslehnendem Fahrer

---

976) Die Festlegung einer Mindestbreite von 0,8 m ergibt sich aus den in der DIN 33402-2:2005-12 Ergonomie – Körpermaße des Menschen – T. 2: Werte enthaltenden anthropometrischen Daten und den Bewegungsabläufen eines mit Arbeitsmitteln arbeitenden Menschen.

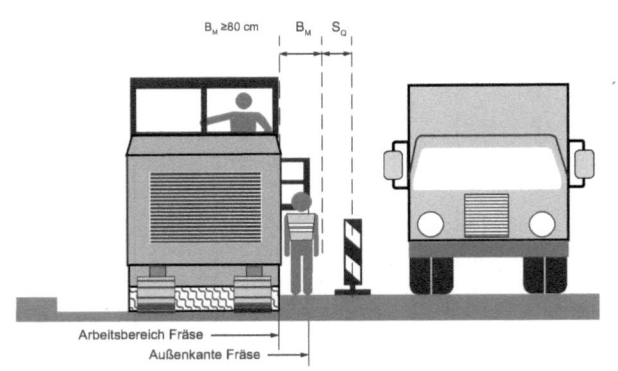

Abb. 2b: Seitlicher Sicherheitsabstand (S_Q) und Mindestbreite (B_M) für Arbeitsplätze und Verkehrswege auf Straßenbaustellen, Beispiel Fräse mit Mitgängerbetrieb

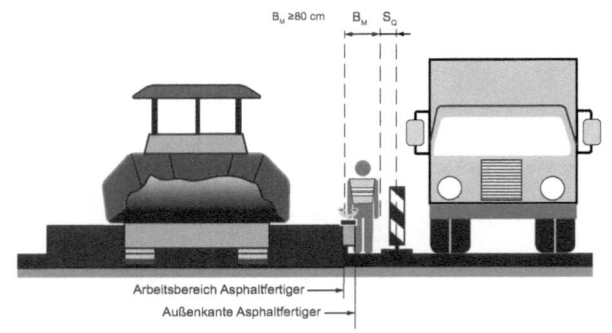

Abb. 3: Seitlicher Sicherheitsabstand (S_Q) und Mindestbreite (B_M) für Arbeitsplätze und Verkehrswege auf Straßenbaustellen, Beispiel Asphaltfertiger

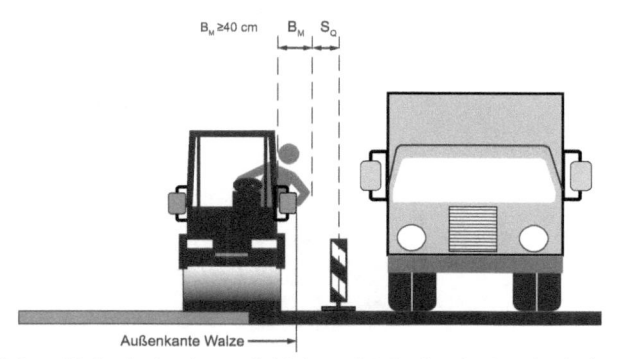

Abb. 4: Seitlicher Sicherheitsabstand (S_Q) und Mindestbreite (B_M) für Arbeitsplätze und Verkehrswege auf Straßenbaustellen, Beispiel Walze mit Überlappung im Bereich der Naht

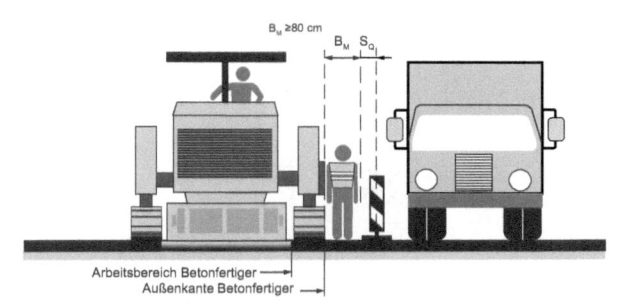

Abb. 5: Seitlicher Sicherheitsabstand (S_Q) und Mindestbreite (B_M) für Arbeitsplätze und Verkehrswege auf Straßenbaustellen, Beispiel Beton-/Gussasphaltfertiger mit überkragendem Kettenlaufwerk

ASR A5.2   Straßenbaustellen

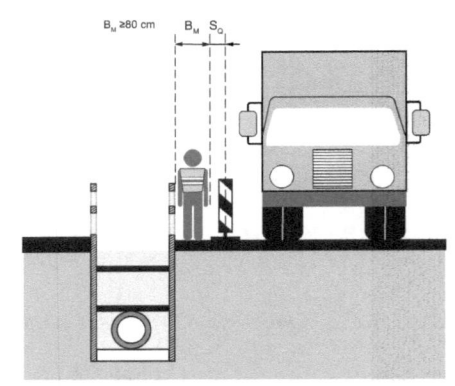

Abb. 6: Seitlicher Sicherheitsabstand (S_Q) und Mindestbreite (B_M) für Arbeitsplätze und Verkehrswege auf Straßenbaustellen, Beispiel Kanalgrabenherstellung

4.5 Sicherheitsabstand in Längsrichtung (S_L) von Arbeitsplätzen und Verkehrswegen auf Straßenbaustellen zum ankommenden Verkehr

(1) Für Arbeitsplätze und Verkehrswege auf Straßenbaustellen ist ein Sicherheitsabstand in Längsrichtung (S_L) zum ankommenden Verkehr vorzusehen. Damit wird z. B. die Gefährdung durch unbeabsichtigtes Hineinfahren in den abgesperrten Bereich der Baustelle berücksichtigt. In diesem Sicherheitsabstand (S_L) dürfen sich außer zum Auf- und Abbau der Verkehrseinrichtungen keine Arbeitsplätze oder Verkehrswege befinden.

(2) Beim Einsatz von Verkehrseinrichtungen, fahrbaren Absperrtafeln mit und ohne Zugfahrzeug, Leitschwellen, -borden oder -wänden sind Sicherheitsabstände (S_L) nach Tabelle 3 anzuwenden.

Tabelle 3: Mindestmaße für Sicherheitsabstände in Längsrichtung (S_L)[977] zum ankommenden Verkehr

Element	\multicolumn{3}{c}{Lage der Straßenbaustelle (Arbeitsstelle) bzw. zulässige Höchstgeschwindigkeit außerhalb des Straßenbaustellenbereichs (Arbeitsstellenbereichs)}		
	innerörtliche Straßen	Einbahnige Landstraßen und innerörtliche Straßen mit $V_{zul} > 50$ km/h	Autobahnen, autobahnähnliche Straßen und zweibahnige Landstraßen[978]
Fahrbare Absperrtafel mit Zugfahrzeug oder Sicherungsfahrzeug ≥ 10 t zulässige Gesamtmasse	3 m	10 m	75 m[979]
Fahrbare Absperrtafel mit Zugfahrzeug oder Sicherungsfahrzeug < 10 t bis ≥ 7,49 t zulässige Gesamtmasse	5 m	15 m	100 m[980]
Fahrbare Absperrtafel mit Zugfahrzeug oder Sicherungsfahrzeug < 7,49 t zulässige Gesamtmasse	7,5 m	20 m	nicht zulässig
Fahrbare Absperrtafel ohne Zugfahrzeug	15 m	40 m	

Hinweis:

Werden auf innerörtlichen Straßen bzw. auf Landstraßen andere Verkehrseinrichtungen (§ 43 StVO) oder bauliche Leitelemente zur Querabsperrung von Teilen der Fahrbahn eingesetzt, so beträgt S_L gegenüber dem ankommenden Verkehr innerorts 10 m, außerorts entspricht S_L der Länge des Verschwenkungsbereichs gemäß RSA, siehe Abbildung 7b.

---

977) Amtl. FN: Die genannten Sicherheitsabstände (S_L) sind im Sinne eines durch einen Anprall aufzehrbaren Bereiches als lichtes Maß zwischen Vorderkante der Absperrung (Sicherungs- bzw. Zugfahrzeug) und Arbeitsbereich zu verstehen, d. h. als Nettomaß, siehe Abbildung 7a.
978) Amtl. FN: Auf Rampen (Verbindungsfahrbahnen in Knotenpunkten) können in Abhängigkeit von der Lage der Baustelle in der Rampe, der Rampenlänge und den tatsächlich gefahrenen Geschwindigkeiten kleinere Abstände in Betracht kommen, jedoch nicht unter 20 m.
979) Amtl. FN: Bei beweglichen Straßenbaustellen (Arbeitsstellen) kann der Abstand auf 50 m reduziert werden.
980) Amtl. FN: Bei beweglichen Straßenbaustellen (Arbeitsstellen) kann der Abstand auf 50 m reduziert werden.

a)　　　　　　　　　　　　b)

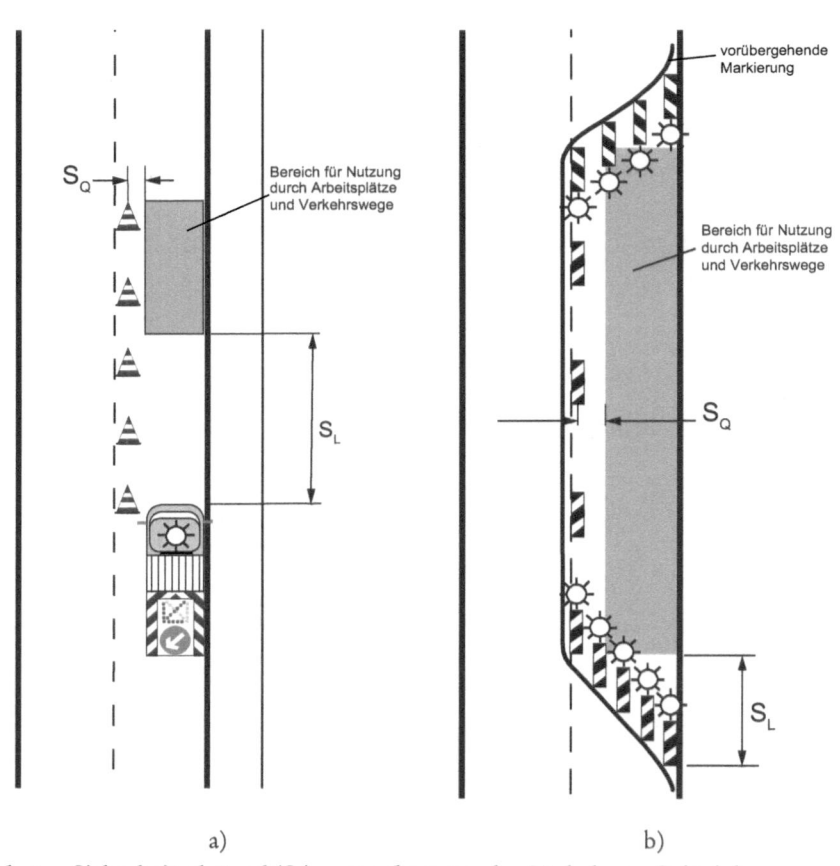

Abb. 7: Sicherheitsabstand (S_L) zum ankommenden Verkehr am Beispiel
a) fahrbare Absperrtafel mit Zugfahrzeug
b) mit Verschwenkungsbereich

(3) Bei Fahrzeug-Rückhaltesystemen entspricht das Maß des Sicherheitsabstandes (S_L) zum ankommenden Verkehr der Länge des Verschwenkungsbereiches (Verschwenkungsbereich entsprechend Verkehrszeichenplan der verkehrsrechtlichen Anordnung).

(4) Können die Mindestmaße aus Tabelle 3 nicht eingehalten werden, sind als Ergebnis einer Gefährdungsbeurteilung Maßnahmen festzulegen, die mindestens die gleiche Sicherheit und den gleichen Gesundheitsschutz für die Beschäftigten erreichen. Dabei sind die Kriterien aus Punkt 4.3 Absatz 3 zu berücksichtigen.

Straßenbaustellen ASR A5.2

Geeignete Maßnahmen sind z. B.:
- Überwachung der tatsächlich gefahrenen Geschwindigkeit, z. B. durch polizeiliche Maßnahmen,
- Anzeige der tatsächlich gefahrenen Geschwindigkeit durch elektronische Messverfahren oder
- zusätzliche Warneinrichtungen als Ankündigung (visuell wirkende Vorwarneinrichtungen, mechanisch wirkende Warnschwellen).

Hinweis:

Vor dem Beginn von Arbeiten, die sich auf den öffentlichen Straßenverkehr auswirken, ist eine verkehrsrechtliche Anordnung gemäß StVO einzuholen.

4.6 Ergänzende Maßnahmen

An Stellen, an denen Beschäftigte nicht ausreichend nach den Punkten 4.2 bis 4.5 vor den Gefährdungen des fließenden Verkehrs geschützt werden, z. B. im Bereich von Straßenkreuzungen oder für einzelne Tätigkeiten mit besonderem Platzbedarf, sind ergänzende Maßnahmen zur Minimierung der Gefährdung erforderlich, z. B. eine kurzzeitige Sperrung, Verkehrsbeschränkungen für Lkw. Auch der Einsatz von Polizei an diesen Stellen zur Lenkung und Leitung des öffentlichen Straßenverkehrs kann eine geeignete Maßnahme sein.

5 Betreiben von Arbeitsplätzen und Verkehrswegen auf Straßenbaustellen

5.1 Allgemeines

(1) Beim Betreiben von Arbeitsplätzen und Verkehrswegen auf Straßenbaustellen können sich im Grenzbereich zum Straßenverkehr Gefährdungen insbesondere durch:
- den vorbeifahrenden Straßenverkehr (z. B. Anprall, Sogwirkung),
- Ein- und Ausfahren des Baustellenverkehrs,
- Verkehrsdichte/-aufkommen (z. B. Lärm, Motoremissionen),
- Witterungseinflüsse (z. B. Glatteis, Sturm),
- Sichtverhältnisse (z. B. Nebel, Dunkelheit) oder
- unkontrolliert bewegte Teile (z. B. Splitt, Schotter) ergeben.

Geeignete Schutzmaßnahmen, z. B. eine Ausgestaltung der Arbeitsplätze und Verkehrswege im Grenzbereich zum Straßenverkehr unter Berücksichtigung der in Punkt 4 beschriebenen Schutzmaßnahmen sowie geeignete Warnkleidung (siehe z. B. DGUV Information 212–016), sind als Ergebnis der Gefährdungsbeurteilung festzulegen und umzusetzen.

Hinweis:

Bei Arbeiten im öffentlichen Straßenverkehr sind bei der Auswahl von Warnkleidung die Anforderungen der StVO, der Allgemeinen Verwaltungsvorschrift zur Straßenverkehrs-Ordnung (VwV-StVO) und der RSA zu berücksichtigen.

ASR A5.2 — Straßenbaustellen

(2) Die Beschäftigten müssen unter Berücksichtigung von Punkt 5.1 Absatz 1 gefährdungsbezogen unterwiesen sein, insbesondere:
- hinsichtlich des Verhaltens auf Arbeitsplätzen auf Straßenbaustellen, z. B. beim Auf- und Abbau von Verkehrseinrichtungen,
- in die Benutzung der Verkehrswege auf Straßenbaustellen und der Zuwegungen zu den Arbeitsplätzen,
- zum Verhalten beim Einsatz von Arbeitsmitteln, z. B. Straßenfertiger, Kaltfräsen, Straßenwalzen, Trennschneidgeräte, Reinigungs- und Mähgeräte, Hubarbeitsbühnen,
- zum Verhalten im Bereich von Baustellenein- und -ausfahrten,
- zu Abmessungen und zum Einhalten von Sicherheitsabständen (S_L, S_Q) zum fließenden Verkehr,
- zu Abmessungen und zum Einhalten von Mindestbreiten (B_M) von Arbeitsplätzen und Verkehrswegen auf Straßenbaustellen sowie
- zur Benutzung von geeigneter Persönlicher Schutzausrüstung, z. B. Warnkleidung (siehe z. B. DGUV Information 212–016).

(3) Arbeitsplätze und Verkehrswege auf Straßenbaustellen sind für die Dauer der Benutzung ausreichend zu beleuchten (siehe ASR A3.4 „Beleuchtung").

Hinweis:

Vor dem Beginn von Arbeiten, die sich auf den öffentlichen Straßenverkehr auswirken, ist eine verkehrsrechtliche Anordnung gemäß StVO einzuholen. Dabei sind die Anforderungen der RSA zu berücksichtigen, z. B. durch Auswahl und Positionierung der Beleuchtung zur Vermeidung einer Blendung des fließenden Verkehrs.

5.2 Wirksamkeit getroffener Schutzmaßnahmen

(1) Die Schutzmaßnahmen sind je nach Dauer der Arbeiten sowie der betriebsbedingten und äußeren Einflüsse auf ihre ordnungsgemäße Umsetzung und Wirksamkeit zu überprüfen. Betriebsbedingte Einflüsse sind z. B. das Verlegen der Baustellenein- und -ausfahrten. Zu äußeren Einflüssen zählen z. B. Verschmutzung, Witterung und Vandalismus.

(2) Art, Umfang und Häufigkeit der Prüfung der ordnungsgemäßen Umsetzung und Wirksamkeit getroffener Schutzmaßnahmen (Erkennbarkeit, Standsicherheit und Positionierung der Verkehrseinrichtungen) sind im Rahmen der Gefährdungsbeurteilung festzulegen.

Hinweis:

Vor dem Beginn von Arbeiten, die sich auf den öffentlichen Straßenverkehr auswirken, ist bei der Prüfung der Wirksamkeit der getroffenen Schutzmaßnahmen die verkehrsrechtliche Anordnung gemäß StVO zu berücksichtigen.

Straßenbaustellen   ASR A5.2

5.3 Änderungen bei Abweichungen von der Planung

Ergibt sich eine von der Planung nach Punkt 4.1 Absatz 1 abweichende Situation für das Einrichten und Betreiben der Straßenbaustelle, sind die Schutzmaßnahmen nach Punkt 4 zu prüfen und gegebenenfalls anzupassen.

Hinweise:
1. *Vor dem Beginn von Arbeiten, die sich auf den öffentlichen Straßenverkehr auswirken, sind die aus den anzupassenden Schutzmaßnahmen resultierenden Verkehrssicherungsmaßnahmen mit der zuständigen Behörde abzustimmen. Für erforderliche Änderungen von Verkehrssicherungsmaßnahmen muss eine verkehrsrechtliche Anordnung gemäß StVO vorliegen.*
2. *Zur Aufrechterhaltung der Sicherheit und Ordnung des öffentlichen Straßenverkehrs kann gemäß StVO die Polizei bei Gefahr im Verzug vorläufige Maßnahmen treffen.*

Ausgewählte Literaturhinweise

- Straßenverkehrs-Ordnung (StVO) einschließlich der Allgemeinen Verwaltungsvorschrift zur Straßenverkehrs-Ordnung (VwV-StVO)
- Richtlinien für die Sicherung von Arbeitsstellen an Straßen (RSA)
- Zusätzliche Technische Vertragsbedingungen und Richtlinien für Sicherungsarbeiten an Arbeitsstellen an Straßen (ZTV-SA 97), bekannt gemacht als Allgemeines Rundschreiben Straßenbau des BMVBS, 12. August 1997
- Zusätzliche Technische Vertragsbedingungen und Richtlinien für passive Schutzeinrichtungen (ZTV-PS 98), bekannt gemacht als Allgemeines Rundschreiben Straßenbau des BMVBS, Ausgabe 1998
- Richtlinien für passiven Schutz an Straßen durch Fahrzeug-Rückhaltesysteme (RPS 2009)
- Einsatzfreigabeverfahren für Fahrzeug-Rückhaltesysteme, Stand 1. Oktober 2009
- Verordnung über Sicherheit und Gesundheitsschutz auf Baustellen (Baustellenverordnung – BaustellV)
- RAB 30 Regel zum Arbeitsschutz auf Baustellen – Geeigneter Koordinator
- RAB 31 Regel zum Arbeitsschutz auf Baustellen – Sicherheits- und Gesundheitsschutzplan – SiGePlan
- RAB 33 Regel zum Arbeitsschutz auf Baustellen – Allgemeine Grundsätze nach § 4 des Arbeitsschutzgesetzes bei Anwendung der Baustellenverordnung
- DGUV Vorschrift 38 Unfallverhütungsvorschrift Bauarbeiten, 1. Januar 1993 mit Durchführungsanweisungen vom Dezember 2010
- DGUV Regel 114-016 Straßenbetrieb, Straßenunterhalt 10/2011
- DGUV Regel 101-003 Umgang mit beweglichen Straßenbaumaschinen 09/2013

- DGUV Information 212-016 Warnkleidung 12/2010
- Normenreihe DIN EN 1317 Rückhaltesysteme an Straßen, Stand 11/2018
- Liste nach TL-Transportable Schutzeinrichtungen (TSE) der Bundesanstalt für Straßenwesen (BASt), 7. Februar 2017

Empfehlungen des Ausschusses für Arbeitsstätten (ASTA) zur Abgrenzung von mobiler Arbeit und Telearbeitsplätzen gemäß Definition in § 2 Absatz 7 ArbStättV vom 30. November 2016, BGBl. I S. 2681[981] [982] [983]

Beschluss des ASTA vom 7.11.2017

Bekannt gemacht im Auftrag des Bundesministeriums für Arbeit und Soziales (BMAS)

Nach § 2 Absatz 7 ArbStättV sind Telearbeitsplätze vom Arbeitgeber fest eingerichtete Bildschirmarbeitsplätze im Privatbereich der Beschäftigten, für die der Arbeitgeber eine mit den Beschäftigten vereinbarte wöchentliche Arbeitszeit und die Dauer der Einrichtung festgelegt hat. Zudem müssen die Bedingungen der Telearbeit arbeitsvertraglich oder im Rahmen einer Vereinbarung festgelegt werden und die benötigte Ausstattung des Telearbeitsplatzes mit Mobiliar, Arbeitsmitteln einschließlich der Kommunikationseinrichtungen muss durch den Arbeitgeber oder eine von ihm beauftragte Person im Privatbereich des Beschäftigten bereitgestellt und installiert sein.

Andere flexible Arbeitsformen der beruflich bedingten „mobilen Arbeit", wie z. B. eine sporadische, nicht einen ganzen Arbeitstag umfassende Arbeit mit einem PC oder einem tragbaren Bildschirmgerät (z. B. Laptop, Tablet) im Wohnbereich des Beschäftigten oder das Arbeiten mit Laptop im Zug oder an einem auswärtigem Ort im Rahmen einer Dienstreise fallen nicht unter den Anwendungsbereich der ArbStättV für Telearbeitsplätze.

---

981) In § 2 Abs. 5 u. 6 ArbStättV sind die Begriffsbestimmungen für Bildschirmarbeitsgeräte und Bildschirmgeräte modifiziert worden. Es wird die Begriffsbestimmung für Bildschirmarbeitsplätze aus der BildscharbV übernommen. Danach umfasst der Begriff im Sinne der ArbStättV ausschließlich in Arbeitsräumen dauerhaft mit nach § 2 Abs. 6 definierten Bildschirmgeräten ausgerüstete Arbeitsplätze. Konkrete Anforderungen an Bildschirmarbeitsplätze und Bildschirmgeräte sind in Anh. Nr. 6 der Verordnung beschrieben.
Mit der Definition des Telearbeitsplatzes wird klargestellt, dass beruflich bedingte Formen mobiler Arbeit vom Anwendungsbereich der ArbStättV ausgenommen sind. Sie gilt somit nicht für Arbeiten mit dem Laptop oder Smartphone an anderen Orten, etwa bei Dienstreisen oder unterwegs in Transportmitteln. Auch für zeitweiliges Arbeiten im Wohnbereich ohne Erfüllung der Voraussetzungen für einen Telearbeitsplatz sind die Bestimmungen der ArbStättV nicht anwendbar.
982) Mit diesem Beschluss des Ausschusses für Arbeitsstätten vom 7. November 2017 und dessen Bekanntmachung durch das BMAS im Gemeinsamen Ministerialblatt wird eine nach mehrheitlichfachmännischer Richtigkeitsüberzeugung erarbeitete allgemein anerkannte, handhabbare Praxisempfehlung geliefert. Die Empfehlungen benennen die für den Anwendungsfall geltenden arbeitsschutzrechtlichen Regelungen.
983) Zwar entfalten diese Empfehlungen keine Vermutungswirkung wie die Technischen Regeln für Arbeitsstätten. Die Anwendung bzw. Inbezugnahme dieser Empfehlungen gewährleistet jedoch ein hohes Maß des Vertrauens auf fachliche Richtigkeit. Dies ist allein dadurch gegeben, dass dieser Beschluss durch den ASTA erarbeitet wurde. In ihm sind führende Fachleute der für das Fachgebiet maßgeblichen Institutionen Deutschlands, auch die Arbeitgeber- und Arbeitnehmerseite, mit paritätischem Stimmrecht vertreten. Es darf deshalb darauf vertraut werden, dass diese Empfehlungen hinsichtlich ihrer wissenschaftlichen Begründung, der behördlichen und unfallversicherungsrechtlichen Bewertung sowie der mit diesem Beschluss in sich harmonisierten Bewertung der Sozialpartner einen breiten, allgemein anerkannten Konsens liefern. Insoweit bergen diese Empfehlungen auch einen besonderen arbeitsschutzrechtlichen Wirkungsmechanismus in sich.

ASTA-Empfehlung — Telearbeitsplätze

Frage:
- Welche arbeitsschutzrechtlichen Regelungen gelten für beruflich bedingte „mobile Arbeit unter Nutzung von Bildschirmgeräten", die wie ausgesagt nicht der Definition des Telearbeitsplatzes gemäß § 2 Absatz 7 Arbeitsstättenverordnung unterliegt?

Antwort:
- Für die „mobile Arbeit unter Nutzung von Bildschirmgeräten" gelten unverändert das Arbeitsschutzgesetz und das Arbeitszeitgesetz.[984] [985]
- Vereinbart der Arbeitgeber mit seinen Beschäftigten diese Arbeitsform, muss er nach dem Arbeitsschutzgesetz ebenso wie für feste Arbeitsplätze in einem Betrieb eine Gefährdungsbeurteilung durchführen, hieraus abgeleitet Arbeitsschutzmaßnahmen festlegen und die Wirksamkeit der festgelegten Maßnahmen überprüfen sowie ggf. die Maßnahmen anpassen.
- Gefährdungen für die Sicherheit und Gesundheit der Beschäftigten können sich bei der Umsetzung von Formen „mobiler Arbeit unter Nutzung von Bildschirmgeräten" insbesondere ergeben aus der Gestaltung, der Auswahl und dem Einsatz von Arbeitsmitteln – wozu das Bildschirmgerät im Sinne der Definition in § 2 Absatz 6 ArbStättV zählt –, aus der Gestaltung von Arbeitsabläufen und der Arbeitszeit und deren Zusammenwirken, aus einer unzureichenden Qualifikation und Unterweisung der Beschäftigten und aus möglichen psychischen Belastungen bei der Arbeit.
- Anforderungen in Bezug auf Bildschirmarbeit und Bildschirmgeräte gemäß Anhang 6 der ArbStättV sowie dem für Bildschirmarbeit zu berücksichtigenden Stand der Technik können Arbeitgeber soweit anwendbar auf der Gefährdungsbeurteilung auf die „mobile Arbeit unter Nutzung von Bildschirmgeräten" übertragen. Der Ausschuss für Arbeitsstätten wird in absehbarer Zeit Regeln in Bezug auf Bildschirmarbeit und Bildschirmgeräte gemäß Anhang 6 der ArbStättV erarbeiten.
- Die Vorschriften des Arbeitszeitgesetzes zur Gewährung von Pausen sowie zur Einhaltung von Höchstarbeitszeiten und Mindestruhezeiten sowie zum Sonn- und Feiertagsschutz sind einzuhalten. Die Arbeitgeber sind angehalten, für ihre Betriebe spezifische Regelungen zur Nutzung mobiler Kommunikationsendgeräte sowie zur Vermeidung von Stressoren wie ständige Erreichbarkeit der Beschäftigten zu treffen.

Frage:
- Lässt die Definition in § 2 Absatz 7 für den Telearbeitsplatz weiterhin eine Nutzung der vom Beschäftigten zur Verfügung gestellten Arbeitsmittel zu, wenn eine solche Nutzung für dienstliche Zwecke im gegenseitigen Einvernehmen zwischen Beschäftigten und Arbeitgeber vereinbart ist?

---

[984] ArbSchG und ArbZG gelten für alle Beschäftigten, lediglich für leitende Angestellte liefert das ArbZG Einschränkungen. Insbesondere die Maßgaben zu Höchstarbeitsgrenzen, Mindestruhezeit und zum Sonn- und Feiertagsschutz sind einzuhalten.
[985] Das ArbSchG gilt ohne Einschränkungen. Die grundlegenden Maßgaben des Arbeitsschutzrechts gelten demnach für alle Beschäftigten, unabhängig vom Arbeitsort, also auch bei mobiler Tätigkeit unter Nutzung von Bildschirmgeräten, die nicht der Definition des Telearbeitsplatzes gem. § 2 Abs. 7 ArbStättV unterliegen.

Telearbeitsplätze ASTA-Empfehlung

Antwort:

- Ja. In der Begriffsbestimmung – § 2 Absatz 7 der ArbStättV – ist zur Einrichtung des Telearbeitsplatzes festgelegt, dass „benötigte" Ausstattung durch den Arbeitgeber oder eine von ihm beauftragte Person bereitgestellt und installiert ist. Freiwillig vom Beschäftigten bereits zur Verfügung gestellte bzw. bereits vorhandene Ausstattungen – häufig sind dies z. B. ein Arbeitsstuhl oder ein Schreibtisch – können für die Einrichtung eines Telearbeitsplatzes genutzt werden. Die Einrichtung von Telearbeitsplätzen im Privatbereich der Beschäftigten durch den Arbeitgeber mit dem erforderlichen Mobiliar, Arbeitsmitteln einschließlich der Kommunikationseinrichtungen ist einvernehmlich mit dem Beschäftigten zu klären und festzuhalten. Hierzu zählen insbesondere Fragen zur Instandhaltung und Ersatzbeschaffung für privat zur Verfügung gestellte Arbeitsmittel. Voraussetzung dafür ist, dass diese Arbeitsmittel den sicherheitstechnischen und ergonomischen Anforderungen entsprechen und somit sicher und geeignet sind. Dies muss im Rahmen der vom Arbeitgeber oder einer von ihm beauftragten Person durchzuführenden erstmaligen Beurteilung der Arbeitsbedingungen und des Arbeitsplatzes gemäß § 3 ArbStättV (Gefährdungsbeurteilung) bei Neueinrichtung eines Telearbeitsplatzes bewertet und beschieden werden.[986]

- *Hinweis: Der Arbeitgeber muss bedenken, dass er nach der Gefährdungsbeurteilung und der Zustimmung für das Betreiben des Telearbeitsplatzes die Verantwortung trägt. Bei einem Arbeitsunfall am Telearbeitsplatz mit z. B. privatem Mobiliar (etwa Bürostuhl) trägt der Arbeitgeber die Verantwortung und seine Unfallversicherung (z. B. Berufsgenossenschaft) muss mögliche Folgekosten tragen.[987] Der Arbeitgeber kann sich später nicht davon distanzieren und auf das private Arbeitsmittel am Arbeitsplatz verweisen.*

---

986) Mit diesen Maßgaben werden Grundsätze der Beschaffung, Installation, Wartung und ggf. Ersatzbeschaffung benötigter Arbeitsmittel und deren arbeitsschutzgemäße Bewertung im Rahmen der Gefährdungsbeurteilung festgelegt. Neben § 3 ArbStättV (Gefährdungsbeurteilung) gilt auch § 5 ArbSchG, wonach nicht lediglich eine Erstbeurteilung durchzuführen ist, sondern bei sich ändernden Arbeitsbedingungen auch eine Neubewertung dieser Arbeitsbedingungen zu erfolgen hat.

987) Diese Aussage ist insoweit von besonderem Gewicht, als an der Erarbeitung dieser Empfehlungen auch maßgebliche Vertreter der DGUV sowie mandatierte Vertreter von Einzel-UVT beteiligt waren und dem namens der UVT zugestimmt haben.

Empfehlung zur ASR A2.2 „Maßnahmen gegen Brände" zur Gefährdungsbeurteilung bei der Verwendung von Löschspraydosen

Beschluss des ASTA vom 3.7.2018

Bekannt gemacht im Auftrag des Bundesministeriums für Arbeit und Soziales (BMAS)

Einleitung

In den letzten Jahren hat sich der Markt für Feuerlöscheinrichtungen unter anderem um Löschspraydosen erweitert. Im Folgenden wird vom Ausschuss für Arbeitsstätten (ASTA) eine Empfehlung gegeben, ob und gegebenenfalls wie Löschspraydosen im Rahmen einer Gefährdungsbeurteilung berücksichtigt werden können.[988] [989] [990]

1. Allgemeine Grundlagen

Die Anwendung der in der Technischen Regel für Arbeitsstätten (ASR) A2.2 „Maßnahmen gegen Brände" beschriebenen Maßnahmen (Grundausstattung mit Feuerlöscheinrichtungen für alle Arbeitsstätten und zusätzliche Maßnahmen bei erhöhter Brandgefährdung gemäß Abschnitte 5 und 6) führt zu zweckmäßigen Lösungen für die Umsetzung der Anforderungen von Anhang 2.2 Absatz 1 Arbeitsstättenverordnung (ArbStättV) in einer Arbeitsstätte.

Der Arbeitgeber kann von den Maßnahmen nach ASR A2.2 abweichen, wenn er bei der Festlegung von Maßnahmen den Stand der Technik, Arbeitsmedizin und Hygiene sowie sonstige gesicherte arbeitswissenschaftliche Erkenntnisse berücksichtigt und mit seinen Maßnahmen mindestens die gleiche Sicherheit und den gleichen Gesundheitsschutz für die Beschäftigten erreicht. Das gilt für die normale wie auch die erhöhte Brandgefährdung.

---

[988] Hintergrund für die Erarbeitung der Empfehlungen durch den ASTA waren Irritationen in der Folge der 2018 erfolgten Neufassung der ASR A2.2. Diese bezogen sich insbesondere auf die teilweise Neufassung der Anforderungen zur Grundausstattung von Arbeitsstätten mit Feuerlöscheinrichtungen, die in Nr. 5.2 festgelegt werden. In Nr. 5.2 Abs. 2 Satz 6 wurde neu die Möglichkeit eröffnet, bei normaler Brandgefährdung unter bestimmten Voraussetzungen für die Grundausstattung auch Feuerlöscher anzurechnen, die jeweils nur über mindestens 2 Löschmitteleinheiten (LE) verfügen. Dies wurde von interessierten Kreisen als Möglichkeit interpretiert, Löschspraydosen, die diese Anforderung hinsichtlich der mindestens 2 LE erfüllen, anstelle von Feuerlöschern für die Grundausstattung einzusetzen.

[989] Mit der Veröffentlichung der Empfehlungen stellen das Bundesministerium für Arbeit und Sozialordnung (BMAS) und der fachlich zuständige Ausschuss für Arbeitsstätten klar, dass eine Anrechnung von Löschspraydosen zum gegenwärtigen Zeitpunkt nicht zulässig ist. Wesentlicher Hinderungsgrund ist die Tatsache, dass bisher keine europäische Normung für Feuerlöschsprays vorliegt, in der technische Anforderungen, Gebrauchsdauer und Anwendungsbereiche einheitlich vorgeschrieben sind.

[990] Mit der Empfehlung werden gleichzeitig Hinweise gegeben, in welchen Einsatzbereichen eine zusätzliche Ausstattung mit Löschsprays durchaus sinnvoll sein kann.

2. Aspekte, die beim Einsatz von Löschspraydosen im Rahmen einer Gefährdungsbeurteilung berücksichtigt werden müssen

Löschspraydosen sind Kleinlöschgeräte mit einem maximalen Inhalt von einem Liter. Technische Anforderungen und die Gebrauchsdauer sind derzeit nur in der DIN-Spezifikation „Löschspraydosen" (DIN SPEC 14411:2013-07) und im Norm-Entwurf „Löschspraydosen" (prEN 16856:2015) beschrieben. Als Anwendungsbereich wird dort für Löschspraydosen die Verwendung durch ungeübte Personen im häuslichen Bereich vorgesehen.

Löschspraydosen entsprechen daher nicht dem Stand der Technik, da der Konsens innerhalb der Fachwelt fehlt.[991]

Mit Punkt 5.2 Absatz 2 Satz 5 der ASR A2.2 wird gefordert, dass für die Grundausstattung im Regelfall nur Feuerlöscher angerechnet werden können, die jeweils über mindestens 6 Löschmitteleinheiten (LE) verfügen. In Punkt 5.2 Absatz 2 Satz 6 wird jedoch die Möglichkeit eröffnet, bei normaler Brandgefährdung unter bestimmten Voraussetzungen für die Grundausstattung auch Feuerlöscher anzurechnen, die jeweils nur über mindestens 2 LE verfügen.

Löschspraydosen sind „handbetriebene Geräte zur Bekämpfung von Entstehungsbränden" im Sinne von Punkt 3.6 der ASR A2.2 und keine Feuerlöscher nach DIN EN 3-7:2007-10[992]. Die oben genannte Ausnahmeregelung gilt damit nicht für Löschspraydosen, auch wenn diese jeweils über mindestens 2 LE verfügen. Löschspraydosen können daher nicht für die Grundausstattung angerechnet werden.

Trotzdem kann die Gefährdungsbeurteilung ergeben, dass der zusätzliche Einsatz von Löschspraydosen die Brandschutzsituation verbessern kann, da diese aufgrund ihrer geringen Abmessungen fast überall platziert werden können und in Verbindung mit dem im Vergleich zu anderen Feuerlöscheinrichtungen geringeren Gewicht sehr schnell einsetzbar sind.

---

991) Der nicht gegebene Stand der Technik in der Folge fehlender Normung ist der Hauptgrund dafür, Löschspraydosen nicht stärker in der ASR A2.2 zu berücksichtigen. Mit dem europäischen Normentwurf DIN EN 16856:2018-01 Löschspraydosen werden einheitliche „Anforderungen an nicht nachfüllbare tragbare Druckgaspackungen für Feuerlöschzwecke (Löschspraydosen)" festgelegt. Ziel dieses Normungsvorhabens ist es, eine Norm für Einmal-Löschspraydosen mit einem annehmbaren Mindest-Feuerlöschvermögen zu erstellen. Dieser Produkttyp ist nur für die Verwendung in Situationen vorgesehen, bei denen durch die Art bestimmter Prozesse oder Tätigkeiten Brände mit begrenztem Ausmaß vorherzusehen sind, bei denen eine geringe Möglichkeit der Brandausbreitung auf andere Materialien besteht und wenn davon ausgegangen werden kann, dass zum wahrscheinlichen Gefahrenzeitpunkt Personen anwesend sind. Es wird damit gerechnet, dass das laufende Stellungnahmeverfahren im Jahr 2019 abgeschlossen werden kann. Liegt eine einschlägige Norm vor, wird sich der ASTA mit der dann geänderten Lage bezüglich einheitlicher Produktanforderungen und Gebrauchsdauern auseinandersetzen.

992) Damit erfolgt die eindeutige Klarstellung, dass Löschsprays keine Feuerlöscher i. S. d. DIN EN 3-7:2007–10, Tragbare Feuerlöscher – Teil 7: Eigenschaften, Leistungsanforderungen und Prüfungen, sind und somit nach dem Wortlaut von Nr. 5.2. Abs. 2 Satz 6 auch dann nicht auf die Grundausstattung angerechnet werden können, wenn sie über mindestens 2 LE verfügen.

ASTA-Empfehlung — Löschspraydosen

Die Handlungssicherheit der Löschspraydosen unterscheidet sich von Feuerlöschern nach DIN EN 3 aufgrund anderer technischer Kennwerte und Eigenschaften. Diese sind insbesondere:
- kleine Wurfweite (für 75 % des Löschmittels – bis maximal 2 m gemäß DIN SPEC 14411),
- maximale Betriebstemperatur 50 °C (Aerosol-Richtlinie),
- kleiner Löschmittelstrahl-Winkel (produkttypische Ausführung) und
- größere Bandbreite der Qualitäts- und Leistungsfähigkeitsunterschiede gleichartiger Produkte.

3. Anwendung

Plant der Arbeitgeber den Einsatz von Löschspraydosen, hat er im Rahmen der Durchführung und Dokumentation der Gefährdungsbeurteilung insbesondere folgende Voraussetzungen einzuhalten:
- Die nach ASR A2.2 erforderliche Grundausstattung ist vorhanden.
- Die Löschspraydosen verfügen über mindestens 2 Löschmitteleinheiten, oder – im Fall von Fettbränden – über ein Löschvermögen von mindestens 5F.
- Die Löschspraydosen sind für Beschäftigte zu jeder Zeit sichtbar, unmittelbar zugänglich und einsetzbar.
- Der Zugriff für Unbefugte (z. B. Kinder in Kindertageseinrichtungen oder Besucher von Verwaltungen) ist ausgeschlossen.
- Zusätzlich zu der Anzahl der gemäß ASR A2.2 benannten Brandschutzhelfer sind weitere Brandschutzhelfer in Abhängigkeit der Menge eingesetzter Löschspraydosen benannt.
- Im Bereich der Aufstellungsorte von Löschspraydosen besteht normale Brandgefährdung. Insbesondere sind in diesen Bereichen keine größeren Mengen entzündbarer Stoffe und keine Stoffe, die mit hohen Verbrennungsgeschwindigkeiten verbrennen (z. B. Sägespäne, Holzwolle, brennbare Metalle), vorhanden.
- Da sich noch keine einheitliche Kennzeichnung von Löschspraydosen durchgesetzt hat, stellt der Arbeitgeber sicher, dass keine Verwechslungsgefahr mit anderen Spraydosen besteht.

Die Bedienung von Löschspraydosen erfolgt intuitiv. Die Brandbekämpfung eines Entstehungsbrandes dagegen erfordert planvolles Handeln. Das gilt insbesondere für die Löschtaktik, die eigenen Grenzen bei der Brandbekämpfung sowie die Erfahrung mit der Wirkungsweise und Leistungsfähigkeit von Löschspraydosen, welche im Rahmen der Brandschutzhelfer-Ausbildung an alle potentiellen Anwender in der Praxis vermittelt werden müssen.

4. Einsatzbereiche

Einsatzbereiche für den ergänzenden Einsatz von Löschspraydosen können z. B. Büros in Verwaltungsbereichen, Aufenthaltsräume in Kindertageseinrichtungen, Pflegeeinrichtungen oder Arztpraxen sein.[993]

Kritisch zu sehen oder auszuschließen ist hingegen der Einsatz von Feuerlöschsprays in Laboren, Produktionsstätten, Räumen oder Hallen mit großer Ausdehnung und überall dort, wo die begrenzte Löschwirkung der Feuerlöschsprays nachteilig ist.

5. Auswahl und Prüfung

Da die Herstellung und Prüfung dieser Produkte selbst nach Veröffentlichung der DIN SPEC 14411 nicht auf Basis einheitlicher technischer Regeln erfolgt, ist eine Vielzahl von Löschspraydosen unterschiedlicher Qualität und Leistungsfähigkeit auf dem Markt verfügbar.

Selbst wenn sich einzelne Produkte durch positive Kennwerte von anderen abheben, fehlt ein Bewertungsmaßstab, um geeignete von ungeeigneten Löschspraydosen zu unterscheiden. Da Löschspraydosen derzeit noch nicht den Stand der Technik widerspiegeln, bedarf es immer einer Einzelfallentscheidung des Arbeitgebers, bei der zu prüfen ist, ob der Einsatz von Löschspraydosen die gleiche Sicherheit bieten würde wie der Einsatz von Feuerlöschern und welche Löschspraydose diese Anforderungen gegebenenfalls erfüllen würde.

Basierend auf dem Arbeitsschutzgesetz (ArbSchG) fordert die Arbeitsstättenverordnung (ArbStättV), dass der Arbeitgeber die Funktionsfähigkeit der Einrichtungen, die der Sicherheit der Beschäftigten dienen, regelmäßig zu prüfen hat. Der unbestimmte Begriff „regelmäßig" muss durch den Arbeitgeber mittels einer Beurteilung der Betriebsbedingungen, der Produktionseigenschaften und dem zu erwartenden Risiko bei Ausfall der Feuerlöscheinrichtung durch eine konkrete Frist ersetzt werden.

Löschspraydosen können bauartbedingt nicht auf Funktionsfähigkeit (z. B. Feststellung von Druckverlust beim Treibmittel) überprüft und nach Gebrauch wieder befüllt werden und sind daher spätestens nach ihrer vom Hersteller angegebenen maximalen Gebrauchsdauer auszutauschen und sachgemäß zu entsorgen.

Hinweis:

Als ein weiteres Kriterium für den Arbeitgeber bei der Auswahl von geeigneten Löschspraydosen kann auch das durch eine Zertifizierungsstelle gemäß Produktsicherheitsgesetz (ProdSG) vergebene GS-Zeichen herangezogen werden.

---

[993] Bei den aufgezählten Einsatzbereichen liegen die Anforderungen für einen sachgerechten Einsatz von Löschspraydosen, wie die Vorhersehbarkeit von Bränden mit begrenztem Ausmaß, geringe Möglichkeit der Brandausbreitung auf andere Materialien, wahrscheinliche Anwesenheit von Personen zum wahrscheinlichen Gefahrenzeitpunkt, vor. Dies führt zu der Aussage, dass hier ein ergänzender Einsatz von Löschsprays sinnvoll sein kann.

Empfehlung des Ausschusses für Arbeitsstätten (ASTA) – Künstliche biologisch wirksame Beleuchtung in Arbeitsstätten[994)][995)]

Beschluss des ASTA vom 28.11.2018
Bekannt gemacht im Auftrag des Bundesministeriums für Arbeit und Soziales (BMAS)

Als biologisch wirksame Beleuchtung werden die über das Auge vermittelten nicht visuellen Wirkungen des Lichtes bezeichnet. Jede Beleuchtung ist biologisch wirksam.
Beleuchtung beeinflusst die innere Uhr, insbesondere den Schlaf-Wach-Zyklus des Menschen. Sie wirkt ein auf die Aktiviertheit sowie auf die geistige und körperliche Leistungsbereitschaft. Mit ihren Einwirkungen auf Müdigkeit, Aufmerksamkeit, kognitive Leistung und Schlaf steht die Beleuchtung in Zusammenhang mit der Sicherheit bei der Arbeit, z. B. dem Unfallgeschehen. Durch die Beeinflussung der inneren Uhr – mit Folgen für die Schlafqualität – wirkt Licht indirekt auf die Gesundheit der Beschäftigten und ihr Immunsystem.

Biologische Lichtwirkungen hängen von der räumlichen Verteilung der Leuchtdichten im Gesichtsfeld, vom Lichtspektrum, von der Beleuchtungsstärke am Auge, von der Dauer und dem Zeitpunkt der Lichtexposition im Tages- und Jahresverlauf, von dem in der Vergangenheit aufgenommenen Licht und weiteren Einflussgrößen ab. Biologische Lichtwirkungen lassen sich damit nicht auf die Beleuchtung am Arbeitsplatz eingrenzen.

---

994) Künstliche, biologisch wirksame Beleuchtung ist eine Art der Beleuchtung, die versucht, das natürliche Tageslicht nachzubilden. In der Industrie gibt es Bestrebungen, sie am Arbeitsplatz einzusetzen, um z. B. eine angenehme und produktive Arbeitsumgebung zu schaffen. Dementsprechend ist die Nachfrage nach Planungsempfehlungen hoch. Zwischenzeitlich wurde das Thema in der Normung aufgegriffen und 2013 die DIN SPEC (Fachbericht) 67600 „Biologisch wirksame Beleuchtung – Planungsempfehlungen" veröffentlicht. Ziel ist es, eine Norm mit Empfehlungen für die Anwendung von künstlicher, biologisch wirksamer Beleuchtung zu verabschieden. Auf der internationalen Ebene hat China bei ISO bereits ein Normvorhaben zum Thema künstliche, biologisch wirksame Beleuchtung initiiert.

995) Aus Sicht des Arbeitsschutzes fehlen bisher wissenschaftlich ausreichend fundierte Erkenntnisse über die Wirkung der künstlichen, biologisch wirksamen Beleuchtung. Vor diesem Hintergrund hat der ASTA eine Empfehlung zu dem Thema erarbeitet.
Die Arbeitsschutzexperten kommen darin zu dem Schluss, dass nach den bisher vorliegenden Forschungsergebnissen zu biologischen Lichtwirkungen noch kein ausreichender Hintergrund besteht, um quantitative oder qualitative Festlegungen für Arbeitsschutzregeln abzuleiten. Getreu dem Grundsatz „keine Wirkung ohne Nebenwirkungen" müssen jedoch auch mögliche negative Effekte betrachtet werden. Falsches Licht zur falschen Zeit kann den Tagesrhythmus des Menschen durcheinander bringen. Ein möglicher Missbrauch biologisch wirksamen Lichtes als „Doping" der Beschäftigten muss aus Arbeitsschutzsicht ausgeschlossen werden.
Beim 8. DIN-Expertenforum „Wirkung des Lichts auf den Menschen" im Juni 2015 berichteten Wissenschaftler über die neuesten Erkenntnisse auf diesem Gebiet. Die vorgestellten Studien zeigten viele mögliche positive, aber auch mögliche negative Effekte auf. Außerdem wurde erneut deutlich, wie viele Faktoren die Wirkung von Licht beeinflussen. Auch aus diesem Grund sind weitere, breiter angelegte Untersuchungen nötig, bevor konkrete Anwendungsempfehlungen abgeleitet werden können.

Künstl. biol. wirksame Beleuchtung in Arbeitsstätten — ASTA-Empfehlung

Aus den heute vorliegenden Forschungsergebnissen zu biologischen Lichtwirkungen können noch keine konkreten quantitativen Festlegung für Arbeitsschutzregeln abgeleitet werden. Gleichwohl sind einige Zusammenhänge hinreichend belegt, um qualitative Empfehlungen für Arbeitsstätten geben zu können.[996]

Bei ausreichender Tageslichtversorgung lassen sich für die tagsüber Arbeitenden aus dem aktuellen Wissensstand keine zusätzlichen Vorgaben hinsichtlich des Einrichtens und Betreibens von Arbeitsstätten ableiten.

Bei nicht ausreichendem Tageslicht sollen ergänzende Maßnahmen auch im Hinblick auf biologische Lichtwirkungen berücksichtigt werden, z. B. die Möglichkeit der Pausengestaltung im Freien.

Tagsüber erscheint eine dynamische künstliche Beleuchtung, bei der Lichtfarbe, Beleuchtungsniveau oder Lichtverteilung verändert werden, unbedenklich, wenn sie sich am gleichzeitig unter freiem Himmel vorhandenen natürlichen Licht orientiert und sich dabei im Rahmen der für die Innenraumbeleuchtung mit künstlichem Licht empfohlenen Verhältnisse bewegt.

Hingegen besteht bei Nachtarbeit nach gegenwärtigem Wissensstand bereits im Rahmen bestehender Beleuchtungskonzepte die Möglichkeit des Eintretens unerwünschter biologischer Wirkungen, wobei langfristige negative Folgen für die Gesundheit nicht ausgeschlossen werden können. Kritisch sind hohe Beleuchtungsstärken am Auge insbesondere, wenn diese mit kalten Lichtfarben verbunden sind. Diese führen zu einer Aktivierung, die am späten Abend oder in der Nacht mit einer Störung der inneren Uhr mit möglichen negativen Folgen für die Gesundheit verbunden sein kann. Für das Sehen erforderliche Beleuchtungsstärken sollten in der Nacht eher mit warmen bis neutralweißen Lichtfarben gegeben werden. Daher wird empfohlen, in der Nacht Licht mit einer Farbtemperatur von weniger als 4.100 K zu verwenden. Von einer dauernden Beleuchtung durch kalte Lichtfarben hoher Beleuchtungsstärke sollte abgesehen werden.

---

[996] Zu der gleichen Aussage kommt die Kommission für Arbeitsschutz und Normung (KAN) im August 2015 in einem Positionspapier zum Thema künstliche, biologisch wirksame Beleuchtung in der Normung, s. www.kan.de/fileadmin/Redaktion/Dokumente/Basisdokumente/de/Deu/KAN-Position_kuenstliche_biologisch_wirksame_Beleuchtung_2015.pdf.
Als Fazit
- müssen Störungen des circadianen Rhythmus des Menschen durch künstliche, biologisch wirksame Beleuchtung vermieden werden;
- bestehen derzeitig keine ausreichend gesicherten Erkenntnisse im Bereich künstlicher, biologisch wirksamer Beleuchtung, um Anforderungen an die Planung festlegen zu können;
- sind im Bereich künstlicher, biologisch wirksamer Beleuchtung im Wesentlichen Belange des betrieblichen Arbeitsschutzes betroffen, die eine Normung ausschließen.

Abkürzungsverzeichnis

a.a.O.	am angegebenen Ort
abgedr.	abgedruckt
Abk.	Abkürzung
ABl.	Amtsblatt
Abs.	Absatz
Abschn.	Abschnitt
amtl.	amtlich
Anh.	Anhang
Anl.	Anlage
Anm.	Anmerkung
ArbSch	Fachteil Arbeitsschutz des fr. BArBl.
ArbSchG	Arbeitsschutzgesetz
ArbStättV	Arbeitsstättenverordnung
Art.	Artikel
ASR	Arbeitsstättenregel; (Technische) Regel für Arbeitsstätten; Arbeitsstätten-Richtlinie
ASTA	Ausschuss für Arbeitsstätten
Ausg.	Ausgabe
auszugsw.	Auszugsweise
b.a.w.	bis auf weiteres
BArbBl.	fr. Bundesarbeitsblatt
BAuA	Bundesanstalt für Arbeitsschutz und Arbeitsmedizin
BauO, BO	Bauordnung
BaustellV	Baustellenverordnung
Begr.	Begründung
Bek.	Bekanntmachung
ber.	berichtigt
BetrVG	Betriebsverfassungsgesetz
BG	Berufsgenossenschaft
BGBl.	Bundesgesetzblatt

Abkürzungsverzeichnis

BildscharbV	Bildschirmarbeitsverordnung
BImSchG	Bundes-Immissionsschutzgesetz
BImSchV	Verordnung zum BImSchG
Bl.	Blatt
BMAS	Bundesministerium für Arbeit und Soziales
BO	Bauordnung
BR	Bundesrat
BVerwG	Bundesverwaltungsgericht
ChemG	Chemikaliengesetz
d. h.	das heißt
dB	Dezibel
dgl.	dergleichen
DGUV	Deutsche Gesetzliche Unfallversicherung (fr. HVBG)
DIBt	Deutsches Institut für Bautechnik
DIN	Deutsches Institut für Normung
Drucks.	Drucksache
E	Entwurf
EG	Europäische Gemeinschaft
Einf.	Einführung
Empf.	Empfehlung
EN	Europäische Norm
Erl.	Erläuterung(en)
EU	Europäische Union
ff.	und folgende (z. B. Seiten)
FN	Fußnote
G	Gesetz
GDA	Gemeinsame Deutsche Arbeitsschutzstrategie
geänd.	geändert
GefStoffV	Gefahrstoffverordnung
gem.	gemäß
ggf.	gegebenenfalls

Abkürzungsverzeichnis

GMBl.	Gemeinsames Ministerialblatt
Hrsg.	Herausgeber
HVBG	Hauptverband der gewerblichen Berufsgenossenschaften (jetzt DGUV)
IAA	Internationales Arbeitsamt
i. d. F	in der Fassung
i. d. R.	in der Regel
IFA	Institut für Arbeitsschutz (fr. BGIA)
i. S. d.	im Sinne des/der
i. Ü.	im Übrigen
i. V. m.	in Verbindung mit
Kap.	Kapitel
LASI	Länderausschuss für Arbeitsschutz und Sicherheitstechnik
LV	LASI-Veröffentlichung
mind.	mindestens
NI	Niedersachsen
Nr.	Nummer
NW, NRW	Nordrhein-Westfalen
OLG	Oberlandesgericht
OVG	Oberverwaltungsgericht
OZ	Ordnungsziffer
PSA	Persönliche Schutzausrüstung
PSAgA	Persönliche Schutzausrüstung gegen Absturz
RAB	Regeln zum Arbeitsschutz auf Baustellen
RdErl.	Runderlass
RdNr.	Randnummer
RL	Richtlinie
S.	Seite
s.	siehe
SächsBO	Sächsische Bauordnung
SGB	Sozialgesetzbuch
SN	Sachsen

Abkürzungsverzeichnis

s. o.	siehe oben
sog.	sogenannt
staatl.	staatlich
s. u.	siehe unten
T.	Teil
Tab.	Tabelle
TRGS	Technische Regel für Gefahrstoffe
u. a.	und andere; unter anderem
V, VO	Verordnung
VDI	Verein Deutscher Ingenieure
Verf.	Verfasser
Z.	Ziffer
z. B.	Zum Beispiel
z. T.	zum Teil
zul.	zuletzt

Stichwortverzeichnis

Stichwort	Abschnitt	Seite
Absturz	ArbStättV, ASR A2.1	42, 281 f.
Arbeitsplatz	ArbStättV	21
– Ausstattung	ArbStättV	46
– im Freien	ArbStättV	57
– Anordnung	ArbStättV	46
Arbeitsräume	ArbStättV	21
– lichte Höhen	ASR A1.2	149
Arbeitsstättenverordnung	Einf. ArbStättV, ArbStättV	9, 16
– Anhang	ArbStättV	35
– Begriffsbestimmungen	ArbStättV	20
– Einrichten und Betreiben	ArbStättV	25
– Gefährdungsbeurteilung	ArbStättV	24
– Übergangsvorschriften	ArbStättV	32
– Ziel, Anwendungsbereich	ArbStättV	17
Ausrutschen	ASR A1.5/1,2	198
Ausschuss für Arbeitsstätten (ASTA)	ArbStättV	31
Barrierefreie Gestaltung	ASR V3a.2	102
– Fenster	ASR V3a.2	116
– Flucht- und Rettungsplan	ASR V3a.2	129
– Fluchtwege	ASR V3a.2	129
– lichtdurchlässige Wände	ASR V3a.2	116
– Notausgänge	ASR V3a.2	129
– Oberlichter	ASR V3a.2	116
– Sicherheits- und Gesundheitsschutzkennzeichnung	ASR V3a.2	114
– Türen und Tore	ASR V3a.2	118

Stichwortverzeichnis

Stichwort	Abschnitt	Seite
– Unterkünfte	ASR V3a.2	137
– Verkehrswege	ASR V3a.2	123
Baustellen	ArbStättV, ASR A5.2	58, 490 f.
Behinderung	ASR V3a.2	105
Beleuchtung	ArbStättV, ASR A3.4, Empf. ASTA	47, 347, 520
Beleuchtungsanforderungen	ASR A3.4	360
– im Freien	ASR A3.4	371
Beleuchtungsstärke	ASR A3.4	349
Bereitschaftsräume	ArbStättV, ASR A4.2	55, 468
Betreiben von Arbeitsstätten	ASR V3	80
Beurteilungspegel	ASR A3.7	413
Bewegungsfläche	ArbStättV, ASR A1.2	109, 139
Bewegungsfreiraum	ASR A1.2	139
Bildschirmarbeit	Einf. ArbStättV	11
Bildschirmarbeitsplätze	ArbStättV	21, 63
Bildschirmgeräte	ArbStättV	21
Brände	ArbStättV, ASR A2.2	43, 302
Brandgefährdung	ASR A2.2	304
Brandklassen	ASR A2.2	307
Brandschutz	ArbStättV, ASR A2.2	43, 320
Brandschutzbeauftragte	ASR A2.2	322
Brandschutzhelfer	ASR A2.2	322
Brandschutzzeichen	ASR A1.3	162, 188
Dächer	ArbStättV	38
Dachoberlichter	ASR A1.6	223
Decken	ArbStättV	38
Einrichten von Arbeitsstätten	ASR V3	78

Stichwortverzeichnis

Stichwort	Abschnitt	Seite
Einscheibensicherheitsglas	ASR A1.6	217
Energieverteilungsanlage	ArbStättV	38
Erste Hilfe	ASR V3a.2, ASR A4.3	134, 472
Erste-Hilfe-Räume	ArbStättV, ASR V3a.2, ASR A4.3	56, 134, 471
Extra-aurale Lärmwirkungen	ASR A3.7	408
Fachkunde	ASR V3	77
Fahrsteige	ArbStättV, ASR A1.8	41, 472
Fahrtreppen	ArbStättV, ASR A1.8	41, 472
Fahrzeugverkehr	ASR A1.8	259
Fenster	ArbStättV, ASR A1.6	39, 215, 219
Feuerlöscheinrichtungen	ASR A2.2	306
Flucht- und Rettungsplan	ASR A1.3, ASR A2.3	191, 332, 343
Fluchtwege	ArbStättV, ASR A2.3	44, 333
Funktionsflächen	ASR A1.2	139
Fußböden	ArbStättV, ASR A1.5/1,2	38, 192
– Rutschhemmung	ASR A1.5/1,2	204
Fußgängerverkehr	ASR A1.8	256
Gebäude	ArbStättV	36
– Festigkeit	ArbStättV	36
– Konstruktion	ArbStättV	36
Gebotszeichen	ASR A1.3	162, 182
Gefährdung	ASR V3	73
Gefährdungsbeurteilung	Einf. ArbStättV, ASR V3	11, 72
Gefährdungsfaktoren	ASR V3	93
Gefahrenbereich	ArbStättV, ASR A2.1	42, 284
Großraumbüros	ASR A1.2	140

Stichwortverzeichnis

Stichwort	Abschnitt	Seite
Gruppenbüros	ASR A1.2	140
Handzeichen	ASR A1.3	189
Instandhalten	ArbStättV	23
Kombibüros	ASR A1.2	140
Kombinationszeichen	ASR A1.3	162
Laderampen	ArbStättV, ASR A1.8	41, 271
Lärm	ArbStättV, ASR A3.7	53, 404
Lärmschutz	ASR A3.7	425
Lärmwirkungen	ASR A3.7	411
Leuchtzeichen	ASR A1.3	162, 171
Lichtdurchlässige Wände	ASR A1.6	223
Löschspraydosen	Empf. ASTA	516
Luftqualität	ASR A3.6	392
Luftraum	ASR A1.2	150
Lüftung	ArbStättV, ASR A3.6	51, 390
Nichtraucherschutz	ArbStättV	29
Notausgang	ArbStättV, ASR A2.3	44, 332, 334
Oberlichter	ArbStättV, ASR A1.6	39, 215
Optische Sicherheitsleitsysteme	ASR A3.4/7	374, 376
Ordnungswidrigkeiten	ArbStättV	33
Pausenbereiche	ASR A4.2	465
Pausenräume	ASR A4.2	465
Pausen- und Bereitschaftsräume	ArbStättV, ASR A4.2	55, 463
Raumabmessungen	ASR V3a.2, ASR A1.2	109, 138
Räume	ArbStättV	36
– Abmessungen	ArbStättV	36
Raumlufttechnische Anlagen	ASR A3.6	398
Raumtemperatur	ArbStättV, ASR A3.5	50, 383, 384

Stichwortverzeichnis

Stichwort	Abschnitt	Seite
Rettungszeichen	ASR A1.3	162, 185
Rutschgefahr	ASR A1.5/1,2	193
Sanitärräume	ArbStättV, ASR A4.1	53, 438
Schallzeichen	ASR A1.3	162, 171
Schmalgänge	ASR A1.8	250
Sicherheitsbeleuchtung	ASR A2.3, ASR A3.4/7	342, 374
Sicherheitsfarbe	ASR A1.3	162
Sicherheits- und Gesundheitsschutzkennzeichnung	ArbStättV, ASR A1.3	37, 160
Sicherheitszeichen	ASR A1.3	161
Sichtverbindung	ArbStättV	47
– nach außen	Einf. ArbStättV	14
Stand der Technik	ArbStättV	23
Steigeisengänge	ArbStättV, ASR A1.8	41, 267
Steigleitern	ArbStättV, ASR A1.8	41, 267
Stellflächen	ASR A1.2	139
Stolpern	ASR A1.5/1,2	197
Stolperstellen	ASR A1.5/1,2	194
Straftaten	ArbStättV	33
Straßenbaustellen	ASR A5.2	490
– Schutzmaßnahmen	ASR A5.2	497
– Sicherheitsabstand	ASR A5.2	499
Tageslicht	ASR A3.4	350
Tageslichtquotient	ASR A3.4	350
Tätigkeitskategorie	ASR A3.7	409
Telearbeitsplatz	Einf. ArbStättV, ArbStättV, Empf. ASTA	13, 21, 513

Stichwortverzeichnis

Stichwort	Abschnitt	Seite
Toilettenräume	ASR A4.1	441
Tore	ArbStättV, ASR A1.7	39, 231
Treppen	ASR A1.8	263
Türen	ArbStättV, ASR A1.7	39, 231
Umkleideräume	ASR A4.1	457
Unterkünfte	ArbStättV, ASR A4.4	56, 482
– Schlafbereich	ASR A4.4	483
– Wohnbereich	ASR A4.4	483
Unterweisung	Einf. ArbStättV, ArbStättV	14, 30
Verbandkästen	ASR A4.3	473
Verbotszeichen	ASR A1.3	162, 174
Verbundsicherheitsglas	ASR A1.6	217
Verkehrswege	ArbStättV, ASR A1.8	40, 248
– Betreiben	ASR A1.8	275
– Einrichten	ASR A1.8	254
Wände	ArbStättV	38
Warnzeichen	ASR A1.3	162, 178
Wartungsgänge	ASR A1.8	250
Waschräume	ASR A4.1	449
Zellenbüros	ASR A1.2	139
Zusatzzeichen	ASR A1.3	162
Zwei-Sinne-Prinzip	ASR V3a.2	106